ACCESO GRATIS *a la Lectura en la Nube*

Para visualizar el libro electrónico en la nube de lectura envíe junto a su nombre y apellidos una fotografía del código de barras situado en la contraportada del libro y otra del ticket de compra a la dirección:

ebooktirant@tirant.com

En un máximo de 72 horas laborables le enviaremos el código de acceso con sus instrucciones.

LA PARTICIÓN TESTAMENTARIA

Análisis histórico, sistemático, doctrinal y jurisprudencial

LA PARTICIÓN TESTAMENTARIA

Análisis histórico, sistemático, doctrinal y jurisprudencial

VICENT JOSEP SORRENTÍ COSTA

tirant lo blanch
Valencia, 2025

EDITA: TIRANT LO BLANCH
C/ Artes Gráficas, 14 - 46010 - Valencia
TELFS.: 96/361 00 48 - 50
FAX: 96/369 41 51
Email: tlb@tirant.com
www.tirant.com
Librería virtual: www.tirant.es
DEPÓSITO LEGAL: V-2057-2025
ISBN: 979-13-7010-095-7
MAQUETA: Tink Factoría de Colors

Si tiene alguna queja o sugerencia, envíenos un mail a: *atencioncliente@tirant.com*. En caso de no ser atendida su sugerencia, por favor, lea en *www.tirant.net/index.php/empresa/politicas-de-empresa* nuestro procedimiento de quejas.

Responsabilidad Social Corporativa: http://www.tirant.net/Docs/RSCTirant.pdf

A Raquel y a Gal·la.
A mi familia.

Agradecimientos

Deseo expresar mi más sincera gratitud a las Dras. Ana Nieves Escribá Pérez y Laura Carrascosa Iranzo, así como al Dr. Albert Clemente Soriano por su generosidad, apoyo y comprensión, y a todas aquellas personas que, de una u otra forma, me han brindado su inestimable ayuda.

También quiero dar las gracias a Manuel Lanusse Alcover y a José Francisco Cano Nogueroles por su escucha activa y amables sugerencias sobre la presente obra.

Por último, justo cuando se acaban de celebrar los 525 años de la fundación del *Estudi General de València* y de que el Maestro Miranda regentara la primera cátedra de leyes, quiero aprovechar la ocasión para mostrar a los Dres. Francisco de Paula Blasco Gascó y Jesús Estruch Estruch mi gratitud por sus enseñanzas, que entroncan con el magisterio recibido en la estela de los grandes civilistas que han servido en esta *Universitat*.

«El Derecho no tiene que ser rígido e inflexible, sino dúctil y maleable. Tiene que ofrecer a los particulares el mayor número posible de cauces o fórmulas jurídicas, sin perjuicio de que en su regulación procure por todos los medios evitar los resultados contraproducentes y las combinaciones abusivas. La vida, variable y compleja, no se deja apresar en moldes rígidos y unitarios».

Ramón María Roca Sastre

Índice

Agradecimientos 9

Nota preliminar 21

Prólogo 23

Siglas, acrónimos y abreviaturas utilizados 27

Introducción 29

Capítulo Primero. ANTECEDENTES HISTÓRICOS 39

I. DERECHO ROMANO Y JUSTINIANEO 39
1. Introducción 39
2. La familia como presupuesto del derecho sucesorio romano 41
3. La sucesión mortis causa y los principios sucesorios 45
4. La comunidad hereditaria y la división de la herencia. 51
5. Las disposiciones inter liberos 54
5.1. Origen 54
5.2. Testamentum parentis inter liberos 56
5.3. Divisio parentis inter liberos 61
II. ALTA EDAD MEDIA 65
III. BAJA EDAD MEDIA. EL *IUS COMMUNE* 69
IV. DERECHO CASTELLANO 71
V. DERECHO CIVIL VALENCIANO: PERSPECTIVAS DE FUTURO 74
1. Sucinta reseña histórica a la época foral 74
2. La partición por el causante 77
3. Más allá de la Nueva Planta 79
VI. LA CODIFICACIÓN CIVIL. LA PARTICIÓN POR EL «DIFUNTO» EN EL PROYECTO DE 1851 87
VII. LA PARTICIÓN POR EL «TESTADOR» EN EL CÓDIGO CIVIL DE 1888-1889 91

Capítulo Segundo. COMUNIDAD HEREDITARIA Y PARTICIÓN DE HERENCIA, EN PARTICULAR, LA PARTICIÓN TESTAMENTARIA EN DERECHO COMÚN 93

I. LA COMUNIDAD HEREDITARIA 93

1. Concepto ... 93
3. Objeto ... 98
4. Caracteres ... 99
4.1. Comunidad universal ... 99
4.2. Comunidad forzosa ... 102
4.3. Comunidad, a priori, transitoria ... 102
5. Regulación ... 106
6. Contenido ... 107
II. LA PARTICIÓN DE LA HERENCIA ... 108
1. Concepto ... 108
2. Naturaleza jurídica ... 111
3. Caracteres ... 115
3.1. Acto jurídico ... 115
3.2. Acto necesario ... 115
3.3. Acto irrevocable ... 116
4. Personas que pueden instar la partición ... 116
5. Especies de partición ... 119
6. Posibilidad de transmitir bienes concretos con efectos inter vivos, así como distribuir toda la herencia en legados (art. 891 CC) y prelegados (890.2 CC): distinción con la partición hecha por el testador. La figura del heredero ex re certa ... 121
6.1. Posibilidad de transmitir bienes concretos con efectos inter vivos ... 121
6.2. Transmisión de bienes con efectos mortis causa, incluso con carácter singular ... 122
6.3. El heredero ex re certa ... 123
6.4. Diferencias con la partición por el testador ... 125
7. Irrelevancia de la cuestión relativa a la naturaleza jurídica de la partición hecha por el testador ... 126
III. LA PARTICIÓN DE LA HERENCIA POR EL PROPIO TESTADOR EN DERECHO COMÚN ... 127
1. Regulación en el Código civil ... 127
2. Caracteres ... 129
3. Comunidad hereditaria y partición testamentaria ... 130
4. Elementos personales. Capacidad del testador ... 132
5. Necesidad de testamento. La posible naturaleza contractual de la partición en un acto inter vivos ... 135
5.1. No se requiere testamento, ni tan siquiera someterse a las normas de la sucesión abintestato para determinar quién sucede y en qué medida ... 136
5.2. Necesidad de un testamento o, en su defecto, sometimiento a las normas de la sucesión intestada y limitación del alcance de la partición ... 146
5.3. Únicamente el testador puede partir su herencia, y no todo causante ... 148

6. Forma en que debe documentarse la partición 152
7. Elementos reales: la cuestión relativa a la partición de bienes gananciales 154
8. Partición por el propio testador y normas para la partición 167
9. Compatibilidad/incompatibilidad de la partición testamentaria con el nombramiento de contador partidor. 174
10. Partición total o parcial de la herencia 176
11. Posibilidad de que los coherederos, de común acuerdo, alteren o bien prescindan de la partición hecha por el testador: repercusión fiscal del pacto novatorio 183
12. No sujeción al principio normativo de igualdad u homogeneidad de los lotes (arts. 1061 y 1062.2 CC) 195

Capítulo Tercero. LAS OPERACIONES PARTICIONALES TÍPICAS. EFECTOS DE LA PARTICIÓN TESTAMENTARIA 205

I. LAS OPERACIONES PARTICIONALES 205
1. Introducción 205
2. Inventario del caudal hereditario 206
3. Avalúo 207
4. Liquidación 209
5. División y adjudicación 210

II. EFECTOS DE LA PARTICIÓN PRACTICADA POR EL PROPIO TESTADOR 210
1. En vida del testador. La cuestión del traslado posesorio al heredero 211
2. Una vez fallecido el testador 215
2.1. Confiere, de modo directo, la titularidad de los bienes adjudicados 215
2.2. Carácter vinculante de la partición testamentaria, en cuanto no perjudique a la legítima de los herederos forzosos 218
2.3. Los herederos podrán, de común acuerdo, prescindir o cambiar la partición hecha por el testador-partidor 220
2.4. Permitirá reivindicar los bienes adjudicados 222

III. VICISITUDES ULTERIORES QUE AFECTAN A LA PARTICIÓN Y OCURREN EN VIDA DEL TESTADOR-PARTIDOR 223
1. En los elementos personales 224
2. Adquisición de nuevos bienes u omisión de los ya existentes 226
3. Mutación en los elementos reales 227
4. Venta de un bien comprendido en la partición 228

5. Alteración del valor de los bienes asignados en la partición ... 229
6. El recurso al art. 1079 CC y su naturaleza no impugnatoria (remisión) ... 230

Capítulo Cuarto. LA LEGÍTIMA COMO ÚNICO LÍMITE A LA PARTICIÓN DEL TESTADOR EN DERECHO COMÚN ... 233

I. CONCEPTO DE LEGÍTIMA, FUNDAMENTO, NATURALEZA JURÍDICA Y VISIONES CRÍTICAS DE LA INSTITUCIÓN ... 233
1. Concepto ... 233
2. Fundamento ... 236
3. Naturaleza jurídica ... 240
4. Visiones críticas de la institución ... 244
II. LA LEGÍTIMA COMO LÍMITE A LA PARTICIÓN TESTAMENTARIA; MEDIOS DE DEFENSA ... 249
1. A modo de introducción ... 249
2. Lesión de la legítima en la partición hecha por el testador ... 255
3. Medios de defensa y garantías del derecho del legitimario ... 256
3.1. La acción de petición de herencia ... 256
3.2. La acción de suplemento y las acciones de reducción de legados y donaciones por causa de inoficiosidad ... 258
3.3. Posibilidad de promover el juicio de división de la herencia (art. 782.1 LEC), aun cuando la partición sea testamentaria ... 262
3.4. Tutela formal de la legítima: preterición (art. 814 CC) ... 272

Capítulo Quinto. INEFICACIA DE LA PARTICIÓN. LA RESCISIÓN DE PARTICIÓN LESIVA Y LA EXCEPCIÓN CONTENIDA EN EL ART. 1075 CC ... 275

I. INEFICACIA DE LA PARTICIÓN ... 275
1. A modo de introducción ... 275
2. Supuestos de nulidad de la partición ... 277
3. Supuestos de anulabilidad de la partición ... 281
4. Distinción entre nulidad y rescisión ... 282
5. El principio de conservación de la partición: favor partitionis ... 283

II. RESCISIÓN DE PARTICIÓN LESIVA: EL RÉGIMEN ESPECIAL PREVISTO EN EL ART. 1075 CC Y SUS EXCEPCIONES 286
1. Rescisión de la partición: concepto, interpretación jurisprudencial del art. 1074 CC y particiones no rescindibles 286
1.1. Concepto 286
1.2. Interpretación jurisprudencial del art. 1074 CC.. 289
1.3. Particiones no rescindibles 291
2. El régimen especial previsto en el art. 1075 CC (la excepción a la regla general del art. 1074 CC y las excepciones a la excepción) 293
2.1. El criterio valorativo del testador-partidor 296
2.2. Primera excepción al régimen especial del primer inciso del art. 1075 CC: lesión de la legítima de los herederos forzosos 297
2.3. Segunda excepción al régimen especial del primer inciso del art. 1075 CC: «que aparezca o racionalmente se presuma que fue otra la voluntad del testador»: discrepancia entre disposición y partición 303
2.4. La interpretación de la voluntad del testador 310

Capítulo Sexto. EVICCIÓN Y SANEAMIENTO ENTRE COHEREDEROS. LA EXCEPCIÓN CONTENIDA EN EL ART. 1070.1º CC 317

I. CONCEPTO DE EVICCIÓN. LA EVICCIÓN PARTICIONAL 317
1. Concepto, finalidad y regulación 317
2. La evicción particional 318
2.1. Ratio de la norma 318
2.2. Se aplicarán analógicamente los arts. 1475 y 1484 CC. La valoración de la res evicta 320
2.3. Puede extenderse a la partición el saneamiento por vicios ocultos 324
2.4. La obligación recíproca entre los herederos tiene carácter mancomunado 324
2.5. Exclusión del saneamiento 325
2.6. La finca se adjudica con gravámenes ocultos: posibilidad de rescisión ex art. 1483 CC 326
2.7. Plazos 326
II. LA EXCEPCIÓN PREVISTA EN EL ART. 1070.1º CC 327
1. Finalidad y límite de la excepción: la legítima 327

2. La distribución entre herederos ex re certa y el posible saneamiento por evicción 330

Capítulo Séptimo. INSCRIPCIÓN EN EL REGISTRO DE LA PROPIEDAD DE LAS ADJUDICACIONES DIMANANTES DE UN TESTAMENTO PARTICIONAL 331

I. ADQUISICIÓN DE LA PROPIEDAD DE LOS BIENES ADJUDICADOS 331
II. INSCRIPCIÓN EN EL REGISTRO DE LA PROPIEDAD 336
1. La publicidad registral: piedra angular del sistema 336
2. El carácter declarativo de la inscripción registral 337
3. Inscripción, como anotación preventiva, del derecho hereditario en abstracto 338
4. Inscripción de los bienes y derechos adjudicados en el supuesto concreto del testamento particional 342
4.1. Breve reseña sobre el título inscribible 343
4.2. Forma testamentaria 347
4.3. Forma extratestamentaria 348
4.4. No es preciso que los herederos consientan la partición hecha por el testador 350
4.5. A modo de resumen 352
4.6. Inscripción de la partición hecha por el testador sin que existan legitimarios 354
4.7. Inscripción de la partición hecha por el testador existiendo legitimarios 363

Capítulo Octavo. LA PARTICIÓN TESTAMENTARIA DEL ART. 1056.2 CC 373

I. INTRODUCCIÓN 373
II. ANTECEDENTES HISTÓRICOS Y REGULACIÓN ACTUAL 377
1. Antecedentes históricos 377
2. Regulación actual 378
III. NATURALEZA JURÍDICA Y FINALIDAD 380
IV. ELEMENTOS PERSONALES Y REALES; REQUISITOS FORMALES 386
1. Elementos personales: testador y adjudicatario de la explotación 386
2. Elementos reales 390
3. Requisitos formales 393

V. EL PAGO DE LA LEGÍTIMA: DISTINCIÓN ENTRE EL SUPUESTO DEL ART. 1056.2 CC Y LOS SUPUESTOS ESPECIALES DE LOS ARTS. 841 Y SS. CC 394
1. La legítima del art. 1056.2 394
2. Valoración, aplazamiento e impago 399
2.1. Valoración 399
2.2. Aplazamiento e impago 401
3. Los supuestos de los arts. 841 y ss. CC 403
VI. GARANTÍAS REGISTRALES DE LA CONMUTACIÓN DE LAS LEGÍTIMAS 409
VII. LOS PACTOS SUCESORIOS Y SU POSIBLE ADMISIÓN EN LA SUCESIÓN DE LA EMPRESA FAMILIAR 414
1. A modo de introducción 414
2. Concepto de pacto sucesorio y naturaleza jurídica. Prohibición y excepciones en el Código civil 421
2.1. Concepto 421
2.2. Naturaleza jurídica 422
2.3. Prohibición y excepciones en el Código civil 424
2.4. Pactos sucesorios en el ámbito del art. 1056.2 CC, en particular, respecto de la empresa familiar 430
2.5. Los protocolos familiares y sus limitaciones 437
VIII. SUFICIENCIA DE INSTRUMENTOS JURÍDICOS PARA ASEGURAR LA PERVIVENCIA DE LA EMPRESA FAMILIAR: UNA CUESTIÓN ABIERTA 446

Capítulo Noveno. LA PARTICIÓN HECHA POR EL TESTADOR, CAUSANTE O DISPONENTE EN LAS LEGISLACIONES AUTONÓMICAS 453

I. INTRODUCCIÓN: SUPLETORIEDAD DEL CÓDIGO CIVIL 453
II. CATALUÑA 454
1. Art. 464-4. Partición por el causante. 455
2. Art. 464-6. Partición por los coherederos. 456
3. Art. 464-10. Efectos de la partición 458
4. Art. 464-11. Garantía de conformidad 458
5. Art. 464-13. Rescisión por lesión de la partición. 459
6. Art. 464-14. Rectificación de la partición 460
7. Art. 464-15. Adición de la partición. 461
III. ARAGÓN 462
IV. GALICIA 463
V. PAÍS VASCO 466
VI. ISLAS BALEARES 467
VII. NAVARRA 468

Capítulo Décimo. LA PARTICIÓN HECHA POR EL TESTADOR EN LOS ORDENAMIENTOS EXTRANJEROS 471

I. INTRODUCCIÓN 471
II. FRANCIA 474
1. Breve introducción histórica 474
2. Partición testamentaria 476
3. Donation-partage 477
4. Regulación actual 477
III. ITALIA 480
IV. BÉLGICA 483
V. PORTUGAL 485
VI. ARGENTINA 486

Conclusiones y propuestas *de lege ferenda* 493

Bibliografía 513

Índice jurisprudencial y documental 529

Nota preliminar

El libro que el lector tiene en sus manos trae causa del trabajo de investigación que realicé para obtener el título de Doctor en Derecho, bajo la codirección de los profesores Francisco de Paula Blasco Gascó y Jesús Estruch Estruch, catedráticos de Derecho Civil en la *Universitat de València.* Su defensa pública tuvo lugar el 26 de noviembre de 2024 en la Facultad de Derecho de la citada universidad, ante un tribunal presidido por el Profesor Vicente Guilarte Gutiérrez, y del que formaron parte los Profesores María José Reyes López y Juan Antonio Moreno Martínez. A todos ellos les agradezco, sinceramente, el interés que mostraron por el trabajo, así como sus valiosas sugerencias.

Prólogo

No cabe duda de que la regulación del fenómeno sucesorio *mortis causa* en el Código civil (el derecho de sucesiones, en términos académicos; o "de las sucesiones", en la terminología del Código civil) necesita una adecuada actualización, tanto socioeconómica como puramente técnica. Esta actualización debe alcanzar a toda su regulación, no sólo al recurrente problema de la supresión o mantenimiento de la legítima o de su reformulación (que es una forma de mantenimiento).

La inmensa mayoría de las normas que regulan la sucesión *mortis causa* en el Código civil (arts. 657 a 1.087) o no han sido modificadas desde la publicación del Código civil (1888-1889) o han sufrido modificación de poco calado técnico-jurídico (fundamentalmente, las derivadas de las exigencias del principio constitucional de igualdad). Han sido, en esencia, modificaciones de adecuación a otras leyes posteriores: entre otras, a la citada Constitución de 1978, a la Ley 11/1981, de 13 de mayo, de modificación del Código Civil en materia de filiación, patria potestad y régimen económico del matrimonio, a la Ley 15/2015, de 2 de julio, de la Jurisdicción Voluntaria, o a la Ley 8/2021, de 2 de junio, por la que se reforma la legislación civil y procesal para el apoyo a las personas con discapacidad en el ejercicio de su capacidad jurídica.

No cabe duda tampoco de que una vía para profundizar en esta actualización y allanar el camino a una necesaria reformulación del derecho de sucesiones en el Código civil es precisamente el estudio monográfico de sus instituciones, como se ha hecho recientemente con la legítima (por todos, Verdera Server, R., *Contra la legítima*, Madrid, 2022) o el testamento ológrafo (García Mayo, M., *Testamento ológrafo electrónico (Una propuesta de lege lata)*, Pamplona, 2024) y como hace el Prof. Sorrentí Costa en la obra de tengo el placer de prologar: *La partición testamentaria.*

Como indica el propio título de la monografía, se trata de un estudio acerca de un tipo de partición de la herencia: la realizada por el propio testador (o testamentaria), que tiende a evitar (en la medida en que sea posible) futuros conflictos entre los coherederos.

A esta clase de partición (la testamentaria) se refiere el art. 1.056 CC, cuyo primer párrafo ("Cuando el testador hiciere, por acto entre vivos o por última voluntad, la partición de sus bienes, se pasará por ella, en cuanto no perjudique a la legítima de los herederos forzosos") conserva aún la redacción originaria; y cuyo segundo párrafo sólo ha sido modificado por la Ley 7/2003, de 1 de abril, de la sociedad limitada Nueva Empresa por la que se modifica la Ley 2/1995, de 23 de marzo, de Sociedades de Responsabilidad limitada, en aras a mantener el control de una sociedad de capital o grupo de empresas o, como dice la propia Exposición de Motivos de la citada Ley, para ordenar las relaciones entre los miembros de una familia y la sucesión de la unidad productiva, para dotarla de instrumentos que permitan diseñar, en vida del emprendedor, la sucesión más adecuada de la empresa en todas sus posibles configuraciones: societarias, empresa individual, etc.

El texto original decía: "El padre que en interés de su familia quiera conservar indivisa una explotación agrícola, industrial o fabril, podrá usar de la facultad concedida en este artículo, disponiendo que se satisfaga en metálico su legítima a los demás hijos".

Y el texto actual: "El testador que en atención a la conservación de la empresa o en interés de su familia quiera preservar indivisa una explotación económica o bien mantener el control de una sociedad de capital o grupo de éstas podrá usar de la facultad concedida en este artículo, disponiendo que se pague en metálico su legítima a los demás interesados. A tal efecto, no será necesario que exista metálico suficiente en la herencia para el pago, siendo posible realizar el abono con efectivo extrahereditario y establecer por el testador o por el contador-partidor por él designado aplazamiento, siempre que éste no supere cinco años a contar desde el fallecimiento del testador; podrá ser también de aplicación cualquier otro medio de extinción de las obligaciones. Si no se hubiere establecido la forma de pago, cualquier legitimario podrá exigir su legítima en bienes de la herencia. No será de aplicación a la partición así realizada lo dispuesto en el artículo 843 y en el párrafo primero del artículo 844".

El Prof. Sorrentí analiza exhaustivamente la figura de la partición testamentaria de la herencia, partiendo de su evolución histórica y analizando críticamente tanto las opiniones doctrinales como las resoluciones judiciales. Asimismo, aporta su regulación en los distintos derechos civiles autonómicos o propio (especialmente, en el Derecho civil de Cataluña) y en los diversos ordenamientos jurídicos extranjeros (fundamentalmente, el francés). En definitiva, hay un proceso de estudio que aboca en la redefinición o reinterpretación del art. 1.056 CC, a partir de sus antecedentes históricos, de la doctrina jurisprudencial y de las modernas regulaciones autonómicas y extranjeras.

De este modo, el autor ofrece propuestas de mejora en la regulación de la partición testamentaria en orden a su adecuación a los tiempos actuales y, en concreto, a la inscripción registral y a la sucesión en la empresa familiar.

El tema, por tanto, manifiesta un interés actual y muestra la necesidad ya advertida de modificar la regulación del derecho de sucesiones contenido en el Código civil.

No puedo, pues, menos que felicitarme por esta importante aportación a la modernización del derecho de sucesiones en el Código civil y felicitar a su autor, el Prof. Vicent Josep Sorrentí Costa por la misma, con la esperanza de que siga contribuyendo a la ciencia del derecho con más estudios de, al menos, la misma relevancia doctrinal.

València, 17 de febrero de 2025.

Prof. Dr. Francisco de P. Blasco Gascó
Catedrático de Derecho civil
Universitat de València-Estudi General

Siglas, acrónimos y abreviaturas utilizados

AA. VV.	Autores varios
AC	Actualidad Civil
ADC	Anuario de Derecho Civil
AFDUDC	Anuario da Facultade de Dereito da Universidade da Coruña
AHDE	Anuario de Historia del Derecho Española
Art./arts.	Artículo/s
BOCG	Boletín Oficial de las Cortes Generales
BOE	Boletín Oficial del Estado
C.	*Codex Iustinianus*
Cap.	Capítulo
CC	Código civil
CCJC	Cuadernos Civitas de Jurisprudencia Civil
CDFA	Código del Derecho Foral de Aragón
CE	Constitución Española
Coord./s	Coordinador/es
C.Th	*Codex Theodosianus*
Dig.	Digesto
DPEJ	Diccionario Panhispánico del Español Jurídico
Ed.	Edición
Fasc.	Fascículo
FD	Fundamento de Derecho
Ibid.	En la misma obra y diferente página.
JC	Jurisprudencia Civil (Ministerio de Justicia)
LEC	Ley de Enjuiciamiento Civil
LH	Ley hipotecaria
Ob. cit.	Obra citada
P./pp.	Página/s

RAD	Revista Aranzadi Doctrinal
RCDI	Revista Crítica de Derecho Inmobiliario
RDGRN	Resolución de la Dirección General de los Registros y del Notariado
RDGSJFP	Resolución de la Dirección General de Seguridad Jurídica y Fe Pública
RDM	Revista de Derecho Mercantil
RDN	Revista de Derecho Notarial
RDP	Revista de Derecho Privado
RGD	Revista General de Derecho
RGLJ	Revista General de Legislación y Jurisprudencia
RH	Reglamento Hipotecario
RJN	Revista Jurídica del Notariado
RN	Reglamento Notarial
SAP	Sentencia Audiencia Provincial
Ss.	Siguientes
TC	Tribunal Constitucional
TS	Tribunal Supremo
STS	Sentencia del Tribunal Supremo
STSJ	Sentencia del Tribunal Superior de Justicia
SSTS	Sentencias del Tribunal Supremo
Vid.	Véase
Vid. ult. loc.	En la misma obra y página

Introducción

La monografía que se presenta trata la partición de la herencia hecha por el propio testador: partición testamentaria, partición hereditaria o testamento particional. Expresiones, todas ellas, comúnmente aceptadas tanto por la doctrina científica como jurisprudencial que no hacen justicia al sentido propio o técnico del término «partición», pues como se estudiará, la partición efectuada por el testador *ex* art. 1056 del Código civil evita el nacimiento de la comunidad hereditaria, que no llega a formarse[1] —SSTS de 4 de noviembre de 2008[2] y 22 de mayo de 2009[3]— y, por tanto, más que ante una partición en sentido estricto, nos encontramos ante un acto de adjudicación, distribución o atribución de bienes[4], si bien tiene que existir previamente el acto dispositivo del testador, instituyendo herederos con asignación de cuota. Como se dice en la STS de 26 de enero de 2012[5]:

> *... esta partición se produce cuando* [el testador] *no sólo ha fijado la cuota que determina para cada heredero, aparte de los legados, sino que señala los bienes que integran tal cuota.*

Si bien esto es cierto, veremos que cabe la posibilidad que la propia partición, cuando es testamentaria —esto es, cuando no tenga carácter autónomo respecto al testamento al formalizarse por acto *inter vivos*— lleve a término la distribución sin asignar cuotas, es decir, de conformidad con el valor de los bienes adjudicados, en lo que el Tribunal Supremo ha venido a considerar como una «disposición distributiva»[6].

---

1 *Vid.* Albadalejo García, M., *Curso de Derecho Civil. Derecho de Sucesiones*, vol. V, undécima ed., Edisofer, Madrid, 2015, p. 140.

2 (*Tol 1401720*).

3 (*Tol 1547700*).

4 *Vid.* Blasco Gascó, F. de P., *Instituciones de Derecho Civil. Derecho de sucesiones*, 5ª ed., Tirant lo Blanch, Valencia, 2022, p. 330.

5 (*Tol 2411963*).

6 *Vid.* STS de 4 de febrero de 1994 (*Tol 1665946*): ... *en cuanto a la dimensión jurídica del acto dispositivo testamentario que otorgó en fecha 28 de marzo de 1972, la causante..., se trata de una efectiva partición llevada a cabo por la mencionada ascendiente, que el artículo 1056 del Código Civil autoriza realizar por medio de testamento, toda vez que no se hace distribución de*

Esto nos llevará a tratar —lo adelantamos ya— las divergencias que se produzcan entre la disposición y la adjudicación, distinguiendo sus efectos en función de que nos encontremos ante una partición testamentaria propiamente dicha, o ante una partición hecha al margen del testamento por cuanto así lo permite el art. 1056.1 CC, si bien recibiendo del mismo su validez.

Dicho esto, es necesario señalar, para centrar la institución objeto de estudio, que, aparte de las demás formas de partición de la herencia como la judicial, la extrajudicial practicada por los propios coherederos o por los albaceas o partidores, puede el testador hacerla de sus propios bienes, disponiendo de su patrimonio —tanto por actos *inter vivos* como *mortis causa*—, para distribuirlo entre sus herederos. Así se prevé, como ya lo hemos adelantado, en el art. 1056 CC. Podemos afirmar que el Código confiere al testador-partidor amplias facultades para partir su herencia, pues no tiene la obligación de someterse a la regla establecida en el art. 1061 CC, esto es, procurar la igualdad u homogeneidad de los lotes, pero debe respetar, en todo caso, las legítimas de los herederos forzosos y las reservas hereditarias.

Como dijo JORDANO BAREA[7], el verdadero sentido del artículo 1.056 sería el que señaló la Memoria anual del Tribunal Supremo correspondiente al año 1904, según la cual: «el precepto de este artículo no tiene más alcance que el de poder hacer en vida lo que habría que hacer con una herencia después del fallecimiento de la persona de quien procede, bien para economizar este trabajo a los herederos, bien para realizar la adjudicación de los bienes de manera más conforme con la voluntad del testador».

La norma, a la que se atribuye fuerza vinculante —*se pasará por ella*, dice el art. 1056.1 CC—, ostenta la virtualidad de conferir a cada heredero la propiedad exclusiva de los bienes que le hayan sido adjudicados de conformidad con el art. 1068 CC, siempre y

---

cuotas hereditarias, sino más bien una disposición distributiva definitiva y directa de la totalidad del caudal patrimonial entre sus dos únicos hijos, con precisión del destino de cada uno de los bienes para después de su muerte (...). En este caso los herederos han de conformarse y admitir los bienes que les fueron designados, aunque los mismos no presenten condiciones igualitarias plenas, al tener que acatar y pasar por la partición que les venía impuesta.

7 *Vid.* JORDANO BAREA, J. B., «Dictamen sobre validez de partición contenida en testamento», *ADC*, fasc. 1, 1952, p. 238.

cuando se produzca el fallecimiento del causante, pues *viventis non datur hereditas*, esto es, no se puede adquirir *mortis causa* de una persona viva.

Por otra parte, cuando la partición tiene lugar por actos entre vivos —posibilidad que permite el art. 1056.1 CC—, surge la controvertida cuestión de los pactos sucesorios, lo que nos lleva a la cuestión nuclear de cómo se relacionan entre sí los arts. 1056.1 y 1271.2 CC; este último se alza como el exponente más claro de la reticencia o desconfianza del Código a la admisión, con carácter general, del contrato sucesorio, si bien hay algunas excepciones. Como pone de relieve SAPENA TOMÁS[8]: "es axiomático en nuestra legislación común el confinamiento de la sucesión contractual".

Así pues, es esta una materia que, por su importancia y alcance, merecerá un tratamiento especial en este trabajo. Valga decir, por el momento, siguiendo a ROCA SASTRE[9], que la partición *inter vivos* hecha por el testador no supone la existencia de un contrato, "pues es un acto unilateral del causante (sentencia de 13 de junio de 1903[10]) y, además, hay simple distribución o partición y nada de disposición, que es lo que constituye la esencia de los contratos sucesorios. El causante, al partir él mismo, no se produce *per modum dispositionis*, sino *per modum divisonis*. Por ello no hay en tal caso verdadero pacto sucesorio".

La sucesión contractual, como hemos dicho, prohibida por el Código civil con carácter general[11], pero recogida ampliamente,

---

8 No sólo como consecuencia del "obstáculo casi infranqueable" del art. 1271.2 CC, sino también, al decir de este autor, de otros preceptos del Código civil "no dirigidos directamente a la misma o de carácter más concreto: arts. 635, 658, 816, 991 y 1.674. Únicamente cuando el propio Código lo permite puede pactarse sobre una sucesión futura". *Vid.* SAPENA TOMÁS, J., «Un caso de renuncia a herencia futura admitido por el Tribunal Supremo (Sentencia de 6 de mayo de 1953)», *RDP*, nº XXXVIII, abril 1954, p. 303.

9 *Vid.* ROCA SASTRE, R. M.ª, *Estudios de Derecho privado. Sucesiones*, vol. II, Revista de Derecho Privado, Madrid, 1948, p. 355.

10 JC 174.

11 Refiriéndose a ello traemos a colación, a modo simplemente introductorio, las palabras de CASTÁN VÁZQUEZ, al decir: "Nuestro Código civil, inspirado en el viejo criterio de hostilidad hacia los pactos sucesorios, tantas veces calificados de inmorales y peligrosos, se alineó entre las legislaciones que descartan la sucesión contractual, entendiendo que la sucesión sólo puede deferirse por la voluntad del hombre manifestada

según BLASCO GASCÓ[12], en todos los territorios con Derecho civil sucesorio propio —Galicia, País Vasco, Navarra, Aragón, Cataluña e Islas Baleares—, debe formar parte del presente estudio para conocer en profundidad el tema propuesto, puesto que existe una íntima relación entre la partición instrumentada mediante actos *inter vivos* y los pactos sucesorios.

Asimismo, al explicar la sucesión de la empresa (art. 1056.2 CC), debemos hacernos la pregunta de si verdaderamente continúa teniendo sentido restringir el uso de tales pactos en este ámbito, pues al decir de una parte mayoritaria de la doctrina, estos pueden constituirse en una herramienta eficaz para que el causante que quiera mantener indivisa su explotación a su fallecimiento, lo pueda conseguir. A pesar de la modificación del párrafo segundo del art. 1056 CC que introdujo la Ley 7/2003, de 1 de abril, de la Sociedad Limitada, Nueva Empresa, se ha dicho del mismo que continúa siendo insuficiente para asegurar la pervivencia de la empresa en el seno de la familia. Y es que, además, como venimos diciendo, más allá de consideraciones de tipo práctico, como señala ESPEJO LERDO DE TEJADA[13], "existe en nuestra doctrina un estado de opinión mayoritariamente favorable a los pactos sucesorios como forma de ordenar la sucesión: en consecuencia, los autores se pronuncian en favor de una modificación del criterio legal vigente en nuestro sistema, que consideran abiertamente hostil a la institución de la sucesión contractual"[14].

---

en testamento y, a falta de éste, por disposición de la ley". *Vid.* CASTÁN VÁZQUEZ, J. M.ª, «Notas sobre la sucesión contractual en el Derecho español», *ADC*, fasc. 2, 1964, p. 367.

12 *Vid.* BLASCO GASCÓ, F. DE P., *Instituciones de Derecho Civil. Derecho de sucesiones*, ob. cit., p. 158. En este sentido, CASTÁN VÁZQUEZ ha dicho que "los Derechos de las regiones forales españolas han admitido históricamente con cierta amplitud la sucesión contractual; y las Compilaciones que en los últimos años se vienen promulgando para dichas regiones, van dando cabida legal y hasta regulación detallada a los más típicos pactos sucesorios en ellas conocidos". *Vid.* CASTÁN VÁZQUEZ, J. M.ª, «Notas sobre la sucesión contractual en el Derecho español», ob. cit., p. 367.

13 *Vid.* ESPEJO LERDO DE TEJADA, M., *La sucesión contractual en el Código civil*, Universidad de Sevilla-Secretariado de publicaciones, 1999, p. 15.

14 Por ejemplo, RAMS ALBESA entiende que "la prohibición formal y tajante de la celebración de contratos sucesorios tan sólo puede entenderse e incluso explicarse adentrándose en el núcleo mismo de los «prejuicios» sociales y jurídicos que se manifestaron al tiempo de la codificación francesa, en conexión con evidentes intereses económicos y políticos

Veremos, pues, hasta qué punto esto es así, y si en relación con la empresa familiar es suficiente el mecanismo previsto en el art. 1056.2 CC para conseguir su continuidad generacional, valorando, además, la utilidad de los denominados «protocolos familiares» vista la dificultad de exigir el cumplimiento *in natura* de las cláusulas en ellos recogidas y, por tanto, de eficacia —al menos desde el prisma sucesorio—, muy limitada, al no ser posible la designación irrevocable del sucesor.

En otro orden de cosas y como parte esencial de este trabajo, diremos que el Código civil, al contrario que el Código de Napoleón, no prevé la figura híbrida de la donación-partición —*donation-partage*— como una forma de partición que, según COLIN y CAPITANT[15] "se emplea por los padres y demás ascendientes que, al llegar a una edad avanzada, quieren desentenderse de la administración o explotación de sus bienes y los donan en su totalidad o en parte a sus hijos o descendientes, y hacen en ese momento ya la partición entre ellos, y de esta suerte, siendo los hijos no solo donatarios, sino copartícipes, no están obligados a colacionarlos a la muerte del donante para repartirlos de nuevo (arts. 1.075 y 1.076)".

En nuestro ordenamiento, la sucesión es siempre *mortis causa*. Y, en el caso en particular de la partición testamentaria, siempre tendrá efectos, como hemos dicho antes, a la muerte del testador.

Por otra parte, obsérvese de una lectura literal del artículo 1058 CC, que el Código prefiere, en primer lugar, la partición hecha por el propio testador. Ello obedece, fundamentalmente, al carácter esencialmente personalísimo del acto, de la libertad de

---

que el tiempo ha venido a demostrar que estaban faltos de verdadero fundamento real, aunque se adornaron, como suele acontecer en estos casos, con toda suerte de ropajes moralistas"; por tanto, "la prohibición carece desde siempre de fundamento y hoy no cubre ningún interés que sea digno de protección legal, más bien imposibilita el tratamiento racional de las sucesiones". *Vid.* RAMS ALBESA, J., en *Comentarios al Código civil y compilaciones forales*, tomo XVII, vol. 1 B, arts. 1261 a 1280 (directores, Silvia Díaz Alabart y Manuel Albadalejo), Edersa, Madrid, 1993, pp. 465-466.

15 *Vid.* COLIN, A. y CAPITANT H., *Curso elemental de Derecho civil. Derecho sucesorio. Donaciones. Ausencia,* con notas sobre el Derecho civil español por Demófilo de Buen, tomo octavo y último, 3ª ed., Reus, Madrid, 1981, pp. 131-133.

la persona, eje sobre el que se basa la codificación[16], pues nadie mejor que él para distribuir sus bienes y evitar, en la medida de lo posible, posibles disputas entre los coherederos.

El Tribunal Supremo ha respetado siempre —aunque a veces con una excesiva rigurosidad técnica en cuanto a sus requisitos, tal vez consciente del temor que en esta materia suscita la cuestión de los pactos sucesorios, prohibidos en el derecho común—, la facultad conferida al testador en el art. 1056 CC, precisamente por lo que hemos dicho con anterioridad: la libertad del individuo; libertad que, en la sucesión *mortis causa*, es de mayor calado, al ordenar nada más y nada menos que el destino de sus bienes llegado el momento de su fallecimiento. Esta prevalencia de la voluntad del causante —insistimos otra vez en ello porque es fundamental para comprender la institución—, se observa muy claramente en la propia ubicación sistemática del precepto —y, obviamente, por los efectos jurídicos que se atribuyen a la partición testamentaria—, no resultando baladí, pues es el primero de los tipos de partición de que trata el Código civil, relegando a un segundo plano el resto de las modalidades particionales, a saber: la realizada por el contador-partidor designado por el propio testador, o designado a solicitud de una mayoría de los herederos conforme a las reglas que establecen la designación de contador-partidor dativo *ex* art. 1057; la que realizan los propios coherederos *ex* art. 1058 CC; y la judicial *ex* art. 1059 CC.

En el sentido que estamos comentando, es reseñable la STS de 28 de junio de 1961[17], cuando dice:

> *... que por muy diferentes caminos las legislaciones admiten la posibilidad de que todos los testadores o por lo menos los ascendientes realicen por sí mismos la partición y distribución de sus bienes, lo que lleva a cabo de modo lacónico el artículo 1056 del Código civil otorgando una amplia libertad.*

---

16 *Vid.* Blasco Gascó, F. de P., «Codificación y jurisprudencia, ley y criterio jurisprudencial» —prólogo—, en AA. VV., *Código civil con jurisprudencia sistematizada*, 2ª ed., Tirant lo Blanch, Valencia, 2015, p. 191.

17 (*Tol 4336899*).

Pero con esta partición no únicamente se evitan disputas, sino también y desde el prisma fiscal, al decir de RUBIO GARRIDO[18], "el ahorro —nada despreciable— de la escritura de partición de herencia, con sus gastos notariales y, casi siempre, de asesoramiento letrado, y tributos conexos al instrumento público de partición". Es esta también otra perspectiva a tener muy en cuenta, máxime cuando los herederos alteran o prescinden completamente de la partición del testador, pues tales actos, que no tienen la naturaleza de «particionales» sino de «pactos», son vistos por la Administración Tributaria como nuevas disposiciones que deben tributar separadamente por el impuesto que corresponda —donaciones o transmisiones patrimoniales onerosas, aparte del impuesto sobre actos jurídicos documentados—. Veremos si esta «sanción tributaria» desincentiva el acuerdo, pues si existe una partición testamentaria y los coherederos, de común acuerdo, la modifican, se habrá cumplido, al fin y al cabo, el deseo del testador: evitar la disputa entre ellos. El temor a una nueva tributación puede rebajar las expectativas de ese acuerdo.

También, como elemento nuclear, analizaremos la cuestión relativa a la naturaleza de la partición testamentaria, pues no toda disposición del testador realizada sobre bienes hereditarios puede estimarse como una verdadera partición en los términos del art. 1056 CC. Para que esto suceda deben darse, *a priori* y cumulativamente, todos los elementos exigidos por la doctrina jurisprudencial —por todas, STS de 7 de septiembre de 1998[19]—; a saber: inventario de bienes, avalúo, liquidación y formación de lotes objeto de las adjudicaciones correspondientes. En caso contrario nos encontraremos ante las denominadas, doctrinalmente, normas para la partición, en cuya virtud el testador se limita a expresar su voluntad para que, llegado el momento de la partición, determinados bienes se adjudiquen en pago de su cuota a los herederos que mencione[20], si bien muchas veces la frontera di-

---

18 *Vid.* RUBIO GARRIDO, T., «La partición por el testador: algunos aspectos problemáticos, al hilo de la Sentencia de 4 de noviembre de 2008», *RAD*, nº 8, diciembre-2009, p. 21.

19 (*Tol 5156964*). En términos muy similares, *vid.* STS de 8 de marzo de 1989 (RJ 1989, 2023).

20 *Vid.* RDGRN de 5 de abril de 2019 (*Tol 7190034*), donde la cuestión planteada no era otra que determinar si la escritura presentada en el Registro de la Propiedad era una partición hecha por la testadora —en

visoria entre la partición testamentaria y las normas particionales será difusa, debiendo estar al caso en concreto y a la terminología utilizada por el testador, lo que nos lleva al complejo escenario de determinar cuál fue su verdadera voluntad. En efecto, algunas resoluciones —por ejemplo, STS de 21 de julio de 1986[21]— han entendido, por contra, que, sin concurrir todas las operaciones previas necesarias, como el inventario o el avalúo, la partición hecha por el testador no pierde su propia naturaleza, si bien estos pasos deberán consumarse para comprobar que la partición es respetuosa con las legítimas, para fijar su valor *ex* art. 818 CC; y precisamente para esto es requisito indispensable la elaboración de un inventario, el avalúo de los bienes y la fijación del haber partible —STS de 8 de marzo de 1989[22]—.

No es habitual, dicho sea de paso, que una disposición testamentaria cumpla con todos los requisitos mencionados anteriormente, bien por desconocimiento de los testadores, bien por la complejidad de las operaciones particionales en sí, o porque, en suma, el testador no puede conocer cuáles serán las deudas en el momento de su fallecimiento y no pueda llevar a cabo la operación de liquidación. Es aquí donde, a efectos registrales —para que la partición hecha por el testador tenga virtualidad como título inscribible—, se exige como «operación complementaria» la referida operación de liquidación de deudas, tutelando de alguna manera el derecho de los acreedores —propio del Código civil según las reglas generales—, e impidiendo la inscripción en el Registro de la Propiedad de las titularidades que han sido directamente adjudicadas por el causante *ex* art. 1056 CC. De igual manera cabe referirse a la exigencia registral de la necesaria concurrencia de los legitimarios para salvaguardar así su legítima: la inscripción definitiva quedará al albur de la voluntad de estos, que podrán bloquearla si no consienten la partición, perdiéndose la finalidad última de la figura: la evitación del conflicto.

---

cuyo caso no es precisa la concurrencia de todos los herederos en la partición— o, simplemente, ante normas particionales —en cuyo caso la escritura de aceptación y adjudicación de herencia debe ser otorgada por todos los legitimarios—.

21 (*Tol 1734780*).

22 (*Tol 1731552*).

No obstante, creemos, pese a ello, que puede ser una herramienta muy útil para evitar futuras discusiones entre los coherederos inherentes a la situación de comunidad hereditaria, satisfaciéndose de una forma más efectiva los deseos del testador, al ser él mismo quien diseña el reparto de sus bienes antes de su fallecimiento, con plena libertad y autonomía.

Expuesto todo cuanto antecede, el libro que el lector tiene en sus manos, pretende, en definitiva, realizar un análisis exhaustivo de la naturaleza jurídica, los elementos y el alcance práctico del denominado testamento particional, o de la partición testamentaria, partiendo de sus antecedentes históricos en el derecho romano hasta su regulación actual en el Código civil, pues resulta ineludible, para entender la institución, contextualizarla históricamente, con la finalidad de dar una respuesta solvente y fundada a los problemas que se plantean en la actualidad en torno a la misma, pues una sociedad moderna demanda medios y mecanismos jurídicos que se adapten y den respuesta a las nuevas necesidades, a los nuevos retos de nuestra época.

En definitiva, debemos poner en valor los múltiples beneficios que puede reportar esta institución en una sociedad que demanda, cada vez más, un mayor grado de libertad y autonomía en una parcela tan relevante del Derecho privado como es la relativa a la sucesión, al «fenómeno sucesorio», que, como refiere VALLET DE GOYTISOLO[23], "en un aspecto puramente empírico, consiste en que, ante el fallecimiento del titular de unos bienes, le sustituya otro nuevo titular que recibe ya sea los mismos bienes o bien el resultado de la liquidación del patrimonio integrado con éstos". Si es el propio causante quien puede hacer en vida la distribución de sus bienes, quien puede decidir en manos de qué legitimario quedará la empresa familiar, se habrá respetado escrupulosamente su voluntad, incuestionable, que devendrá la ley de la sucesión.

Para ello, el estudio que se presenta trata todas las particularidades de la institución para un entendimiento completo de la misma. Ya se han adelantado algunos de los aspectos más sobresalientes; podemos añadir algunos más: las vicisitudes propias de este tipo de partición —variaciones en la composición del patrimonio o de la familia, pérdida o aumento del valor de los bienes,

---

23 *Vid.* VALLET DE GOYTISOLO, J. B., *Panorama de Derecho civil*, Bosch, Barcelona, 1963, p. 265.

etc.—; la ineficacia de la partición —nulidad y anulabilidad— a la vista del principio *favor partitionis*; la intangibilidad de la legítima y las acciones para su defensa; los regímenes especiales de saneamiento por evicción y vicios ocultos y rescisión por lesión *ex* arts. 1069, 1070.1°, 1074 y 1075 CC; o la cuestión relativa a la conmutación de la legítima en el ámbito del art. 1056.2 CC y su garantía registral.

Además de todo lo anterior, trataremos también la institución desde la perspectiva de los ordenamientos forales —capítulo noveno, con una mención especial en el capítulo primero al Derecho civil valenciano—, y se llevará a cabo una labor de contraste —capítulo décimo— con las legislaciones de Francia, Italia, Bélgica y Portugal. También con el Código Civil y Comercial de la Nación de Argentina, pues el Proyecto de 1851, pieza clave del proceso codificador español —que se remonta a principios del S. XIX y dura más de setenta años—, fue una de las fuentes que tuvo en consideración Dalmacio Vélez Sársfield para la elaboración del primer Código civil argentino, sancionado dos décadas antes (1869) de que entrase en vigor el Código civil español, y que ha sido derogado por el vigente de 2015.

Capítulo Primero

Antecedentes históricos

I. DERECHO ROMANO Y JUSTINIANEO

1. Introducción

El maestro civilista CASTÁN TOBEÑAS[24], al referirse a la partición efectuada por el propio testador, toma como punto de partida el derecho romano, que reguló esta modalidad particional hecha por el padre o ascendiente entre sus hijos o descendientes —*diviso parentum inter liberos*—. Especialidad que fue recogida, posteriormente, por el Derecho histórico castellano —Leyes 7ª y 8ª, título I de la Partida VI y Ley 19 de Toro—, cuyo análisis se llevará a cabo en el presente capítulo.

Pero no únicamente el derecho romano tuvo en cuenta este tipo de disposiciones particionales, sino que se ha podido constatar, según BLANCO RODRÍGUEZ[25] que, en todas las épocas históricas de la humanidad, ha existido la necesidad de favorecer aquellos actos de carácter dispositivo que los padres realizan en beneficio de sus hijos, como los precedentes hebreos, indios o griegos.

---

24 *Vid.* CASTÁN TOBEÑAS, J., *Derecho civil español, común y foral*, t. 6, vol. I, Reus, Madrid, 1989, pp. 342 y ss. *Vid.* STS de 6 de marzo de 1945 (*Tol 4458418*), cuya ponencia, la número 159, corrió a cargo del propio CASTÁN (siendo el resto de magistrados de Sala, los siguientes: don José Márquez Caballero, don Celestino Valledor, don Felipe Gil Casares, don Manuel de la Plaza, don Juan Hinojosa y don Ismael Rodríguez Solano), en la que detalladamente se exponen los antecedentes históricos de la partición hecha por el propio testador, constituyendo el punto de partida el Derecho de Roma. *Vid.* HERNÁNDEZ GIL, A., *Las sentencias civiles de don José Castán Tobeñas*, Consejo General del Poder Judicial, Madrid, 1990, pp. 378-384. Sobre la vida y obra de José Castán, *vid.* SERRANO GONZÁLEZ, A., *Un día de la vida de José Castán Tobeñas*, Tirant lo Blanch-Universitat de València, Valencia, 2000.

25 *Vid.* BLANCO RODRÍGUEZ, M.ª L., *Testamentum parentum inter liberos*, Secretariado de Publicaciones de la Universidad de Valladolid, Valladolid, 1991, p. 9.

Resulta ineludible, para entender la partición testamentaria, realizar, con carácter previo, un estudio sobre el Derecho sucesorio romano, analizando sus líneas maestras. Y ello con el fin de no caer en el error de difuminar el objetivo que se pretende con el presente trabajo: ofrecer respuestas concretas a los interrogantes que, en la actualidad, plantea la institución desde un prisma eminentemente práctico, tomando como referencia los estudios previos sobre la materia, pero sin obviar la necesaria contextualización histórica.

En tal sentido, como afirma MIQUEL[26], "lo fundamental en el estudio del derecho romano es que ayuda a comprender que el Derecho es primordialmente un producto histórico". Es más, constituye la "base de los Ordenamientos jurídicos de la Europa continental", resultando imprescindible acudir a él para tener un "cabal conocimiento de cualquiera de ellos".

GROSSI[27] sostiene que "el Derecho, a pesar de lo que pueda parecer a un observador vulgar, es un «material» social y cultural extraordinariamente adecuado para ser observado y evaluado históricamente. Observándolo históricamente no solamente no se incurre en falta, sino que se crean unos anteojos apropiados para recoger y evaluar la trama esencial del mismo". Y ello a través de lo que él denomina la "experiencia jurídica", como "esquema interpretativo ordenador y unificador del devenir histórico-jurídico".

Las páginas que siguen a continuación tienen por finalidad contextualizar, históricamente, la institución, pues como afirma ATIENZA RODRÍGUEZ[28], "no es imaginable una dogmática jurídica

---

26 *Vid.* MIQUEL, J., *Derecho romano*, Marcial Pons, Madrid, 2016, p. 26, donde el autor, además, trae a colación la siguiente cita de PUGLIESE: "Considerar el Derecho en su devenir histórico es el único modo de conocerlo completamente; se adquiere el sentido de su relatividad y se aprende, por otra parte, cuanto haya en él de instancias y medios técnicos permanentes, superando la impresión de arbitrariedad y de artificio que procura el examen estático de un Derecho vigente". En el mismo sentido que MIQUEL señala ATIENZA RODRÍGUEZ que "el origen de la ciencia del Derecho occidental está en la Jurisprudencia romana". *Vid.* ATIENZA RODRÍGUEZ, M., *El sentido del Derecho*, Ariel, Barcelona, 2012, p. 239.

27 *Vid.* GROSSI, P., *El orden jurídico medieval*, Marcial Pons, Madrid, 1996, p. 44.

28 *Vid.* ATIENZA RODRÍGUEZ, M., *El sentido del Derecho*, ob. cit., p. 255. El autor se refiere, también, a la importancia que tenía para SAVIGNY el

de auténtico valor sin una suficiente perspectiva histórica y comparativa y que no proceda a un análisis riguroso de los conceptos que utiliza".

Para tal cometido, la estructura a seguir desde el punto de vista expositivo es la siguiente: i) se parte del estudio del binomio conceptual «familia-herencia», tan arraigado en el Derecho hereditario de Roma, clave para entender el mismo y que subyace como fundamento o como razón de ser del acto particional; ii) se analiza el concepto de la sucesión universal *mortis causa* y los principios que la rigen; iii) se estudia la cuestión relativa a la *hereditas* y la partición de herencia; y iv) se examinan las disposiciones *inter liberos*: *testamentum* y *divisio*, considerada, esta última, como una operación meramente distributiva del patrimonio hereditario del padre, quien, sustituyendo al *arbiter familiae erciscundae,* la realiza entre sus hijos, al ser él quien mejor conoce las necesidades y aptitudes de cada uno de ellos[29].

2. *La familia como presupuesto del derecho sucesorio romano*

En el derecho romano, no se puede entender la sucesión hereditaria sin tener en cuenta la estructura de la familia agnaticia, que descansaba sobre la figura de una única persona, el cabeza de familia —*pater familias*—, único titular de derechos y obligaciones, así como de las potestades familiares —*manus* sobre su mujer, *patria potestas* sobre sus hijos y *dominica potestas* sobre sus esclavos—[30].

---

conocimiento de la historia del Derecho de cada pueblo, como condición indispensable para la construcción de una ciencia sistemática del Derecho (*vid.* p. 254).

29 *Vid.* Blanco Rodríguez, M.ª L., *Testamentum parentum inter liberos,* ob. cit., p. 159.

30 Para Rodríguez-Arias Bustamante, en el derecho romano primitivo existía un jefe único —el *pater*—, y sobre él se asentaba la organización (patriarcal, en suma) de la familia; él, más que titular de bienes o de derechos, asumía las funciones de su cargo, pues era considerado el jefe doméstico, y ejercía más bien un *imperium* que un *dominium.* Por esto, al morir, todo quedaba reducido a ser sustituido por otro. En esto se diferencia del Derecho hereditario germánico, que era un Derecho de familia, donde los herederos eran natos, no elegidos, existiendo una comunidad patrimonial que en vida del causante existía entre él y sus

Siguiendo a VALIÑO[31], la clave para entender el papel del cabeza de familia en esta estructura patriarcal y solidaria debe buscarse en sentido negativo, es decir, sin tener en cuenta el concepto actual de un «padre» con hijos, sino una persona que no está sometida a un padre, bien porque este falleció, bien por haber emancipado en vida al hijo. Como paradoja, un niño de pocas semanas o meses de vida podía ser *pater familias* en el caso de haber fallecido su propio padre, si bien, aunque tuviese capacidad jurídica —permitiéndole ser propietario de bienes o titular de créditos, etc. —, le faltaría la capacidad de obrar, de realizar, por sí mismo, negocios jurídicos con terceros, debiendo estar asistido, en tal caso, por su tutor.

Cuando el padre vivía, una serie de personas integrantes de la familia estaban sometidas a su *potestas*. Cuando tenía hijos, los tenía sujetos a su potestad, recibiendo el nombre de *filii familias* o *aliene iuris* —sometidos—, por contraposición a los *sui iuris*, que eran las personas independientes, como el propio *pater familias* o su esposa —si se había casado sin someterse al poder especial que se llamaba *manus*—, si bien, en el caso de las mujeres, nunca ejercerían la *potestas* sobre sus hijos, aunque fuesen huérfanos de padre, ya que la misma se transmitía, exclusivamente, a los hijos varones. No obstante, siendo *sui iuris*, sí que podían ser dueñas de bienes muebles, inmuebles, titulares de derechos etc., y por tanto, podían realizar testamento para determinar el destino de su patrimonio después de su muerte[32].

Se puede afirmar, atendiendo a esa realidad, que herencia y familia son dos conceptos estrechamente vinculados, complementarios e indisociables. Prueba de ello era cómo se denominaba a la acción de partición de herencia: *actio familiae erecíscundae*.

---

herederos, reunidos en su hogar. *Vid.* RODRÍGUEZ-ARIAS BUSTAMANTE, L., «Efectos de la partición *inter vivos* que regula el artículo 1.056 del Código Civil», *RGLJ*, nº 191, 1952, p. 308.

31 *Vid.* VALIÑO, E., *Instituciones de Derecho Privado Romano*, Pentagraf impresores, Valencia, 1988, p. 319.

32 *Vid. ult. loc.* Sobre el particular, afirma VALIÑO que los hijos no tenían derechos hereditarios sobre tales bienes en la sucesión intestada de su madre, hasta que así se les reconoció en el derecho clásico avanzado.

A través de la herencia se garantizaba, al decir de PANERO GUTIÉRREZ[33], la continuidad de la familia, mediante el traspaso del patrimonio del difunto —también el pasivo—, en su conjunto, como una universalidad, a alguno o algunos de sus familiares.

SANTA CRUZ TEIJEIRO[34] pone el foco de atención sobre esta misma realidad, en el sentido de que las personas llamadas a la sucesión eran los miembros de la familia y de la *gens*. Cuando se producía el fallecimiento del cabeza de familia, su patrimonio pasaba a los hijos e hijas pertenecientes a la *domus* como *domestici heredes*. Pero si, por el contrario, no existían tal clase de herederos, el patrimonio pasaba a los familiares y gentiles de fuera de la casa.

En el mismo sentido, para ARIAS RAMOS[35] hubo, en un primer momento, un Derecho sucesorio regido por el *ius civile*, "formalista, duro, apoyado en las bases de la propiedad quiritaria y de la familia agnaticia creada y sostenida por la idea de la *potestas*. Siguió después otro período que se prolonga durante toda la época clásica en el que se proyecta sobre el derecho de sucesiones el dualismo del *ius civile* y del *ius honorarium*. Al lado del Derecho sucesorio civil, el pretor moldea con sus disposiciones un Derecho sucesorio honorario, suavizando formalismos, evitando rigideces, haciendo entrar en el disfrute de la sucesión a los unidos al difunto por vínculos de consanguinidad, aun cuando no formaran parte de su familia civil".

La aparición del testamento supondrá un punto de inflexión. Las ideas de propiedad y autonomía individual se impondrán a los lazos familiares, y la voluntad del *pater familias* sobrevivirá a la muerte de este. El testamento será la ley —*lex privata*— que fije y regule el destino de sus bienes, pudiendo ocurrir que se sustraiga

---

33 *Vid.* PANERO GUTIÉRREZ, R., *Derecho romano*, 2ª ed., Tirant lo Blanch, Valencia, 2000, p. 700.

34 Entiende este autor que la justificación de que esto fuese así estribaría en que, en la época primitiva, sólo existía un patrimonio común de la *gens* y no un patrimonio individual del cabeza de familia, hasta el punto de que este derecho hereditario del grupo familiar no podía ser excluido ni mermado por el *pater familias*, aun siendo titular de su patrimonio. *Vid.* SANTA CRUZ TEIJEIRO, J., *Instituciones de Derecho romano*, Revista de Derecho Privado, Madrid, 1946, p. 467.

35 *Vid.* ARIAS RAMOS, J., *Derecho romano*, Revista de Derecho Privado, Madrid, 1943, p. 242.

el patrimonio a los miembros del grupo familiar y gentilicio, incluso a los propios hijos, y se adjudique a los extraños[36].

También VALIÑO[37] toma en consideración las atribuciones del *pater familias* en el orden sucesorio, personas «independientes» —*sui iuris*— y titulares de bienes, a quienes se les reconocía la facultad de disponer de los mismos a través del testamento, aunque podía ocurrir que el difunto no lo hubiese hecho, o que, haciéndolo, no fuera válido, o el heredero testamentario no quisiera o no pudiera aceptar la herencia, como en el caso del que hubiera muerto antes que el testador. En estas situaciones, la ley suplía la voluntad del *de cuius*, estableciendo quiénes eran los herederos y cómo debía repartirse la herencia —sucesión *abintestato* o legítima—.

La sucesión legítima se consagró, en el derecho romano antiguo, a través de las XII Tablas, que disponían el orden sucesorio a seguir en estos casos, tomando como base el parentesco agnaticio[38].

En primer lugar, eran llamados los *heredes sui*, es decir, los descendientes del causante que estuvieran bajo su *potestas* en el momento de su muerte, incluyendo a los póstumos. También la

---

36 *Vid.* SANTA CRUZ TEIJEIRO, J., *Instituciones de Derecho romano*, ob. cit., p. 467. Según este autor, aunque esto fuese así, era tan fuerte el derecho hereditario de los hijos como *domestici heredes* y como cotitulares de la herencia, que el padre tenía que excluirlos expresamente, desheredarlos. Será la base sobre la que se asiente el derecho hereditario forzoso (*vid.* p. 468).

37 *Vid.* VALIÑO, E., *Instituciones de Derecho privado romano*, ob. cit., p. 338.

38 Según VALIÑO, los romanos distinguían, desde una época antigua, entre parientes agnados y parientes cognados. Los primeros son todos aquellos que estarían sujetos a una misma potestad de no haber muerto ya el antecesor común. El fundamento del parentesco agnaticio, según este autor, dependería de la existencia de la potestad, de suerte que los esclavos, aun integrados en el grupo familiar, no serían agnados entre sí ni respecto de los hijos del *pater familias*, pues el parentesco agnaticio tiene virtualidad, únicamente, respecto de los "libres", de aquellas personas carentes de dueño. Por otra parte, los parientes cognados, son aquellas personas que no tienen entre sí un parentesco civil, sino un parentesco natural o de sangre, por ejemplo, el parentesco que tienen las madres con sus hijos, y viceversa, pues las mujeres no pueden ejercer la patria potestad, que da lugar al parentesco agnaticio; también los hijos no-legítimos o adulterinos; o los hijos emancipados, pues la *emancipatio* rompe el parentesco agnaticio con la familia de origen. *Ibid.*, pp. 319 y ss.

mujer del difunto, que hubiera entrado a su familia por una *conventio in manu,* ocupaba el lugar de una hija. La nuera *in manu,* el de nieta. La división del patrimonio se hacía del modo siguiente: entre los herederos del mismo grado, por cabezas; entre los herederos de grado distinto, se repartía primero por estirpes y, dentro de cada estirpe, por cabezas (Gayo, 3, 8).

En segundo lugar, cuando no había *heredes sui,* la herencia se ofrecía a los agnados, excluyendo el más cercano en grado al más remoto (Gayo, 3, 9-11).

Si el agnado más próximo no aceptaba la herencia, ésta no se ofrecía sucesivamente a los de ulterior grado, sino que, en tercer y último lugar, se llamaba a los miembros de la *gens,* del clan, del grupo familiar en una concepción amplia (Gayo, 3, 17).

Así pues, testamento y ley eran, en el derecho romano, las dos únicas causas de vocación de la herencia, no siendo posible una sucesión mixta, esto es, un reparto de bienes siguiendo las normas de la citada ley y, al propio tiempo, la voluntad del testador expresada en testamento, pues *nemo pro parte testatus pro parte intestatus decedere potest.* Ambas formas de sucesión se excluían mutuamente.

En conclusión, se puede afirmar que cuando se estudia el Derecho hereditario romano debe ser desde esta óptica. Debe analizarse teniendo en cuenta esta realidad sociológica, esta peculiar estructura familiar, que no recae sobre individuos, sino sobre el *pater familias,* así como los fines que se persiguen a través de esta estructura.

En parte, y en lo relativo al concreto acto particional hecho por el propio causante, el mismo encuentra su razón de ser, precisamente, sobre las necesidades de sus descendientes, que subyacen, conscientemente, en ese acto, permitiéndole modular la distribución de su patrimonio en función de estas.

3. La sucesión **mortis causa** *y los principios sucesorios*

Para BIONDI[39], la necesidad del Derecho sucesorio romano descansa sobre dos presupuestos: uno jurídico, que es la subjeti-

---

[39] *Vid.* BIONDI, B., *Diritto ereditario romano,* Giuffrè editore, Milano, 1954, p. 1.

vidad jurídica, esto es, la capacidad de ser titulares de relaciones jurídicas que la ley reconoce a todos los hombres; y otro fáctico, que es la inevitable muerte de las personas. Dadas estas premisas, dice este autor, parece necesario que sea la ley la que determine la suerte que han de correr las relaciones jurídicas que conciernen al sujeto cuando éste muera. Pero ello sin perjuicio de que sea, el propio *de cuius*, quien determine cómo se distribuirán sus bienes cuando llegue el momento de su muerte, como una manifestación máxima de la libertad del individuo, de su autonomía privada.

La palabra sucesión, proveniente del latín *successio*, se utiliza para expresar la transmisión de relaciones jurídicas que ha lugar a la muerte de una persona. Por ello se llama sucesión *mortis causa*. Los herederos pasan a ocupar el lugar del autor de la sucesión, lo suceden en su situación jurídica[40].

Suceder, en el lenguaje jurídico, indica el fenómeno por el cual una persona subentra en la situación jurídica de otra. Es el traspaso de una situación jurídica, que resta inalterada, de una persona a otra[41].

Aunque en el derecho romano, la transmisibilidad era la pauta general, no todas las relaciones jurídicas de las que era titular el difunto eran transmisibles. No formaban parte del objeto de la herencia —y por lo tanto no pasaban al heredero—, las pertenecientes al Derecho público —magistraturas, cargos públicos que el difunto desempeñaba, etc.—. Y en la esfera del Derecho privado, eran intransmisibles las relaciones jurídico-familiares —*manus*, patria potestad, tutela, etc.—, incluso algunas de carácter

---

40 *Vid.* MORINEAU IDUARTE, M. e IGLESIAS GONZÁLEZ, R., *Derecho romano*, 4ª ed., Oxford University Press, México, 2001, p. 209. En el mismo sentido, para CASTÁN, sucesión, en sentido gramatical, significa acción de suceder —del verbo latino *succedere*—, colocarse una persona en lugar de otra, sustituyéndola. En sentido jurídico, la sucesión implica sustitución en la titularidad de los derechos o en las relaciones o situaciones jurídicas. La sucesión, en su sentido amplio, como sinónimo de transmisión, puede ser tanto *inter vivos* como *mortis causa*, siendo esta última la subrogación de una persona en los bienes y derechos transmisibles, dejados a la muerte de otra, en sus dos modalidades, sea a título universal, sea a título particular. *Vid.* CASTÁN TOBEÑAS, J., *Derecho civil español, común y foral*, ob. cit., pp. 39 y ss.

41 *Vid.* BIONDI, B., *Diritto ereditario romano*, ob. cit., p. 1.

patrimonial como el usufructo, el uso, la *habitatio* o, por ejemplo, las obligaciones *ex delicto*[42].

Para que se diera el fenómeno de la sucesión *mortis causa*, según ARIAS RAMOS[43], se requería de los siguientes sujetos: en primer lugar, la muerte de una persona, el causante, capaz de tener un heredero, que eran, únicamente, el hombre que gozaba de los tres *status* —hombre libre, ciudadano y *pater familias*—, y la mujer libre, romana y *sui iuris*; en segundo lugar, la existencia de otra persona capaz de ser heredero y designada como tal.

Además, debían darse estas dos fases: la delación de la herencia —*delatio hereditatis*—, en virtud de una causa o título válidos —testamento o ley, como se ha expuesto antes—; y la *adquisitio hereditatis*, momento en que el *heres* se hacía cargo de la herencia y ejercía como tal.

A continuación, tomando como referencia a MIQUEL[44], se mencionarán los principios del Derecho sucesorio romano, claves para entender esta materia, y que se pueden agrupar del modo siguiente.

En primer lugar, el carácter universal de la sucesión. El heredero ocupaba la misma posición jurídica que tenía el causante. Lo que importa, según MIQUEL, no es tanto el traspaso de derechos de una persona a otra sino la identidad de posición jurídica[45]. De este principio se derivan las siguientes consecuencias:

a) El principio de la responsabilidad *ultra vires hereditatis*. El heredero respondía de todas las deudas del causante, aunque el activo de la herencia no alcanzase a cubrir esos débitos, es decir, respondía incluso con su propio patrimonio[46].

---

42 *Vid.* ARIAS RAMOS, J., *Derecho romano*, ob. cit., pp. 250 y ss.

43 *Ibid.*, p. 250.

44 *Vid.* MIQUEL, J., *Derecho romano*, ob. cit., pp. 301 y ss.

45 *Ibid.*, p. 300.

46 Efectivamente, una particularidad muy característica del derecho romano era que el patrimonio heredado no constituía una masa patrimonial distinta del patrimonio del *heres*, del propio heredero, sino que, una vez se adquiría por herencia el patrimonio del causante, el mismo se confundía con el propio del heredero. En este sentido se ha afirmado que, "esta ilimitada responsabilidad del heredero por las deudas de su causante constituye la nota más peculiar de la herencia romana". *Vid.* SANTA CRUZ TEIJEIRO, J., *Instituciones de Derecho romano*, ob. cit., p. 466.

b) La incompatibilidad de la delación testamentaria y *abintestato*, a la que ya se ha hecho mención con anterioridad. Si el *de cuius* sólo disponía de una parte de la herencia, en la parte restante no se llamaba a la sucesión a los herederos *abintestato*, sino que los instituidos en testamento aumentaban proporcionalmente su cuota hereditaria —*ius adcrescendi*—. Los *heres* tenían tal consideración o por testamento o por ley, pero no parte por testamento y parte por la ley —*nemo pro parte testatus pro parte intestatus decedere potest*—.

c) La imposibilidad de instituir heredero en cosa cierta y determinada, por ejemplo, nombrando a dos herederos para repartir separadamente los inmuebles urbanos y rústicos. El heredero sucedía en un todo, en bloque, y no en cosas singulares[47].

d) Consustancialidad de testamento e institución de heredero, en el sentido de que la institución de heredero era condición necesaria y también suficiente para la existencia de testamento. Dicho en otras palabras, sin institución de heredero no había testamento y sin testamento no había institución de heredero.

e) Perdurabilidad del título sucesorio. El nombramiento de heredero no podía someterse ni a condición ni a término resolutorio, pues *semel heres semper heres.* El cumplimiento del hecho futuro e incierto sobre el que descansa la condición resolutoria, o la llegada del término provocaría que se dejara de ser heredero, y esto era incompatible con el principio de la universalidad de la sucesión, salvo dos excepciones: las sustituciones hereditarias y el fideicomiso.

---

[47] Los jurisconsultos romanos no podían admitir la validez de la *instituto ex re certa*, pues en caso contrario, para el resto de bienes y deudas, tendría que acudirse a la sucesión intestada, violando el principio de que no hay una sucesión en parte ordenada por el testamento y en parte por la ley. No obstante, como señala Arias Ramos, cuando los herederos eran varios, se acabó por buscar soluciones que permitieran respetar en parte, a pesar del aludido carácter universal, los deseos del testador". *Vid.* Arias Ramos, J., *Derecho romano*, ob. cit., pp. 273 y ss. La solución del Derecho clásico sería considerar como no hecha la mención de la cosa cierta. *Vid.* Miquel, J., *Derecho romano*, ob. cit., p. 302.

f) Tanto en la sucesión testamentaria como en la legítima podían diferenciarse dos clases de herederos: necesarios y voluntarios.

Por una parte, herederos necesarios —*heredes neccessarii*—, eran, en primer término, los esclavos del causante nombrados en su testamento —únicamente podrán aparecer en la sucesión testamentaria—; en segundo lugar, los *heredes sui*, es decir, aquellas personas que, a la muerte del causante, se hacían *sui iuris*, independientes, y solían ser sus hijos y sus hijas, que quedaban libres de la patria potestad doméstica cuando fallecía su padre, convirtiéndose, automáticamente, en "cabezas de familia", al no depender de nadie, cualquiera que fuese su edad. Como dice VALIÑO, los herederos necesarios eran herederos "a su pesar", puesto que no podían repudiar la herencia dados los vínculos que les unían al difunto, "y por ello son titulares de la *hereditas* al segundo siguiente de morirse el *de cuius*"[48].

Por otra parte, los herederos voluntarios —el resto—, sí que podían repudiar la herencia si lo creían necesario. Sea que hubieren sido instituidos como herederos en testamento, sean parientes del causante —hermanos, tíos, primos, etc.—, para ser herederos de pleno derecho debían aceptar la herencia, expresa o tácitamente.

g) Intransmisibilidad de la delación. El llamamiento a una herencia era, para los romanos, un acto personalísimo. No podía cederse a otro el derecho a aceptar una herencia ofrecida pero todavía no aceptada, ni siquiera al heredero de la persona a quien se le había ofrecido.

h) Para el derecho romano, no cabía la posibilidad de un convenio entre el causante y sus eventuales herederos en orden al reparto de sus bienes para después de su muerte, es decir, no cabe la denominada sucesión contractual o los pactos sucesorios.

En segundo lugar, la primacía de la delación testada sobre la intestada, principio que se mantendría en todas las épocas del derecho de Roma, al menos a partir de las XII Tablas[49].

---

48 *Vid.* VALIÑO, E., *Instituciones de Derecho privado romano*, ob. cit., p. 340.

49 *Vid. ult. loc.*

La sucesión *abintestato* sólo entraría en juego en defecto de la sucesión testamentaria, y esto cuando: i) no existía un testamento; ii) cuando, existiendo, el mismo no era válido; iii) cuando, incluso siendo válido, sobreviniese posteriormente su invalidez; o iv) cuando ninguno de los herederos llamados llegaba a serlo.

Para los romanos, el testamento era un acto solemne, y por tal motivo, la sucesión testamentaria prevaleció siempre sobre la legítima. Es más, la doctrina aconsejó siempre la interpretación favorable de la voluntad del testador en caso de duda sobre las disposiciones testamentarias —*favor testamenti*—, y ello con la finalidad de no restarle validez al testamento[50].

Por último, sólo reseñar la existencia de una pluralidad de estratos cuando nos referimos al Derecho sucesorio romano y, en particular, a la contraposición entre el *ius civile* y el *ius honorarium*.

Había un sucesor según el Derecho civil llamado *heres*, y un sucesor, según el Derecho honorario, llamado *bonurum possessor*. Se trataba, en ambos casos, de una sucesión a título universal, ocupando la posición jurídica del causante. Pero esta sucesión se basaba, unas veces, en el *ius civile*, y otras, en el Derecho del pretor, "integrado por una serie de disposiciones edictales y decretos, en virtud de los cuales asignaba la señoría de hecho del patrimonio de un difunto —la *bonorum possessio*— a personas que no eran siempre las que resultaban herederos con arreglo a los preceptos del *ius civile*"[51].

---

50 Según ROCA-SASTRE MUNCUNILL, nuestro Código civil se hace eco del sentir romanista, fortalecido por el Derecho canónico, respondiendo al principio del *favor testamenti*, pues de las dos especies de sucesión *mortis causa*, el negocio testamentario y la ley, es decir, la voluntad del causante y la voluntad de la ley, nuestro sistema da prevalencia a la sucesión voluntaria testamentaria sobre la sucesión intestada. Difiere en esto del sistema germánico puro, en el que la sucesión intestada, la legal, es prevalente a la testamentaria, como en los casos de los Códigos civiles alemán y austriaco, y también en el Código de Napoleón, por cuanto solamente caben herederos por vía legítima (intestada), pero no en la testada, al ser únicamente posible en esta designar legatarios universales o singulares. *Vid.* ROCA-SASTRE MUNCUNILL, L., *Derecho de sucesiones*, tomo I, Bosch, Barcelona, 1989, pp. 79-80.

51 *Vid.* ARIAS RAMOS, J., *Derecho romano*, ob. cit., p. 256.

4. La comunidad hereditaria y la división de la herencia

Siguiendo el orden expositivo que nos tiene que llevar al estudio de las disposiciones *inter liberos*, pórtico de entrada a la institución que estamos tratando, resulta imprescindible hacer mención a la comunidad hereditaria que nace cuando existen varios herederos, presupuesto previo de la división de la herencia en general, y de la *divisio parentis inter liberos* en particular.

Se pueden diferenciar dos momentos históricos en cuanto a la naturaleza de la comunidad hereditaria, tanto la relativa a la herencia testamentaria como a la legítima.

Por una parte, en el Derecho arcaico, la muerte del *pater familias* suponía que los *sui heredes* podían continuar voluntariamente la comunidad doméstica sin dividirse la herencia. Se constituía, automáticamente, una comunidad hereditaria de dominio no dividido —*consortium ercto non cito*—, o una comunidad entre hermanos —*consortium inter fratres*—. Pero no una comunidad hereditaria en sentido estricto, sino más bien una comunidad de bienes de naturaleza familiar cuyas características, según MIQUEL[52], eran las siguientes: i) tenía por objeto no únicamente los bienes hereditarios, sino también las futuras adquisiciones de los comuneros; y ii) cada uno de los coherederos podía disponer libremente de las cosas comunes y no sólo de su cuota, obligando también al resto[53]. Y ello sobre la base de la recíproca confianza entre los hermanos. El *consortium ercto non cito* sería, en palabras de BLANCO RODRÍGUEZ[54], "una institución exigida por la primitiva estructura económica agrícola romana". Es más, dado que no existía testamento en sentido técnico con institución de heredero —pues se desconocía la idea de *hereditas*—, y dado que el *pater* no podía disponer libremente de los bienes de aquella economía primitiva, la

---

52 *Vid.* MIQUEL, J., *Derecho romano*, ob. cit., p. 328.

53 Aunque cada coheredero era titular de la herencia —cotitularidad solidaria—, y por lo tanto podía disponer libremente de ella, a cada uno se le concedía el *ius prohibendi*, esto es, la posibilidad de vetar u oponerse a la actuación de otro coheredero. En contraposición, podrá salir del estado de indivisión a través de la acción de división de herencia que solicite al pretor. *Vid.* PANERO GUTIÉRREZ, R., *Derecho romano*, ob. cit., p. 728.

54 *Vid.* BLANCO RODRÍGUEZ, M.ª L., *Testamentum parentum inter liberos*, ob. cit., p. 18.

comunidad entre los *sui* se formaba de modo natural, y los hijos, más que adquirir esos bienes *ex novo*, actualizaban un latente derecho de propiedad que ya tenían en vida del padre[55]. Ya en esta época se reconoció, desde la Ley de las XII Tablas, la posibilidad de salir del estado de indivisión a través del ejercicio de la *actio familiae erciscundae*. Cada miembro de la comunidad podía solicitar la partición del consorcio con independencia del resto.

Por otra parte, en el derecho preclásico y clásico, el *consortium* entre hermanos tendrá otro significado. La comunidad de dominio no dividido dejará paso a la comunidad basada en la idea de cuota abstracta o parte ideal, por lo que el heredero ya no tendrá un derecho ilimitado sobre la totalidad de las cosas comunes, sino un derecho limitado a su participación en la comunidad expresado en modo abstracto, en forma de fracción aritmética (1/2, 1/3, etc.)[56].

La comunidad hereditaria cesará con la división, pudiendo esta tener lugar tanto por común acuerdo de los coherederos —a través de un acto privado en el cual todos ellos están conformes en la división y en el modo de llevarla a cabo, denominada división voluntaria o convencional—, o bien, si no existe dicho acuerdo, a través de la autoridad judicial, mediante el ejercicio de la *actio familiae erciscundae*.

Sin perjuicio de las dos modalidades anteriores, todo propietario podía dividir su patrimonio entre los herederos mediante actos de última voluntad y en función de la *facultas disponendi*. Por testamento o *abintestato* con carácter general; los no ascendientes

---

55 *Ibid.*, pp. 19-21. Explica esta autora que la noción de *hereditas* nacerá en el momento en que se disperse la fuerte cohesión de la familia primitiva, hasta el punto en que el padre tendrá plena libertad para testar (*libertas testandi*), designando a un heredero. En la época arcaica y hasta finales de la República no se puede hablar de *facultas disponendi*, pero cuando ésta aparezca será total, es decir, el testador tendrá libertad absoluta, incluso, para no dejar nada a sus hijos, pudiendo elegir al *heres* fuera del círculo de la familia. La noción de *hereditas* se configurará, pues, gracias a la jurisprudencia republicana.

56 *Vid.* PANERO GUTIÉRREZ distingue entre el concepto de cuota propia —ideal—, sobre la que el coheredero tiene plena disposición, y la cosa común —real—, sobre la que, si se trata de actos de disposición jurídica —enajenación o gravamen—, será necesaria la unanimidad de los comuneros. *Vid.* PANERO GUTIÉRREZ, R., *Derecho romano*, ob. cit., p. 729.

a través de las formas ordinarias de los testamentos o codicilos[57]; los ascendientes, además de las formas ordinarias, mediante dos institutos especiales: la *divisio parentis inter liberos* y el *testamentum parentis inter liberos*, el cual se consolidará, de forma definitiva, en época del emperador Justiniano[58].

---

57 Disposición de última voluntad que puede otorgarse en ausencia de testamento o para complementar uno ya otorgado. Definición dada por el Diccionario panhispánico del español jurídico. *Vid.* https://dpej.rae.es/lema/codicilo
Sobre el particular, Blanco Rodríguez entiende que la división podía tener lugar, también, por codicilo. Aunque, originariamente, todas las declaraciones de última voluntad debían realizarse mediante la forma testamentaria, con el transcurso del tiempo se plantea la necesidad de modificar esta situación; modificación que se inicia con los codicilos, pudiéndose diferenciar dos épocas en cuanto a su evolución: la clásica y la postclásica a partir de Constantino. En la época clásica, el codicilo es un escrito de última voluntad, que no reviste forma de testamento y no contiene la *heredis institutio*. En la época postclásica, a partir de Constantino, los codicilos se transforman en una declaración solemne de última voluntad al derogarse la libertad de forma. Constantino establecerá que se perfeccione ante cinco o siete testigos. Al lado de la forma escrita aparecerá el codicilo oral, en analogía al testamento nuncupativo. *Vid.* Blanco Rodríguez, M.ª L., *Testamentum parentum inter liberos*, ob. cit., pp. 38 y 39.

58 Aunque es comúnmente aceptado que la caída del Imperio romano de Occidente en el año 476 constituye el punto final de la Antigüedad y el comienzo de la Edad Media, la referencia al emperador Justiniano I, por lo que significó, debe estar presente en este estudio introductorio. Y ello por cuanto, además de revivir la antigua grandeza del Imperio romano clásico —desde su toma de posesión en el año 527 hasta su muerte en el año 565—, reconquistando los amplios territorios perdidos en Occidente a través de acciones de conquista —recuperó, de manos de los bárbaros, el norte de África, Italia y una franja del sureste de la península Ibérica, restaurando la unidad imperial de las riberas del Mediterráneo salvo las costas de Marruecos, la Tarraconense y la Galia—, impulsó la codificación del derecho romano. Una comisión de expertos recopiló, simplificó, armonizó y unificó en un *Corpus Iuris Civilis*, compuesto por un código de leyes imperiales vigente (el *Código Justiniano*), una recopilación de dictámenes jurídicos (el *Pandectas* o *Digesto*) y un manual para la enseñanza del Derecho (*Instituciones*). Las leyes promulgadas por el propio Justiniano después de la promulgación del *Corpus Iuris Civilis*, fueron recopiladas y añadidas al mismo en las *Novelas*. *Vid.* Tomás y Tamaro, E. F., "Biografía de Justiniano I el Grande", *Biografías y vidas. La enciclopedia biográfica en línea*. Barcelona, 2004. Disponible en: https://www.biografiasyvidas.com/biografia/j/justiniano.htm

En este sentido, según VALLET DE GOYTISOLO[59], el causante dispuso en Roma de diversos expedientes para distribuir sus bienes entre sus herederos mediante disposiciones o asignaciones concretas; a saber:

a) Mediante los prelegados y los legados hechos en codicilos a favor de sus presuntos herederos *abintestato* (Dig. 10, 2, 39, 1).

b) Mediante instituciones *ex re certa*, que agotaran totalmente el caudal hereditario.

c) A través de la *praeceptio* y, en su evolución histórica, la partición justinianea *parentem inter liberos*.

d) A través de donaciones *inter vivos* —imposibles entre el *pater* y *filius in potestate*— o *mortis causa*, que podían agotar el caudal.

e) Y por la *divisio inter liberos* propiamente dicha, que favorecería Justiniano en las Novelas 18 y 107, dotándola de formas especialmente simples, y si bien esa partición no producía su efecto directamente, sí que vinculaba a los herederos a cumplirla tanto en la división voluntaria como en el juicio *familiae erciscundae*.

En el epígrafe siguiente se tratará tanto el origen de las disposiciones *inter liberos*, como, dentro de estas, el *testamentum* y a la *divisio inter liberos*, al estar estrechamente relacionadas con la institución.

5. *Las disposiciones* inter liberos

5.1. Origen

En el derecho romano, la posibilidad de partir la herencia de forma privilegiada por el padre entre sus propios hijos arranca de dos figuras distintas en cuanto a su origen, aunque complementarias en sus fines[60], pues mientras la *divisio inter liberos* contenía de modo necesario la división de los bienes del ascendiente entre sus descendientes, el *testamentum parentis inter liberos* podía contener

---

59 *Vid.* VALLET DE GOYTISOLO, J. B., «Comentarios a los artículos 1.035 a 1.87 del Código civil», en *Comentarios al Código Civil y Compilaciones Forales* (director, Manuel Albadalejo), tomo XIV, vol. 2, Edersa, Madrid, 1989, pp. 124 y ss.

60 *Vid.* BLANCO RODRÍGUEZ, M.ª L., *Testamentum parentum inter liberos*, ob. cit., p. 42.

—y de hecho era normal que contuviese—, otras disposiciones[61]. La *divisio* era solamente un acto de distribución patrimonial[62].

El origen de ambas figuras en relación con otros testamentos privilegiados romanos no está claro, a lo que debe añadirse la dificultad para deslindarlas en apartados separados y autónomos desde un punto de vista dogmático. Partiendo del estudio de los mismos textos, la doctrina científica no ha mantenido una posición unánime sobre su origen, pues se parte de una terminología que no es de la época romana propiamente dicha, sino moderna, esto es, debida a los intérpretes, si bien al ser consagrada por el uso se admite de forma unánime[63].

Según la opinión mayoritaria y siguiendo a VOCI[64], se puede afirmar que existen indicios de la *divisio inter liberos* en la época clásica, pudiendo realizarse sin testamento, es decir, con plena libertad de forma. La razón de ser de la discusión, según BLANCO RODRÍGUEZ[65], estriba en la concepción que se posea de la *divisio*, pues si la entendemos como un acto distributivo del patrimonio del padre entre sus propios hijos —que suponía el derecho a la herencia de éstos, pero que no tenía el efecto de transformar este derecho en una institución testamentaria—, se puede afirmar que su existencia se remonta a la época clásica, mientras que el origen del *testamentum inter liberos* se encuentra en la Constitución

---

61 *Ibid.*, p. 43.

62 *Vid. ult. loc.*

63 *Ibid.*, p. 47.

64 Para VOCI, la *divisio parentis inter liberos* realizada por los padres sustituye al *arbiter familiae erciscundae*, por lo que no existe inconveniente en situar la misma en el Derecho clásico. *Vid.* VOCI, P., *Diritto ereditario romano*, vol. 2, Giuffrè editore, Milano, 1963, p. 476.

65 Sobre el particular, entiende BLANCO RODRÍGUEZ que "el tema de la división existió con anterioridad a la regulación romana, respondiendo a una economía familiar natural y representando una emanación directa de la potestad paterna. De este modo existen antecedentes hebreos, no faltando ejemplos en la Biblia, Deuteron. cap. 21 vers. 15; Prov. de Salomón cap. 17 vers. 2; Evang. de San Lucas cap. 15 vers. 12, 13. Incluso Cedreno coloca el origen del testamento de Noe, en el cual divide la tierra entre sus tres hijos. La legislación hindú, que desconoce el testamento, admite que el padre pueda disponer gratuitamente de su patrimonio de dos modos: mediante la división entre los vivos y la donación. En Grecia no fue desconocida la división a la que hacemos referencia, si bien se concedían preferencias en el caso del primogénito". *Vid.* BLANCO RODRÍGUEZ, M.ª L., *Testamentum parentum inter liberos*, ob. cit., p. 67.

del emperador Constantino (C. Th., 2, 24, 1) del año 324, en época postclásica.

A continuación, se analizarán ambas figuras por separado para una mayor claridad expositiva.

5.2. *Testamentum parentis inter liberos*

Antes del nacimiento de la institución del *testamentum parentis inter liberos*, un *pater familias* podía, al igual que cualquier otro testador, realizar la división de la herencia sin necesidad de cumplir con una forma determinada. Pero si realizaba un testamento en el que establecía la división de su patrimonio, y este instrumento resultaba nulo por cualquier motivo, su invalidez determinaba que todas las disposiciones en él contenidas fuesen también nulas, salvo que hubiese existido cláusula codicilar[66].

Esta situación cambia radicalmente en el momento en que el emperador Constantino (C. Th. 2, 24, 1) introduce una importante novedad: si el testamento en el que se instituye a los *sui heredes*, o a aquellos que se encuentren en el lugar de ellos, o a los que el pretor asigne idéntica condición fuese incompleto, o tuviese algún defecto de forma o inobservancia de las fórmulas necesarias y resultase nulo, es decir, cuando se considere "normalmente imperfecto"[67], deberá respetarse la voluntad del padre sobre la distribución de las cuotas. Y aunque pudiera entenderse que esta disposición se reservaba exclusivamente a los *pater*, a partir de las leyes de Theodosio y Valentiniano, se extendería, también, a los padres que testen en favor de sus hijos, aun cuando no tuviesen la condición de *pater familias*[68].

La institución será acogida por Justiniano (C., 6, 23, 21, 3), si bien, posteriormente, establecerá un nuevo régimen (Novela. 107, cap. I, 2), según el cual, los destinatarios de este testamento privilegiado, por cuanto se relajan sus formalidades, serán únicamente los hijos o ulteriores descendientes, y los testadores, los padres, sin intervención de testigos, como señala MARÍN LÁZARO[69],

---

69 *Vid.* MARÍN LÁZARO, R., «La partición de la herencia hecha por actos *inter vivos*», *RGLJ*, 1944, pp. 213 y ss. Según este autor "en el Derecho romano podía el padre hacer la partición de sus bienes entre los hijos, ya como complemento de un testamento *inter liberos*, ya mediante el acto

aunque tenía que redactarse, eso sí, por escrito, escribiendo el testador, de su puño y letra, el nombre de los herederos, su cuota hereditaria —en letra y no en cifra—, y la fecha de su otorgamiento, no admitiéndose la institución a favor de extraños, ni a título de legado[70].

Se observa, pues, con el paso del tiempo, como acertadamente dice De los Mozos[71] "una atenuación de sus requisitos de forma, o más bien una dispensa en razón al interés evidente que con ello se trata de proteger, y que corre paralelo a una evolución del carácter de la familia romana, que va apartándose paulatinamente de su originaria rigidez".

En resumen, el *testamentum parentis inter liberos* se configura, pues, como un testamento especial o privilegiado, por el que se establece una forma distinta a la ordinaria, atenuándose los requisitos de forma que precisa el testamento común, pero con una limitación clara en cuanto al disponente: este testamento imperfecto sólo será eficaz en el supuesto de que el padre distribuya la herencia entre sus hijos o emancipados, o a los descendientes que lo serían *abintestato.*

En relación, precisamente, a los sujetos pasivos, se plantea doctrinalmente la cuestión de si los emancipados se consideran extraños —en contraposición a los herederos necesarios—, al no estar sometidos a la potestad del testador, pues en tal caso, la disposición testamentaria en su favor se tendrá por no realizada[72]. Es más, los emancipados, según el *ius civile,* no tenían nada por derecho civil, ni en virtud de ningún derecho eran llamados por la Ley de las XII Tablas[73]. La solución tendrá que buscarse en el derecho pretorio. El pretor, guiándose por el principio de la equidad natural, atenuará el rigorismo del *ius civile* de las XII Tablas, colocando en posesión de la herencia a personas que no eran llamadas por estas, como los emancipados[74]. Es más, atendiendo

---

separado de la *decisio* (sic) *parentum inter liberos.* Esta división de la herencia entre los hijos decretada por el padre tenía ya, según la Novela 107 de Justiniano, el singular privilegio de poder otorgarse sin la asistencia de testigos, cuyo concurso era necesario en las demás particiones hereditarias".

72 *Vid.* Blanco Rodríguez, M.ª L., *Testamentum parentum inter liberos,* ob. cit., p. 73.

73 *Vid. ult. loc.*

74 *Vid. ult. loc.*

al concepto de *testamentum parentis inter liberos*, el término *liberi* englobaría a los hijos, los descendientes —estén o no sujetos a potestad—, y a los emancipados[75].

Por otra parte, en relación con los sujetos activos, este testamento privilegiado podía ser otorgado por los padres y ascendientes, tanto paternos como maternos, según se confirma en el prefacio de la Novela 107, donde se atribuye a Teodosio el haber ampliado este privilegio a la madre y a los ascendientes, pues con Constantino esta facultad estaba reservada, exclusivamente, a los padres o ascendientes paternos (C. Th. 2, 24, 1), refiriéndose a los *sui et emancipati*. Dado que la madre y ascendientes maternos no poseían, o no podían ejercitar la *patria potestas*, no podían tener *heredes sui*, ni emancipar[76].

Respecto a la forma que tenía que revestir este testamento privilegiado, hay que diferenciar dos etapas: antes y después de la regulación definitiva por Justiniano en el año 541, fecha de promulgación de la Novela 107,1. Con anterioridad, no se exigía formalidad alguna, siendo suficiente un escrito del que pudiera deducirse la voluntad del causante, del padre, resultando nulas las disposiciones a favor de extraños; para ser válidas debían atenerse a las formas ordinarias de los testamentos. Con posterioridad a la publicación de la Novela 107,1, se dará una regulación autónoma a este tipo de disposiciones de los padres en favor de sus hijos, estableciéndose una forma menos solemne que la requerida para un testamento ordinario, esto es, la escrita, de su propia mano, señalando la fecha del otorgamiento y el nombre de los hijos, las cuotas que a cada uno de los hijos asigna —que no tenían por qué ser iguales—, así como, cuando se realizase la división del patrimonio, los bienes concretos que integraban cada una de las cuotas pertenecientes a los descendientes[77].

---

75 *Ibid.*, p. 74. En este sentido, la autora trae a colación el distinto orden de llamamientos a una herencia. En el *ius civile*, la herencia se defiere del modo siguiente: en primer lugar, a los *heredes sui* que se encuentren bajo la potestad del testador; en su defecto al agnado más próximo; y, por último y en defecto de los anteriores, a los gentiles. En cambio, en el derecho pretorio, el orden sucesorio es el siguiente: en primer lugar, los *liberi*; en su defecto, los *legitimi*; ante la ausencia de estos los *cognati*; y por último *vix et uxor* —cónyuge supérstite unido en matrimonio—.

76 *Ibid.*, pp. 75-76.

77 *Ibid.*, p. 107.

Respecto al contenido del *testamentum parentis inter liberos,* dado que es un verdadero testamento, debía contener, necesariamente, el nombramiento de uno o varios herederos, —sucesores a título universal—, al considerarse elemento necesario y suficiente del mismo, tal y como como se ha expuesto con anterioridad. Es decir, la validez de la institución de heredero determinaba, salvo contadas excepciones, la validez o la eficacia de las disposiciones testamentarias. Si la *heredis institutio* no existía o era ineficaz, todo el testamento devendría nulo[78]. A partir de la publicación de la Novela 107,1 se admitirán, además de las ordinarias —nombramiento de tutores, sustituciones o desheredaciones—, otras disposiciones en beneficio de extraños o de la mujer del testador, tanto de carácter patrimonial —legados y fideicomisos—, como de carácter extrapatrimonial —manumisiones—[79].

En lo referente a su posible revocación, cabe plantearse tres cuestiones: en primer lugar, si es posible que un testamento *inter liberos* revoque un testamento anterior perfecto, podemos decir, ordinario; en segundo lugar, si es posible que un testamento *parentis inter liberos* pudiera ser revocado por un testamento posterior perfecto, también ordinario; y, en tercer lugar, si un *testamentum parentis inter liberos* pudiera ser igualmente revocado por otro testamento *inter liberos.*

En relación con la primera cuestión, sí que cabría esa posibilidad, y ello partiendo de la eficacia *iure testamenti* del *testamentum* inter *liberos,* pues, aunque se considere como un testamento privilegiado al relajarse sus formalidades legales, no por ello pierde su fuerza revocadora, pues, al fin y al cabo, es un verdadero testamento[80].

En relación con la segunda cuestión, en sentido inverso, también cabría esa posibilidad, pues al igual que en la primera, si partimos del principio que las disposiciones y actos *mortis causa* son esencialmente revocables, un testamento *inter liberos* podría ser revocado por otro posterior solemne. Respecto de esta cuestión, habría que tener en cuenta las solemnidades exigidas, fijadas por Justiniano en la Novela 107,2 publicada en el año 541, y que son las siguientes: i) La declaración expresa del testador ante siete

---

78 *Ibid.*, pp. 109-110.

79 *Ibid.*, pp. 134-135.

80 *Ibid.*, pp. 138-140.

testigos de su intención de revocar el testamento *inter liberos* y de realizar otro en el que se plasmen sus nuevas voluntades; y ii) La realización de un testamento perfecto, solemne, siendo indistinto el modo, esto es, escrito u oral[81].

Por último, sobre si cabe la revocación de un *testamentum inter liberos* por otro de su misma naturaleza, la doctrina romanista no es uniforme, si bien, lo lógico es pensar que sí, si bien la Novela 107,2 nada dice al respecto.

En orden a los efectos del *testamentum parentis inter liberos,* el principal es que da lugar a una sucesión testamentaria, produciendo los mismos efectos que un testamento ordinario.

En tal sentido, en este testamento privilegiado, los hijos debían ser instituidos o desheredados de forma expresa, y en caso de preterición, el hijo preterido podía solicitar la rescisión del testamento mediante el ejercicio de la *querela inofficiosi testamenti*[82], produciéndose una rescisión parcial, aunque ello implicase la vulneración del principio *nemo pro parte testatus, pro parte intestatus decedere potest,* mediante la sucesión testamentaria para los hijos instituidos como herederos, y la sucesión *abintestato* para el hijo querellante que ha obtenido sentencia a su favor[83].

---

81 *Ibid.*, pp. 141-142.

82 Esta acción nació, como dice VALIÑO, como remedio frente al mal uso que algunos ciudadanos hacían de la libertad de testar mediante desheredaciones arbitrarias e injustificadas. Si bien era una situación que no se dio en la época republicana —donde los testadores hacían un buen uso de la libertad de testar, acomodándose a los criterios éticos transmitidos de generación en generación, sobre la base de la autoridad paterna y la unidad de la familia—, cuando se fueron deteriorando las costumbres en Roma, empezaron a darse desheredaciones caprichosas, produciéndose una reacción frente al principio de la libertad. Existirían, a partir de ese momento, unos herederos, llamados "forzosos" o "legitimarios" —parientes próximos *abintestato*—, a los que el causante tenía que dejar obligatoriamente una cuota hereditaria, no pudiendo desheredarlos sin motivo, dando lugar a la llamada "sucesión necesaria material", en contraposición a la "sucesión necesaria formal". El medio procesal para hacer valer sus derechos sería la *querela inofficiosi testamenti. Vid.* VALIÑO, E., *Instituciones de Derecho privado romano,* ob. cit., pp. 379-380.

83 *Vid.* BLANCO RODRÍGUEZ, M.ª L., *Testamentum parentum inter liberos,* ob. cit., p. 146.

Cuando la cantidad recibida por el heredero era inferior al importe de la legítima, podía ejercitar la acción de complemento, la *actio ad implendam legitimam*, sin tener que recurrir a la *querela inofficiosi testamenti*, que originaría la nulidad del testamento inoficioso[84].

Por último, correspondería también a los hijos la *actio familiae erciscundae* mediante la cual, cualquiera de los herederos podía pedir y obtener la división de la comunidad hereditaria, sin que lo impidiese la oposición de alguno de los otros[85], incluso en el supuesto de que el testamento *inter liberos* contuviese la división de los bienes entre sus hijos, pues en la división romana —que tiene carácter traslativo o constitutivo pues la *adiudicatio* es un modo de adquisición de la propiedad—, los herederos eran propietarios de los bienes que integraban cada cuota desde el momento de la adjudicación[86].

5.3. *Divisio parentis inter liberos*

La *divisio parentis inter liberos* es una institución que, en sus orígenes y desarrollo posterior, nace con independencia del *testamentum parentis inter liberos*, por lo que no hay que confundir ambas instituciones. La *divisio* tiene su origen a finales del periodo clásico, no existiendo testimonios de esta en la época republicana[87].

Voci[88] la define como "la operación de distribución del patrimonio hereditario entre los hijos efectuada por el padre, que sustituye en esta función al *arbiter familiae erciscundae*". La distribución puede tener lugar a través de un testamento, siendo un elemento accidental del mismo, o bien realizarse sin la forma testamentaria, no alterándose el derecho hereditario de los hijos[89].

---

84 *Ibid.*, p. 149.

85 *Vid.* Valiño, E., *Instituciones de Derecho privado romano*, ob. cit., p. 349.

86 *Vid.* Blanco Rodríguez, M.ª L., *Testamentum parentum inter liberos*, ob. cit., p. 150.

87 *Ibid.*, pp. 153 y 154. La autora se remonta, incluso, al derecho egipcio, existiendo leyes que se referían a la ejecución de la voluntad de los padres durante su vida. Esta regulación egipcia se trasladará al derecho griego.

88 *Vid.* nota al pie n.º 65.

89 *Vid.* Blanco Rodríguez, M.ª L., *Testamentum parentum inter liberos*, ob. cit., p. 153.

En relación con los sujetos activos, al igual que en el testamento *inter liberos,* serían los padres, no resultando menester que tuvieran la potestad sobre sus hijos. La madre no gozaba, en la época clásica, de esta facultad, que le será reconocida con la Constitución de Constantino (C. Th. 2, 24, 2) en el año 327, si bien tan solo por acto *inter vivos,* ampliándose posteriormente por Justiniano[90].

Respecto de los sujetos pasivos, hay que partir del análisis del concepto *liberos,* que, como se ha expuesto con anterioridad respecto del *testamentum parentis inter liberos,* abarcaría a los hijos, los descendientes —sujetos o no a potestad—, y los emancipados, admitiéndose también, excepcionalmente, según DE LOS MOZOS[91], los nietos, cuando sean hijos de un hijo muerto con anterioridad a la realización de la *divisio.* Sujetos pasivos lo serán, en definitiva, aquellos que sucederían al causante de modo *abintestato.*

En cuanto a la forma, la *divisio* no estaba sujeta a una formalidad determinada, pudiendo tener lugar por diferentes medios, con el resultado común a todos ellos de distribuir el patrimonio del padre entre sus hijos. Y ello porque es el padre quien mejor conoce el valor de sus bienes, y las necesidades y aptitudes de cada uno de sus hijos[92]. Se pueden diferenciar tres etapas: la época clásica, la postclásica y la justinianea.

En la época clásica, cuando aparecen los primeros datos de la *divisio parentis inter liberos,* el acto de distribución patrimonial supone una particularidad de la sucesión paterna, siendo indiferente que tenga lugar mediante delación testamentaria o *abintestato,* y tanto por acto *inter vivos* —sin que se considere la misma como donación—, como por acto *mortis causa.* En este último caso, no

---

90 *Ibid.*, pp. 155 y 156. Refiere esta autora el distinto trato otorgado por el emperador Constantino a la madre y a los ascendientes maternos en relación con el testamento *inter liberos*, pues mientras en la *divisio inter liberos* se amplía a la madre la opción de realizar una división de sus bienes con sus hijos —C. Th. 2, 24, 2—, en el *testamentum inter liberos* —C. Th. 2, 24, 1—, excluye a la madre de la posibilidad de su otorgamiento.

91 *Vid.* DE LOS MOZOS Y DE LOS MOZOS, J. L., «La partición de la herencia por el propio testador», ob. cit., p. 110. En el mismo sentido, *vid.* BLANCO RODRÍGUEZ, M.ª L., *Testamentum parentum inter liberos*, ob. cit., p. 157, incluyendo también a los emancipados.

92 *Ibid.*, p. 159.

supone la existencia de forma determinada, pudiendo realizarse en un testamento, en codicilo o mediante disposición oral[93].

En la época postclásica, se sigue manteniendo la libertad de forma, aunque no es posible realizar la *divisio* de modo oral. La voluntad del padre —y ahora también de la madre desde el año 327—, deberá constar por escrito[94].

Por último, al igual que sucedió con el *testamentum parentis inter liberos*, será Justiniano quien otorgue una forma definitiva a la *divisio*, estableciendo una formalidad atenuada con la finalidad de evitar los litigios y las controversias surgidos en las épocas clásica y postclásica. Y ello a través de la promulgación de la Novela 18,7 en el año 536, y de la Novela 107,3 en el año 541.

La Novela 18,7[95] establecerá que la *divisio inter liberos*, que deberá ser escrita, pueda disponerse: i) por testamento —división testamentaria—; ii) si tiene lugar la sucesión *abintestato*, deberá realizarse por escrito en el que se describan los bienes que se dividen y los hijos a los que corresponde cada lote de bienes —por lo tanto, descripción y adjudicación—, requiriéndose, además, la suscripción de este documento tanto por el padre disponente o por los hijos entre los que se dividen los bienes; o bien mediante un codicilo, siendo en tal caso necesaria la intervención de testigos.

A partir de la entrada en vigor de la Novela 107,3 Justiniano se refiere sólo a la *divisio inter liberos* propiamente dicha, la realizada en acto escrito, con independencia de que exista un testamento o

93 *Ibid.*, pp. 159-172.

94 *Ibid.*, pp. 172-176.

95 La Novela 18, 7 observó, siguiendo a Vallet de Goytisolo, que «frecuentemente algunos, que son padres de muchos hijos, juzgando luego dividir inmediatamente sus bienes, para preservarlos de disputas entre hermanos, los llevan a contiendas mayores y muy graves» —"originadas por falta de claridad, de suscripción, o por interlineados de otra mano, etc." —, ordenando «que si alguien quisiere dividir sus bienes entre sus hijos, o aun quizá dejarles determinadamente algunos, indique especialmente éstos, si es posible, en el testamento», "y si así no es posible, sea lícito" «hacer la división de los bienes que haya querido que se repartan, o suscribirlas todas él mismo, o procurar que las suscriban todos sus hijos, entre los que dividiere los bienes, y darle con esto fe indudable a la cosa, siendo válido y firme, sin necesitar otra garantía, lo que se hace en esta forma». *Vid.* Vallet de Goytisolo, J. B., *Panorama del Derecho de sucesiones II. Perspectiva dinámica*, Civitas, Madrid, 1984, p. 864.

un codicilo, no siendo necesario que el padre escriba por sí mismo esta disposición, y ello en sentido contrario a lo establecido para el testamento *inter liberos* en la Novela 107,1. En realidad, la regulación no dista en exceso de la contenida en la Novela 18,7 por lo que la finalidad perseguida pudo ser agrupar en una única ley lo dispuesto sobre las disposiciones *inter liberos* (*testamentum* y *divisio inter liberos*), en cuanto a su regulación definitiva[96].

En lo concerniente al objeto, la *divisio,* al ser un acto de distribución del patrimonio hereditario entre los hijos llevado a cabo por el padre, no puede ser considerada como un testamento, por lo que la misma no pudo contener ni institución de heredero, ni, por lo tanto, desheredaciones ni sustituciones, como tampoco la designación de tutores a los hijos menores, ni tampoco legados[97]. La división podía abarcar la totalidad de los bienes hereditarios, o podía ser parcial[98], englobando no sólo el activo, sino también el pasivo[99]. Existía, por último, libertad para que el padre distribuyera sus bienes entre sus hijos como entendiere oportuno, pues era él quién mejor conocía las necesidades y aptitudes de cada uno de ellos, siempre y cuando no se vulnerase su legítima[100].

En relación con la revocación, al igual que el testamento *inter liberos* —eficacia *iure testamenti*—, la *divisio* se consideraba una disposición de última voluntad, por lo que el disponente, al no estar vinculado a ella, podía revocarla en cualquier momento; la cuestión era la forma[101]. En este sentido, podía revocarse por otra *divisio* posterior, o también por un testamento, ordinario o

---

96 *Vid.* BLANCO RODRÍGUEZ, M. ª L., *Testamentum parentum inter liberos*, ob. cit., pp. 177-187.

97 *Ibid.*, p. 189.

98 *Ibid.*, pp. 191-193. En el caso de los bienes que continuaban en estado de indivisión, la solución podía pasar por las siguientes posibilidades: i) atribuirlos de manera general a uno solo de los coherederos; ii) distribuirlos proporcionalmente entre los coherederos según su cuota hereditaria; y iii) que sigan a aquellos bienes con los que forman una unidad, esto es, que las cosas no divididas sean accesorias de las divididas y que se consideran, a estos efectos, como principales. Si el padre nada determinaba, se aplicaba el criterio general de repartir entre los coherederos los bienes indivisos según su porción hereditaria.

99 *Ibid.*, p. 195.

100 *Ibid.*, pp. 197-198.

101 Y ello desde la modalidad más pura de la *divisio,* esto es, la que tenía autonomía o sustantividad propia y que no se contenía, ni en un testa-

privilegiado —*inter liberos*— pues la sucesión no sería *abintestato*, sino testamentaria. Por el contrario, la *divisio* no podía revocar un testamento anterior, ordinario o privilegiado[102].

Por último y en relación con los efectos, el principal es que vinculaba al juez de la partición[103], el cual tenía que respetar la distribución realizada por el disponente, dando lugar a una sucesión intestada —en el caso de la *diviso* propiamente dicha—. En contraposición al testamento *inter liberos*, en la *divisio* no cabe hablar de desheredaciones, ni cabe plantearse el problema de la preterición de uno de los hijos, pues en tal caso continuarían siendo herederos *abintestato*, y tendrían derecho, como mínimo, a su parte de legítima. En el caso de recibir menos en concepto de legítima, la acción a interponer no sería la prevista en el caso de existir un testamento —*actio ad implendam legitimam*—, sino la *actio familiae erciscundae*.

II. ALTA EDAD MEDIA

Al morir, en el año 395, Teodosio I, dejó al frente del Imperio Romano a sus dos hijos varones —Arcadio en Oriente y Honorio en Occidente—. Nombramiento que dividió en dos partes el Imperio, hasta el momento indiviso. La división permitió que, mientras el Imperio Romano de Occidente sucumbía en el año 476, iniciándose la Edad Media con la penetración de los bárbaros[104],

---

mento ordinario, ni en un testamento privilegiado *inter liberos*, pues en los dos casos tenían que seguirse las formalidades exigidas.

102 *Vid.* BLANCO RODRÍGUEZ, M.ª L., *Testamentum parentum inter liberos*, ob. cit., pp. 205-208.

103 La intervención del *arbiter familiae erciscundae*, dotaba a la partición realizada por el padre de una eficacia como modo de adquisición de la propiedad mediante su *adiudicatio*, pues en caso contrario, se producían los efectos de una división privada. *Ibid.*, pp. 217-218.

104 *Vid.* GROSSI, P., *El orden jurídico medieval*, ob. cit., p. 63. Para este autor "el medievo político alcanza su inauguración histórica, cuando, en el siglo IV, se produce el momento de arranque de una profunda crisis del Estado imperial, diferida, retenida y controlada hasta Diocleciano pero que ahora desemboca en manifestaciones siempre más relevantes: crisis de efectividad, de credibilidad, de autoridad. En el mundo posdioclecianeo permanece solamente un Estado crisálida, incapaz de imponer su propia voluntad, pero aún más incapaz de expresar aquella

en Oriente se consolidara un Imperio Bizantino que duraría hasta el año 1453.

Existen, en la Alta Edad Media —S. V al S. X—, tres grandes compilaciones llevadas a cabo en tres reinos bárbaros de Occidente que se adelantaron, algunos años, a la labor codificadora de Justiniano. Se trata del *Edictum Theodorici* —ley romana de los ostrogodos—; la *Lex romana Burgundiorum*; y la *Lex romana visigothorum* o *Breviario* de Aniano —o también llamado de Alarico—, promulgada por el rey Alarico II en el año 506 —desplazando así al Código de Eurico del año 475—, y que contenía el *Codex Theodosiano* y las *Novelas* de Valentiniano III, en las que se encontraban las fuentes más señaladas de las disposiciones *inter liberos*[105].

Desde el momento de la constitución de los reinos bárbaros, la materia objeto de estudio se vio influenciada por numerosos elementos germánicos. La *divisio inter liberos* será utilizada por los pueblos bárbaros para extender su regulación a supuestos nuevos, siendo el vehículo de la germanización el sistema de los pactos sucesorios, desconocidos para el derecho romano[106].

Pero lo más destacable de la larga etapa altomedieval será, como dice DE ARVIZU Y GALARRAGA[107], "una degeneración de la institución testamentaria, no ya del testamento romano, que en la época visigoda había caído en franca decadencia, sino del propio testamento visigodo". Y ello por las siguientes razones: el empobrecimiento económico, la desaparición de las altas clases romanas que eran las que utilizaban el testamento —en las más modestas predominaba la idea de comunidad familiar—, o la escasez de tierras poseídas de forma libre, que impedían la posibilidad de testar[108]. La sucesión voluntaria no tenía sentido, y el

---

voluntad unitaria, sustitutiva e intolerante con voliciones particulares concurrentes, que es típica de toda estructura auténticamente estatal; o sea, queda un no-Estado. El Estado romano muere, muere por inanición, por agotamiento interno que es material y espiritual, por un vacío de poder eficaz y de programación deliberada". *Vid. ult. loc.*

105 *Vid.* DE LOS MOZOS Y DE LOS MOZOS, J. L., «La partición de la herencia por el propio testador», ob. cit., p. 114.

106 *Ibid.*, p. 124.

107 *Vid.* DE ARVIZU Y GALARRAGA, F., *La disposición mortis causa» en el Derecho español de la Alta Edad Media*, Ediciones Universidad de Navarra, Pamplona, 1977, pp. 12 y ss.

108 *Ibid.*, p. 130.

testamento era algo innecesario, siendo la sucesión legítima la única sucesión[109]. Es decir, en la Alta Edad Media se produce una inversión de los términos del derecho romano[110].

Para García-Gallo[111], en la época visigoda y en la Alta Edad Media, la facultad de disponer de los bienes está plenamente arraigada, si bien con limitaciones debido a la fuerte cohesión familiar, sea por acto *inter vivos* —requiriendo el consentimiento de los parientes—, sea por actos *mortis causa* —reduciendo los tres cuartos de libre disposición que permitía la ley *Falcidia* a un quinto de libre disposición—.

Castán Tobeñas[112] también se refiere a ello cuando afirma que "la aspiración a conservar los bienes en las familias, característica de los tiempos medievales, hizo que la sucesión hereditaria perdiese en ellos el tinte individualista que (ciertamente no de un modo absoluto) había llegado a revestir en el derecho romano y volviese a tener un carácter marcadamente familiar".

Martínez Gijón[113] se refiere a la estrecha solidaridad que caracterizaba a la familia —española—, altomedieval; la comunidad hereditaria se presentaba como continuación de la propiedad familiar, creando un estado de indivisión permanente. Es más, en la Alta Edad Media, se daba la situación de comunidad forzosa impuesta por el padre a los hijos sobre determinados bienes.

En el contexto descrito, existe un declive progresivo de los requisitos formales del testamento, que, si bien ya se inició la época posclásica del Imperio Romano, se incrementó en la época visigoda y altomedieval[114].

---

109 *Ibid.*, p. 132.

110 *Ibid.*, p. 131.

111 *Vid.* García-Gallo y de Diego, A., «Del testamento romano al medieval. Las líneas de su evolución en España», *AHDE*, 47, 1977, p. 449.

112 *Vid.* Castán Tobeñas, J., *Derecho civil español, común y foral*, ob. cit., pp. 67-68.

113 *Vid.* Martínez Gijón, J., «La comunidad hereditaria y la partición de la herencia en el derecho medieval español», *AHDE*, (1957-1958), pp. 237-239.

114 *Vid.* García-Gallo y de Diego, A., «Del testamento romano al medieval», ob. cit., pp. 451 y ss. El autor se refiere a la sucesión voluntaria en el derecho romano postclásico de Occidente, en concreto, a los cambios que se dan en el viejo testamento romano, así como las nuevas formas de éste que se introducen al admitir Teodosio II, en el año 439, el

PÉREZ DE BENAVIDES[115] pone el énfasis en el paso del *favor testamenti* al *favor voluntatis*, decisivo en el auge del codicilo. La importancia a la intención del testador va suprimiendo, paulatinamente, los requisitos de forma, que ya no se exigen para disponer de los bienes a favor de los descendientes[116]. El predominio de la intención sobre la forma hace del testamento, en este largo periodo, un instituto típico de derecho vulgar[117].

Del mismo modo, decae la institución de heredero, tan arraigada en el Derecho de Roma[118].

En el derecho vulgar visigodo, el aplicado en la práctica, las donaciones son más frecuentes, y se introducen en ellas, para que tengan una finalidad sucesoria, una reserva de usufructo a favor del donante y, con menor frecuencia, aplazando sus efectos a la muerte de éste[119].

---

nuncupativo, y Valentiano III, siete años después, el ológrafo. Al mismo tiempo, refiere que las donaciones *mortis causa* se generalizan y se aproximan al testamento, hasta el punto de que en ocasiones se equiparan o confunden con él. Si bien en la época visigoda esto se mantiene, en la Alta Edad Media, las antiguas formas testamentarias desaparecerán por completo, siendo desplazadas y sustituidas en la práctica por las donaciones *post obitum* o *reservato usufructo*, y escrituras de carácter ambiguo. Aparecen testamentos orales que nada tienen que ver con el con el nuncupativo romano, puesto que, en ellos, la declaración verbal del testador no se recoge por escrito, ni se inscribe en libros o registros.

115 *Vid.* PÉREZ DE BENAVIDES, M. M.ª, *El testamento visigótico. Una contribución al estudio del derecho romano vulgar*, Universidad de Granada, Granada, 1975, p. XXII.

116 En tal sentido, el derecho postclásico del Breviario sustituye el viejo principio romano del *favor testamenti* —destinado a salvaguardar la validez de la institución de heredero—, por el nuevo *favor voluntatis*, que garantiza el cumplimiento de la voluntad del testador. Y esto se refleja en la admisión de la revocación tácita, que anula el testamento con más de diez años de antigüedad por estimar que en ese largo periodo de tiempo, habrá cambiado el deseo del causante. *Ibid.*, p. 149.

117 *Vid. ult. loc.*

118 La exigencia de la institución de heredero como requisito de validez de un testamento, había decaído en el derecho postclásico, y ni el Código de Eurico ni el *Liber iudiciorum* la consideran necesaria. *Ibid.*, p. 128.

119 *Vid.* GARCÍA-GALLO Y DE DIEGO, A., «Del testamento romano al medieval», ob. cit., p. 462.

Por lo que respecta al *Liber Iudiciorum*[120], promulgado por Recesvinto en el año 654 y continuado por Ervigio, cabe decir que no contempla el testamento como institución básica de derecho sucesorio o acto de disposición, salvo en su aspecto documental y probatorio[121].

Por último, hay que señalar que la *divisio parentis inter liberos* aparece regulada en el Fuero de Cuenca, en modo similar al derecho justinianeo (Novela 18,7), y la división testamentaria, ha tenido predicamento en Cataluña, con las mismas características justinianeas[122].

III. BAJA EDAD MEDIA. EL *IUS COMMUNE*

Grossi[123] afirma que "la madura Edad Media es la del Derecho común europeo", que posee un "rostro científico y no legislativo"; la ciencia es *interpretatio*, no como exégesis de los textos del derecho romano, sino como "reapropiación y reconsideración bajo la «protección» de los textos romanos, de todo un orden de valores jurídicos que aflora a la superficie histórica bajo el aspecto de la *aequitas*[124] (...), uno de los signos fundamentales de continuidad entre el primer y el segundo medievo".

Para Clavero[125], la confluencia —y la inseparabilidad— de un Derecho canónico —*ius canonicum*[126]— y de un Derecho civil

---

120 *Vid.* https://www.boe.es/biblioteca_juridica/publicacion.php?id=PUB-LH-2015-2

121 *Vid.* García-Gallo y de Diego, A., «Del testamento romano al medieval», ob. cit., pp. 468 y ss.

122 *Vid.* Martínez Gijón, J., «La comunidad hereditaria», ob. cit., p. 289.

123 *Vid.* Grossi, P., *El orden jurídico medieval*, ob. cit., pp. 36 y 181.

124 Como continuación de la concepción equitativa del Derecho, con las aportaciones propias de las ciencias teológicas y filosóficas. *Vid. ult. loc.*

125 *Vid.* Clavero, B., *Historia del Derecho: Derecho común*, Universidad de Salamanca, 2ª ed., Salamanca, 1994, pp. 15 y ss.

126 El *Decretum* de Graciano de Chiusi, elaborado en la primera mitad del S. XII, será la primera obra que aglutine, de un modo homogéneo, textos no exclusivamente canónicos, sino también laicos, medievales o romanos. Hasta ese momento y desde que en el S. IV comenzara a desarrollarse un derecho de la Iglesia o de la comunidad cristiana, las tradiciones canónicas se habían desenvuelto de distinta forma en cada

—*ius civile*[127]—, da lugar a la formación de un Derecho culto —de un *utrumque ius*—, que, frente a los menos elaborados de procedencia altomedieval, se desenvuelve y se expande a lo ancho de Europa —también en la Península Ibérica—, desde el S. XII[128].

Lo más importante del *utrumque ius* no va a residir en los textos jurídicos romanos o canónicos, sino en la labor de los juristas o de los doctores —provenientes en su mayor parte de Bolonia—; de los "glosadores" en un primer momento y de los "comentaristas" después, principales impulsores de la doctrina jurídica que acabará conformando un cuerpo sólido de derecho común[129], que ofrezca soluciones a los problemas que vayan surgiendo en la sociedad.

En relación con la materia objeto de estudio, si en la larga etapa altomedieval la sucesión voluntaria era una materia más bien residual y, por ende, el testamento resultaba innecesario —de ahí su decadencia—, el aumento de la riqueza a partir del S. XI trae consigo una revitalización en materia testamentaria[130].

El renacimiento jurídico de la Alta Edad Media revitalizó la sucesión voluntaria. A juicio de BUSSI[131], el testamento, en su evolución histórica, —entendido no como "documento" sino como dis-

---

territorio, por lo que no se contaba con un texto histórico que recuperar o reconstruir. *Ibid.*, pp. 18-20.

127 El texto del derecho romano será, fundamentalmente, el de la Recopilación justinianea, formada en una época en la que ya no existía el Imperio Romano en la Europa Occidental. *Ibid.*, pp. 16-18.

128 Hay que tener en cuenta que en el medievo no existía un Estado del que emanaran normas jurídicas. Según GROSSI, "el Derecho estaba desvinculado del poder político" donde, "el Derecho se coloca en el centro de lo social, representa la constitución duradera más allá (y al abrigo) del carácter episódico de la política más elemental. Será el planeta moderno, a pesar de las grandes hojas de higuera del iusnaturalismo de los siglos XVII y XVIII y de la codificación decimonónica, quien empobrezca el derecho, lo vincule y condicione por el poder, haga de él un *intrumentum regni*, lo separe en consecuencia de lo social". *Vid.* GROSSI, P., *El orden jurídico medieval*, ob. cit., pp. 51-52.

129 *Ibid.*, pp. 21 y ss. Sobre la obra de los juristas, *vid.* CLAVERO, B., *Temas de Historia del Derecho: Derecho común*, Publicaciones de la Universidad de Sevilla, Sevilla, 1977, pp. 9-42.

130 *Vid.* DE ARVIZU Y GALARRAGA, F., *La disposición «mortis causa» en el Derecho español de la Alta Edad Media*, ob. cit., p. 130.

131 *Vid.* BUSSI, E., *La formazione dei dogmi di diritto privato nel diritto comune. (Contratti, successioni, diritti di familia)*, Padova, 1971, pp. 165-196.

posición de voluntad— se convirtió, de nuevo, en un instrumento apto para facilitar las disposiciones de última voluntad, aun cuando en el mismo no se dieran todos los elementos constitutivos según el derecho romano: su revocabilidad, el menor formalismo o la pérdida del carácter universal del heredero en beneficio de la sucesión de bienes singulares.

El *ius commune* desaparecerá en las revoluciones liberales —abolición del "Antiguo Régimen" o del "feudalismo"— del comienzo de la Edad Contemporánea, principalmente como consecuencia de la Revolución Francesa de 1789 y la elaboración y promulgación de unos códigos —cuerpo simple, breve y metódico—, a principios ya del S. XIX, que acogerán los principios del derecho natural racionalista, desplazando así al derecho común, que caerá progresivamente en el olvido[132].

IV. DERECHO CASTELLANO

Hasta el momento se ha demostrado que la institución contemplada en el artículo 1056.1 CC trae causa del derecho romano, pasando al Derecho histórico castellano, según DE LOS MOZOS[133], a través de la *Lex romana visigothorum*, que acoge el derecho postclásico antejustinianeo, y desarrollándose bajo dos formas distintas: una, como partición de los padres y ascendientes entre sus hijos y descendientes, derivada del *testamentum parentis inter liberos* y de la *divisio parentis inter liberos*, —testamento privilegiado en el primer caso y partición de forma no testamentaria en el segundo—, con efectos *mortis causa*; y otra, como partición de todo testador. La primera será acogida en la ley 7ª, título I, de la Partida 6ª[134] —que se ocupa del *testamentum parentis inter liberos* y de la

132 *Vid.* CLAVERO, B., *Historia del Derecho*, ob. cit., pp. 101-115.

133 DE LOS MOZOS Y DE LOS MOZOS, J. L., «La partición de la herencia por el propio testador», ob. cit., pp. 117-120 y 165-168.

134 *Acabado testamento es aquel que es fecho en alguna de las maneras que diximos en las leyes antes desta; e si de otra guisa lo fiziesse, non seria valedero: pero si el padre fiziere testamento, e que en el establecisse por herederos a los fijos, e a los nietos, que descendiessen del, o partiesse lo suyo entre ellos, maguer en tal testamento non fuessen escritos más de dos testigos, que pusiessen y sus nombres, e sus sellos. Esto mismo seria quando desta manera el padre, o el auuelo partiesse lo suyo, por palabra tan solamente, entre sus fijos, e sus nietos, faciéndolo ante dos testigos,*

divisio parentis inter liberos—, con marcada influencia justinianea; la segunda, en la ley 9ª, título XV, de la Partida 6ª, párrafo final[135], que se refiere a la partición realizada no solamente por el padre, sino también por todo testador.

La STS de 6 de marzo de 1945[136], capital en esta materia[137] y cuya ponencia corrió a cargo de CASTÁN TOBEÑAS, dice sobre el particular:

> Que el derecho romano, independientemente de la forma testamentaria especial para que el padre dispusiese de sus bienes en favor de sus hijos («testamentum inter liberos») admitió la partición de bienes del ascendiente entre sus hijos («divisio inter liberos»), como un acto de sucesión hereditaria o última voluntad pero que podía ser efectuado en forma diversa de la ordinaria y siempre —aún bajo el imperio de

---

rogados e llamados para esto. Otrosí dezimos, que si en tal testamento o como este fuesse ayuntada otra persona extraña, que heredasse al padre en uno con los fijos, que quanto tañe en la persona del estraño, non valdría el testamento; como quier que en todas las otras cosas que fuessen escritas o dichas sería valedero. E aun dezimos, que si el padre faze testamento en escrito non guardando todas las cosas, que diximos que deben y fazer, e ser guardadas, poderlo ya fazer en dos maneras. La primera es que después que el testamento es escrito, deue soescreuir el padre diziéndolo assí: Este testamento que fize, quiero que sea guardado; otrosí deuen dezir, e seescriuir los fijos: Este testamento que fizo nuestro padre otorgámoslo. La segunda manera es que si el padre sopiesse escriuir, que lo pueda fazer de su mano, diziendo en él los nomes de todos sus fijos, e todo su testamento en qué manera lo fase, e cómo lo ordena; e sobre todo, deue el assin escreuir: todo quanto en este testamento escriui, quiero que sea guardado. E en el testamento que fuesse fecho en alguna destas dos maneras, puede franquear sus sieruos: pero ha menester que tal testamento sea fecho ante dos testigos a lo menos, rogados y llamados para esto.

Ibid., pp. 117 y 118.

135 *Pero si el padre, o el testador, partiesse el mismo la heredad en su vida entre los herederos a su finamiento, si después que él finasse, venciessen alguno dellos en juyzio alguna de las cosas que le vinieren en parte, entonces los otros herederos non serían tenudos de fazerle enmienda ninguna. Vid.* VALLET DE GOYTISOLO, J. B., *Panorama del Derecho de sucesiones*, ob. cit., p. 866.

136 *Vid.* STS de 6 de marzo de 1945 (*Tol 4458418*).

137 Pone de manifiesto BONET RAMÓN los pocos estudios que, hasta la fecha, han tratado la partición de la herencia hecha por acto *inter vivos*; reconociendo el trabajo de MARÍN LÁZARO, uno de los primeros autores que la estudió, reconoce el valor y la importancia de la sentencia del TS, "llenando una laguna legal y construyendo con técnica depurada el edificio de la institución de referencia". *Vid.* BONET RAMÓN, F., «Comentario a la sentencia de 6 de marzo de 1945», ob. cit., p. 449.

> la novela dieciocho de Justiniano— con caracteres de gran simplicidad.

Y añade:

> Que en el Derecho histórico de Castilla fue reconocida la partición hecha por el testador, con rasgos fundamentalmente análogos a los del Derecho romano, según lo demuestra claramente la ley séptima, título primero, Partida sexta, y aun el texto de la ley novena, título quince de la propia Partida (...), pues lo aquí regulado significa, no una verdadera figura jurídica de partición «inter vivos», sino una forma de partición «mortis causa» hecha en vida y que producía sus efectos en el momento del «finamiento» del testador.

Vallet de Goytisolo[138] se refiere también, como precedente —si bien referido a un acto parcial de partición—, a la Ley 19 de Toro, del siguiente tenor literal:

> El padre o la madre e avuelos en vida, o al tiempo de la muerte, puedan señalar en cierta cosa o parte de su fazienda el tercio e quinto de mejoría en que lo aya el fijo o fijos o nietos que ellos mejoraren; con tanto que no se exceda el dicho tercio de lo que montare o valiere la tercia parte de todos sus bienes al tiempo de su muerte.

La importancia de este precepto —precedente del art. 1056 CC— para Vallet resulta indudable, "por la clara separación que establece entre la disposición de la cuota y la asignación de cosa cierta para su satisfacción"[139].

Con posterioridad, la ley 7ª, título I, de la Partida 6ª, será derogada por la ley única, título XIX del Ordenamiento de Alcalá, y por la ley 3ª de Toro, que son las leyes 1ª y 2ª, título XVIII, del libro 10 de la Novísima Recopilación, antecedente del Código civil, cesando con ello el privilegio de forma en el testamento otor-

---

138 *Vid.* Vallet de Goytisolo, J. B., *Panorama del Derecho de sucesiones*, ob. cit., p. 866.

139 *Vid.* Vallet de Goytisolo, J. B., *Apuntes de Derecho sucesorio*, Instituto Nacional de Estudios Jurídicos del Anuario de Derecho Civil, Madrid, 1955, p. 185.

gado por el padre a favor de sus hijos y, obviamente, la partición contenida en él[140].

Sobre la cuestión relativa a si, antes de la promulgación del Código civil, todo causante podía partir la herencia sin necesidad de otorgar testamento —como partición anticipada de una sucesión *abintestato*—, la respuesta sería negativa, pues si se derogó la partición de los ascendientes hecha en testamento, menos fundamento tenía la partición hecha por aquél, al referirse la ley 9ª, título XV, de la Partida 6ª —como señala DE LOS MOZOS[141]—, al «padre» o al «testador».

V. DERECHO CIVIL VALENCIANO: PERSPECTIVAS DE FUTURO

1. Sucinta reseña histórica a la época foral

El reino de Valencia gozó de un cuerpo legal propio que estuvo vigente entre los años 1261 a 1707, cuando fue objeto de abolición por Felipe V[142].

La *Costum* o *Consuetudines*, promulgada *ex professo* por Jaime I *el Conquistador* en el año 1239 para la ciudad de Valencia —que capitulará el 28 de septiembre de 1238, si bien se celebra el 9 de octubre, tal vez conmemorando la fecha de la entrada en la ciudad—, consistió en una nueva forma política de organización de los territorios conquistados, al preferir la redacción de un nuevo y extenso derecho —que se ampliaría posteriormente a otras poblaciones como Sagunto o Denia— al tradicional, basado en las cartas pueblas a fuero de Zaragoza o respecto de algún texto municipal catalán, como las *Costums de Lleida*, escritas en 1228. Esto es así, al decir de los historiadores, porque el rey ya no depen-

---

140 *Vid.* DE LOS MOZOS Y DE LOS MOZOS, J. L., «La partición de la herencia por el propio testador», ob. cit., pp. 117-118.

141 *Ibid.*, pp. 167 y 168.

142 *Vid.* CORREA BALLESTER, J., «El Derecho Civil Valenciano Histórico», *Revista Electrónica de Derecho Civil Valenciano*, Estudios, pp. 1-47. En la web: http://derechocivilvalenciano.com/estudios/introduccion-al-derecho-foral-y-al-derecho-civil-valenciano/item/168-el-derecho-civil-valenciano-historico-por-jorge-correa

de de los señores y las órdenes militares como en los momentos iniciales de la guerra, cuando ésta era considerada de frontera. Ahora se requiere un derecho más ágil, con un mayor grado de libertad para los repobladores; un derecho donde la propiedad sea transmisible por sucesión sin ningún tipo de gravamen señorial[143].

La muerte del infante Alfonso, primogénito de Jaime I, significará el punto de inflexión para que su padre cree un derecho para toto el reino de Valencia, basado en la *Costum.* Aquel texto se aprobaría con el nombre de *Furs de València* en una reunión de nobles, eclesiásticos y ciudadanos, que forman las primeras cortes el año 1261; de ahí que se hable de un "texto legal pactado"[144].

El derecho romano conformará, principalmente, el contenido de los *Furs de València*[145], constituyendo una *abreviato,* esto es, un modo de ordenar los materiales romanos por parte de los glosadores[146]. Además del derecho romano, aparecen también —si bien en menor medida—, el derecho canónico, numerosos privilegios desde 1239, las *Costums de Lleida* o el *Liber iudiciorum* godo[147].

---

143 *Vid.* Peset, M., Correa, J., García Trobat, P. y otros, *Derecho foral valenciano,* Valencia, 2003, pp. 5-7.

144 *Ibid.*, pp. 8-11 y 15.

145 *Vid.* Barredo García, A. M., «El Derecho romano en los "Furs" de Valencia de Jaime I», *AHDE,* n.º 41, 1971, pp. 639 y ss.

146 *Vid.* Peset, M., Correa, J., García Trobat, P. y otros, *Derecho foral valenciano,* ob. cit., p. 12.

147 Para Obarrio Moreno, cuatro son los ordenamientos que, en mayor o menor medida, conforman los *Furs de València*: el consuetudinario, el musulmán, el germánico y, principalmente, el romano. Este último a través de dos vías: una directa, como consecuencia del contenido y estructura de los *Furs* —redactados originariamente en latín y estructurados en libros, títulos y rúbricas siguiendo el orden del *Codex*—; y otra indirecta, en relación con la prelación de las fuentes, donde Jaime I, al promulgar los *Furs,* prohíbe que se recurra —tanto en Valencia como en cualquier otro lugar del reino— a otras costumbres, puesto que las que se habían promulgado eran suficientes. A falta de *consuetudines,* los jueces tendrán que recurrir a la "razón natural y a la equidad", es decir, se admite la aplicación del derecho romano mediante la analogía. *Vid.* Obarrio Moreno, J. A., *Pervivencia del derecho romano en los reinos hispanomedievales (S. V-XIII),* club universitario, San Vicente del Raspeig, 1996, pp. 221 y ss.

Por tanto, al igual que sucede con las Partidas, se puede afirmar que los *Furs* era un cuerpo legal de recepción del derecho romano, que se reinterpretó en la Baja Edad Media para reorganizar el poder entre el monarca y los súbditos[148]. Es más, al decir de OBARRIO MORENO y MASFERRER[149], existía un *ius propium* contrapuesto al *ius commune.*

Los *Furs* adquirirán un papel preponderante en lo que respecta a la prelación de las fuentes, al ser concebidos no sólo como un derecho municipal —*ius municipale*—, sino como el derecho general de un reino. En definitiva, se conformará un ordenamiento jurídico que irá desplazando al derecho romano-canónico hasta convertir a los *Furs* en el verdadero *ius commune* del reino de Valencia.

Como es de sobra conocido —sin entrar en mayores detalles y con carácter general—, la muerte de Carlos II "El Hechizado" (1661-1700), supondrá el inicio de la guerra de sucesión a la corona y el fin de la dinastía de los Austria. Castilla aceptará al monarca Felipe de Anjou —Felipe V de España—, y la Corona de Aragón será partidaria del archiduque Carlos de Austria.

Con posterioridad a la batalla de Almansa, que tuvo lugar el 25 de abril de 1707, se iniciará un proceso de cambio jurídico, desapareciendo totalmente la estructura foral del reino de Valencia. Así, mediante un decreto de 29 de junio de 1707 —complementado por otro de 29 de julio de 1707—, Felipe V derogará la legislación foral valenciana: *Furs,* privilegios, costumbres, etc. [150], con la clara voluntad de introducir el Derecho peninsular sobre la base del patrón castellano[151].

Con estas palabras se refiere SOLÀ I PALERM[152] a la situación descrita:

---

148 *Vid.* PESET, M., CORREA, J., GARCÍA TROBAT, P. y otros, *Derecho foral valenciano,* ob. cit., p. 13.

149 *Vid.* MASFERRER, A. y OBARRIO MORENO, J. A., *La formación del derecho foral valenciano,* Dykinson, Madrid, 2011, pp. 157 y ss.

150 *Vid.* PESET, M., CORREA, J., GARCÍA TROBAT, P. y otros, *Derecho foral valenciano,* ob. cit., pp. 109 y ss.

151 *Vid.* MASFERRER, A. y OBARRIO MORENO, J. A., *La formación del derecho foral valenciano,* ob. cit., p. 233.

152 *Vid.* SOLÀ I PALERM, E., *Recuperem els nostres furs. Homenatge a Enric Solà i Palerm,* col·lecció Bocins núm. 18, edició a càrreg de l'Àrea de Cultura de la Diputació de València, València, 2023, p. 32.

> "La nostra pàtria fou la gran derrotada en la Guerra de Successió; juntament amb tota la Corona d'Aragó havien optat per la llibertat i el pluralisme, defensats per l'arxiduc Carles d'Àustria. Els vencedors, però, en foren el centralisme, l'espanyolisme i l'opressió, personificats en el duc d'Anjou, que passà a regnar amb el nom de Felipe Quinto (...). Enmig de la brutal repressió que subseguí a la batalla d'Almansa els Furs valencians quedaren abolits. Els Decrets de Nova Planta van suprimir l'estructura política i administrativa dels nostres territoris i els annexaren al Regne de Castella".

Ahora bien, una cosa es la abolición formal del Derecho foral valenciano, y otra muy distinta, si este dejó de invocarse en la práctica forense durante el S. XVIII. Como ha señalado MASFERRER DOMINGO[153]: "Que a partir de 1707 —y en teoría— buena parte del Derecho foral perdió definitivamente su vigencia oficial, ocupando su lugar el Derecho castellano, parece fuera de toda discusión. Ahora bien, de ahí a presuponer que el Derecho foral en el siglo XVIII perdiera por completo su vigencia oficial y —por supuesto— su vigencia efectiva, dejando de ser aplicado casi por completo y pasando a jugar un papel de escasa relevancia en la práctica forense cotidiana, media un paso que, por osado, merece una mínima constatación y análisis, no sea que la suposición tenga poco que ver con la realidad histórica". Por tanto, se puede afirmar que, pese a su derogación formal, els *Furs* mantuvieron un cierto protagonismo, podemos decir, *de facto*, en la Real Audiencia de Valencia, tratándose de un hecho que no debe menospreciarse para reclamar la competencia autonómica en derecho civil.

Hecha esta pequeña introducción, necesaria para entender la parte final del epígrafe en el que nos encontramos, responderemos a la cuestión siguiente: si durante la época foral se reguló la partición hecha por el causante. La respuesta, es afirmativa.

2. *La partición por el causante*

En lo que respecta al derecho sucesorio en la época foral y, más en particular, en la cuestión relativa al tema tratado, existían

---

153 *Vid.* MASFERRER DOMINGO, A., *La pervivencia del Derecho foral valenciano tras los decretos de nueva planta. Contribución al estudio de la práctica forense del siglo XVIII*, Dykinson, Madrid, 2008, p. 38.

en la práctica valenciana, como ha puesto de relieve MARZAL RODRÍGUEZ[154], tres posibles formas de partir la herencia: i) la realizada por el propio causante en su testamento; ii) la judicial; y iii) la extrajudicial o convencional.

Respecto a la primera, que es la que nos interesa, cabe señalar, siguiendo al autor citado con anterioridad, que se da cuando el causante, en su testamento, asigna a cada uno de sus herederos la parte que le corresponde en los bienes de la herencia[155]:

> *ab ipso testatore in testamento assignando iste cuilibet ex haeredibus scriptis partem bonorum haereditariorum*[156].

Como es la voluntad del testador, los herederos deben acatarla, salvo que se perjudique su derecho a la legítima[157]. Pero existe una cuestión muy relevante que debemos tener en cuenta: en *Furs* existió —si bien es cierto que en diferentes etapas—, libertad de testar, permitiendo a los testadores distribuir su herencia libremente entre sus hijos, siempre que esta asignación de bienes se realizara en concepto de legítima, con una fórmula que acabó por convertirse en una cláusula de estilo. MARZAL RODRÍGUEZ[158] pone el siguiente ejemplo, refiriéndose a un maestro zapatero, que legaba a uno de sus hijos:

> *tota la ferramenta de fer sabates... lo qual llegat li fas per part y per llegítima y per tot altre qualsevol dret que en mos béns y herència puixa tenir y tinga*[159].

---

154 *Vid.* MARZAL RODRÍGUEZ, P., *El derecho de sucesiones en la Valencia foral y su tránsito a la Nueva Planta*, Universitat de València, València, 1998, p. 66.

155 *Vid. ult. loc.*

156 Cita extraída de la tesis doctoral de MARZAL RODRÍGUEZ, autoría de Nicolás Bas i Galcerán en la obra: *Theatrum iurisprudentiae forensis Valentinae, romanorum iuri mirifice accomodatae*, Valencia, 1690, 28. 7, fol. 481. *Vid.* MARZAL RODRÍGUEZ, P., *El Derecho de Sucesiones en la Valencia Foral y su Tránsito a la Nueva Planta*, tesis doctoral, Valencia, 1993, p. 99.

157 *Ibid.*, p. 100.

158 Testamento de 24 de enero de 1690 (Archivo del Colegio del Corpus Christi, *Protocolos*), *vid. ult. loc.* También se puede consultar en su libro citado con anterioridad: MARZAL RODRÍGUEZ, P., *El derecho de sucesiones en la Valencia foral y su tránsito a la Nueva Planta*, pp. 66 y 67.

159 "Todas las herramientas para hacer zapatos, cuyo legado le hago por parte y por legítima, así como por cualquier otro derecho que en mis bienes y herencia pueda tener y tenga".

En este tipo de partición no entraba en juego el saneamiento por evicción al coheredero perjudicado contra el resto de los herederos, al considerar los autores que la atribución que hizo el causante la realizó como prelegado, partiendo de la presunción que el padre conocía el gravamen que recaía sobre el bien[160].

Por último, MARZAL RODRÍGUEZ[161] —siguiendo a BAS I GALCERÁN—, nos explica que era una modalidad de partición empleada habitualmente por los labradores, que evitaban, de esta forma, el pago del laudemio[162] que las otras particiones —judicial y convencional—, generaban:

> *Et hon caute ab agricolis solet fieri ad excusandam praestationem laudemii ex divisione conventionali, vel iudiciali debiti*[163].

En cualquier caso, concluye el autor citado diciendo que "aunque es verdad que en los testamentos de los campesinos solía dividirse el patrimonio familiar, no creo que la intención de eludir su pago fuera el único motivo. Existían razones más complejas relacionadas con la organización familiar y la propia clase social"[164].

3. *Más allá de la Nueva Planta*

El decreto de abolición de fueros de 29 de junio de 1707 traerá consigo, entre otras, las siguientes consecuencias: las cortes desaparecerán; el Consejo Supremo de Aragón se suprimirá y sus

---

160 Siguiendo con los comentarios de Bas i Galcerán (*Theatrum...*, 28.8, fol. 481): *divisiones a testatore, aut iussu testatoris factae, vim praelegati habent, non tenentur inter se cohaeredes de evictione pro rebus evictis. Vid.* MARZAL RODRÍGUEZ, P., *El Derecho de Sucesiones en la Valencia Foral y su Tránsito a la Nueva Planta*, tesis doctoral, p. 100.

161 *Vid. ult. loc.*

162 Derecho a percibir una cantidad cuando se produce la transmisión del dominio útil, que en la enfiteusis corresponde al titular del dominio directo. *Vid.* https://dpej.rae.es/lema/laudemio.

163 Bas i Galcerán, *Theatrum...*, 28. 7, fol. 481. *Vid.* MARZAL RODRÍGUEZ, P., *El Derecho de Sucesiones en la Valencia Foral y su Tránsito a la Nueva Planta*, tesis doctoral, p. 100.

164 *Vid.* MARZAL RODRÍGUEZ, P., *El derecho de sucesiones en la Valencia foral y su tránsito a la Nueva Planta*, ob. cit., p. 67.

funciones se asignarán al Consejo de Castilla; la Real Audiencia se constituirá en Chancillería[165]; el sistema fiscal será derogado; el municipio tomará la forma castellana de corregidor y regidores.

En la esfera del derecho privado, continuaron celebrándose contratos, testamentos, donaciones, etc., según las normas forales, hasta la publicación de la instrucción de 7 de septiembre de 1707, en cuya virtud se daba mayor publicidad —y, por tanto, mayor efectividad—, ahora en todo el reino, a la abolición de fueros[166].

El derecho sucesorio recogido en los *Furs* sufrió, obviamente, una profunda transformación, al quedar derogado el principio básico sobre el que se asentaba el mismo: la libertad de testar, desconocida para el derecho castellano. Se implantó un sistema de legítimas que se apartaba de la tradición justinianea, siendo un derecho absoluto del que solamente podía privarse al beneficiario cuando se daba alguna de las causas de desheredación tasadas por la ley. Fuera de estos casos, el legitimario o heredero forzoso concurría siempre a la herencia; únicamente un quinto del caudal hereditario podía disponerse libremente por el causante[167].

Valga decir, sobre el tema relativo a las legítimas, como ya hemos señalado con anterioridad, y siguiendo las palabras de SOLÀ I PALERM[168], que se podían diferenciar cuatro fases: una primera referida a la conquista, en la que *els Furs* "ens porten la llegítima romana de terç i meitat: el terç si hi ha fins a quatre fills, i la meitat si n'hi ha cinc o més"; una segunda que llega un siglo después, "quan Pere el Cerimoniós suprimix radicalment la llegítima dels fills, l'única que existía. Cinquanta anys més tard, vora l'any 1400, un fur de Martí l'Humà suavitza la manera de dir les coses, però la llegítima continua suprimida. Així queda fixat per sempre el sistema valencià de no llegítimes"; una tercera "sobrevingunda la derrota d'Almansa, se'ns aplica la llegítima española, que actualment segons el Codi civil és de dos terços"; y una cuarta y última

---

165 En la corona de Castilla, cada uno de los dos altos tribunales radicados en Valladolid y Granada.

166 *Vid.* MARZAL RODRÍGUEZ, P., *El derecho de sucesiones en la Valencia foral y su tránsito a la Nueva Planta*, ob. cit., pp. 156 y ss.

167 *Ibid.*, pp. 307 y ss.

168 *Vid.* SOLÀ I PALERM, E., *Recuperem els nostres furs. Homenatge a Enric Solà i Palerm*, ob. cit., p. 113.

"que encetarem ens retornarà al nostre sistema, on no n'hi ha, de llegítimes".

No podemos finalizar este apartado sin reflexionar sobre la imperiosa necesidad de poner encima de la mesa la situación actual del derecho civil valenciano. Si bien tanto el Estatuto de Autonomía de 1982 como el de 2006[169], otorgan competencia a la Generalitat Valenciana para legislar en materia de derecho civil propio —en el marco del art. 149.1. 8ª CE[170]—, la realidad es que, las tres normas que han visto la luz[171] han sido declaradas incons-

---

169 Art. 49 de la Ley Orgánica 5/1982, de 1 de julio, de Estatuto de Autonomía de la Comunidad Valenciana (reformado por el art. 55 de la Ley Orgánica 1/2006, de 10 de abril, de Reforma de la Ley Orgánica 5/1982, de 1 de julio, de Estatuto de Autonomía de la Comunidad Valenciana): *1. La Generalitat tiene competencia exclusiva sobre las siguientes materias: 2.ª Conservación, desarrollo y modificación del Derecho civil foral valenciano.*

170 Como dice Blasco Gascó: "no cal reclamar els Furs de fa segles, sinó la competència legislativa en matèria de dret civil en el marc de l'article 149-1-8 de la Constitució española i després desenvolupar-la d'acord amb els principis i les sensibilitats del nostre país i del nostre temps". *Vid.* Blasco Gascó, F. de P., «El dret civil i l'autogovern valencià», *Anuari de l'Agrupació Borrianenca de Cultura: Revista de recerca humanística i científica*, nº 30, 2019, p. 94. En el mismo sentido, también ha manifestado que "la referencia foralista o a los Fueros es absolutamente innecesaria y prescindible, no aporta nada ni a la atribución de la competencia ni a la manera de ejercitarla (salvo la mera declaración de principios, en absoluto vinculante y jurídicamente inocua, de tomar como referencia las instituciones forales). La atribución de la competencia en materia de derecho civil y su ejercicio se realiza de acuerdo con la Constitución española, no con los Fueros". *Vid.* Blasco Gascó, F. de P., «La competencia legislativa de la Generalitat Valenciana en materia de Derecho civil», *Revista Jurídica de la Comunidad Valenciana*, nº 33, 2010, p. 30.

171 Concretamente: la Ley 10/2007, de 20 de marzo, de Régimen Económico Matrimonial Valenciano (declarada totalmente inconstitucional y nula por la Sentencia TC 82/2016, de 28 de abril de 2026 (*Tol 5792094*); la Ley 5/2011, de 1 de abril, de relaciones familiares de los hijos e hijas cuyos progenitores no conviven (declarada totalmente inconstitucional y nula por la Sentencia TC 192/2016, de 16 de noviembre de 2016 (*Tol 5922198*); y la Ley 5/2012, de 15 de octubre, de Uniones de Hecho Formalizadas de la Comunitat Valenciana (declarada parcialmente inconstitucional y nula por la Sentencia TC 110/2016, de 9 de junio de 2016 (*Tol 5753921*). Solamente la Ley 3/2013, de 26 de julio, de los Contratos y otras Relaciones Jurídicas Agrarias (que, a su vez, derogó la Ley 6/1986, de 15 de diciembre, de Arrendamientos Históricos Valencianos) pervive en la actualidad.

titucionales por una doctrina, cuanto menos, discutible[172]. Así, compartimos el parecer de BARCELÓ DOMÉNECH[173], refiriéndose a la inconstitucionalidad de la Ley de Régimen Económico Matrimonial Valenciano (Ley 10/2007, de 20 de marzo), a la que siguieron el resto: "Per al Tribunal Constitucional, la validesa de la llei valenciana depèn que es puga acreditar l'existència de regles consuetudinàries en matèria de règim econòmic matrimonial en el moment d'entrar en vigor la Constitució (1978). Atès que València no tenia Compilació i el Dret foral va ser perdut l'any 1707, l'única via per a legislar seria la de convertir en lleis costums forals que hagueren perviscut fins al 1978".

Para el autor citado el planteamiento del TC es erróneo, pues "suposa negar la naturalesa pròpia de norma jurídica de l'art. 49.1.2 de l'Estatut d'Autonomia, que atribueix competència exclusiva a la Generalitat per a la conservación, la modificació i el desenvolupament del Dret civil foral valencià. Suposa també limitar, sense cap base en la Constitució, l'exercici de la competencia a positivitzar uns suposats costums que no existeixen més enllà d'un àmbit molt concret i específic com és l'agrari, i no són en

---

172 *Vid.* STC 82/2016, de 28 de abril, y el argumento principal sobre el que pivota la declaración de inconstitucionalidad de la Ley 10/2007, de 20 de marzo (y del resto): *Tras los avatares codificadores y la solución dada a la llamada cuestión foral, donde no estaba Valencia, a día de hoy el art. 149.1.8 CE le reconoce competencia legislativa sobre aquellas materias civiles que forman parte de su acervo normativo o consuetudinario antes de la entrada en vigor de la Constitución Española. El Estatuto de Autonomía para la Comunidad Valenciana tanto en su redacción primigenia como en la reciente reforma, asume idéntica competencia sobre el Derecho civil valenciano, pero tal competencia legislativa sólo puede tener por objeto las probadas y subsistentes costumbres forales que se hayan observado en determinadas zonas del territorio autonómico, siendo vetado a la Comunidad Autónoma valenciana crear un Derecho civil «ex novo».*
Por último, no basta la posible conexión entre los antiguos y derogados Furs del Reino de Valencia y las instituciones económico-matrimoniales reguladas en la Ley de las Cortes Valencianas 10/2007, pues lo que debe probarse es la pervivencia de las costumbres que le sirven de punto de conexión. A este respecto, a diferencia de lo sucedido con los arrendamientos históricos, no se ha acreditado la vigencia de tales costumbres [STC 121/1992, FJ 2 a)], como le correspondía hacer de conformidad con nuestra doctrina (SSTC 121/1992, FJ 2, y 182/1992, FJ 3).

173 *Vid.* BARCELÓ DOMÉNECH, J., «La inconstitucionalitat de la Llei de règim econòmic matrimonial valencià», *Bigneres*, nº 11, 2016, p. 45. Accesible a través del siguiente enlace: http://hdl.handle.net/10045/64708

cap cas costums forals perquè el Decret de Nova Planta de 1707 va derogar totes les lleis i costums forals, i després el Codi Civil de 1889 va fer el mateix amb l'art. 1.976, derogant lleis i costums (ara no forals) vigents en el moment de la seua publicació"[174].

Puesto que la posición del Tribunal Constitucional resulta inamovible —si bien hay que tener en cuenta el voto particular en las tres sentencias del magistrado Xiol Ríos, en el sentido que otra interpretación menos restrictiva era y es posible—, se ha intentado otra vía alternativa: la reforma de la disposición adicional segunda de la Constitución Española —aprovechando la reforma del art. 49 CE—, introduciendo un segundo párrafo del siguiente tenor literal:

> La competencia legislativa civil de las comunidades autónomas, asumida a sus propios estatutos conforme al artículo 149.1. 8.ª de la Constitución, se extenderá a la recuperación y la actualización de su derecho privado histórico de acuerdo con los valores y los principios constitucionales.

Pues bien, esta vía, articulada a través de una proposición de reforma constitucional a instancia de les Corts Valencianes[175], tampoco ha fructificado, al no haberse admitido por parte de la Mesa del Congreso de los Diputados la enmienda que pretendía incluir en la reforma del art. 49 CE, la modificación de la citada disposición adicional[176].

---

174 *Vid. ult. loc.*

175 *Vid.* https://www.congreso.es/public_oficiales/L15/CONG/BOCG/B/BOCG-15-B-7-1.PDF. También: https://www.senado.es/legis15/publicaciones/pdf/senado/bocg/BOCG_D_15_53_855.PDF

176 Mediante escrito presentado el 24 de abril de 2024 en el registro general del Tribunal Constitucional, don Enric Xavier Morera i Catalá, senador del Grupo Parlamentario Izquierda Confederal, interpuso recurso de amparo, registrado con el núm. 2930-2024 contra los dos acuerdos de inadmisión de la enmienda, por no guardar relación directa con la materia regulada por el art. 49 CE, por lo que, según el criterio de la mesa del Senado excedía de modo manifiesto el objeto y la finalidad de la proposición, tratándose de una iniciativa de reforma constitucional distinta, que debería seguir el procedimiento correspondiente. En la fecha de realización de este trabajo —febrero de 2025— el Tribunal Constitucional no se había pronunciado aún sobre la admisibilidad del recurso de amparo. Habrá que estar a la espera de si pasa este trámite y, si es el caso, qué decisión adopta el intérprete supremo de la Constitución.

Dicho esto, y sin entrar en otro tipo de consideraciones que exceden la finalidad de esta breve reseña, sí que diremos, como ya señaló SOLÀ I PALERM[177] que, aparte de una cuestión de justicia histórica, existen otras razones prácticas para recuperar los fueros, o, mejor dicho, la competencia en materia de derecho civil dentro de los límites constitucionales por todos conocidos, porque sólo así se pueden dar mejores soluciones a los problemas de los valencianos. Concretamente, en la esfera del derecho sucesorio, se respetaría mucho más la libertad del causante, al no estar limitado por el sistema de legítimas castellano, que, cuando nos referimos a la partición por el testador, esto es, la del art. 1056.1 CC, se erigen en el único límite, nada desdeñable, a tal facultad.

Y no únicamente por un mayor respeto a la libertad del individuo, sino también porque las decisiones judiciales, aplicando el Derecho propio, quedarían circunscritas al ámbito territorial propio del Tribunal Superior de Justicia. Por tanto, mayor eficiencia en cuanto al tiempo de respuesta y proximidad para resolver el conflicto.

Como dice BLASCO GASCÓ[178], "el dret civil és un criteri d'identificació d'un poble, d'una nació (...). El dret civil ha estat històricament el dipositari de l'ordenació de les relacions personals i de la societat: es caracteriza per regular les relacions personals i patrimonials en les que el subjecte apareix sense cap altra qualificació". Y aparte de la regulación de la persona, de la personalidad, en suma, regula también otras instituciones que caracterizan la idiosincrasia de un pueblo: contrato, matrimonio y herencia[179].

---

177 *Vid.* SOLÀ I PALERM, E., *Recuperem els nostres furs. Homenatge a Enric Solà i Palerm*, ob. cit., pp. 80 y ss.

178 *Vid.* BLASCO GASCÓ, F. de P., «El dret civil i l'autogovern valencià», en *El Derecho civil foral valenciano: por qué y para qué* (Barceló Doménech, J., Blasco Gascó, Francesc de P., Clemente Meoro, M., Domínguez Calatayud, V. y Moliner Navarro, R. M.ª), Tirant lo Blanch, Valencia, 2018, pp. 61 y ss.

179 *Vid. ult. loc.* Ténganse también en cuenta las razones esgrimidas por BARCELÓ DOMÉNECH, cuando se refiere a las tres sentencias del TC antes mencionadas: "Con estas tres sentencias, queda la Comunitat Valenciana sin la legislación que, en materia de Derecho de Familia, se había dotado tras la reforma del Estatuto de 2006 y que había supuesto una evidente mejora en la vida de los ciudadanos, a la par que una nota de modernidad en la solución de los problemas jurídicos, algo sumamen-

Por lo que respecta a la necesidad de un derecho civil valenciano desde una perspectiva sucesoria, aplicable para los que tiene vecindad civil valenciana, CLEMENTE MEORO[180] ofrece un claro ejemplo que no admite discusión: "¿Por qué y para qué hace falta un Derecho sucesorio valenciano? Acaso convenga empezar por una obviedad: los valencianos también mueren".

Partiendo de la certeza que nos daría una mejor solución a los conflictos que se plantean en nuestra sociedad en materia de derecho sucesorio, por una cuestión obvia de proximidad del legislador, se aprobó el 24 de julio de 2009 un Anteproyecto de Ley Valenciana de Sucesiones[181] que prevé, entre otras, las siguientes novedades: respecto a la legítima (art. 125), un cómputo diferente al derecho castellano, en función del número de hijos (1/4 del

---

te útil para los valencianos cuando el legislador estatal está paralizado y se muestra incapaz de dar respuesta a los retos familiares actuales". Y concluye: "Esperemos que, más pronto que tarde, se pueda legislar, sin temor a la impugnación de la competencia, en materias como las relaciones de familia o el Derecho de sucesiones, contando con una normativa moderna y ajustada a las necesidades actuales". *Vid.* BARCELÓ DOMÉNECH, J., «El Derecho civil foral valenciano: situación actual», *Bigneres*, nº 14, 2019, pp. 60-61. Accesible a través del siguiente enlace: http://hdl.handle.net/10045/122715

180 *Vid.* CLEMENTE MEORO, M., «El Derecho Civil Valenciano desde la perspectiva sucesoria», en *El Derecho civil foral valenciano: por qué y para qué* (Barceló Doménech, J., Blasco Gascó, Francesc de P., Clemente Meoro, M., Domínguez Calatayud, V. y Moliner Navarro, R. M.ª), Tirant lo Blanch, Valencia, 2018, p. 113.

181 Se puede consultar a través del siguiente enlace: https://www.notariosyregistradores.com/PROYECTOS/proyectos%20concretos/Valencia-sucesiones.pdf

Como se dice en la Exposición de Motivos, refiriéndose al ámbito competencial: «Esta Ley se promulga al amparo de la competencia exclusiva asumida por la Generalitat sobre la conservación, desarrollo y modificación del Derecho civil foral en el artículo 49. 1. 2ª del Estatut que se ejercita, conforme a lo que prevén la Disposición Transitoria Tercera y el artículo 7.1 del mismo, para la tutela de la foralidad civil "a partir de la normativa foral del histórico Reino de Valencia" con el doble objetivo perseguido por el legislador de la reforma estatutaria de permitir "a nuestro autogobierno gozar de un techo competencial lo más alto posible", y el "reconocimiento de la Comunidad Valencia, como Nacionalidad Histórica por sus raíces históricas, por su personalidad diferenciada, por su lengua y cultura y por su Derecho Civil Foral", como resulta de los párrafos séptimo y undécimo del Preámbulo del Estatut».

valor del patrimonio relicto si existe uno o dos hijos y 1/3 si son tres o más); se introduce asimismo la posibilidad que los cónyuges puedan testar mancomunadamente (art. 18); o, también, la sucesión contractual (arts. 55 a 72).

En lo relativo a la partición por el causante, se prevé un artículo en concreto donde se regula la institución. Es el 274, que lleva por rúbrica «La partición hecha por el causante», y que dice:

> El causante podrá hacer la partición en acto "inter vivos" o "mortis causa", así como establecer previsiones sobre las operaciones particionales.
> Si la partición se hiciere en el mismo acto de disposición y resultare alguna contradicción entre las cláusulas dispositivas y las particionales, la contradicción se resolverá atendiendo al contenido de éstas últimas.
> Si la disposición y la partición se hicieren en actos separados, ésta última se ajustará a aquélla; no obstante, si la partición se apartara de la disposición, se entenderá que la revoca.

En contra del tenor literal del art. 1056.1 CC que, como veremos a lo largo de este estudio, se refiere literalmente al «testador», el Anteproyecto habla de «causante»; por tanto, la posible regulación, que se ha quedado en el olvido, era mucho menos rigurosa que la castellana (art. 1056.1 CC), pues, como se verá, requiere siempre de la existencia de un testamento previo, coetáneo o posterior a la partición, excluyéndose la sucesión intestada. El trasfondo del Anteproyecto responde, creemos nosotros, a ese menor formalismo de las instituciones propias como ha demostrado la historiografía; no exclusivamente en cuestiones tales como la legítima, sino también, por ejemplo, respecto al régimen económico matrimonial, que no era de comunidad como en el derecho castellano —sociedad de gananciales como régimen supletorio de primer grado *ex* art. 1316 CC—, sino de separación de bienes —en su contexto histórico—.

Hecho este breve paréntesis referido al derecho civil histórico valenciano, y su necesaria proyección de futuro —el Estatuto no ha sido declarado inconstitucional y, por tanto, puede desplegar todo su ámbito competencial—, pasaremos a estudiar la etapa de la codificación para contextualizar, históricamente, la partición testamentaria.

VI. LA CODIFICACIÓN CIVIL. LA PARTICIÓN POR EL «DIFUNTO» EN EL PROYECTO DE 1851

Según LASSO GAITE[182], la codificación supone la formación de un sistema completo de derecho; se propone su unificación y certeza. Al decir de DÍEZ-PICAZO, "la codificación se identificó con el intento de insuflar en los ordenamientos jurídicos los esquemas y los ideales de un tipo de vida liberal-burgués, al mismo tiempo que se adoptaba en la formalización de las normas un conjunto de criterios de carácter económico. Porque significaban la renovación de unos ideales de vida, los códigos debían constituir obras unitarias, lo que exigía la derogación del Derecho anterior y la prohibición o el impedimento de una heterointegración del sistema. En los Códigos hubo además un intento de tecnificación y de racionalización de las actividades jurídicas"[183].

Con la promulgación de la Constitución de Cádiz de 1812, se construye una nueva Nación sobre la base del imperio de la ley como expresión de la voluntad general[184]. Sin embargo, el retraso en el proceso codificador demoró, hasta 1888—1889, la formulación del sistema de fuentes del Estado liberal[185], lo que significó que, en la práctica, continuara vigente parte del Derecho civil del Antiguo Régimen; la costumbre, la jurisprudencia y la doctrina continuaron teniendo la consideración de fuentes del Derecho, y ello debido al fracaso de los sucesivos proyectos de Código civil[186].

ALONSO MARTÍNEZ[187] se refiere a las dificultades para la publicación del Código civil con estas palabras: "Son no más que

---

182 *Vid.* LASSO GAITE, J. F., *Crónica de la codificación española; codificación civil (génesis e historia del Código)*, vol. I, Ministerio de Justicia, Comisión General de Codificación, Madrid, 1970, p. 11.

183 Explica también que, en la codificación jurídica, ha prevalecido siempre el carácter sistemático de la confección frente a la pura recopilación, pues "los textos poseen una interna razón en su ordenación o en su distribución. Aquí está latiendo, precisamente, la creencia en la lógica interna del sistema, pero está también actuando un gran esfuerzo instrumental por la rapidez en el manejo. Abreviación y sistemas son los datos del manejo del código". *Vid.* DÍEZ-PICAZO, L., *Experiencias jurídicas y teoría del derecho*, Ariel, 3ª ed., Barcelona, 2011, pp. 163-168.

187 *Vid.* ALONSO MARTÍNEZ, M., *El Código civil en sus relaciones con las legislaciones forales*, Plus Ultra, Madrid, 1947, p. 27.

dos y de muy distinta naturaleza. Tiene la una carácter general, mientras que la otra solamente alcanza a localidades determinadas; nace aquélla de las entrañas mismas de la sociedad española, de su historia, de sus creencias y hasta de sus preocupaciones religiosas; y se origina ésta en la existencia de ciertos *particularismos*, que debilitan y aflojan el lazo que une las provincias españolas entre sí y deslucen la majestad de la unidad nacional.

De sobra han comprendido los lectores que las dos dificultades a que aludo son el *matrimonio* y el *régimen foral*".

Y añade: "Nuestro Derecho civil es la imagen del caos...; parece imposible que esta nación, tan distante todavía hoy de la unidad legislativa, haya pasado primero por una lucha gigante de ocho siglos contra el poder de la media luna, lucha que parecía a propósito para fundir en un mismo crisol las ideas, sentimientos y costumbres de los héroes que juntos combatían por una misma patria y una misma religión ..., y, sin embargo, ¿qué vemos hoy? Provincias sometidas al derecho común ...; provincias en que impera un régimen de privilegio o excepción"[188].

Por tanto, este hecho, o, mejor dicho, este retraso codificador, influirá en la materia objeto de estudio, en el sentido que no existirá una sistematización completa de la institución en tanto no se dicte un Código definitivo.

Dicho esto, la posibilidad de que el propio testador —*inter vivos* o en sus últimas voluntades—, pudiese hacer la partición de la herencia, ya se contemplaba en el derecho anterior a la codificación[189], si bien con muchas limitaciones en cuanto a su articulación mediante testamento. En tal sentido, cabe recordar que la Ley 7ª, título I, de la Partida 6ª, que se ocupaba del *testamentum parentis inter liberos* y de *la divisio parentis inter liberos*[190], sería derogada por la ley única, título XIX del Ordenamiento de Alcalá,

188 *Ibid.*, pp. 16-17.

189 *Vid.* PACHECO CABALLERO, F. L., «Derecho histórico y Codificación. El derecho sucesorio», *AHDE*, tomo LXXXII, 2012, p. 147.

190 Según la misma, para partir los bienes paternos del ascendiente entre los hijos o nietos, no hacía falta, como remarca MARÍN LÁZARO, ni siquiera un documento escrito, bastando la entrega de los bienes hecha de palabra en presencia de dos testigos, por lo que, el acto de la entrega o tradición de las cosas suplía al documento. *Vid.* MARÍN LÁZARO, R., «La partición de la herencia hecha por actos *inter vivos*», ob. cit., p. 219.

así como por la ley 3ª de Toro, que son las leyes 1ª y 2ª del Título XVIII, del Libro X, de la Novísima Recopilación de las Leyes de España, promulgada en 1805, antecedente inmediato del Código civil, estableciéndose, por ende, una rigidez de las formas testamentarias hasta el momento nunca vista.

Las particiones, no obstante, se moverán en un terreno de mayor amplitud, viéndose afectadas solamente de forma indirecta por esa rigidez de forma[191].

Es en el proyecto de Código civil de 1851 donde, por primera vez, según MARÍN LÁZARO[192], se regula la institución objeto de estudio en lo que puede denominarse la larga etapa codificadora. En concreto, aparece reflejada en el art. 899, antecedente inmediato del actual art. 1056 CC si bien no en los mismos términos, pues aquel hace referencia al «difunto» y este al «testador».

El llamado Proyecto de Código civil de Florencio García Goyena[193] decía, en el artículo 899: *Cuando el difunto hizo por acto entre vivos ó por última voluntad la partición de sus bienes, se pasará por ella en cuanto no perjudique á la legítima de los herederos forzosos*[194].

---

191 *Vid.* DE LOS MOZOS Y DE LOS MOZOS, J. L., «La partición de la herencia por el propio testador», ob. cit., p. 167.

192 *Vid.* MARÍN LÁZARO, R., «La partición de la herencia hecha por actos *inter vivos*», ob. cit., p. 222.

193 Sobre el nuevo rumbo de la codificación civil a partir de este Proyecto, así como su posterior fracaso y su influencia en los Códigos civiles de Chile y Argentina, que supieron conjugar los elementos históricos —escuela histórica de Savigny, contraria a la codificación—, y filosófico-racionalistas —escuela filosófica de Thibaut, partidaria de la codificación, y las grandes obras de Domat, Pothier, Púffendorf, Tomasio y Wolf—, *Vid.* LASSO GAITE, J. F., *Crónica de la codificación española; codificación civil*, ob. cit., pp. 151-295.

194 *Vid.* GARCÍA GOYENA, F., *Concordancias, motivos y comentarios del Código Civil Español*, tomo II, Imprenta de la Sociedad Tipográfico-Editorial, Madrid, 1852, p. 263.
En el comentario histórico del artículo 899 que realiza el propio García Goyena, puede leerse: "Conforme con el 1225 de la Luisiana: «no há lugar á la partición, si el difunto lo ha arreglado entre sus herederos legítimos ó estraños». La partición hecha por el testador era la más firme entre los Romanos, pues no se rescindía por la lesión enorme si quedaba salva la legítima, ley 10, título 36, libro 3 del Código, pero no se estendía esta facultad hasta poderse cometer á otro. La Ley 7, título 1, Partida 6, autorizaba al padre para partir lo suyo entre sus hijos y nietos. La Ley 19 de Toro, ó 3 recopilada, título 6, libro 10, autorizó también al

El artículo 900 expresaba: *La simple facultad de hacer la partición puede cometerse en vida ó en muerte á otro cualquiera, con tal que no sea uno de los coherederos.*

Y el artículo 902 disponía: *Cuando el difunto no hizo la partición ni cometió esta facultad á otro, si todos los coherederos se encuentran en el caso del artículo 893 y están presentes, podrán, de común acuerdo ó por mayoría absoluta, partir la herencia en el modo y forma en que convengan judicial ó extrajudicialmente.*

Hay que señalar una cuestión de suma importancia en el Proyecto y que salta a la vista de una simple lectura del art. 899: se amplía esta facultad a todos los causantes —al «difunto», en el sentido amplio del término—, es decir, a cualquier causante, y no únicamente a los padres en favor de sus hijos como venía siendo habitual desde un punto de vista histórico, constituyéndose en un hecho diferenciador en comparación con las demás legislaciones modernas —Código de Napoleón de 1804 principalmente; los Códigos de Italia: el albertino, el napolitano y el de 1865; el Código holandés o el Código de la Argentina de 1869 de Dalmacio Vélez Sarsfield—[195].

En el capítulo décimo tendremos la oportunidad, aunque sea a vuelapluma, de hacer un estudio comparativo con los ordena-

---

padre y abuelo para señalar la mejora en cosa determinada, pero sin poder cometer esta facultad á otra persona, y nosotros lo hemos admitido en el artículo 664. Cuando los herederos no sean forzosos mal podrán ir contra la voluntad del que los ha favorecido; y si son hijos ó descendientes, deben respetar el juicio y la voluntad del padre en cuanto no menoscabe su legítima".

195 *Vid.* MARÍN LÁZARO, R., «La partición de la herencia hecha por actos *inter vivos*», ob. cit., pp. 220 y ss.
Sobre este hecho diferenciador, señala este autor que "el *privilegio* concedido a la partición de los ascendientes se había referido a la *forma del acto*, no al fondo; sin testigos podía hacerse en Roma, según hemos visto, la *divissio liberorum*; con solo dos testigos en documento escrito podían *testar* y *partir* los ascendientes su patrimonio en favor de los descendientes con arreglo a las Partidas, y por lo dispuesto también en éstas la entrega de presente podían hacerla *de palabra* en presencia de dos testigos. Al desaparecer este *privilegio* relativo a la forma, no había motivo alguno para que en cuanto al fondo los testadores en general no tuviesen igual facultad de disponer de sus bienes que los padres en favor de sus hijos. Esta es la consecuencia que con sentido lógico sacó nuestro Código civil, más perfecto en este punto que sus congéneres de las demás naciones latinas". *Ibid.*, p. 225.

mientos de Francia, Italia, Bélgica, Portugal y Argentina, con la finalidad de contrastarlo con el nuestro.

VII. LA PARTICIÓN POR EL «TESTADOR» EN EL CÓDIGO CIVIL DE 1888-1889

Como hemos dicho, el Código civil de 1889 recoge la institución en el art. 1056. El precepto consta de dos apartados: el primero —supuesto general—, ha permanecido intacto hasta nuestros días desde 1889, y es una réplica casi exacta del art. 899 del Proyecto de 1851, sustituyéndose el término «difunto» por el de «testador», dando origen a la mayor discusión doctrinal sobre la institución y que explicaremos en las páginas siguientes; no obstante, la adelantamos ya: si resulta necesaria la concurrencia de un testamento, siempre y en cualquier caso, junto a la partición —máxime cuando se formaliza en documento privado—, o si se admite, en su defecto, recurrir a las normas de la sucesión intestada—; y el segundo —supuesto especial—, constituye una novedad respecto a la redacción primigenia de 1889 para el caso en particular del padre que, «en interés de su familia quiera conservar indivisa una explotación agrícola, industrial o fabril», disponiendo «que se satisfaga en metálico su legítima a los demás hijos».

Este último apartado se modificó en virtud de la disposición final 1.1 de la Ley 7/2003, de 1 de abril, con el fin de adaptarlo a las necesidades de nuestro tiempo: se sustituye el término «padre» por el de «testador»; se moderniza el elemento real, refiriéndose ahora a una «explotación económica o bien mantener el control de una sociedad de capital o grupo», sobre la base no sólo del «interés de su familia» sino atendiendo a la «conservación de la empresa»; y se establece un régimen especial en relación a la conmutación de la legítima.

Así pues, se cierra esta primera parte de contextualización histórica que culmina con la regulación actual de la partición testamentaria para dar inicio, en el capítulo siguiente, al estudio de esta desde el prisma del derecho común, para lo cual daremos unas breves pinceladas sobre la comunidad hereditaria; solamente así estaremos en mejores condiciones de analizar la partición hecha por el testador, que, como se explicará, evita el nacimiento de la citada comunidad.

Capítulo Segundo

Comunidad hereditaria y partición de herencia, en particular, la partición testamentaria en derecho común

I. LA COMUNIDAD HEREDITARIA

1. Concepto

Para PUIG BRUTAU[196] hay comunidad hereditaria, o herencia indivisa, cuando varias personas pueden adquirir por sucesión universal *mortis causa* el patrimonio de su común causante, por ostentar todas ellas el título de heredero[197]. Adquieren un con-

---

196 *Vid.* PUIG BRUTAU, J., *Compendio de Derecho Civil. Derecho de familia. Derecho de sucesiones*, vol. IV, Bosch, Barcelona, 1991, pp. 299-300.

197 Sobre el título de heredero en la historia del Derecho Privado europeo —siguiendo a SALVADOR CODERCH—, han existido dos regulaciones diferenciadas, si bien, estas diferencias entre una corriente y otra no tendrá carácter sustancial, pues ambas conceptúan el título de heredero como título adquisitivo, pero se alejan en cuanto a lo que constituye el objeto de este. Vamos a citarlas: por una parte, en la tradición romanista del derecho común, el título de heredero se configura como *título adquisitivo* con una doble característica: se adquiere *per universitatem* y se adquiere una *res incorporalis* (*universitas iuris*), llegando en parte a nuestro Código civil a través del art. 609; por otra, en la tradición iusnaturalista y la sistemática del Pandectismo, el título de heredero se emancipa de los modos de adquirir, de los títulos adquisitivos.

El Código civil sigue la corriente romanista o justinianea, si bien, no se da una construcción unitaria del mismo, sino desde cuatro puntos de vista: i) desde la perspectiva de sus efectos, el art. 660 CC distingue entre título universal (heredero) y título particular (legatario); ii) en el art. 668 CC, se contraponen título universal y título particular, aunque no referidos a la sucesión sino a la herencia; iii) en el art. 1531 CC, la referencia al título se transforma en una referencia a la persona; y iv) en el art. 1009 CC, se hace referencia al título en formación, una situación que es una expectativa, una legitimación adquisitiva y no al título ya formado. *Vid.* SALVADOR CODERCH, P., *Discurso de contestación al discurso de investidura de don Juan B. Vallet de Goytisolo como Doctor honoris causa por la Universidad Autónoma de Barcelona*, Bellaterra, 1985, pp. 94 y ss. Acce-

junto de bienes, derechos y obligaciones, sin que a cada una de ellas le corresponda una participación indivisa sobre los objetos que conforman el caudal relicto, sino que la pertenencia indivisa está referida globalmente al derecho sobre la herencia. Existe, pues, una titularidad global sobre el patrimonio hereditario, no una titularidad concreta; es el llamado derecho hereditario *in abstracto*[198].

Según CASTÁN TOBEÑAS[199], la comunidad hereditaria nace con la apertura de una herencia a la que están llamados varios herederos y culmina por la división o partición, contemplando el Código civil la comunidad hereditaria sólo en su fase final de disolución, carente de regulación en todo lo demás, siendo la causa de los debates doctrinales originados en torno a la misma.

La situación de comunidad o indivisión supone una suspensión de los efectos disgregatorios del patrimonio hereditario[200].

La comunidad hereditaria implica, para VALLET DE GOYTISOLO[201], una pluralidad de herederos de un mismo causante que hayan llegado a serlo; la citada comunidad tiene como sujetos a todos los herederos, y como objeto a la herencia indivisa.

---

sible "en línea" en la siguiente dirección: https://ddd.uab.cat/pub/honoris/147445/Honoriscausa_ValletdeGoytisolo_a1985.pdf

198 Como refiere RODRÍGUEZ DEL BARCO, algunos autores "distinguen entre derecho hereditario *in abstracto*, que es el que corresponde a los coherederos antes de la partición y derecho hereditario *in concreto*, que es aquél que les compete sobre los bienes que a cada uno le han correspondido después de efectuada aquélla". Sin embargo, para el autor citado, la distinción no es necesaria ni práctica, pues "cuando se practica la división el derecho hereditario desaparece y cada uno de los coherederos es titular de bienes y derechos concretos en la forma en que le hayan sido adjudicados. Por tanto, después de la partición huelga hablar de derecho hereditario *in concreto*". *Vid.* RODRÍGUEZ DEL BARCO, J., «Nuestra posición sobre la naturaleza jurídica de la partición hereditaria», *RDP*, 1973, pp. 429-431.

199 *Vid.* CASTÁN TOBEÑAS, J., *Derecho civil español, común y foral*, ob. cit., pp. 308 y ss.

200 *Ibid.*, p. 309.

201 *Vid.* VALLET DE GOYTISOLO, J. B., *Panorama del Derecho de sucesiones*, ob. cit., p. 683.

En similares términos se pronuncia RODRÍGUEZ DEL BARCO[202]: "Cuando al causante suceden varios herederos surge una comunidad incidental entre los mismos que tiene por objeto la masa hereditaria, considerada como un todo —*universitas iuris*— dejada por aquél".

2. *Naturaleza jurídica*

Como ya se explicó en el capítulo precedente, en el derecho romano antiguo, la comunidad doméstica continuaba después de la muerte del *pater familias* en caso de pluralidad de *sui heredes*, que, como coherederos y una vez extinguido el poder del *pater*, tenían iguales derechos y formaban el *consortium* o sociedad entre los hermanos denominada *ercto non cito*, que etimológicamente significaba, "cuando la división no ha sido provocada"[203]. Cualquiera de los coherederos podía, en cualquier momento y amparado por la ley de las XII Tablas, poner fin al consorcio ejercitando para ello la *actio familiae erciscundae*.

Esa comunidad primitiva comprendía la propiedad y los derechos reales, pero no se hacía extensiva a los créditos ni a las deudas del causante, que, según un precepto de las XII Tablas, se dividían *ipso iure* en proporción a la cuota hereditaria de cada heredero[204].

Este tipo de comunidad de los *sui heredes* perdería fuelle en el momento en que apareció en escena la institución de heredero único, es decir, a principios de la República, desapareciendo definitivamente al iniciarse el periodo clásico[205].

La sustituyó otra forma de comunidad, basada en el sistema de cuotas de carácter eminentemente patrimonial, donde cada coheredero tenía un derecho restringido, limitado, plasmado en una cuota parte indivisa; los créditos y las deudas seguirían dividiéndose *ipso iure* entre los coherederos en proporción a su cuota en la comunidad[206].

Esa nueva comunidad se caracterizaba por ser una comunidad *pro parte pro indiviso*, en la que "todo coheredero es titular de una cuota del *ius hereditatis*, y proporcionalmente adquiere los

---

206 *Vid. ult. loc.*

frutos de las cosas hereditarias y usa de éstas, a no ser que sea posible un uso *in solidum* por todos. En general, esos principios son los mismos que se aplican al condominio"[207].

En contraposición a la comunidad romana o por cuotas, en el derecho germánico, la idea de la comunidad doméstica ya se manifestaba en vida del causante por el derecho de expectativa hereditaria. Esta expectativa, en el momento de su fallecimiento, se transformaba, *ope legis,* en una comunidad en mano común —*gesammte Hand*— en la que ninguno de los coherederos podía disponer libremente de su parte a la herencia, diferenciándose del sistema romano. La capacidad de obrar sólo correspondía a la *gesamme Hand,* y no a sus miembros singulares, por lo que la toma de decisiones debía acomodarse al principio de unanimidad de todos los partícipes, en contraposición al principio de solidaridad del primitivo *consortium inter frates* romano, si bien aquel principio fue sustituido de forma paulatina por el de la mayoría[208].

En opinión de CASTÁN TOBEÑAS, si bien la doctrina se ha planteado el problema de la naturaleza jurídica de la comunidad hereditaria, en el sentido de si se incluye en la de tipo romano o germánico, ello no resuelve los problemas que se derivan de aquella, tratándose de una discusión estéril[209].

Siguiendo la sistematización que realiza RIVAS MARTÍNEZ sobre las posturas doctrinales referentes a su naturaleza, y que se inclina por considerar a la comunidad hereditaria como una unidad patrimonial de carácter postganancial —y sin entrar a valorar a fondo cada una de ellas para no extendernos más de lo estrictamente necesario— tendríamos[210]:

a) Quienes la consideran como una comunidad romana especial, al entender que en la herencia indivisa hay tantas comunidades de bienes como cosas y derechos reales haya

---

207 *Ibid.*, p. 686.

208 *Vid. ult. loc.*

209 *Vid.* CASTÁN TOBEÑAS, J., *Derecho civil español, común y foral,* ob. cit., pp. 310-311. VALLET DE GOYTISOLO se refiere, también, a la artificialidad de la problemática nacida en torno a la comunidad hereditaria, mediatizada por la imagen de su expresión conceptual o registral. *Vid.* VALLET DE GOYTISOLO, J. B., *Panorama del Derecho de sucesiones,* ob. cit., p. 687.

210 *Vid.* RIVAS MARTÍNEZ, J. J., *Derecho de sucesiones común. Estudios sistemático y jurisprudencial,* Tirant lo Blanch, Valencia, 2020, pp. 2813 y ss.

en ella, y tantos créditos y obligaciones mancomunadas como obligaciones individuales existan, de modo que la partición se configura como una división de una pluralidad de cosas, derechos reales, créditos y obligaciones que pertenecen *pro indiviso* a varios titulares, rigiéndose, cada una de estas comunidades por los arts. 392 y ss. CC, pero sin la facultad de disponer del derecho en cada comunidad hasta el momento de la partición.

b) Entenderla como una comunidad germánica o en mano común —resoluciones de la DGRN de 6 de diciembre de 1926 o 27 de enero de 1987[211]; STS de 28 de mayo de 2004[212]—.

c) Aquellos que entiende que la comunidad hereditaria es una institución híbrida, al presentar puntos de coincidencia tanto con la comunidad romana como con la germánica. A efectos internos, en relación con el goce de los bienes, se rige por las reglas de la proindivisión romana; a

---

211 RJ 1987, 368: *La adjudicación «pro indiviso» explicada de las dos fincas hereditarias es una operación sin trascendencia económica y, desde el punto de vista jurídico, supone solamente que la comunidad sobre todo el patrimonio hereditario activo y pasivo (considerada generalmente como una figura de comunidad germánica) se transforme en una comunidad romana o por cuotas indivisas sobre cada uno de los bienes de la herencia.*

212 (*Tol 442962*). Según esta sentencia: *La cuestión que en el presente proceso —ahora en trámite de casación— se ha planteado es una "quaestio iuris" concreta: si se puede ejercitar la "actio communi dividundo" respecto a un bien concreto que forma parte de un patrimonio hereditario, cuyo contenido no consta, sin haberse practicado, tras la aceptación de la herencia por los herederos, la partición de aquél y subsiguiente adjudicación de dicho bien que puede darse a todos, a varios o incluso a uno solo de los coherederos.*

La sentencia de 25 de mayo de 1992 dice explícitamente que «en tanto no se practique la partición de la herencia no puede hablarse de que tal finca sea objeto de una copropiedad por iguales partes entre los coherederos, sino que la misma forma parte de la comunidad hereditaria» y la de 6 de octubre de 1997, en el mismo sentido, dice: «todos los herederos tienen una comunidad hereditaria con derechos indeterminados mientras que no haya partición». La partición, pues, sustituye la cuota que cada coheredero tiene en la comunidad hereditaria, por la titularidad exclusiva en los bienes o derechos que se la adjudican; la partición especifica o determina qué bienes concretos corresponden a cada coheredero: es la teoría sustitutiva o especificativa de la partición, mantenida por la doctrina moderna y la jurisprudencia, en sentencias de 21 de julio de 1986, 13 de octubre de 1998, 21 de mayo de 1990, 5 de marzo de 1991, 28 de junio de 2001.

efectos externos, en relación, por ejemplo, con los acreedores, actúan los principios rectores de la *gesammte Hand.*

d) Quienes consideran a la comunidad hereditaria como una categoría intermedia entre el condominio ordinario y la persona jurídica.

e) Otros que la entienden como una unidad patrimonial, en la que cada heredero puede disponer libremente de su cuota en el derecho hereditario, que se refiere a la herencia en bloque, pero no de una cuota sobre bienes concretos y determinados.

f) La posición de VALLET DE GOYTISOLO, para el que "la proyección de la comunidad hereditaria en la herencia como *universitas* falla, tanto en el mismo objeto considerado como en la proyección a éste de la titularidad de los coherederos considerada como derecho subjetivo de naturaleza universal"[213]. Los herederos coparticipan en unos bienes determinados; participación que está llamada a ser concretada en cosas determinadas del conjunto en virtud de la partición. Toda disposición del derecho de un coheredero referido a una cosa concreta queda condicionada al resultado de la división patrimonial.

3. Objeto

El objeto de la comunidad hereditaria vendrá constituido por todos los bienes y derechos relictos por el causante que no hayan sido legados, incluidos los créditos a su favor.

En tal sentido, el art. 659 CC dice: *La herencia comprende todos los bienes, derechos y obligaciones de una persona que no se extingan por su muerte.*

Constante la comunidad, quedarán integrados en el patrimonio hereditario[214]: todos los aumentos que experimenten los bienes como consecuencia del derecho de accesión; los bienes que, en virtud del ejercicio de un derecho perteneciente a la comu-

---

213 *Vid.* VALLET DE GOYTISOLO, J. B., *Panorama del Derecho de sucesiones*, ob. cit., p. 693, previo análisis de las posturas doctrinales citadas.

214 *Vid.* RIVAS MARTÍNEZ, J. J., *Derecho de sucesiones común. Estudios sistemático y jurisprudencial*, ob. cit., pp. 2817 y ss.

nidad, se integren en esta por subrogación real; los recibidos en concepto de indemnización por la pérdida o deterioro de bienes hereditarios, o permutados con ellos o comprados con dinero relicto; o el dinero procedente de la venta de bienes de la herencia.

4. Caracteres

4.1. Comunidad universal

En primer lugar, la comunidad hereditaria es una comunidad universal, que recae sobre la unidad patrimonial constituida por la herencia, no sobre bienes y derechos singulares; el derecho de los partícipes no incide directamente sobre los objetos concretos contenidos en la herencia[215].

Esto se refuerza con las previsiones contenidas en la legislación hipotecaria vigente como ahora se explicará, si bien la Dirección General de los Registros y del Notariado —actual Dirección General de Seguridad Jurídica y Fe Pública— respaldó, en un principio, la práctica de inscribir el derecho hereditario indiviso en el asiento correspondiente a cada uno de los inmuebles integrantes de la herencia, incluso solicitándolo uno solo de los herederos[216].

---

215 *Vid.* PUIG BRUTAU, J., *Compendio de Derecho Civil. Derecho de familia. Derecho de sucesiones*, ob. cit., p. 301.

216 Por ejemplo, en la Resolución de 24 de febrero de 1888 (Gaceta 5 de abril, nº 96, p. 66) se decía: *que es doctrina de este Centro, consignada en sus Resoluciones de 27 de mayo y de 1º de julio de 1863, 2 de marzo y 26 de noviembre de 1864 y 7 de octubre de 1880, que para inscribir el derecho hereditario basta con presentar el documento en que tal derecho conste, y en su caso la partida de defunción del testador; siempre que se reúnan estas dos circunstancias: primera, que los bienes hereditarios consten inscritos a favor del causante; y segunda, que haya un solo heredero o varios que soliciten la inscripción «pro indiviso»; es indisputable el derecho que asiste a todo condueño para inscribir su participación en la cosa común, derecho que puede ejercer con absoluta independencia de los demás partícipes, y por esta razón, mientras está «pro indiviso» el caudal hereditario, cada uno de los coherederos puede obtener la inscripción de la parte alícuota que le corresponde, presentando al efecto el testamento con la certificación de óbito del testador o la declaración judicial de herederos.*
En el mismo sentido, las Resoluciones de la DGRN de 14 de diciembre de 1894, 16 de diciembre de 1904 y 27 de enero de 1906.

Es más, sobre la base registral de la inscripción del testamento, la Resolución de 16 de diciembre de 1876, siguiendo una práctica entonces habitual, admitió que se inscribiera una donación otorgada por un coheredero de la cuarta parte indivisa de una casa cuyo asiento se había inscrito en virtud de su derecho hereditario[217].

Dicha práctica, la disponibilidad, en suma, del derecho hereditario en concreto, no fue admitida por el Tribunal Supremo, al condicionar que se adjudicase al enajenante la misma cuota enajenada o, por razón de esta, una parte de la propia finca en cuyo asiento se inscribió[218]. Es decir, se afirma la idea basada en el derecho hereditario en abstracto, de la herencia globalmente considerada. La STS de 4 de abril de 1905 implicará, según PUIG BRUTAU[219], un cambio de orientación:

> Si bien el heredero puede disponer aun antes de que se practique la división de la parte ideal o indeterminada que haya de corresponderle en la herencia, mientras ésta no se liquida, y por consecuencia de ella se hace la correspondiente adjudicación de lo que a aquél le corresponda, carece de verdadero título de dominio en bienes concretos y determinados, a cuya universalidad le daba derecho el testamento, y porque el efecto de la hipoteca, como el de la enajenación, con relación a los condueños, se halla limitado a la porción que se

---

Respecto de las resoluciones citadas con anterioridad, *vid.* VALLET DE GOYTISOLO, J. B., *Panorama del Derecho de sucesiones*, ob. cit., p. 688.

217 *Considerando que autorizada la inscripción del título de herencia sin distinguir la testada de la intestada, la que se halla aceptada de la pendiente de aceptación y la que corresponde a un solo heredero de la que pertenece a varios "pro indiviso", es evidente que procede de igual modo la inscripción de las enajenaciones o cesiones que de su respectivo derecho hereditario hagan las personas que a su nombre los tengan inscritos para que se cumpla el fin primordial de la institución de los registradores de la propiedad, que consiste en que aparezcan en los libros todas las transmisiones del dominio de las fincas y de los derechos reales que se verifique por título singular o universal, y los nombres de las personas en quienes reside la facultad de disponer de ellas; prescindiendo de los particulares efectos que según la legislación y la jurisprudencia civil produzca la enajenación del derecho hereditario verificado antes de realizarse la división y adjudicación del caudal. Ibid.*, pp. 688-689.

218 *Vid. ult. loc.*

219 *Vid.* PUIG BRUTAU, J., *Compendio de Derecho civil*, ob. cit., p. 300.

> le asignara en la división al cesar en la comunidad, según el precepto del artículo 399 del Código[220].

En el mismo sentido, la STS de 19 de noviembre de 1929, que desestimó la acción reivindicatoria de una finca porque, en la fecha en que se vendió mediante documento privado:

> Sólo correspondía a los herederos el derecho hereditario, pero no el derecho individualizado, a ninguno de los bienes en que consistía el caudal relicto, por lo cual sólo podían haber cedido sus acciones hereditarias, pero no disponer como propios bienes determinados que en la escritura de partición pudieran tener otro destino, como en efecto lo tuvieron..., pues, si bien no puede desconocerse que el testamento es un título traslativo del dominio, el heredero carece de derecho específico cierto y efectivo sobre alguno de los bienes, en tanto no le sea adjudicado expresamente, pues mientras esto no ocurra, sólo le corresponde una participación ideal en la comunidad hereditaria[221].

Este cambio se consolida, además, sobre las resoluciones de la DGRN dictadas al amparo del art. 71 del Reglamento Hipotecario de 1915, al permitir la inscripción del derecho hereditario de cada coheredero circunscrito a *la parte que le corresponde en el patrimonio hereditario,* y no a la finca o derecho determinado en cuyos asientos se hace constar[222].

Actualmente, la Ley Hipotecaria de 1946 se refiere, en sede de las anotaciones preventivas, al derecho hereditario en abstracto, constituyendo la culminación del criterio jurisprudencial[223].

Por una parte, el art. 42. 6º LH dice: *Podrán pedir anotación preventiva de sus respectivos derechos en el Registro correspondiente:*

Sexto. Los herederos respecto de su derecho hereditario, cuando no se haga especial adjudicación entre ellos de bienes concretos, cuotas o partes indivisas de los mismos.

Y por otra, en el art. 46 LH se expresa: *El derecho hereditario, cuando no se haga especial adjudicación a los herederos de bienes con-*

---

220 *Vid.* Vallet de Goytisolo, J. B., *Panorama del Derecho de sucesiones,* ob. cit., p. 689.

221 *Vid. ult. loc.*

222 *Vid. ult. loc.*

223 *Vid.* Puig Brutau, J., *Compendio de Derecho civil,* ob. cit., p. 300.

cretos, cuotas o partes indivisas de los mismos, sólo podrá ser objeto de anotación preventiva. Esta anotación podrá ser solicitada por cualquiera de los que tengan derecho a la herencia o acrediten un interés legítimo en el derecho que se trate de anotar.

El derecho hereditario de los coherederos sólo podrá ser objeto de anotación preventiva, en consonancia con la propia naturaleza abstracta del mismo. En consecuencia, solamente cuando se lleve a cabo la partición, apoyada en un título sucesorio —testamento, pacto sucesorio o declaración de herederos *abintestato*—, podrán inscribirse en el Registro de la Propiedad los bienes inmuebles adjudicados a cada heredero, o una cuota indivisa, según los casos.

4.2. Comunidad forzosa

La comunidad hereditaria nace con independencia de la voluntad de los partícipes en ella, de los coherederos, por el simple hecho del fallecimiento del causante, y los acreedores tienen el derecho a oponerse a su extinción sobre la base del art. 1082 CC: *Los acreedores reconocidos como tales podrán oponerse a que se lleve a efecto la partición de la herencia hasta que se les pague o afiance el importe de sus créditos.*

4.3. Comunidad, *a priori*, transitoria

Su duración está limitada en el tiempo, pues cualquier coheredero puede, en cualquier momento, pedir la división de la herencia, manteniéndose el carácter imprescriptible de la antigua acción *familiae erciscundae* según el art. 1965 CC: *No prescribe entre coherederos, condueños o propietarios de fincas colindantes la acción para pedir la partición de la herencia, la división de la cosa común o el deslinde de las propiedades contiguas.*

Pero el Código permite, de modo excepcional, su permanencia en el tiempo. Son las siguientes situaciones:

i) En primer lugar, cuando el testador prohíbe de forma expresa la división, haciendo uso de la facultad prevista en el art. 1051 CC: *Ningún coheredero podrá ser obligado a permanecer en la indivisión de la herencia, a menos que el testador prohíba expresamente la* *división. Pero, aun cuando la prohíba, la división tendrá siempre lugar mediante alguna de las causas por las cuales se extingue la sociedad.*

Respecto del párrafo segundo, se dará la partición si se invoca y prueba alguna de las causas por las cuales se extingue la sociedad[224], de conformidad con los arts. 1700 y ss. CC.

Pero ¿cuál es el plazo máximo por el que el testador puede prohibir expresamente la división? ¿Puede imponerse esta prohibición con carácter indefinido? Al decir de DOMÍNGUEZ LUELMO[225], dos han sido tradicionalmente las posturas doctrinales sobre el particular: i) la que entiende aplicable, por analogía, la previsión contenida en el art. 400 CC, por lo que el plazo de indivisión queda constreñido al límite máximo de diez años; y ii) la que considera que el art. 1051 CC, tratándose de una norma especial, no está sujeto a ningún plazo, pero pudiendo aplicar, en todo caso, las reglas por las que se extingue el contrato de sociedad, que es la postura mantenida por el Tribunal Supremo, si bien con los consiguientes ajustes[226]. Así puede observarse en los casos de cláusulas testamentarias en las que se prevea un plazo de prohibición de la partición que dependa de un acontecimiento futuro, cierto o incierto —por ejemplo, hasta que el heredero alcance la mayoría de edad o mientras viva el cónyuge viudo del causante[227]—: la doctrina jurisprudencial admite la validez de aquellas, aunque se supere el plazo previsto en el art. 400 CC[228].

---

224 *Vid.* BLASCO GASCÓ, F. DE P., *Instituciones*, ob. cit., p. 310.

225 *Vid.* DOMÍNGUEZ LUELMO, A., «Comentario al art. 1051 CC», en *Comentarios al Código civil* (directora, Ana Cañizares Laso), tomo III, Tirant lo Blanch, Valencia, 2023, pp. 4842-4843.

226 *Vid. ult. loc.*

227 *Vid.* MARTÍNEZ ESPÍN, P., «Tema V. Partición y colación», en *Derecho de sucesiones* (coord., Rodrigo Bercovitz Rodríguez-Cano), Tecnos, Madrid, 2009, p. 196.

228 *Vid.* STS de 21 de diciembre de 2000 (*Tol 99163*), en un supuesto de indivisión de una finca hasta el momento del fallecimiento de la cónyuge viuda, siendo *la finalidad de tal decisión permitir la realización de unas obras de regadío en la finca en cuestión, que no podrían llevarse a cabo hasta que no se consolidaran la propiedad mediante la extinción del usufructo correspondiente a la esposa del testador, y que serviría para dar un tanto igualatorio en la distribución de los bienes hereditarios.*

Planteamiento absolutamente lógico y que va en beneficio del aprovechamiento social y económico de la tierra, y que debiera dar por supuesto que el plazo de indivisión debe durar hasta el óbito antedicho. Efectivamente ello es así aunque

La STS de 16 de febrero de 1977[229] se refiere a la renuncia al beneficio de la indivisión que el causante concedió a su esposa, siempre que esta renuncia no vaya en contra del interés o el orden público ni perjudique a terceros:

> ... la voluntad del «de cuius», fue la de proteger a su cónyuge después de su muerte, de forma tal, que esta pudiera seguir disfrutando de su saneada situación económica (...). el momento inicial del cómputo del plazo establecido en dicha cláusula y la permanencia en la indivisión hereditaria, que ello llevaba consigo y que podía imponerse a tenor de lo prevenido en el art. 1051 y S. 12 diciembre 1958, se concedió en beneficio de la referida esposa, la que, por consiguiente, podía renunciarla, conforme a lo prevenido en el art. 6, núm. 2 del CC, por no contrariar el interés o el orden público, ni perjudicar a terceros, como así lo hizo, al solicitar de los contadores que llevaran a efecto las particiones, renunciando al legado de usufructo vitalicio de bienes y aprovechamiento de masa de arbolado que le concedía la cláusula octava del testamento e incluso a una parte de bienes que, por su carácter de gananciales, pudieran corresponderles (considerando séptimo de la Sentencia recurrida), con lo que, lejos de perjudicar a los herederos, obtuvieron éstos el beneficio de entrar en posesión de sus bienes con una anticipación de cuatro años al momento en que les hubiera correspondido, obteniendo además algunas otras ventajas económicas de las que no hubieran disfrutado hasta el fallecimiento de la esposa del testador.

En cualquier caso, el Tribunal Supremo ha tenido ocasión de hacer ver los límites de este tipo de limitaciones, en concreto, relacionándolos con el derecho a no permanecer en una situación de indivisión hereditaria. Es el caso tratado en la STS de 2 de abril de 2004[230]:

---

el artículo 400 del Código Civil determina la validez de un pacto de indivisión limitado a los diez años, con una prórroga convencional del referido plazo, y dentro de esta ampliación, como dentro de tal contraexcepción, ha de permitirse el establecimiento de un plazo dependiente de un hecho futuro y cierto —el óbito de una persona— como es el del presente caso, y sobre todo cuando ello tiende a un fin igualitario para todos los herederos, y para un fin de mejora económica de un rendimiento de una finca rústica, lo que haría entrar en juego lo dispuesto en el artículo 401 de dicho Código Civil.

229 (*Tol 4247310*).

230 (*Tol 376548*).

> ... el derecho fundamental a obtener la resolución definitiva de un conflicto (art. 24) así como en el de no permanecer indefinidamente en una situación de indivisión hereditaria, que reconoce el artículo 1051 del Código civil.

ii) En segundo lugar, cuando son los propios coherederos quienes, por unanimidad, pactan la indivisión, amparándose en el art. 400 CC.

Este pacto se fundamenta en el art. 1255 CC, en el artículo citado con anterioridad y en el carácter renunciable de la facultad de solicitar la división, pero con un límite: que esta renuncia no sea definitiva, pues el pacto podría prorrogarse sucesivamente al terminar cada uno de los plazos de, como máximo, diez años[231].

La STS de 5 de mayo de 2004[232] se refiere al supuesto de que, pese a existir un pacto sobre división de unos locales comerciales en documento privado, la posterior escritura pública de partición de herencia sin oposición de los herederos supone una novación de este:

> En sustancia, se combate la no estimación de la pretensión principal de la demanda, que era la división de los locales según pactaron las partes en documento privado de 19 de diciembre de 1985 En pro de su acogida se alegan los estatutos de la escritura de Propiedad Horizontal que expresamente facultaban a los propietarios de aquellos locales para efectuar en ellos agrupaciones, segregaciones, etc.
> El motivo se desestima. El documento privado de 19 de diciembre de 1985 contiene las reglas para la división y adjudicación entre los herederos de la herencia del causante, D. Gerardo, y se señaló en un croquis la forma de distribuir los locales entre ellos, pero la posterior escritura pública de partición hereditaria de 26 de febrero de 1986, otorgada por contador-partidor y aceptada por los herederos, dividió toda la herencia del causante sin que en ella se recogiese lo estipulado en el documento privado anterior en cuanto a los locales comerciales, ni se hiciese ninguna reserva en favor de su aplicación. En estas condiciones, ha de interpretarse que la escritura pública novó el documento privado, pues es totalmente incompatible con él.

---

231 *Vid.* Martínez Espín, P., «Tema V. Partición y colación», ob. cit., p. 196.

232 (*Tol 411082*).

iii) En tercer y último lugar, la división se suspenderá cuando exista incertidumbre acerca de los herederos y las cuotas hereditarias, por ejemplo: que el heredero lo sea bajo condición suspensiva, se espere el nacimiento de una persona que ostentaría la cualidad de heredero (art. 966.1º CC[233]), esté pendiente un proceso judicial donde se haya ejercitado la acción de reclamación de filiación, que es imprescriptible (art. 132 CC[234]), o cuando sea instituida una persona jurídica que no esté todavía legalmente constituida (art. 38 CC[235]).

Más allá de estas excepciones, la idea principal es que la comunidad hereditaria no se constituye por la ley para durar en el tiempo, situación contraria al tráfico jurídico, sino que la misma finaliza a través de la partición (art. 1068 CC), pero también por las siguientes causas:

i) Por la desaparición o destrucción física de los bienes que forma la herencia, o que de éstos sólo reste uno.

ii) Por la reunión de todos los bienes en uno solo de los coherederos, o en un extraño[236].

5. *Regulación*

Puesto que, como se ha dicho, el Código civil no regula, de forma completa, la comunidad hereditaria sino sólo en lo relativo a su etapa final, cuando se le pone fin mediante la partición, el orden de prelación de las fuentes será el siguiente: en primer lugar, por las normas imperativas que resulten de aplicación; en segundo lugar, por las disposiciones del testador si las hubiere formalizado en el testamento habiendo previsto esta eventualidad; en tercer lugar, por los acuerdos adoptados por los coherederos; en cuarto lugar, por las disposiciones especiales del Código, como

---

233 *La división de la herencia se suspenderá hasta que se verifique el parto o el aborto, o resulte por el transcurso del tiempo que la viuda no estaba encinta.*

234 *A falta de la correspondiente posesión de estado, la acción de reclamación de la filiación matrimonial, que es imprescriptible, corresponde al padre, a la madre o al hijo.*

235 *Las personas jurídicas pueden adquirir y poseer bienes de todas clases, así como contraer obligaciones y ejercitar acciones civiles o criminales, conforme a las leyes y reglas de su constitución.*

236 *Vid.* BLASCO GASCÓ, F. DE P., *Instituciones*, ob. cit., p. 312.

las referentes a la administración de la herencia (art. 1026 y concordantes), a la partición (arts. 1051 y ss.) y a la enajenación y retracto del derecho hereditario (arts. 1531, 1533, 1534 y 1067); en quinto y último lugar, por las disposiciones generales de la comunidad ordinaria (arts. 392 y ss.) siempre que resulten compatibles[237].

6. *Contenido*

Siguiendo a VALLET DE GOYTISOLO[238] se señalará lo siguiente:

a) En lo relativo a la posesión de los bienes hereditarios: opera la idea de la copropiedad, en el sentido que todo copropietario —coheredero—, se entiende que posee la cosa que es poseída por uno cualquiera de los comuneros, no como exclusiva, sino en concepto de cosa común. Es decir, se trata de una coposesión[239].

b) Respecto al uso y disfrute de los bienes: opera el principio de la solidaridad, siempre y cuando la actuación de cada comunero no perjudique al resto (art. 394 CC). El disfrute deberá ser proporcional al derecho de cada coheredero (arts. 399 y 1063 CC).

c) En lo referente a las accesiones y subrogaciones: corresponden en comunidad y proporcionalmente al derecho de cada coheredero, las accesiones naturales o industriales de las cosas hereditarias, y los bienes o derechos que por subrogación real ocupen el lugar de los bienes y derechos hereditarios perdidos, destruidos, transformados o válidamente enajenados.

d) En cuanto a la administración de los bienes de la herencia: se aplicarán supletoriamente las normas que rigen la copropiedad (art. 398 CC).

---

237 *Vid.* CASTÁN TOBEÑAS, J., *Derecho civil español, común y foral*, ob cit., pp. 313 y ss.

238 *Vid.* VALLET DE GOYTISOLO, J. B., *Panorama del Derecho de sucesiones*, ob. cit., pp. 715 y ss.

239 *Ibid.*, p. 715, con cita de la STS de 23 de enero de 1943: *En el período de indivisión que precede a la partición hereditaria los herederos poseen el patrimonio del causante colectivamente.*

e) Para el ejercicio de las acciones hereditarias en defensa de los bienes que integran la comunidad: según el Tribunal Supremo, durante el estado de indivisión de la herencia, cualquier coheredero, en beneficio de todos, puede ejercitar las acciones de la herencia[240].

II. LA PARTICIÓN DE LA HERENCIA

1. Concepto

Según el Diccionario Panhispánico del Español Jurídico[241], partición significa: "División o repartimiento que se hace entre algunas personas, de hacienda, herencia o cosa semejante".

En Partidas —Partida VI, título 15, ley 1ª— se dice: *Partición es departimiento que fazen los omes entre sí, de las cosas que han comunalmente por herencia o por otra razón.*

Para CASTÁN TOBEÑAS[242], "supone la partición de herencia un conjunto de operaciones, hechas sobre ciertas bases o supuestos —de hecho y de derecho—, por las cuales se determina el activo y el pasivo del caudal hereditario y se distribuye éste entre los partícipes".

---

240 *Ibid.*, pp. 718 y 719, con cita de la STS de 18 de diciembre de 1933, en la que se considera: *Es doctrina constante y muy repetidas veces proclamada por este Supremo Tribunal la de que cualquiera de los herederos condóminos o comuneros, mientras la cosa permanezca indivisa, tiene acción y puede comparecer en juicio en asuntos que afecten a los derechos de la comunidad, ya para ejercitarlos, ya para defenderlos, y tratándose concretamente de la sucesión, puede cualquiera de los herederos ejercitar las acciones que correspondieran al causante, quedando sometido, al ejercitarlas, a las reglas establecidas para la comunidad de bienes, y, en su caso, a las que rigen respecto a las obligaciones mancomunadas y solidarias; siendo también doctrina inconcusa que la resolución favorable que recaiga en los pleitos promovidos por uno cualquiera de los partícipes, aprovecha a todos los demás, sin que la ley ni la jurisprudencia hayan dispuesto ni establecido la necesidad de la simultánea concurrencia de todos los coherederos, comuneros y condóminos para ejercitar en beneficio común las acciones que puedan asistirles.*

241 *Vid.* https://dpej.rae.es/lema/partici%C3%B3n

242 *Vid.* CASTÁN TOBEÑAS, J., *Derecho civil español, común y foral*, ob. cit., p. 322.

La partición, al decir de Puig Brutau[243], "tiene por finalidad convertir el derecho hereditario en abstracto de cada heredero

---

[243] *Vid.* Puig Brutau, J., *Compendio de Derecho civil*, ob. cit., p. 567. En este mismo sentido se pronuncia también Martínez Velencoso: "La partición pone fin a la situación de comunidad, mediante la misma se atribuye a cada uno de los coherederos la titularidad exclusiva de los bienes o derechos que se le hayan adjudicado". *Vid.* Martínez Velencoso, L. M.ª, «La partición de la herencia. Un estudio jurisprudencial», *ADC*, fasc. 4, 2019, p. 1249.
El Tribunal Supremo, en la sentencia de 28 de mayo de 2004 (*Tol 442962*), dice: *El concepto de partición de la herencia, sinónimo a división de la misma, es el acto —negocial o judicial— que pone fin a la comunidad hereditaria mediante la adjudicación a los herederos de las titularidades activas que forman parte del contenido de la herencia. Con la partición cesa la comunidad hereditaria y el derecho en abstracto que tienen los coherederos sobre la herencia se transforma en derecho concreto sobre los bienes que se le adjudican a cada uno (artículo 1068 del Código civil). Antes de la partición, la comunidad hereditaria está formada por el patrimonio hereditario cuya titularidad corresponde a los coherederos conjuntamente; es decir, éstos tienen un derecho hereditario que no está concretado sobre bienes determinados, sino recae sobre el total que integra el contenido de la herencia; es una sola comunidad sobre la universalidad de los bienes y derechos hereditarios. Los titulares, coherederos, lo son del todo considerado unitariamente, sin corresponderles una participación concreta en cada uno de los bienes y derechos.*
Para la sentencia de 25 de mayo de 1992, "en tanto no se practique la partición de la herencia no puede hablarse de que tal finca sea objeto de una copropiedad por iguales partes entre los coherederos, sino que la misma forma parte de la comunidad hereditaria" y la de 6 de octubre de 1997, en el mismo sentido: "todos los herederos tienen una comunidad hereditaria con derechos indeterminados mientras que no haya partición.
La partición, pues, sustituye la cuota que cada coheredero tiene en la comunidad hereditaria, por la titularidad exclusiva en los bienes o derechos que se la adjudican; la partición especifica o determina qué bienes concretos corresponden a cada coheredero: es la teoría sustitutiva o especificativa de la partición, mantenida por la doctrina moderna y la jurisprudencia, en sentencias de 21 de julio de 1986, 13 de octubre de 1998, 21 de mayo de 1990, 5 de marzo de 1991, 28 de junio de 2001.
En el mismo sentido, STS de 25 de junio de 2008 (*Tol 1347118*): *La concepción de las posiciones de los herederos parece apoyarse en un desarrollo en dos etapas sucesivas: por efecto de la aceptación los llamados devienen herederos y, si la aceptación es pura y simple devienen responsables con sus propios bienes de las deudas de la herencia, pero adquieren un derecho abstracto sobre el «universum ius» que conforma el caudal relicto, derecho que la partición convertirá en concreto, ya exclusivo ya en proindivisión sobre bienes determinados. La comunidad general, en cuyo seno se contiene, en potencia, la comunidad ordinaria, dará paso, si ha lugar, a una comunidad ordinaria. Desde esta perspectiva conceptual, sólo entonces será posible la acción de indivisión.*

en derechos concretos sobre bienes determinados que a cada uno se adjudiquen". En similares términos, RODRÍGUEZ DEL BARCO[244], al decir que la partición es "el medio legal de hacer cesar la comunidad hereditaria sustituyéndola por el derecho exclusivo de cada heredero sobre los bienes y derechos que le correspondan según su respectiva cuota o participación".

Entiende también VALLET DE GOYTISOLO[245] que la partición extingue la comunidad hereditaria, pero puede darse también la situación de que la transforme, en parte o totalmente, en otras comunidades indivisas sobre los bienes concretos que la integraban; si es imprescindible que se produzca una división jurídica, no lo es tanto que se realice una división material.

Por otra parte, puesto que la partición hereditaria presupone la preexistencia de una comunidad hereditaria, se evitará el nacimiento de esta cuando sea el propio testador quien haya efectuado la asignación de bienes concretos y específicos a sus herederos o legatarios de parte alícuota (art. 1056 CC); la vocación a la herencia ofrece a cada heredero los bienes ya individualizados (art. 1068 CC).

Puede también concluir la comunidad sin la correspondiente partición, en el supuesto que los herederos la transformen en una comunidad de bienes en explotación o en una sociedad —civil o mercantil—, a la que cada uno de ellos aporte su derecho hereditario, y todos, conjuntamente, el íntegro haber hereditario, sin perjuicio de los derechos de los acreedores[246].

---

244 *Vid.* RODRÍGUEZ DEL BARCO, J., «Sobre la naturaleza jurídica de la partición hereditaria», ob. cit., p. 1158.

245 *Vid.* VALLET DE GOYTISOLO, J. B., *Panorama del Derecho de sucesiones*, ob. cit., p. 835. Trae a colación este autor la definición ofrecida por ROCA SASTRE: "Aquel acto jurídico, unilateral o plurilateral necesario e irrevocable, de naturaleza declarativa, compuesto de un conjunto ordenado de operaciones, verificadas sobre ciertas bases o supuestos de hecho y de derecho, y en el cual, después de determinarse el activo y el pasivo de la masa hereditaria y de proceder a su avalúo y liquidación, se fija el haber de cada partícipe, se divide el caudal partible y se adjudica cada lote de bienes formado a cada heredero respectivo, provocando la transformación de las participaciones abstractas de los coherederos sobre el patrimonio relicto (derecho hereditario) en titularidades concretas sobre bienes determinados (dominio o propiedad exclusiva u ordinaria)"; *vid.* p. 837.

246 *Ibid.*, p. 836.

Y puede extinguirse: bien porque uno solo de los herederos aglutina todas las cuotas hereditarias del resto, sea por título *inter vivos* o *mortis causa*; bien por haberse consumido íntegramente el activo al liquidarse el pasivo hereditario, quedando la herencia sin haber partible[247].

Rivas Martínez[248] señala que no hay partición cuando el causante deja solamente un único heredero —SSTS de 27 de abril de 1978[249] o 2 de octubre de 2014[250]—, lo mismo que cuando toda la herencia queda repartida en legados —STS de 30 de abril de 2008[251]—; sí debe haberla cuando concurre un solo heredero y uno o varios legatarios de parte alícuota.

2. *Naturaleza jurídica*

Cuestión muy debatida en la doctrina científica ha sido la relativa a la naturaleza de la partición, en el sentido de entender la misma, bien como un acto de carácter atributivo, bien declarativo, o, más modernamente, como un acto determinativo[252].

En el primer caso, según el derecho romano, los coherederos se consideraban causahabientes unos de otros respecto de los bienes que integraban definitivamente sus respectivos lotes, de manera que, una vez practicada la partición, subsistían los actos jurídicos llevados a cabo durante el estado de indivisión por cada uno de los coherederos.

En el segundo caso, la partición tendría carácter declarativo y, en consecuencia, efecto retroactivo, es decir, los derechos constituidos o transmitidos antes de la partición por alguno de los coherederos —por ejemplo, una hipoteca—, serían mantenidos solamente en el caso de que los bienes objeto del acto de que se

---

247 *Vid. ult. loc.*

248 *Vid.* Rivas Martínez, J. J., *Derecho de sucesiones común. Estudios sistemático y jurisprudencial,* ob. cit., p. 2842.

249 (*Tol 2187931*)

250 (*Tol 4517098*).

251 (*Tol 1311945*)

252 *Vid.* Rivas Martínez, J. J., *Derecho de sucesiones común. Estudios sistemático y jurisprudencial,* ob. cit., pp. 2846 y ss.

trate resultaren incluidos en el lote de quien llevó a cabo el negocio jurídico, decayendo en caso contrario[253].

Sobre la problemática conceptual acerca del carácter atributivo o declarativo de la partición VALLET DE GOYTISOLO ha llegado a afirmar que "la naturaleza de la partición no puede simplificarse a aquel dilema conceptual, de cuya solución puedan deducirse las reglas para resolver todos los problemas que se planteen a la aplicación de esta institución. Esa fue la pretensión de la dogmática conceptualista, vuelta de espaldas a la resolución equitativa de los problemas concretos"[254].

En el mismo sentido CASTÁN TOBEÑAS[255] considera que, aunque la doctrina jurisprudencial del Tribunal Supremo parezca inclinarse a favor de la tesis atributiva o traslativa, apoyada en la redacción del art. 1068 CC [256] al emplear el término «confiere», la misma no resulta incompatible con un carácter retroactivo de la partición, al menos de modo parcial, citando los arts. 1063[257] —prorrateo de frutos y rentas percibidos durante el estado de indivisión—, 399[258] —actos de enajenación o gravamen—, y 450[259] —presunción posesoria, resultando de aplicación también los

---

253 *Vid.* CASTÁN TOBEÑAS, J., *Derecho civil español, común y foral*, ob. cit., pp. 324 y ss.

254 *Vid.* VALLET DE GOYTISOLO, J. B., *Panorama del Derecho de sucesiones*, ob. cit., pp. 345 y 346.

255 *Vid.* CASTÁN TOBEÑAS, J., *Derecho civil español, común y foral*, ob. cit., pp. 330 y ss.

256 Según VALLET DE GOYTISOLO, no existe precedente de este artículo en el Proyecto de 1851. *Vid.* VALLET DE GOYTISOLO, J. B., *Panorama del Derecho de sucesiones*, ob. cit., p. 841.

257 *Los coherederos deben abonarse recíprocamente en la partición las rentas y frutos que cada uno haya percibido de los bienes hereditarios, las impensas útiles y necesarias hechas en los mismos, y los daños ocasionados por malicia o negligencia.*

258 *Todo condueño tendrá la plena propiedad de su parte y la de los frutos y utilidades que le correspondan, pudiendo en su consecuencia enajenarla, cederla o hipotecarla, y aun sustituir otro en su aprovechamiento, salvo si se tratare de derechos personales. Pero el efecto de la enajenación o de la hipoteca con relación a los condueños estará limitado a la porción que se adjudique en la división al cesar la comunidad.*

259 *Cada uno de los partícipes de una cosa que se posea en común, se entenderá que ha poseído exclusivamente la parte que al dividirse le cupiere durante todo el tiempo que duró la indivisión. La interrupción en la posesión del todo o de parte de una cosa poseída en común perjudicará por igual a todos.*

arts. 440[260] y 442[261] CC—, estos dos últimos, aplicables de forma supletoria a la comunidad hereditaria.

Con criterio intermedio, tanto MARTÍN LÓPEZ como ROYO MARTÍNEZ[262] se muestran partidarios de la tesis determinativa-especificativa, pues la partición se limita a transformar lo abstracto en concreto, a convertir un derecho impreciso en otro de contenido individualizado, postura que parece mantener actualmente la doctrina jurisprudencial mayoritaria según SÁNCHEZ HERNÁNDEZ[263].

La tesis moderna aboga por distinguir la función de la partición en el total proceso sucesorio[264]: en la relación de los herederos con el causante, la partición se constituye en complemento

---

260 *La posesión de los bienes hereditarios se entiende transmitida al heredero sin interrupción y desde el momento de la muerte del causante, en el caso de que llegue a adirse la herencia. El que válidamente repudia una herencia se entiende que no la ha poseído en ningún momento.*

261 *El que suceda por título hereditario no sufrirá las consecuencias de una posesión viciosa de su causante, si no se demuestra que tenía conocimiento de los vicios que la afectaban; pero los efectos de la posesión de buena fe no le aprovecharán sino desde la fecha de la muerte del causante.*

262 *Vid.* CASTÁN TOBEÑAS, J., *Derecho civil español, común y foral*, ob. cit., p. 327-328.

263 *Vid.* SÁNCHEZ HERNÁNDEZ, C., *La partición judicial de la herencia. Un análisis del régimen legal y su aplicación judicial*, Tirant lo Blanch, Valencia, 2012, p. 24.

Vid. SAP de Madrid (sección 14), de 24 de junio de 2005 (*Tol 783966*): *En la doctrina y en la jurisprudencia, rechazando la tesis meramente declarativa, ya que la retroactividad simplemente viene a regular la continuidad en la posesión de los bienes y en los efectos derivados de la misma (así usucapión), se ha inclinado por una posición intermedia que entienden que la partición es un acto de naturaleza determinativa o especificativa de derechos, pues cambia y modifica el derecho que ostentaba el heredero transformándolo en otro que se individualiza y concreta sobre bienes ciertos, pudiendo definirse la misma como un acto de determinación de la titularidad de cada uno de los derechos subjetivos y obligaciones que permanecían en cotitularidad transitoria e indeterminados durante la partición, lo que justifica, al margen de la responsabilidad por evicción, que el 1063 del CC, establezca que "los coherederos deben abonarse recíprocamente en la partición las rentas y frutos que cada uno haya percibido de los bienes hereditarios, las impensas útiles y necesarias hechas en los mismos, y los daños ocasionados por malicia o negligencia.*

264 *Vid.* RIVAS MARTÍNEZ, J. J., *Derecho de sucesiones común. Estudios sistemático y jurisprudencial*, ob. cit., pp. 2849-2850.

de la delación[265], cumpliendo una función traslativa; en la relación de cada coheredero respecto a los demás, considerada la partición como el negocio jurídico que pone fin a la comunidad hereditaria, tiene naturaleza determinativa. Exponente más destacado de esta teoría es VALLET DE GOYTISOLO[266], para el que, en el proceso sucesorio, delación y partición se complementan, produciendo juntas el efecto traslativo al heredero de la titularidad exclusiva de bienes concretos y determinados; y, respecto de la situación de comunidad, su eficacia determinativa implica una subrogación de la cuota indivisa de cada comunero por bienes concretos y determinados.

TOFIÑO PADRINO se refiere a las "oscilaciones jurisprudenciales" respecto a la naturaleza jurídica de la partición, pues nunca se ha planteado esta cuestión de forma directa ante los tribunales, por lo que "es comprensible que el Tribunal Supremo, considerando las circunstancias de cada supuesto, haya ajustado su opinión generando así lo que, en un análisis exterior y descontextualizado, parecen antagónicas soluciones" [267].

No obstante, podemos afirmar que, en la actualidad, cobra más fuerza la idea del carácter determinativo o especificativo de la partición. Sirva como ejemplo la STS de 5 de marzo de 1991[268], al decir:

> ... ha de tenerse en cuenta que, como dice la sentencia de 3 de febrero de 1982 «sin necesidad de detenerse en el tema de

---

[265] Según la STS de 15 de abril de 2011 (*Tol 2107471*): *Fallecido el causante y, por tanto, producida la apertura de la sucesión, el llamado a la herencia (delación) tiene el derecho a aceptarla o repudiarla; este derecho —ius delationis— no es transmisible (salvo el caso del artículo 1006 del Código civil), pero sí es objeto de transmisión el derecho del heredero sobre la herencia, una vez aceptada y éste es el caso de la norma que ha sido transcrita* [art. 1000.1° CC]. Para un mayor conocimiento de esta materia, *vid.* CARRAU CARBONELL, J. M., *El Derecho de Transmisión en el Derecho Sucesorio. Solución a la problemática entre la tesis de la adquisición directa y la tesis de la doble transmisión; desde los prismas del Derecho Común, Foral y Comparado*, tesis doctoral, Valencia, 2022 [https://hdl.handle.net/10550/85552].

[266] *Vid.* VALLET DE GOYTISOLO, J. B., *Panorama del derecho de sucesiones*, ob. cit., p. 846.

[267] *Vid.* TOFIÑO PADRINO, A., «Sobre la naturaleza jurídica de la partición hereditaria: su efecto determinativo o especificativo según la jurisprudencia del TS», *RCDI*, n° 763, 2017, p. 2674.

[268] (*Tol 1726776*).

la naturaleza jurídica de la partición, aunque no sea ocioso señalar que la tesis que le asigna carácter determinativo o especificativo de derechos es mayoritaria en la doctrina más autorizada e informa la moderna jurisprudencia —sentencias de 25 de enero de 1943, 12 de febrero de 1944, 6 de mayo de 1958, 29 de mayo de 1963, 11 de diciembre de 1964 y 27 de noviembre de 1972—, claro está que la disolución de la comunidad hereditaria en orden a su efecto de convertir el derecho abstracto en titularidades concretas sobre bienes determinados entrañara la atribución del dominio conforme al artículo antes citado (se refiere al 1068 del Código Civil) siempre que este derecho esté verdaderamente contenido en el caudal relicto y por tanto presupuesta su real pertenencia al as hereditario».

3. Caracteres

3.1. Acto jurídico

En primer lugar, es un acto jurídico, pues se trata de una declaración de voluntad particional, bien sea unilateral si la practica el propio testador (art. 1056 CC) o el contador-partidor (art. 1057 CC), bien plurilateral si la realizan los interesados de común acuerdo (art. 1058 CC).

3.2. Acto necesario

Cuando hay más de un heredero es un acto necesario; en caso de existir un único heredero, no hará falta recurrir a la partición[269].

Dado que cualquier estado de indivisión entorpece el tráfico jurídico y, por lo tanto, se concibe como antieconómico, el Código favorece, salvo contadas excepciones que ya hemos visto, la

---

269 *Vid.* STS de 27 de abril de 1978 (*Tol 2187931*): *como proclama la Sentencia de 31 mayo 1913, «cuando no hay más que un heredero único, le sirve el testamento de título justificativo de su dominio en la herencia, que se le transmitió desde la muerte del causante», toda vez que, cual se indica en la de 24 febrero 1966, «si bien es cierto que el título genérico de dominio (testamento) debe convenientemente ser completado por el título específico (partición), ello no es necesario cuando está clara la institución de bienes determinados a una sola persona individual o jurídica, llamada a ellos».*

división de la herencia, puesto que ningún coheredero está obligado a permanecer en la indivisión de esta (art. 1051 CC).

3.3. Acto irrevocable

Salvo la partición practicada por el propio causante —bien a través de testamento bien a través de un acto entre vivos—, es un acto jurídico irrevocable, que sólo podrá modificarse o dejarse sin efecto por el acuerdo de todos los intervinientes.

4. Personas que pueden instar la partición

a) Cualquiera de los coherederos[270], amparándose en el art. 1051 CC[271], si bien se requiere, según CASTÁN TOBEÑAS[272]: i) tener un derecho definitivo sobre la herencia (art. 1054 CC

---

[270] En el supuesto de que exista un único heredero, no es necesario realizar la partición, puesto que los bienes hereditarios transitan directamente al patrimonio del sucesor. El TS, en la sentencia de 29 de diciembre de 1988 (*Tol 1733987*), considera: *En el presente caso, existe una heredera única, para quien, por dicha unicidad hereditaria, una vez que ha aceptado la gerencia, como aquí ha ocurrido, el testamento constituye por sí solo título traslativo de dominio, como ya tuvo ocasión de declarar esta Sala en sentencias de 20 de febrero de 1890 y 31 de enero de 1903, cuya doctrina, no obstante su antigüedad, continúa siendo acertada y vigente.*
En el mismo sentido, *vid.* STS de 9 de mayo de 1997 (*Tol 216592*): *El derecho de propiedad de la demandante se basa en su adquisición hereditaria. Ciertamente, es reiterada la doctrina jurisprudencial que mantiene que el simple título de heredero no es suficiente para ejercitar la acción reivindicatoria o la declarativa de dominio, como alega el recurrente en casación en el motivo tercero. Pero ello no se aplica en términos absolutos: así, la sentencia de 16 de febrero de 1987 dice: en la hipótesis de heredero único huelga la partición hereditaria en cuanto el testamento es, por sí sólo, título traslativo del dominio de los bienes relictos al confundirse en tal supuesto el derecho abstracto sobre el conjunto patrimonial con el derecho concreto sobre cada uno de los bienes. En el caso presente, se pone en relación la escritura pública de adquisición de la finca para la sociedad de gananciales de los padres de la demandante, la inscripción en el Registro de la Propiedad, el fallecimiento de ambos y la institución de heredera testamentaria universal y única (aparte del usufructo al cónyuge) de aquéllos; la finca forma parte de la herencia (artículo 659 C.c.) cuyo derecho de propiedad se transmite a su muerte a la heredera única (artículo 657) que la adquiere por aceptación, que puede ser tácita consistente en el ejercicio de "actos de señor" como decían las Partidas (sexta, 6, 11) o de actos que suponen necesariamente la voluntad de*

relativo a la condición suspensiva[273]); y ii) que el heredero tenga la libre administración y disposición de sus bienes, al tratarse de un acto que va más allá de la simple administración.

b) Cualquiera de los cónyuges sin la intervención del otro (art. 1053 CC[274]).

---

aceptar o que no habría derecho a ejecutar sino con la cualidad de heredero, como dice el artículo 999, tercer párrafo, del Código civil y la mera presentación de la demanda supone una clara aceptación tácita.

También la STS de 26 de febrero de 2004 (*Tol 352236*): *Lo expuesto hay que relacionarlo con la prevención del artículo 1051 del mismo Código, cuando dispone que ningún coheredero podrá ser obligado a permanecer en la indivisión de la herencia, a menos que el testador prohíba expresamente la división. Pero, aun cuando la prohíba, la división tendrá siempre lugar mediante alguna de las causas por las cuales se extingue la sociedad. Y se invoca esta relación en virtud de interpretación jurisprudencial hecha respecto de este precepto legal. Así en Sentencia de 16 de febrero de 1987, se declara que en la hipótesis de heredero único (la de la causa), huelga la partición hereditaria en cuanto el testamento es, por sí sólo, título traslativo del dominio de los bienes relictos al confundirse en tal supuesto el derecho abstracto sobre el conjunto patrimonial hereditario con el derecho concreto sobre cada uno de los bienes individualizados. Y aún más, y en cuanto al caso que nos ocupa, la Sentencia de 2 de Febrero de 1960, si bien declara que no debe confundirse la liquidación de la sociedad conyugal con la partición de la herencia, porque son operaciones distintas y no recaen sobre los mismos derechos, toda vez que por la primera se trata de determinar las aportaciones de ambos cónyuges, satisfacer las deudas y cargas de la sociedad conyugal y proceder a la división del haber partible transformando la cuota ideal de cada interesado en otra real y efectiva, mientras que la segunda sirve de cauce para adjudicar el caudal hereditario del difunto a través de una serie de operaciones, si bien suele coincidir aquélla liquidación con la partición de bienes de uno de los cónyuges.*

271 *Ningún coheredero podrá ser obligado a permanecer en la indivisión de la herencia, a menos que el testador prohíba expresamente la división. Pero, aun cuando la prohíba, la división tendrá siempre lugar mediante alguna de las causas por las cuales se extingue la sociedad.*

272 *Vid.* CASTÁN TOBEÑAS, J., *Derecho civil español, común y foral*, ob. cit., p. 334.

273 *Los herederos bajo condición no podrán pedir la partición hasta que aquélla se cumpla. Pero podrán pedirla los otros coherederos, asegurando competentemente el derecho de los primeros para el caso de cumplirse la condición; y, hasta saberse que ésta ha faltado o no puede ya verificarse, se entenderá provisional la partición.*

274 *Cualquiera de los cónyuges podrá pedir la partición de la herencia sin intervención del otro.*

c) Los herederos del heredero que muera antes de hacerse la partición, en el sentido que cualquiera de ellos puede, por sí mismo, pedir la partición, si bien en caso de solicitarla más de uno, deberán actuar bajo una sola representación (art. 1055 CC[275]).

d) Los legatarios de parte alícuota (art. 782 LEC[276]).

e) Los cesionarios de los herederos o legatarios de parte alícuota (art. 403 CC[277]).

f) Si el heredero repudia la herencia en perjuicio de sus propios acreedores y estos pueden solicitar al juez que los autorice para aceptarla en nombre de aquel (art. 1001 CC[278]), es lógico que puedan instar la partición, si bien a los solos efectos de obtener el pago de sus créditos[279].

275 *Si antes de hacerse la partición muere uno de los coherederos, dejando dos o más herederos, bastará que uno de éstos la pida; pero todos los que intervengan en este último concepto deberán comparecer bajo una sola representación.*

276 *Cualquier coheredero o legatario de parte alícuota podrá reclamar judicialmente la división de la herencia, siempre que esta no deba efectuarla un comisario o contador-partidor designado por el testador, por acuerdo entre los coherederos o por el Letrado de la Administración de Justicia o el Notario.*

277 *Los acreedores o cesionarios de los partícipes podrán concurrir a la división de la cosa común y oponerse a la que se verifique sin su concurso. Pero no podrán impugnar la división consumada, excepto en caso de fraude, o en el de haberse verificado no obstante la oposición formalmente interpuesta para impedirla, y salvo siempre los derechos del deudor o del cedente para sostener su validez.*

278 *Si el heredero repudia la herencia en perjuicio de sus propios acreedores, podrán éstos pedir al Juez que los autorice para aceptarla en nombre de aquél.*

279 Respecto de los acreedores, el art. 782.3 LEC estable muy claramente que no pueden solicitar la división de la herencia, si bien gozan de una serie de derechos: en primer lugar, los acreedores reconocidos en el testamento o por los coherederos, así como aquellos que tengan su derecho documentado en un título ejecutivo, podrán oponerse a que se lleve a efecto la partición de la herencia hasta que se pague o afiance el importe de sus créditos (arts. 1082 CC y 782.4º LEC); y en segundo lugar, respecto a los acreedores de uno o más de los coherederos, pueden intervenir a su costa en la partición para evitar que se haga en fraude o perjuicio de sus derechos (arts. 1083 CC y 782.5º LEC).

5. *Especies de partición*

La partición de la herencia puede hacerse por varios cauces, estableciendo dos grupos claramente diferenciados, en función de que aquella sea extrajudicial o judicial. Vamos a verlos.

a) Partición extrajudicial:

i) la que lleva a cabo el propio testador al amparo del art. 1056 CC, sea a través del propio testamento —partición testamentaria en sentido estricto—, o a través de actos entre vivos;

ii) la realizada por una tercera persona que no ostenta la cualidad de coheredero, a saber: por el contador-partidor designado testamentariamente o por actos *inter vivos* (art. 1057.1 CC[280]), incluso por el albacea al que se le encomienden tales funciones al amparo del art. 901 CC[281]; por el contador-partidor nombrado por los propios coherederos; por el contador partidor dativo, nombrado, bien por el Letrado de la Administración de Justicia en expediente de jurisdicción voluntaria ante un órgano jurisdiccional (art. 1057.2 CC[282] y art. 92 de la Ley 15/2015, de 2 de julio, de Jurisdicción Voluntaria), bien por el Notario (art. 1.057.2 CC y art. 66 de la Ley del Notariado de 28 de mayo de 1862, como consecuencia de la reforma operada por la Ley 15/2015, de 2 de julio, de Jurisdicción Voluntaria);

---

280 *El testador podrá encomendar por acto «inter vivos» o «mortis causa» para después de su muerte la simple facultad de hacer la partición a cualquier persona que no sea uno de los coherederos.*

281 *Los albaceas tendrán todas las facultades que expresamente les haya conferido el testador y no sean contrarias a las leyes.*

282 *No habiendo testamento, contador-partidor en él designado o vacante el cargo, el secretario judicial o el Notario, a petición de herederos y legatarios que representen, al menos, el 50 por 100 del haber hereditario, y con citación de los demás interesados, si su domicilio fuere conocido, podrá nombrar un contador-partidor dativo, según las reglas que la Ley de Enjuiciamiento Civil y del Notariado establecen para la designación de peritos. La partición así realizada requerirá aprobación del secretario judicial o del Notario, salvo confirmación expresa de todos los herederos y legatarios.*

iii) la convencional, practicada directamente por los propios coherederos (art. 1058 CC[283]); en este caso, al igual que sucede con la partición judicial o arbitral, no será correcto hablar de acto o negocio *mortis causa*; la partición tendrá naturaleza contractual, y así, hay que recurrir a la teoría del título y el modo para la adquisición de la propiedad (art. 609.2 CC), y serán aplicables los arts. 1261 y ss. CC en cuanto a los requisitos esenciales para la validez de los contratos —consentimiento, objeto y causa—, y los arts. 1300 y ss. en lo relativo a su ineficacia[284]; y

iv) la arbitral, pues según el art. art. 10 de la Ley 60/2003, de 23 de diciembre, de Arbitraje: *También será válido el arbitraje instituido por disposición testamentaria para solucionar diferencias entre herederos no forzosos o legatarios por cuestiones relativas a la distribución o administración de la herencia.* En relación con esta posibilidad, señala RUBIO GARRIDO[285] que lo frecuente será que actúe como mediador, para procurar una partición consensual.

b) Judicial:

i) la que dimana del ejercicio de la acción de división de la herencia en el seno del proceso especial regulado en los arts. 782 a 805 LEC (Libro IV, Título II, capítulo I), por derivación del art. 1059 CC[286], o, por ejemplo, la que tiene lugar como consecuencia de la ejecución de una sentencia dictada en un proceso declarativo;

ii) las particiones en que se exige aprobación judicial —por ejemplo, con intervención de menores (art.

---

283 *Cuando el testador no hubiese hecho la partición, ni encomendado a otro esta facultad, si los herederos fueren mayores y tuvieren la libre administración de sus bienes, podrán distribuir la herencia de la manera que tengan por conveniente.*

284 *Vid.* BLASCO GASCÓ, F. DE P., *Instituciones de Derecho civil, Derecho de sucesiones*, ob. cit., p. 334.

285 *Vid.* RUBIO GARRIDO, T., *La partición de la herencia*, Aranzadi, Cizur Menor (Navarra), 2017, p. 63.

286 *Cuando los herederos mayores de edad no se entendieren sobre el modo de hacer la partición, quedará a salvo su derecho para que lo ejerciten en la forma prevenida en la Ley de Enjuiciamiento Civil.*

1060 CC[287])—, o cuando se solicita voluntariamente la aprobación del juez, si bien se diferencia del proceso de división de herencia en que, verdaderamente, no hay una situación de conflicto.

6. Posibilidad de transmitir bienes concretos con efectos **inter vivos***, así como distribuir toda la herencia en legados (art. 891 CC) y prelegados (890.2 CC): distinción con la partición hecha por el testador. La figura del heredero* **ex re certa**

Para que no exista confusión alguna sobre la naturaleza de la partición del testador, conviene referirnos a la posibilidad de transmitir los bienes con efectos jurídicos inmediatos o *inter vivos*, así como la posibilidad de distribuir toda la herencia en legados y prelegados o mediante instituciones *ex re certa*, haciendo referencia a la controvertida figura del heredero *ex re certa*; solamente de este modo, por exclusión, podremos saber cuándo estamos, verdaderamente, ante una partición testamentaria, pues muchas veces sus límites son difusos, pudiéndose confundir en la práctica.

6.1. Posibilidad de transmitir bienes concretos con efectos *inter vivos*

Como señala Rodríguez Adrados[288], "es muy frecuente que una persona, en vida, incluso mucho antes de morir, comience a preparar su sucesión haciendo *transmisiones de bienes concretos*, con efectos inmediatos, *efectos «inter vivos»* a las personas a las que considera como sus herederos"; y ello a través de varios institutos[289]: i) mediante donaciones singulares de bienes: con pacto de reserva de usufructo *ex* art. 634 CC, haciendo uso de prohibiciones de disponer en vida del donante o de su cónyuge sin el consentimiento de ellos, con reserva de la facultad de disponer referida a bienes

---

287 *Cuando los menores estén legalmente representados en la partición, no será necesaria la intervención ni la autorización judicial, pero el tutor necesitará aprobación judicial de la ya efectuada.*

288 *Vid.* Rodríguez Adrados, A., «La partición hecha por el testador», *RDN*, abril-junio, 1970, p. 210.

289 *Ibid.*, pp. 211 y ss.

concretos *ex* art. 639 CC, o con pacto de reversión a favor del donante para cualquier caso y circunstancias, o a favor de otras personas, con los mismos límites que para la sustitución fideicomisaria *ex* art. 641 CC; ii) a través de la donación universal, que será válida siempre y cuando se respete el art. 634, esto es, que el donante *se reserve, en plena propiedad o en usufructo, lo necesario para vivir en un estado correspondiente a sus circunstancias*; y iii) a través de la compraventa, si bien, en estos casos, el negocio simulado, la venta, será nulo por falta de precio, pues lo que hay detrás es, en realidad, una donación; incluso será nulo el negocio disimulado, esto es, la donación, cuando se refiera a bienes inmuebles, porque no sirve cualquier escritura pública, sin más, sino concretamente la escritura pública de donación *ex* art. 633 CC, que no tiene eficacia *ad probationem* sino *ad solemnitatem*, esto es, tiene efectos constitutivos para el nacimiento del negocio jurídico; también se dará la nulidad cuando a través de este artificio se intente privar a un heredero forzoso de su legítima que por ley le corresponde, por ser la causa ilícita.

6.2. Transmisión de bienes con efectos *mortis causa*, incluso con carácter singular

Al igual que sucede con los actos dispositivos de bienes concretos, *inter vivos*, el testador puede, en su testamento, atribuir a sus herederos bienes singulares; ello a través de varios institutos[290]: i) ordenando legados (arts. 858 y ss. CC) y prelegados (art. 890.2 CC); ii) distribuyendo toda la herencia en legados (art. 891 CC); y iii) ordenando mejoras en cosa determinada (art. 829 CC); todos estos casos no pueden considerarse, técnicamente, actos particionales, por lo que la partición se excluye. Por el contrario, los legados de parte alícuota y las mejoras del tercio o de parte alícuota del mismo, exigirán un posterior acto particional.

Puede, también, él mismo, adjudicar sus bienes con el propósito de partir su herencia entre sus herederos al amparo del art. 1056.1 CC, siendo este un acto de distinta naturaleza que los

---

290 *Ibid.*, pp. 219 y ss. *Vid.* también LLEDÓ YAGÜE, F., *Derecho de sucesiones. La comunidad hereditaria y la partición de herencia*, vol. IV, Universidad de Deusto, Bilbao, 1993, p. 61.

anteriormente reseñados: aquellos no tienen la consideración de herederos, son legatarios o prelegatarios; estos últimos, sí. Como veremos a lo largo de este estudio, se admite, por razón del documento en que se formalice la partición llevada a cabo por el testador, la hecha "por última voluntad", es decir, por testamento, en cualquier clase de testamento, incluido el ológrafo, y la hecha "por acto entre vivos", si bien esta última modalidad es, en realidad también, *mortis causa.*

6.3. El heredero *ex re certa*

Aunque, según el art. 660 CC parece estar clara la diferencia entre heredero y legatario, pues el primero sucede a título universal y el segundo a título particular, hay supuestos que entrañan cierta dificultad en cuanto a su encuadramiento en el binomio conceptual heredero-legatario.

Por una parte, tenemos la figura del legatario de parte alícuota, que aparece, según RIVAS MARTÍNEZ[291], cuando a través de una disposición testamentaria, el testador hace un llamamiento a una persona para con una parte alícuota de la herencia líquida, esto es, después de haber deducido las deudas y las cargas, siendo un destinatario de una cuota ideal del activo neto, después de haber satisfecho el pasivo hereditario. Quiere esto decir que esta modalidad de legado únicamente existirá en tanto en cuanto reste activo después de la liquidación de la herencia.

El término «legatario de parte alícuota» sólo aparece citado, como tal, en el art. 782.1 LEC, y de forma indirecta se deduce de lo dispuesto en el art. 655 CC y en los arts. 42.7 LH y 146 y 152 RH, lo que no ha impedido que tanto el TS como la DGRN hayan reconocido esta figura con sustantividad propia a la del heredero[292].

Por otra parte, tenemos la figura del heredero instituido en cosa cierta y determinada, que el art. 768 CC concibe como legatario: *El heredero instituido en cosa cierta y determinada será considerado como legatario.* Es decir, que, en tales casos, aunque el testador, en su disposición, lo instituya como heredero, en realidad será un

291 *Vid.* RIVAS MARTÍNEZ, J. J., *Derecho de sucesiones común. Estudio Sistemático y jurisprudencial*, ob. cit., p. 129.

292 *Ibid.*, p. 143.

legatario, y el artículo en cuestión lo presume "porque se piensa que el causante quiere que el instituido reciba esa cosa [determinada], pero que no le suceda en nada más"[293]. Pero las cosas no son tan fáciles. Tanto los autores como la doctrina jurisprudencial han entendido que el art. 768 no contiene una norma imperativa, sino interpretativa de la voluntad del testador; por tanto, si de otros datos puede inferirse que el testador le quiso como sucesor universal y no particular, será considerado heredero, en contra de lo que dispone el art. 768 CC, y lo que se le dejó, sería, al fin y al cabo, la concreción de la parte que en la herencia le corresponde. La STS de 9 de marzo de 1993[294] se refiere al carácter interpretativo del mencionado precepto en los términos siguientes:

> ... en la actualidad, de acuerdo con la doctrina científica mayoritaria, no puede atribuirse al art. 768 citado un carácter imperativo sino interpretativo, ofreciéndose en él criterios hermenéuticos que ha de utilizar el juzgador en su tarea de búsqueda de la verdadera voluntad del testador cuando para ello no sea bastante el sentido literal de la disposición testamentaria; dicho precepto tiene, por otra parte, carácter presuntivo en cuanto en él se contiene una presunción «iuris tantum» en virtud de la cual si a una persona se la deja una cosa determinada se ha de entender como voluntad del testador la de que esa persona le suceda en la herencia como legatario, aunque en la institución se le designe como heredero.

Nos interesa el supuesto en que la institución de heredero en cosa cierta y determinada supone la atribución de la cosa en calidad de «cuota» del caudal hereditario, y como partición ordenada por el testador *ex* art. 1056 CC, es decir, la institución en cosa cierta supone la concreción de la cuota hereditaria en que fue instituido. En tal caso, el sucesor se considerará heredero, no legatario, sucederá a título universal, respondiendo de las deudas del causante en proporción a su cuota[295].

Cuando los herederos son instituidos en cosa cierta y determinada y, de este modo se agota el caudal relicto, la consecuencia será la misma que en el caso anterior: los herederos así instituidos

---

293 *Ibid.*, pp. 144 y 145.

294 RJ 1993, 2053.

295 *Vid.* RIVAS MARTÍNEZ, J. J., *Derecho de sucesiones común. Estudio Sistemático y jurisprudencial*, ob. cit., p. 147.

serán sucesores universales, pues lo que ha hecho el testador al amparo del art. 1056.1 CC ha sido distribuir entre ellos los bienes que conforman el caudal hereditario[296].

6.4. Diferencias con la partición por el testador

Así pues, vistas las situaciones anteriormente descritas, habrá que estar al caso en concreto para deducir cuándo nos encontramos ante una partición testamentaria.

RUBIO GARRIDO[297] nos ofrece una pauta a seguir: ver si existe, con carácter previo a la asignación de cosas, una ordenación de las cuotas que tendrán los sucesores en la sucesión. Si la misma existe —exigiéndose forma testamentaria para que así sea—, se entiende que la *asignatio* es una partición del testador, contenida en el mismo testamento o en otro documento extratestamentario, pero con el apoyo del testamento que diseñó las cuotas; por el contrario, si no ha existido diseño de cuotas en la sucesión, existirá un testamento que contiene una o varias instituciones *ex re certa,* pero sin que se pueda hablar propiamente de partición por el testador.

La diferencia es importante porque, como veremos en los capítulos sucesivos, cuando estemos ante una verdadera partición hecha por el testador, no entrará en juego la rescisión por lesión (arts. 1074 y 1075 CC), ni el saneamiento por evicción o vicios ocultos entre coherederos (arts. 1069 y 1070.1° CC), salvo que, en ambos casos se acredite que fue otra la voluntad del testador —expresa o tácita—, esto es, dar cabida tanto a la rescisión como al saneamiento.

En caso de haberse distribuido toda la herencia en legados *ex* art. 891 CC, ya hemos dicho con anterioridad que no constituye técnicamente una partición y, por ende, al no tener que existir obligatoriamente institución de heredero (art. 764 CC) tampoco en tal caso hay comunidad hereditaria, ni existe sucesión en las deudas del causante, aplicándose las normas de prorrateo y liquidación previstas en el citado artículo[298].

---

296 *Ibid.*, p. 148.

297 *Vid.* RUBIO GARRIDO, T., *La partición de la herencia*, ob. cit., p. 452.

298 *Vid. ult. loc.*

7. *Irrelevancia de la cuestión relativa a la naturaleza jurídica de la partición hecha por el testador*

La cuestión relativa a la naturaleza jurídica de la partición no es tan importante cuando la realiza el propio testador, pues como explicaremos en el epígrafe siguiente, con ella se evita el nacimiento de la comunidad hereditaria, confiriéndose a cada heredero la propiedad exclusiva de los bienes que le hayan sido adjudicados *ex* art. 1068 CC. Esto sin perjuicio de las operaciones complementarias que resulten necesarias para su plena eficacia, por ejemplo, a efectos registrales, como analizaremos a lo largo de este estudio.

Así pues, estamos ante una institución con sus propias peculiaridades, hasta el punto de plantearnos, siguiendo a RODRÍGUEZ ADRADOS[299], si es verdaderamente una partición en sentido técnico, "pues, al menos a primera vista, parece que una partición exige un estado previo de indivisión, de comunidad entre los herederos, que la partición va a hacer cesar; y cuando el testador hace la partición de sus bienes, no existe esa comunidad previa, sino que, desde el momento mismo de su muerte, los bienes concretos van ya a cada heredero".

En similares términos se pronuncia GARCÍA-MONGE Y MARTÍN[300], al decir: "sólo mediante una ficción puede decirse que el testador realiza la división de una copropiedad de bienes que no puede existir hasta el momento de su fallecimiento".

También SANCIÑENA ASURMENDI[301]: "La denominación «partición hereditaria» del testador está consolidada, a pesar de que en un primer apunte se puede señalar que la partición que hace el testador no constituye técnicamente una *partición hereditaria*, pues carece del carácter de *partición* al no haber una *comunidad*, y de la cualidad de *hereditaria*, dado que cuando el testador elabora en vida la partición no hay *herencia* ni *herederos*".

---

299 *Vid.* RODRÍGUEZ ADRADOS, A., «La partición hecha por el testador», ob. cit., p. 210.

300 *Vid.* GARCÍA-MONGE Y MARTÍN, J., «La partición de la herencia», *RDP*, 1963, p. 139.

301 *Vid.* SANCIÑENA ASURMENDI, C., *La partición hecha por el testador*, Aranzadi, Cizur Menor (Navarra), 2023, p. 12.

Sea como fuere, cabe decir que la inexistencia de la comunidad hereditaria sólo se dará en los casos en que se produzca una partición completa de los bienes propiedad del testador, pues en caso de ser parcial, sí que surgirá una comunidad sobre el resto de los bienes no adjudicados hasta su completa adjudicación[302]. En este sentido podemos citar la STS de 24 de enero de 1963[303]:

> ... el primero de estos preceptos [el 1068 CC] dispone que la partición legalmente hecha confiere a cada heredero la propiedad de los bienes que le hayan sido adjudicados, pero no la de aquellos otros que fueron eliminados de la misma o de las que se hubieran asignado proindiviso respecto de los que se constituye una comunidad especial, como indica la Sentencia de esta Sala de 16 abril 1930 sobre la cual entraría en juego los arts. 392 y siguientes, al coexistir la individualidad de bienes y la pluralidad de sujetos que la caracteriza.

Dicho esto, analizaremos a continuación los aspectos más relevantes o sobresalientes que, a nuestro entender, ofrece la partición hecha por el testador.

III. LA PARTICIÓN DE LA HERENCIA POR EL PROPIO TESTADOR EN DERECHO COMÚN

1. Regulación en el Código civil

Dispone el párrafo 1° del art. 1.056 CC: *Cuando el testador hiciere, por acto entre vivos o por última voluntad, la partición de sus bienes, se pasará por ella, en cuanto no perjudique a la legítima de los herederos forzosos.*

Este tipo de partición, que es prioritaria, siempre que no perjudique las legítimas ni las reservas hereditarias, y tenga por

---

302 Al decir de ORTEGA PARDO: "El testador que realiza la partición de sus bienes entre los herederos, de acuerdo con lo que permite el artículo 1.056, consigue que éstos reciban bienes determinados sin dejar de ser nuevos titulares de la unidad patrimonial vacante". *Vid.* ORTEGA PARDO, G., «Heredero testamentario y heredero forzoso», *ADC*, fasc. 2, 1950, p. 330.

303 (*Tol 4329785*).

objeto bienes propios del testador[304], impide la formación de la comunidad hereditaria, transmitiendo *recta via* la titularidad de los bienes a sus adjudicatarios[305], debiendo ser acatada por los herederos salvo en las situaciones descritas.

La interesante STS de 4 de noviembre de 2008[306] se refiere, en estos términos, a la misma:

> La partición hecha por el testador corresponde a una mentalidad tradicional del legislador que, para proveer necesidades familiares, admite la posibilidad de que realice por sí mismo la distribución y partición de sus bienes entre sus coherederos. Así, implica siempre un acto de última voluntad, que debe ser respetada, como voluntad soberana del testador, produciendo el efecto de conferir a cada heredero la propiedad de los bienes que le hayan sido adjudicados.

El párrafo segundo del artículo 1.056 CC viene referido a la facultad que tiene el testador de mantener indivisa una explotación económica a cambio de pagar las legítimas en metálico, y es del siguiente tenor literal:

> El testador que en atención a la conservación de la empresa o en interés de su familia quiera preservar indivisa una explotación económica o bien mantener el control de una sociedad de capital o grupo de éstas podrá usar de la facultad concedida en este artículo, disponiendo que se pague en metálico su legítima a los demás interesados. A tal efecto, no será necesario que exista metálico suficiente en la herencia para el pago, siendo posible realizar el abono con efectivo extrahereditario y establecer por el testador o por el contador-partidor por él designado aplazamiento, siempre que éste no supere cinco años a contar desde el fallecimiento del testador; podrá ser también de aplicación cualquier otro medio de extinción de las obligaciones. Si no se hubiere establecido la forma de pago, cualquier legitimario podrá exigir su legítima en bienes de la herencia. No será de aplicación a la partición así realizada lo dispuesto en el artículo 843 y en el párrafo primero del artículo 844.

---

304 *Vid.* BLASCO GASCÓ, F. DE P., *Instituciones*, ob. cit., p. 330.

305 *Vid.* RIVAS MARTÍNEZ, J. J., *Derecho de sucesiones común. Estudio sistemático y jurisprudencial*, ob. cit., p. 2887.

306 (*Tol 1401720*).

Este segundo párrafo será objeto de análisis en el capítulo octavo, donde trataremos la cuestión relativa a la sucesión de la empresa familiar y los «protocolos familiares», con la finalidad de analizar la viabilidad de introducir en nuestro sistema un tercer modo de delación a través de los pactos sucesorios —aparte del testamento y la ley—, como una herramienta más útil para facilitar la transmisión de la empresa a futuras generaciones, y evitar así su venta o liquidación.

Hecha la anterior manifestación respecto al art. 1056.2, y siguiendo con el hilo argumental, advertir al lector que no debemos confundir la partición hecha por el testador con la distribución de toda la herencia en legados a que se refiere el art. 891 CC:

Si toda la herencia se distribuye en legados, se prorratearán las deudas y gravámenes de ella entre los legatarios a proporción de sus cuotas, a no ser que el testador hubiera dispuesto otra cosa.

Y esto, aunque las dos formas tengan esenciales analogías. De Cossío y Corral[307] entiende que la diferencia sustancial entre una y otra radica en lo siguiente: ante una herencia distribuida en legados, si uno de los legatarios no acepta, es incapaz para suceder o premuere al testador, los bienes legados no pasan a los demás legatarios, sino a los herederos *abintestato*; por el contrario, cuando se trata de partición, los bienes adjudicados a un heredero que no llegue a adquirir la herencia pasan o acrecen, según los casos, a los demás herederos instituidos.

2. *Caracteres*

De los mozos[308], al referirse a la naturaleza jurídica de la partición testamentaria refiere los siguientes caracteres:

a) Es un negocio *mortis causa*, aunque se puede arbitrar mediante actos *inter vivos*, es decir, actos *mortis causa* de forma no testamentaria.

---

307 *Vid.* De Cossío y Corral, A., *Instituciones de Derecho civil. Derechos reales y Derecho hipotecario. Derecho de familia y Derecho de sucesiones*, tomo II, Civitas, Madrid, 1988, p. 619.

308 *Vid.* De los mozos y de los Mozos, J. L., «La partición de la herencia por el propio testador», ob. cit., pp. 193 y ss.

b) Puede hacerse de dos formas: en testamento o fuera de él, pero en este último caso tendrá que fundarse en un testamento anterior o posterior para que la partición sea válida.

c) Es un acto esencialmente revocable, al entrar en la esfera de los actos de última voluntad.

d) Si los herederos intervienen en la partición, no por tal motivo pierde su carácter *mortis causa*.

e) La partición testamentaria, aun cuando se realice, podemos decir, en dos actos —testamento y partición—, constituye una unidad en sí misma, impuesta por su función divisoria del patrimonio del causante.

f) El acto particional está sujeto, o, mejor dicho, condicionado, a la disposición testamentaria, estableciéndose una jerarquización entre los dos aspectos.

g) Pese a su función divisoria, confiere a los instituidos la condición de herederos, salvo que el testador disponga lo contrario, al poder distribuir la herencia total o parcialmente, ordenando legados o mediante instituciones *ex re certa*.

Por último, la partición regulada en el art. 1056 es un acto personalísimo, lo que supone que no puede hacerse por medio de representante, salvo los supuestos previstos en los arts. 671 y 831 CC[309].

3. Comunidad hereditaria y partición testamentaria

Cuando estamos ante una partición testamentaria, surge la cuestión, más teórica que práctica, sobre si la misma es o no una partición en sentido estricto.

---

[309] *Vid.* DÍEZ SOTO, C. M., «La partición realizada por el propio testador en el Código civil», en *Estudios jurídicos en homenaje a Vicente L. Montés Penadés* (coords., F. Blasco, M. Clemente, J. Orduña, L. Prats y R. Verdera), tomo I, Tirant lo Blanch, Valencia, 2011, p. 880.

ALBADALEJO[310] afirma que "la partición hecha por el causante no pone fin a la comunidad hereditaria, sino que la evita, ya que los bienes partidos no llegan nunca a ser comunes de los herederos, pues cada uno recibe directamente del difunto los que le adjudicó.

En el mismo sentido se pronuncia GONZÁLEZ ENRÍQUEZ[311], al entender que con esta partición "no se trata de eliminar un previo estado de comunidad, sino de convertir las atribuciones de cuota en atribuciones de elementos patrimoniales concretos, sin alterar por eso la naturaleza de aquéllas".

Para el Tribunal Supremo, la partición realizada por el testador, efectivamente, evita la comunidad hereditaria. Por ejemplo, en las siguientes resoluciones:

STS de 4 de noviembre de 2008[312]:

> ... la partición hecha por el testador no extingue la comunidad hereditaria sino que la evita, ya que no llega a formarse;

STS de 22 de mayo de 2009[313]:

> ... las normas particionales que hace el testador no evitan la comunidad hereditaria ni excluyen la partición, es decir, no es la partición hecha por el testador que contempla aquella norma, pero sí son normas vinculantes que se deberán respetar cuando se haga la verdadera partición;

o la STS de 26 de enero de 2012[314]:

> ... esta partición no extingue la comunidad hereditaria, sino que la evita; es un acto «mortis causa» que tiene eficacia a la muerte del causante: así se expresan las sentencias de 4 de febrero de 1994 y 21 de diciembre de 1998 y destaca la de 7 de septiembre de 1998 que se da cuando el testador ha hecho todas las operaciones objeto de la partición, haciendo innecesario que se practique ésta por otros medios.

---

310 *Vid.* ALBADALEJO GARCÍA, M., *Curso de Derecho civil. Derecho de sucesiones*, ob. cit., p. 140.

311 *Vid.* GONZÁLEZ ENRÍQUEZ, M., «Naturaleza y eficacia de la partición practicada por el testador por acto *inter vivos*», *RDP*, nº 447, 1954, p. 494.

312 (*Tol 1401720*).

313 (*Tol 1547700*).

314 (*Tol 2411963*).

Esta última resolución hace hincapié en que el testador haya instituido herederos y, a su vez, les haya asignado una cuota hereditaria:

> ... esta partición se produce cuando, no sólo ha fijado la cuota que determina para cada heredero, aparte de los legados, sino que señala los bienes que integran tal cuota.

Por tal motivo, CLEMENTE MEORO[315] nos recuerda que no podemos hablar de verdadera partición hecha por el testador cuando este dispone legados de bienes concretos, instituye en cosa cierta o mejora en cosa determinada, pues si con esta modalidad se pretende evitar el nacimiento de la comunidad hereditaria, para que esto sea así, la partición ha de fijar la porción de herencia, la cuota, en definitiva, que ha de recibir cada heredero, no bastando con una simple atribución de bienes. Si esta condición no se cumple, tendremos que hablar propiamente de legado, institución en cosa cierta o mejora en cosa determinada, pero no de una partición testamentaria.

4. Elementos personales. Capacidad del testador

Sujeto activo de esta modalidad particional es el testador-partidor; sujetos pasivos son los herederos entre quienes se reparta la herencia.

Respecto del sujeto activo, obsérvese que, en la redacción del inciso primero del art. 1.056 CC, se sustituyó el término «difunto», que había sido utilizado, como hemos visto, en el art. 899 del Proyecto de 1851, por el de «testador», que trae causa del art. 1083.1º del Anteproyecto de 1882-1888, acotando así el ámbito de la norma[316].

Como se explicará con mayor detalle en el apartado siguiente, el cambio de un término por otro no resulta baladí, pues tendremos que resolver, inexcusablemente, la siguiente cuestión: si cuando el causante realiza la propia partición se requiere de la

---

315 *Vid.* CLEMENTE MEORO, M., en CAPILLA RONCERO, F., (coord.), MONTÉS PENADÉS, V. L., y otros, *Derecho civil V. Derecho de sucesiones*, Valencia, Tirant lo Blanch, 1999, pp. 631 y ss.

316 *Vid.* VALLET DE GOYTISOLO, J. B., *Comentarios*, ob. cit., p. 130.

existencia de un testamento. Vamos a adelantar ya que, según la doctrina mayoritaria, refrendada por la jurisprudencia uniforme del Tribunal Supremo, solamente a través de un testamento, sea anterior, simultáneo o posterior a la partición, puede gozar la misma de una eficacia plena. Dicho en otras palabras: no todo causante sino únicamente el testador puede partir sus bienes.

Respecto de los sujetos pasivos, el art. 1056 CC no distingue entre si el causante tiene o no herederos forzosos; en el caso de tenerlos, deberá contar con ellos en la partición, so pena de declararse nula por preterición, salvo que los herederos preteridos premueran al testador (art. 814 CC[317]).

García Goyena[318], al comentar el art. 899 del Proyecto de 1851, decía que "cuando los herederos no sean forzosos mal podrán ir contra la voluntad del que los ha favorecido; y si son hijos o descendientes deben respetar el juicio y la voluntad del padre en cuanto no menoscabe su legítima".

La STS de 14 de junio de 1963[319] dijo:

> Quienes no sean herederos forzosos están obligados a acatar y respetar la voluntad de la testadora.

En la cuestión relativa a la capacidad del testador, si el acto es *mortis causa,* no hay duda de que la capacidad que deberá exigírsele es la que determina el art. 663 CC. Pero si el acto es *inter vivos,* ¿se le exigirá una capacidad distinta? ¿se le exigirá la capacidad general para contratar y obligarse?

González Rodríguez[320] resuelve la cuestión atendiendo a la revocabilidad o no del acto: si el acto es de disposición e irrevocable —por ejemplo, para vender o hipotecar un bien—, se exige el

---

317 *Si los herederos forzosos preteridos mueren antes que el testador, el testamento surtirá todos sus efectos.*

318 *Vid.* García Goyena, F., *Concordancias,* ob. cit., p. 263.

319 (*Tol 4329669*).

320 *Vid.* González Rodríguez, M., «Sobre particiones verificadas por el testador en actos intervivos», *RCDI,* 1927, p. 170. En su argumentario, sale a colación la STS de 13 de junio de 1903 (JC 174): ... *una partición hecha por el testador, sea o no con la intervención de los herederos, en ningún caso puede por su índole producir la menor coartación en la libre facultad de aquél para testar en cualquier tiempo, variando o modificando las condiciones de dicha partición por ser esta facultad inherente a la testamentifacción activa y porque semejante coartación implicaría un verdadero pacto sucesorio.*

máximo de capacidad; por el contrario, la partición del testador por actos *inter vivos* se considera un acto de ejecución y revocable, por lo que basta la capacidad para testar fijada en los catorce años. En definitiva, la interpretación que ha de hacerse del art. 1.056 CC "debe dirigirse a hacer convivir los términos del mismo —testador y actos inter vivos— y no a hacerlos antagónicos".

La doctrina es unánime al entender que la capacidad para partir debe ser la necesaria para testar, y no la general para contratar u obligarse. En tal sentido, DE LOS MOZOS[321].

También lo entiende así SANCIÑENA ASURMENDI: el testador puede testar en cualquier clase de testamento a partir de los catorce años —salvo en el ológrafo, que requiere la mayoría de edad *ex* art. 688 CC—. Y aclara: "La disposición mortis causa y de última voluntad no se ve limitada por las reglas de capacidad de la disposición inter vivos, como las establecidas para el menor emancipado en el artículo 247 del Código civil"[322]; así pues, "tanto el menor de edad como el mayor pueden en testamento practicar la partición de sus bienes incluyendo los bienes y derechos de libre disposición mortis causa, aunque esos bienes no pudieran ser dispuestos inter vivos"[323].

Por último, la partición hecha por el propio testador debe ser personal, como el propio testamento, no admitiéndose en la jurisprudencia —como se verá a continuación cuando tratemos la cuestión de los pactos sucesorios—, las particiones conjuntivas, aunque sea entre cónyuges, teniéndose que otorgar dos testamentos y dos particiones de manera unilateral, pero de contenido idéntico[324].

---

321 *Vid.* DE LOS MOZOS Y DE LOS MOZOS, J. L., «La partición de la herencia por el propio testador», ob. cit., p. 211.

322 *Vid.* SANCIÑENA ASURMENDI, C., *La partición hecha por el testador*, ob. cit., p. 27.

323 *Vid. ult. loc.*

324 *Vid.* DE LOS MOZOS Y DE LOS MOZOS, J. L., «La partición de la herencia por el propio testador», ob. cit., p. 212.

5. *Necesidad de testamento. La posible naturaleza contractual de la partición en un acto* inter vivos

Con carácter previo, de una lectura atenta del contenido del art. 1.056 CC podemos extraer la siguiente conclusión: que el testador puede partir su herencia, bien a través de una forma no testamentaria —*cuando el testador hiciere, por actos entre vivos*—, bien a través de una forma testamentaria —*o por última voluntad*—.

Si bien la segunda modalidad no representa ninguna dificultad, más allá de reunir los requisitos exigidos por el Código para cada forma testamentaria —testamento común o especial, arts. 676 y ss. CC—, mayor complejidad ofrece la primera.

Como se ha comentado anteriormente, hay que tratar, cuando nos referimos a los requisitos formales, una cuestión capital, cual es la relativa a si la partición realizada por el testador —o por el causante, si se quiere—, por un acto entre vivos, requiere o no de la existencia de un testamento para su validez. Es decir, si la partición hecha de este modo, necesita apoyarse, preceptivamente, en un testamento.

Se han mantenido, principalmente, tres teorías por parte de la doctrina científica[325]: i) la que, de un modo amplio, entiende que cualquier causante puede partir sus bienes por acto *inter vivos* sin necesidad de otorgar testamento ni someterse a las normas de la sucesión intestada —orden de suceder y cuantía—, entrando en escena la controvertida cuestión de los pactos sucesorios, al ampararse en el contenido del art. 1271.2º CC; ii) una ecléctica, que entiende que puede partir todo causante sin necesidad de testamento pero limitando el alcance de la partición a un acto estrictamente divisorio de un patrimonio —no dispositivo—, y ajustándose, en su defecto, a las normas de la sucesión intestada; y iii) la mayoritaria, seguida por el Tribunal Supremo que, amparándose en la literalidad del Código, entiende que únicamente el testador, y no, genéricamente el causante, puede partir su herencia.

Vamos a tratar cada una de estas posiciones doctrinales, pero, por razones obvias, haremos hincapié en la primera de ellas, pues, como se ha dicho antes, en el trasfondo de la cuestión sub-

---

325 *Vid.* CASTÁN TOBEÑAS, J., *Derecho civil español, común y foral*, ob. cit., pp. 347 y ss.

yace la idea de la sucesión contractual, no permitida en el derecho común por los arts. 658 y 1271[326]; este último, de redacción confusa si se hace una lectura de conjunto teniendo a la vista el art. 1056 CC.

5.1. No se requiere testamento, ni tan siquiera someterse a las normas de la sucesión *abintestato* para determinar quién sucede y en qué medida

Esta primera teoría considera que no es necesario que la partición se apoye en un testamento, ni tan siquiera que siga las normas de la sucesión legítima (arts. 912 y ss.), pues no siempre el testamento es la única forma de establecer disposiciones testamentarias (art. 1271.2º CC), eso sí, tienen que quedar a salvo los derechos legitimarios.

En este sentido, MARÍN LÁZARO[327] se plantea si la partición de bienes hecha por el causante por acto *inter vivos* y dentro del marco del art. 1056 CC, exige una disposición testamentaria previa o, al menos, del orden de suceder establecido para la herencia *abintestato*; cuestión que surgió con motivo de la STS de 13 de junio de 1903[328], de la cual este autor discrepa. Veremos las razones seguidamente, pero antes traemos a colación algunos de los pasajes más interesantes de esta resolución, de la que fue ponente COVIÁN, con su "desliz" al dar cabida a la sucesión legal:

> Que el texto del artículo 1.056 no autoriza para entender que una persona pueda hacer por acto entre vivos la partición de sus bienes a que se refiere la sección en que figura dicho artículo, sin que exista la norma de un testamento que contenga la expresión de la última voluntad de aquélla o la norma de la ley, pues que de otra suerte equivaldría la partición hecha sin dicha norma a un modo de testar no previsto, autorizado, ni incluido en el capítulo que trata de los testamentos, y en especial de la forma de los mismos, lo que es muy diferente de las consecuencias que en Derecho producen las disposi-

---

326 El causante también podrá efectuar la partición en contrato sucesorio en las regiones y territorios donde se admita. *Vid.* VALLET DE GOYTISOLO, J. B., *Panorama del Derecho de sucesiones*, ob. cit., p. 870.

327 *Vid.* MARÍN LÁZARO, R., «La partición de la herencia por actos *inter vivos*», ob. cit., pp. 214 y ss.

328 JC 174, apéndice de 1903, pp. 342 y 343.

> ciones libres que en vida toman los padres, donando a sus hijos el todo o parte de sus bienes.
> Que refiriéndose al segundo párrafo del artículo 1.271, anteriormente citado, al establecer que sobre la herencia futura no se podrán celebrar otros contratos que aquellos cuyo objeto sea practicar entre vivos la división de un caudal, conforme al artículo 1.056, es claro que dicha referencia obliga a entender igualmente que la partición así hecha había de realizarse sobre la base de una sucesión testamentaria o legado a cuyas reglas fundamentales y llamamientos de los interesados deberá acomodarse la partición, pues ni a uno ni a otro precepto se le puede dar más alcance que el de prever y dejar hecho a la vista lo que de otra suerte habría de practicar a la muerte del testador para realizar la división del caudal entre los interesados.
> De todas suertes, que una mera partición hecha, ya entre dichos interesados, ya con la intervención del dueño del caudal, lo mismo se ajusta a un testamento que a las reglas de un abintestato, en ningún caso puede por su índole producir la menor coartación en la libre facultad de aquél para testar en cualquier tiempo, variando o modificando sustancialmente las condiciones de dicha partición, por ser esta facultad inherente a la testamentifacción activa y porque semejante coartación implica un verdadero pacto sobre la herencia futura que imposibilitaría atender a necesidades imperiosas y legítimas de familia que surjan con posterioridad, debiendo, por tanto, limitarse los efectos del contrato al momento en que por defunción del testador o dueño del caudal hereditario deba referirse la partición convenida a un estado de derecho que no está en oposición con ella.

Pues bien, respecto de la exigencia de una disposición testamentaria para la validez de la partición por el propio testador, interpretando sus antecedentes históricos —y, principalmente, atendiendo a la influencia de los principios germánicos en la *Lex romana Visigothorum* y, también en Partidas, al haberse introducido la partición del patrimonio del ascendiente efectuada por acto contractual *inter vivos*—, MARÍN LÁZARO señala que el causante tiene dos formas de partir sus bienes, en vida, entre los que hayan de ser sus herederos: i) por un acto *inter vivos*, esto es, por un contrato que, en definitiva, tendrá que ser una donación —reparto inmediato de los bienes de forma definitiva e irrevocable—; o ii) por una disposición de última voluntad que tendrá que ser un testamento —dispone, mientras viva, el reparto que de sus bienes o herencia haya de hacerse al tiempo de su fallecimiento—[329].

En lo relativo al alcance del término «testador» del art. 1056 CC, el mismo autor señala que no existe diferencia alguna respecto del art. 899 del Proyecto de 1851; es más, ambos preceptos tienen en común la siguiente característica: amplían el ámbito subjetivo, pues sujeto activo será cualquier causante, y respecto de los pasivos, se incluirá a los extraños, y no únicamente a los ascendientes, tal y como venía siendo habitual en el derecho romano y, modernamente, en los códigos civiles de Francia —1804— e Italia —el albertino, el napolitano y el de 1865, si bien, decimos nosotros, no el actual de 1942—, no siguiéndose esta tradición en nuestro país, siendo nuestro Código más "perfecto" que sus congéneres latinos[330].

Como puede observarse, respecto de la primera forma de partir, pivota como argumento central el carácter contractual de la partición realizada por el testador en un acto entre vivos. El autor se apoya, obviamente, en lo dispuesto en el art. 1271.2º CC: *Sobre la herencia futura no se podrá, sin embargo, celebrar otros contratos que aquéllos cuyo objeto sea practicar entre vivos la división de un caudal y otras disposiciones particionales, conforme a lo dispuesto en el artículo 1056.*

Esto le lleva a tratar el posible carácter contractual de la partición, podemos decir, no testamentaria, con eficacia inmediata e irrevocable, pudiéndose arbitrar, por ejemplo, a través de una donación entre el causante y sus herederos, como si de una partición se tratase, es decir, un negocio mixto donación-partición, a imagen y semejanza de la *donation-partage* prevista en el Código civil francés de 1804, por lo que estaríamos ante una excepción a la prohibición de los pactos sucesorios.

Respecto de la permisividad de este tipo de pactos sobre la herencia futura, MARÍN LÁZARO —en la línea crítica con la STS de 13 de junio de 1903, a la que nos hemos referido con anterioridad—, es tajante en su defensa, pues "del enlace del artículo 1.271 con el 1.056, se deduce que este último da validez a dos

---

329 *Vid.* MARÍN LÁZARO, R., «La partición de la herencia por actos *inter vivos*», ob. cit., pp. 217 y ss.

330 *Ibid.*, pp. 224 y 225.

formas de partición hecha en vida del causante: i) la que practique por medio de un testamento; y ii) la que realice por medio de un contrato, pues "el artículo 1.271, permitiendo los pactos sobre ella [herencia futura], da a entender que no siempre es el testamento la única forma insustituible de dictar disposiciones testamentarias"[331]. Se daría cabida, de este modo, a los contratos sucesorios, *a priori*, relegados del ordenamiento jurídico por lo dispuesto en el art. 658 CC[332].

Defiende también esta teoría RODRÍGUEZ-ARIAS BUSTAMANTE[333], al expresar de modo concluyente: "No cabe duda que al reconocerse al 1.056 eficacia jurídica *inter vivos*, con transmisión inmediata de bienes, se viene a facilitar todo este movimiento ideológico, en cuanto que la participación de los descendientes en los bienes y negocios de su ascendiente repercutirá en un incremento de la riqueza nacional, al favorecerse que la savia joven se engarce con la experiencia y sabiduría de los viejos troncos

---

331 *Vid.* MARÍN LÁZARO, R., «La partición de la herencia por actos *inter vivos*», ob. cit., pp. 229-231.

332 *La sucesión se defiere por la voluntad del hombre manifestada en testamento y, a falta de éste, por disposición de la ley. La primera se llama testamentaria, y la segunda, legítima. Podrá también deferirse en una parte por voluntad del hombre, y en otra por disposición de la ley.*

333 Se refiere este autor a la mezcla de principios romanos y germánicos en el Derecho positivo, antagónicos entre sí en materia sucesoria; tanto a través de la *Lex romana visigothorum* como de la *Lex burgundionun*, se introduce la partición del patrimonio del ascendiente efectuada por acto contractual *inter vivos*, pues precisamente, esta nueva forma no encuentra ningún obstáculo en las instituciones germánicas —ni tampoco en el Derecho consuetudinario francés—, donde el individuo goza de mayor libertad individual, al contrario de lo que sucedía en el derecho romano. Las conclusiones más relevantes son las siguiente: a) la partición hecha por el testador según el art. 1.056 CC no es un contrato, sino un negocio jurídico unilateral; b) el término «testador» está empleado impropiamente, guardando conexión al de difunto; c) nos encontramos ante un negocio jurídico de naturaleza gratuita, que entraña una liberalidad de las contempladas en el art. 618 CC; d) el difunto podrá partir sus bienes por actos *inter vivos* o *mortis causa*, que podrá emplear independientemente, por responder los mismos a distinta naturaleza jurídica; e) ni el difunto ni los que se benefician con la partición de sus bienes se despojan por ésta de sus derechos hereditarios respectivos, a pesar del carácter irrevocable de la misma. *Vid.* RODRÍGUEZ-ARIAS BUSTAMANTE, L., «Efectos de la partición *inter vivos* que regula el artículo 1.056 del Código civil», ob. cit., pp. 307 y ss.

para convivir dentro de la armonía que siempre reina cuando es el trabajo quien preside las acciones del hombre"[334].

La posición mantenida tanto por MARÍN LÁZARO como por RODRÍGUEZ-ARIAS BUSTAMANTE es refutada por VALLET DE GOYTISOLO[335], que entiende que la distribución entre vivos de bienes está fuera del alcance del art. 1056 CC[336], sin que esto impida su distribución a través de donaciones entre vivos declaradas no colacionables —reservándose el mínimo según el art. 634 CC[337]—, o también mediante donaciones *mortis causa* con o sin entrega de bienes. Pero hay un matiz muy relevante en contraposición a lo que mantienen aquellos autores: en estos supuestos no cabe hablar de una verdadera división de la herencia, sino solamente la distribución entre vivos del caudal actual del donante; en consecuencia, no se puede otorgar la cualidad de herederos a los donatarios, ni se puede excluir la existencia de otros herederos, que, caso de ser forzosos, podrían reclamar las donaciones por inoficiosas solicitando su reducción o, caso de ser voluntarios, podrían repudiar la herencia, aceptarla a beneficio de inventario o pura y simplemente[338].

Tampoco cabe incluir en el art. 1056 CC la partición como una modalidad de sucesión contractual, que el Código solamente la admite entre padre e hijos y únicamente en el ámbito de las mejoras y promesas de mejorar y no mejorar[339].

Para VALLET DE GOYTISOLO existen dos posibles formas de partición a las que el testador puede recurrir: por una parte, a los

---

334 *Ibid.*, pp. 344 y 345.

335 *Vid.* VALLET DE GOYTISOLO, J. B., *Comentarios*, ob. cit., p. 130.

336 En el mismo sentido, CASTÁN TOBEÑAS refiere que "el artículo 1.056, por su colocación y su sentido, está concebido exclusivamente con vistas a una verdadera partición sucesoria que, aunque se pueda hacer en forma de acto entre vivos, no pasará de constituir un acto meramente distributivo, sin energía o virtualidad dispositiva y que solo habrá de surtir efectos por muerte del causante". *Vid.* CASTÁN TOBEÑAS, J., *Derecho civil español, común y foral*, ob. cit., p. 348.

337 *La donación podrá comprender todos los bienes presentes del donante, o parte de ellos, con tal que éste se reserve, en plena propiedad o en usufructo, lo necesario para vivir en un estado correspondiente a sus circunstancias.*

338 *Vid.* VALLET DE GOYTISOLO, J. B., *Comentarios*, ob. cit., p. 131.

339 *Vid. ult. loc.*

actos considerados de última voluntad —forma testamentaria—; por otra, a los actos entre vivos —forma no testamentaria—[340].

Respecto a la forma testamentaria, ninguna de sus modalidades está excluida por el propio art. 1056 CC, y el testador podrá escoger cualquiera de ellas para formalizar la partición: a través del testamento ordinario —abierto, cerrado u ológrafo—; o a través del especial o extraordinario, con sus requisitos y posterior adveración[341]. Y es independiente para que la partición sea válida, que la misma tenga carácter particional *estricto sensu*, o se materialice mediante asignaciones de bienes —instituciones en cosa cierta, prelegados, legados, dispensas de colación—, que agoten el caudal hereditario en su totalidad, sin posibilidad de rectificación posterior o compensaciones en metálico no previstas por el propio testador o exigidas por la ley[342].

Respecto de la forma extratestamentaria, citaremos a LACRUZ[343] cuando dice que "la partición por el testador hecha fuera de testamento es un acto no vinculante y, en definitiva, *mortis causa*. Con la expresión *inter vivos*, en el artículo 1056, el legislador, aun contemplando a la partición por el causante como un complemento del testamento, ha querido dispensar a aquel de las rígidas formas testamentarias, y tal es el sentido de la alusión al acto *inter vivos*, simplemente referida a sus formalidades externas".

En cualquier caso, hemos de compartir la opinión de PÉREZ DE ONTIVEROS BAQUERO[344] cuando esgrime que "es inexacto decir que el art. 1.056.1 del CC contempla dos supuestos distintos de partición, siendo más adecuado entender que la partición por el testador es única, bien se realice en testamento o fuera de él, por referencia al mismo"[345]. Por supuesto, la simple intervención en

---

340 *Vid. ult. loc.*

341 *Vid. ult. loc.*

342 *Vid. ult. loc.*

343 *Vid.* LACRUZ BERDEJO, J. L. y SANCHO REBULLIDA, F. DE A., *Derecho de Sucesiones I. Parte General. Sucesión Voluntaria*, Bosch, Barcelona, 1971, p. 276.

344 *Vid.* PÉREZ DE ONTIVEROS BAQUERO, C., *Partición y registro de la propiedad. Doctrina de la Dirección General de los Registros y del Notariado*, Aranzadi, Cizur Menor (Navarra), 2019, p. 92.

345 La RDGRN de 5 de abril de 2016 (*Tol 5701364*) sí que admite la existencia de dos supuestos distintos de partición: … *el artículo 1056 del Código Civil contempla dos supuestos distintos de partición según se haga en testamento*

la partición de los llamados a la sucesión no supone una excepción a la prohibición de la sucesión contractual en el ámbito del derecho común (arts. 658 y 1271.2 CC por la remisión que este último hace al 1056 del Código), no altera su carácter unilateral y revocable; la partición hecha separadamente del testamento —del acto dispositivo, en suma— constituye un acto complementario del mismo, pudiendo ser revocada y modificada.

Llegado a este punto, resulta interesante, para un mejor entendimiento, analizar la STS de 23 de febrero de 1999[346], que se asienta firmemente sobre el principio *viventis non datur hereditas*: no se puede adquirir, *mortis causa*, de una persona viva.

El supuesto de hecho analizado en la sentencia era el siguiente: se ejercitaba una tercería de dominio respecto de un bien inmueble sobre el que se recayó un embargo por una entidad de crédito; la finca estaba inscrita en el Registro de la Propiedad a favor de una persona, que es quien ejercitaba la tercería y quien afirmaba ser la propietaria del bien; deudores eran la hija de la tercerista y su yerno, que solicitaron un préstamo con garantía personal que les fue concedido porque aportaron un documento privado que era una partición «inter vivos», donde la propietaria-tercerista, haciendo uso de la facultad prevista en el art. 1056 CC, realizaba la partición de sus bienes, distribuyendo el caudal entre los descendientes, asignándoles un lote o conjunto de bienes. La cuestión radicaba en determinar si la propietaria de la finca continuaba siéndolo a partir de la fecha en que otorgó la partición (1984), o si, una vez realizada la misma, se habían transmitidos los bienes a la deudora, por lo que podían responder del incumplimiento de la obligación. Las sentencia del Juzgado de Primera Instancia de Ourense y de la Audiencia Provincial desestimaron la tercería al entender que ya no era la propietaria, mientras que el Tribunal Supremo entendía que sí, al no haberse producido su muerte, casando la sentencia de la Audiencia y levantando la traba sobre el bien.

---

o por acto «inter vivos». Pero en este último caso, la jurisprudencia ha determinado que la partición «inter vivos» ha exigido siempre la existencia de un testamento, y aunque la partición pueda formalizarse en un documento independiente, siempre precisará de la fuerza de un testamento —anterior o posterior a aquélla— que a ella se refiera para confirmarla.

346 (*Tol 1431*)

En esta resolución, el Tribunal Supremo entiende que la partición por acto *inter vivos* no constituye un contrato, postura que choca con las resoluciones de instancia, que entendieron lo contrario, al haber sido otorgada tanto por la futura causante como por sus futuros herederos, dándose una especie de contractualización de la partición. El FD 3º es sumamente interesante[347], y por ello nos permitimos reproducirlo:

> En el enjuiciamiento de la virtualidad traslativa del acto particional se ha producido una confusión, tanto en algunos de los órganos judiciales como en las partes, incluso en la entidad crediticia, que reputó dueños del inmueble perseguido a los adjudicatarios del acto particional.
> Es preciso eludir equivocadas hermenéuticas. El hecho de que el reparto del acervo patrimonial del testador se instrumente por un acto «inter vivos» no le confiere cariz contractual, ni le imbuye una fuerza vinculante frente al de «cuius». Cualquier tipo de partición es complemento o corolario de una transmisión «mortis causa». Solo puede producir efectos distributivo-traslativos como resultado del fallecimiento del causante. Ya proclamaron elocuentemente las fuentes que «viventis non datur hereditas». No se puede adquirir «mortis causa» de una persona viva. Es preciso, para ello, esperar a su óbito.
> La consecuencia es clara: en cualquier momento puede el que repartió cambiar la decisión, otorgar nuevo testamento, cambiar el destino de sus generosidades (en la parte de herencia de libre disposición) y consecuentemente invalidar la partición que, en situación de pendencia hasta que sobrevenga la defunción del testador, estará siempre amenazada de un cambio de voluntad del titular patrimonial y que solo se consolidará definitivamente cuando sobrevenga su muerte.
> Repetidas sentencias de esta Sala corroboran esta tesis. Como más representativas citaremos las siguientes: SS de 9 de julio de 1903 y 9 de julio de 1940: la facultad de realizar la partición por acto entre vivos no obstaculiza la posible variación de la voluntad del causante durante su vida y el otorgamiento de otro testamento que deje sin efecto la división realizada; 6 de marzo de 1917: Pese a su forma, este acto entre vivos hay que incluirle entre los negocios «mortis causa» porque

---

347 No lo es menos el FD 8º cuando dice: *pese a las suspicacias que tiene que provocar la conducta abusiva de Dña. Paula, fingiendo litigar con su hija y con su yerno para perjudicar al acreedor, lo cierto es que en exigente técnica procesal hay que reconocer que debe prosperar la tercería de dominio, por cuanto ella es la propietaria del bien indebidamente embargado y que no pudo anotarse preventivamente.*

> está destinado a regular las relaciones jurídicas después de la muerte del sujeto del negocio y sobre esta base la división del patrimonio es fundamentalmente un acto «mortis causa», que tiene clara finalidad sucesoria, como lo confirma el propio artículo al poner en todo caso como límite de eficacia de la partición que no se perjudique la legítima de los herederos forzosos.

ESPEJO LERDO DE TEJADA[348], a la luz de los antecedentes históricos —tanto del *testamentum parentum inter liberos* como de la *divisio inter liberos* y su continuidad en el Derecho histórico castellano—, entiende que en la partición realizada por el causante por acto *inter vivos*, están implicadas tres figuras de distinta naturaleza pero íntimamente relacionadas entre sí: i) la partición hecha por el causante con la intervención de los herederos pero sin alcanzar un carácter irrevocable; ii) las donaciones *inter vivos* con función de reparto, estas sí, irrevocables; y iii) los pactos llevados a cabo entre los propios herederos, irrevocables para cada uno de ellos de modo individual, con la finalidad de establecer anticipadamente las reglas de la partición de la herencia futura.

Pues bien, sólo la primera de ellas es la que subsiste actualmente en base a los arts. 1056 y 1271.2º CC, con la única duda de si la concurrencia de los coherederos en la partición la hace merecedora de un carácter irrevocable, más allá de que su intervención suponga, únicamente, como dice el Tribunal Supremo, "prestar su asentimiento moral"[349].

Para ESPEJO LERDO DE TEJADA[350], la clave no estaría en la posible irrevocabilidad para el causante caso de concurrir con los herederos, sino en el llamamiento hereditario: si el llamamiento es revocable, la partición debe ser también revocable; en consecuencia, la partición solamente será irrevocable cuando diera conteni-

---

348 *Vid.* ESPEJO LERDO DE TEJADA, M., «Algunos aspectos de la eficacia y el régimen jurídico de la partición hecha por el testador. Comentario a la STS de 23 de febrero de 1999», *ADC*, fasc. 1, pp. 280 y ss.

349 *Vid.* STS de 6 de marzo de 1945 (*Tol 4458418*): ... *el documento suscrito (...) no envuelve ningún pacto sucesorio de los prohibidos por nuestra legislación ni tampoco donación de clase alguna y sí sólo un acto de partición anticipada de los bienes del padre en que la concurrencia de los hijos no tiene más trascendencia que la de prestar al mismo su asentimiento moral.*

350 *Vid.* ESPEJO LERDO DE TEJADA, M., «Algunos aspectos de la eficacia y el régimen jurídico de la partición hecha por el testador», ob. cit., p. 280.

do a un llamamiento sucesorio irrevocable, como en el caso de la mejora irrevocable (arts. 826[351] y 827[352]), o de la donación a la que se refiere el art. 1341 CC[353]. Dicho en otras palabras, la partición debe apoyarse en un acto previo de disposición *mortis causa*, por su propia naturaleza, esencialmente revocable, de modo que la partición quedará sin efecto si decae la disposición que le sirve de fundamento, sin que la intervención de los herederos en el acto particional signifique contractualizarla, pues siempre tendrá carácter unilateral[354].

---

351 *La promesa de mejorar o no mejorar, hecha por escritura pública en capitulaciones matrimoniales, será válida. La disposición del testador contraria a la promesa no producirá efecto.*

352 *La mejora, aunque se haya verificado con entrega de bienes, será revocable, a menos que se haya hecho por capitulaciones matrimoniales o por contrato oneroso celebrado con un tercero.*

353 *Por razón de matrimonio los futuros esposos podrán donarse bienes presentes. Igualmente podrán donarse antes del matrimonio en capitulaciones bienes futuros, sólo para el caso de muerte, y en la medida marcada por las disposiciones referentes a la sucesión testada.*

354 *Vid.* Espejo Lerdo de Tejada, M., *La sucesión contractual en el Código Civil*, ob. cit., p. 195. *Vid.* también la SAP de Asturias (Sección 6ª), de 18 de abril de 2005 (*Tol 634818*): *... la partición llevada a cabo por doña Eugenia en el tan mentado documento privado, que tiene su amparo legal en el art. 1056 del CCivil, es un acto unilateral de la citada, con eficacia post mortem y revocabilidad directa, al que en nada afecta la intervención y firma en el mismo de sus hijos, destinatarios de tal disposición testamentaria, la citada se reservó, la libra disposición de los bienes que le habían sido adjudicados.* Puede consultarse igualmente el contenido de la SAP de Ciudad Real (Sección 1ª), de 9 de noviembre de 2007 (*Tol 7506322*): *El art. 1056 del Código Civil, que es el que se invoca, efectivamente permite que el testador realice la partición de sus bienes tanto a través de actos de última voluntad como entre vivos. Tal partición, sin embargo, no es un contrato entre el testador y los herederos, de tal forma que todos quedan obligados por el mismo, ya que el testador siempre puede revocarla, sino un acto del testador que encuentra su fundamento en la existencia de un testamento normalmente anterior o simultaneo, aunque también en ciertos casos se ha admitido el testamento posterior, y que viene en cierta medida a complementarlo en tanto que manifiesta la voluntad del testador sobre la forma de distribución de sus bienes. Estamos ante un acto de última voluntad, mortis causa, ya que lo que establece es la forma de partición de los bienes para después de la muerte del testador, no, por tanto, ante una distribución en vida de los bienes hereditarios que está prohibida y que de producirse no estaríamos sino ante posibles donaciones.*

Así lo entiende LACRUZ[355], al decir: "la partición por el testador hecha fuera de testamento es acto no vinculante, de última voluntad y, en definitiva, *mortis causa*. Con la expresión entre vivos, en el art. 1.056, el legislador, aun contemplando a la partición por el causante como un complemento del testamento, ha querido dispensar a aquél de las rígidas formas testamentarias, y tal es el sentido de la alusión al acto entre vivos, simplemente referida a sus formalidades externas; alusión, pues, de alcance meramente negativo o residual: la partición puede hacerse en testamento o *fuera de testamento* sin exigencia formal determinada".

5.2. Necesidad de un testamento o, en su defecto, sometimiento a las normas de la sucesión intestada y limitación del alcance de la partición

Una segunda línea doctrinal aboga —como criterio intermedio y amparándose en la STS de 13 de junio de 1903[356], cuando se refiere a la *norma de un testamento* o la *norma de la ley*, y que la partición *había de realizarse sobre la base de una sucesión testamentaria o legal, a cuyas reglas fundamentales y llamamientos deberá acomodarse*—, porque todo causante pueda partir su herencia sin necesidad de que medie un testamento; en caso de no existir, se aplicarán necesariamente las normas de la sucesión intestada.

Este argumentario es seguido por DE BUEN[357] y, principalmente, por ROCA SASTRE, quien afirma que "está facultado para hacer

---

355 *Vid.* LACRUZ BERDEJO, J. L., SANCHO REBULLIDA, F. DE A., LUNA SERRANO, A., *et al*, *Elementos de Derecho civil V. Sucesiones*, 4ª ed., Dykinson, Madrid, 2009, p. 137.

356 JC, apéndice de 1903, pp. 842 y 843.

357 Al decir: "El texto del art. 1.056 no autoriza para entender que una persona puede hacer por acto intervivos la partición de sus bienes sin que exista la norma de un testamento o la de la ley; y de toda suerte, una mera partición hecha ya entre dichos interesados, ya con la intervención del dueño del caudal, lo mismo si se ajusta a un testamento que a las reglas de un abintestato, en ningún caso coarta para testar nuevamente, variando las condiciones de dicha partición". *Vid.* DE BUEN, D., notas sobre el Derecho civil español, en COLIN A. y CAPITANT, H., *Curso elemental de Derecho civil*, ob. cit., p. 686.

la partición, no solo el testador, sino el causante en general, o sea, incluso quien muera intestado" [358].

ALBADALEJO[359] ha llegado a afirmar, respecto a la cuestión de quién puede partir su herencia, que "el Código solo se lo permite al testador", si bien, "sería razonable autorizar, también, para ello, al que muere *abintestato*. En las mismas condiciones que se permita hacerlo a uno se debe permitir hacerlo al otro, porque no hay fundamento alguno en que basar tal disparidad de criterios".

Si bien la STS de 13 de junio de 1903 admitió que podía partir todo causante, en posteriores resoluciones se cambió la orientación al entender que sólo podía partir el testador, de ahí que antes hayamos dicho que tal vez esto se debió a un "desliz" del propio ponente, refiriéndose a «la norma de la ley» que exclusivamente se refleja en esa resolución.

La primera resolución que exige la existencia de testamento es la STS de 6 de marzo de 1917[360], al referirse a la *convalidación testamentaria ulterior*.

Pero la más importante fue la STS de 6 de marzo de 1945[361]:

> Séptimo: Que la doctrina científica patria más generalizada, acomodándose a los precedentes de nuestro Derecho y fundándose, entre otras consideraciones, en la del lugar que la regulación de la partición hecha por el testador ocupa en el Código y la de la dicción de éste, referida premeditadamente al testador (no al difunto, como decía el artículo 899 del proyecto de 1851), entiende, en el sentido expuesto, que se trata en esencia de una pura división hereditaria, la cual, aunque pueda revestir dos formas, implica siempre un acto de última voluntad. Octavo: Que siguiendo esa misma orientación la doctrina de esta Sala tiene declarado: que la facultad que concede el artículo 1056 supone y requiere un testamento previo o ulterior en el que se disponga o se exprese el deseo de atemperarse a las normas de la ley, o sean las de la sucesión intestada (Sentencias de 13 de junio de 1903 y 6 de marzo de 1917); que dicha facultad no obstaculiza la posible variación de la voluntad del causante durante su vida y el otorgamiento consiguiente de otro testamento que deje sin efecto el anterior y la división realizada (Sentencias de 9 de

---

358 *Vid.* ROCA SASTRE, R. M.ª, *Estudios de Derecho privado*, ob. cit., p. 379.

359 *Vid.* ALBADALEJO GARCÍA, M., «Dos aspectos de la partición hecha por el testador», *ADC*, 1948, fasc. 3, p. 924.

360 JC, apéndice de 1917, p. 736.

361 *Tol 4458418*

junio de 1903 y 9 de julio de 1940), y que no obsta a la validez de la partición el haber sido hecha en documento privado, cuando en testamento posterior se refiere a ella el padre y no perjudica la legítima de los herederos forzosos (Sentencia de 6 de marzo de 1917)[362].

5.3. Únicamente el testador puede partir su herencia, y no todo causante

Una tercera línea mayoritaria entre los autores, y seguida también por la doctrina jurisprudencial, entiende que sólo el «testador» puede partir su herencia. Si para tal objetivo recurre a otras formas testamentarias de las previstas en el Código (arts. 676 y ss.), por ejemplo, a través de un acto entre vivos, podrá partir sus bienes mediante un documento privado, pero para que este acto surta efecto, deberá apoyarse, siempre, en un testamento.

En apoyo de esta teoría está la literalidad de la ley, empezando por el propio art. 1056 CC, que se refiere al «testador». Pero también de sus concordantes: arts. 1.057[363], 1058[364], 1070.1º[365] y 1075 *in fine*[366], que utilizan, también, el término «testador». También el art. 1051 CC, al referirse a la posibilidad de que la herencia permanezca indivisa, se refiere al «testador».

---

362 Resulta llamativo que una de las resoluciones citadas para adverar la posición mantenida por el Tribunal Supremo, en el sentido que sólo puede partir el testador, sea la de 13 de junio de 1903 (JC 174), pues como se ha visto, es esta sentencia la que, precisamente, permite partir a todo causante.

363 *El testador podrá encomendar por acto «inter vivos» o «mortis causa» para después de su muerte la simple facultad de hacer la partición a cualquier persona que no sea uno de los coherederos.*

364 *Cuando el testador no hubiese hecho la partición, ni encomendado a otro esta facultad, si los herederos fueren mayores y tuvieren la libre administración de sus bienes, podrán distribuir la herencia de la manera que tengan por conveniente.*

365 *La obligación a que se refiere el artículo anterior sólo cesará en los siguientes casos: 1.º Cuando el mismo testador hubiese hecho la partición, a no ser que aparezca, o racionalmente se presuma, haber querido lo contrario, y salva siempre la legítima.*

366 *La partición hecha por el difunto no puede ser impugnada por causa de lesión, sino en el caso de que perjudique la legítima de los herederos forzosos o de que aparezca, o racionalmente se presuma, que fue otra la voluntad del testador.*

No constituye ningún obstáculo a esta interpretación la primera parte de la redacción del art. 1075 CC, cuando se refiere a la *partición hecha por el difunto*. GÓMEZ MORÁN[367] señala que el «testador» que prevé el art. 1056 CC "no deja de ser difunto después de haber muerto, como todos los demás, pero antes fue testador, circunstancia que no acompaña a los que fallecen intestados". Y refiriéndose al empleo indistinto de los términos «testador» y «difunto» en los arts. 1056, 1057 y 1058 CC, afirma que "no son incompatibles" pues cada uno de ellos "se refiere a momentos cronológicos distintos: el 1.075, concretamente, a fecha posterior a la defunción del testador, y de aquí que le llame difunto, cuando la partición realizada por aquel ha cobrado toda su eficacia y es ya irrevocable e inmodificable, como consecuencia de su muerte".

RODRÍGUEZ-ARIAS BUSTAMANTE[368], sobre esta disputa, pone el foco en la importancia —o al sentido impropio que le da al término testador el art. 1056—, que un sector mayoritario de la doctrina otorga al término «testador», al no ver "clara la razón de querer limitar a moldes tan restringidos un término de Derecho que convive con conceptos jurídicos de tan altos vuelos como son los actos inter vivos y mortis causa y las legítimas", y que "si el legislador verdaderamente hubiese tenido la intención de encerrar en tan reducido molde el ejercicio de esta facultad, dispuso en Derecho de términos más hábiles, que facilitarían ahora la labor de interpretación, no teniendo que acudir —según es obligado a hacer— a supervalorar las palabras, relegando a un segundo lugar el sentido orgánico que se deduce del examen de la totalidad del precepto".

Pero ya hemos visto como el Tribunal Supremo, en la sentencia de 6 de marzo de 1945[369], entendió que la partición por el causante debía basarse en un testamento anterior, simultáneo o posterior al acto particional[370] y, por tanto, la aplicabilidad del art. 1056 CC queda circunscrita al testador, no al causante en general,

---

367 *Vid.* GÓMEZ MORÁN, L., «Testamento-partición», *RCDI*, nº 257, año XXV, octubre 1949, p. 603.

368 *Vid.* RODRÍGUEZ-ARIAS BUSTAMANTE, L., «Efectos de la partición *inter vivos* que regula el artículo 1.056 del Código Civil», ob. cit., pp. 322 y 324.

369 (*Tol 4458418*).

370 *Vid.* PUIG BRUTAU, J., *Compendio de Derecho civil*, ob. cit., p. 572.

pese al "desliz" de la STS de 13 de junio de 1903. Se sigue, pues, una interpretación literal del precepto[371].

---

371 *Vid.* SAP de Córdoba (Sección 2ª), de 15 de junio de 2005 (*Tol 684805*): *El art. 1056 del CC. regula la partición hecha por el propio testador la que puede tener lugar en el propio testamento o por actos «inter vivos». Recoge así una institución de gran predicamento histórico que tiene su razón de ser en la propia esencia de la sucesión testamentaria basada en la libertad del causante para disponer libremente de sus bienes según su voluntad de manera que cuales sean los bienes que vayan a cada uno de sus hijos redunde en beneficio de la familia pues el testador se halla en mejor situación que cualquier otro para conocer las aptitudes de sus herederos y la entidad de los bienes, así como eliminar los litigios y pugnar que casi inevitablemente surgen en la comunidad de bienes y en las operaciones divisorias.*
Lo normal es que dicha partición sea hecha en testamento, pero la Ley tolera también que se haga por actos «inter vivos» lo que puede originar confusión al ser susceptible de confundirse con la donación o con un pacto sucesorio radicalmente prohibido en nuestro derecho común por el art. 1271 del CC. Sin embargo la propia literalidad del texto legal permite concluir que estamos ante un acto «mortis causa» que precisa testamento pues el Código no dice "el causante" sino " el testador", lo que conlleva la necesidad del testamento que puede ser anterior, coetáneo o posterior a la partición, pero que se hace necesario ya que la partición inter vivos no es sino un complemento del testamento de modo que la revocación del mismo, acarrearía también que la partición carece de operatividad (S. de 29-10-60 y 28-5-65). En definitiva, hay que afirmar que la partición del art. 1056 encuentra su fundamento en un testamento.
En el mismo sentido, SAP de Málaga (Sección 4ª), de 28 de abril de 2011 (*Tol 2243042*): *La partición ha de hacerla el testador entre sus herederos testamentarios (como es sentir unánime de la doctrina científica); y es un acto de disposición "mortis causa", en cuanto destinado a regular las relaciones jurídicas después de la muerte de su titular; es decir, que el art. 1056 del Código Civil está concebido, exclusivamente, con vistas a una verdadera partición sucesoria que, aunque se pueda hacer en forma de acto entre vivos, no pasará de constituir un acto meramente distributivo, sin energía o virtualidad dispositiva, y que sólo habrá de surtir efectos por muerte del causante; una partición con efectos en vida, o sea, como transmisión inmediata de bienes, es cosa extraña al art. 1056 citado; el causante que quiera desprenderse en vida de sus bienes, puede distribuirlos entre quienes desee sean sus sucesores, mediante otorgamiento de las correspondientes donaciones inter vivos, pero ello es ajeno al supuesto del art. 1056, como resultan ajenos también, el testamento mancomunado y el contrato sucesorio.*
O también la SAP de Ciudad Real (Sección 1ª), de 9 de noviembre de 2007 (*Tol 7506322*): *El art. 1056 del Código Civil, que es el que se invoca, efectivamente permite que el testador realice la partición de sus bienes tanto a través de actos de última voluntad como entre vivos. Tal partición, sin embargo, no es un contrato entre el testador y los herederos, de tal forma que todos quedan obligados por el mismo, ya que el testador siempre puede revocarla, sino un acto del testador que encuentra su fundamento en la existencia de un testamento nor-*

Para GONZÁLEZ ENRÍQUEZ[372], "el uso de la palabra «testador» en el artículo 1.056 tiene como sentido evidente el de exigir un testamento previo, simultáneo o posterior". Así, "el testamento adquiere un sentido distinto al que tenía en la antigua partición testamentaria: de ser la manifestación formal de la partición ha pasado a ser la del acto dispositivo del que la partición es ejecución, sin perjuicio de que ésta se pueda incorporar al propio testamento. Consecuencia de esto es que la partición haya quedado reducida en principio a su condición de tal, es decir, de mero acto ejecutivo".

Por tanto cabe concluir, pese a las dudas interpretativas del art. 1056.1 CC, que la división de los bienes *mortis causa* sólo corresponde hacerla al testador, y no al causante en general. Véase, como un ejemplo más, la interesante SAP de Ourense (Sección 2ª), de 6 de febrero de 2004[373], en la que la división de herencia practicada por el causante no goza de validez al no haberse otorgado el pertinente testamento:

> ... El Tribunal Supremo ya en sus primeras sentencias dictadas en aplicación del art. 1056 del Código Civil, condicionaba la validez de la partición a la existencia de una disposición testamentaria, sin que sea preciso que una y otra se sucedan en el tiempo de una forma determinada, si bien esto último no fue sino el resultado de una larga evolución pues en sentencia de 3 de junio de 1903 se exigía el testamento

---

malmente anterior o simultaneo, aunque también en ciertos casos se ha admitido el testamento posterior, y que viene en cierta medida a complementarlo en tanto que manifiesta la voluntad del testador sobre la forma de distribución de sus bienes.

Estamos ante un acto de última voluntad, «mortis causa», ya que lo que establece es la forma de partición de los bienes para después de la muerte del testador, no, por tanto, ante una distribución en vida de los bienes hereditarios que está prohibida y que de producirse no estaríamos sino ante posibles donaciones.

372 *Vid.* GONZÁLEZ ENRÍQUEZ, M., «Naturaleza y eficacia de la partición practicada por el testador por acto *inter vivos*», ob. cit., p. 509.

373 (*Tol 365107*). En el mismo sentido, trayendo a colación la resolución anteriormente citada, puede verse la SAP de Ourense (Sección 1ª), de 5 de marzo de 2007 (*Tol 1101776*), de la que cabe reseñar la cuestión relativa al momento en que la disposición testamentaria alcanza eficacia, cual es el de apertura de la sucesión: ... *la partición hereditaria realizada en vida, alcanza plena eficacia si viene corroborada por una disposición testamentaria de forma que la virtualidad que pudiera tener se alcanza en el momento de la apertura de la sucesión y cuando ésta se rige por la disposición testamentaria que la ratifica.*

> anterior a la partición, autorizándose en la de 6 de marzo de 1917 la validez de testamento posterior a la fecha de la partición, criterio que se mantiene hasta hoy en día (...).
> Lo que en definitiva resulta es que la partición hereditaria hecha en documento como el que ahora se contempla, no tiene alcance alguno como disposición testamentaria si no va acompañada de un testamento que, en cualquier caso, sería esencialmente revocable. De ahí que no cabe afirmar en fallo alguno que el documento anterior sea una disposición testamentaria ni que, por tanto, sea revocable, aspecto sobre el que, evidentemente, no puede haber controversia jurídica por prescribirlo el artículo 688 del Código civil.

6. *Forma en que debe documentarse la partición*

La partición podrá instrumentalizarse de dos modos: bien a través de testamento; bien a través de actos *inter vivos*[374].

No existirá ningún problema si la partición se lleva a cabo en el propio testamento, pues el documento público inscribible lo constituye la copia autorizada del mismo o, en su caso, el acta notarial de su protocolización, debiéndose acompañar también el certificado de defunción, de últimas voluntades del causante y la escritura de aceptación de herencia, con los datos necesarios de los bienes inmuebles según el art. 9 LH. En este caso, las formalidades del testamento cubren las necesarias de la partición[375].

En cambio, si la partición se lleva a cabo por actos *inter vivos*, puesto que, como hemos dicho, se requiere de la existencia de un testamento, anterior o posterior a la partición, basta que la misma se formalice a través de un documento privado[376], si bien para la inscripción registral deberá constar en documento público de conformidad con el art. 3 LH, cuestión de suma importancia sobre la que volveremos en el momento de referirnos a la inscripción de los bienes en el Registro de la Propiedad.

---

374 *Vid.* DE LOS MOZOS Y DE LOS MOZOS, J. L., «La partición de la herencia por el propio testador», ob. cit., p. 219.

375 *Vid. ult. loc.*

376 *Vid.* VALLET DE GOYTISOLO, J. B., *Panorama del Derecho de sucesiones*, ob. cit., p. 874. *Vid.* DE LOS MOZOS Y DE LOS MOZOS, J. L., «La partición de la herencia por el propio testador», ob. cit., p. 219

Por el momento cabe remarcar que, aunque la partición conste en documento privado, la misma será válida, con independencia de los requisitos previstos en la legislación hipotecaria.

En este sentido, la STS de 6 de marzo de 1945[377] ya dijo:

> La forma solemne que el recurrente cree indispensable en la partición por acto *«inter vivos»* ni aparece reconocida por la tradición del derecho romano y del derecho patrio —según se vio anteriormente—ni es, dentro del Código Civil, una exigencia impuesta por los criterios de interpretación lógica y sistemática, ya que la ausencia en dicho Cuerpo legal de formas específicas para la partición por acto entre vivos es perfectamente explicable, por cuanto, si la partición «inter vivos» es una propia partición regida por el artículo 1056, habrá de tener su apoyo, según prescribe la jurisprudencia de esta sala antes aludida, en un testamento del que sea complemento, de tal modo que habrá de entenderse que el acto de distribución no solemne (partición) recibe su fuerza y convalidación formal del acto de disposición solemne (testamento), y si, por el contrario, no se trata de una genuina partición como acto independiente, sino de la distribución y adjudicación de bienes que, por vía indirecta, vaya envuelta o embebida en actos «inter vivos» de esencia dispositiva y régimen jurídico propio y especial (donaciones, lotes, mejoras, etc.), la exigencia de forma será consecuencia obligada de la aplicación de las normas por las que hayan de regirse las respectivas liberalidades.

GÓMEZ MORÁN[378] entiende que el art. 1056 CC, al permitir una partición a través de documento privado, supone una excepción a la regla general contenida en el art. 672 CC que dispone: *Toda disposición que sobre institución de heredero, mandas o legados haga el testador, refiriéndose a cédulas o papeles privados que después de su muerte aparezcan en su domicilio o fuera de él, será nula si en las cédulas o papeles no concurren los requisitos prevenidos para el testamento ológrafo.*

Efectivamente, pese a no cumplir los documentos privados con las características exigidas a los testamentos ológrafos, pro-

---

377 (*Tol 4458418*). En el mismo sentido, *vid.* STS de 28 de junio de 1961 (*Tol 4336899*): *que no obsta a la validez de la partición el haberse hecho en documento privado, cuando en testamento posterior se refiere a ella el padre —Sentencia de 6 de marzo de 1017—.*

378 *Vid.* GÓMEZ MORÁN, L., «Testamento-partición», ob. cit., p. 606.

ducen, no obstante, efectos en el orden sucesorio, por lo que, "este tipo de documentación está amparado por el artículo 1056, no siéndoles aplicables, por tanto, las prescripciones del 672"[379].

Obviamente, la dispensa a la partición extratestamentaria de las solemnidades propias de los testamentos, no altera el régimen de la capacidad exigible para partir —que continuará siendo la general para testar *ex* arts. 663 y 665 CC—, al carácter personalísimo del acto particional y a su eficacia *mortis causa*, esto es, sin efecto transmisivo alguno en vida del testador-partidor.

7. *Elementos reales: la cuestión relativa a la partición de bienes gananciales*

Con carácter introductorio cabe decir que la partición testamentaria puede comprender bienes presentes y futuros. Así, obsérvese la cláusula testamentaria —válida— del caso tratado en la RDGRN de 26 de octubre de 2016[380]: *Se dispone que «en el resto de los bienes de la herencia, si los hubiese, corresponderán a su hija».* Sobre el particular, DE LOS MOZOS entiende que "ello no estorba [a los efectos de calificarla como partición por el testador] para que puedan comprenderse los bienes futuros, dada la naturaleza mortis causa del acto"[381].

Dicho lo anterior, indudablemente, el problema que más sobresale en la partición testamentaria del art. 1056 CC es el relativo a incluir en ella los bienes gananciales. La doctrina jurisprudencial es tremendamente rigurosa en lo que atañe a esta cuestión, al entender que una partición que abarque estos bienes cae fuera del ámbito permitido por el Código, al estar disponiéndose de más de lo estrictamente permitido: únicamente podrán disponerse los bienes que sean de la exclusiva propiedad del testador, es decir, solamente los bienes privativos; y los gananciales no lo son, al menos de un modo completo.

Así pues, debemos entonces preguntarnos si esa trinchera construida por la jurisprudencia es sostenible hoy en día. Tene-

---

379 *Vid. ult. loc.*

380 *Vid.* RDGRN de 26 de octubre de 2016 (*Tol 5900759*).

381 *Vid.* DE LOS MOZOS Y DE LOS MOZOS, J. L., «La partición de herencia por el propio testador», ob. cit., p. 214.

mos que estudiar sus ventajas e inconvenientes para sacar nuestras propias conclusiones, pues nos encontramos ante una cuestión de una enorme trascendencia práctica.

Vayamos, pues, por partes, para un mejor encuadramiento del problema.

Valga decir, en primer lugar, como refiere SANCIÑENA ASURMENDI[382], que los bienes gananciales deben ser dispuestos *inter vivos* por los dos cónyuges conjuntamente, tanto a título oneroso como gratuito, con diferente sanción en caso de disposición por separado *ex* arts. 1322, 1377 y 1378 CC.

El problema que se presenta, por contra, en la esfera del Derecho de sucesiones, tiene una doble causa: de una parte, porque el propio tenor literal del art. 1056.1 CC limita la partición hecha por el testador a «sus bienes»[383], excluyendo por tanto los ajenos, entre los que se encuentran, obviamente, los gananciales, que no pueden ser partidos en exclusiva por uno solo de los cónyuges; de otra, porque en derecho común se prohíbe la posibilidad de testar mancomunadamente *ex* art. 669 CC; en consecuencia, cada cónyuge no puede, de forma separada, disponer de los bienes gananciales por la propia naturaleza de estos; ni pueden los dos tampoco, al alimón, disponer *mortis causa* al no admitirse el testamento mancomunado[384].

La situación descrita supone una cortapisa a las bondades que ofrece el art. 1056 CC, pues en la mayor parte de los casos la partición será incompleta al no abarcar los bienes comunes. La

---

382 *Vid.* SANCIÑENA ASURMENDI, C., *La partición hecha por el testador*, ob. cit., p. 185.

383 Para BUSTO LAGO, "el ámbito objetivo de las facultades de partición de la herencia que el precepto atribuye al testador se restringe expresamente al haber del causante". Y así, la previsión contenida en el art. 1056.1 CC cuando se hace referencia a «sus bienes», debe ligarse con lo dispuesto en el art. 659 CC, "de donde resulta que puede partir todos o parte de sus bienes, pero no bienes de ajena propiedad, ni los gananciales". *Vid.* BUSTO LAGO, J. M., «La ordenación sucesoria de los bienes gananciales: avances hacia la consideración unitaria del patrimonio ganancial», en *La familia en el Derecho de sucesiones: cuestiones actuales y perspectivas de futuro* (coord., Ángel Luis Rebolledo Varela), Dykinson, Madrid, 2010, p. 644.

384 *Vid.* SANCIÑENA ASURMENDI, C., *La partición hecha por el testador*, ob. cit., p. 186.

cuestión no resulta baladí si tenemos en cuenta que el régimen legal supletorio de primer grado es, en derecho común, el de la sociedad de gananciales (art. 1316 CC), que se considera una comunidad de tipo germánico sin cuotas[385], pudiendo conllevar problemas prácticos, como ha sido puesto de relieve por GUILARTE GUTIÉRREZ, que aboga por la tesis de la proindivisión ordinaria para explicar la naturaleza de la sociedad conyugal[386].

Y así, en la mayor parte de los supuestos, un conjunto de bienes tendrá naturaleza ganancial, no pudiendo ser tenidos en cuenta en la partición del art. 1056 CC, perdiendo esta su finalidad.

ORTÍ VALLEJO[387], que ha estudiado con profundidad el tema que estamos tratando, ha dicho: "En el régimen matrimonial de la

---

385 *Vid.* STS de 23 de diciembre de 1992 (*Tol 1662345*). *Vid.* RDGRN de 25 de noviembre de 2004 (RJ 2004, 8154): … *como dijo la Resolución de este Centro Directivo de 2 de febrero de 1983, tanto la jurisprudencia del Tribunal Supremo como la doctrina de esta Dirección General configuran la sociedad legal de gananciales —al igual que la generalidad de la doctrina— como una comunidad de tipo germánico en la que el derecho que ostentan los cónyuges afecta indeterminadamente al objeto, sin atribución de cuotas ni facultad de pedir la división material mientras dura la sociedad, a diferencia de lo que sucede con el condominio romano, con cuotas definidas y en donde cabe el ejercicio de división de la cosa común, y por eso en la sociedad de gananciales no se es dueño de la mitad de los bienes comunes, sino que ambos esposos conjuntamente tienen la titularidad del patrimonio ganancial.* En el mismo sentido, RDGRN de 4 de agosto de 2014 (*Tol 4514113*); 6 de junio de 2018 (*Tol 6646212*) y RDGSJFP de 15 de septiembre de 2020 (*Tol 8101232*.

386 Al decir de este autor, "desde una perspectiva estrictamente mancomunada de la comunidad conyugal en la cual se dice que los cónyuges no tienen sobre los concretos bienes una propiedad actual, ni exclusiva ni excluyente sino en el momento liquidatorio, parece que el concurso de ambos no es tampoco suficiente para la disposición de los bienes si previamente no media la liquidación de esa comunidad que convierte a sus partícipes en propietarios exclusivos. Y ello a salvo de que se piense que tal falta de propiedad exclusiva y excluyente obedece a que sólo tienen una mitad de los bienes en cuyo caso estaríamos ante la copropiedad romana que creo soluciona mejor cualquier expediente práctico de los numerosos que la sociedad de gananciales plantea". *Vid.* GUILARTE GUTIÉRREZ, V., «La naturaleza de la actual sociedad de gananciales», *ADC*, fasc. 3, 1992, pp. 919 y 925.

387 *Vid.* ORTÍ VALLEJO, A., «Las facultades de disposición *mortis causa* de bienes gananciales», *ADC*, fasc. 3, 1989, p. 666. *Vid.* también MAS BADÍA, M.ª D., «La disposición mortis causa de bienes gananciales», en *El patri-*

sociedad de gananciales, los cónyuges están imposibilitados para establecer una mínima distribución entre sus hijos de los bienes comunes, no ya unilateralmente, que sí resulta obvia la prohibición, sino tampoco coordinadamente entre ambos cónyuges, con el consiguiente problema para aquellas familias en las que el patrimonio de los cónyuges es fundamentalmente ganancial, como es habitual en las clases medias. Pero tales límites no únicamente afectan al patrimonio de naturaleza ganancial. Indirectamente, también se ven afectados los bienes privativos y con ellos todo el patrimonio familiar, pues si bien, de Derecho, cada cónyuge goza de libertad para poder partir su caudal privativo, *de facto* se verán imposibilitados de acometer una correcta distribución de estos bienes entre los hijos, al no poder tomar en consideración la distribución del resto de los bienes de la familia, los gananciales y los privativos del otro cónyuge. Este panorama legal contrasta con la realidad práctica, en la que es muy frecuente el deseo de los cónyuges de querer determinar de consuno el destino de su patrimonio para después de su muerte y, de hecho, es habitual que testen coordinadamente, aunque en instrumentos separados o se vean forzados a utilizar el vehículo de la donación, no siempre deseable, e, incluso, acudan a fórmulas que, si no fuera por la voluntad favorable de los hijos de respetar la voluntad de sus padres, podrían encontrar una fácil impugnación".

Como se ha mencionado más arriba, la doctrina jurisprudencial es extremadamente rigurosa, al considerar nula la partición hecha por el testador en la que se incluyan bienes gananciales. Es el caso, por ejemplo, de la STS de 7 de septiembre de 1998[388]:

> ... hablar de la totalidad de los bienes gananciales como caudal relicto objeto de partición hereditaria, es una posición totalmente improcedente, desde el instante mismo que el objeto de una partición hereditaria sólo puede recaer sobre bienes de la exclusiva propiedad del testador, y la otra mitad de los bienes gananciales no lo son; y así se proclama

---

monio sucesorio. Reflexiones para un debate reformista, Tomo II (directores, Francisco Lledó Yagüe, Mª Pilar Ferrer Vanrell y José Ángel Torres Lana; coord., Óscar Monje Balsameda), Dykinson, Madrid, 2014, pp. 323-360.

388 (*Tol 5156964*). *Vid.* también: STS de 18 de marzo de 1991 (*Tol 1728240*): ... *cuya nulidad* [hecha al amparo del art. 1056.2 CC] *ha de ser predicada por afectar a unos bienes cuya titularidad dominical no ostentaba por entero el propio testador.* O también la STS de 17 de octubre de 2002 (*Tol 4975114*).

> en la emblemática Resolución de la Dirección General de los Registros y Notariado de 13 octubre 1916, cuando, entre otras cuestiones, establece «que es necesario que los bienes distribuidos en una partición testamentaria sean propios del causante»; así como la Sentencia de esta Sala de 7 diciembre 1988 que proclama «que como requisito condicionante de la validez y eficacia de la partición que contempla el artículo 1056 del Código Civil, es que la misma se refiera a bienes que forman parte del patrimonio del testador que la hace », como exige expresamente el citado precepto.

Efectivamente, así lo ha entendido siempre el Centro Directivo; y muy clarificadora es la resolución de la que se hace eco la sentencia transcrita —de 13 de octubre de 1916[389]—, al decir:

> ... si bien conforme a los términos del artículo 1056 del Código civil, cuando el testador hiciese por acto entre vivos o por última voluntad la partición «de sus bienes», se pasará por ella en cuanto no perjudique a los herederos forzosos, es necesario, para dar efectividad a tales disposiciones, que los bienes distribuidos sean propios del causante; es decir, estén en su disponibilidad, pues de otro modo, las facultades concedidas al mismo para dividir, liquidar y adjudicar el caudal propio, se harían extensivas a derechos ajenos, con el pretexto de hallarse íntimamente ligados a los suyos.

Salvo contadas excepciones[390], esta es la doctrina jurisprudencial que ha permanecido inalterada hasta nuestros días. Así pues, ¿cómo puede salvarse este escollo? O dicho de otra manera siguiendo las palabras de Espejo Lerdo de Tejada[391]: ¿pueden dos

389 Gaceta, 25 de octubre, nº 299, pp. 270-271.

390 Por ejemplo, en los casos tratados en las SSTS de 21 de julio de 1986 (*Tol 1734780*) y 8 de marzo de 1989 (*Tol 1731552*). En el primer caso, los dos cónyuges otorgan sendos testamentos el mismo día, partiendo sus bienes de forma coordinada, y fallecen sin haberlos revocado, por lo que tanto el juez de Primera Instancia como posteriormente la Audiencia Provincial entienden que la partición es válida y eficaz; pronunciamientos que son confirmados también en casación por el TS. En el segundo, existen también muchas coincidencias sobre la partición de los bienes gananciales en ambos testamentos, por lo que se conserva el acto particional.

391 *Vid.* Espejo Lerdo de Tejada, M., Comentario al art. 1056 del Código civil», en *Comentarios al Código Civil*, 9 tomos (director, Rodrigo Bercovitz Rodríguez-Cano), Tirant lo Blanch, Valencia, 2013, tomo VI (arts. 1043-1264), p. 7630.

o más testadores hacer conjuntamente la partición de sus bienes? Es decir, si interviene el otro cónyuge en el acto partitivo, ¿queda solventada la cuestión de la prohibición de disponer de los bienes gananciales? Partiendo de la base que los causantes pueden testar libremente, pues en ningún caso quedan vinculados por la partición, ¿quedan vinculados los hijos una vez fallecidos ambos cónyuges?

El TS ha sido también reacio a la posibilidad de intervención conjunta de ambos cónyuges en el acto partitivo, sancionándolo con la nulidad al aplicar analógicamente la norma prevista en el art. 669 CC, que se refiere a la prohibición de los testamentos mancomunados, pero que nada dice, como todos sabemos, sobre la partición conjunta. Así lo entiende, por ejemplo, la STS de 20 de mayo de 1965[392], al decir:

> ... no puede concederse a la disposición mancomunada que en ella se contiene valor jurídico alguno, pues implicando el acuerdo de los cónyuges una disponibilidad que la Ley prohíbe, no puede concederse a la partición así hecha un valor que el artículo 669 del Código veda para los testamentos, por todo lo que dicha partición es radicalmente nula y no simplemente anulable, al ser contraria a la ley.

El argumento es discutible, más que nada porque entenderlo así supone, como hemos dicho antes, vaciar prácticamente de contenido al art. 1056 CC, limitándolo sólo a los bienes privativos del testador. Y porque no existe testamento mancomunado, sino una única partición que depende, como explicaremos con mayor detalle más adelante, de dos testamentos independientes y, por supuesto, revocables. Además, tal doctrina jurisprudencial puede

---

392 (*Tol 4308039*). También, en el mismo sentido: SSTS de 3 de marzo de 1980 (*Tol 1740711*); 7 de diciembre de 1988 (*Tol 1732978*): ... *la partición que, como una más de las clases o formas de partición hereditaria, puede hacer el propio testador, conforme al artículo 1056 del mismo Código Civil, presupone necesariamente, como requisito condicionante de la validez y eficacia de la misma, que se refiera a bienes que formen parte del patrimonio del testador que la hace, como exige expresamente el citado precepto cuando habla de «la partición de sus bienes», sin que, por tanto, pueda referirse o comprender bienes que no sean de su pertenencia.*; o del mismo modo la de 15 de junio de 2006 (*Tol 961851*).

poner en entredicho el principio *favor partitionis* y la finalidad de la propia norma[393].

VALLET DE GOYTISOLO[394] pone de relieve el error de equiparar testamento y partición a efectos de la aplicabilidad del art. 669 CC: una cosa es que dos personas no puedan testar mancomunadamente o en un mismo instrumento, y otra muy distinta que una partición efectuada en acto *inter vivos* y supeditada a dos testamentos independientes entre sí, sea nula amparándose en ese precepto. Como se ha dicho, creemos que no cabe tal interpretación analógica, pues se tratan de igual manera dos actos de distinta naturaleza —acto de disposición y acto de distribución—, suponiendo una limitación a la voluntad partitiva de los testadores, que cumplen, obviamente, con lo que dispone el art. 669.

No obstante, la posición más reciente del TS parece encaminarse a permitir la partición conjunta de ambos cónyuges sin liquidar previamente la sociedad de gananciales. Así, pueden citarse las SSTS de 7 de diciembre de 1988[395], 18 de octubre de 2012[396] o 25 de abril de 2018[397].

Por tanto, podría llevarse a cabo la partición por ambos cónyuges del siguiente modo:

---

393 *Vid.* ROBLES LATORRE, P., en PASQUAU LIAÑO, M. (director), *Jurisprudencia Civil comentada*, vol. 1, Comares, Granada, 2000, p. 1769.

394 *Vid.* VALLET DE GOYTISOLO, J. B., *Comentarios*, ob. cit., pp. 137-139.

395 (*Tol 1732978*).

396 (*Tol 2674753*) al decir: *El primero* [de los tres puntos objeto de discusión] *es la pretensión de que no cabía hacer la partición conjunta de padre y madre, a la muerte de ambos, sino que se había de liquidar previamente la sociedad de gananciales. Ya esta Sala se ha pronunciado al respecto en la sentencias de 28 de mayo de 2004 y 19 de enero de 2012, en el sentido de que es válida y no contravienen norma alguna, el que se haga la partición conjunta de los patrimonios hereditarios del padre y de la madre cuando fallece el último de ellos.*

397 (*Tol 6592179*) al decir: *Enlazando este planteamiento con lo expuesto sobre la necesidad de liquidar previamente los gananciales, será posible entonces que el contador-partidor designado por ambos cónyuges practique la partición de ambas herencias sin liquidar previamente los gananciales adjudicando bienes concretos cuando, en atención a las circunstancias del caso, como se ha dicho antes, no se vulneren los intereses en presencia y no se produzcan alteraciones sustanciales en la integración o valoración de los lotes que deben adjudicarse a cada uno de los herederos. Por ejemplo, porque los instituidos son los mismos y en la misma proporción, de modo que el contador puede proceder a repartir el caudal como si se tratase de un solo patrimonio.*

a) A través de dos testamentos particionales separados, de contenido idéntico, incluyendo los bienes gananciales y aplazando su eficacia a la muerte del último de ellos, por lo que deberían contener una cláusula de prohibición de división en base al art. 1051;

b) A través de una partición conjunta extratestamentaria que podrá comprender también los bienes gananciales, y sendos testamentos que le servirán de base, cuyas cláusulas dispositivas deberán ser idénticas para poder acomodarse a aquella[398].

Por contra, ORTÍ VALLEJO considera nula la partición hecha por el testador que recaiga sobre bienes gananciales, tanto si la misma se lleva a cabo de manera unilateral por uno solo de los cónyuges, como si se realiza conjuntamente por los dos[399].

Para RIVAS MARTÍNEZ, pese a la dicción literal del art. 1056.1, será válida la disposición particional que incluya bienes que no sean del causante en el momento de su otorgamiento, y también cuando se produzca su fallecimiento, atendiendo al carácter *mortis causa* de la misma[400]. Y esto por cuanto la condición de ajenidad de un bien a efectos sucesorios ha de fijarse en el momento de la apertura de la sucesión, y no en el momento del otorgamiento del testamento o, en su caso, del documento particional, pues recordemos que la partición, en nuestro ordenamiento, tiene ca-

---

398 *Vid.* SANCIÑENA ASURMENDI, C., *La partición hecha por el testador*, ob. cit., pp. 198-202.

399 Y dice, textualmente: "en el supuesto de partición de bienes de naturaleza ganancial, pese a que los dos cónyuges realicen el cuaderno particional conjuntamente y en este sentido no se podría decir que partan bienes ajenos pues los dos titulares concurren, la ajeneidad vendría dada en el momento en que fallezca uno de ellos, puesto que el sobreviviente seguiría siendo titular de la mitad de la masa y, de admitirse, resultaría que se abriría la sucesión de unos bienes de los que todavía el otro cónyuge es titular. Es decir, respecto al sobreviviente se produciría una especie de sucesión *mortis causa* en vida, lo cual es absolutamente aberrante. En consecuencia, la llamada partición por el propio testador del art. 1056.1°, que recaiga sobre bienes gananciales, es nula, tanto si se lleva a cabo de forma unilateral por un cónyuge, como si se realiza de manera conjunta por ambos". *Vid.* ORTÍ VALLEJO, A., «Las facultades de disposición *mortis causa* de bienes gananciales», ob. cit., p. 681.

400 *Vid.* RIVAS MARTÍNEZ, J. J., *Derecho de sucesiones común. Estudios sistemático y jurisprudencial*, ob. cit., pp. 2889 y ss.

rácter *mortis causa*, de modo que podrán darse dos situaciones: en primer lugar, que se lleve a cabo un reparto de bienes propios del testador en el momento de la partición, pero que, llegado el momento de su fallecimiento, ya no sean de su propiedad, bien porque los ha vendido o porque los ha donado; en segundo lugar, que la partición comprenda bienes que no sean propios del testador en el momento del otorgamiento, pero sí cuando fallezca, al haberlos adquirido con posterioridad[401].

DOMÍNGUEZ LUELMO aboga por una aplicación conjunta o integradora de los arts. 1379 y 1380 —que "se refieren a *disposiciones testamentarias* y caben, por consiguiente, tanto las hechas a título de herencia como de legado"— junto al 1056[402], pues "no resulta lógico admitir la posibilidad de disponer de los bienes gananciales a título de legado, y negarla cuando se dispone a título de herencia a través del artículo 1.056. Cuando éste utiliza la expresión «sus bienes», debe entenderse referida, no a los privativos, sino a todos aquellos que compongan su herencia. En este sentido, no hay problema para incluir la parte de los bienes de la sociedad conyugal que pertenezca al difunto"[403].

---

401 ESPEJO LERDO DE TEJADA es del mismo pensar, estando en contra de la posición mantenida por ORTÍ VALLEJO, pues "la atribución sucesoria de los que corresponden al cónyuge supérstite [tras el acuerdo liquidatario entre ambos] se realizará a su muerte, no a la de su cónyuge". *Vid.* ESPEJO LERDO DE TEJADA, M., «Comentario al art. 1056 del Código civil», ob. cit., p. 7631.

402 *Vid.* DOMÍNGUEZ LUELMO, A., «La disposición testamentaria de bienes gananciales (Régimen jurídico)», *ADC*, fasc. 3, 1990, p. 837.

403 *Ibid.*, p. 840. Como señala ESPEJO LERDO DE TEJADA, "se trataría, a nuestro juicio, de la utilización con alcance particional de la norma prevista en el art. 1379 en relación con el art. 1380 CC". *Vid.* ESPEJO LERDO DE TEJADA, M., «Comentario al art. 1056 del Código civil», ob. cit., p. 7631. Es importante la advertencia que hace ORTÍ VALLEJO sobre la utilización de este mecanismo: "En consecuencia, si es sólo de la parte que le corresponda de lo que puede disponer [pese a la dicción literal, los cónyuges no pueden disponer de una mitad, sino de lo que se les adjudique tras la liquidación], es claro que lo que el precepto está permitiendo es la disposición testamentaria indeterminada y sin concretar los bienes que resulten adjudicados. En otras palabras, el único acto *mortis causa* que el cónyuge casado bajo el régimen de gananciales puede hacer respecto a éstos, salvo la excepción del artículo 1.380, se limita a la posibilidad de hacer testamento y, dentro de éste, señalar solamente el beneficiario de la parte de bienes que se le adjudiquen en la comunidad, y si son varios los beneficiarios, las cuotas que a cada uno correspondan

En el mismo sentido se pronuncia SANCIÑENA ASURMENDI, siendo válida la disposición de bienes gananciales y produciendo todos sus efectos si en la liquidación de la sociedad de gananciales el bien fuese adjudicado a la herencia del testador, recibiendo el adjudicatario, en caso contrario, el valor que tuviese el bien en el momento del fallecimiento (art. 1380 CC). No obstante, la jurisprudencia del TS veta esta posibilidad para la partición testamentaria: interpreta de un modo muy restrictivo el requisito de que los bienes distribuidos sean exclusivamente propiedad del testador, y los bienes gananciales no lo son, al menos, la mitad. En su opinión, debería darse entrada a los arts. 1379 y 1380 para conjugarlos con las posibilidades que ofrece al testador el art. 1056 CC[404].

Otra de las posibles soluciones es acudir a la vía de la delegación prevista en el art. 831 CC —si bien su uso en la práctica es residual a la vista de los pocos pronunciamientos judiciales sobre esta institución[405]—, en el sentido que el testador encomiende al cónyuge en testamento facultades para que *pueda realizar a favor de los hijos o descendientes comunes mejoras incluso con cargo al tercio de libre disposición y, en general, adjudicaciones o atribuciones de bienes concretos por cualquier título o concepto sucesorio o particiones, incluidas las que tengan por objeto bienes de la sociedad conyugal disuelta que esté sin liquidar*[406]. Es esta

---

en esos bienes". Y dice más: "El ámbito de lo prohibido por el artículo 1.379, puesto que se trata de una prohibición implícita, ha de determinarse por exclusión (...); es obvio, que la prohibición se referirá a todos aquellos actos *mortis causa*, en virtud de los cuales un cónyuge disponga, asigne o adjudique, individualmente, bienes gananciales. Este carácter individual del acto conduce sin dificultad a considerar que la transgresión de la norma podría llevarse a cabo, tanto por la vía de los legados, como también adjudicando a los herederos los bienes gananciales por la vía del artículo 1.056.1° del Código civil". *Vid.* ORTÍ VALLEJO, A., «Las facultades de disposición *mortis causa* de bienes gananciales», ob. cit., pp. 672-673.

404 *Vid.* SANCIÑENA ASURMENDI, C., *La partición hecha por el testador*, ob. cit., pp. 189-195.

405 *Ibid.*, 186-187.

406 Al decir de ORTÍ VALLEJO, lo que se delega en el marco del art. 831 CC no es sólo un poder divisorio, como si se tratare de un contador-partidor, pues mientras este último se limita a rellenar las cuotas prefijadas por el causante, el cónyuge supérstite (y, tras la reforma de la norma por la Ley 41/2003, de 18 de noviembre, también por la persona con la que se tiene descendencia en común sin estar casadas), determina también

una posibilidad que se admite en la RDGSJFP de 20 de abril de 2022[407]:

> ... debemos concluir que es aceptable, en términos de Derecho civil común, una liquidación unilateral de la sociedad de gananciales, salvo las situaciones de colisión de intereses; y cabe que el cónyuge haga adjudicaciones de bienes concretos en esa liquidación, pero siempre sin perjuicio de las legítimas y de las instrucciones y disposiciones hechas por el testador.

Por supuesto, no se discute el derecho de todo testador de encomendar a otra persona, por vía de delegación *ex* art. 831 CC, la partición de sus bienes, como de un modo implícito reconoció la STS de 6 de marzo de 1945[408].

Otra posible alternativa es la que plantea DE LA CÁMARA[409]: se liquida en primer lugar la sociedad de gananciales por los dos cónyuges haciendo uso de la facultad prevista en el art. 1392.4° CC, supeditando dicha liquidación a la muerte del primero de ellos y, una vez distribuidos los bienes, pueden, cada uno de ellos, realizar la partición de sus bienes entre sus herederos, bien a través de testamento, bien a través de un acto *inter vivos*. En el mismo

---

la cuota correspondiente a cada cual. *Vid.* ORTÍ VALLEJO, A., «Las facultades de disposición *mortis causa* de bienes gananciales», ob. cit., p. 688.

407 RJ 2022, 3559.

408 Al decir: *Que el Código español no siguió apenas en esta materia las huellas del patrón napoleónico; y así se observa, en primer término, que da a la facultad de división mayor amplitud y flexibilidad que la que tiene en Derecho francés, sin duda para facilitar el logro de las finalidades prácticas de aquélla, tanto en lo que se refiere a los sujetos de la partición (admitiendo que todo testador, tenga o no herederos forzosos, pueda hacer la partición de sus bienes, e incluso que pueda ejercitarse ese derecho, en algunos casos, por vía de delegación, según resulta del artículo 831). (Tol 4458418).*

409 *Vid.* DE LA CÁMARA ÁLVAREZ, M., *Compendio de Derecho sucesorio*, La Ley, Madrid, 1990, pp. 411 y 412. Sobre esta posibilidad, véase el análisis que realiza ORTÍ VALLEJO; *vid.* ORTÍ VALLEJO, A., «Las facultades de disposición *mortis causa* de bienes gananciales», ob. cit., pp. 683-688.

sentido, Ortí Vallejo[410] y Llopis Giner[411]; para este último, la solución está, no tanto en el Derecho de sucesiones como en el conjunto de normas que regulan el régimen económico matrimonial.

La última posibilidad pasaría por mantener indivisa la sociedad conyugal hasta la muerte del último cónyuge[412], como ya hemos adelantado previamente. Es el caso tratado en la STS de 21 de diciembre de 1998[413]:

> Si bien es cierto que el testador no puede por sí solo practicar la partición de sus bienes propios incluyendo en ella bienes gananciales (Sentencias de esta Sala de 12 diciembre 1959, 17 mayo 1974, 3 marzo 1980, 7 diciembre 1988, entre otras), también lo es que, en el caso concreto aquí enjuiciado, con las muy específicas circunstancias que lo configuran, los padres testadores, que no tenían más patrimonio que dos bienes gananciales (la casa familiar y un trozo de terreno de olivar) y carecían en absoluto de bienes privativos, mediante sendos testamentos totalmente iguales y simultáneos, otorgados el mismo día y ante el mismo Notario (con lo que no se conculca la prohibición de testar mancomunadamente), manifestaron su clara e inequívoca voluntad de partir dichos dos bienes comunes únicos entre sus hijos, en la forma que expresan en las totalmente idénticas cláusulas quintas (que han sido transcritas literalmente en los apartados 2.° y 3.° del fundamento jurídico primero de esta resolución) de sus referidos testamentos, sin que condicionaran en modo alguno la eficacia de dicha partición conjunta (aunque no mancomunada) y única al resultado de una previa liquidación de la

---

410 Para este autor, este hecho no implicaría cambio alguno en el *status* de los bienes mientras vivan los cónyuges, siempre y cuando se sometieren a término las capitulaciones matrimoniales (*certus an incertus quando*), de modo que, a la muerte de cualquiera de ellos adquiría eficacia la extinción de la sociedad de gananciales pactada, la liquidación y las adjudicaciones realizadas a cada cónyuge. *Ibid.*, p. 683.

411 *Vid.* Llopis Giner, J. M., «La libertad del testador, su facultad de partir, comentario al nuevo artículo 1056.2 del Código Civil», en *La Empresa Familiar: Encrucijada de Intereses Personales y Empresariales* (coordinadora, María José Reyes López), Aranzadi, Cizur Menor (Navarra), 2004, pp. 66-68.

412 *Vid.* Espejo Lerdo de Tejada, M., «Comentario al art. 1056 del Código civil», ob. cit., p. 7632. Con mayor detalle, Ortí Vallejo; *vid.* Ortí Vallejo, A., «Las facultades de disposición *mortis causa* de bienes gananciales», ob. cit., pp. 686-688.

413 (*Tol 6600*).

> sociedad de gananciales, la que consideraron y la hicieron innecesaria desde el momento en que se legaron recíprocamente (el que muriera antes en favor del supérstite), en pago de sus derechos legitimarios (así se dice en el testamento), el usufructo universal y vitalicio de esos dos referidos bienes, únicos existentes, en la parte que los mismos pudiera corresponder a cada testador, cuya cláusula (que es la tercera de cada uno de esos dos testamentos) fue respetada por los tres hijos y herederos universales y únicos de los dos referidos causantes, con lo que devino totalmente innecesaria la práctica de la liquidación de la sociedad de gananciales, al morir la madre en 1978, que fue la primera en fallecer, y permaneciendo intactos e indivisos esos dos bienes comunes (únicos existentes, volvemos a decir) al morir el padre en 1982. Siendo ello así, ha de tenerse en cuenta que el artículo 1056 del Código Civil admite, como una de las formas posibles de hacer la partición, la que de sus propios bienes realice el testador en su testamento (como la hicieron los dos padres en sus dos aludidos e idénticos testamentos simultáneos) y a la que atribuye fuerza vinculante —«se pasará por ella», dice el precepto—, siendo indudable que sus efectos son los mismos que si se tratara de partición judicial o de partición extrajudicial, practicadas por los propios herederos o por albaceas o contadores-partidores, es decir, sus efectos (dice textualmente la Sentencia de esta Sala de 21 julio 1986) son los de conferir a cada heredero la propiedad de los bienes que le hayan sido adjudicados, ello, claro es, sin perjuicio de las acciones de impugnación que el artículo 1075, en relación con el 1056, ambos del Código Civil, concede a los herederos forzosos en la hipótesis de que perjudique sus legítimas o de que aparezca o racionalmente se presuma que fue otra la voluntad del testador.

En cualquier caso, como refiere BUSTO LAGO[414], no se puede obviar que, pese a recurrir a la vía de otorgar sendos testamentos en los que se prevea la partición conjunta de los bienes gananciales, cada uno de los cónyuges puede, en vida o fallecido el otro, revocar la disposición testamentaria *ex* art. 737 CC, afectando a la eficacia del acto partitivo.

---

414 *Vid.* BUSTO LAGO, J. M., «La ordenación sucesoria de los bienes gananciales: avances hacia la consideración unitaria del patrimonio ganancial», ob. cit., p. 648.

8. *Partición por el propio testador y normas para la partición*

El causante puede distribuir sus bienes de diferente modo: a través de testamento; mediante pacto sucesorio en los ordenamientos forales donde se permita esta figura; o por actos entre vivos según el art. 1056 CC.

El causante puede, también, fijar algunas reglas o directrices, en orden a la distribución de los bienes cuando se lleve a cabo la partición; por ejemplo, determinando que un bien determinado —o varios— se incluya en la porción de cierto heredero, de modo que cuando aquel fallezca, deberá respetarse su voluntad, y la práctica de las operaciones particionales deberán ir encaminadas a tal objetivo.

No es lo mismo dividir la herencia —a través de un título sucesorio o mediante acto *inter vivos*—, que establecer unas pautas sobre cómo ha de llevarse a cabo la división de los bienes hereditarios. En el primer caso hay verdadera partición; en el segundo, no. Y esto es trascendental en cuanto a los efectos jurídicos dimanantes de tales actos, radicalmente opuestos. Así lo ha puesto de manifiesto la RDGRN de 16 de junio de 2014[415], al decir:

> La diferencia entre ambos supuestos es muy importante. La simple norma de la partición vincula a los herederos, o en su caso, al contador-partidor designado para hacerla, en el sentido de que al hacerse la partición habrán de tenerse en cuenta las normas dictadas por el testador y adjudicar, siempre que sea posible, al heredero o herederos de que se trate los bienes a que la disposición testamentaria se refiere. Por el contrario, la verdadera partición testamentaria, determina, una vez muerto el testador, la adquisición directa iure hereditario de los bienes adjudicados a cada heredero, es decir, y como ha declarado la Sentencia del Tribunal Supremo de 21 de julio de 1986, es de aplicar a estas particiones testamentarias el artículo 1068 del Código Civil, según el cual, «la partición legalmente hecha confiere a cada heredero la propiedad exclusiva de los bienes que le hayan sido adjudicados». Por tanto, el artículo 1056, apartado primero, del Código Civil, admite como una de las posibles formas de hacer la partición, la que de sus propios bienes realice el testador y a la que se atribuye fuerza vinculante —se pasará por ella—, por lo que sus efectos son los mismos que los de la judicial o extrajudicial hecha por los herederos, es decir, confiere a

---

[415] RJ 2014, 4179.

> cada heredero la propiedad exclusiva de los bienes que le hayan sido adjudicados y ello desde el momento mismo de la muerte del testador, sin perjuicio de las operaciones complementarias que sean precisas y a salvo siempre las acciones de impugnación. De ahí la necesidad de discernir con claridad cuándo estamos en presencia de una auténtica partición testamentaria.

Recordemos aquí el carácter vinculante de las simples instrucciones del testador *ex* art. 786.1 *in fine* LEC en cuanto a la práctica de las operaciones divisorias:

> 1. El contador realizará las operaciones divisorias con arreglo a lo dispuesto en la ley aplicable a la sucesión del causante; pero si el testador hubiere establecido reglas distintas para el inventario, avalúo, liquidación y división de sus bienes, se atendrá a lo que resulte de ellas, siempre que no perjudiquen las legítimas de los herederos forzosos. Procurará, en todo caso, evitar la indivisión, así como la excesiva división de las fincas.

Para DE LA CÁMARA[416], la distinción entre ambos supuestos es importante, pues mientras en la partición testamentaria el testador adjudica directamente los bienes a los herederos —se entiende, previa la realización de las operaciones particionales de inventario, avalúo, liquidación y formación de lotes con adjudicación de los mismos—, que los adquieren *iure hereditario* una vez muerto aquel, en la simple norma para la partición, como hemos dicho, se limita a expresar su voluntad de que, cuando se lleve a cabo la partición, determinados bienes se adjudiquen, en pago de su haber, a los herederos que mencione en la disposición testamentaria. La norma particional vincula a los herederos y, en su caso, al contador-partidor, al tener que respetarse la voluntad del testador y adjudicar, siempre que sea posible, esos concretos bienes al heredero o herederos. Por el contrario, la partición testamentaria implica una adjudicación directa[417], podemos decir que automática, cuando se da el hecho habilitante: únicamente la muerte del testador. Y esto por efecto del art. 1068 CC: *La partición legalmente*

---

416 *Vid.* DE LA CÁMARA ÁLVAREZ, M., *Compendio de Derecho sucesorio*, ob. cit., p. 409.

417 No hubo adjudicación directa de los bienes hereditarios en el caso tratado en la STS de 26 de junio de 2023 (*Tol 9635555*).

hecha confiere a cada heredero la propiedad exclusiva de los bienes que le hayan sido adjudicados.

La cuestión capital es la siguiente: ¿cómo saber si una distribución patrimonial realizada por el causante es una partición testamentaria *stricto sensu* y no simples normas para la partición?

¿Hay que tener en cuenta, por ejemplo, que se hayan cumplido las operaciones divisorias propias de una partición? ¿Qué ocurre si no se practican estas operaciones divisorias? ¿Cómo calificamos ese acto divisorio? Insistimos en que, en función de esta calificación, las consecuencias jurídicas serán unas u otras.

La jurisprudencia es ambigua y no ayuda a clarificar las preguntas formuladas, existiendo dos líneas claramente diferenciadas: una que requiere la práctica de las operaciones de inventario, avalúo, liquidación y formación de lotes objeto de las adjudicaciones; y otra que aboga por entender que el testador no está obligado a realizar todas estas operaciones, siendo la partición perfectamente válida y eficaz. Vamos a referirnos a ello.

Cabe decir, antes que nada, que ya la importantísima STS de 6 de marzo de 1945[418] desaprovechó la oportunidad de establecer unos criterios diferenciadores sobre una y otra situación. Hay que recordar que la resolución citada resulta clave en esta materia, y que por tal motivo nos hemos referido a ella en muchos pasajes de este trabajo, pero, en lo que al problema planteado se refiere, no aporta ningún elemento de valoración para poder hacer correctamente la distinción.

Más clarificadora es la STS de 21 de julio de 1986[419]:

> El artículo mil cincuenta y seis del mismo cuerpo legal, admite como una de las posibles formas de hacer la partición, la que de sus propios bienes realice el testador y a la que atribuye fuerza vinculante —«se pasará por ella» dice el precepto—, es indudable que sus efectos son los mismos que si se tratara de partición judicial o de partición extrajudicial practicada por los propios herederos o por albaceas o partidores, es decir, sus efectos son los de conferir a cada heredero la propiedad exclusiva de los bienes que le hayan sido

---

418 (*Tol 4458418*).

419 (*Tol 1734780*). Los testadores, un matrimonio, procedieron a repartir sus bienes sin formalizar un inventario ni practicar ninguna operación de liquidación, resultando de aplicación, aún en tal caso, el art. 1068 CC.

> adjudicados, ello, claro es, sin perjuicio de las acciones de impugnación que el artículo mil setenta y cinco en relación con el mil cincuenta y seis, concede a los herederos forzosos en la hipótesis de que perjudique sus legítimas o de que aparezca o racionalmente se presuma que fue otra la voluntad del testador y sin perjuicio, también, de la práctica de aquellas operaciones complementarias de las citadas adjudicaciones que puedan ser necesarias para su plena virtualidad, operaciones que en modo alguno suponen que la propiedad exclusiva sobre los bienes adjudicados a cada heredero no se haya verificado como efecto de la partición desde la muerte del testador.

Es decir, no es imprescindible que concurran esas operaciones particionales a las que nos estamos refiriendo, pues siempre será posible la práctica de operaciones que complementen la partición. O, dicho de otro modo: la partición será válida, aunque no concurran todas las operaciones particionales propias de la misma a las que nos hemos referido con anterioridad.

Compartimos este criterio por ser el más respetuoso con la voluntad del testador, por cuanto no condiciona la validez de la partición al escrupuloso cumplimiento de todas las operaciones particionales típicas, porque el supuesto del art. 1056 CC es especial y preferente sobre el resto de particiones; o dicho de otro modo: no es correcto hacer tabla rasa para cualquier tipo de partición en cuanto a sus requisitos típicos, porque esto supondría desvirtuar por completo la naturaleza especial de la partición hecha por el propio testador.

En sentido opuesto al señalado citamos la STS de 7 de septiembre de 1998[420], que refiere las pautas que debe seguir todo testador si quiere hacer uso de la facultad que se le concede en el art. 1056 CC. Dice esta sentencia:

> El art. 1056 CC, totalmente de acuerdo con la tradición jurídica española, faculta al testador para realizar él mismo la partición hereditaria aportándole amplias posibilidades para ello, pero siempre con absoluto respeto a las legítimas. Ahora bien, no toda disposición del testador realizada sobre bienes hereditarios puede estimarse como una auténtica partición hereditaria. Y para delimitar la cuestión existe una regla de oro, consistente en que la determinación de una verdadera

420 (*Tol 5156964*).

> partición se dará cuando el testador ha distribuido sus bienes practicando todas las operaciones (inventario, avalúo, liquidación y formación de lotes objeto de las adjudicaciones correspondientes), pero cuando así no ocurre, surge la figura de las denominadas doctrinalmente normas para la partición, a través de las cuales, el testador se limita a expresar su voluntad para que en el momento de la partición determinados bienes que se adjudiquen en pago de su haber a los herederos que mencione... la adjudicación de los bienes que en el testamento se realiza (que es el testamento que contempla la citada sentencia), no ha sido precedida de las operaciones particionales antedichas, por lo que las disposiciones testamentarias, ahora contempladas, no pasan de ser unas normas generales o indicaciones a tener en cuenta en la verdadera y efectiva partición testamentaria.

Repárese en la expresión «regla de oro», entendida como la prueba fiel e indiscutible para calificar una partición como testamentaria, que sólo se dará cuando el testador haya practicado "todas las operaciones" de inventario, avalúo, liquidación y formación de lotes objeto de las adjudicaciones. Todas son todas; no hay punto intermedio; en la sentencia no hay referencia alguna a las "operaciones complementarias". Se puede observar que hay una diferencia sustancial entre esta y la de 21 de julio de 1986, al sentar claramente las bases, o los requisitos, que deben concurrir para calificar una partición como testamentaria; si no concurren, será otra cosa —normas para la partición—, pero nunca partición testamentaria, con los efectos dimanantes del art. 1068 CC: transferencia efectiva de la propiedad en el momento del fallecimiento del causante.

En el mismo sentido que la anterior, también podemos citar la STS de 26 de enero de 2012[421]:

---

421 (*Tol 2411963*). También en el mismo sentido *vid.* la STS de 15 de junio de 2006 (*Tol 961851*): *Por otra parte, no es baldío precisar que no hay una verdadera partición hecha por el testador al amparo del artículo 1056 del Código Civil, sino, como dice la sentencia antes citada de 7 de septiembre de 1998, «una verdadera partición se dará cuando el testador ha distribuido sus bienes practicando todas las operaciones —inventario, avalúo, liquidación y formación de lotes objeto de las adjudicaciones correspondientes—, pero cuando, así, no ocurre, surge la figura de las denominadas doctrinalmente normas para la partición, a través de las cuales, el testador se limita a expresar su voluntad para que en el*

> Esta partición [la hecha por el testador] no extingue la comunidad hereditaria, sino que la evita; es un acto mortis causa que tiene eficacia a la muerte del causante: así se expresan las sentencias de 4 de febrero de 1994 y 21 de diciembre de 1998 y destaca la de 7 de septiembre de 1998 que se da cuando el testador ha hecho todas las operaciones objeto de la partición, haciendo innecesario que se practique ésta por otros medios. No es el caso presente, en que tanto el padre como la madre, en sus respectivos testamentos, otorgan a determinados hijos la legítima estricta, o la mejora y establecen legados de parte alícuota e instituye herederos "por partes iguales" a algunos de los hijos. En modo alguno puede pensarse que se ha producido una partición hecha por el testador. Por el contrario, se ha tenido que acudir a la partición judicial y de ella deriva el presente proceso.

La Dirección General también ha seguido esta «regla de oro» que trae causa de la STS de 7 de septiembre de 1998 antes citada[422]. Es el caso, por ejemplo, de las resoluciones de la DGRN de 12 de junio de 2014[423] y 16 de junio de 2014 ya citada.

---

momento de la partición, determinados bienes se adjudiquen en pago de su haber a los herederos que mencione».

422 Con anterioridad a esta sentencia el Centro Directivo ya exigía la concurrencia de todas las operaciones particionales cuando el testador hace la partición, sea esta por actos *inter vivos* o *mortis causa*. *Vid.* la RDGRN de 25 de mayo de 1971 (RJ 1971, 3402): *Que la partición de bienes, tanto si la realiza el testador por actos «inter vivos» o «mortis causa», como si son los propios herederos quienes la formalizan, requiere para su plena eficacia que sea completa y se hayan verificado todas las operaciones necesarias para ello, desde la determinación del haber partible, a través del inventario y avalúo correspondiente de bienes aun cuando puede no comprender todos, hasta llegar a su división y adjudicación a los herederos con toda la variedad de incidencias y actos intermedios, que según los casos podrían presentarse y que suelen consistir en fijación de legítimas, colación de bienes, pago de deudas, entrega de legados, etc.*

423 RJ 2014, 4616. Al decir: ... *no toda disposición del testador realizada sobre bienes hereditarios puede estimarse como una auténtica partición hereditaria. Para distinguir las disposiciones testamentarias con valor de verdadera partición de las que no revisten este carácter la Sentencia número 805/1998 del Tribunal Supremo, de 7 septiembre, afirma la existencia de una «regla de oro» (...). En el caso concreto dirimido en la citada Sentencia, el Alto Tribunal entendió que no podía estimarse la existencia de una verdadera partición testamentaria por dos motivos: a) en primer lugar, por cuanto que la adjudicación de los bienes que en el testamento se realiza, no ha sido precedida de las operaciones particionales antedichas, por lo que las disposiciones testamentarias, ahora contempladas, no*

Respecto a esta línea doctrinal, ya hemos adelantado antes nuestra oposición, por considerarla excesivamente rigurosa, vaciando de contendido la partición hecha por el testador *ex* art. 1056.1 CC. Así lo ha puesto también de relieve la doctrina científica, por ejemplo, Díez Soto[424], Pérez de Ontiveros Baquero[425], Rebolledo Varela[426] o Cardós Elena[427].

---

pasan de ser unas normas generales o indicaciones a tener en cuenta en la verdadera y efectiva partición testamentaria.

424 Al decir que "la eficacia de la partición realizada por el causante en testamento o fuera de él no está supeditada necesariamente a la práctica por el mismo de las operaciones particionales típicas de inventario, avalúo, liquidación, etc.". *Vid.* Díez Soto, C. M., «La partición realizada por el propio testador en el Código civil», ob. cit., p. 889.

425 Al decir: "Es ciertamente criticable la exigencia que impone nuestro Tribunal Supremo de que la partición del testador deba cumplir la totalidad de las operaciones que se han de incluir en la partición (inventario, avalúo, liquidación y formación de lotes), tal como se señala en la STS de 7 de septiembre de 1998. La aplicación estricta de dicha exigencia comporta una serie de obstáculos difícilmente salvables, no solo porque ello no podrá realizarse plenamente en atención al momento temporal en que se practica (antes del fallecimiento), en particular en lo que afecta al inventario (por las vicisitudes que puedan afectar a los bienes) y a la «liquidación», sino también porque puede suponer formalidades que no se imponen al contador o a los herederos en los casos en los que sean estos quienes han de formalizar la misma". *Vid.* Pérez de Ontiveros Baquero, C., *Partición y registro de la propiedad*, ob. cit., p. 38.

426 Al decir: "La posición tan restrictiva de esta doctrina jurisprudencial, en la práctica, en la mayoría de los supuestos acaba reduciendo la partición por el testador a los casos en que realiza un completo y clásico cuaderno particional incluyendo todos sus bienes, con avalúo y formación de lotes objeto de adjudicación, normalmente en documento público extratestamentario al que se remite el testamento, que se limita a la institución de herederos y, en su caso, a incorporar legados. En definitiva, parece que esta línea jurisprudencial, más allá de la explícita voluntad del testador de realizar la partición, exige la concurrencia de unos requisitos objetivos para poder calificar la disposición testamentaria como una partición por el testador con los efectos que a la misma le atribuye el CC, requisitos que se concretarían en la exigencia de que el testamento contuviera todas las operaciones particionales". *Vid.* Rebolledo Varela, Á. L., «Partición por el testador: redacción del testamento e interpretación de la voluntad manifestada (una perspectiva práctica a la luz de la jurisprudencia)», *Actualidad Jurídica Iberoamericana*, nº 20, febrero 2024, p. 774.

427 *Vid.* Cardós Elena, J. M.ª, «Notas sobre la utilidad de la donación-partición y de la partición bilateral en el Derecho Civil Común», *Actualidad Jurídica Iberoamericana*, nº 20, 2024, pp. 288-319.

En resumen, podemos afirmar que no existe un criterio claro al que acogerse para saber cuándo estamos ante simples instrucciones o cuándo ante una verdadera partición del testador. Algunas resoluciones judiciales exigen la concurrencia de todas las operaciones particionales típicas; otras, en cambio, otorgan virtualidad a la partición, aunque falten algunas de estas operaciones. En suma, habrá que estar al caso en concreto, a la voluntad que haya expresado el testador, en el sentido de adjudicar de forma cierta sus propios bienes; que no pueda existir duda interpretativa alguna en que esta fue, verdaderamente, su voluntad: la de hacer uso de la facultad que le confiere el art. 1056 CC.

Por último, hay que señalar que, cuando tratemos el tema relativo a la inscripción de los bienes en el registro de la propiedad —*vid.* capítulo séptimo— deberemos volver sobre esta cuestión, pues aunque, como se verá, para la Dirección General de Seguridad Jurídica y Fe Pública puede inscribirse la partición pese a no concurrir todas las operaciones particionales típicas —innecesaridad del inventario, avalúo y formación de lotes—, sí se exige, sin respaldo normativo alguno, la operación de liquidación de la herencia: debe quedar clara la cuestión de quién asume las deudas, y hasta que esto no quede acreditado se suspenderá la inscripción.

9. Compatibilidad/incompatibilidad de la partición testamentaria con el nombramiento de contador partidor

Otra cuestión importante es la relativa a si la designación de un contador partidor supone desvirtuar la partición hecha por el propio testador, no considerándola como tal.

La posición del TS ha sido fluctuante.

Entiende que hay incompatibilidad, por ejemplo, la STS de 8 de marzo de 1989[128]:

> Cuando un testador, diciendo hacer uso de la facultad que le confiere el artículo 1056 CC, se limita en su testamento a adjudicar algunos de sus bienes a sus herederos forzosos, a los que atribuye por partes iguales el remanente de los demás bienes no adjudicados, y reserva la práctica de las operacio-

---

[128] (*Tol 1731552*).

> nes particionales para que la realicen los contadores-partidores por él nombrados expresamente, tales adjudicaciones, aunque siempre respetables dentro de los límites legales, no pueden conceptuarse como una partición, a los efectos prevenidos en el citado precepto, como tiene declarado esta Sala —Sentencias de 9 de marzo de 1961, 25 de enero de 1971 y 15 de febrero de 1988—, siendo éste el supuesto que nos ocupa, en que los dos testadores (padre y madre de los aquí litigantes), después de adjudicar, en sus respectivos testamentos, algunos de sus bienes (casi todos ellos gananciales), en distinta proporción, a sus hijos, y disponer que si hay excesos a favor de alguno o algunos de los herederos se imputen a los tercios de mejora o de libre disposición y que el remanente de sus bienes (o sea, los no adjudicados) se distribuya entre todos ellos por partes iguales, nombran dos contadores-partidores, con carácter solidario.

En el mismo sentido que la anterior, SSTS de 22 de mayo de 2009[429] o 19 de enero de 2012[430]; también la RDGRN de 11 de octubre de 1982[431].

---

429 *La partición es la división del patrimonio hereditario que puede ser hecha por el testador de acuerdo con lo dispuesto en el artículo 1056, primer párrafo, del Código civil con lo que no extingue la comunidad hereditaria, sino que la evita. Lo que es distinto al caso en que ordena que determinado bien o que determinados bienes, muchos o pocos, se adjudiquen a unos u otros de sus herederos, incluyéndose en la porción que deba percibir cada uno de ellos (es el caso que contempla la sentencia de 7 de septiembre de 1998), por lo que se dará la comunidad hereditaria, que deberá dividirse por medio de la partición encomendada, en el caso presente, a un contador-partidor. Es decir, este caso no es una partición hecha por el testador.* Pero sí que son normas particionales y, por lo tanto, vinculantes: *En el desarrollo del motivo se mantiene que lo hecho por el testador no se trata de una verdadera partición, lo que es cierto, por lo que las adjudicaciones que hace el mismo "no pasan de ser unas normas generales o indicaciones…", lo que no es cierto. Como se ha apuntado, las normas particionales que hace el testador no evitan la comunidad hereditaria ni excluyen la partición, es decir, no es la partición hecha por el testador que contempla aquella norma, pero sí son normas vinculantes que se deberán respetar cuando se haga la verdadera partición: ésta es la doctrina jurisprudencial que aquí se reitera y que lleva a rechazar este primer motivo porque en nada se ha infringido aquel artículo, que no se aplica porque no es partición por el testador, pero sí son disposiciones obligatorias.* (*Tol 1547700*).

430 *Ninguno de los dos causantes —padre y madre— hizo partición alguna de sus propios bienes objeto de su herencia; de haberlo hecho, no cabría la partición hecha por la contadora-partidora.* (*Tol 2406619*).

431 *… frente a lo alegado por el recurrente no resulta la existencia de partición testamentaria hecha por el causante desde el momento en que éste encargó su realiza-*

Sin embargo, la STS de 18 de marzo de 2010[432] entiende que sí son compatibles: existe partición testamentaria aun habiendo nombrado la testadora un contador partidor testamentario, tal y como se dice en el FD primero 4º:

> La testadora había nombrado un albacea contador partidor, que procedió a efectuar la partición no de conformidad con las reglas establecidas por la testadora, sino que reorganizó los distintos lotes de acuerdo con los nuevos valores que tenían en el momento de la muerte de la testadora.

También puede leerse en el auto de la AP de A Coruña (Sección 5ª), de 14 de junio de 2021[433], lo siguiente:

> ... el nombramiento de comisario contador partidor no es respecto de los bienes partidos y adjudicados sino para otras operaciones.

Es la postura que mantiene SANCIÑENA ASURMENDI[434] y que nos parece acertada, pues en muchos casos puede ser recomendable, como dice esta autora, el nombramiento de un contador partidor para ejecutar la partición testamentaria: realizar operaciones complementarias —tasar los bienes, cuantificar y pagar las deudas y las legítimas, así como los tributos—; llevar a cabo una partición adicional en los casos de bienes no incluidos en la partición; o también las gestiones necesarias para la inscripción de los bienes inmuebles en el Registro de la Propiedad, incluida la protocolización de la partición si fue hecha en documento privado.

10. Partición total o parcial de la herencia

La partición hecha por el mismo testador en su testamento o por acto entre vivos, no es preciso que comprenda, de modo

---

ción a un Contador-Partidor, si bien ordenándole que determinados inmuebles se adjudicasen en la forma y al heredero que señala mandato al que se ha atenido el Partidor, más al no tratarse de una partición comprendida en el art. 1056, del C. Civ., sino la que se regula en el art. 1057, habrá de ser tenido en cuenta al defecto que por esta causa se aprecia. (RJ 1982, 6301).

432 (*Tol 1818501*). *Vid.* También la STS de 19 de julio de 2011 (*Tol 2196623*).

433 (*Tol 8567817*).

434 *Vid.* SANCIÑENA ASURMENDI, C., *La partición hecha por el testador*, ob. cit., pp. 76-79.

absoluto, todos los bienes de este; puede darse una partición parcial, pues el testador no puede conocer cuáles serán exactamente sus bienes en el momento futuro, el de apertura de la sucesión[435]. Es más, como afirma Rodríguez Adrados[436], "raramente la partición puede ser total, pues las dificultades prácticas se oponen al deseo primario del testador de quedar todo completamente arreglado".

Si atendemos al tiempo que puede mediar entre la partición y el fallecimiento del causante, pueden darse algunas circunstancias sobrevenidas que alteren la partición inicialmente prevista por el testador: por ejemplo, respecto del elemento personal, el fallecimiento de un heredero o el nacimiento de otro —incluso forzoso—; por otra parte, respecto de los elementos reales, cambios tanto en el activo —adquisición de nuevos bienes o transmisión de los ya existentes—, como en el pasivo —deudas nacidas con posterioridad al acto particional, cambio de los valores etc. —. Por tanto, la partición suele ser parcial y testamentaria, "sin apenas usarse la partición por acto entre vivos"[437].

La cuestión clave y que más nos interesa a nosotros radica en determinar si es preciso partir todos los bienes del causante para poder hablar, propiamente, de partición testamentaria. Dicho en otras palabras: el que la partición sea parcial, ¿significa que no está comprendida dentro del ámbito que le permite al testador el art. 1056.1 CC? Para responder a esta pregunta, siguiendo el argumentario de Rubio Garrido, tenemos que hacernos eco, antes de nada, de la doctrina jurisprudencial que considera causa de nulidad en una partición la omisión de bienes sustanciosos; y ello pese al principio general de que los supuestos de nulidad en una partición deben interpretarse restrictivamente[438].

Pero hay que advertir lo siguiente: esta doctrina solamente se aplica cuando la omisión es deliberada y se refiere a bienes de

---

435 *Vid.* Rivas Martínez, J. J., *Derecho de sucesiones común. Estudios sistemático y jurisprudencial*, ob. cit., p. 2890.

436 *Vid.* Rodríguez Adrados, A., «La partición hecha por el testador», ob. cit., p. 220.

437 *Vid. ult. loc. Vid.* también Lledó Yagüe, F., *Derecho de Sucesiones. La comunidad hereditaria y la partición de la herencia*, ob. cit., p. 85.

438 *Vid.* Rubio Garrido, T., «La partición por el testador: algunos aspectos problemáticos, al hilo de la Sentencia de 4 de noviembre de 2008», ob. cit., p. 22.

cierta relevancia; si la omisión es involuntaria o los bienes omitidos de poca importancia —se entiende, en el global de los que conforman el caudal relicto—, se debe subsanar la omisión con una partición complementaria según establece el art. 1079 CC.

En una partición practicada por el causante, el Tribunal Supremo considera que no se impedirá tal calificación cuando hayan quedado excluidos algunos de los bienes por ignorar su existencia el testador o por adquisición posterior al acto particional, siempre que estos no representen una parte sustancial del total del caudal relicto[439]. En estos casos, y salvaguardando siempre el acto distributivo raíz, se llevaría a término una partición complementaria con los bienes o valores omitidos *ex* art. 1079 CC: *La omisión de alguno o algunos objetos o valores de la herencia no da lugar a que se rescinda la partición por lesión, sino a que se complete o adicione con los objetos o valores omitidos.*

Mantiene BELLOD FERNÁNDEZ DE PALENCIA[440] que para que la partición sea testamentaria deberá ser total, alcanzando todos los bienes del causante, y las excepciones serán las siguientes: que los bienes omitidos por el testador, de forma involuntaria, sean de escasa relevancia en comparación con el total del caudal hereditario —en estos casos, 1079—; fuera de ellos, por ejemplo, cuando

---

[439] Es el caso tratado, por ejemplo, en la STS de 15 de febrero de 1988 (*Tol 1732730*): *... el testador hace una distribución y adjudicación de la plena totalidad de sus bienes que constituyen su herencia, como no menos respecto a las deudas al disponer sean pagadas por los instituidos herederos por iguales partes, y como expresión de ser esta distribución total la que responde a su voluntad con emotivas palabras dice que «todo cuanto dispongo me lo ha dictado el corazón y abrigo la esperanza de que comprenderéis que al disponer esta repartición entre vosotros sólo me guía el deseo de que ninguno de vosotros salga perjudicado respecto a los demás y querría haber acertado para que al disfrutar de ello guardéis el mejor recuerdo mío y no dudéis de cuánto os he querido siempre a todos», y si bien en el complementario que dice codicilo hace referencia a los bienes omitidos un chale y un piso aclara el uno por olvido el otro por adquisición posterior, y según reseña la recurrente aún existe una tercera finca, es claro que todo ello no representa sino una mínima parte dentro de la totalidad de la herencia que cabe encajar en lo dispuesto por el artículo 1079 como entiende el juzgador de instancia, y no cabiendo duda que no resulta infringido el artículo 1056 del Código Civil el motivo ha de ser desestimado. Vid.* también SSTS de 8 de marzo de 1989 (*Tol 1731552*), 4 de febrero de 1994 (*Tol 1665946*), 17 de febrero de 2000 (*Tol 2397407*) o 12 de junio de 2008 (*Tol 1347124*).

[440] *Vid.* BELLOD FERNÁNDEZ DE PALENCIA, E., *La partición efectuada por el causante*, Reus, Madrid, 2018, p. 69.

los bienes omitidos, aun de forma involuntaria, sean relevantes en términos económicos, lo procedente es acudir a la acción de anulabilidad.

No hace extensible la autora tal consideración a la partición hecha por el testador, "porque si el fundamento de la existencia de la partición se basa en la omisión involuntaria de bienes hereditarios, por error o falta de previsión, es indiferente si éstos son o no relevantes en relación al caudal hereditario"; tal criterio jurisprudencial, restrictivo de la partición testamentaria parcial, supondría limitar, en suma, la libertad del testador[441].

Ciertamente el art. 1079 CC no distingue para su aplicación, o no ofrece, mejor dicho, pauta alguna, en función de la mayor o menor relevancia cuantitativa de los bienes omitidos, sino que simplemente se limita a ofrecer la solución para tales supuestos, que pasa, manteniendo a salvo la partición primigenia, por realizar otra complementaria con los bienes o valores omitidos.

Rubio Garrido[442] es de la opinión que, si los bienes omitidos por el testador son valiosos o importantes, se tendría que "re-interpretar el testamento como normas particionales y sólo si realmente nos encontráramos con una partición por el testador, y una omisión muy grave o deformadora, podríamos llegar a la conclusión de tener una nulidad radical de toda la partición". Es el caso tratado en la STS de 12 de junio de 2008[443] —cierto que respecto a una partición ordinaria pero cuyas conclusiones pueden extrapolarse a la partición del art. 1056—, pues se omitieron

---

441 *Ibid.*, pp. 69 y 70.

442 *Vid.* Rubio Garrido, T., *La partición de la herencia*, ob. cit., p. 467. *Vid.* STS de 24 de febrero de 1968 (*Tol 4292496*).

443 (*Tol 1347124*): *El motivo se desestima porque es jurisprudencia de esta Sala la de que la adición o complemento de la partición requiere que los bienes omitidos sean de escasa importancia en el conjunto de la herencia (sentencia de 11 de diciembre de 2002 y las que cita), que no es el caso litigioso, en el que se omitieron veinticuatro fincas rústicas y urbanas cantidad suficiente para suponer razonablemente que produciría un reajuste importante de todas las operaciones particionales, que significarían de hecho una total rectificación de la partición que se impugna, realmente una nueva. A todo ello hay que añadir que la nulidad del cuaderno particional tuvo como causa también el que recayese sobre otras fincas que no pertenecían al testador, lo que refuerza más la idea de que, más que adición o complemento de la partición ya hecha, se trataría de una nueva.*

en total veinticuatro fincas entre rústicas y urbanas, lo que supuso la ineficacia de la partición, y no su reajuste.

Entendemos que la solución que se adoptó en el caso mencionado y que supuso la ineficacia de la partición es la correcta a la vista de la magnitud de los bienes omitidos; no cabe invocar aquí el principio *favor partitionis*.

En sentido opuesto tenemos el caso tratado en la STS de 4 de noviembre de 2008[444]. El TS casa la sentencia de la Audiencia Provincial de Valencia que había declarado la nulidad de la partición hecha por el testador porque los bienes omitidos no son demasiado cuantiosos —libreta de ahorros, una plaza de garaje y enseres personales de la causante—, por lo que debe mantenerse la partición inicial y realizar otra complementaria al amparo del art. 1079 CC.

El principal razonamiento del TS es el que se transcribe a continuación:

> Asimismo, se ha infringido el artículo 1056 en un doble sentido. Se ha ignorado que la partición, verdadera partición, ha sido hecha por la testadora y que no consta, ni se ha interesado en el suplico de la demanda, que se haya perjudicado la legítima del hijo demandante. Ha sido una verdadera partición, en el sentido de que la testadora ha partido su patrimonio, aunque no incluya la totalidad del patrimonio hereditario y se haga precisa una nueva partición referida a los bienes no incluidos en la fecha por la testadora. Esta, incluso, la ha hecho sin preocuparse de la posible igualdad que contempla el artículo 1061.
>
> Asimismo, se ha infringido el artículo 1079 del código civil, pues el código contempla el que no se incluyan todos los bienes del patrimonio hereditario en la partición, sin que ello produzca la ineficacia de la misma; como se ha dicho, no es preciso que la partición incluya todos los bienes, absolutamente, del patrimonio hereditario. Incluso en el presente caso, la testadora hizo una especial referencia al resto de sus bienes.
>
> En definitiva, en el presente caso hubo una partición hecha por la testadora, que evita la existencia de la comunidad hereditaria, sin perjuicio de que deba hacerse de una parte, resto de sus bienes, prevista y no partida. Y habiéndose practicado la partición testamentaria no cabe dar lugar a la acción ejercitada, que se encamina a obtener el mandato de

444 (*Tol 1401720*).

> practicar la partición con todos sus presupuestos y fases e incluso una declaración de bienes que forman el inventario y, finalmente, "se proceda a la aceptación y partición de herencia": lo primero no tiene sentido y lo segundo ya está hecha, como partición testamentaria. No se ha ejercitado la acción de complemento de legítima que prevé el artículo 815 del Código civil ni consta la base fáctica para entender que se ha perjudicado la misma.

RUBIO GARRIDO, al analizar esta resolución, entiende acertada la decisión del TS, pues ni los bienes omitidos eran excesivamente cuantiosos, ni la omisión de la testadora-partidora fue consciente ni deliberada; además, existía una cláusula de cierre en su testamento[445] —que, por cierto, mencionaba expresamente el art. 1056 CC—, que proveía la distribución por partes iguales en pleno dominio a los dos hijos de los bienes desconocidos que vinieran a conocerse o adquiridos con posterioridad al acto particional y, por tanto, no adjudicados, debiéndose practicar una nueva partición complementaria compresiva de los mismos[446].

Un supuesto de nulidad de la partición es el tratado en la SAP de Córdoba (Sección 1ª), de 20 de octubre de 2003[447], pues se omitió el elemento principal y más valioso del caudal hereditario; el documento particional tenía una única finalidad fiscal, por tanto, carecía de causa:

> ... lo que subyace en la resolución combatida, causa principal de la solución a la que se llega, no es sino, además de la inclusión en el inventario y por tanto en el documento de participación en su día elaborado, de un bien, la finca rústica de Los Leones, que en su día y antes del fallecimiento del padre de los litigantes, ya había sido vendida por este; la omisión en el inventario, y por tanto la exclusión de la partición del elemento principal y más valioso del caudal,

---

445 Dice la citada resolución: *No es preciso que la partición comprenda absolutamente todos los bienes del causante. Cabe una partición adicional de los no comprendidos en ella, ya que al tiempo de hacer testamento, el testador no puede conocer cuáles serán exactamente sus bienes en el momento futuro, el de la apertura de la sucesión. Así, la testadora previó la atribución del resto de sus bienes a sus dos hijos por partes iguales y en pleno dominio.*

446 *Vid.* RUBIO GARRIDO, T., «La partición por el testador: algunos aspectos problemáticos, al hilo de la Sentencia de 4 de noviembre de 2008», ob. cit., p. 23.

447 (*Tol 329518*).

> cuál era la fábrica de tejidos situada en la CALLE 003 NUM 009 y la tienda de textil situada en la CALLE 000, ambas de Priego de Córdoba.
> Y por tanto y aunque (como reiteraba la sentencia de esta Audiencia Provincial tantas veces citada) resulte ocioso insistir "en la necesidad de respetar el criterio restrictivo imperante en nuestro ordenamiento respecto de la admisión de las pretensiones de invalidación de las particiones y favorable en lo posible a la subsistencia de éstas, procurando apurar todos los recursos y soluciones antes de pronunciar la nulidad, rescisión e incluso la modificación de las mismas, siguiendo la línea jurisprudencial trazada desde antiguo y explicitada a partir de la S. 25 de febrero de 1969 en el "principio de conservación" de la partición, fundado en que la indivisión de los bienes que la herencia comprende es incompatible con la función individual asignada a la propiedad y en cuanto representa provisionalidad está en oposición con uno de los principales efectos particionales, cual es que cada uno de los partícipes obtenga el carácter de propietario de los bienes que integran su lote, sin perjuicio de enmendar los defectos que se observen y rectificar en cada caso lo pertinente, doctrina que se decanta en más recientes pronunciamientos señalando que "si de agravios patrimoniales se trata, se deben volver a hacer, si los errores y lesión son substanciales y tan enormes que de otro modo no se pueden enmendar" (...).
> En definitiva, y aunque la Sentencia no lo diga de forma expresa, es claro que, de la misma, como resultado lógico de una prueba contundente y abundante, se desprende que el documento de partición tenía una simple finalidad fiscal, carecía de causa, y por tanto de uno de los elementos esenciales del contrato que por tanto lo hacen inexistente.

Por último, queremos poner de manifiesto la cuestión relativa a la deliberada ocultación de bienes, que se considera como causa de nulidad de la partición ordinaria, como así lo entendió la STS de 22 de junio de 1948[448]:

> ... el cuaderno particional aludido, que se dice formado para cumplir las disposiciones contenidas en el testamento ológrafo de 26 de octubre de 1928, adolece de defectos que por su relieve atacan gravemente su validez y eficacia, porque por un lado es notoria la deliberada ocultación de bienes que formando parte de la herencia habrían de haberse incluido en el mismo y la existencia de éstos incuestionablemente

448 (*Tol 4457124*).

> conocida por la viuda que sin duda disfrutó de ellos en su matrimonio, como después en su viudez.

Por tanto, si no existe ocultación fraudulenta de los bienes, la partición no puede reputarse nula[449].

11. Posibilidad de que los coherederos, de común acuerdo, alteren o bien prescindan de la partición hecha por el testador: repercusión fiscal del pacto novatorio

Debemos formularnos la siguiente pregunta: ¿Pueden los coherederos, de común acuerdo, prescindir y/o modificar la partición hecha por el testador al amparo del art. 1056 CC?

Para responder a esta pregunta hay que tener en cuenta que la ley concede un trato privilegiado a la partición testamentaria; entre los más importantes, a saber: i) permite al testador-partidor apartarse de los criterios que, en orden a la composición homo-

---

449 A esta conclusión se llegó en el caso tratado en la STS de 7 de noviembre de 2006 (*Tol 1022988*): *El motivo* [de casación] *se funda, en síntesis, en que concurre un supuesto de nulidad o de anulabilidad de la partición, al haberse probado la ocultación maliciosa de una parte importante de los bienes hereditarios, la infravaloración de una parte importante de los bienes de la causante, la falta de equivalencia en la formación de los lotes y la realización de la partición con inexactitudes y mala fe, que se infiere de las circunstancias que detalla. … la sentencia recurrida sienta, en el ejercicio de las facultades de valoración de la prueba que son propias del tribunal de instancia, la conclusión de que «no existen motivos suficientes para estimar que la partición es nula, por ocultación fraudulenta o intencionada de bienes o mala fe, aunque, como ahora analizaremos, sea cierto que no se han tenido en cuenta determinados créditos que debieron incluirse en el activo del caudal hereditario y que puede entenderse si tenemos en cuenta el gran número de bienes existentes, el complejo entramado creado por las partes, las reiteradas operaciones llevadas a cabo y, según pone de manifiesto el contador-partidor y resulta de los autos, de la poca colaboración facilitando datos, no sólo por los demandados sino también por los demandantes». Esta conclusión probatoria no es combatida directamente por la parte recurrente invocando la infracción de un precepto legal que deba ser tenido en cuenta en la valoración de la prueba, o tratando de demostrar su carácter manifiestamente erróneo o absurdo, sino que la fundamentación de este motivo de casación pretende que prevalezca, en una apreciación conjunta de los distintos medios de prueba, una conclusión sobre la existencia de mala fe en la ocultación de bienes del caudal hereditario contraria a aquella a la que llegó la sentencia recurrida, que tiene carácter inamovible en este grado jurisdiccional.*

génea e igualitaria de los lotes, marca el art. 1061 CC; ii) excluye, *a priori*, como veremos a lo largo de este trabajo, la rescisión por lesión en más de la cuarta parte *ex* art. 1075 CC, así como el saneamiento por evicción y por vicios ocultos entre los coherederos *ex* art. 1070.1º CC; iii) le permite valorar los bienes del modo y en el momento que tenga por conveniente, salvo para el cálculo de las legítimas *ex* art. 818 CC; o iv) la partición así realizada confiere de modo directo a los coherederos la propiedad de los bienes adjudicados *ex* art. 1068 CC. ¿Puede, todo esto, quedar diluido por el pacto posterior de todos los coherederos?

Cabe recordar que el art. 1056.1 CC dice expresamente que, cuando el testador hiciere la partición de sus bienes —sea por actos *inter vivos* o *mortis causa*—, *se pasará por ella*. Tal y como está redactado el precepto parece ser que la respuesta debe ser negativa. A ello se suma el apuntalamiento que, en esa misma línea —podemos decir, en connivencia—, parece establecer el art. 1058 CC cuando, curiosamente, empieza diciendo: *Cuando el testador no hubiese hecho la partición…* Es decir, cuando no estemos en tal supuesto —aparte de no haber encomendado a otro esta facultad, esto es, a un contador-partidor *ex* art. 1057—, podrán los herederos que sean mayores de edad y que tengan la libre administración de sus bienes, *distribuir la herencia de la manera que tengan por conveniente.*

Así pues, ¿nos vienen a decir tales preceptos que, existiendo una partición testamentaria o nombrado un contador-partidor, queda excluida la posibilidad de que los herederos, de común acuerdo, puedan establecer otra cosa distinta a la prevista por el testador-partidor? La respuesta negativa, visto el tenor literal de ambos artículos, no solamente no se pone en duda, sino que se refuerza.

No obstante, la doctrina jurisprudencial es pacífica al permitir que los coherederos prescindan de la partición diseñada por el testador. ¿Sobre la base de qué artículos? Sobre el propio art. 1058, pero también del 1255.

En primer lugar, es cierto que para el art. 1058 la partición por el testador es prioritaria, pues constituye la ley de la sucesión[450],

---

450 La SAP de Murcia (Sección 1ª), de 11 de diciembre de 2023 (JUR 2024, 82841) dice: … *la partición convencional solo cabe cuando no la ha realizado*

pero también se puede entender, y así sucede, que se está permitiendo que los coherederos puedan distribuir la herencia, *de la manera que tengan por conveniente*[451].

Nosotros estamos de acuerdo. Si venimos diciendo a lo largo de este estudio que la finalidad última perseguida por el testador-partidor es evitar la disputa entre los coherederos, si estos, de común acuerdo, llevan a cabo una distribución distinta de los bienes a la practicada por aquel, se estará cumpliendo, al menos de forma mediata, su voluntad. Y, es más, entendemos que estos pactos pueden alcanzar las legítimas, pues al acordarse por unanimidad, no existirá lesión alguna para los herederos forzosos.

En segundo lugar, hay que sumar las posibilidades que, en tal sentido, ofrece el art. 1255 CC, siempre que se cuente con la suficiente capacidad para disponer y no existan vicios del consentimiento.

Dicho pacto, insistimos, acordado por unanimidad, quedaría afecto por la prohibición general de contrariar las decisiones precedentes —doctrina de los actos propios—, así como por la obligación de cumplir lo pactado *ex* art. 1091 CC —principio *pacta sunt servanda*—. Por supuesto, si algún coheredero es menor de edad y existen actos de disposición, los titulares de la patria potestad necesitarán la correspondiente autorización judicial *ex* arts. 166 y 1810 CC; y en los casos de personas mayores de edad o menores emancipadas sujetas a medidas de apoyo —como la curatela representativa o el defensor judicial—, habrá que estar a lo acordado en la pertinente resolución judicial, respetando su voluntad, deseos y preferencias (art. 250 CC).

Dicho esto, cabe matizar lo siguiente. No estamos en presencia de una nueva partición, de una partición convencional *ex* art.

---

el propio testador soberano de su sucesión ni la ha encomendado a un contador partidor conforme a los artículos 1056 y 1057 del Código Civil.

451 La partición que efectúan los herederos tiene naturaleza convencional o contractual. En este sentido, *vid.* STS de 18 de febrero de 1987 (*Tol 1736160*): *... se olvida que la partición realizada por los propios herederos tiene naturaleza contractual y le son aplicables el artículo mil doscientos sesenta y uno en cuanto a los requisitos de existencia y validez y las normas de nulidad que contienen los artículos mil trescientos a mil trescientos catorce, todos del Código Civil. Vid.* también: SSTS de 9 de marzo de 1961 (*Tol 4336843*), 9 de abril de 1990 (*Tol 1729641*), 19 de junio de 1997 (*Tol 215027*) y 19 de febrero de 2014 (*Tol 4264595*).

1058 CC. Para que esto pudiera darse tendría que existir previamente una comunidad hereditaria, y en el caso de la partición por el testador *ex* 1056 se evita, como sabemos, su nacimiento. Dicho en otras palabras: los herederos ya serán propietarios de los bienes de forma automática *ex* art. 1068 CC, por lo que no puede darse una situación de comunidad. Estamos, pues, ante actos dispositivos, que podrán ser de variada índole, pues ninguna limitación existe, en principio, para que los coherederos puedan alcanzar el acuerdo[452]; negocios jurídicos para cuyo otorgamiento será necesario contar con la capacidad necesaria para contratar requerida por la ley. Como refiere SANCIÑENA ASURMENDI, los herederos pueden practicar la partición según el art. 1058 CC siempre y cuando el testador no la hubiese hecho[453]. Así lo entiende también la resolución de la Dirección General de Tributos de 29 de abril de 2019, consulta vinculante nº V0927-19[454]:

> De los preceptos transcritos se deriva que el testador puede hacer la partición de sus bienes sin más límite que el respeto a las legítimas y, si el testador hubiera hecho la partición, "se pasará" por ella en tanto no perjudique las legítimas (Art. 1056 Código Civil), que los interesados solo tienen facultad para realizar la partición cuando el testador no la hubiere hecho (artículo 1058 del Código Civil), y que la partición confiere a cada heredero la propiedad exclusiva de los bienes que le hayan sido adjudicados (Art. 1068 del Código Civil).

En el mismo sentido la STS de 5 de marzo de 1991[455]:

> ... los coherederos mayores de edad pueden, de común acuerdo, modificar la composición de los lotes que les fueron adjudicados por el testador en uso de su autónoma voluntad

---

452 Así lo entiende ESPEJO LERDO DE TEJADA, que no ve obstáculo alguno para que los coherederos se puedan transmitir recíprocamente bienes, se modifiquen cuotas, se constituya un derecho real limitado, se reconozcan derechos hereditarios a favor de una persona que no consta en el testamento, o se conmute el usufructo vidual, entre otros negocios jurídicos. *Vid.* ESPEJO LERDO DE TEJADA, M., *La partición convencional*, Olejnik, Santiago de Chile, 2019, pp. 35 y ss.

453 *Vid.* SANCIÑENA ASURMENDI, C., *La partición hecha por el testador*, ob. cit., p. 98.

454 Puede consultarse el texto a través del siguiente enlace: https://petete.tributos.hacienda.gob.es/consultas/?num_consulta=V0927-19

455 (*Tol 1726776*).

> reconocida por el art. 1255 del Código Civil y que preside asimismo el art. 1058 de ese texto legal.

O, por último, la interesante STS de 4 de febrero de 1994[456], que entiende el pacto entre los coherederos no como un acto particional, es decir, no como la posibilidad de realizar, por ellos mismos, la partición, sino como un acto dispositivo:

> Se trata de una efectiva partición llevada a cabo por la mencionada ascendiente, que el artículo 1056 del Código Civil autoriza realizar por medio de testamento, toda vez que no se hace distribución de cuotas hereditarias, sino más bien una disposición distributiva definitiva y directa de la totalidad del caudal patrimonial entre sus dos únicos hijos, con precisión del destino de cada uno de los bienes para después de su muerte. Su raíz y fundamento hay que encontrarlo no sólo en la voluntad que así se manifiesta, sino también en el deseo que de esta manera expresó la testadora de evitar conflictos y enfrentamientos entre los sucesores designados.
>
> La consecuencia de tal estado sucesorio es el mandato que contiene dicho precepto 1056 del Código Civil, en cuanto obliga a los herederos a pasar por ella. La norma se presenta como imperativa, lo que refuerza el artículo 1058 que señalaba prioridad de la partición testamentaria y que, consecuentemente, ha de ser respetada, salvo que suponga perjuicio a la legítima de los herederos forzosos (artículo 1075 del Código Civil).

---

456 (*Tol 1665946*). En el mismo sentido STS de 19 de junio de 1997 (*Tol 215027*): *El referido artículo 1058 da prioridad a la partición hecha por el testador y la de los contadores partidores, sin embargo proclama una decidida libertad jurídica en cuanto autoriza a los herederos mayores de edad, que tuvieran la libre administración de sus bienes, a llevar a cabo la distribución de la herencia de la manera que tengan por conveniente, sin limitaciones ni condicionamientos, salvo las que hacen ineficaces los negocios jurídicos sucesorios y con los efectos que atribuye el artículo 1068.*

Esta facultad divisoria es tan amplia que permite a los coherederos realizar actos particionales más allá de los propios divisorios y de lo dispuesto por el causante, con lo que se trata más bien de actos de disposición que de partición.

La naturaleza de este hecho —dar ejecución a la distribución del caudal hereditario—, es de relación contractual, al surgir del acuerdo unánime de las voluntades de los interesados, que se perfecciona con la concurrencia de los requisitos del artículo 1261 del Código Civil.

Y ahora viene lo verdaderamente importante: *Ello no quiere decir que los herederos capaces estén privados de toda facultad de disposición, para sobrepasar la partición realizada por su causante y así lo ha reconocido en jurisprudencia de esta Sala (sentencias de 28 enero 1964, 25 febrero 1966 y 5 marzo 1991), conformando actos dispositivos, más bien que propios de partición, que exigen concierto preciso de voluntades, expreso y bien definido en este sentido, al presentar naturaleza novatoria, que no concurrió en el caso de autos; de ahí que no se pueda considerar la existencia de pacto contractual alguno, que haría factible la aplicación del plazo prescriptivo que contiene el artículo 1301 del Código Civil.*

En el supuesto planteado se afirma que los herederos deberán conformarse con los bienes que hayan resultado adjudicados por el testador, salvo que exista un perjuicio para las legítimas, de suerte que la escritura de manifestación de herencia —aceptación y partición— otorgada resulta contradictoria con la partición hecha por la causante, resultando ineficaz:

> La escritura de manifestación de herencia discutida resulta expresivamente contradictoria con el testamento y la modificación que se operó, al no mediar convenio expreso alguno entre los litigantes,- sucesores testamentarios-, determina la afloración de una situación de error sustancial inexcusable y no contractual, no cometido precisamente por la testadora, que desajusta y desvía claramente su voluntad testamentaria, en perjuicio notorio de la recurrida, que de esta manera se vería desposeída del huerto, a cuya titularidad legalmente accedió desde la muerte de su madre, ya que ésta expresamente así lo dispuso. Tal estado sujeta al recurrente, por lo que el huerto no perteneció nunca a su disponibilidad dominical por vía contractual, afectando al documento público mencionado situación de ineficacia en este particular, pues contradice frontalmente la norma imperativa que contiene el artículo 1056 del Código Civil, —"se pasará por ella"—, con sujeción a los efectos del artículo 6-3, sin que quepa su subsanación por el transcurso del tiempo.

Por tanto, no cabe realizar otra partición, pues ya la hizo la testadora; solamente cabe, de común acuerdo, modificarla en mayor o menor medida, pero esto ya no será una partición, sino un acuerdo o pacto entre ellos, con su propio régimen jurídico.

Así pues, si la partición hecha por los coherederos entra dentro de la órbita contractual, como así lo refieren las SSTS de 9 de marzo de 1951[457] y 18 de febrero de 1987[458], se tendrían que aplicar, como de hecho entiende el TS en estas sentencias, las normas de los negocios *inter vivos*.

Espejo Lerdo de Tejada[459], aceptando, en primer lugar, la posibilidad de que los herederos, de común acuerdo, puedan alterar la partición testamentaria o prescindir de las actuaciones llevadas a cabo por el contador-partidor —pues significa que se ha cumplido con la finalidad preventiva de tales mecanismos para evitar el conflicto, no existiendo ninguna razón para impedir ese acuerdo—, entiende que tales actos son propiamente particionales, no dispositivos, es decir, que lo que estarían haciendo los coherederos es una partición convencional, apartándose del criterio del causante. Ello puede resultar interesante en las siguientes situaciones fácticas que pueden presentarse en la partición hecha por el testador: problemas en el equilibrio de las cuotas por los efectos derivados del tiempo que media entre la valoración de los bienes y el fallecimiento del causante; carácter dinámico del patrimonio, no sólo en cuanto a los bienes sino también a las deudas; o modificación de las circunstancias personales de los herederos. En estos casos, sería "demasiado rígido impedir a los coherederos que puedan modificar las adjudicaciones realizadas por el testador, manteniéndose en el terreno de la partición", por lo que "se debe entender que podemos estar ante un acto de partición, salvo que se demuestre lo contrario".

---

457 (*Tol 4449600*): *Que la naturaleza contractual de la partición de herencia, hecha o aprobada por los llamados a ésta, impone la aplicación a la misma, en lo que no estén modificadas por las especiales disposiciones a ella relativas, de los preceptos sustantivos que determinan la existencia, validez y eficacia de los contratos y, consiguientemente, de los que se refieren a su inexistencia, nulidad y rescisión, de lo que se sigue que las particiones de la clase expresada, en las que hayan concurrido los esenciales requisitos que exige el artículo 1261 del Código Civil, pueden ser anulados conforme al artículo 1265 del mismo Código si el consentimiento prestado para su aprobación lo ha sido por error, violencia, intimidación o dolo, y rescindidas por las precisas causas que señala el 1291, además de por la lesión excepcionalmente acogida en el artículo 1074, ambos del citado Cuerpo Legal.*

458 (*Tol 1736160*): *… la partición realizada por los propios herederos tiene naturaleza contractual.*

459 *Vid.* Espejo Lerdo de Tejada, M., «Comentario al art. 1056 del Código civil», ob. cit., pp. 7715-7716.

RUBIO GARRIDO[460] nos aporta otro punto de vista, en absoluto baladí, cual es el de la repercusión de estos actos, con independencia de la causa, a ojos de la Administración Tributaria, que no pondrá ninguna pega al acto civil entendiendo, desde su punto de vista, que son negocios jurídicos distintos a los propiamente sucesorios y, en consecuencia, sujetos a una nueva tributación, al menos por lo que respecta a los excesos de adjudicación; estos actos no se considerarán como divisorios o particionales, sino como dispositivos. Dicho de otra manera: existirán dos hechos imponibles distintos: por un lado, el derivado de la adquisición hereditaria —que tributará por el impuesto de sucesiones—; por otro, el que resulte de la donación —que tributará por el impuesto de donaciones puesto que la causa es gratuita—, o el que emane de la transmisión entre los coherederos si intercambian bienes y establecen entre ellos compensaciones por lo que se reciba de más —que tributará por el impuesto de transmisiones patrimoniales, puesto que la causa es onerosa—[461].

Es lo que viene a decir la Dirección General de Tributos (Subdirección General de Impuestos Patrimoniales, Tasas y Precios Públicos), en la consulta vinculante nº V2000-10, de 13 de septiembre de 2010[462] —compraventas o permutas que tributan como transmisiones patrimoniales onerosas—:

Descripción de los hechos:

> El padre de los consultantes falleció en 1989 habiendo otorgado testamento en el que legaba todos sus bienes a su esposa y tres hijos, quienes ahora proceden a otorgar escritura de partición de herencia y pacto de mejora.
> En dicha escritura se señala que los dos hermanos entregarán a su hermana ciertas cantidades de dinero en compensación por el perjuicio causado al no tener en cuenta los adjudicatarios los legados ordenados por el causante en su testamento.

Cuestión planteada:

> Si la compensación en metálico a fin de igualar los posibles excesos de adjudicación debe tributar como acto jurídico do-

---

460 *Vid.* RUBIO GARRIDO, A., *La partición de la herencia*, ob. cit., p. 446.

461 *Vid.* SANCIÑENA ASURMENDI, C., *La partición hecha por el testador*, ob. cit., p. 102.

462 Puede consultarse el texto a través del siguiente enlace: https://petete.tributos.hacienda.gob.es/consultas/?num_consulta=V2000-10

cumentado, por traer causa de lo dispuesto en los artículos 1061 y 1062 del Código Civil, de acuerdo con la Consulta la Dirección General de Tributos de 24 de abril de 2003, sin tener la consideración de una transmisión patrimonial onerosa.

Contestación:

Conforme a la escritura aportada, el causante otorgó testamento el 28 de noviembre de 1988 legando a su cónyuge el usufructo de su herencia y a sus tres hijos la participación ganancial que le corresponda en determinados bienes, a los que no alude genéricamente o mediante un coeficiente, sino que especifica y detalla de forma individualizada.

Cuando en dicha escritura se procede a disolver la sociedad de gananciales se hace adjudicando al cónyuge superviviente el pleno dominio de una mitad indivisa de todos y cada uno de los bienes que integran la sociedad de gananciales por lo que en nada resultan afectadas las disposiciones del causante, al seguir integrando la masa hereditaria los mismos bienes que antes de la disolución de la sociedad, modificándose tan solo el coeficiente de titularidad que se reduce a la mitad indivisa que correspondía al cónyuge premuerto.

Por tanto, aplicando los preceptos anteriormente transcritos, hay que entender que la partición o adjudicación de esa mitad indivisa de todos y cada uno de los bienes que integran la masa hereditaria a los interesados ya había sido realizada por el testador en su testamento, a cuya voluntad debe estarse en tanto no perjudique las legitimas, pues, como dice el artículo 1056 del Código Civil, debe "pasarse" por ella, dado que la facultad de partir se concede a los interesados tan solo para el caso de que el testador no lo hubiere hecho.

Por otro lado, en la partición realizada por el testador no puede producirse exceso de adjudicación alguno, pues tal concepto resulta de la comparación entre lo que corresponde a cada interesado según el titulo testamentario y lo que realmente se le adjudica, ya surja este exceso de la declaración de las partes o de la comprobación de valores.

Una vez concluido que no estamos en un supuesto de partición y adjudicación de herencia, corresponde examinar la verdadera naturaleza y tratamiento tributario de lo que los interesados han denominado compensación en metálico de los excesos de adjudicación.

Si conforme al artículo 1068 "La partición legalmente hecha confiere a cada heredero la propiedad exclusiva de los bienes que le hayan sido adjudicados", los interesados, en virtud de la partición hecha en el testamento por el testador, ya habían adquirido la propiedad de los bienes adjudicados por el mismo, por lo que debemos entender que en virtud de la escri-

> tura de 15 de julio de 2010 lo que tiene lugar es una serie de transmisiones de carácter oneroso entre los tres hermanos.

También, en el mismo sentido, la consulta vinculante nº V2881-18, de 6 de noviembre de 2018[463]:

Descripción de los hechos:

> La consultante y cinco hermanos son propietarios, con carácter privativo, de una sexta parte cada uno de ellos de diversos inmuebles adquiridos en virtud de escritura de donación, en 1987, y de liquidación de gananciales y herencia en 2013 y adjudicación de herencia en 2015. Los inmuebles en proindiviso son un edificio en Madrid, declarado en propiedad horizontal en 2018, integrado por 47 fincas; dos pisos en Campoamor y otras 16 fincas, en su mayor parte tierras de secano. En este momento se plantean llevar a cabo la extinción del proindiviso y la consiguiente adjudicación de bienes, para lo que plantean formar seis lotes lo más equivalentes posibles, produciéndose pequeños excesos y defectos de adjudicaciones que se compensarían en metálico.

Cuestión planteada:

> *Tratamiento de la operación planteada*
> – En el Impuesto sobre Transmisiones Patrimoniales y Actos Jurídicos Documentados, confirmando que la disolución de la comunidad no está sujeta a la modalidad de transmisiones patrimoniales onerosas, dado que los pequeños excesos de adjudicación que se producen son inevitables y se compensan en metálico; y que, por tanto, será de aplicación la cuota gradual de Actos jurídicos Documentados.

Contestación:

> ... aunque dos inmuebles sean propiedad de dos o más titulares, ello no determina automáticamente la existencia de una única comunidad de bienes, sino que podrá haber una o más comunidades en función del origen de la referida comunidad. Así sucede cuando los bienes comunes proceden, unos de una adquisición hereditaria y otros por haber sido adquiridos por actos inter vivos, o cuando, aun habiendo sido adquiridos todos los bienes a título hereditario, procedan de distintas herencias. En tales casos debe entenderse que concurren dos comunidades, una de origen inter vivos y otra de origen mortis causa, o las dos de origen mortis causa pero sobre distintos bienes, sin que en nada obste a lo anterior que los titulares de las dos comunidades sea las mismas personas. En el supuesto de que se trate de dos condominios,

> su disolución supondrá la existencia de dos negocios jurídicos diferentes que, como tales, deben ser tratados, no solo separada, sino, lo que es más sustancial, independientemente.

A mayor abundamiento, el TS también ha tenido ocasión de referirse a lo que estamos comentando. Por ejemplo, en el caso tratado en la STS de 10 de junio de 2020 (Sala de lo Contencioso-Administrativo)[464]: la oficina gestora comunica a los obligados tributarios —que habían autoliquidado el impuesto de sucesiones—, que las bases imponibles declaradas habían sido mal calculadas, por cuanto el reparto no se ajustaba a lo establecido en el auto judicial de declaración de herederos.

El TS dice lo siguiente: *Como se ha dicho, y así ha quedado transcrito, no cabe duda de que la sentencia* [del TSJ] *parte de la correcta delimitación del alcance del art. 27.1* [de la Ley 29/1987, de 18 de diciembre, del Impuesto sobre Sucesiones y Donaciones], *"Conforme a este precepto se pretende que los acuerdos que establezcan los herederos al margen del testamento o de la sucesión intestada carezcan de efectos frente a la Hacienda Pública para liquidar el impuesto", significando categóricamente que la escritura de aceptación de 14 de julio de 2009, respeta el título sucesorio, representado por el auto de declaración de heredero de 25 de marzo de 2009, "al asignar a cada hermano la suma de 84757,99 euros y a cada una de las dos sobrinas la cantidad de 42378,99 euros, realizándose una adjudicación de bienes de la que resultan porciones individuales igualitarias". Siendo ello así, respetado el título sucesorio y asignada las referidas sumas, resulta diáfano que en modo alguno se ha producido la quiebra del principio de igualdad o neutralidad consagrado en el citado art. 27.1, como expresa y correctamente se recoge en la sentencia. No puede, pues, mantenerse el parecer del auto de admisión* [del recurso de casación] *de que la tributación se ha realizado en base no al título sucesorio, sino sobre la base de los pactos particulares entre los herederos, como resulta palmario de los hechos relatados y de lo referido en la propia sentencia de instancia. Simplemente se procedió a la desmembración entre los derechos de usufructo y de nuda propiedad, ajustando la base y sin perjuicio de hacer frente a la tributación que corresponda cuando se adquiera también el usufructo por cada uno de los propietarios, respetándose el dictado de*

---

464 (*Tol 7969793*). Sobre el principio de igualdad/neutralidad de las particiones hereditarias, *vid.* STS (Sala de lo Contencioso-Administrativo) de 3 de abril de 2019 (*Tol 7178797*).

los arts. 26 de la Ley y 51 del Reglamento, y "una única adquisición desagregada en dos momentos temporales sucesivos".

El citado artículo [27.1 Ley 29/1987] *viene a reconocer el principio de igualdad o neutralidad respecto de la determinación de la base imponible, de suerte que sean cuales sean las particiones y adjudicaciones que los interesados hagan, la base imponible se fija entre los sujetos pasivos como si la herencia se hubiera distribuido en los términos establecidos en el testamento o por partes iguales entre los herederos a falta de previsión diferente, independientemente de cómo se haya distribuido en la práctica la herencia entre aquellos. A efectos del impuesto, por ende, la partición resulta irrelevante, debiéndose ajustar al título sucesorio. Cuando no se respeta este principio y la partición no es proporcional a la participación de cada heredero en el caudal relicto se producen excesos y defectos de adjudicación que pueden dar lugar a gravámenes adicionales.*

También puede citarse la consulta vinculante V2747-16 de 15 de junio de 2016[465] —en este caso relativa al impuesto de donaciones—:

Descripción de los hechos:

> El padre de los consultantes les dejó en testamento la legítima estricta, para cuyo pago se les asignaba una plaza de garaje. Sin embargo, de mutuo acuerdo entre los cuatro hermanos, los consultantes se adjudican, además de la plaza de garaje, más bienes.

Contestación:

> En el caso planteado, vista la normativa expuesta, cabe indicar, que en la operación planteada en la consulta parece que se dan dos convenciones diferentes: la aceptación y adjudicación de la herencia, en la que cada heredero deberá tributar conforme al título hereditario y, una donación de dos de los hermanos a los consultantes, por el exceso de los bienes que reciban éstos y que excedan de la legítima, al tener causa lucrativa. Únicamente en el caso de que la adjudicación de la plaza de garaje fuera inferior a la legítima que les corresponde y los bienes adjudicados a los consultantes no superasen la legítima, sólo tributarían por la aceptación y adjudicación de la herencia. En caso contrario, los consultantes deberán hacer dos liquidaciones del Impuesto sobre Sucesiones y Donaciones, una mortis causa por la parte que les

[465] Puede consultarse el texto a través del siguiente enlace: https://petete.tributos.hacienda.gob.es/consultas/?num_consulta=V2747-16

corresponda por herencia, que es la legítima estricta, y otra inter vivos por la parte que les donan sus hermanos que es la parte que reciban que exceda de la estricta legítima.

En consecuencia y para finalizar, la nueva tributación, o mejor dicho, el coste fiscal del pacto novatorio de la partición hecha por el testador, deberá ponderarse por los coherederos, en el sentido de si verdaderamente merece o no la pena prescindir de aquella o alterarla, pudiendo constituir un obstáculo a que ellos mismos alcancen tal acuerdo, que incluso puede ser más beneficioso que la propia partición hecha por aquel[466], con lo cual, se les estaría desincentivando en la búsqueda de aquellas soluciones más acordes con sus intereses y, por tanto, cabría la posibilidad del nacimiento de un posible conflicto entre ellos.

12. No sujeción al principio normativo de igualdad u homogeneidad de los lotes (arts. 1061 y 1062.2 CC)

Llevada a cabo la liquidación de la herencia, es decir, practicadas el conjunto de operaciones tendente a calcular el importe neto divisible entre los herederos, debe procederse a su determinación de haberes y a formar los correspondientes lotes o hijuelas. Y es aquí donde el Código, a través del art. 1061, contine una serie de normas orientativas.

Ya la LEC de 1881, en su art. 1.078 —ubicado en el Título X referente a las testamentarías, Sección Segunda (juicio voluntario de testamentaría)— expresaba: *El contador dirimente, resumiendo los puntos en que las partes estuvieran conformes, se limitará a formular, con arreglo a derecho, aquella o aquellas operaciones en que hubiere desacuerdo, procurando evitar la indivisión, lo mismo que la excesiva división de las fincas.*

---

466 Porque pueden existir circunstancias que, en su momento, no fueron tenidas en cuenta por el testador-partidor. *Vid.* Espejo Lerdo de Tejada, M.: «La partición realizada por los propios coherederos y la voluntad del causante», en *Autonomía privada, familia y herencia en el siglo XXI: cuestiones actuales y soluciones de futuro* (coords., Leonor Aguilar Ruiz, José Luis Arjona Guajardo-Fajardo y Guillermo Cerdeira Bravo de Mansilla), Aranzadi Thomson Reuters, Cizur Menor (Navarra), 2014, pp. 127-137.

La actual LEC de 2000, en el procedimiento de división de la herencia, dice, en el art. 786.1 *in fine*, que el contador, cuando realice las operaciones divisorias, *procurará, en todo caso, evitar la indivisión, así como la excesiva división de las finas.*

Por tanto, vemos que en la ley procesal actual se sigue manteniendo el mismo criterio que antaño; criterio que también tiene su huella en el plano sustantivo.

El principal exponente es, como ya se ha adelantado, el art. 1061 CC, que se refiere a una igualdad particional, cuando dice: *En la partición de la herencia se ha de guardar la posible igualdad, haciendo lotes o adjudicando a cada uno de los coherederos cosas de la misma naturaleza, calidad o especie.*

La doctrina jurisprudencial ha entendido que la norma contenida en el art. 1061 CC no es imperativa sino simplemente orientadora (STS de 21 de junio de 1986[467]), una recomendación subordinada a la posibilidad de cumplirla[468] y que la igualdad es meramente cualitativa en cuanto a la formación de los lotes (STS de 7 de noviembre de 2006[469]).

---

467 (*Tol 4822072*): *... según tiene declarado esta Sala con reiteración la norma del artículo mil sesenta y uno del Código Civil reviste carácter meramente facultativo y en consecuencia la formación de los cupos se efectuará con arreglo a las particularidades del caso, atendiendo a la naturaleza, calidad y valor de los bienes y su posible división —sentencias de treinta de enero de mil novecientos cincuenta y uno, trece de junio de mil novecientos setenta, ocho de febrero de mil novecientos setenta y cuatro y veinticinco de junio de mil novecientos setenta y siete—, como lo revela el tenor literal del precepto al hablar de la «posible igualdad».*

468 *Vid*. STS de 6 de octubre de 2000 (*Tol 4974135*).

469 (*Tol 1022988*): *La jurisprudencia ha declarado, en la interpretación de este precepto, que la partición ha de estar presidida por un criterio de equitativa ponderación (SSTS de 30 de enero de 1951; 14 de diciembre de 1957 y 25 de marzo de 1995) y debe hacerse respetando la posible igualdad determinada por las circunstancias de cada caso (SSTS de 8 de febrero de 1974, 17 de junio de 1980, 21 de junio de 1986, 28 de mayo de 1992, 15 de marzo de 1995 y 16 de febrero de 1998). Sin embargo, también se ha precisado que no se trata de una igualdad matemática o absoluta (SSTS de 25 de junio de 1977, 17 de junio de 1980 y 14 de julio de 1990), sino de una igualdad cualitativa (STS de 13 de junio de 1992); que la norma tiene un carácter orientativo (SSTS de 30 de noviembre de 1974 y 7 de enero de 1991); está dotada de un grado de imperatividad sólo relativo (SSTS de 30 de noviembre de 1974, 25 de junio de 1977, 17 de junio de 1980, 21 de junio de 1986, 14 de julio de 1990, 28 de mayo de 1992, 15 de marzo de 1995 y 2 de noviembre de 2005); y no puede aplicarse*

Dicho esto, no podemos obviar el art. 1062 CC, que delimita y configura (o excepciona)[470] esa «posible igualdad» que persigue el art. 1061, al decir:

> Cuando una cosa sea indivisible o desmerezca mucho por su división, podrá adjudicarse a uno, a calidad de abonar a los otros el exceso en dinero.
> Pero bastará que uno solo de los herederos pida su venta en pública subasta, y con admisión de licitadores extraños, para que así se haga.

La facultad que el párrafo segundo del artículo transcrito confiere a cualquiera de los herederos, de pedir y exigir que la cosa indivisible o que desmerezca mucho por su división pueda ser vendida en pública subasta, debe ponerse en relación, como hemos dicho, con la norma general del art. 1061, y también con el párrafo primero del propio art. 1062[471].

Pues bien, estos preceptos no son aplicables a la partición hecha por el testador, pues el art. 1056.1 CC le concede unas facultades amplísimas para llevar a cabo la partición de sus bienes —recordemos, *se pasará por ella*—, siempre y cuando no se lesione

---

cuando la infravaloración de los bienes se aplica en proporción semejante a todos los que integran el caudal relicto (SSTS de 21 de abril de 1966 y 7 de enero de 1991); y que la infravaloración u omisión de algunos bienes, en tanto no sea maliciosa o no tenga carácter sustancial, no es susceptible de originar la nulidad de la partición, sino que las atribuciones mal valoradas deben resolverse por vía de rescisión, y las omisiones de bienes o valores por el camino de la adición o complemento de la partición (STS de 24 de febrero de 2005).

470 *Vid.* Vallet de Goytisolo, J. B., «Comentarios a los artículos 1.035 a 1.087 del Código civil», ob. cit., p. 404.

471 *Vid.* SAP de Huesca (Sección 1ª), de 27 de julio de 2005 (*Tol 690905*): *La consideración de divisibilidad o indivisibilidad no es solo una cuestión real o material, sino también cabe hablar de una indivisibilidad jurídica, como dice la sentencia de 30 de julio de 1999, "configurada ésta por resultar inservible la cosa para el uso a que se destina —entencia de 25 de noviembre de 1932—, bien a su anormal desmerecimiento si se produce la división —sentencia de 17 de marzo de 1921—, ora la originación de un gasto considerable a los partícipes —sentencia de 14 de junio de 1895 (en este sentido, sentencia de 7 de marzo de 1985)—". El recurso no puede prosperar porque si bien la finca es materialmente divisible, teniendo en cuenta que son siete los herederos, cada una de las parcelas resultantes tendría poco más de una hectárea, lo cual va en contra de la finalidad de la concentración que busca acabar con la dispersión de las fincas y alcanzar superficies cuya explotación las haga económicamente rentables.* En sentido opuesto, *vid.* SAP de Guipúzcoa (Sección 2ª), de 2 de febrero de 2005 (*Tol 613943*).

la legítima de los herederos forzosos. Hay que atender, en suma, a las disposiciones del causante sobre el modo en que debe llevarse a cabo la partición, con asignación concreta de bienes, y esta voluntad se constituirá en la ley suprema de la sucesión, con el consabido límite de las legítimas, tuteladas por la norma imperativa. Dicho en otras palabras: el testador tiene absoluta libertad para la formación de los lotes, aunque estos no sean iguales cualitativamente, pero esta libertad tiene como límite el respeto cuantitativo de las legítimas.

Así lo entendió la brillante STS de 6 de marzo de 1945[472], capital en la institución analizada:

> ... el Código español no siguió apenas en esta materia las huellas del patrón napoleónico; y así se observa, en primer término, que da a la facultad de división mayor amplitud y flexibilidad que la que tiene en Derecho francés, sin duda para facilitar el logro de las finalidades prácticas de aquélla, tanto en lo que se refiere a los sujetos de la partición (admitiendo que todo testador, tenga o no herederos forzosos, pueda hacer la partición de sus bienes, e incluso que pueda ejercitarse ese derecho, en algunos casos, por vía de delegación, según resulta del artículo 831), como en lo que se refiere al contenido (otorgando al testador una amplia libertad, no sólo en la composición cualitativa de los lotes, permitida por el artículo 1056 apartado 2°, sin sujeción a lo que disponen los artículos 1061 y 1062, sino también en la distribución valorativa.

La ley no distingue, a efectos de su aplicación, entre si hay herederos voluntarios o legitimarios, por lo que, aún en este último supuesto, no hay vinculación alguna para el testador-partidor, insistimos, siempre que se respete su legítima. El derecho del heredero forzoso consiste en recibir su porción legitimaria íntegra y libre de gravámenes fijados en el testamento —salvo el usufructo viudal *ex* art. 834 CC y otros gravámenes que afecten al tercio de mejora y se establezcan a favor de otros hijos o descendientes (art. 824 CC), incluida la *cautela socini*—, y no en percibir bienes concretos del causante, o procedentes de un tronco u otro[473].

---

472 (*Tol 4458418*).

473 *Vid*. RUBIO GARRIDO, T., *La partición de la herencia*, ob., cit. pp. 459 y 460.

Para Vallet de Goytisolo[474], "las limitaciones que le impone [al testador] la regulación de las legítimas no le someten a limitación cualitativa alguna, dentro del contenido en el caudal hereditario, como muestran los artículos 820, 828, 1.045, 1.047, 1.048 del Código civil, e incluso la posibilidad de abonarse en dinero no hereditario en los supuestos de los artículos 821, 829, 1056.2°, que ha sido incrementada por los nuevos artículos 841 y siguientes". Es lo que se conoce con el nombre técnico de conmutación de la legítima, y que tendremos oportunidad de exponer al referirnos al supuesto del párrafo segundo del art. 1056 CC relativo a la transmisión de la empresa. Adelantaremos, no obstante, la idea principal, cual es que la regla del pago *in natura*, esto es, en bienes de la herencia, es la que está en la base de la partición, por lo que la existencia de casos particulares que favorecen esa conmutación —como puedan ser las normas de los arts. 821, 829, 1056.2 y 841 CC—, como dice Vattier Fuenzalida[475] "obedecen a una *ratio* singular que los desvía de la regla general del pago de la legítima *in natura* (...)", pretendiéndose "una interpretación elástica y extensiva de los mismos, sobre todo, a base de las amplias facultades dispositivas del testador en orden a la configuración cualitativa de la legítima".

Hecha la anterior apreciación y, en resumen, a las particiones en que el art. 1061 CC no resulte de aplicación —las efectuadas por el propio testador, las del contador-partidor o las que lleven a cabo los propios herederos de común acuerdo—, tampoco deberá serlo, con mayor motivo, el art. 1062.2° CC, o como dice Vallet de Goytisolo[476]: "únicamente si la norma del artículo 1.062.1°, actúa como excepción de la del 1.061, aquélla sufre a su vez la limitación de su párrafo 2°".

13. La delegación de la facultad de partición ex art. 831 CC

Para finalizar este capítulo debemos hacer mención, aunque sea tangencialmente, a la posibilidad que se le brinda al testador para delegar ciertas facultades particionales en favor de la persona con quien haya tenido descendencia en común, aunque no estén casadas entre sí. El delegado podrá beneficiar a cualquier descendiente en común —y no sólo a los hijos—, dentro de los límites que el Código le permite al testador-delegante.

Es una potestad que viene contemplada en el complejo y prolijo art. 831 CC, que tiene su origen, al decir de LÓPEZ BELTRÁN DE HEREDIA[477], en el Proyecto de 1851, "en el que se introdujo a fin de mantener y difundir posibilidades semejantes a las concedidas en los derechos forales, de inminente desaparición. Se pensó que salvando esta institución de su desaparición se extenderían sus «felices resultados» a los territorios de Castilla".

En la redacción originaria del precepto —que supuso una excepción al carácter personalísimo del testamento *ex* art. 670 CC—, sólo podía concederse la facultad de delegación en capitulaciones matrimoniales prenupciales, llegando a ser, según RIVAS MARTÍNEZ[478] "un precepto muerto y prácticamente desconocido en la realidad de los despachos notariales", como consecuencia de que, precisamente, "sólo pudiera hacerse en capitulaciones, y éstas hasta la reforma del año 1975, debían otorgarse necesariamente antes de la celebración del matrimonio, momento quizá poco oportuno para tomar una decisión de este tipo". Situación que no cambió sustancialmente con la mencionada reforma de 1975, que permitía el otorgamiento de las capitulaciones tanto antes como después de celebrado el matrimonio.

Es en la reforma de 1981 cuando se permite, además de conceder la delegación en capitulaciones, también en testamento, lo que tampoco favoreció su uso, pues "la institución no era conocida por el público y además porque ante su falta de uso carecía de jurisprudencia clarificadora, lo que llevó consigo dudas sobre sus exactos límites y efectos"[479].

La Ley 41/2003, de 18 de noviembre, de protección patrimonial de las personas con discapacidad dio una nueva redacción al precepto, que es la que está vigente hoy en día[480]. La citada reforma, al decir de DÍAZ TEIJEIRO, "ha dejado demasiadas cuestiones abiertas, algunas de las cuales no son de fácil solución. Si acaso,

---

477 *Vid.* LÓPEZ BELTRÁN DE HEREDIA, C., «El artículo 831 del Código civil», *ADC*, fasc. 3, 2005, p. 1117.

478 *Vid.* RIVAS MARTÍNEZ, J. J., *Derecho de sucesiones común. Estudios sistemático y jurisprudencial*, ob. cit., p. 1564.

479 *Vid. ult. loc.*

480 En el Preámbulo de la ley se dice, justificando la inclusión del art. 831 CC para una nueva redacción: *Se reforma el ar. 831 del Código Civil, con objeto de introducir una nueva figura de protección patrimonial indirecta de las personas con discapacidad.*

la más grave de estas cuestiones está representada por el difícil encaje del artículo 831 CC con el sistema legitimario del Código civil"[481].

En la parte que nos interesa, podemos reseñar los aspectos más importantes que recoge el art. 831 CC:

a) No contemplándose ya las capitulaciones desde la reforma de 2003, la delegación, que ahora solamente cabe a través de testamento, tiene siempre naturaleza unilateral; por tanto, no es ningún contrato sucesorio y, por ende, irrevocable, pues el testador-delegante siempre podrá disponer o atribuir libremente a través de actos *inter vivos* o *mortis causa*, así como modificar las cláusulas de aquel.

b) Las facultades conferidas al cónyuge viudo en favor de los hijos o descendientes comunes comprenden: las *mejoras incluso con cargo al tercio de libre disposición y, en general, adjudicaciones o atribuciones de bienes concretos por cualquier título o concepto sucesorio o particiones, incluidas las que tengan por objeto bienes de la sociedad conyugal disuelta que esté sin liquidar.*

c) Aunque el precepto hable de cónyuge, las previsiones de este se aplican, también, cuando las personas con descendencia en común no estén casadas entre sí.

d) Las mejoras, adjudicaciones o atribuciones podrán realizarse por el progenitor delegado en uno o varios actos, simultáneos o sucesivos, y en los plazos que vienen señalados en el precepto.

e) Las disposiciones del progenitor delegado que tengan por objeto bienes específicos y determinados, además de conferir la propiedad al hijo o descendiente favorecido, le proporcionarán, asimismo, la posesión por el hecho de su aceptación, salvo que se establezca lo contrario por parte del delegante.

f) El cónyuge, en el ejercicio de las facultades delegadas, deberá respetar las legítimas estrictas de los descendientes comunes y las mejoras y demás disposiciones del causante

---

481 *Vid.* Díaz Teijeiro, C. M., «Delegación de la facultad de mejorar y pago de la legítima. Comentario a la STS de 24 de mayo de 2019», *CCJC*, enero-marzo 2020, pp. 289 y ss.

en favor de ésos[482]. En caso contrario, el perjudicado podrá pedir que se rescindan los actos del cónyuge en cuanto sea necesario para dar satisfacción al interés lesionado. El

---

482 Una cuestión muy debatida en la doctrina ha sido la relativa al momento del pago de la legítima estricta de los descendientes comunes, pues el art. 831.3 CC no se pronuncia al respecto. Esto es sumamente interesante por cuanto, como señala DÍAZ TEIJEIRO, la exégesis que se haga del art. 831 CC debe ser concorde con los principios del sistema sucesorio del Código civil, y uno de ellos, que es principal, es la intangibilidad de la legítima, esto es, aquella regla que dimana del art. 813.2 CC según la cual «la legítima no soporta cargas», por lo que se impide aplazar el pago de esta, no admitiéndose más excepciones que las previstas expresamente en la ley, y que son dos: la del párrafo 2º del art. 1056, relativo a la sucesión de la empresa; y la prevista en el art. 844 CC, relativo a la posibilidad de que el testador, o el contador-partidor, ordene que se pague en metálico la porción hereditaria de los legitimarios que no hayan resultado adjudicatarios *in natura* de los bienes hereditarios, si bien pueden oponerse. *Ibid.*, pp. 289 y ss.
Sobre el particular, resulta necesario acudir a la STS de 24 de mayo de 2019 (*Tol 7260373*), una de las pocas resoluciones recaídas sobre la facultad de delegar prevista en el art. 831 CC: *Si bien el origen del art. 831 CC está en algunos Derechos Forales, (caso de la fiducia colectiva aragonesa, del fiduciario comisario del Derecho Navarro, del comisario del Derecho vizcaíno, o de las facultades de designación y distribución otorgadas al cónyuge supértiste en el Derecho catalán, entre otros supuestos), la interpretación de esta norma, al margen de la autonomía o clara diferenciación que presenta su actual regulación respecto de las aplicaciones forales señaladas, queda sujeta a los principios del sistema sucesorio del Código Civil.*
En aplicación de los principios del sistema sucesorio del Código Civil, hay que resaltar que la legítima estricta (entre otros, arts. 806, 808 y 815 CC) constituye un derecho básico del legitimario cuyo pago no puede quedar sujeto a plazo por el testador, salvo en los casos que expresamexpreente lo disponga la propia norma. Supuestos, entre otros, del art. 1056 CC, caso de la preservación indivisa de una explotación, o del art. 844 CC, caso del pago de la legítima en metálico.
El art. 831.3 CC no contempla un régimen específico para el pago de la legítima estricta de los descendientes comunes, por lo que de la interpretación del citado precepto no cabe extraer una excepción, cuál es la aplicación de un plazo, bien el de dos años previsto para el ejercicio de las facultades del cónyuge fiduciario (art. 831.2 CC), o bien el del momento del otorgamiento del testamento del cónyuge fiduciario, que resulta contrario a los principios de nuestro sistema sucesorio y carecen de cobertura expresa por la norma.
Esta conclusión, además, se infiere del propio tenor del art. 831.3 CC. En efecto, la aplicación en el presente caso de los principios de nuestro sistema sucesorio quedó resaltada en la redacción dada al art. 831 por la Ley 11/1981, de 13 mayo 1981, que enfatizó que las facultades otorgadas al cónyuge fiduciario debían

cónyuge delegado podrá satisfacer estas legítimas —o cualesquiera otras disposiciones del causante—, incluso con sus propios bienes, sea de modo total o parcial.

g) En caso de matrimonio entre delegante y delegado, las facultades conferidas al cónyuge cesarán desde que hubiere pasado a ulterior matrimonio o a relación de hecho análoga o tenido algún hijo no común, salvo que el testador hubiera dispuesto otra cosa.

h) Hasta en tanto no se efectúe la distribución, la administración de los bienes corresponderá al progenitor sobreviviente.

Sin perjuicio de lo anterior, entendemos, a la vista de la STS de 6 de marzo de 1945[483], que el testador puede delegar la facultad de hacer la partición amparándose en el art. 831 CC. Así lo expresó Castán Tobeñas en la referida sentencia, al decir, en el considerando quinto:

> ... (admitiendo que todo testador, tenga o no herederos forzosos, pueda hacer la partición de sus bienes, e incluso que pueda ejercitarse ese derecho, en algunos casos, por vía de delegación, según resulta del artículo 831).

---

realizarse "sin perjuicio de las legítimas". Afirmación que pudiera parecer redundante, pero que remarcaba la diferente aplicación del citado precepto respecto del Derecho Foral de donde traía causa. Esta salvaguarda de la aplicación de los principios del sistema sucesorio, en materia de legítima, no ha resultado desvirtuada tras la redacción vigente del precepto por la Ley 41/2003, de 18 de noviembre, ya que el apartado 3.º del art. 831 CC sigue condicionado el ejercicio de las facultades, ahora ampliadas, del cónyuge fiduciario a que "respete las legítimas estrictas de los descendientes comunes". Expresión que redunda en lo anteriormente firmado, pues el "respeto" a la legítima implica su necesaria aplicación tal y como viene regulada en nuestro sistema sucesorio. Por lo que en el pago de la legítima estricta de los descendientes comunes no cabe señalamiento de plazo, salvo que la propia norma expresada lo disponga.

483 (*Tol 4458418*).

Capítulo Tercero

Las operaciones particionales típicas. Efectos de la partición testamentaria

I. LAS OPERACIONES PARTICIONALES

1. Introducción

Como dice Castán Tobeñas[484], no encontramos en el Código civil un orden preestablecido, sistemático, para llevar a cabo una partición de carácter extrajudicial[485]. Comúnmente se suelen dar las siguientes fases: i) inventario; ii) avalúo iii) liquidación del caudal y posible colación de bienes; y iv) división y adjudicación del haber partible[486].

Con carácter previo al estudio de cada una de ellas, cabe señalar —siguiendo a De la Cámara[487]— que, en la práctica, es habitual que vayan precedidas de un resumen de los antecedentes: fecha y lugar del fallecimiento del causante; título sucesorio y contenido de este; personas interesadas en la sucesión; criterios seguidos en la valoración de los bienes; y cuantos datos y antece-

---

484 *Vid.* Castán Tobeñas, J., *Derecho civil español, común y foral*, ob. cit., p. 372.

485 El Código regula esta materia en el Libro III ("De los diferentes modos de adquirir la propiedad"), Título III ("De las sucesiones"), Capítulo VI ("Colación y partición"), y dentro de este, en cinco secciones: La primera titulada "De la colación", que comprende los arts. 1.035 a 1.050; la segunda titulada "De la partición", que comprende los arts. 1.051 a 1.067; la tercera titulada "De los efectos de la partición", que comprende los arts. 1.068 a 1.072; la cuarta titulada "De la rescisión de la partición", que comprende los arts. 1.073 a 1.081; y la quinta titulada "Del pago de las deudas hereditarias", que comprende los arts. 1.082 a 1.087. En ninguno de estos artículos podemos deducir, con claridad, qué operaciones particionales han de llevarse a cabo en una división de herencia.

486 *Vid.* art. 785 LEC, que se refiere, en sede exclusiva de partición judicial, a estas operaciones y por este orden.

487 *Vid.* De la Cámara Álvarez, M., *Compendio de Derecho sucesorio*, ob. cit., p. 430.

dentes se consideren de interés o necesarios según las circunstancias concretas del caso.

También hay que mencionar la liquidación del patrimonio común, como paso previo a la partición, que se dará en los casos en que los cónyuges estén sujetos al régimen económico matrimonial de la sociedad legal de gananciales[488]; liquidación que deberá hacerla el cónyuge supérstite junto a los herederos del causante[489]. En caso de existir menores de edad cuya representación corresponda al cónyuge superviviente, si existe una situación de conflicto de intereses, deberá nombrarse a los primeros un defensor judicial (art. 235 CC); de igual modo se procederá en el caso de las personas mayores de edad si la persona que ejerce la medida de apoyo tiene intereses contrapuestos con aquella (arts. 249 y 250 CC).

2. *Inventario del caudal hereditario*

La primera operación particional consiste en inventariar el caudal relicto, determinando tanto el activo como el pasivo de la herencia, con el fin de conocer los bienes partibles[490].

El activo comprenderá, según el art. 659 CC, los bienes y derechos de una persona que no se extingan por su muerte, debiéndose hacer referencia al título de adquisición, fundamental para determinar, en su caso, si los bienes son gananciales o privativos del causante, caso de que este falleciera estando casado bajo el régimen de la sociedad legal de gananciales[491].

Por lo que respecta a los bienes inmuebles y los derechos reales inmobiliarios, a los efectos de la inscripción posterior en el Registro de la Propiedad a favor del adquirente, deberán reunirse los requisitos exigidos por la legislación hipotecaria, previstos en los arts. 9 LH y 51 RH.

488 *Vid.* Arts. 1396 a 1410 CC.

489 *Vid.* DE LA CÁMARA ÁLVAREZ, M., *Compendio de Derecho sucesorio*, ob. cit., p. 431.

490 *Vid.* MARTÍNEZ ESPÍN, P., «Tema V. Partición y colación», ob. cit., p. 201.

491 *Vid.* DE LA CÁMARA ÁLVAREZ, M., *Compendio de Derecho sucesorio*, ob. cit., p. 430.

El pasivo comprenderá[492]: los gravámenes y cargas reales que graven los bienes y derechos inventariados —derechos reales limitados de uso y disfrute y derechos reales de garantía—; las deudas del causante, incluidas las que lo sean a favor de los herederos; las cargas y gastos de la herencia que subsistan a la muerte del causante, como por ejemplo, gastos de última enfermedad, gastos de entierro y funeral, gastos de formación de inventario (art. 1033 CC), gastos de entrega de legados (art. 886.3º CC), gastos de administración del caudal relicto (art. 1063 CC), o los gastos de partición hechos en interés común de todos los coherederos (art. 1064 CC).

3. *Avalúo*

El avalúo consiste, según el DPEJ, en la "determinación del valor de un bien".

Constituye una operación indispensable para pasar a la siguiente fase de liquidación y adjudicación, y consiste en asignar a cada uno de los bienes inventariados un determinado valor[493].

El momento que debe tomarse como referencia para tasar los bienes es cuando se adjudican los mismos, no el valor que estos tenían cuando falleció el causante, aplicando analógicamente el art. 1074 CC que se refiere, en sede de la rescisión de la partición por causa de lesión en más de la cuarta parte, *atendiendo el valor de las cosas cuando fueron adjudicadas*, pues en el ínterin, la comunidad aprovecha las plusvalías y sufre las pérdidas (arts. 847 y 1045 CC)[494].

La STS de 21 de octubre de 2005[495] establece:

> ... hay que aceptar, como hace ahora el Código civil en preceptos como los que ha invocado el recurrente [arts. 847, 1045.1º y 1074], una cierta corrección del nominalismo, procediendo, de una parte, a aproximar el momento de valoración al de la liquidación y pago, para expresarlo en unidades monetarias de tal momento; y, por otra parte, estableciendo la regla de pago en la moneda corriente en el momento

---

492 *Ibid.*, pp. 201 y 202.

493 *Ibid.*, p. 202.

494 *Vid. ult. loc.*

495 (*Tol 758275*).

> de la liquidación, esto es, actualizando al valor actual de la moneda en el momento del pago.

En el mismo sentido la STS de 14 de diciembre de 2005[496]:

> La estimación del motivo sexto se funda en que reiterada jurisprudencia de esta Sala ha proclamado que la valoración de los bienes sujetos a una operación particional debe referirse al momento de la liquidación, como se infiere de diversos preceptos del Código Civil, entre los que se cuenta el artículo 1074 CC, que cita la parte demandante como infringido.

También la STS de 22 de febrero de 2006[497]:

> El artículo 1045 establece como importancia constatable de la colación el sistema «ad valorem», es decir, que no han de traerse a colación las mismas cosas donadas, sino su valoración al tiempo en que se evalúen los bienes hereditarios, lo cual es absolutamente lógico, ya que al tratarse de una prestación de valor, en principio, había que tener en cuenta el importe de la donación cuando se hizo, pero debidamente actualizado, por mor, esencialmente, al fenómeno económico de la inflación y el de la devaluación monetaria, y en este sentido se ha inclinado la doctrina científica moderna y la doctrina jurisprudencial (SSTS de 9 de julio de 1982, 17 de marzo de 1987 y 22 de noviembre de 1991); además, el párrafo primero del artículo 1045, tanto desde el punto de vista finalista, como desde el conceptualista, permite una hermenéusis literal, que no admite duda, y ello desde el instante mismo de que es lógico y sobre todo justo que la frase «al tiempo que se evalúen los bienes hereditarios» significa que, en circunstancias normales, los bienes colacionables se habrán de valorar al surgir el dato de la partición, pero si por cualquier evento dicha partición no ha podido ser hecha efectiva, la evaluación se deberá hacer en el instante de practicarla (STS 4 de diciembre de 2003); y el artículo 1045, en su actual redacción, adopta, frente al sistema anterior, el de colación «ad valorem», por lo que el valor de los bienes que hubieren sido objeto de donación se proyecta a tiempo posterior al de la propia donación, ya que tiene lugar en el momento de evaluar los dejados en herencia (STS de 20 de junio de 2005).

---

496 (*Tol 795337*).

497 (*Tol 843360*).

En cuanto a la valoración del pasivo de la herencia, deberá realizarse, también, en el momento de la partición.

4. Liquidación

Según el DPEJ, la liquidación de la herencia es "el conjunto de operaciones tendentes a calcular el importe neto divisible entre los herederos".

Se trata de una operación matemática a través de la cual, a partir del valor adjudicado a los bienes y derechos que componen el activo y pasivo del patrimonio hereditario, se determina el haber líquido o remanente del caudal hereditario, satisfaciendo las deudas y cargas de la herencia[498].

Una vez realizada esta operación, debe agregarse el valor de lo colacionable.

Mediante la colación[499], se suman a la herencia las donaciones hechas por el causante a sus herederos forzosos con el objetivo de constituir una masa —*relictum* más *donatum*—, sobre la cual ha de computarse la cuota de cada heredero, teniendo en cuenta el valor de los bienes donados, de forma que el donatario toma de menos en el *relictum* lo que hubiera percibido como donación[500].

Es decir, se dará siempre en el caso que el causante tenga legitimarios y haya hecho en vida donaciones.

---

498 *Vid.* Martínez Espín, P., «Tema V. Partición y colación», ob. cit., p. 203.

499 A la que el Código dedica los arts. 1035 a 1050.

500 *Vid.* De la Cámara Álvarez, M., *Compendio de Derecho sucesorio*, ob. cit., pp. 379-380. Este autor pone un ejemplo muy clarificador para explicar el fenómeno de la colación: causante que solamente tiene dos hijos a los que ha instituido herederos por partes iguales. Uno de ellos recibe en vida del padre, mediante donación, un valor de 20, siendo el *relictum* de 100. La colación supone agregar esos 20 (*donatum*) a 100 (*relictum*), dando un total de 120. Sobre esa suma se computarán las cuotas de cada uno de los herederos por lo que, siéndolo a partes iguales, corresponde 60 a cada uno, pero como un hijo ya recibió 20 por la donación, sólo percibirá de la masa hereditaria, 40 (60 menos 20), mientras que el otro percibirá los 60. De este modo, el *relictum* se distribuiría de forma desigual entre los herederos (40 y 60) como consecuencia de la donación.

Como dice PUIG BRUTAU[501], el Código establece una presunción, al entender que el causante "no ha querido establecer diferencias entre sus sucesores que sean legitimarios por el hecho de haberles otorgado donaciones desiguales". Si el testador no dice lo contrario, se entiende que son entregas a cuenta, de ahí la redacción de los arts. 1.035 y 1036 CC.

5. *División y adjudicación*

Tras la fijación de haberes, se procede a la división de los bienes y derechos mediante la formación de lotes, y a la adjudicación hereditaria, consistente en atribuir esos lotes a cada uno de los interesados en pago de su haber[502].

El art. 1061 CC exige que *en la partición de la herencia se ha de guardar la posible igualdad, haciendo lotes o adjudicando a cada uno de los coherederos cosas de la misma naturaleza, calidad o especie.*

No obstante, cuando la partición sea testamentaria, el testador-partidor gozará de libertad distributiva, no estando obligado a respetar la intangibilidad cualitativa de la legítima (arts. 1061 y 1062 CC)[503].

Para VALLET DE GOYTISOLO[504], no son aplicables el art. 1061 y el párrafo segundo del art. 1062 a la partición testamentaria al entender que, en derecho sucesorio, "la voluntad de ésta es ley de la sucesión en cuanto no la limiten normas imperativas", y que "las limitaciones que le impone la regulación de las legítimas no le someten a limitación cualitativa alguna".

II. EFECTOS DE LA PARTICIÓN PRACTICADA POR EL PROPIO TESTADOR

Para una mayor claridad expositiva, hay que diferenciar dos situaciones: antes del fallecimiento del testador; y después.

---

501 *Vid.* PUIG BRUTAU, J., *Compendio de Derecho civil*, ob. cit., p. 596.

502 *Vid.* MARTÍNEZ ESPÍN, P., «Tema V. Partición y colación», ob. cit., p. 205.

503 *Ibid.*, p. 209.

504 *Vid.* VALLET DE GOYTISOLO, J. B., «Comentarios a los artículos 1.035 a 1.087 del Código civil», ob. cit., pp. 398 y 399.

1. En vida del testador. La cuestión del traslado posesorio al heredero

En vida del testador, la partición contenida en testamento no produce efecto alguno, pues es un simple proyecto[505] y, por tanto, puede ser revocado, tal y como establece el art. 737 CC al disponer que *todas las disposiciones testamentarias son esencialmente revocables.*

En el caso de que la partición se lleve a efecto fuera del testamento, esto es, a través de un acto entre vivos, tampoco tendría virtualidad traslativa alguna, porque, aunque la redacción del art. 1056.1 CC sea confusa —más aún si cabe a la vista del art. 1271.2 sobre la prohibición de pacto respecto a la herencia futura—, ya vimos que siempre se tratará de un acto *mortis causa,* de última voluntad. Y, es más, el hecho de que intervengan los herederos en ese acto *inter vivos,* no implicaría dotar a esa partición de un valor irrevocable, por lo que no existirá vinculación alguna, ni para los herederos ni para el disponente[506].

Así pues, podemos afirmar que una partición con efectos en vida, con transmisión inmediata de bienes no sería más que una simple donación *inter vivos*[507], lo cual supondría disminuir los bienes que conformarían, en su caso, la futura herencia. Por tal motivo, técnicamente, es inapropiado referirse a que es una verdadera partición.

Respecto de esta cuestión, Rubio Garrido[508] se pregunta si pueden hacerse, en el derecho común, donaciones *mortis causa* como cauce para dejar hecha una partición por el testador, en su caso, con aceptación actual de los beneficiarios. Y, por derivación, la cuestión clave: si la donación *mortis causa* es aceptada por el donatario en vida del donante, ¿podría convertirse en irrevocable al amparo del art. 629 CC y en contra de los arts. 620 y 1271.2? Como veremos al referirnos en el capítulo correspondiente, refiriéndonos a la prohibición de la sucesión contractual *ex* art. 658 CC, el propio Código prevé algunas excepciones, como las previstas en los arts. 1341.2 y 826 y 827. En cualquier caso, el estado doctrinal y jurisprudencial actual sobre la cuestión es la de no admitir esta posibilidad[509]. Entiéndase, al decir de SAPENA TOMÁS[510], que "la prohibición de los contratos sobre la herencia futura afecta, salvo las excepciones en el Código previstas, a todo *negocio jurídico* inter vivos *cuyo objeto inmediato sea la herencia de una persona no fallecida*".

Recordemos aquí parte de la STS de 23 de febrero de 1999[511]:

> El hecho de que el reparto del acervo patrimonial del testador se instrumente por un acto «*inter vivos*» no le confiere cariz contractual, ni le imbuye de una fuerza vinculante frente al «*de cuius*». Cualquier tipo de partición es complemento o corolario de una transmisión «*mortis causa*». Sólo puede producir efectos distributivo-traslativos como resultado del fallecimiento del causante. Ya proclamaron elocuentemente las fuentes que «viventis non datus heredidas». No se puede adquirir «mortis causa» de una persona viva. Es preciso, para ello, esperar a su óbito.

Véase también el argumentario de la RDGSJFP de 25 de abril de 2022[512]:

> Las donaciones «*mortis causa*» en sentido estricto (no las donaciones «*inter vivos*» con eficacia «post mortem») se rigen en todo por las reglas de los legados y han de otorgarse en forma testamentaria —no de donación— siendo esencialmente revocables. El resto de donaciones se regirían por lo dispuesto en el artículo 621 del Código Civil, deben adoptar necesariamente la forma de donación y son esencialmente irrevocables de manera unilateral y libérrima para el donante. Como se afirma en la Sentencia del Tribunal Supremo de 17 de junio de 2011 (RJ 2011, 4640), la donación «*mortis causa*» es aquella en que el donante no transmite al donatario la cosa donada en el momento de la donación, sino que éste la adquirirá a la muerte del donante; prevé, pues, el donante el destino de bienes para después de su muerte, como en el testamento y no pierde el donante la disponibilidad de la cosa donada: puede venderla, donarla «*inter vivos*» a otro o revocar simplemente aquella donación.

---

509 Para el autor citado, "lo que parece como muy útil es aclarar, mejor de lo que se hace hasta hoy, la contraposición verdadera entre acto mortis causa y acto inter vivos (en su caso, con efecto o efectos diferidos a la muerte"; *ibid.*

510 *Vid.* SAPENA TOMÁS, J., «Un caso de renuncia a herencia futura admitido por el Tribunal Supremo (Sentencia de 6 de mayo de 1953)», ob. cit., p. 305.

511 (*Tol 1431*).

512 (*Tol 8927768*).

> Como afirmó este Centro Directivo en Resolución de 20 de febrero de 2017 (RJ 2017, 3391), la donación «inter vivos» con eficacia «*post mortem*» es una «verdadera y propia donación entre vivos y se produce, en beneficio del favorecido, una situación de pendencia o una situación temporalmente limitada, si la muerte, en la intención del donante, solo significa condicionamiento del derecho transmitido, o dilación o término del pago. (...) Por ello, no se crea una mera expectativa jurídica a favor del beneficiado sino que hay transmisión de un derecho siquiera quede ésta condicionada suspensivamente (...)».
>
> Es común entender que la donación «*inter vivos*» con eficacia «*post mortem*» es una donación —negocio gratuito «*inter vivos*»— sometida a condición suspensiva, aplicándosele (también en el campo de la fiscalidad) las normas relativas a las adquisiciones a título gratuito e «inter vivos».
>
> Si se tiene en cuenta que para que pueda hablarse propiamente de donación «*mortis causa*» se requiere que el donante no quede vinculado por la donación; que la misma no es definitivamente firme hasta la muerte de donante (pues la falta inicial de firmeza es de esencia a la donación «*mortis causa*») y que es esencial su revocabilidad libremente por el donante, no puede concluirse que estos elementos estén presentes en la donación objeto de la calificación impugnada.

En suma, bien se instrumentalice la partición a través de testamento o a través de un acto entre vivos, siempre estará condicionada al deseo, a la voluntad última del testador, consolidándose cuando sobrevenga su muerte, al surtir efectos *post mortem*.

Dicho todo lo anterior o, mejor dicho, complementándolo, queremos dejar clara la cuestión relativa al traslado posesorio de algunos bienes a los herederos del testador, que no implica la transmisión de su propiedad.

Ciertamente es fácil entender que uno de los principales objetivos del testador sea, a través de la partición —como venimos diciendo a lo largo de este estudio—, intentar que sus herederos no discutan entre ellos, siendo él mismo el que realice, en vida, la distribución de sus bienes por el cauce del art. 1056 CC.

Pero existe un problema ya reseñado con anterioridad: que esta partición unilateral del testador únicamente tendrá efectos al momento de su fallecimiento; no siendo vinculante, puede revocarla en cualquier momento. ¿Es esto compatible con la entrega a los herederos de la posesión de los bienes objeto de la partición, a modo de "anticipo"? ¿Es posible, en suma, cumplir también el deseo legítimo del testador de que sus herederos puedan poseer, usar y disfrutar de los bienes distribuidos sin esperar a su fallecimiento? La respuesta es afirmativa, pues el testador, libremente, puede decidir entregar la posesión de los bienes a los herederos, sin que esto implique transferir el dominio, que sólo se materializará cuando fallezca, dada la naturaleza *mortis causa* de la partición hereditaria[513].

Sánchez Aristi no ve inconveniente en una entrega de bienes de los que comprenderían la herencia futura a favor de los herederos; pero sin que esta entrega supusiese una verdadera adquisición de naturaleza sucesoria[514]. En el mismo sentido, dice Rodríguez Adrados: "... lo que regula el artículo 1.056, según resulta de su texto, de su colocación sistemática y de sus efectos, es solamente una partición de herencia, con la fundamental consecuencia de que el traspaso de la propiedad no tiene lugar hasta el fallecimiento del causante; sólo entonces se pagan, por tanto, los impuestos sucesorios"[515].

En cualquier caso, si el causante quiere trasmitir cuanto antes la propiedad a sus hijos o herederos podrá hacer uso de la donación, para transferir así, *inter vivos*, sus bienes, y sin que la misma suponga una admisión tácita de la donación-partición como, por ejemplo, sucede en el Derecho francés[516].

---

513 Al contrario de lo que sucedía en el Derecho anterior al Código civil como se pone de relieve en la STS de 6 de marzo de 1945 (*Tol 4458418*): *... si bien los escritores más autorizados y seguidos, en el Derecho anterior al Código Civil, admitían como lícita, por no haber ley que la prohibiera, la división mediante entrega en vida a los hijos de los bienes que había de corresponderles, es de observar, de un lado, que dichos autores no exigían formalidades especiales para esa partición, cuyo efecto se ligaba, más que al título contractual, a la «traditio» de los bienes, y de otro, que esa partición se consideraba revocable, salvo disposición expresa en contrario, pues se estimaba que no equivalía a una donación simple, sino a una disposición última que era revocable hasta la muerte.*

514 *Vid.* Sánchez Aristi, R., *Dos alternativas a la sucesión testamentaria: pactos sucesorios y contratos* «post-mortem», Comares, Granada, 2003, p. 63.

515 *Vid.* Rodríguez Adrados, A., «La partición hecha por el testador», ob. cit., pp. 223-224.

516 Puede verse en este sentido lo que refiere Gómez Morán, para el cual, la partición *inter vivos* con entrega inmediata de bienes es una donación, si bien de naturaleza especial y revocable: "Por tanto podemos resumir nuestra opinión de la manera siguiente: 3°. Aunque se suprimiera la partición mortis causa, siempre quedaría la hecha por actos intervivos, con la misma finalidad e igual trascendencia económica y jurídica que

Por tanto, no hay inconveniente en que el heredero reciba, en vida del testador-partidor, la posesión de la cosa, pero deberá esperar a su fallecimiento para ser propietario, siempre y cuando la partición no haya sido revocada; y ello al amparo de lo que dispone el art. 1068 CC, por cuanto exige tanto el título sucesorio como el acto particional, como así lo ha entendido la STS de 14 de noviembre de 1958[517]:

> ... el testamento por sí solo no es título de propiedad para que uno de los herederos reclame para sí, frente a otros coherederos, bienes determinados de la herencia, hay que reconocer que el título está constituido en este caso por el testamento y la partición conjuntamente (artículo 1068 del Código Civil).

2. *Una vez fallecido el testador*

2.1. Confiere, de modo directo, la titularidad de los bienes adjudicados

El principal efecto es que se produce el efecto previsto en el art. 1068 CC, al disponer que *la partición legalmente hecha confiere a cada heredero la propiedad exclusiva de los bienes que le hayan sido adjudicados*[518].

---

aquella. 4º. Este último sistema de partición equivale a una donación hecha en vida por el causante; y aparte de que no podemos explicarnos cómo no se puede dar para después de la muerte lo que se puede dar en vida, siendo así que la mecánica del Derecho positivo establece un criterio más amplio para el primer caso que para el segundo, la existencia de aquel modo de partir es irrefutable porque integra un acto de dominio de que no puede privarse al dueño de la cosa". *Vid.* GÓMEZ MORÁN, L., «Testamento-partición», p. 610. *Vid.* también la postura mantenida por MARÍN LÁZARO, al admitir dos modos de partir la herencia: i) por acto *inter vivos*, esto es, por un contrato que tendrá que ser una donación; y ii) a través de una disposición de última voluntad, esto es, por un testamento. *Vid.* MARÍN LÁZARO, R., «La partición de la herencia hecha por actos *inter vivos*», ob. cit., p. 224.

517 (*Tol 4350845*).

518 El artículo 1085 del Anteproyecto de 1882-1888 difería de este al referirse «a los herederos», en lugar de «a cada heredero»; en consecuencia, también «que les», en lugar de «que le».

En cuanto a la delimitación de la norma, la STS de 25 de junio de 2008[519] establece:

> La infracción del artículo 1068 CC, única entre las que se denuncian que pueda ser examinada, según se ha visto, se habría de producir proyectando el precepto a contrario sensu: la norma dispone que la partición legalmente hecha confiere a cada heredero la propiedad exclusiva de los bienes que le hayan sido adjudicados, pero no hay que entender que en caso de no haberse producido la partición los herederos no tienen la propiedad, o al menos no en todos los casos, pues, como antes se ha dicho, tal no sucede en los casos de heredero único o en los supuestos de un único bien en el caudal (supuesto al que se aproxima el de autos), además de que cabe una actuación de todos los coherederos respecto del bien (luego, en cierto modo, se les reconoce el poder de disposición propio de un derecho concreto).

La adjudicación del dominio a favor de cada heredero a través de la partición sólo tendrá lugar respecto de bienes concretos que conformen el caudal relicto. En este sentido, la STS anteriormente citada dice:

> Sólo la partición atribuirá el dominio de bienes concretos pertenecientes a la herencia, siempre que el dominio esté verdaderamente contenido en el caudal relicto (SSTS 3 de febrero y 27 de mayo de 1982, 3 de junio de 1989, 5 de marzo de 1991, etc.). Aún con mayor énfasis decía la STS 29 de diciembre de 1988, con precedente en la de 16 de febrero de 1987, que la partición hereditaria tiene por objeto la transformación de las participaciones abstractas de los coherederos sobre el patrimonio relicto (derecho hereditario) en titularidades concretas sobre bienes determinados, bien en propiedad exclusiva, bien en proindivisión.

En términos similares la STS de 4 de mayo de 2005[520]:

> ... en el periodo de indivisión que precede a la partición hereditaria los herederos poseen el patrimonio del causante colectivamente, permaneciendo indeterminados sus derechos hasta que la partición se realiza, sin que pueda, durante tal estado de indivisión, reclamarse para sí, sino para la comunidad hereditaria (Sentencia del Tribunal Supremo de 25 de junio de 1965).

---

519 (*Tol 1347118*).

520 (*Tol 646333*).

> ... la partición tiene el carácter de operación complementaria de la trasmisión y es siempre indispensable para obtener el reconocimiento de propiedad sobre bienes determinados (Sentencia del Tribunal Supremo de 25 de enero de 1943).

Para De los Mozos[521], "una vez se produce la apertura de la sucesión, los herederos en vez de adquirir un simple derecho hereditario adquieren bienes singulares, pudiendo ocupar por propia autoridad las cosas asignadas, aun cuando no sean legitimarios. Y la partición realizada por el testador tiene para ellos fuerza de ley sin perjuicio de las acciones de impugnación que puedan corresponderles. Pero *prima facie*, se estima válida".

Consecuencia de todo lo anterior es que el heredero no podrá vender los bienes de la herencia hasta que no le sean adjudicados en virtud de la partición. Lo máximo que podrá hacer es disponer de una cuota ideal de participación[522].

Por último, para la transmisión de la propiedad de los bienes hereditarios no será necesaria la tradición, pues como indica la STS de 5 de marzo de 1991[523]: *...claro está que la disolución de la comunidad hereditaria en orden a su efecto de convertir el derecho abstracto en titularidades concretas sobre bienes determinados entrañará la atribución del dominio conforme al artículo antes citado (se refiere al 1068 del Código Civil) siempre que este derecho esté verdaderamente contenido en el caudal relicto y por tanto presupuesta su real pertenencia al as hereditario»; es decir, la partición realizada por los herederos no es un título traslativo de la propiedad, como entiende la recurrente, necesitado de la tradición para la adquisición de la propiedad al que sea aplicable el inciso final del párrafo segundo del art. 609 del Código Civil al decir que «la*

---

521 *Vid.* De los Mozos y de los Mozos, J. L., «La partición de la herencia por el propio testador», ob. cit., pp. 228 y 229.

522 *Vid.* STS de 26 de diciembre de 1989 (*Tol 1731197*): *...preceptúa el artículo 1068 del Código Civil la partición legalmente hecha, confiere a cada heredero la propiedad exclusiva de los bienes que le hayan sido adjudicados», esto es, que mientras no se le adjudiquen, sólo puede disponer de una cuota ideal de participación, aunque tenga derecho por título de herencia, pero que no ingresan en haber particular de cada heredero hasta su adjudicación por la partición.* También la STS de 2 de julio de 2014 (*Tol 4429657*): *Se ha reconocido por esta Sala la validez de la transmisión de sus derechos sucesorios; antes de la partición; así, la sentencia de 23 marzo de 2012 que se apoya en el artículo 1067 del Código civil.*

523 (*Tol 1726776*).

propiedad y los demás derechos sobre los bienes se adquieren y transmiten...., y por consecuencia de ciertos contratos mediante la tradición», ya que según el propio precepto, el título adquisitivo de la propiedad, en el presente caso, es «la sucesión testada» que no necesita de la tradición ya que, a tenor del art. 440 del propio Código, «la posesión de los bienes hereditarios se entiende transmitida al heredero sin interrupción y desde la muerte del causante, en el caso de que llegue a adirse la herencia»; por tanto, no se ha producido la violación de los preceptos legales y doctrina legal que se invocan en el motivo dado que la ejercitada es una acción reivindicatoria fundada en título hereditario, título apto para ello según reiterada doctrina jurisprudencial.

2.2. Carácter vinculante de la partición testamentaria, en cuanto no perjudique a la legítima de los herederos forzosos

La partición testamentaria tiene fuerza de ley, pues como dice el art. 1056.1 CC, *se pasará por ella*, pero hay que tener en cuenta dos situaciones: la primera, la posibilidad de impugnarla cuando *perjudique la legítima de los herederos forzosos* o cuando *aparezca, o racionalmente se presuma, que fue otra la voluntad del testador* (art. 1075 CC); la segunda, el juego de los supuestos de evicción y saneamiento respecto de los bienes adjudicados, obligación que decae en esta modalidad particional cuando *aparezca, o racionalmente se presuma, haber querido lo contrario, y salva siempre la legítima* (art. 1070.1º CC).

Respecto de lo comentado con anterioridad, podemos traer a colación la STS de 21 de julio de 1986[524]:

> Si el artículo mil cincuenta y seis del mismo cuerpo legal, admite como una de las posibles formas de hacer la partición, la que de sus propios bienes realice el testador y a la que atribuye fuerza vinculante —«se pasará por ella» dice el precepto—, es indudable que sus efectos son los mismos que si se tratara de partición judicial o de partición extrajudicial practicada por los propios herederos o por albaceas o partidores, es decir, sus efectos son los de conferir a cada heredero la propiedad exclusiva de los bienes que le hayan sido adjudicados, ello, claro es, sin perjuicio de las acciones

[524] (*Tol 1734780*).

> de impugnación que el artículo mil setenta y cinco en relación con el mil cincuenta y seis, concede a los herederos forzosos en la hipótesis de que perjudique sus legítimas o de que aparezca o racionalmente se presuma que fue otra la voluntad del testador[525].

Por otra parte, como ya se ha dicho, en la partición testamentaria goza el causante de total libertad para distribuir sus bienes sin tener que cumplir con las reglas de la igualdad cualitativa y proporcionalidad de los lotes según los arts. 1061 y 1062 CC[526], esto es, formando lotes de la misma naturaleza, especie o calidad. Evidentemente, tal voluntad deberá ser respetada; entender lo contrario supondría desvirtuar la propia naturaleza y finalidad de esta modalidad particional.

La STS de 6 de marzo de 1945[527] ya se refirió a esta cuestión en los términos siguientes:

> Quinto: Que el Código español no siguió apenas en esta materia las huellas del patrón napoleónico; y así se observa, en primer término, que da a la facultad de división mayor amplitud y flexibilidad que la que tiene en Derecho francés, sin duda para facilitar el logro de las finalidades prácticas de aquélla, tanto en lo que se refiere a los sujetos de la partición (admitiendo que todo testador, tenga o no herederos forzosos, pueda hacer la partición de sus bienes, e incluso que pueda ejercitarse ese derecho, en algunos casos, por vía de delegación, según resulta del artículo 831), como en lo que se refiere al contenido (otorgando al testador una amplia libertad, no sólo en la composición cualitativa de los lotes, permitida por el artículo 1056 apartado 2°, sin sujeción a lo que disponen los artículos 1061 y 1062, sino también en la distribución valorativa, al admitir como medio normal único de impugnación la acción por lesión de la legítima y no la acción ordinaria de rescisión por lesión en más de la cuarta parte).

La STS de 28 de junio 1961[528], insiste en la idea de que el Código civil otorga al testador, *una amplia libertad, no sólo en la com-*

---

525 En los mismos términos la STS de 21 de diciembre de 1998 (*Tol 6600*).

526 *Vid.* De los Mozos y de los Mozos, J. L., «La partición de la herencia por el propio testador», ob. cit., p. 217.

527 (*Tol 4458418*).

528 RJ 1961, 2748.

posición cualitativa de los lotes, permitida por el artículo 1056, apartado 2º, sin sujeción a lo que disponen los artículos 1061 y 1062.

Refiriéndose al carácter vinculante o irrevocable de este tipo de partición podemos citar también la SAP de Cáceres (Sección 2ª), de 22 de abril de 2002[529]:

> ... la partición efectuada en el testamento es válida y vinculante y que por lo tanto desde el mismo momento del fallecimiento del causahabiente se adquieren los bienes por aquel heredero así designado en el testamento.

2.3. Los herederos podrán, de común acuerdo, prescindir o cambiar la partición hecha por el testador-partidor

En otro orden de cosas, sobre la posibilidad de que los coherederos puedan, de común acuerdo y una vez fallecido el testador, prescindir o cambiar la partición llevada a cabo por este, entendemos, al igual que RIVAS MARTÍNEZ[530] que, aunque el Código guarde silencio, debe admitirse.

Efectivamente, no encontramos precepto alguno asimilable al art. 1058 CC, que señala que *cuando el testador no hubiese hecho la partición, ni encomendado a otro esta facultad, si los herederos fueren mayores y tuvieren la libre administración de sus bienes, podrán distribuir la herencia de la manera que tengan por conveniente.*

Doctrina y jurisprudencia admiten esta posibilidad, y decimos nosotros que donde la ley no distingue no debemos distinguir, en este caso, restringiendo la autonomía de la voluntad de los interesados. Es más, si la finalidad última de la partición testamentaria es evitar el conflicto futuro entre los coherederos, mejor aún si son los interesados los que, de común acuerdo, deciden la forma de repartirse los bienes, aunque esta forma sea distinta de la inicialmente prevista por el testador, si bien, esto se dará una vez estén adjudicados los bienes, pues la partición testamentaria es prioritaria según lo dispuesto en el art. 1058 CC.

---

529 (*Tol 7713425*).

530 *Vid.* RIVAS MARTÍNEZ, J. J., *Derecho de sucesiones común. Estudios sistemático y jurisprudencial*, ob. cit., p. 2906.

La STS de 4 de febrero de 1994[531] es clara en cuanto a la posibilidad de que los herederos puedan hacer actos dispositivos que alteren la partición hecha por el testador:

Esta Sala no puede compartir la postura dubitativa del Tribunal de Apelación en cuanto a la dimensión jurídica del acto dispositivo testamentario que otorgó la causante. Se trata de una efectiva partición llevada a cabo por la mencionada ascendiente, que el artículo 1056 del Código Civil autoriza realizar por medio de testamento, toda vez que no se hace distribución de cuotas hereditarias, sino más bien una disposición distributiva definitiva y directa de la totalidad del caudal patrimonial entre sus dos únicos hijos, con precisión del destino de cada uno de los bienes para después de su muerte. Su raíz y fundamento hay que encontrarlo no sólo en la voluntad que así se manifiesta, sino también en el deseo que de esta manera expresó la testadora de evitar conflictos y enfrentamientos entre los sucesores designados (...).

Los sucesores no llevaron a cabo en la escritura de 3 de agosto de 1973 ninguna partición de bienes de su causante, pues ya la había efectuado en su testamento y quedaron de esta manera vinculados a la misma y así lo expresaron. Lo que más bien realizaron fue la cumplimentación práctica de la misma y para su plena y efectiva operatividad dominical, pues la partición testamentaria ya atribuyó a los mismos los bienes adjudicados y su adquisición «iure hereditario», con independencia de que se diera homogeneidad en los lotes que refiere el artículo 1061 del Código Civil.

En este caso los herederos han de conformarse y admitir los bienes que les fueron designados, aunque los mismos no presenten condiciones igualitarias plenas, al tener que acatar y pasar por la partición que les venía impuesta.

Ello no quiere decir que los herederos capaces estén privados de toda facultad de disposición, para sobrepasar la partición realizada por su causante y así lo ha reconocido en jurisprudencia de esta Sala [Sentencias de 28 enero 1964, 25 febrero 1966 y 5 marzo 1991] conformando actos dispositivos, más bien que propios de partición, que exigen concierto preciso de voluntades, expreso y bien definido en este sentido, al presentar naturaleza novatoria, que no concurrió en el caso de autos; de ahí que no se pueda

---

531 (*Tol 1665946*).

considerar la existencia de pacto contractual alguno, que haría factible la aplicación del plazo prescriptivo que contiene el artículo 1301 del Código Civil.

Los herederos, como titulares de los bienes adjudicados al amparo del art. 1068 CC, pueden hacer entre ellos, y con terceros, actos dispositivos, que tendrán, como acertadamente entiende BELLOD FERNÁNDEZ DE PALENCIA[532], su propia trascendencia fiscal, al constituir un nuevo hecho imponible, distinto o independiente del hecho sucesorio, como hemos comentado en páginas precedentes.

2.4. Permitirá reivindicar los bienes adjudicados

Por último, puesto que, como hemos dicho al principio, se produce el efecto previsto en el art. 1068 CC, permitirá a cada heredero reivindicar los bienes adjudicados. En tal sentido, dice la STS de 21 de julio de 1986[533]:

> Como se acaba de decir, la partición hecha por el testador en su testamento, lo mismo que la practicada en cualquier otra forma admitida en Derecho, produce el efecto de conferir a cada heredero la propiedad exclusiva sobre los bienes adjudicados, propiedad exclusiva que faculta para el ejercicio de cualquier acción reivindicatoria.

El testamento, *per se*, no será título suficiente para reivindicar los bienes. Dice la resolución anteriormente citada que: ...*ni el testamento ni la declaración de herederos abintestato son por sí solos títulos suficientes para reivindicar bienes concretos y determinados y ello porque tales títulos sólo confieren un derecho abstracto sobre el patrimonio relicto que permanece en indivisión, no es menos cierto que una vez practicada la partición aquel derecho abstracto se transforma en un derecho concreto sobre los bienes que a cada heredero se le hayan adjudicado, ostentando a partir de dicha adjudicación una titularidad ordinaria, como la que puede corresponderle sobre bienes integrados en su patrimonio por cualquier otro título adquisitivo.*

---

532 *Vid.* BELLOD FERNÁNDEZ DE PALENCIA, E., *La partición efectuada por el causante*, ob. cit., p. 78.

533 (*Tol 1734780*).

Tampoco la partición, *per se*, será título suficiente para reivindicar los bienes adjudicados si no se puede demostrar el dominio del causante, pues nadie puede transmitir lo que no es de su propiedad[534].

Para que la acción reivindicatoria sea estimada, será necesario tanto el testamento como la partición, cumulativamente[535].

III. VICISITUDES ULTERIORES QUE AFECTAN A LA PARTICIÓN Y OCURREN EN VIDA DEL TESTADOR-PARTIDOR

Trataremos ahora algunas cuestiones que, como continuación a los efectos de la partición efectuada por el testador, hay que tener en cuenta por cuanto pueden darse con mucha probabilidad en la práctica. Situaciones sobrevenidas al acto particional que suponen una disparidad entre disposición y partición.

Como expresan LACRUZ BERDEJO y SANCHO REBULLIDA[536]: "las vicisitudes posteriores de la partición (variaciones en la composición del patrimonio o de la familia, pérdidas o aumentos de valor, renuncias) pueden poner a ésta, al abrirse la sucesión, en contradicción con la voluntad del causante expresada en la atribución de cuotas en el testamento"; y que "la lesión (o, en términos generales, la diferencia entre el valor de la cuota de un heredero en el momento de la apertura de la sucesión y el de lo que efectivamente reciba en la partición), pueden producir-

---

534 *Vid.* STS de 3 de junio de 1989 (*Tol 1732525*). *La partición por sí sola no basta para acreditar el dominio, sino que precisa la cumplida prueba de que pertenecía al causante el bien adjudicado al coheredero —SS. de 15 de febrero de 1968 y 3 de febrero de 1982—, por lo que, por sí misma, no es título suficiente para ejercitar la acción declarativa del dominio.* También la STS de 5 de marzo de 1991 (*Tol 1726776*).

535 *Vid.* STS de 14 de noviembre de 1958 (*Tol 4350845*): ... *el testamento por sí solo no es título de propiedad para que uno de los herederos reclame para sí, frente a otros coherederos, bienes determinados de la herencia, hay que reconocer que el título está constituido en este caso por el testamento y la partición conjuntamente (artículo 1068 del Código Civil), puesto que no consta que se haya efectuado otra.*

536 *Vid.* LACRUZ BERDEJO, J. L. y SANCHO REBULLIDA, F. DE A., *Derecho de sucesiones I*, ob. cit., pp. 278 y 279.

se por hechos sobrevenidos tras el acto particional y antes de la apertura de la sucesión; voluntarios o involuntarios; afectantes a la existencia de los bienes atribuidos (destrucción total o parcial, desmerecimiento) o a su continuación en el patrimonio del causante (enajenación, sustracción, evicción) o a su valor (aumento o disminución); y que lo mismo la lesión originaria que la sobrevenida puede ser intencionada o involuntaria"[537].

Tratar estas cuestiones nos obligará a mencionar algunos artículos del CC que serán comentados en otros capítulos; no obstante, esto no debe ser un obstáculo para su análisis como cláusula de cierre del presente, sin perjuicio de ampliar su estudio en otras partes de esta.

1. *En los elementos personales*

Según VALLET DE GOYTISOLO[538], en caso de faltar algunos de los herederos entre los que el testador distribuyó la herencia, cabría aplicar, a primera vista, lo dispuesto en el art. 1081 CC:

> La partición hecha con uno a quien se creyó heredero sin serlo será nula.

No obstante, este autor entiende que el art. 1079 CC se adapta mejor a este supuesto de hecho, y lo aplica por analogía, pues los efectos son los mismos. Dice el precepto:

---

537 En el mismo sentido se pronuncia RODRÍGUEZ ADRADOS: "... raramente la partición puede ser total, pues las dificultades prácticas se oponen al deseo primario del testador de quedar todo completamente arreglado: entre partición y fallecimiento pueden cambiar el elemento personal (fallecimiento de un heredero; nacimiento de otro, incluso forzoso), los elementos reales, activos (adquisición o enajenación de bienes) y pasivos (deudas); pueden cambiar los valores, y las circunstancias; a ello se añaden los problemas que el carácter ganancial de los bienes produce, lo mismo para los actos dispositivos singulares (legados y mejoras de cosa ganancial) que para los meramente atributivos o particionales; por ello, en la práctica, raramente la partición es total; suele ser parcial, y testamentaria, sin apenas usarse la partición por acto entre vivos". *Vid.* RODRÍGUEZ ADRADOS, A., «La partición hecha por el testador», ob. cit., p. 230.

538 *Vid.* VALLET DE GOYTISOLO, J. B., «Comentarios a los artículos 1.035 a 1.087 del Código civil», ob. cit., p. 154.

> La omisión de alguno o algunos objetos o valores de la herencia no da lugar a que se rescinda la partición por lesión, sino a que se complete o adicione con los objetos o valores omitidos.

López Peláez[539], refiriéndose al supuesto de que uno de los llamados, en cuyo favor se hayan adjudicado bienes, fallezca en el momento de la apertura de la sucesión, entiende que puede actuar el derecho de representación (arts. 924 y ss.) pero, cuando esto no sea posible, la parte de aquel acrecerá a los demás llamados (arts. 981 y ss.), quedando a salvo la apertura de la sucesión intestada en esa parte de los bienes si esto último tampoco puede llevarse a cabo, por ejemplo, porque el testador haya manifestado su voluntad contraria al acrecimiento; es esta una posibilidad que, si bien no está contemplada en el Código —en opinión de Millán Salas[540]—, puesto que la voluntad del testador es la ley de la sucesión, puede impedir que opere el derecho de acrecer a pesar de que se hayan cumplido todos los requisitos para su operatividad.

Otro supuesto que puede darse es que, en el momento del fallecimiento del causante, exista un *nasciturus* con derecho a la herencia, el cual no ha sido tenido en cuenta en la partición testamentaria. En tal caso cabría aplicar el art. 966 CC, suspendiendo la división de la herencia, que debería coordinarse con la partición ya realizada por el testador, que no sería efectiva hasta que el *nasciturus* nazca o definitivamente falte, con el fin de asegurar sus derechos[541].

Similar problema se plantea en los casos de que la viuda utilice, dentro de los doce meses siguientes al fallecimiento del marido su material reproductor, pudiendo producirse el nacimiento del hijo —no incluido en la partición—, hasta veintiún meses después del fallecimiento de aquel por el juego de los plazos de la fecundación *post mortem*[542] *ex* art. 9.1 y 2 de la Ley 14/2006, de 26 de mayo, sobre técnicas de reproducción humana asistida[543].

---

542 *Vid. ult. loc.*

543 Que dicen: *1. No podrá determinarse legalmente la filiación ni reconocerse efecto o relación jurídica alguna entre el hijo nacido por la aplicación de las técnicas reguladas en esta Ley y el marido fallecido cuando el material reproductor de éste no se halle en el útero de la mujer en la fecha de la muerte del varón. 2. No obstante lo dispuesto en el apartado anterior, el marido podrá prestar su consentimiento,*

O, también, por ejemplo, en los supuestos de pendencia de un proceso de reclamación o impugnación de la filiación, o un proceso de adopción, que puede traducirse en la incorporación de un nuevo legitimario no contemplado inicialmente en la partición[544].

2. *Adquisición de nuevos bienes u omisión de los ya existentes*

En el caso de adquisición o que aparezcan nuevos bienes no comprendidos en la partición, o, de igual modo, habiendo omitido en esta alguno de ellos si ya existían, cabe aplicar, también, lo dispuesto en el art. 1079 CC[545].

En este sentido, ya dijo la STS de 4 de noviembre de 2008[546] que: *No es preciso que la partición comprenda absolutamente todos los bienes del causante. Cabe una partición adicional de los no comprendidos en ella, ya que al tiempo de hacer testamento, el testador no puede conocer cuáles serán exactamente sus bienes en el momento futuro, el de la apertura de la sucesión.*

Únicamente en los casos de omisión deliberada y respecto de bienes de cierta entidad o relevancia, entre otros, cabría plantear-

---

en el documento a que se hace referencia en el artículo 6.3, en escritura pública, en testamento o documento de instrucciones previas, para que su material reproductor pueda ser utilizado en los 12 meses siguientes a su fallecimiento para fecundar a su mujer. Tal generación producirá los efectos legales que se derivan de la filiación matrimonial. El consentimiento para la aplicación de las técnicas en dichas circunstancias podrá ser revocado en cualquier momento anterior a la realización de aquéllas. Se presume otorgado el consentimiento a que se refiere el párrafo anterior cuando el cónyuge supérstite hubiera estado sometido a un proceso de reproducción asistida ya iniciado para la transferencia de preembriones constituidos con anterioridad al fallecimiento del marido.

544 *Vid.* LÓPEZ PELÁEZ, P., «Varios aspectos personales en la partición realizada por el propio testador», ob. cit., pp. 2149 y 2150.

545 *Vid.* VALLET DE GOYTISOLO, J. B., «Comentarios a los artículos 1.035 a 1.087 del Código civil», ob. cit., p. 154.

546 (*Tol 1401720*).

se la nulidad de la partición: SSTS de 12 de diciembre de 2005[547] y 7 de noviembre de 2006[548].

3. Mutación en los elementos reales

Pueden darse dos situaciones: i) que el valor de los bienes sea superior como consecuencia de la accesión (arts. 353 y ss. CC), o de las mejoras realizadas por el propio causante o por terceros sin derecho a resarcirse de ellas; y ii) que hayan disminuido su valor por evicción, deterioro no imputable al heredero asignatario o disminución intrínseca de valor. En ambos supuestos, hay que estar, en primer término, a la voluntad del testador, sea expresa o, como dice VALLET DE GOYTISOLO, "racionalmente deducible"[549]. Si no es el caso, hay que estar a lo que determina el art. 1070.1° CC para los supuestos de evicción, y que trataremos en un capítulo aparte:

> La obligación a que se refiere el artículo anterior sólo cesará en los siguientes casos:

---

547 (*Tol 795279*): *Es cierto que el Código civil carece de una regulación específica sobre nulidad de las particiones, fuera del singular precepto del artículo 1081, y que se han entendido aplicables a la materia las normas sobre nulidad de los negocios jurídicos y, principalmente, de los negocios contractuales, pero teniendo presente, como decía la Sentencia de 31 de mayo de 1980, que la nulidad sólo se originará si existe carencia o vicio sustancial de los requisitos esenciales del acto, y así ocurre cuando falta algún elemento esencial o presupuesto del negocio, o se ha efectuado la partición contra lo dispuesto en la Ley, aceptando la jurisprudencia como casos de nulidad, además del específico del artículo 1081 CC, la falta de consentimiento de la persona designada para realizar la partición, la inclusión de bienes no pertenecientes al causante, la ilicitud de la causa por deliberada ocultación de componentes del caudal, la invalidez del testamento, la infracción de prescripciones legales imperativas, además de algunos otros supuestos más cercanos al caso que nos ocupa, como son el error sustancial cometido por el testador al proceder a la valoración de bienes (Sentencia de 26 de noviembre de 1974) o haber omitido cosas importantes y no computar determinados inmuebles (Sentencia de 7 de enero de 1975). Este tratamiento restrictivo de la invalidez, afirmado por gran número de Sentencias, como la de 31 de octubre de 1996, que se refiere a las de 15 de junio de 1982 o 25 de febrero de 1969, entre otras, impone resolver las atribuciones mal valoradas por vía de rescisión, y las omisiones de bienes o valores por el camino de la adición o complemento de la partición.*

548 (*Tol 1022988*).

549 *Vid.* VALLET DE GOYTISOLO, J. B., «Comentarios a los artículos 1.035 a 1.087 del Código civil», ob. cit., p. 154.

> 1.º Cuando el mismo testador hubiese hecho la partición, a no ser que aparezca, o racionalmente se presuma, haber querido lo contrario, y salva siempre la legítima.

El art. 1069 CC dice lo siguiente:

> Hecha la partición, los coherederos estarán recíprocamente obligados a la evicción y saneamiento de los bienes adjudicados.

Por tanto, si la partición la hace el propio testador, se excepciona el régimen general de la evicción entre coherederos, salvo en dos supuestos: i) cuando el testador hubiese decidido lo contrario, dando lugar a la evicción; y ii) cuando la legítima se vea perjudicada.

Y esa excepcionalidad significa que, en los supuestos señalados de aumento o disminución del valor de los bienes, la partición no se modifica.

4. Venta de un bien comprendido en la partición

En caso de enajenarse un bien incluido en la partición, hay que estar, también y, en primer lugar, a lo dispuesto por el testador para tal situación, tanto en la propia partición como en el acto dispositivo, el testamento, incluso en un nuevo testamento posterior, en la escritura de compraventa o en cualquier rectificación que se lleve a cabo de la partición por tal motivo.

Si no ha previsto nada para tal circunstancia, al decir de Vallet de Goytisolo, lo que está claro es que la venta desnivela la partición y deberán rectificarse los lotes, o las hijuelas, de cada uno de los herederos, o, en otro caso, compensar en metálico al que se le asignó el bien objeto de enajenación[550].

En contra de esta solución se posiciona Rubio Garrido[551] al comentar el caso tratado en la STS de 4 de noviembre de 2008[552]:

---

550 *Ibid.*, pp. 154 y 155.

551 *Vid.* Rubio Garrido, T., «La partición por el testador: algunos aspectos problemáticos, al hilo de la Sentencia de 4 de noviembre de 2008», ob. cit., pp. 23-27.

552 (*Tol 1401720*).

la testadora, después de haber otorgado testamento, vende un inmueble adjudicado a uno de sus dos hijos. Pues bien, existiendo en el testamento una cláusula de cierre, el resto de los bienes deberían distribuirse por partes iguales y en pleno dominio[553], sin que deba rectificarse la partición, pues como expresaba el testamento: *Es voluntad de la testadora se respete esta partición, aún cuando su valor fuere desigual, entendiéndose que el exceso que pueda existir en favor de cualquiera de ellos se impute como legado o mejora en favor del que resulte beneficiado.*

Como dice el autor citado —y dejando al margen el debate sobre el defectuoso suplico de la demanda, pues se pedía una nueva partición con respeto a las legítimas, dejando implícito que se sobreentendía que había causa de nulidad en la partición—: "La desigualdad entre hermanos fue muy grande (y ello motivó sin duda el pronunciamiento de la Audiencia Provincial de Valencia), pero también es cierto que en un caso como el presente, con dos hijos, en Derecho común o castellano se ajusta a la ley el que un testador pueda dejar hasta 5/6 a un hijo (atribuyéndole íntegramente los tercios de mejora y de libre disposición, aparte de su imperativa participación en el tercio de legítima estricta) y 1/6, al otro"[554].

5. *Alteración del valor de los bienes asignados en la partición*

Desde una perspectiva histórica, ya sabemos que las disposiciones *inter liberos* del derecho romano —*testamentum parentis inter liberos* y la *divisio parentis inter liberos*— tenían como finalidad, en síntesis, evitar disputas y pleitos futuros entre los coherederos, pues era el padre quien mejor conocía las necesidades de sus hi-

---

553 Dice la resolución citada: *No es preciso que la partición comprenda absolutamente todos los bienes del causante. Cabe una partición adicional de los no comprendidos en ella, ya que al tiempo de hacer testamento, el testador no puede conocer cuáles serán exactamente sus bienes en el momento futuro, el de la apertura de la sucesión. Así, la testadora previó la atribución del resto de sus bienes a sus dos hijos por partes iguales y en pleno dominio.*

554 *Vid.* Rubio Garrido, T., «La partición por el testador: algunos aspectos problemáticos, al hilo de la Sentencia de 4 de noviembre de 2008», ob. cit., p. 27.

jos; y ya sabemos que, en parte, estas figuras han llegado hasta nuestros días.

Pues bien, decimos esto por cuanto el testador, cuando realiza la partición por sí mismo —en el propio testamento o en un acto *inter vivos*—, lo normal es que valore los bienes en ese momento; ello, no obstante, puede aplazar la valoración a otro momento distinto que él determine, porque es libre de hacerlo. En cualquiera de ambos supuestos la pregunta resulta obvia: ¿se puede atacar el criterio de valoración utilizado por el testador? La respuesta viene, en parte, dada por esa finalidad última a la que nos hemos referido y, por tanto, siempre que la legítima quede a salvo, el criterio de valoración —y el momento— elegido por el testador será inatacable.

Y esto se confirma si acudimos a los arts. 1070.1 y 1075 CC, referidos a la exclusión de la evicción y a la rescisión por lesión cuando la partición es testamentaria. Precisamente porque se atiende, de forma primordial, a la voluntad del testador, y sólo en el caso de afectación a la legítima, o cuando él haya decidido lo contrario, existirá evicción y posibilidad de impugnación por causa de lesión.

6. *El recurso al art. 1079 CC y su naturaleza no impugnatoria (remisión)*

Con anterioridad hemos traído a colación el art. 1079 CC. Es, como veremos en el capítulo quinto, una manifestación del denominado principio de conservación de la partición —*favor partitionis*—, que no tiene finalidad impugnatoria, es decir, estamos ante una forma de mantener la partición, no de impugnarla. Así lo entiende GUILARTE ZAPATERO[555]: "parece impropio hablar de impugnación en el supuesto que se contempla, cuando la idea que late en el precepto y que, sin duda, le sirve de fundamento, es la contraria, o sea, el respeto a la partición efectuada. Y ello, aunque el legislador español incluya el artículo en la misma sección cuarta, entre los que dedica a la rescisión de las particiones,

---

555 *Vid.* GUILARTE ZAPATERO, V., «Algunas consideraciones sobre la partición adicional del artículo 1.079 del Código civil», *ADC*, fasc. 1, 1966, p. 63.

remedio que, claramente, implica un supuesto de impugnación de un concreto negocio jurídico".

Debemos citar aquí el caso tratado en la STS de 27 de junio de 1995[556] en lo relativo a la interpretación del art. 1079 CC (fundamento de Derecho sexto):

> El recurrente entiende erróneo que la omisión pueda consistir en un defecto de valoración de los bienes adjudicados, sin atender que un defecto de esa clase implica omitir valores que han de tenerse en cuenta, puesto que el artículo 1079, atendiendo a su redacción y a su espíritu abarca no sólo el supuesto de omisión de cosas en el inventario o en la partición, sino también a los defectos de valoración, siempre que como en el caso debatido la lesión o perjuicio no llegue a la cuarta parte. Se basa este criterio en el principio de conservación de la partición, salvo que se haya efectuado con olvido de las formalidades esenciales, lo que en el caso contemplado no se ha acreditado.

Resulta curioso, como advierte GUILARTE ZAPATERO, que, aunque la parte actora no hubiere solicitado en la demanda —ni tan siquiera subsidiariamente—, el remedio contemplado en el art. 1079 —se instaba la nulidad de las operaciones particionales practicadas por demandante y demandado, dejándolas sin efecto ni eficacia alguna, y viniendo el demandado obligado a practicar cuantos actos sean precisos para realizar con las demandantes *una nueva partición hereditaria de los bienes relictos* de la causante—, tanto la sentencia de primera instancia como las de apelación y casación, optan por aplicar el mencionado artículo[557].

---

556 (*Tol 1658248*).

557 Al decir de GUILARTE ZAPATERO, la partición complementaria prevista en el art. 1079 CC reviste los siguientes caracteres (sobre los que existe unanimidad tanto por la doctrina científica como jurisprudencial): i) la partición adicional tiene su razón de ser en el principio de conservación de la partición; ii) para poder aplicar el precepto se requiere siempre de la existencia de una previa partición válida; iii) el remedio previsto en el art. 1079 CC no es un supuesto de impugnación de la partición, sino de subsanación de la misma, pues en el espíritu del precepto late la idea esencial de conservar y respetar la partición originaria; iv) la partición adicional procede de forma indistinta en el caso que los objetos o valores hayan sido omitidos voluntaria o involuntariamente, siempre que en el primer caso no exista dolo o mala fe que provocaran la nulidad, o si por la naturaleza de los bienes omitidos se hubiera practicado

una partición distinta; v) no se impide el recurso al art. 1079 CC en el supuesto de no existir los mismos bienes o valores omitidos, pues en tal caso se tendrán que dividir los bienes que los hayan sustituido; y vi) no tendrá lugar la partición complementaria en los supuestos en que en la primigenia no se observaron las formalidades esenciales, o cuando la finalidad de la sucedánea no tuviese por misión suplir la omisión de bienes o valores, sino rectificar la primera en extremos que deban considerarse esenciales (calificación de la naturaleza privativa o ganancial de los bienes o la liquidación de la sociedad de gananciales). *Vid.* GUILARTE ZAPATERO, V., «Sentencia del Tribunal Supremo (Sala 1ª) de 27 de junio de 1995», *RDP*, nº 80, 1996, p. 575.

Capítulo Cuarto

La legítima como único límite a la partición del testador en derecho común

I. CONCEPTO DE LEGÍTIMA, FUNDAMENTO, NATURALEZA JURÍDICA Y VISIONES CRÍTICAS DE LA INSTITUCIÓN

1. Concepto

Para VALLET DE GOYTISOLO[558], la palabra "legítima" se emplea indistintamente para significar:

- "El derecho de los legitimarios a un determinado contenido patrimonial en la herencia del causante, o bien, tal vez más exactamente, el conjunto de derechos que aseguran al legitimario la adquisición de ese contenido patrimonial".
- "El contenido a que tiene derecho el legitimario".

Más allá del concepto, DE LA CÁMARA ÁLVAREZ[559] entiende que la legítima "constituye una solución intermedia al problema de si la persona puede disponer libremente de sus bienes por causa de muerte o si, por el contrario, todos los bienes que deje al morir han de pasar necesariamente a determinados parientes si los tiene".

Acudiendo en primer término al Código, dispone el art. 658 CC:

---

558 *Vid.* VALLET DE GOYTISOLO, J. B., «Comentarios a los artículos 806 a 857 del Código civil», en *Comentarios al Código Civil y Compilaciones Forales* (director, Manuel Albadalejo), tomo XI, 2ª ed., Edersa, Madrid, 1982, p. 4.

559 *Vid.* DE LA CÁMARA ÁLVAREZ, M., *Compendio de Derecho sucesorio*, ob. cit., p. 167.

> La sucesión se defiere por voluntad del hombre manifestada en testamento y, a falta de éste, por disposición de la ley. La primera se llama testamentaria, y la segunda, legítima. Podrá también deferirse en una parte por voluntad del hombre, y en otra por disposición de la ley.

Se reconoce así, en sede del Derecho sucesorio, el principio de autonomía de la voluntad del testador, el *ius disponendi*. Pero esta libertad dispositiva *mortis causa* tiene como límite el respeto a las legítimas; término que no hay que confundir con el de la sucesión legítima que utiliza el artículo transcrito, también llamada sucesión *abintestato*, que tiene lugar cuando se dan los requisitos establecidos en el art. 912 CC.

El art. 806 CC define la legítima del modo siguiente:

> Legítima es la porción de bienes de que el testador no puede disponer por haberla reservado la ley a determinados herederos, llamados por esto herederos forzosos.

Y el art. 807 CC nos indica quiénes son esos herederos forzosos, también llamados legitimarios:

> 1. ° Los hijos y descendientes respecto de sus padres y ascendientes. 2.° A falta de los anteriores, los padres y ascendientes respecto de sus hijos y descendientes. 3.° El viudo o viuda en la forma y medida que establece este Código.

Así pues, se establece una clara jerarquización: los ascendientes sólo serán herederos forzosos en defecto de los descendientes; por otra parte, el cónyuge supérstite siempre ostentará la condición de heredero forzoso.

La STS de 27 de febrero de 1997[560] define el concepto de legítima en los siguientes términos:

> La legítima es una porción o cuota de la herencia que recae sobre todos los bienes que la integran, y que para excluir al legitimario de algunos de ellos o para que su legítima se pague con bienes de una determinada clase, ha de hallarse la cláusula testamentaria incluida en las previsiones legales al efecto.

---

560 (*Tol 215168*).

Y la STS de 13 de octubre de 2005[561] señala:

> La legítima, en España, o la reserva, en Italia, no es más que la limitación a la facultad de disponer en beneficio de ciertos parientes o cónyuges, que son los legitimarios, que gozan de un llamamiento legal a la herencia del causante.

Según el DPEJ legítima es la *parte de la herencia sobre la que tienen derecho determinados herederos, designados por la ley, sobre la que no tiene el testador libertad de disposición*[562].

En cuanto a las porciones de legítima tenemos: tratándose de la legítima de los hijos y descendientes —atendiendo a que, gráficamente, se divide la herencia en tres partes idénticas o ideales—, dos tercios del haber hereditario de los padres —legítima larga—, pudiendo destinar libremente uno de ellos, en concepto de mejora, a favor de aquellos sin respetar la proximidad del grado —en cuyo caso el otro tercio se consideraría legítima estricta, sobre el cual el testador no puede disponer de ningún modo, repartiéndose entre los legitimarios por partes iguales—, siendo el tercio restante de libre disposición, sobre el cual puede el testador disponer como quiera, incluso a favor de un extraño (art. 808 CC); en el caso de la legítima de los padres o descendientes, la mitad del haber hereditario de los hijos y descendientes, salvo el caso de concurrencia con el cónyuge viudo del descendiente causante, que será de una tercera parte de la herencia (art. 809 CC); y la del cónyuge viudo —no separado legalmente o de hecho de su consorte—, a diferencia del resto de herederos forzosos, en el derecho al usufructo del tercio destinado a mejora si concurre a la herencia con hijos o descendientes (art. 834 CC), el derecho al usufructo de la mitad de la herencia cuando no existan descendientes pero sí ascendientes (art. 837 CC), o el derecho al usufructo de los dos tercios de la herencia si no existen ni descendientes ni ascendientes (art. 838 CC), pudiendo capitalizar su cuota usufructuaria y ser pagada la legítima en pleno dominio (arts. 839 y 840 CC).

Como señala Blasco Gascó[563], esta atribución patrimonial pueden recibirla los legitimarios por cualquier título, siempre

---

561 (*Tol 731265*).

562 *Vid.* https://dpej.rae.es/lema/leg%C3%ADtima

563 *Vid.* Blasco Gascó, F. de P., *Instituciones*, ob. cit., p. 203.

que sea válido y gratuito, es decir, como liberalidad: *inter vivos* como donación; o *mortis causa* como herencia o legado. Pero siempre dentro del límite señalado por el art. 636 CC:

> No obstante lo dispuesto en el artículo 634, ninguno podrá dar ni recibir, por vía de donación, más de lo que pueda dar o recibir por testamento. La donación será inoficiosa en todo lo que exceda de esta medida.

No vamos a detenernos en esta obra en el "viejo debate", en palabras de VERDERA SERVER[564] sobre si cabe mantener el sistema de legítimas —tal y como está configurado en el Código civil, que era el tradicional de Castilla—, o, en cambio, deben prevalecer las tesis favorables a una mayor libertad de testar, incluso a una absoluta libertad de testar —como en Navarra, donde la legítima foral es meramente formal para evitar la preterición, o en una parte de la provincia de Álava, donde se aplica el Fuero de Ayala, que permite testar libremente—, pues como señala el autor citado, esta fue una de las cuestiones más debatidas durante el periodo codificador. Entrar en esta discusión significaría desnaturalizar por completo el objeto de estudio. Así pues, solamente nos referiremos a vuelapluma —una vez visto el concepto—, a su fundamento, su naturaleza jurídica y a las visiones críticas de esta institución. Y ello por cuanto las legítimas, por decirlo de un modo gráfico, hacen de freno a las aspiraciones de todo causante, al no poder repartir con total libertad los bienes hereditarios. Insistimos, sin entrar a valorar en este estudio las bondades o los defectos de esta institución.

2. *Fundamento*

Para VALLET DE GOYTISOLO[565], las legítimas tienen, históricamente, dos puntos de partida antagónicos: en Derecho sucesorio romano, donde regía la libertad de testar, la legítima aparece

---

564 *Vid.* VERDERA SERVER, R., «Contra la legítima», *Publicaciones de la Real Academia Valenciana de Jurisprudencia y Legislación*, cuaderno nº 94, Valencia, 2021, pp. 21 y ss. http://www.ravjl.com/bd/archivos/archivo179.pdf

565 *Vid.* VALLET DE GOYTISOLO, J. B., *Panorama del Derecho civil*, ob. cit., p. 285.

como una limitación a esa libertad; por contra, en Derecho germánico, inicialmente de atribución legal forzosa de toda la herencia, la legítima hará referencia a la mayor parte indisponible de la misma, mientras la excepción es la parte libre, al contrario de lo que sucedía en el derecho romano.

Este mismo autor se refiere a los distintos sistemas legitimarios[566], en los que la legítima juega un papel diverso atendiendo a su finalidad:

- Desde un punto de vista sociológico, hay sistemas legitimarios que persiguen: i) la concentración forzosa de un patrimonio o de ciertos bienes, no pudiendo disgregarse o dividirse y permaneciendo siempre bajo una sola mano, que tendrá la obligación de conservarlos; ii) la distribución igualitaria forzosa de todos los bienes de la herencia o de una parte importante de la misma; iii) la conservación de los bienes en la familia, pudiendo disponer de estos en ese ámbito; y iv) el cumplimiento de un deber de prestar alimentos.
- Por su aspecto cualitativo y funcional: i) la legítima es una porción hereditaria forzosa atribuida por la ley, como, por ejemplo, la legítima del cónyuge viudo en el Código civil; ii) las legítimas de reglamentación negativa o de freno a la libertad de testar, suponen que la ley impone al causante determinadas obligaciones *mortis causa*, debiendo instituir herederos, dejar algo o, al menos, nombrar expresamente a quienes reúnen las circunstancias que la ley determina, pues en caso contrario, se anula el testamento, totalmente o sólo la institución de heredero que perjudique el derecho del legitimario, entrando en escena la sucesión intestada; y iii) la legítima no es una porción de herencia ni el resultado del incumplimiento de un deber impuesto al testador, sino un crédito dinerario contra los herederos del causante o, en algunos casos, un simple crédito alimenticio, como sucede en los regímenes austríaco y alemán del *Bürgerliches Gesetzbuch* (B.G.B.).
- Desde su aspecto objetivo, esto es, en relación con su contenido: i) *pars hereditatis*; ii) *pars bonorum*; iii) *pars valoris*;

---

566 *Ibid.*, pp. 285 y ss.

y iv) *pars valoris-bonorum*, que trataremos al referirnos a la naturaleza jurídica de la legítima.

- En el aspecto cuantitativo: i) legítimas cortas, inferiores a una tercera parte de la herencia; y ii) legítimas largas, superiores a ese tercio y que pueden ser individuales, pero en ocasiones colectivas, totalmente o en cuanto a ciertas porciones.
- Por sus elementos personales, atendiendo a quienes son sus destinatarios: i) los descendientes legítimos; ii) los descendientes naturales; iii) los ascendientes legítimos; iv) los padres naturales; v) el cónyuge viudo; vi) o los hijos adoptivos.

Para VERDERA SERVER[567], el fundamento de la existencia de un sistema de legítimas habría que buscarlo, no en relación con la tradicional protección dispensada a la familia como institución, sino con la protección de ciertos familiares, pues son estos "quienes gracias a la sucesión legitimaria reciben ciertos derechos sucesorios", por lo que se constata "la necesidad de distinguir entre un (inexistente) interés de la familia y el interés de ciertos familiares".

También se ha recurrido, para explicar el fundamento de la legítima —en un intento de superar la concepción familiar de la misma—, a un concepto tan amplio e indeterminado como el de la solidaridad intergeneracional[568].

DELGADO ECHEVARRÍA[569], al referirse a la supuesta vinculación de la propiedad a la familia, y a raíz de lo dispuesto en el art. 33.1 CE, trae a colación una corriente doctrinal —según él, bastante extendida— que, sobre la base de este artículo —derecho a la herencia—, se estaría garantizando, también, a ciertos parientes o familiares del propietario del difunto, al menos una parte de los bienes de este. En consecuencia, la propiedad estaría, de algún modo, vinculada a la familia, por lo que la regulación de las legí-

---

567 *Vid.* VERDERA SERVER, R., «Contra la legítima», ob. cit., pp. 228-233.

568 *Ibid.*, pp. 233-239.

569 *Vid.* DELGADO ECHEVARRÍA, J., «Autonomía privada y derecho de sucesiones», en *Autonomía de la voluntad en el Derecho privado. Estudios en conmemoración del 150 aniversario de la Ley del Notariado. Derecho de la persona, familia y sucesiones* (coord., Lorenzo Prats Albentosa), tomo I, Consejo General del Notariado, 2012, p. 518.

timas en el Código civil tendría una garantía constitucional, y el legislador ordinario no podría suprimirlas ni reducirlas más allá de su «contenido esencial».

Para el autor citado, "que el derecho constitucionalmente reconocido al propietario de disponer de sus bienes para después de su muerte esté también constitucionalmente limitado en atención a la «protección de la familia» (por cierto, la familia nunca hereda, sino ciertos individuos en relación de parentesco con el causante) es muy difícil de argumentar con nuestro texto constitucional. La «garantía» de la herencia en nuestra Constitución es un corolario del reconocimiento de la propiedad privada, no un instrumento de protección de la familia"[570].

Nuestro sistema difiere, en esto, del alemán. No existe pronunciamiento alguno del TC que guarde parangón con la sentencia del Tribunal Constitucional Federal de Karlsruhe —*Bundesverfassungsgericht*— de 19 de abril de 2005, interesante por cuanto entiende la garantía constitucional de la herencia comprendiendo, al menos, el derecho de los descendientes a recibir una parte como legítima, sin que pueda hacerse depender su derecho de una situación de necesidad. Para Delgado Echevarría, esta concepción se corresponde con "una visión muy conservadora de la propiedad, la familia y la sociedad", por lo que "los argumentos principales de la sentencia alemana carecen de fuerza en nuestro ordenamiento. Ni la protección a la familia tiene el mismo rango y fuerza constitucionales, ni nuestras tradiciones jurídicas son las mismas", pues "los juristas (y teólogos juristas) españoles nunca consideraron las legítimas como exigencia del Derecho natural"[571].

No obstante, es obvio que el debate sobre las legítimas tiene y debe tener repercusión o alcance constitucional. En este sentido, al decir de Sánchez González, cabe preguntarse si existen otros preceptos constitucionales, aparte del art. 33, que pudieran suponer un obstáculo para la reforma del sistema de legítimas actualmente codificado[572].

---

570 *Ibid.*, p. 519.

571 *Ibid.*, pp. 519-520.

572 Pone de manifiesto esta autora que en la mayor parte de los trabajos de investigación que tienen por objeto la definición de los límites constitucionales de la herencia, se invocan, junto con los arts. 33 y 53, el art. 39

En cualquier caso y para finalizar, el fundamento de las legítimas es una cuestión que en este momento está sujeta a constantes procesos de revisión como veremos más adelante, en una búsqueda continua de las razones que justifican el mantenimiento o la reestructuración de la institución, atendiendo a los nuevos modelos de familia, a una realidad económica completamente distinta de la de finales del S. XIX cuando se promulgó el Código civil, o al incremento de la esperanza de vida: en el 2021 era de 85,8 años para las mujeres y 80,2 años para los hombres[573].

3. Naturaleza jurídica

Tradicionalmente, cuatro han sido las teorías que se han ocupado de la cuestión relativa a la naturaleza jurídica de la legítima. No obstante, como señala RUBIO GARRIDO[574], "el estudioso se pierde en el galimatías de las denominaciones contradictorias otorgadas por los autores, que no se ponen de acuerdo para llamar de idéntico modo a las mismas ideas o teorías". Pese a ello, podemos sintetizarlas del modo siguiente:

- La teoría de la *pars hereditatis*: concibe la legítima como una porción sobre el patrimonio global del causante, for-

---

CE. Y dice textualmente: "para nosotros, la clave estaría en la precisión acerca de si cabría inferir realmente del contenido del art. 39 CE alguna regla que pueda interpretarse como interdicción de la posibilidad de abolir (o, en su caso, modificar) el actual sistema legitimario (...); respetando la protección necesaria de los sujetos tutelados *ex* art. 39 CE, esa protección *post mortem* no tendría que articularse necesariamente bajo la forma de legítima, pudiendo admitirse, dentro de la legalidad constitucional, otras posibles configuraciones de los derechos de los sobrevivientes que pudieran ser más respetuosas, menos restrictivas, con la libertad del testador". *Vid.* SÁNCHEZ GONZÁLEZ, P. M.ª, «Límites constitucionales a la libertad de testar», en *La libertad de testar y sus límites* (coords., Antoni Vaquer Aloy, María Paz Sánchez González y Esteve Bosch Capdevila), Marcial Pons, Madrid, 2018, pp. 28-30 y 35-36.

573 https://www.ine.es/ss/Satellite?L=es_ES&c=INESeccion_C&cid=1259944484459&p=1254735110672&pagename=ProductosYServicios%2FPYSLayout¶m1=PYSDetalleFichaIndicador¶m3=1259947308577

574 *Vid.* RUBIO GARRIDO, T., en *Comentarios al Código Civil* (director, Rodrigo Bercovitz Rodríguez-Cano), tomo IV, Tirant lo Blanch, Valencia, 2013, p. 5835.

mado por bienes, pero también por deudas, lo cual significa que es una parte alícuota del caudal hereditario que incluye todo su activo y su pasivo, por lo que el legitimario tendría la cualidad de heredero.

- La teoría de la *pars bonorum*: la legítima es una porción sobre los bienes relictos que quedan después de haber pagado las deudas, tal y como establece el art. 818 CC, por lo que el legitimario podría recibir bienes por cualquier título (art. 815 CC[575]), siempre que formen parte del caudal relicto. El legitimario no responderá de las deudas y cargas de la herencia.
- La teoría de la *pars valoris*: la legítima se representa como una porción sobre la cantidad o valor que resulte después de haber deducido las deudas de la suma del caudal relicto y de los bienes donados (arts. 815 y 818 CC) y, por tanto, se configura como un crédito que puede pagarse indistintamente con bienes relictos o con bienes extrahereditarios (arts. 831 y 1056.2 CC).
- La teoría de la *pars valoris-bonorum*: que se trate de una legítima abonable en metálico fijado a la fecha de la muerte del causante, garantizándose la misma con los bienes integrantes de la propia herencia, con una garantía real similar a una hipoteca legal tácita; que se trate de una cuota del valor de los bienes de la herencia que, aunque no se pague de forma inmediata, continuará representando igual cuota en el valor de los bienes de la herencia aunque el de estos varíe por causas no imputables al heredero[576].

La doctrina jurisprudencial se ha mostrado también indecisa en esta cuestión.

---

575 Según VALLET DE GOYTISOLO, "he aquí una innovación del Código civil con respecto al anterior Derecho de Castilla, que en este punto seguía al Derecho justinianeo. Éste en las novelas exigió que la legítima se atribuyese a título hereditario (...). Nuestro Código civil al admitir que la legítima pueda atribuirse por cualquier título, acepta que lo sea a título de legado". *Vid.* VALLET DE GOYTISOLO, J. B., *Panorama del Derecho civil*, ob. cit., p. 291.

576 *Ibid.*, p. 289.

Por ejemplo, la STS de 8 de mayo de 1989[577] —después de afirmar que *la doctrina científica no se muestra unánime en esta cuestión*, explicando las diferentes teorías—, se decantó por la tesis de que la legítima es *pars hereditatis*, por lo que ha de ser abonada con bienes de la herencia, pues los legitimarios son cotitulares directos del activo hereditario, y no se les puede excluir de los bienes que lo integran, salvo en los supuestos expresamente previstos.

Dice esta resolución:

> La Sentencia de 31 de marzo de 1970 establece que «en nuestro Ordenamiento jurídico, por tener dicha institución (la legítima) la consideración de «pars heredihtis» y no de «pars valoris», es cuenta herencial y ha de ser abonada con bienes de la herencia, porque los legitimarios son cotitulares directos del activo hereditario y no se les puede excluir de los bienes hereditarios, salvo en hipótesis excepcionales —arts. 829, 838, 840 y párrafo 2.º del art. 1056 del Código Civil— que no se dan en el caso de autos», y la de 19 de abril de 1963 dice que «partiendo de la base de que la legítima es de orden público, de que no puede disponer el testador, por venir impuesta por la ley, ni hacer recaer gravamen ni limitación alguna, esto es, que ha de llegar al heredero legítimo con pleno dominio sobre los derechos que la integran»; de la mayoritaria doctrina científica y de la sentada en las citadas sentencias de esta Sala, se concluye el carácter de cotitular de todos los bienes hereditarios del legitimario en tanto no se practique la partición de la herencia, en la que ha de respetarse cualitativa y cuantitativamente la legítima a cuyo pago quedan afectos, entre tanto, todos los bienes relictos, careciendo el heredero testamentario de facultades dispositivas sobre ellos en tanto subsista la comunidad sin que pueda enajenar por sí solo bienes determinados si no es con eficacia puramente condicional, o sea, subordinada al hecho de que la cosa vendida le sea adjudicada en la partición —Sentencia de 5 de julio de 1958—.

En el mismo sentido, STS de 26 de abril de 1997[578]:

> ... esta calificación de la legítima como «pars hereditatis», parte alícuota del caudal hereditario con todo su activo y su

---

577 (*Tol 3248740*).

578 (*Tol 215104*). *Vid.* también la SAP de Granada (Sección 3ª), de 12 de mayo de 2001 (*Tol 100711*), en la que se exponen las tres teorías sobre la naturaleza jurídica de la legítima, con cita de SSTS sobre su concepción como *pars hereditatis*.

> pasivo, no impide que el testador pueda disponer de alguno de los bienes de la herencia en su totalidad a favor de un legitimario o de otra persona siempre que se respete la legítima de sus herederos forzosos y ésta se pague con bienes de la herencia.

Sin embargo, en otras sentencias se le niega al legitimario la cualidad de heredero, y entienden la legítima como *pars bonorum*. Por ejemplo, la STS de 29 de junio de 2006[579] expone:

> ... los artículos 806 y 807 CC se refieren, en efecto, a los «herederos forzosos», en un sentido que jurisprudencia y doctrina han precisado y matizado en abundantísimas aportaciones, tanto en cuanto a la imposibilidad de ver en la legítima, por sí misma, y salvo que se haya deferido a título de heredero (item más cuando es en usufructo) una sucesión universal (artículos 659, 660 y 661 CC), cuanto en el sentido de subrayar que en el caso de la legítima del cónyuge viudo (artículo 834 CC) éste, en cuanto simple legitimario, no responde de las deudas hereditarias: Sentencias de esta Sala de 26 de octubre de 1904, 4 de julio de 1906, 25 de enero de 1911, 10 de enero de 1920, 9 de junio de 1949, 11 de enero de 1950, 28 de octubre de 1979 SIC, 9 de enero de 1974, 20 de septiembre de 1982. Con mucha claridad, la de 28 de octubre de 1970. Las diferencias entre heredero y sucesor usufructuario se subrayan en las Sentencias de 24 de enero de 1963, 20 de octubre de 1987, y otras. Se dice en ellas donde que el instituido en usufructo no es heredero, recogiendo una doctrina tan ampliamente compartida que las excepciones, que sólo cabe encontrar por referencias al nomen «heredero forzoso» o al uso impropio de la voz «heredero», son marginales.

La llamada «herencia forzosa» es generalmente entendida, según la posición doctrinal más ampliamente compartida, como un derecho a percibir por cualquier título una cierta cuantía del patrimonio del causante o su valor y, en cierta medida, a ser mencionado en el testamento, quedando entonces a elección del testador el título por el que la percepción va a tener lugar o ya ha sido realizada.

---

579 (*Tol 984843*).

4. *Visiones críticas de la institución*

VALLET DE GOYTISOLO[580], en la década de los sesenta —y en el primer estudio que sistematizaba de un modo claro los argumentos esgrimidos en defensa de la libertad de testar o a favor de las legítimas—, decía: "La temática de la justificación de las legítimas y de su significado está unida a la del mismo Derecho sucesorio"; y "la importancia de la elección del régimen sucesorio con referencia precisamente a la libertad de testar o a la atribución o distribución forzosa de la herencia en una u otra forma, es mayor de lo que generalmente se cree".

Hoy en día, el debate continúa vigente, si bien es cierto que existe una cierta cautela en abordar, de un modo decidido, una cuestión que afecta, directamente, a la línea de flotación del sistema sucesorio tal y como lo conocemos. El mejor ejemplo de esto es que, en el seno de la Comisión General de Codificación, se encomendó por Orden de 4 de febrero de 2019, a la Sección de Derecho Civil, el estudio de los regímenes sucesorios de legítimas y libertad de testar, sin que, hasta la fecha, se haya emitido el mismo, vencido el plazo inicialmente previsto en la Orden: 28 de febrero de 2020[581].

Como refiere PARRA LUCÁN[582], la institución de las legítimas está sujeta a revisión, no únicamente desde el interés personal del testador —en el sentido de una mayor libertad de testar—, o de los legitimarios —materialización de una expectativa de derecho—, sino también desde el punto de vista del interés social —función económica y social—, que justifica, en primer término,

---

580 *Vid.* VALLET DE GOYTISLO, J. B., «Significado jurídico-social de las legítimas y de la libertad de testar», *ADC*, fas. 1, Madrid, 1966, pp. 3 y ss.

581 Resulta muy ilustrativa la lectura de los motivos que justifican la elaboración del informe. El primer párrafo es ya una declaración de intenciones muy clarificadora: *La evolución de la sociedad desde la reforma del Código civil, promulgado hace ya 130 años, hace necesario revisar determinados principios sobre los que se asienta, y uno de ellos es el régimen sucesorio.*
Vid. Orden de 4 de febrero de 2019 (Ministerio de Justicia): https://www.mjusticia.gob.es/es/areas-actuacion/actividad-legislativa/comision-general-codificacion/propuestas

582 *Vid.* PARRA LUCÁN, Mª. Á., «Legítimas, libertad de testar y transmisión de un patrimonio», *AFDUDC*, nº 13, 2009, pp. 483 y ss., donde la autora analiza la institución de las legítimas desde un punto de vista del Derecho comparado y en los Derechos civiles españoles.

su existencia y, consecuentemente, la protección que le dispensa el ordenamiento jurídico.

Hay autores que mantienen, bien su defensa a ultranza, bien su completa eliminación; y quienes, en una posición ecléctica, abogan por una reducción de las cuotas legitimarias —dando mayor poder de disposición al causante sobre su patrimonio—[583], o por una redefinición de aquellas atendiendo a las necesidades de determinadas personas en la sociedad actual —protección de los hijos en situación de discapacidad o del cónyuge viudo que se halle en estado de necesidad económica—[584]. Sobre la situación del cónyuge sobreviviente en la sucesión, VAQUER ALOY[585] se ha referido a la idea de la colaboración en el patrimonio del testador y de las sinergias económicas familiares, planteando incluso la cuestión de modificar, armónicamente con las legítimas, el orden de sucesión *abintestato*.

O'CALLAGHAN[586] se refiere a la realidad social, económica, física y jurídica para replantearse la finalidad de las legítimas, no

---

583 Un análisis detallado de los diferentes modelos que se propugnan sobre la institución de la legítima puede encontrarse en: VERDERA SERVER, R., «Contra la legítima», ob. cit., pp. 303 y ss.

584 *Vid.* BLASCO GASCÓ, F. DE P., *Instituciones*, ob. cit., pp. 200-201.

585 *Vid.* VAQUER ALOY, A., «Reflexiones sobre una eventual reforma de la legítima», *INDRET*, Barcelona, 2007, pp. 15 y ss. Accesible "en línea" en la siguiente dirección: https://indret.com/wp-content/themes/indret/pdf/457_es.pdf

Vid. también VAQUER ALOY, A., *Libertad de testar y libertad para testar*, Olejnik, Santiago de Chile, 2018.

586 En cuanto a la realidad social: "no se piensa en lo ricos que podemos ser a la muerte de los padres (quizá fallezcan cuando yo esté cerca de la jubilación), sino en lo bien que nos gustaría vivir gracias a nuestra propia capacidad económica"; en cuanto a la realidad económica: "los padres no piensan en que la economía de sus hijos vaya a depender de la parte de la herencia que constituye la legítima, sino que deben darles la formación adecuada para que sean ellos los que personalmente obtengan la suficiencia económica para subsistir dignamente"; en cuanto a la realidad física, que se traduce en la actual longevidad de la vida humana si se contrasta con la época en que se promulgó el Código civil: "No deja de ser un sinsentido que una persona, por ejemplo de 50 años, tenga un derecho a exigir el abono de la legítima por la muerte de su padre o de su madre. Ello, con el perjuicio que puede ocasionar al padre o madre supérstite…"; por último, en cuanto a la realidad jurídica: "no es otra que los frecuentes enfrentamientos y problemas. La normativa de la legítima es ciertamente complicada, tanto desde el

solamente la de los hijos y descendientes, sino también la de los padres y ascendientes, así como la del cónyuge viudo, pues en este último caso, "no debería mantenerse tal como están ahora en el C.c., como un derecho sucesorio. Debería regularse como una institución de derecho de familia, para evitar en todo caso el desamparo del cónyuge viudo"[587].

En este mismo sentido se pronuncia MAGARIÑOS, quien, trayendo a colación algunas de las situaciones vividas en primera persona como notario en su despacho —y que suponen, según él, un manifiesto rechazo de los testadores a las legítimas en Derecho común por coartar su libertad—, entiende "necesario que se impulse una modificación sustancial del sistema sucesorio, en el que se recoja la libertad de disponer *mortis causa*, con el complemento de los pactos sucesorios y el testamento mancomunado, y con las limitaciones derivadas del deber de alimentos"[588].

Resulta también de interés la visión que nos ofrece BARRIO GALLARDO, al justificar la necesidad de un cambio estructural en la institución de las legítimas, en base a las siguientes consideraciones de carácter sociológico:

- Un incremento de la esperanza de vida en nuestro país, pues "la población vive ahora, como mínimo, 40 años más de media que sus ancestros coetáneos al texto codificado", existiendo una *communis opinio* doctrinal que se muestra, "en términos generales, favorable a introducir cambios en el sistema legitimario español e, incluso, se permita sugerir una revisión global de toda la regulación de la legítima en el Código civil", tildando al sistema del Código de "obsoleto", pues "se le achaca el haberse quedado anticuado y encontrarse alejado de la realidad del momento pre-

punto de vista jurídico, como especialmente en su aplicación práctica". *Vid.* O'CALLAGHAN MUÑOZ, X., «El presente y el futuro del Derecho de sucesiones: casos y cosas de la legítima», en *Estudios de Derecho Civil en Homenaje al Profesor José González García* (coord., Domingo Jiménez Liébana), Aranzadi-Thomson Reuters, Pamplona, 2012, p. 1517.

587 *Vid. ult. loc.*

588 *Vid.* MAGARIÑOS BLANCO, V., «La libertad de testar. Una reforma necesaria», en *Autonomía de la voluntad en el Derecho privado. Estudios en conmemoración del 150 aniversario de la Ley del Notariado. Derecho de la persona, familia y sucesiones* (coord., Lorenzo Prats Albentosa), tomo I, Consejo General del Notariado, 2012, p. 690.

sente...", por lo que "están muy extendidas las opiniones que subrayan la necesidad de someterlo a una profunda revisión y, todas ellas, convergen en una misma dirección: flexibilizar el sistema atribuyéndole un peso mayor a la autonomía de la voluntad del causante"[589].

- Una variación en la fuente del enriquecimiento personal, en el sentido que el origen del patrimonio individual se fundamenta en el trabajo, y no en unos bienes adquiridos por herencia, a lo que hay que sumar —como ya sucedió en Derecho administrativo—, la llamada "huida" del Derecho hereditario en cuanto a las transmisiones de empresa se refiere; "huida" del Derecho civil al mercantil, pues al parecer "existen unos mecanismos jurídico-privados, contenidos básicamente en normas de Derecho civil, concebidos para la ciudadanía, clases medias y familias modestas y, sin duda, las más humildes, que representarían aprox. el 86% de la población y otros, de índole mercantil, al margen del régimen general estatuido en el Código civil, mucho más sofisticados, que permanecen solo al alcance de unos pocos elegidos, siéndoles desconocidos y estando, por tanto, vedados al resto"[590].

Por todo ello, BARRIO GALLARDO defiende la incorporación de un "derecho sucesorio de alimentos", en el sentido de "«prolongar» la obligación legal de alimentos entre parientes, en particular, entre padres e hijos, reconocida en diversos apartados del Cc, más allá de la muerte del obligado a prestarlos, quizá por medio de la eliminación de la regulación actual del instituto y la supresión del art. 150 Cc, que pudiera ser hecha efectiva sobre el caudal hereditario y frente a sus sucesores a título universal del alimentante" [591].

Por otra parte, no puede tratarse el futuro de las legítimas desligándolo de las causas de desheredación. En tal sentido, DU-

---

589 *Vid.* BARRIO GALLARDO, A., *El largo camino hacia la libertad de testar. De la legítima al derecho sucesorio de alimentos*, Dykinson, Madrid, 2012, pp. 451 y ss.

590 *Ibid.*, pp. 463 y ss.

591 *Ibid.*, p. 593.

PLÁ MARÍN[592] cree necesaria una reflexión en torno a las causas tasadas de desheredación del Código civil, y esto en relación a los orígenes históricos de la sucesión forzosa —nace en la época clásica del derecho romano y se consolida en la época justinianea—. Un sistema en el que los familiares más cercanos debían ser nombrados en el testamento para instituirlos o desheredarlos, so pena de preterición, y donde no existía un listado cerrado de causas concretas de desheredación —la desheredación era libre—, siendo el desheredado quien debía probar la inexistencia de la causa si pretendía obtener la cuota legal. En suma, reflexionar sobre un sistema de legítima sin una cuota concreta —por ende, más flexible—, y en el de la desheredación sin causas tasadas, con el fin de adaptarse a las necesidades actuales de la familia y el derecho sucesorio.

Al decir de VAQUER ALOY, "la legítima está basada en una concepción nuclear de la familia que la realidad social ha desbordado. Con cautela, parece necesario que el Derecho de sucesiones tome en consideración, en especial, al fenómeno creciente de las familias reconstituidas, sobre la base de la idea de solidaridad entre los miembros de la familia"[593].

En cualquier caso y por lo que aquí nos interesa, no podemos obviar que, tratándose de una institución viva en cuanto al Derecho sucesorio se refiere, afecta directamente a la partición hecha por el testador, que tendrá que respetar el sistema de legítimas tal y como está configurado, hoy en día, en el derecho común.

---

592 *Vid.* DUPLÁ MARÍN, M.ª T., *Estudios de Derecho de Sucesiones*, Tirant lo Blanch, Valencia, 2019, pp. 153 y ss.

593 *Vid.* VAQUER ALOY, A., «Derecho a la legítima e intereses subyacentes», en *La libertad de testar y sus límites* (coords., Antoni Vaquer Aloy, María Paz Sánchez González y Esteve Bosch Capdevila), Marcial Pons, Madrid, 2018, p. 81.

II. LA LEGÍTIMA COMO LÍMITE A LA PARTICIÓN TESTAMENTARIA; MEDIOS DE DEFENSA

1. A modo de introducción

El art. 1056.1 CC otorga al testador, como ya sabemos, amplias facultades para realizar la partición de sus bienes. Entre otras, no está obligado a seguir las pautas que, en orden a la conformación homogénea de los lotes, le señala el art. 1061 CC, pues según la STS de 4 de febrero de 1994[594]:

> ... los herederos han de conformarse y admitir los bienes que les fueron designados, aunque los mismos no presenten condiciones igualitarias plenas, al tener que acatar y pasar por la partición que les venía impuesta.

Tampoco deberá realizar una valoración exacta de los bienes objeto de la partición.

Los herederos no estarán sujetos a la obligación recíproca de evicción y saneamiento de los bienes adjudicados de conformidad con el art. 1070.1 CC, como explicaremos en el capítulo sexto.

Pero el art. 1056.1 CC impone al testador un límite infranqueable: que la partición *no perjudique a la legítima de los herederos forzosos.*

La sentencia anteriormente citada, refiriéndose a este artículo dice:

> La norma se presenta como imperativa, lo que refuerza el artículo 1058 que señalaba prioridad de la partición testamentaria y que, consecuentemente, ha de ser respetada, salvo que suponga perjuicio a la legítima de los herederos forzosos (artículo 1075 del Código Civil).

Como afirma GÓMEZ MORÁN[595], los derechos de los herederos forzosos "son de orden público y se imponen por encima de la voluntad del testador", debiendo respetar la legítima.

---

594 (*Tol 1665946*).

595 *Vid.* GÓMEZ MORÁN, L., «Testamento-partición», ob. cit., p. 602.

Según DE LA CÁMARA ÁLVAREZ[596], es este el único límite a la partición testamentaria, por lo que el testador deberá respetar tanto el art. 813 CC —prohibición de imponer cargas sobre la legítima—, como el *quantum* legitimario, no pudiendo adjudicar a un heredero forzoso bienes que no alcancen a cubrir su legítima.

Lo manifestado con anterioridad enlaza con una cuestión capital en cuanto al sistema legitimario que sigue nuestro Código, en el sentido que la lesión de la legítima puede darse por dos vías distintas: i) desde un punto de vista cualitativo; y ii) desde un punto de vista cuantitativo.

Por una parte, desde un punto de vista cualitativo, dispone el art. 813 CC:

> El testador no podrá privar a los herederos de su legítima sino en los casos expresamente determinados por la ley. Tampoco podrá imponer sobre ella gravamen, ni condición, ni sustitución de ninguna especie, salvo lo dispuesto en cuanto al usufructo del viudo y lo establecido en los artículos 782 y 808.

Como se pregunta DE COSSÍO Y CORRAL[597], "¿significa esto que propiamente no se pueden adjudicar bienes gravados por el testador en pago de la legítima, o simplemente que si le son adjudicados de esta forma habrá de deducirse de su valor de adjudicación el importe de esa carga?" A lo que responde lo siguiente: "Lo único que se exige es que el heredero forzoso reciba bienes hereditarios suficientes para cubrir el valor de su legítima, y que, por tanto, solo cuando ese valor no sea respetado, procederá la reducción o la anulación, según los casos, de las mandas o legados". O, en otras palabras, "que si el valor que haya de señalarse a esas cargas testamentarias cabe dentro de la parte de libre disposición de la herencia, no parece que pueda entenderse que la legítima ha sido lesionada por el testador".

El problema sería distinto si el testador impusiera una carga universal a todos los bienes de la herencia —un usufructo universal o una sustitución fideicomisaria—, pues aquí sí resultaría afectada la legítima.

---

596 *Vid.* DE LA CÁMARA ÁLVAREZ, M., *Compendio de Derecho sucesorio*, ob. cit., pp. 410-411.

597 *Vid.* DE COSSÍO Y CORRAL, A., *Instituciones de Derecho civil. Derechos reales y Derecho hipotecario. Derecho de familia y Derecho de sucesiones*, ob. cit., p. 580.

Para Blasco Gascó[598], el principio de intangibilidad cualitativa "supone que el legitimario debe recibir la legítima con bienes de la herencia (salvo determinadas excepciones legalmente previstas ex arts. 841 y 1057 CC), sobre los que no cabe imponer gravamen alguno ni condición ni sustitución de ninguna especie, salvo lo dispuesto en cuanto al usufructo del cónyuge viudo y lo establecido en el artículo 808 CC respecto de los legitimarios que se encontraren en una situación de discapacidad", si bien hay excepciones a dicho principio; según el citado autor[599], los siguientes: i) el tercio destinado a mejora sí puede ser objeto de gravamen, condición o sustitución siempre que se impongan a favor de hijos o descendientes; ii) la intangibilidad cualitativa de la legítima estricta se limita a la legítima estricta que se reciba mediante actos *mortis causa*, pero no si esta se recibe a través de donación, dándose solamente la intangibilidad cuantitativa; iii) también en el caso de la cautela *socini*[600]; iv) o en el caso de adju-

---

598 *Vid.* Blasco Gascó, F. de P., *Instituciones*, ob. cit., p. 223.

599 *Ibid.*, pp. 223 y 224.

600 Según el DPEJ: *Facultad que se concede al testador de establecer disposiciones testamentarias que graven la legítima, y que favorecen al legitimario únicamente en el caso de que acepte el gravamen o limitación impuesto sobre la legítima. Vid.* https://dpej.rae.es/lema/cautela-socini

Según Fernández Piera, "la más frecuente es aquella en que el testador deja el usufructo universal de su herencia al cónyuge estableciendo que el hijo que impugne la disposición y, por consiguiente, no quiera tolerar el usufructo, se conformará con percibir lo que por legítima le corresponde. Se coloca a los hijos ante la posibilidad de percibir en nuda propiedad una porción superior a su legítima pero con la carga que implica el usufructo universal establecido a favor del viudo, o recibir su legítima, pero nada más que su legítima, libre de usufructo". *Vid.* Fernández Piera, Á., *«Ineficacia de disposiciones sucesorias»*, en *Instituciones de Derecho Privado. Sucesiones*, 2ª ed., t. V, vol. 3º (director, Víctor Manuel Garrido de Palma; coord., Martín Garrido Melero), Consejo General del Notariado, Civitas, Thomson Reuters-Aranzadi, Cizur Menor (Navarra), 2018, p. 824.

Vid. STS de 30 de enero de 1995 (*Tol 5124193*): *El testador dispone: «Primero.– Lega a su esposa doña Catalina R. G. el usufructo universal y vitalicio de su herencia, con facultad de tomar por sí posesión del legado, con el que se entenderá pagada su legítima. El heredero que no respete esta voluntad tomará sólo su legítima estricta; y si ninguno lo hiciere, tomará la viuda el pleno dominio del tercio libre, además de su cuota legal usufructuaria», —El testador prevé que ningún heredero acepte su voluntad, cual es el caso presente y sean herederos preteridos o no, y para tal supuesto, en el que nos encontramos, decide que «tomará la*

dicar todos o parte de los bienes hereditarios a alguno de los hijos o descendientes, ordenando que se pague al resto su legítima en metálico (arts. 841 y 1.057 CC).

Por otra parte, la intangibilidad desde un punto de vista cuantitativo supone que "el legitimario debe recibir como legítima cuanto le corresponde por ley, no pudiendo recibir menos"[601]; y existirá lesión cuantitativa de la legítima cuando: i) se atribuya al legitimario menos de lo que le corresponde; ii) o realice el causante disposiciones testamentarias en concepto de herencia o legado —así como también donaciones *inter vivos*— que, de cumplirse, impedirían la satisfacción de la legítima al no haber en la herencia bienes suficientes para su pago, debiéndose reducir los legados —y las donaciones— por causa de inoficiosidad[602].

---

viuda el pleno dominio del tercio libre, además de su cuota legal usufructuaria», y ello no es inoficioso, —El legado a la esposa del tercio de libre disposición, de conformidad con lo dispuesto en el artículo 808, párrafo tercero, del Código Civil, además del usufructo a que se refiere el artículo 834, es absolutamente correcto y hay que respetar la voluntad última del causante, y no puede calificarse de inoficioso el expresado legado—, —Bajo el imperio del Derecho común era frecuente que los testadores dejaran a sus hijos una porción hereditaria que excediera de la legítima, pero sometida a limitaciones o gravámenes, y si el hijo no se hacía cargo de éstos o atacaba la última voluntad, debía dejársele reducido a la legítima estricta—, —Según Roca Sastre esta cautela Socini o Gualdense es una cláusula lícita, y añade Vallet de Goytisolo que si al testador no le es lícito gravar la legítima del hijo, en cambio no es ilícito que el hijo acepte cualquier gravamen sobre su legítima. Y continúa Roca, el legislador no se entromete en la libre opción del legitimario. Puig Brutau termina resumiendo que esta cláusula es completamente admisible, y el Tribunal Supremo aceptó su validez en Sentencia de 12 diciembre 1958. —En el caso presente se rechaza el gravamen y los herederos recibirán por terceras e iguales partes sus correspondientes cuotas en los tercios de mejora y legítima, pero sigue vigente el resto de la cláusula testamentaria, y tomará la viuda el tercio de libre disposición en pleno dominio, además de su cuota legal usufructuaria y —Al no entenderlo así, la sentencia impugnada ha incurrido en un claro error en la apreciación de la prueba—.

De obligada consulta sobre la *cautela socini* es la STS de 10 de junio de 2014 (*Tol 4374204*), así como el análisis que, sobre la misma, hace FAJARDO FERNÁNDEZ: «Comentarios a la Sentencia del Tribunal Supremo de 10 de junio de 2014 (5816/2014)», en *Comentarios a las sentencias de unificación de doctrina (civil y mercantil)*, vol. 6º (2013-2014), director: Mariano Yzquierdo Tolsada; coordinador: Javier Espín Granizo, Dykinson-Agencia Estatal Boletín Oficial del Estado-Registradores de España, Madrid, 2016, pp. 724-739.

601 *Vid.* BLASCO GASCÓ, F. DE P., *Instituciones*, ob. cit., p. 223.

602 *Ibid.*, p. 225.

Respecto de las cuotas señaladas por la ley en concepto de legítima, ya nos hemos referido con anterioridad a ellas —arts. 808, 809, 834, 837 y 838 CC en relación con los descendientes, ascendientes y cónyuge supérstite—.

Gómez Morán[603] entiende que "todo lo que limita la facultad testatoria del causante es el respeto que debe a las legítimas, conforme se deriva de la misma naturaleza de éstas"; respeto que "se refiere a su cuantía, según el cómputo que se haga de su fortuna a la fecha de su muerte, según dispone el artículo 818 de nuestro Código", por lo que "quedando a salvo los derechos de los herederos forzosos —los derechos de los mismos a la sucesión y no a los bienes que la integran, ya que no tienen derecho concreto sobre bienes concretos de ésta—, el testador es libre de ordenar la distribución de su caudal como le parezca y disponer se haga el pago de los derechos legitimarios con éstos o con los otros bienes, sin otra limitación que la de evitar todo perjuicio «cuantitativo» a los repetidos herederos forzosos".

Ya nos hemos referido con anterioridad a que la posición mantenida por el Tribunal Supremo respecto a la naturaleza jurídica de la legítima es entenderla, bien como una *pars hereditatis*, bien como una *pars bonorum*, pero nunca como *pars valoris*, esto es, como un derecho de crédito, o como una *pars valoris bonorum*, es decir, como un valor económico sobre los bienes de la herencia[604].

La concepción de la legítima como *pars hereditatis* implica que ha de ser abonada con bienes de la herencia —intangibilidad cualitativa—, pues los legitimarios son cotitulares directos del activo hereditario hasta en tanto no se lleve a cabo la partición, y no se les puede excluir de los bienes que lo integran, salvo en los supuestos expresamente previstos, permitiendo su pago en metálico[605].

---

603 *Vid.* Gómez Morán, L., «Testamento-partición», ob. cit., p. 609.

604 *Vid.* Blasco Gascó, F. de P., *Instituciones*, ob. cit., p. 203.

605 Para Roca-Sastre Muncunill, los supuestos en que el Código civil admitía, antes de la Ley de reforma de 13 de mayo de 1981, el pago de la legítima en dinero, ajeno a la herencia, eran considerados por la jurisprudencia del Tribunal Supremo (STS de 28 de mayo de 1958), por la doctrina de la DGRD (resolución de 19 de julio de 1952) y por la doctrina española dominante, como casos tasados a la regla general de que la legítima tenía que pagarse con bienes hereditarios, es decir, *in*

En sede del Derecho sucesorio, tenemos que partir de una base incuestionable: la voluntad del testador es ley de la sucesión, por lo que la norma del art. 1056 es imperativa[606] a la vista de los términos empleados, salvo el respeto debido a las normas de naturaleza imperativa, como la legítima de los herederos forzosos[607].

Cabe recordar el contenido del art. 763 CC:

> El que no tuviere herederos forzosos puede disponer por testamento de todos sus bienes o de parte de ellos en favor de cualquiera persona que tenga capacidad para adquirirlos. El que tuviere herederos forzosos sólo podrá disponer de sus bienes en la forma y con las limitaciones que se establecen en la sección quinta de este capítulo.

La Sección quinta del capítulo II, Título III del Libro III, que comprende los arts. 806 a 822, lleva por título "De las legítimas", que son, como ya hemos dicho antes, normas de derecho necesario limitativas de la voluntad del testador.

Pues bien, cuando nos encontramos ante un testamento particional hecho al amparo del art. 1056.1 CC, o ante una partición hecha por acto *inter vivos* pero apoyada siempre en un testamento anterior o posterior al acto propiamente particional —según doctrina jurisprudencial (por todas, STS de 6 de marzo de 1945[608])—, aunque existe una mayor libertad para el testador para repartir y valorar los bienes, hay un límite infranqueable: el respeto a las legítimas.

Como dice la STS de 7 de septiembre de 1998[609]:

> El artículo 1056 del Código Civil totalmente de acuerdo con la tradición jurídica española, faculta al testador para realizar él mismo la partición hereditaria, otorgándole amplias posibilidades para ello, pero siempre con absoluto respeto a las legítimas.

---

natura. A partir de la citada reforma, se amplían considerablemente el número de supuestos; a saber: arts. 829; 1056.2; 1077 en combinación con los arts. 1074 y 1075 (STS de 28 de junio de 1961-*Tol 4336899*); 821, 822 y 654.2º; 1062; 1047 y 1048.1; 1057 en relación con el 841 y, de este último, al 847. *Vid.* ROCA-SASTRE MUNCUNILL, L., *Derecho de sucesiones*, tomo II, Bosch, Barcelona, 1991, pp. 139 y ss.

609 (*Tol 5156964*).

O la STS de 20 de noviembre de 1990[610]:

> ... soslayar la referida intangibilidad de las legítimas (artículo 806 del mismo Cuerpo legal), que no puede eludirse por vía de la partición realizada por el «de cuius».

En suma, el poder decisorio del testador-partidor es muy amplio. Y lo es, precisamente, atendiendo a la finalidad de esta institución, cual es, desde la antigüedad, evitar las disputas entre los futuros herederos.

2. *Lesión de la legítima en la partición hecha por el testador*

En la especificidad del testamento-partición, De los Mozos[611] entiende que la transgresión de la legítima puede darse por diferentes vías: en el testamento o al hacerse la partición, siendo en este último caso irrelevante a los efectos de su impugnación.

Espejo Lerdo de Tejada[612] señala que la lesión de la legítima en la partición, "no procede de la asignación de las cuotas (objetivamente suficientes) sino de las disposiciones particionales, que pueden hacer insuficientes los bienes adjudicados en cuanto que su valoración ha dependido del cálculo puramente subjetivo del testador y no de una estimación objetiva".

La lesión puede provenir, también, cuando los bienes inicialmente adjudicados, que sí cubrían la legítima en el momento de otorgar testamento o realizar la partición, se deprecian y, llegado el momento de la apertura de la sucesión, son insuficientes para cubrirla[613].

Llegados a este punto cabría analizar lo dispuesto en el art. 1075 CC, que prevé la rescisión de la partición por causa de lesión en el caso de que perjudique la legítima de los herederos forzosos.

---

610 (*Tol 1730106*).

611 *Vid.* De los Mozos y de los Mozos, J. L., «La partición de la herencia por el propio testador», ob. cit., p. 222.

612 *Vid.* Espejo Lerdo de Tejada, M., «Comentario al art. 1056 del Código civil», ob. cit., p. 7837.

613 *Vid. ult. loc.*

Este artículo supone una excepción a la posibilidad de rescindir por lesión las particiones hereditarias cuando la partición la hace el testador, salvo en dos supuestos: i) cuando se perjudique la legítima de los herederos forzosos; y ii) cuando aparezca, o racionalmente se presuma, que fue otra la voluntad del testador.

Creemos conveniente —para una mayor claridad expositiva al tratarlo en unidad de acto, y por su complejidad—, estudiar el contenido de este artículo en el capítulo siguiente dedicado a la ineficacia de la partición. La rescisión es un supuesto, al fin y al cabo, de ineficacia, por lo que en ese contexto debe analizarse el art. 1075 CC con las implicaciones que conlleva respecto de la legítima, como luego veremos.

3. Medios de defensa y garantías del derecho del legitimario

Vamos a referirnos ahora, a modo de reseña —hecha la salvedad anterior relativa al art. 1075 CC—, a las acciones con que cuenta cualquier heredero forzoso para defender sus derechos legitimarios, incluso cuando nos encontramos ante la especialidad de un testamento-partición, o ante una partición *inter vivos* formalizada en documento privado pero apoyada siempre en un testamento, anterior o posterior.

3.1. La acción de petición de herencia

En primer lugar, nos referiremos a la acción de petición de herencia —*hereditatis petitio*—, que es la que corresponde al heredero a fin de recuperar los bienes hereditarios a través del reconocimiento de su título sucesorio, o en palabras de ALBADALEJO[614], "la que para recobrar la herencia entera, parte de ella o bienes concretos de la misma, compete al verdadero heredero contra el poseedor que basándose en ser él heredero (sin serlo realmente), o basándose (sin alegar título a su favor) simplemente en no ser heredero el reclamante, se niega a la entrega que éste pide".

---

[614] *Vid.* ALBADALEJO GARCÍA, M., *Curso de Derecho Civil. Derecho de Sucesiones*, vol. V, ob. cit., p. 202.

Gaspar Lera[615] la define como la acción, sujeta a prescripción, que puede ejercitar el heredero para reclamar su herencia a quien la posee indebidamente.

El TS, en la sentencia de 23 de marzo de 2006[616], dio una definición de esta al decir:

Es clara, según lo dicho, la acción ejercitada, «actio hereditatis petitio» como acción que tiene el heredero (o coheredero) para obtener, a través del reconocimiento de su título hereditario, los bienes que componen el patrimonio hereditario que le corresponde (sentencias de 20 de junio de 1992, 27 de noviembre de 1992, 12 de julio de 2002).

Nos advierte Bermejo Pumar[617] que el Código civil no regula la acción de petición de herencia, pero no la ignora; un ejemplo de esto son los arts. 192[618] —en sede de ausencia—, 1016[619] y

---

615 *Vid.* Gaspar Lera, S., *La acción de petición de herencia*, Aranzadi, 2001, pp. 27 y 37.

616 (*Tol 871856*). *Vid.* también STS de 12 de noviembre de 1953 (*Tol 4446524*): *... la acción de petición de herencia, no regulada en nuestro Código Civil, que se limita a hacer alusión a ella en su artículo 192 y en los 1016 y 1021, compete al heredero real contra quien posee los bienes hereditarios a título de herederos del mismo causante, o sin tener título alguno para obtener su restitución, pero partiendo del supuesto de que el sujeto pasivo de la acción posea los bienes invocando un título excluyente del que asista al reclamante. Vid.* también STS de 24 de julio de 1998 (*Tol 14797*): *La esencia de la llamada acción de petición de herencia («actio petitio hereditatis») consiste, sustancialmente, en el hecho de que, hallándose unos bienes poseídos en concepto de dueño por un tercero, el que considera pertenecerle dichos bienes, por título de herencia, reclama se declare en su favor la titularidad dominical de los mismos.* O, por último, también STS de 21 de mayo de 1999 (*Tol 5120932*) y SAP de Segovia de 11 de octubre de 1996 (*Tol 5604576*).

617 *Vid.* Bermejo Pumar, M.ª M., *Instituciones de Derecho privado. Sucesiones*, tomo V, vol. 4º (director, Víctor M. Garrido de Palma), Civitas-Thomson Reuters, Cizur Menor (Navarra), 2019, p. 1083.

618 *Lo dispuesto en el artículo anterior se entiende sin perjuicio de las* ***acciones de petición de herencia*** *u otros derechos que competan al ausente, sus representantes o causahabientes. Estos derechos no se extinguirán sino por el transcurso del tiempo fijado para la prescripción. En la inscripción que se haga en el Registro de los bienes inmuebles que acrezcan a los coherederos, se expresará la circunstancia de quedar sujetos a lo que dispone este artículo y el anterior.*

619 *Fuera de los casos a que se refieren los dos anteriores artículos, si no se hubiere presentado ninguna demanda contra el heredero, podrá éste aceptar a beneficio de inventario, o con el derecho de deliberar, mientras no prescriba la* ***acción para reclamar la herencia****.*

1021[620] —en materia de sucesiones— CC; por tanto, no existe un verdadero tratamiento sistemático de la misma.

El Código no regula la acción de petición de legítima, pero sí reglamenta la protección del derecho del legitimario a ser llamado a la sucesión y a participar en la herencia —condición, posición en la sucesión, cuota y atribución—. En consecuencia, al legitimario le corresponde la acción de petición de herencia como sucesor en cuota del haber.

3.2. La acción de suplemento y las acciones de reducción de legados y donaciones por causa de inoficiosidad

Con anterioridad hemos explicado que la legítima goza de una doble protección, referida a su intangibilidad tanto cuantitativa como cualitativa.

Y hemos visto que la intangibilidad cuantitativa puede lesionarse por distintas vías: adjudicando al legitimario menos de cuanto le corresponde por ley; a través de actos del causante que agoten el caudal hereditario y hagan imposible la satisfacción de su derecho —disposiciones testamentarias en concepto de herencia o legado; o también donaciones en vida—. Para estos casos, dispone el legitimario de tres acciones en defensa de su legítima: i) la acción de suplemento o complemento; ii) la acción de reducción de legados inoficiosos; y iii) la de reducción de donaciones igualmente inoficiosas.

Vamos a detenernos, aunque sea brevemente, en las acciones de complemento y de reducción.

Acción de complemento (art. 815 CC)

Por lo que respecta a la acción de complemento, tiene la siguiente finalidad: que el legitimario pueda reclamar la diferencia entre lo percibido realmente en concepto de legítima, y lo que legalmente le corresponde recibir en tal concepto, una vez lleva-

---

620 *El que* ***reclame judicialmente una herencia*** *de que otro se halle en posesión por más de un año, si venciere en el juicio, no tendrá obligación de hacer inventario para gozar de este beneficio, y sólo responderá de las cargas de la herencia con los bienes que le sean entregados.*

da a cabo la partición de la herencia y a la vista de las operaciones particionales. En caso de no haber recibido nada, la acción a ejercitar será la de reclamación de la legítima[621].

Para DE COSSÍO Y CORRAL[622], la acción de suplemento de legítima se da cuando el testador ha instituido heredero o legatario al heredero forzoso, pero en una proporción o cantidad que resultare inferior a la que legalmente le corresponde percibir, en cuyo caso podrá exigir de los demás herederos se le adjudiquen bienes bastantes de la herencia para complementar la cuota que la ley le atribuye.

En relación con esta acción, dispone el art. 815 CC:

> El heredero forzoso a quien el testador haya dejado por cualquier título menos de la legítima que le corresponda, podrá pedir el complemento de la misma.

La STS de 4 de enero de 2013[623] expresa lo siguiente:

> ... la defensa de la intangibilidad cuantitativa de la legítima y, con ella, la pretensión de una nueva "cognitio" relativa a computación y valoración del haber hereditario debe realizarse, únicamente, por el marco general de la acción de suplemento de la legítima, artículo 815 del Código Civil, como base para el ejercicio de la acción de reclamación de disposiciones testamentarias que lesionen o "mengüen" la legítima y, en su caso, de la reducción por inoficiosidad de las donaciones, artículo 817 del Código Civil. Esta aplicación técnica, que deriva de nuestro sistema sucesorio, específica y diferenciada, no puede confundirse ni reconducirse al ámbito de la nulidad patrimonial o al de su rescindibilidad por lesión.

La acción de complemento deberá ejercitarse tras haberse practicado las correspondientes operaciones particionales, es decir, una vez partida la herencia y satisfecho el derecho de los legitimarios, pues sólo en ese momento se podrá saber, a ciencia cierta, si la atribución es deficitaria.

Dice sobre el particular la STS de 8 de marzo de 1989[624]:

---

621 *Vid.* BLASCO GASCÓ, F. DE P., *Instituciones*, ob. cit., p. 226.

622 *Vid.* DE COSSÍO Y CORRAL, A., *Instituciones de Derecho civil. Derechos reales y Derecho hipotecario. Derecho de familia y Derecho de sucesiones*, ob. cit., p. 578.

623 (*Tol 3799061*).

624 (*Tol 1731552*).

> … no es ontológica, ni jurídicamente, posible pedir el complemento de legítima, conforme al artículo 815 del Código Civil, que es la única acción que ha sido estimada por la sentencia recurrida (el pronunciamiento desestimatorio de todas las demás ejercitadas —entre ellas la de rescisión de la partición por lesión— no ha sido recurrido), supuesta la existencia de mejoras, sin antes conocer el montante del «quantum» o valor pecuniario que, por legítima estricta, corresponda a cada uno de los herederos forzosos en la herencia de que se trate, para cuyo conocimiento o fijación han de tenerse en cuenta todos los bienes que quedaren a la muerte del testador, con deducción de las deudas y cargas, salvo las impuestas en el testamento, según prescribe el artículo 818 del citado Código, lo que presupone la práctica de las pertinentes operaciones particionales.

Acción de reducción (arts. 817, 818 y 819 CC)

Por otra parte, el Código protege la legítima de los herederos forzosos de aquellos actos del causante, sean estos *inter vivos* o *mortis causa,* que hagan imposible la satisfacción de su derecho; y esto a través de la acción de reducción de disposiciones testamentarias y de donaciones.

Según DE COSSÍO Y CORRAL[625], la acción de reducción de donaciones y legados permitirá al heredero forzoso "exigir, en cuanto a aquéllas, el reintegro de los bienes objeto de las mismas, en la medida en que fuere necesario para pagar su cuota legitimaria; y en cuanto a éstos, reduciéndolos a prorrata o anulándolos, si necesario fuera, para que su porción legitimaria pueda hacerse efectiva".

Para BERMEJO PUMAR[626], la acción de reducción tiene por finalidad reducir las disposiciones del causante que lesionen el derecho del legitimario, cuantitativa y cualitativamente. El Código protege de la lesión cuantitativa de la legítima causada tanto por actos *inter vivos* como *mortis causa*; la protección de la intangibilidad cualitativa se encuentra también en el Código entre las

---

625 *Vid.* DE COSSÍO Y CORRAL, A., *Instituciones de Derecho civil. Derechos reales y Derecho hipotecario. Derecho de familia y Derecho de sucesiones,* ob. cit., p. 579.

626 *Vid.* BERMEJO PUMAR, M.ª M., *Instituciones de Derecho privado,* ob. cit., p. 1102.

normas que este dedica a las reglas de reducción de lo inoficioso: párrafo tercero del art. 819 CC:

> Las donaciones hechas a los hijos, que no tengan el concepto de mejoras, se imputarán en su legítima.
> Las donaciones hechas a extraños se imputarán a la parte libre de que el testador hubiese podido disponer por su última voluntad.
> En cuanto fueren inoficiosas o excedieren de la cuota disponible, se reducirán según las reglas de los artículos siguientes.

Pero el pórtico de entrada sobre las acciones de reducción hay que buscarlo en el art. 636 CC, cuando dispone lo siguiente:

> No obstante lo dispuesto en el artículo 634, ninguno podrá dar ni recibir, por vía de donación, más de lo que pueda dar o recibir por testamento. La donación será inoficiosa en todo lo que exceda de esta medida.

Por otra parte, nos dice el art. 817 CC:

> Las disposiciones testamentarias que mengüen la legítima de los herederos forzosos se reducirán, a petición de éstos, en lo que fueren inoficiosas o excesivas.

Entendemos que el heredero forzoso, para salvaguardar o defender su legítima, podrá ejercitar cualquiera de estas acciones; y ello con independencia de si la partición es testamentaria (*ex* art. 1056.1 CC) o no.

A los efectos del cálculo de la legítima, y aunque en el capítulo siguiente nos referiremos a esto con mayor detalle, hay que tener en cuenta la norma contenida en el art. 818 CC, que es de obligado cumplimiento para el causante:

> Para fijar la legítima se atenderá al valor de los bienes que quedaren a la muerte del testador, con deducción de las deudas y cargas, sin comprender entre ellas las impuestas en el testamento.
> Al valor líquido de los bienes hereditarios se agregará el de las donaciones colacionables.

3.3. Posibilidad de promover el juicio de división de la herencia (art. 782.1 LEC), aun cuando la partición sea testamentaria

Tradicionalmente se ha considerado como uno de los principales efectos de la partición hecha por el testador la exclusión de la posibilidad de promover el juicio de división de herencia, antiguo juicio de testamentaría de la LEC de 1881. Esta norma permitía al testador, según FAJARDO FERNÁNDEZ, establecer una cláusula prohibitoria respecto a la posibilidad de acudir al juicio de testamentaría, tanto voluntario (art. 1039 LEC-1881) como necesario (arts. 1044 y 1094 LEC-1881), siempre y cuando no hubiera nombrado albaceas o contadores partidores con facultades para practicar las operaciones extrajudicialmente (art. 1045 LEC-1881)[627]. Si bien, como dice el autor citado, fueron más las sentencias del TS que admitieron la tramitación del juicio de testamentaría —pese a la existencia de la cláusula prohibitoria— que las que lo rechazaban, concluyendo en la siguiente idea: "Esto me lleva a pensar que la jurisprudencia ha interpretado la legislación procesal de 1855 y 1881 de un modo extremadamente favorable para el que instaba el juicio de testamentaría y ha admitido la tramitación del juicio de testamentaría a pesar de la prohibición testamentaria, casi *contra legem*"[628]; y añade que: "a partir de los años 30 del siglo XX este asunto [el enfrentamiento entre la cláusula prohibitoria y el juicio de testamentaría] dejó se ser conflictivo"[629].

En esta misma línea y refiriéndose a la prohibición, al decir de ESPEJO LERDO DE TEJADA, se trata de un viejo criterio sostenido por la jurisprudencia que, tal vez, sea injustificado mantener en

[627] Por tanto, si el testamento nombraba contador-partidor que había aceptado el cargo, la presencia en el testamento de una cláusula prohibitoria bastaba para impedir la tramitación del juicio de testamentaria; era deber del juez no incoarla, o sobreseerla si ya había sido incoada (art. 1044 II LEC-1881). Es preciso, por lo demás, dejar constancia de la doble finalidad, al decir de este autor, de las cláusulas prohibitorias: prohibir la impugnación del testamento; y sancionar al impugnante. *Vid.* FAJARDO FERNÁNDEZ, J., «La cláusula testamentaria prohibitoria de intervención judicial», *RJN*, 102-103, abril-septiembre de 2017, pp. 496-497.

[628] *Ibid.*, pp. 497-499.

[629] *Ibid.*, p. 499.

la actualidad[630]. Razón tiene, máxime si tenemos en cuenta que la Constitución Española de 1978 proclama, en su art. 24.1, el derecho de todas las personas *a obtener la tutela efectiva de los jueces y tribunales en el ejercicio de sus derechos e intereses legítimos, sin que, en ningún caso, pueda producirse indefensión*. Recordemos que se trata de un derecho fundamental con la protección constitucional reforzada de sobra conocida[631].

Y respecto al uso de la facultad particional contenida en el art. 1056, si bien algunas sentencias anteriores a la LEC 2000 venían considerando la innecesariedad de acudir al juicio de testamentaría cuando la partición la había llevado a cabo el testador, otras consideraban lo contrario. En el primer caso encontramos la STS de 28 de junio de 1961[632], que decía lo siguiente:

> ... resulta dilatorio e inútil el juicio de testamentaría y el derecho de los herederos está subordinado al del testador con las limitaciones del artículo 1056, que pueden corregirse a medio de las acciones adecuadas (sentencia de 17 de octubre 1960).

En sentido opuesto, Vallet de Goytisolo cita la STS de 21 de enero de 1890, según la cual "cabía instar juicio de testamentaría por no estar, en las operaciones particionales efectuadas por el causante, bien determinados y descritos y sin inventariar los bienes, pudiendo afectar a alguna legítima los aumentos y menoscabos producidos en los bienes desde la fecha del testamento hasta la de la muerte del testador"[633]. Por tanto, la distribución hecha en el testamento en cuestión, según esa sentencia, *no merece el concepto jurídico de partición de herencia y no puede privar a los recurrentes del derecho que les asiste y que han ejercitado al promover el juicio voluntario de testamentaría.*

---

630 *Vid.* Espejo Lerdo de Tejada, M., «Comentario al art. 1056 del Código civil», ob. cit., p. 7633.

631 *Vid.* arts. 53.2 (tutela ante los tribunales ordinarios por un procedimiento basado en los principios de preferencia y sumariedad y, en su caso, a través del recurso de amparo ante el Tribunal Constitucional), 81.1 (exigencia de una ley orgánica para su desarrollo) y 168 (reforma constitucional por el procedimiento agravado) CE.

632 (*Tol 4336899*).

633 *Vid.* Vallet de Goytisolo, J. B., «Comentarios a los artículos 1.035 a 1.087 del Código civil», ob. cit., p. 151.

DE COSSÍO Y CORRAL[634] es muy claro en esta cuestión: "Derivando el derecho de los herederos forzosos, no del testamento, sino de la ley, carecerá de virtualidad en relación a ellos una disposición testamentaria en la que se les prohíba acudir a los Tribunales impugnando la partición o el testamento, y se les impusiere una sanción por ello, en el supuesto de que prosperase su impugnación".

Es lógico que así sea. Tratándose de herederos forzosos, ¿acaso por haberse hecho la partición por el testador están obligados a asumirla, confiando en que sus derechos legitimarios están a salvo? Creemos que no. Otra cosa es el cauce procesal adecuado para comprobar que, efectivamente, se respeta su legítima, sin que esto les suponga un gravamen inasumible, en términos de tiempo y de dinero, y también en cuanto a las posibilidades probatorias.

Si acudimos a la LEC, el art. 782.1 reconoce la legitimación activa para promover el juicio de división de herencia a cualquier coheredero o legatario de parte alícuota, pudiendo reclamar judicialmente la división, *siempre que esta no deba efectuarla un comisario o contador-partidor designado por el testador, por acuerdo entre los coherederos o por el Letrado de la Administración de Justicia o el Notario.*

Nada se dice, por cierto, de que la partición haya sido hecha por el testador. Si lo está, no quiere ello decir que los legitimarios no puedan ampararse en los mecanismos previstos en la ley procesal para comprobar si existe o no menoscabo de su legítima.

ESPEJO LERDO DE TEJADA señala acertadamente que "para poder saber si la partición abarca todo el patrimonio hereditario o no y si respeta las posibles legítimas de todos los interesados es imprescindible realizar el inventario y la valoración de los bienes". De no admitirse tal posibilidad, "se estaría obligando a los interesados que duden de ello a acudir a un procedimiento ordinario, en lugar de utilizar el cauce adecuado para solucionar cuestiones relativas a la división hereditaria". Así pues, prosigue este autor, deben entenderse legitimados "todos los herederos, incluidos los forzosos, para solicitar la intervención judicial del

634 *Vid.* DE COSSÍO Y CORRAL, A., *Instituciones de Derecho civil. Derechos reales y Derecho hipotecario. Derecho de familia y Derecho de sucesiones*, ob. cit., p. 581.

patrimonio hereditario, con vistas a la división del mismo (arts. 792 y 782 LEC)" [635].

Este razonamiento se encuentra con un obstáculo, más aparente que real a nuestro entender, en la propia redacción del art. 792.1. 2º LEC, referido a la intervención judicial de la herencia durante la tramitación de la declaración de herederos o de la división judicial de la herencia:

> 1.º Las actuaciones a que se refiere el apartado 2 del artículo anterior podrán acordarse a instancia de parte en los siguientes casos:...
> 2.º Por cualquier coheredero o legatario de parte alícuota, al tiempo de solicitar la división judicial de la herencia, salvo que la intervención hubiera sido expresamente prohibida por disposición testamentaria.

Es decir, que el propio testador puede haber prohibido la intervención judicial de la herencia, lo cual no significa que no pueda instarse el correspondiente proceso especial de división. Es más, si seguimos la literalidad de la ley, cualquier coheredero o legatario de parte alícuota pueden solicitar la división judicial de la herencia y, al igual que en el art. 782, no se impone ninguna restricción a esta posibilidad en el caso que la partición esté hecha por el testador *ex* art. 1056 CC.

Si bien hemos dicho que en el capítulo siguiente estudiaremos la rescisión por lesión *ex* art. 1075 CC, valga decir, por el momento, y porque tiene relación con lo que estamos tratando —imposibilidad de promover juicio divisorio—, que, desde el punto de vista de los herederos forzosos y en aras a preservar sus derechos, será más razonable acudir a los procedimientos de intervención del patrimonio y de división de la herencia. La alternativa a esto sería obligar a los discrepantes a acudir a un procedimiento ordinario, lo que les supondría una difícil situación probatoria, al no poder contar con la seguridad de un inventario y valoración regularmente confeccionados[636].

Como señala Espejo Lerdo de Tejada, "es difícil saber *a priori* si lo dividido por el causante abarca toda la herencia", pero "aun-

---

635 *Vid.* Espejo Lerdo de Tejada, M., «Comentario al art. 1056 del Código civil», ob. cit., p. 7634.

636 *Ibid.*, p. 7838.

que la partición no haya omitido bienes, habrá que proseguir con el procedimiento de división propiamente dicho que es aquel en el que se valoran los bienes"[637].

Entendemos que no caben obstáculos a la posibilidad de promover el juicio divisorio en el supuesto que la partición sea testamentaria; en primer lugar, porque no se hallará, en la LEC, ningún precepto que lo justifique; y, en segundo lugar, porque supondría atentar contra un derecho fundamental, no ya desde la perspectiva de la protección de las legítimas como norma imperativa, que también, sino sobre la base del interés legítimo de cualquier heredero, incluyendo los forzosos, de acudir a la autoridad judicial *ex* art. 24.1 CE, que no puede quedar al albur de lo que haya dispuesto el testador.

En esta misma línea se manifiesta FAJARDO FERNÁNDEZ, al decir: "ante una cláusula testamentaria que prohíba acudir a este procedimiento [ahora, división judicial de la herencia], la respuesta debería ser hoy la misma que siempre ha aplicado el Supremo: la demanda debe ser tramitada. Porque el testador no tiene, ni ha tenido nunca, ni siquiera cuando la ley procesal afirmaba lo contrario, la facultad de privar a sus herederos de legitimación para acceder a la jurisdicción. En conclusión, el problema que plantea la cláusula prohibitoria no es si puede limitar la legitimación del impugnante, pues eso no puede hacerlo ni ha podido nunca. Lo verdaderamente cuestionado es la validez y aplicabilidad de la sanción prevista en el testamento contra el impugnante por haber impugnado"[638].

Enlazando con estas palabras trataremos la cuestión de la cláusula prohibitoria como cautela sociniana[639].

---

637 *Vid. ult. loc.*

638 *Vid.* FAJARDO FERNÁNDEZ, J., «La cláusula testamentaria prohibitoria de intervención judicial», ob. cit., p. 500.

639 Cinco son los argumentos que se esgrimen sobre su admisibilidad, según FAJARDO FERNÁNDEZ: a) el único límite a la libertad de testar lo constituyen las legítimas; b) la cláusula prohibitoria puede entenderse como una cautela sociniana, y esto es suficiente para protegerla; c) la sanción testamentaria coincide con la sanción legal, y en cualquier caso quedaría salvada aplicando la sociniana tácita; y d) todo esto es coherente con la tendencia social y legislativa en favor de la libertad de testar. Sin embargo, matiza este autor, que, aunque la cláusula prohibitoria pueda considerarse un supuesto de cautela sociniana, "no significa que

Sanciñena Asurmendi refiere que en la partición hecha por el testador es usual incluir cláusulas que prohíban la intervención judicial —impugnación del testamento y otras disposiciones, o de la partición—, y así, si un heredero forzoso incumpliese dicha prohibición, vería reducida su participación a la legítima estricta[640]. Partiendo de que tal posibilidad ha sido admitida por la doctrina jurisprudencial, es necesario, a la vista de que existen normas imperativas que vinculan al testador, trazar una línea divisoria que separe los supuestos en los que este sí puede prohibir la intervención de los que no; así pues, "se hace preciso calibrar, cuáles son los derechos que dichos interesados [refiriéndose a los herederos, legitimarios y legatarios] solicitan mediante la intervención judicial, con vistas a excluir de la prohibición de intervención judicial aquellos procedimientos que al testador no le es lícito prohibir"[641].

Para ello, nos basamos en la interesante STS de 19 de julio de 2018[642], que analiza la admisibilidad de una *cautela socini* u opción compensatoria consistente en prohibir la impugnación del testamento, lo cual puede entrar en conflicto con el principio del derecho a la tutela judicial efectiva, en el sentido que estamos exponiendo. Pues bien, el TS, admitiendo la figura, señala que sólo aquellos contenidos impugnatorios que se dirigen a combatir el ámbito dispositivo y distributivo ordenado por el testador son los que incurren en la prohibición, y llevan consigo la atribución de la legítima estricta como sanción prevista en el testamento, quedando al margen otras impugnaciones de naturaleza distinta a

---

sean lo mismo. Nunca es bueno usar un único nombre para dos cosas distintas". *Ibid.*, pp. 516-528.

640 *Vid.* Sanciñena Asurmendi, C., *La partición hecha por el testador*, ob. cit., p. 57. La STS de 27 de mayo de 2010 (*Tol 1864867*) dice: *La llamada comúnmente cláusula o cautela Socini así como Gualdense (por apoyarse en un dictamen emitido por el jurisconsulto italiano del S.XVI Mariano Socini Gualdense) o cláusula angélica (por atribuirse dicha fórmula a Ángelo Ubaldi) es la que puede emplear el testador para, dejando al legitimario una mayor parte de la que le corresponde en la herencia por legítima estricta, gravar lo así dejado con ciertas cargas o limitaciones, advirtiendo que si el legitimario no acepta expresamente dichas cargas o limitaciones perderá lo que se le ha dejado por encima de la legítima estricta.*

641 *Vid.* Sanciñena Asurmendi, C., *La partición hecha por el testador*, ob. cit., pp. 57 y 58.

642 (*Tol 6676446*).

aquellas. Así expresa en la citada resolución, haciendo referencia a la STS de 21 de abril de 2015[643]:

> Por contra, aquellas impugnaciones que no traigan causa de este fundamento y se dirijan a denunciar irregularidades, propiamente dichas, del proceso de ejecución testamentaria, tales como la omisión de bienes hereditarios, la adjudicación de bienes, sin la previa liquidación de la sociedad legal de gananciales como, en su caso, la inclusión de bienes ajenos a la herencia diferida, entre otras, escapan de la sanción prevista en la medida en que el testador, por ser contrarias a la norma, no puede imbricarlas, ya de forma genérica o particular, en la prohibición testamentaria que acompaña a la cautela y, por tanto, en la correspondiente sanción.

Tal planteamiento resulta lógico a la vista de la admisión de la *cautela socini*[644]. Por tanto, será ilícita aquella cláusula testamentaria que obligue a percibir únicamente la legítima estricta si algún legitimario impugna el testamento por haberse omitido bienes propios del testador, o por haberlos incluido siendo estos ajenos, total o parcialmente, es decir, bien sean privativos o gananciales, sin haber liquidado previamente, en este último caso, la sociedad de gananciales[645].

---

643 (*Tol 4988929*).

644 *Vid.* STS de 10 de junio de 2014 (*Tol 4374204*).

645 Así lo entendió la STS de 3 de marzo de 1980 (*Tol 1740711*), al establecer la nulidad de la partición hereditaria por disponer la testadora como bienes propios de los que ya correspondían a los herederos como causahabientes de su padre; por tanto, se considera que la condición impuesta a los herederos (de tolerarla, so pena de perder lo que les correspondiera en los tercios de mejora y de libre disposición) es contraria a la ley: ... *la condición impuesta por la testadora de respetar una partición en la que se dispone como de bienes propios de aquéllos que ya corresponden a los herederos como causahabientes de su padre es contraria a la ley suponiendo una verdadera coacción para los herederos y la partición así efectuada es nula con arreglo a lo dispuesto en el art. 1414 según el cual el testador no puede disponer en testamento más que de su mitad de gananciales y no habiéndose liquidado la sociedad conyugal es evidente que la testadora dispuso de aquéllos que no le pertenecían procediendo en consecuencia la estimación del motivo y asimismo la del primero en que se denuncia la violación del 1414 y otras reglas legales.*

Respecto a la impugnación de la partición testamentaria que comprende bienes ajenos, resulta de interés la STS de 12 de diciembre de 1959[646]: la viuda instituyó herederos a sus cuatro hijos, haciendo la partición testamentaria al amparo del art. 1056.1 CC, incluyendo en esta tanto sus propios bienes como los gananciales indivisos y los privativos del cónyuge fallecido. Fallecida la madre, dos de los hijos demandan a los otros dos, pese a la existencia de una cláusula prohibitoria, solicitando la nulidad de la partición por incluir bienes del padre. La demanda se estima en todas las instancias, declarándose la nulidad de la partición.

Dice el TS: *Hace la testadora la partición no solo de sus privativos bienes, sino también de los quedados al fallecimiento de su marido... y la de los que tenían carácter de gananciales, adjudicando todos ellos, sin especificar sus distintas procedencias, ni diferenciar los lotes que a cada uno de los herederos formaba con los bienes de su exclusiva propiedad que hubiese permitido distinguir y separar la partición de cada una de las sucesiones, sino por el contrario, como si todos ellos tuviesen idéntica condición y de todas pudiese disponer a su arbitrio, pero consciente, a pesar de ellos, de la realización de acto para el que estaba autorizada.*

Y, respecto de la cláusula, la tiene por no puesta, pues su finalidad era *hacer posible lo que la ley no permite realizar, es evidente que la condición que se dirija a tan arbitrario fin habrá de reputarse contraria a derecho, y por ello, como no puesta.*

---

646 (*Tol 4349439*). *Vid.* el dictamen sobre esta resolución emitido por Jordano Barea, en cuya conclusión sexta, expresa: "... la prohibición de intervención judicial mediante juicio de testamentaría y la sanción que su infracción lleva aparejada, no comprende la impugnación en el correspondiente juicio declarativo ordinario de la partición realizada en uso de las facultares conferidas por el artículo 1.056, basándose en causas previstas por la ley, porque la testadora no pudo prohibir que se impugnara la partición en los casos en que haya motivo de impugnación *ex lege*", como haberse excedido usando de un poder que el Código civil concede, en el art. 1056, sólo al testador y respecto a sus bienes. *Vid.* Jordano Barea, J. B., «Dictamen sobre validez de partición contenida en testamento», ob. cit., pp. 246-247.

También podemos traer a colación la STS de 12 de noviembre de 1964[647] sobre la nulidad de la partición:

> ... en el caso de autos, habrá de concluir afirmando que la circunstancia de que la testadora, en su testamento-partición, haya realizado la distribución de bienes, entre sus herederos, incluyendo fincas que pertenecían a la herencia de su finado esposo, y bienes que eran de la sociedad legal de gananciales que con él había formado, no puede tener la trascendencia que el recurrente pretende —de acarrear la nulidad de todo el testamento en el cual viene inserta aquella cláusula—, ya que no existe precepto alguno que imponga esa comunicabilidad.
>
> Que la S. de 12 diciembre 1959 citada «in voce» por el recurrente en el acto de la vista en apoyo de su tesis anulatoria de todo el testamento, no tiene la trascendencia que dicho recurrente le atribuye, ya que, después de proclamar la nulidad de una cláusula penal establecida por la testadora para los que no acatasen su voluntad distributiva de la «masa común herencial» formada con sus bienes propios y con los que habían sido de su finado esposo y con los que eran de la sociedad legal de gananciales, ordena que por los contadores designados en el testamento combatido, se proceda a hacer una nueva partición «con sujeción a las cláusulas testamentarias» es decir, que tal sentencia, reconoce que la ineficacia de una cláusula, no trasciende a las demás, que quedan subsistentes y válidas, y a las cuales ordena se ajuste la nueva partición que haya de realizarse.

---

647 (*Tol 4324345*). *Vid.* también la STS de 8 de junio de 1999 (*Tol 2552723*): *... la decisión de la Audiencia ha seguido la reiterada línea jurisprudencial en esta materia, amén de que, «como la voluntad del causante constituye la regla principal en la sucesión testamentaria, la cuestión relativa a la prohibición de la intervención judicial en los espacios de la partición y distribución de bienes hereditarios, cuando dichos actos son efectuados por el testador o se atribuyen al contador-partidor, se admite, en general, como válida en la doctrina científica, pero si la partición adoleciera de algún vicio de nulidad o lesionase derechos de los legitimarios, puede ser impugnada, pues lo contrario conculcaría el ordenamiento sucesorio», como ocurre en este caso, donde obra acreditado la falta de la liquidación de la sociedad de gananciales habida entre don José V. P. y doña María Lourdes S. D. y, sin embargo, los bienes de la misma se han incorporado a la partición efectuada.*

En cuanto a la lesión de las legítimas hay que distinguir: si la lesión se refiere a la intangibilidad cuantitativa de la legítima, el testador no puede incluir una prohibición de intervención judicial para que el legitimario pueda reclamar el complemento de esta; en cambio, la intangibilidad cualitativa de la legítima *ex* art. 813.2 CC sí puede ser objeto de la cautela[648]. Tratándose de herederos voluntarios y legatarios no legitimarios[649], este tipo de cláusulas son totalmente válidas, salvo los supuestos comprendidos en el art. 675.2 CC o los casos en que se pida una partición adicional por haberse omitido bienes[650].

---

648 Al decir de la STS de 27 de mayo de 2010 (*Tol 1864867*): *Aun cuando parte de la doctrina ha sostenido que esta cautela supone un artificio en fraude de ley en cuanto elude la norma que establece la intangibilidad cualitativa de la legítima, la doctrina predominante aboga por su validez por su clara utilidad y el hecho de que no se coacciona la libre decisión del legitimario que, en todo caso, puede optar por recibir en plena propiedad la legítima estricta. En este sentido, se incorporó al Código Civil, y así el apartado 3º del artículo 820 dispone que «Si la manda consiste en un usufructo o renta vitalicia, cuyo valor se tenga por superior a la parte disponible, los herederos forzosos podrán escoger entre cumplir la disposición testamentaria o entregar al legatario la parte de la herencia de que podía disponer libremente el testador», lo que supone la reducción de su porción hereditaria a la legítima.*

649 Como en el supuesto tratado en la STS de 3 de septiembre de 2014 (*Tol 4521095*): *En el presente caso, la demanda de remoción del cargo de albacea, interpuesta tan solo dos meses después del fallecimiento del causante, fue desestimada en ambas Instancias manifestándose una carencia de causa concreta y de prueba en orden a la remoción del albacea por su ejecución testamentaria en relación al legado de cantidad objeto de la presente litis, de forma que en el desarrollo fáctico y jurídico de la demanda no se constata la imputación concreta del albacea respecto ya de conductas dolosas, civiles o penales, o bien, de una actividad inoperante e ineficaz derivada de la negligencia grosera o de omisión o desatención constatada como, en su caso, de una colisión clara y precisa con los propios intereses del albacea, que pudieran afectar al legado en cuestión, tal y como exige la interpretación extensiva que esta Sala realiza del artículo 910 del Código Civil; por lo que debe valorarse como injustificado el recurso a la intervención judicial, con la consiguiente contravención de lo dispuesto por el testador en aras a forzar injustificadamente la remoción del albacea contador partidor y, con ella, alterar la ejecución testamentaria ordenada y querida por el mismo.*

650 En el caso de los herederos voluntarios y legatarios la consecuencia del incumplimiento de la cláusula de prohibición de intervención judicial será la pérdida de sus derechos hereditarios. *Vid.* SANCIÑENA ASURMENDI, C., *La partición hecha por el testador*, ob. cit., p. 64.

3.4. Tutela formal de la legítima: preterición (art. 814 CC)

El art. 814 CC[651] contempla la tutela formal de la legítima; y ello a través de la figura de la preterición[652], que existirá, únicamente, según MARTÍNEZ ESPÍN[653]: i) cuando el causante no le ha dejado nada en vida al legitimario; y ii) cuando, además, no le nombra en el testamento o se niega en él que tenga la condición de legitimario. Se produce, en tal caso, una lesión formal de la legítima.

La preterición, según STS de 31 de mayo de 2010[654]:

> ... exige la omisión de todos o alguno legitimarios en el contenido patrimonial del testamento, sin haberles atribuido en el mismo o anteriormente ningún bien y que le sobrevivan.

Por tanto, si no existe testamento no hay un supuesto de preterición, sino de sucesión intestada (art. 912.1º CC).

Tampoco habrá preterición cuando exista alguna atribución patrimonial a favor del legitimario en vida del causante, aunque

---

651 *La preterición de un heredero forzoso no perjudica la legítima. Se reducirá la institución de heredero antes que los legados, mejoras y demás disposiciones testamentarias.*
Sin embargo, la preterición no intencional de hijos o descendientes producirá los siguientes efectos:
1.º Si resultaren preteridos todos, se anularán las disposiciones testamentarias de contenido patrimonial.
2.º En otro caso, se anulará la institución de herederos, pero valdrán las mandas y mejoras ordenadas por cualquier título, en cuanto unas y otras no sean inoficiosas. No obstante, la institución de heredero a favor del cónyuge sólo se anulará en cuanto perjudique a las legítimas.
Los descendientes de otro descendiente que no hubiere sido preterido, representan a éste en la herencia del ascendiente y no se consideran preteridos.
Si los herederos forzosos preteridos mueren antes que el testador, el testamento surtirá todos sus efectos.
A salvo las legítimas tendrá preferencia en todo caso lo ordenado por el testador.

652 El Código civil no define el concepto de preterición. De acuerdo con la tradición jurídica, sería la omisión en el testamento de un legitimario, sea en línea recta ascendente o descendente, según los casos.

653 *Vid.* MARTÍNEZ ESPÍN, P., «Comentario al art. 814 del Código civil», en *Comentarios al Código civil*, (director, Rodrigo Bercovitz Rodríguez-Cano), tomo IV (arts. 588 a 818), Tirant lo Blanch, Valencia, 2013, p. 5934.

654 (*Tol 1878581*).

no se haya efectuado en concepto de anticipo de la legítima. En este sentido, la STS de 20 de febrero de 1981[655] dijo:

> ... el heredero forzoso, como el recurrente, a quien en vida haya hecho alguna donación su causante, no puede considerarse desheredado ni preterido y solo puede reclamar que se complete su legítima, al amparo del citado art. 815, que le faculta para pedir la integridad de esa porción hereditaria cuando el testador le haya privado de parte de ella.

El Código distingue entre preterición intencional y errónea. La intencional es la que hace el testador a propósito, sabiendo que tiene un legitimario y deliberadamente omite mencionarlo en su testamento porque no quiere dejarle nada; la errónea —o no intencional—, consiste en la omisión de un heredero forzoso cuya existencia se ignora o que sobreviene después de otorgar testamento[656].

Las normas de la preterición sólo entrarán en juego cuando exista un olvido patrimonial, es decir, cuando exista una lesión cuantitativa de la legítima. En tal caso, el legitimario preterido de forma intencionada podrá reclamar su cuota legitimaria, a través de las mismas acciones que tiene a su disposición al ejercitar la tutela cuantitativa[657].

La STS de 7 de octubre de 2010[658] declaró:

> La preterición protege al legitimario en la intangibilidad cuantitativa de su legítima.

Debe ser el legitimario preterido quien ejercite la acción del art. 814 CC., y ser él quien demuestre que existe preterición, pues si no lo hace, las disposiciones testamentarias conservarán su validez, al no poder ser apreciada y declarada de oficio por el juez.

---

655 (*Tol 1740202*)

656 *Vid.* De la Cámara Álvarez, M., *Compendio de Derecho sucesorio*, ob. cit., p. 184.
La STS de 31 de mayo de 2010 (*Tol 1878581*), refiere que la preterición es no intencional o errónea: ... *cuando el testador omitió la mención de legitimario hijo o descendiente ignorando su existencia, siempre al tiempo de otorgar testamento.*

657 *Vid.* Martínez Espín, P., «Comentario al art. 814 del Código civil», en *Comentarios al Código civil*, ob. cit., p. 5937.

658 RJ 2004, 6230.

En cuanto a los efectos tenemos que distinguir: si estamos ante una preterición intencional, se rescinde la institución de heredero en la medida que sea necesaria para satisfacer la legítima, y si no basta, se rescinden los legados a prorrata; y si la preterición es errónea de alguno de los hijos o descendientes, *se anulará la institución de herederos* y, si no es suficiente, los legados[659], y si es de todos los legitimarios, tal y como establece el art. 814.II.1º CC: … *se anularán las disposiciones testamentarias de contenido patrimonial*, dando lugar a la apertura de la sucesión *abintestato*.

---

[659] La STS de 10 de diciembre de 2014 (*Tol 4748252*) trata la cuestión relativa a la interpretación del art. 814 CC en el supuesto de preterición errónea de un descendiente, entendiendo que se trata de un supuesto de ineficacia funcional, de naturaleza rescisoria, y no de un supuesto de ineficacia estructural (nulidad o anulabilidad): *En el presente caso, la cuestión interpretativa que presenta el artículo 814 del Código Civil acerca de la naturaleza de la ineficacia derivada y su relación con los regímenes típicos de la misma, nulidad radical, anulabilidad o rescisión, debe de ser resuelta en favor de este último por razón de su carácter funcional, parcial, relativo y sanable; todo ello de acuerdo con el siguiente marco de interpretación que a continuación se expone en atención al anterior contexto doctrinal señalado.*
En primer lugar debe señalarse que la interpretación rectora del artículo 814 en relación con la preterición no intencional de hijos y descendientes, sin resultar todos ellos preteridos, caso que nos ocupa, lejos de descansar en la mera literalidad del apartado segundo, esto es, la anulación de la institución de herederos, se apoya en la voluntad testamentaria («voluntas testatoris») como ley suprema de la sucesión, tal y como establece su párrafo final: "A salvo las legítimas, tendrá preferencia en todo caso lo ordenado por el testador" y confirma sistemáticamente el citado apartado segundo, en donde la referida anulación de la institución de heredero se realiza sin perjuicio de "las mandas y mejoras ordenadas por cualquier título".
Desde la preferencia de este criterio interpretativo, por lo demás, respetuoso tanto con los antecedentes históricos de la figura, esto es, con la "querella inofficiosi testamenti", como con los precedentes más inmediatos, caso de la Reforma de 1981 respecto de la inclusión de las mejoras; el vicio o defecto que presenta la declaración testamentaria no responde a una ineficacia estructural, propia de la nulidad o anulabilidad, sino a una ineficacia funcional que parte, en todo caso, de la validez estructural de lo ordenado por el testador para purgar o ajustar a Derecho los efectos que resulten lesivos de dicha declaración.

Capítulo Quinto

Ineficacia de la partición. La rescisión de partición lesiva y la excepción contenida en el art. 1075 CC

I. INEFICACIA DE LA PARTICIÓN

1. A modo de introducción

A juicio de ALBADALEJO[660], la partición, como cualquier otro negocio, puede ser inválida, esto es, puede padecer vicios que ocasionen su ineficacia permitiendo su impugnación.

DE CASTRO Y BRAVO[661] entiende que será ineficaz la partición cuando cualquier obstáculo o defecto impida que despliegue sus naturales consecuencias.

Al contrario de lo que pudiera pensarse, el Código no contiene una regulación sistemática sobre la ineficacia de la partición en sus diferentes categorías.

Según DE LA CÁMARA ÁLVAREZ[662], el Código regula los casos y supuestos de ineficacia de la partición de un modo incompleto y fragmentario, pues no hay verdaderamente un criterio clarificador de los supuestos de nulidad y anulabilidad; la nulidad aparece reflejada en el art. 1081 CC, pero, por el contrario, sí trata la rescisión con mayor detalle.

Para este autor, esa regulación tan escasa no resulta inocente, pues lo que pretendía el legislador era que "las particiones deben subsistir sin perjuicio de corregirlas cuando proceda". Esto entronca con el principio de conservación de la partición, al que

---

660 *Vid.* ALBADALEJO, M., *Curso de Derecho civil. Derecho de sucesiones*, vol. V, ob. cit., p. 179.

661 *Vid.* DE CASTRO Y BRAVO, F., *El negocio jurídico*, Civitas, 1985, p. 462.

662 *Vid.* DE LA CÁMARA ÁLVAREZ, M., *Compendio de Derecho sucesorio*, ob. cit., p. 439. En el mismo sentido, *vid.* COSTAS RODAL, L., *La ineficacia de la partición de herencia*, Universidad Rey Juan Carlos, Madrid, 2005, p. 25.

nos referiremos en este capítulo y que debe estar presente cuando tratamos la cuestión relativa a la ineficacia de la partición.

Por otra parte, como la naturaleza de la partición puede ser diversa, esta podrá sufrir los vicios correlativos a los actos *mortis causa* si fue hecha por el testador (art. 1056 CC), los vicios correspondientes a los actos *inter vivos* si fue realizada por los coherederos de común acuerdo (art. 1058 CC), los imputables a la ejecución de los mandatos en caso de haberla encomendado a un contador-partidor, o a las resoluciones judiciales o arbitrales.

Como ya hemos adelantado al principio, faltando preceptos específicos sobre la materia, se aplicarán las normas generales de la invalidez de los negocios jurídicos *inter vivos*, en sede contractual, tal y como establece el art. 1073 CC: *Las particiones pueden rescindirse por las mismas causas que las obligaciones.*

La regulación de la rescisión viene contemplada en la Sección cuarta, Capítulo VI, Título III del Libro III (arts. 1073 a 1081 CC)[663], que lleva por título "De la rescisión de la partición", y ya nos hemos referido en parte a ella en el capítulo anterior al tratar la lesión de la legítima y cómo se canaliza su reparación a través del 1075 CC —en su primer inciso—; cuestión sobre la que incidiremos, aún más, en el presente capítulo, completando, así, su estudio.

Recordemos que la partición hecha por el testador supone una excepción al régimen general de la rescisión cuando hay lesión en más de la cuarta parte *ex* art. 1074 CC, salvo perjuicio de la legítima, que hace de freno a las amplias facultades dispositivas del aquel.

Antes de entrar en el análisis de los supuestos contemplados en los incisos primero y segundo del art. 1075 CC, nos referiremos, sucintamente, a los supuestos de nulidad y anulabilidad —pues podemos distinguir particiones nulas y particiones anulables—, cerrando este primer apartado con el tratamiento del principio *favor partitionis.*

663 Pese a que la sección se intitula "De la rescisión de la partición", el Código no regula, de modo exclusivo —y como podría pensarse, *a priori*—, esta modalidad de ineficacia, sino otros supuestos, según puede observarse de una lectura atenta de los arts. 1079 a 1081 CC. En este sentido *vid.* STS de 15 de junio de 1982 (*Tol 1739305*).

Para ALBADALEJO[664] serán nulas "cuando el defecto que padezcan las haga caer en alguno de los supuestos en que, según repetidas reglas generales, el negocio adolece de nulidad, como sería, por ejemplo, que no hubiese prestado realmente consentimiento alguno de los que la otorgaron"; y anulables, "cuando el defecto que padezcan las haga caer en alguno de los supuestos en que el negocio es sólo impugnable, como si en el caso anterior el otorgante que fuese sí hubiese prestado consentimiento, pero, por ejemplo, viciado por intimidación".

Para esto, tendremos que acudir a la doctrina general sobre la ineficacia de los negocios *inter vivos*, pues como hemos dicho, el Código carece de una regulación sistemática en esta materia; posibilidad admitida por la doctrina jurisprudencial del TS: STS de 17 de octubre de 2002[665]:

La nulidad de la partición no está regulada orgánicamente en el Código Civil sino que se aplica la normativa general de la invalidez del negocio jurídico (así, la sentencia de 13 de junio de 1992 lo dice, refiriéndose a «las mismas causas que las de los contratos»). Se producirá, por tanto, cuando falta un elemento esencial, cuando se contravenga una norma imperativa o prohibitiva o cuando concurra con vicio del consentimiento o un defecto de capacidad.

2. *Supuestos de nulidad de la partición*

Ya hemos dicho que el Código únicamente dedica el art. 1081 a contemplar de forma expresa un supuesto de nulidad de la partición, al disponer: *La partición hecha con uno a quien se creyó heredero sin serlo será nula.*

¿Quiere esto decir que sólo se considera causa de nulidad de la partición la prevista en este artículo? Evidentemente no; de hecho, la doctrina jurisprudencial ha entendido aplicables, por analogía, las normas sobre nulidad de los negocios jurídicos *inter vivos* y, en particular, las relativas a la materia contractual.

---

664 *Vid.* ALBADALEJO GARCÍA, M., *Curso de Derecho civil. Derecho de sucesiones*, vol. V, ob. cit., p. 179.

665 (*Tol 4975114*).

La STS de 31 de mayo de 1980[666] es un claro ejemplo de ello:

> Que carente el C. Civ. de una regulación específica sobre la nulidad de las particiones, fuera del precepto singular del art. 1081, ha declarado esta Sala que habrá que entender aplicables a la materia las normas sobre nulidad de los negocios jurídicos y principalmente de los intervivos contractuales, teniendo muy presente la consecuencia de que sólo se originará esa nulidad si existe carencia o vicio sustancial de los requisitos esenciales del acto —SS. de 17 abril 1943, 13 octubre 1960, 25 febrero 1966 y 7 enero 1975—, como acontece a juicio de la doctrina científica, y entre otros supuestos, cuando falta algún elemento esencial (así la certeza de la muerte del causante o la validez y vigencia del testamento) o presupuesto del negocio, o si la nulidad viene ocasionada por haber sido hecha la operación contra lo preceptuado en la Ley (participación realizada por causante no testador contradiciendo lo dispuesto en el art. 1056, comisario coheredero vulnerando la prohibición del art. 1057, etc.); y por su parte la jurisprudencia ha calificado como casos de nulidad, amén del contemplado por el referido art. 1081, la falta de consentimiento de la persona designada para practicar la división —SS. de 8 marzo 1956 y 13 octubre 1960—, la inclusión en la masa partible de bienes no pertenecientes al causante —S. de 30 enero 1951— como acontecerá si se extiende a los gananciales y parafernales teniéndose como privativos del «de cuius» —S. de 17 mayo 1974—, la ilícita de causa por deliberada ocultación de componentes del caudal —SS. de 22 junio 1948 y 25 febrero 1966—, la invalidez del testamento —S. de 11 marzo 1952—, el error sustancial cometido por el testador al proceder a la valoración de los bienes —S. de 26 noviembre 1974—, o al haber omitido cosas importantes y no computar determinados inmuebles objeto de donación

---

666 (*Tol 1740410*). En términos idénticos, *vid.* STS de 7 de noviembre de 2006 (*Tol 1022988*): *La jurisprudencia establece, como casos de nulidad, además del específico del artículo 1081 CC, la falta de consentimiento de la persona designada para realizar la partición, la inclusión de bienes no pertenecientes al causante (STS de 15 de diciembre de 2005 y supuestos en que no se ha liquidado previamente la sociedad de gananciales, SSTS de 2 de noviembre de 2005, 14 de diciembre de 2005, 15 de junio de 2006), la ilicitud de la causa por deliberada ocultación de componentes del caudal, la invalidez del testamento, la infracción de prescripciones legales imperativas (STS de 28 de noviembre de 2005), el error sustancial cometido por el testador al proceder a la valoración de bienes (STS de 26 de noviembre de 1974) o haber omitido cosas importantes y no computar determinados inmuebles (STS de 7 de enero de 1975), además del supuesto ya examinado en el motivo anterior de infracción del principio de igualdad entre los herederos (STS de 2 de noviembre de 2005, ya citada).*

> —S. de 7 enero 1975—, al haber liquidado por sí mismo el Comisario la sociedad de gananciales sin intervención del cónyuge supérstite o de los herederos del premuerto —S. de 20 octubre 1952—, así como la infracción de prescripciones legales imperativas, cual es la necesidad de nombrar defensor judicial al menor con intereses al de su padre o madre —SS. de 14 diciembre 1957 y 28 mayo 1974—.

A tenor de esta resolución y siguiendo la clasificación de VALLET DE GOYTISOLO[667], serán nulas las particiones —sólo a título de ejemplo—:

- Cuando exista carencia o vicio sustancial de los requisitos esenciales del acto, tales como: i) la falta de la certeza sobre la muerte del causante —por ejemplo, cuando después de la declaración de fallecimiento se presentase el ausente o se probase su existencia, pudiendo recobrar sus bienes en el estado en que se encuentren (art. 197 CC)—; ii) o la falta de validez o vigencia del testamento —por ejemplo, al haber sido revocado o, en caso de sucesión intestada, si existiere un testamento válido, imposibilitando su apertura *ex* art. 912 CC—.
- Si la partición contraviene la ley: cuando realiza la partición un causante no testador, es decir, cuando se lleva a cabo a través de un acto *inter vivos*, al exigirse siempre un testamento anterior, simultáneo o posterior a la partición —por todas, STS de 6 de marzo de 1945[668]—; o por haberla realizado un comisario que sea heredero, en contra de lo dispuesto en el art. 1057 CC.
- Cuando falte el consentimiento de la persona designada para practicar la partición, por ejemplo: i) por ser nulo el testamento que nombró a los albaceas y contadores-partidores, actuar estos fuera de plazo o de forma unilateral en los supuestos de actuación mancomunada; ii) por la falta de citación de los albaceas para el juicio divisorio; o iii) en la partición convencional del art. 1058 CC, la falta de consentimiento de algún coheredero o de su representante.

---

[667] *Vid.* VALLET DE GOYTISOLO, J. B., «Comentarios a los artículos 1.035 a 1.087 del Código civil», ob. cit., pp. 488 y ss.

[668] (*Tol 4458418*).

- Cuando se incluyan en la masa partible bienes gananciales y bienes privativos del otro cónyuge.
- Cuando se oculten deliberadamente bienes que conforman el caudal relicto, al existir una causa ilícita.
- Cuando el testador cometa un error sustancial en orden a la valoración de sus bienes.
- Cuando la partición se lleve a cabo sin la intervención de un defensor judicial en los supuestos en que exista conflicto de intereses entre el hijo y sus padres[669].
- Cuando no exista una comunidad hereditaria, al haberse partido ya la herencia de forma válida[670].

---

669 De conformidad con el art. 235 CC: *Se nombrará un defensor judicial del menor en los casos siguientes: 1.º Cuando en algún asunto exista conflicto de intereses entre los menores y sus representantes legales, salvo en los casos en que la ley prevea otra forma de salvarlo.* Y según el art. 1060 CC: *Cuando los menores estén legalmente representados en la partición, no será necesaria la intervención ni la autorización judicial, pero el tutor necesitará aprobación judicial de la ya efectuada. El defensor judicial designado para representar a un menor en una partición, deberá obtener la aprobación de la autoridad judicial, si el Letrado de la Administración de Justicia no hubiera dispuesto otra cosa al hacer el nombramiento.*
Tampoco será necesaria autorización ni intervención judicial en la partición realizada por el curador con facultades de representación. La partición una vez practicada requerirá aprobación judicial.
La partición realizada por el defensor judicial designado para actuar en la partición en nombre de un menor o de una persona a cuyo favor se hayan establecido medidas de apoyo, necesitará la aprobación judicial, salvo que se hubiera dispuesto otra cosa al hacer el nombramiento.
Vid. STS de 8 de junio de 2011 (*Tol 2155265*)), que declara la nulidad de una partición practicada por contador-partidor, al no haber intervenido el defensor judicial de los menores hijos extramatrimoniales del causante, cuando existía un potencial conflicto de intereses con la madre viuda: *el recurso ha de ser estimado, singularmente por la infracción de los artículos 163 del Código Civil (sobre la necesidad de nombramiento de un defensor judicial); 1057, párrafo tercero, del mismo código (sobre la necesidad de intervención del defensor judicial de los menores para la práctica del inventario); y 1060 del mismo código, sobre la necesidad de aprobación judicial de la partición efectuada incluso en el supuesto de intervención del defensor judicial, salvo que el juez hubiera dispuesto otra cosa al hacer el nombramiento.*

670 *Vid.* STS de 13 de marzo de 2003 (*Tol 4927766*): *El testador, en su testamento, previó la partición por comisario-contador partidor, contemplada en el artículo 1057 del Código Civil. Transcurridas las prórrogas y, por ende, el plazo para realizarla, el propio contador-partidor, la viuda del causante y todos los hijos,*

3. *Supuestos de anulabilidad de la partición*

La anulabilidad es otra de las categorías de ineficacia de la partición: cuando concurran en esta los requisitos esenciales de validez que exige el art. 1261 CC —consentimiento, objeto y causa—, podrá anularse en atención a lo dispuesto en el art. 1300 CC; mientras no se impugne, surtirá plenos efectos, deviniendo firme cuando trascurra el plazo de caducidad de los cuatro años previsto en el art. 1301 CC para su impugnación. Como afirma Costas Rodal[671], "hasta la caducidad de la acción, la partición viciada se encontrará en una situación inestable, ya que en cualquier momento puede tener lugar su invalidación si el legitimado ejercita la acción".

La STS de 26 de noviembre de 1974[672] se remite a las normas de anulabilidad en sede contractual, con los efectos previstos en los arts. 1300 a 1314 CC.

Dice esta resolución:

> Que carente nuestro Código Civil de una regulación específica sobre la nulidad de las particiones, fuera del precepto aislado del art. 1081, relativo a la partición hecha con uno a quien se creyó heredero sin serlo, que se declara nula de pleno Derecho, hay que entender aplicables a la materia los principios generales del Derecho, sobre nulidad de los negocios jurídicos y principalmente de los «inter vivos» contractuales, partiendo de la distinción capital entre la inexistencia o nulidad absoluta y la nulidad relativa o anulabilidad, estimando como particiones radicalmente nulas aquellas por ejemplo en que falte el consentimiento de las personas que deban prestarlo en su caso (arts. 1261 y 1262), y como particiones anulables aquellas viciadas por la incapacidad de las personas que a ellas concurran o la ausencia de formas prescritas para garantía de las mujeres casadas (defecto en el

---

herederos, practican la partición convencional, que contempla el artículo 1058... En consecuencia, cuando el que había sido contador partidor y la viuda, ante Notario, presentan un cuaderno particional como contador-partidor el primero y en su nombre y derecho la segunda, están partiendo una herencia que ya ha sido objeto de partición. Ni el primero puede actuar ya como contador partidor ni la segunda puede actuar por sí sola en una partición, que ya había sido practicada. La nulidad es, pues, evidente.

671 *Vid.* Costas Rodal, L., *La ineficacia de la partición de herencia*, ob. cit., p. 74.

672 (*Tol 4243633*).

> consentimiento por la intervención de una mujer casada sin autorización del marido o de la autoridad que deba suplirla en los casos expresados por la ley), o de los incapaces (falta de representación de los sometidos a tutela o la de autorización del tutor —arts. 1263 y 1264—), así como por la existencia del error, la violencia, la intimidación y el dolo (arts. 1265 a 1270), con los efectos señalados por los arts. 1300 a 1314 —SS. 13 octubre 1960 y 25 noviembre 1965—.

4. Distinción entre nulidad y rescisión

Aunque, al fin y al cabo, las acciones de nulidad y rescisión de la partición conllevan la ineficacia del negocio jurídico, gozan, cada una de ellas, de sustantividad propia, por lo que hay que deslindar su contenido.

Para esto vamos a recurrir a la STS de 17 de abril de 1943[673]:

> ... las acciones de nulidad y rescisión, aun presididas por la nota común de ser medios que tienden a la ineficacia del negocio jurídico, son inconfundibles específicamente por ofrecer un contenido de sustantividad propia con caracteres bien manifiestos, entre los que, sin pretensión agotadora, cabe señalar: a) su distinto origen, en cuanto la nulidad absoluta o relativa parte de la carencia o vicio sustancial, respectivamente, de los requisitos esenciales del acto o contrato, y la rescisión presupone que la relación jurídica ha sido válidamente constituida, si bien concurren en ella determinadas circunstancias —en general un agravio jurídico-económico— que obstan a su eficacia, según revelan los artículos 1290 y 1300 en relación, por la que a particiones se refiere, con el 1073 y con el 1081 del Código Civil; b) su distinta naturaleza, puesto que la nulidad es acción principal y la rescisión es subsidiaria, sólo utilizable a falta de otro recurso legal para obtener la reparación del perjuicio (artículo 1294 y concordantes del mismo Texto Legal), y c) los distintos efectos que producen, ya que la nulidad invalida siempre el acto o contrato, mientras que la rescisión es a veces compatible con la subsistencia total o parcial del nexo creado, y sus consecuencias, o no afectan a todos los interesados, o se traducen en una indemnización que compensa la lesión inferida, según proclama el artículo 1077, entre otros, del Código Civil.

---

673 *Tol 4458831.*

5. *El principio de conservación de la partición:* favor partitionis

Queremos hacer mención del principio de conservación de la partición —*favor partitionis*— que, al igual que el principio de conservación del testamento —*favor testamenti*—, hay que tenerlo presente cuando tratamos las cuestiones relativas a la nulidad, anulabilidad, recisión o modificación de la partición.

Para BLASCO GASCÓ[674], el fundamento de este principio se encuentra en "evitar la vuelta a la indivisión, con la secuela de gastos, molestias e inconvenientes que ello acarrea".

La indivisión es una situación, o un estado antieconómico bloqueador del tráfico jurídico de los bienes y, por tanto, no deseable para el ordenamiento jurídico-privado[675].

Pero no se podrá evitar la nulidad de la partición en aquellos casos en que, por ejemplo, se hayan omitido bienes, se hayan realizado valoraciones equivocadas o liquidaciones y adjudicaciones que impliquen un perjuicio para alguno de los coherederos[676].

---

674 *Vid.* BLASCO GASCÓ, F. DE P., *Instituciones de Derecho civil. Derecho de sucesiones*, ob. cit., p. 341.

675 *Vid.* STS de 22 de octubre de 2002 (*Tol 4975111*): *... la doctrina jurisprudencial cuyas sentencias se mencionan en el motivo, pues el principio de que se trata, que responde al sano propósito de evitar una vuelta a la indivisión, con la secuela de gastos, molestias e inconvenientes que ello acarrea, sólo es aplicable «en cuanto ello sea posible (SS. 30 abril 1958, 13 octubre 1960, 25 febrero 1969, entre otras), y obviamente no lo es "cuando no hay más remedio" (como reitera la jurisprudencia) que anular o rescindir.*

676 *Vid.* BLASCO GASCÓ, F. DE P., *Instituciones de Derecho civil. Derecho de sucesiones*, ob. cit., p. 341. *Vid.* STS de 22 de octubre de 2002 (*Tol 4975111*): *... no es de aplicación cuando por el contador-partidor se han infringido las disposiciones testamentarias, que constituyen, si respetan las normas legales imperativas, la ley suprema de la sucesión, o cuando los agravios patrimoniales son tan sustanciales y enormes que, de otro modo, salvo la invalidez de la partición, no se pueden enmendar. Y en el caso objeto de enjuiciamiento se ha vulnerado la voluntad testamentaria y se ha incurrido por los partidores en graves irregularidades consistentes en omisiones de bienes, valoraciones equivocadas, liquidaciones y adjudicaciones improcedentes, etc., que se describen de modo detallado en la sentencia recurrida, con relevante lesión económica para la heredera demandante, por lo que carece de base fáctica y jurídica la pretensión de que se aplique el principio de conservación de la partición. Vid.* también la SAP de Valencia (Sección 7ª), de 2 de noviembre de 2023 (*Tol 9887968*): *... el criterio que ha de presidir toda partición ha de tener como horizonte la conservación de la*

Al decir de MARTÍNEZ VELENCOSO[677], "este principio que inspira las normas que regulan la partición en el Código civil, aboga por considerar válida toda partición mientras no se demuestre causa de nulidad. En consecuencia, la partición debe mantenerse siempre que sea posible, sin perjuicio de las adiciones o rectificaciones precisas". Además, se subraya el carácter práctico del citado principio: con él se estaría evitando una nueva partición que ocasionase inconvenientes a los herederos y a las terceras personas que hubiesen contratado de buena fe[678].

Para VALLET DE GOYTISOLO[679], el origen de este principio "se halla en la misma pauta de la justicia general, es decir, en el principio del *bien común*, que como corolarios tiene los del *interés familiar*, de la *estabilidad de la propiedad* y de la *seguridad jurídica* que, a su vez, requieren, en cuanto sea posible, la *conservación de las particiones*".

El principio *favor partitionis* es una aplicación particular, en sede de Derecho sucesorio, del principio general del *favor negotti*: siempre que ello sea posible, debe salvaguardarse la voluntad de las partes[680]. Y en el caso de la partición, deberá mantenerse la misma cuando no concurra vicio sustancial, aunque se hayan producido perjuicios, pues ante la disyuntiva entre realizar una

partición consistente en la necesidad de evitar por todos los medios posibles la nulidad, modificación o rescisión de las mismas debiendo apurar todos los recursos y soluciones para evitarlo.

677 *Vid.* MARTÍNEZ VELENCOSO, L. M.ª, «La partición de la herencia. Un estudio jurisprudencial», ob. cit., pp. 1249-1250.

678 *Ibid.*, p. 1252.

679 Para este autor, es necesaria su "concretización en cada caso en que se plantee una cuestión de invalidación o de conservación de particiones para apreciar si es posible, en él, que de otro modo sea reparado el daño". Y afirma que "este principio de la conservación de las particiones o del *favor partitionis* no es inmanente a los artículos del Código Civil [arts. 1.073, 1.074, 1.075, 1.079 y 1.080] ni a la jurisprudencia. Estos no los han creado, sino hallado. Lo que sucede es que inducimos de ellos su existencia. Ocurre como con el humo que no es la causa del fuego; pero, situados a cierta distancia de aquél, por el humo se sabe que hay fuego y dónde está el fuego". *Vid.* VALLET DE GOYTISOLO, J. B., «El principio del *favor partitionis*», *ADC*, fasc. 1, nº 43, 1990, p. 10.

680 *Vid.* COSTAS RODAL, L., *La ineficacia de la partición de herencia*, ob. cit., pp. 30 y 31.

nueva partición o mantener la ya ejecutada indemnizando estos perjuicios, se prefiere esta segunda opción[681].

Según la STS de 17 de abril de 1943[682], clave en esta cuestión:

> ... el legislador al prever supuestos de partición no afectada de vicio sustancial y sí sólo de mera lesión inferida al heredero voluntario, procura mantener la partición efectuada en tanto la entidad del perjuicio no rebase la cuarta parte, atendido el valor de las cosas al ser adjudicadas, y, aun ante este evento, y con el designio de evitar en lo posible las perturbaciones que una nueva partición ocasionaría a los herederos y terceros que con ellos hubieran contratado de buena fe, excluye de la rescisión el caso de que el perjuicio surja, no de lo ya distribuido en lotes o hijuelas, sino de lo que quedó fuera de la partición por no haberse incluido en ella algunos bienes de la herencia, mandando que en tales casos, sea cual fuere la entidad del agravio, se respete lo hecho y, en vez de rescindir la partición, se haga otra adicional o complementaria con los bienes omitidos, según así resulta de los términos en que están concebidos los artículos 1074 y 1079 del Código Civil, interpretados, entre otras, por Sentencias de 28 de mayo de 1931 y 28 de febrero de 1930.

Y en un supuesto sobre la posible lesión a la legítima en las operaciones divisorias practicadas por el contador-partidor, la STS de 31 de mayo de 1980[683], dijo:

> ... básico postulado del «favor partitions» o principio de conservación de la partición, evitando en cuanto sea posible que se anule o rescinda, según tiende declarado la jurisprudencia —SS. de 30 abril 1958, 13 octubre 1960 y 25 febrero 1969, entre otras— ajustándose a las disposiciones de aquel Cuerpo legal (arts. 815, 1056, 1074 y 1077) y a las enseñanzas de la doctrina tradicional de que «conviene consultar a la estabilidad de... actos tan importantes como la partición, mientras lo permita la equidad», por lo cual si de agravios patrimoniales se trata «se deben volver a hacer si los errores y lesión son sustanciales y tan enormes que de otro modo no se pueden enmendar, pues pudiendo se deben reformar y permitir al demandado la elección de que se deshagan o se supla el engaño», criterio este que «es lo más equitativo para evitar nuevos dispendios y dilaciones a los interesados»,

---

681 *Ibid.*, p. 31.

682 RJ 1943, 418. *Vid.* también STS de 12 de junio de 2008 (*Tol 1347124*).

683 (*Tol 1740410*.

y que aparece plasmado ya en el art. 926 del Proyecto de 1851.

Indudablemente, este principio goza, más si cabe, de mayor predicamento en la partición hecha por el testador al amparo del art. 1056 CC, y es normal que esto sea así por la propia naturaleza intrínseca de la institución. Es más, el propio Código prevé un régimen excepcional cuando imposibilita que se impugne la partición hecha por el "difunto-testador" por causa de lesión, porque prefiere, o, mejor dicho, antepone, la voluntad del testador sobre las discrepancias o posibles anomalías que puedan darse en su partición, siempre que se respeten las legítimas o que pueda presumirse lo contrario de su voluntad, esto es, querer someter aquella al régimen general, permitiendo su impugnación.

A esto vamos a dedicar el siguiente epígrafe dentro de este capítulo.

II. RESCISIÓN DE PARTICIÓN LESIVA: EL RÉGIMEN ESPECIAL PREVISTO EN EL ART. 1075 CC Y SUS EXCEPCIONES

1. Rescisión de la partición: concepto, interpretación jurisprudencial del art. 1074 CC y particiones no rescindibles

1.1. Concepto

Entendemos por recisión, en sentido estricto, el *procedimiento iniciado a petición del interesado que lleva a dejar sin efecto un acto jurídico válido para evitar consecuencias injustas*[684].

La rescisión, según GARCÍA PÉREZ[685], "es un remedio jurídico destinado a paliar un perjuicio económico de carácter excepcional", que se caracteriza por ser una acción "subsidiaria (artículo

684 *Vid.* https://dpej.rae.es/lema/rescisi%C3%B3n

685 *Vid.* GARCÍA PÉREZ, C. L., *La rescisión de la partición hereditaria. Notas a los artículos 1073 a 1078 del Código Civil*, Tirant lo Blanch, Valencia, 2010, p. 32.

1294 C.c.), de forma que sólo podrá ejercitarse si no existe otra vía jurídica que lleve, igualmente, a la invalidez de la partición"[686].

Para entender el juego de la rescisión de la partición, hay que partir de la base de que esta debe guardar el correspondiente equilibrio entre el valor de la cuota y el valor de los bienes que se adjudiquen para cubrir esa cuota. La STS de 6 de abril de 2009[687] se refiere a ello en los términos siguientes:

> La rescisión se funda en la existencia de una desigualdad entre el valor de lo que el heredero debe obtener según la disposición testamentaria y lo que efectivamente obtiene en la partición.

En sede de Derecho sucesorio, el art. 1073 CC expresa: *Las particiones pueden rescindirse por las mismas causas que las obligaciones.*

El artículo transcrito es el que inaugura la Sección cuarta (del Capítulo VI, Título III del Libro III) y que se intitula "De la rescisión de la partición".

Para COSTAS RODAL[688], "la remisión del art. 1073 a las normas generales de rescisión de los contratos no aporta ninguna causa de rescisión relevante, y serán pocos los supuestos de partición susceptibles de quedar subsumidos en alguno de los casos generales. Por tanto, la principal y casi exclusiva causa de rescisión de la partición será la lesión en más de la cuarta parte". La remisión se entiende hecha a los arts. 1290 a 1299 CC y, muy especialmente, al art. 1291 CC, donde se recogen las causas de rescisión de los contratos, de escasa aplicación a las particiones hereditarias[689].

---

686 *Vid. ult. loc.*

687 (*Tol 1494584*).

688 *Vid.* COSTAS RODAL, L., *La ineficacia de la partición de herencia*, ob. cit., pp. 81 y ss.

689 Dice el art. 1291 CC: *Son rescindibles: 1.º Los contratos que hubieran podido celebrar sin autorización judicial los tutores o los curadores con facultades de representación, siempre que las personas a quienes representen hayan sufrido lesión en más de la cuarta parte del valor de las cosas que hubiesen sido objeto de aquellos. 2.º Los celebrados en representación de los ausentes, siempre que éstos hayan sufrido la lesión a que se refiere el número anterior. 3.º Los celebrados en fraude de acreedores, cuando éstos no puedan de otro modo cobrar lo que se les deba. 4.º Los contratos que se refieran a cosas litigiosas, cuando hubiesen sido celebrados por el demandado sin conocimiento y aprobación de las partes litigantes o de la Autoridad judicial competente. 5.º Cualesquiera otros en que especialmente lo determine la Ley.*

Pero la regulación clave en esta materia se halla en el art. 1074 CC, del siguiente tenor literal: *Podrán también ser rescindidas las particiones por causa de lesión en más de la cuarta parte, atendido el valor de las cosas cuando fueren adjudicadas.*

Como reseña MARTÍNEZ VELENCOSO[690], "el único supuesto de ineficacia de la partición específicamente regulado en el Código civil es el de rescisión por lesión en más de la cuarta parte en el art. 1074".

A diferencia de lo que sucede con el régimen obligacional, la partición puede rescindirse también por lesión, si bien las pretensiones de invalidez deberán interpretarse restrictivamente, sea la partición contractual o judicial[691].

¿Pero qué tenemos que entender por lesión? Según ALBADALEJO[692], "aunque lesión, en un sentido amplio, sea todo perjuicio, la lesión a los efectos de la impugnabilidad de la partición, abarca única y exclusivamente los casos de perjuicio sufrido por la circunstancia de que lo atribuido, de que los derechos destinados a satisfacer la cuantía del derecho sucesorio conferido en el testamento, no la satisfagan realmente. Únicamente hay lesión, pues, cuando lo asignado —y adquirido al producir sus efectos testamento y partición— para cubrir la porción o parte —alícuota o no— de herencia a la que se llama, no alcanza verdaderamente a cubrirla".

COSTAS RODAL[693] sostiene que "la *lesión* en el sentido del art. 1074 CC se refiere al perjuicio sufrido cuando lo adjudicado no satisfaga realmente los derechos sucesorios conferidos en testamento o con arreglo a las normas de la sucesión intestada, y esa lesión ha de ser superior a la cuarta parte".

Por tanto, el perjuicio lo sufre uno de los coherederos al llevarse a cabo la partición, presupuesto indispensable para el ejercicio de la acción rescisoria, y la ineficacia, en suma, encuentra

---

690 *Vid.* MARTÍNEZ VELENCOSO, L. M.ª, «La partición de la herencia. Un estudio jurisprudencial», ob. cit., p. 1250.

691 *Vid.* BLASCO GASCÓ, F. DE P., *Instituciones de Derecho Civil. Derecho de sucesiones*, ob. cit., p. 341.

692 *Vid.* ALBADALEJO GARCÍA, M., «Dos aspectos de la partición hecha por el testador», ob. cit., p. 962.

693 *Vid.* COSTAS RODAL, L., *La ineficacia de la partición de herencia*, ob. cit., p. 88.

su razón de ser en la existencia de un perjuicio económico, sin que existan vicios de consentimiento ni defectos de capacidad[694].

Por último, respecto del fundamento de la rescisión de la partición por causa de lesión, en contraste con la rescisión contractual, el TS, en sentencia de 8 de marzo de 2001[695], ha dicho:

> ... así como en el negocio jurídico las partes intervinientes o contratantes libremente pactan lo dado y lo recibido en la partición, negocio complejo con intervenciones posibles o del «de cuius» o de otras personas ajenas —contador-partidor, albaceas, etc.—, los interesados adjudicatarios pueden verse afectados por unas cuotas en cuya integración no han participado, por lo que se les permite esa posibilidad rescisoria, siempre, claro está, que la lesión sea superior a la cuarta parte, tope, que, sin duda, es un exponente de política legislativa, que, sin dogmatismo alguno, se fija, por lo que no lo rebase es irrelevante aunque, de suyo, produzca desigualdades ciertas o desequilibrios en los lotes respectivos, porque, acaso, reducir ese monto del cuarto, supondría abrir el portillo a impugnaciones sin cuento, y hasta paralizar el decurso normal particional.

Es decir, no cualquier lesión origina la rescisión de la partición, sino sólo la lesión que exceda de la cuarta parte que correspondería al interesado[696], lo que, sin lugar a duda, es un reflejo más del principio de conservación de la partición o *favor partitionis,* al que ya nos hemos referido en este capítulo.

1.2. Interpretación jurisprudencial del art. 1074 CC

El TS, en la sentencia de 8 de marzo de 2001[697], ha interpretado el contenido del art. 1074 CC del siguiente modo:

---

694 *Ibid.*, pp. 86 y 87.

695 (*Tol 71735*).

696 Sobre el momento a que ha de referirse la valoración, la doctrina jurisprudencial lo refiere al momento de la adjudicación. En tal sentido, STS de 30 de mayo de 2008 (*Tol 1331060*): *Reiterada jurisprudencia de esta Sala ha proclamado, con relación al artículo 1074 del Código Civil que la valoración de los bienes sujetos a una operación particional debe referirse al momento de la adjudicación (Sentencias de 14 de diciembre de 2005 y 27 de octubre de 2000, entre otras muchas).*

697 (*Tol 71735*).

A) Hay que tomar, como punto de partida, la totalidad del acervo hereditario, con el valor que tuviere al momento de hacerse la partición y no al del fallecimiento del causante. (Sentencias de 14 de abril de 1904; 17 de febrero de 1928; 16 de noviembre de 1955; 24 de noviembre de 1960; 17 de enero y 21 de marzo de 1985 y 14 de julio de 1990).

B) El concepto «lesión» hay que considerarlo bajo dos aspectos cuyas consecuencias son distintas: el primero se da cuando a pesar de existir lotes desiguales, el adjudicado al coheredero supuestamente perjudicado para el pago de su cuota, cubre el «quantum» de las tres cuartas partes de lo que le corresponde percibir con arreglo al efectivo valor de los bienes de la herencia (Sentencia de 21 de marzo de 1985); en este caso la desigualdad, entra dentro de lo que ha sido denominado por la doctrina y la jurisprudencia «lesión máxima tolerable» y no es causa o rescisión. Así lo recogen las sentencias, entre otras muchas, de 23-12-1940, 9-11-1949 y 17-1-1985, la última de las cuales, con cita de la de 19 de diciembre de 1967, considera que la lesión máxima tolerable no es causa de rescisión.

El Segundo supuesto contempla el hecho de que la desigualdad sea tal que la lesión que con ella se produce, rebase la cuarta parte del haber del heredero atendido el valor de los bienes al tiempo de ser adjudicados. En este supuesto es cuando procede la rescisión (Sentencia de 18-5-1992 que reitera las de 29-3-1958 [RJ 1958, 1461]; 19-12-1967 y 7-2-1969 [RJ 1969, 652], cuya doctrina se ha venido manteniendo de forma invariable, desde la de 31 de diciembre de 1903, pasando por las de 19 de abril de 1904, 5 de mayo de 1920, 28 de febrero de 1930, 9 de noviembre de 1949 y otras muchas hasta llegar a las de 17 de enero, 4 de febrero, 21 de marzo y 4 de diciembre de 1985). Tratándose pues de una doctrina reiterada y constante, sentada de manera inmutable durante más de un siglo... según la Sentencia recurrida, la rescisión puede otorgarse cuando uno de los herederos «se ve beneficiado en más de una cuarta parte en relación con la cuota hereditaria que le correspondería» (sic), con lo cual, se invierten los términos del artículo 1074 CC, al contemplar como causa de rescisión el beneficio de un heredero y no el perjuicio de otro, y al razonar así la sentencia recurrida está sustituyendo la frase «lesión en más de la cuarta parte», que es la que emplea el art. 1074, por la de beneficio en más de la cuarta parte, presumiéndose, de tal supuesto beneficio, el perjuicio o la lesión que el legislador trató de evitar.

Respecto de la carga de la prueba al ejercitar la acción rescisoria, dice esta misma resolución:

> ... el propio carácter de la acción rescisoria propende a que sea el perjudicado por el evento particional el que inste la tutela judicial impeditiva de la lesión por él sufrida, lo que, conlleva a que sea determinante que por el mismo se señale o acredite la realidad de esa «lesión» y su importe superior a la cuarta parte. Es decir, esa lesión en tanto como perjuicio o daño, funda la acción del actor que, por ello, es el lesionado o perjudicado.

En el mismo sentido la STS de 30 de mayo de 2008[698]:

> ... no puede ignorar la recurrente que en la acción rescisoria por lesión, la prueba de ésta recae en quien la alega (Sentencias de 21 de marzo de 1985, 18 de mayo y 8 de julio de 1992), y, cuando ésta se intenta justificar en base a una supuesta infravaloración, tal cosa ha de quedar acreditada mediante prueba cumplida y bastante, lo que no acontece.

Por último y respecto del plazo de la acción de rescisión, el art. 1076 CC lo fija en cuatro años, empezando su cómputo desde que se llevó a cabo la partición. Es un plazo de caducidad, no de prescripción, por lo que no cabe su interrupción[699].

1.3. Particiones no rescindibles

No se rescindirán las siguientes particiones[700]:

---

698 (*Tol 1331060*).

699 La STS de 16 de mayo de 1997 (*Tol 5119387*) entiende que el *dies a quo* es la fecha de la escritura de partición: ... *ya dentro de los términos de la estricta acción rescisoria de la partición, hay que referirse a los arts. 1074 y 1076 en donde se establece perfectamente el plazo de 4 años para el ejercicio de la acción de rescisión por lesión, que es el objetivo perseguido con esta llamada acción por infravaloración, o impedir el perjuicio o lesión que ha padecido la parte recurrente; prescripción que, como aprecia la Sala, se ha consumado a raíz del «dies a quo» de la fecha de la escritura.*

700 *Vid.* BLASCO GASCÓ, F. DE P., *Instituciones de Derecho civil. Derecho de sucesiones*, ob. cit., p. 342.

- La partición judicial si la resolución es firme[701].
- La partición que sea parcial, pues no comprendiendo la totalidad de los bienes, será imposible determinar el perjuicio sufrido —lesión en más de la cuarta parte—[702].
- La partición en que se hayan omitido alguno o algunos objetos o valores de la herencia, pues el art. 1079 CC, en consonancia con el principio *favor partitionis*, se decanta por la solución de que se complete o adicione con esos objetos o valores omitidos.
- Según lo dispuesto en el art. 1080 CC, la partición hecha con preterición de alguno de los herederos, salvo que concurra mala fe o dolo por parte de los interesados y se pruebe, no decayendo, en cambio, la obligación de estos últimos de satisfacer al preterido la parte que proporcionalmente le corresponda.
- La partición en que todos los bienes padecen una minusvaloración de su valor[703].

---

701 *Vid*. STS de 24 de febrero de 2005 (*Tol 652187*): ... *si bien es cierto que en los arts. 1074 y 1075 CC, no se excluye de la posible rescisión a la partición judicial en forma expresa, tampoco tales preceptos pueden incidir en los casos en que existan resoluciones judiciales firmes que practiquen o acepten particiones (excepto en las derivadas del juicio Universal, el que tiene más bien, como se ha suscitado doctrinalmente, el carácter de un procedimiento de jurisdicción voluntaria, y por lo tanto, son revisables sus resoluciones, por no ser definitivas, en vía procesal de carácter jurisdiccional), tras la discusión por las partes, las que, al ser definitivas, no admiten nuevos planteamientos judiciales respecto a lo decidido en ellas.*

La SAP de La Coruña de 2 de septiembre de 1999 (*Tol 243780*) se refiere, tratándose de una partición judicial, a que el *dies a quo* se computa desde la fecha de la firmeza del auto aprobatorio de las operaciones particionales: *Con la demanda se ejercita una acción de rescisión por lesión, cuyo plazo de ejercicio es de 4 años (art. 1076 del Código Civil). Como indica la STS de 8-7-1992 se trata de un plazo de caducidad, pero el día inicial del cómputo, cuando la partición es judicial, se cuenta, al menos, desde la firmeza del auto aprobatorio de las operaciones particionales.*

702 *Vid*. STS de 17 de septiembre de 2009 (*Tol 1723161*): ... *sobre una partición parcial no cabe rescisión por lesión, ya que sólo cuando se conozca el total del quantum hereditario se podrá saber si se ha producido tal lesión y así lo expresa la sentencia de 21 de enero de 1985.*

703 *Vid*. STS de 14 de diciembre de 2005 (*Tol 795337*): ... *reiterada jurisprudencia de esta Sala ha proclamado que la valoración de los bienes sujetos a una operación particional debe referirse al momento de la liquidación, como se infiere*

- La partición testamentaria (art. 1075 CC), salvo en dos supuestos: perjuicio de la legítima o que aparezca o racionalmente se presuma que el testador quiso lo contrario, esto es, permitir su impugnación por lesión en más de la cuarta parte, a lo que vamos a referirnos a continuación.

2. *El régimen especial previsto en el art. 1075 CC (la excepción a la regla general del art. 1074 CC y las excepciones a la excepción)*

Una excepción a la posibilidad de rescindir por lesión la partición hereditaria tiene lugar cuando la partición la hace el propio testador.

En efecto, cuando la partición es testamentaria, o cuando se realiza en acto *inter vivos*, el Código, en sintonía, por una parte, con el art. 1056.1 —por el que se conceden al testador-partidor amplias facultades para partir sus bienes— y, por otra, con el art. 1070.1° —que excepciona la obligación recíproca entre los coherederos a la evicción y saneamiento de los bienes adjudicados cuando el mismo testador hubiese hecho la partición—, diseña un régimen *ad hoc* en el art. 1075 CC; un régimen distinto al previsto con carácter general en el art. 1074 CC, al entender, en tales casos, que no ha lugar a la rescisión por lesión, pues lo excepciona en el primer inciso. Pero a su vez, dentro de este régimen, establece excepciones, en cuya virtud, se regresa, o se somete a la partición al albur de las normas generales, posibilitando su impugnación por causa de lesión en más de la cuarta parte.

---

de diversos preceptos del Código Civil, entre los que se cuenta el artículo 1074 CC, que cita la parte demandante como infringido. Entre las más recientes, las STS 21 de octubre de 2005 declara que «hay que aceptar, como hace ahora el Código civil en preceptos como los que ha invocado el recurrente [847, 1045-1° y 1074 CC], una cierta corrección del nominalismo, procediendo, de una parte, a aproximar el momento de valoración al de la liquidación y pago, para expresarlo en unidades monetarias de tal momento; y, por otra parte, estableciendo la regla de pago en la moneda corriente en el momento de la liquidación, esto es, actualizando al valor actual de la moneda en el momento del pago».

La infracción de este principio, que puede resultar inocua cuando redunda en una minusvaloración general y compensada respecto de todos bienes de la herencia sin repercusiones desfavorables para unos y otros herederos (SSTS de 21 de abril de 1966 y 7 de enero de 1991.

La STS de 24 de febrero de 2005[704] refiere:

> ... la acción de rescisión por lesión nace una vez realizada la partición, y el art. 1074 CC no distingue entre las diversas clases de partición (teniendo como única salvedad la partición realizada por el causante que no perjudique la legítima que señala el art. 1075): todas las demás particiones pueden ser rescindibles, si concurren los requisitos legales.

Más clara es la STS de 6 de marzo de 1945[705], pues en materia de rescisión de particiones por lesión:

> ... el artículo 1075, como «lex specialis», opone a la aplicación de esos otros invocados artículos 1073 y 1074.

O también la STS de 5 de noviembre de 1955[706]:

> ... el Código, después de establecer como principio normativo general el de que las particiones pueden rescindirse por las causas mismas de las obligaciones, manifiesta en el artículo siguiente 1074, como regla de carácter especial, que pueden también ser rescindidas por lesión económica, pues sufre uno de los coherederos en más de la cuarta parte con la excepción contenida en el artículo posterior de que cuando la partición esté hecha por el testador, la acción impugnativa no se da por causa de tal lesión, a menos que perjudique la legítima de los herederos forzosos o aparezca o racionalmente se presuma que fué otra la intención del testador, ya que, siendo la voluntad de éste la Ley fundamental en materia de sucesión para aquellas personas que traen de él causa, únicamente se puede dalla excepción cuando, como dice este artículo, aparece con claridad suficiente; que fue otra la intención, a la que, de subordinarse sin que, como dice el artículo 1056, se pueda cohibir la libertad del dueño de los bienes, ni permitir que sufran variación o menoscabo los derechos de los herederos, mientras el testador no lo ordene, y salvando siempre la legitima que corresponde a los herederos forzosos.

Vamos a referirnos a esta ley especial, que, como hemos dicho, viene determinada por lo que se dispone en el art. 1075 CC.

---

704 (*Tol 652187*).

705 (*Tol 4458418*).

706 (*Tol 4381918*).

Expresa el mencionado artículo: *La partición hecha por el difunto no puede ser impugnada por causa de lesión, sino en el caso de que perjudique la legítima de los herederos forzosos o de que aparezca, o racionalmente se presuma, que fue otra la voluntad del testador.*

El precedente más próximo del art. 1075 CC es el art. 923 del Proyecto de 1851, que decía: *La partición hecha por el difunto no puede ser impugnada por causa de lesión, salvas las excepciones de los artículos 899 y 918.*

El art. 899 del Proyecto, como ya sabemos, es el precedente del actual art. 1056.1 CC, que se refería al «difunto» —de ahí el debate doctrinal que se originó con el cambio de este término por el de «testador» en la redacción actual, y al que ya nos hemos referido en este estudio—, pero de idéntico contenido en lo referente a la salvaguarda de la legítima, al decirse, en ambos, que *se pasará por ella* [*la partición de los bienes por acto entre vivos o por última voluntad*] *en cuanto no perjudique a la legítima de los herederos forzosos.*

Por otra parte, el art. 918 del Proyecto de García Goyena contenía, para los supuestos de evicción y saneamiento —como el vigente art. 1070.1º CC que estudiaremos en el capítulo siguiente—, la segunda de las excepciones plasmada hoy en día en el art. 1075 CC.

Como anota Vallet de Goytisolo[707], el criterio "responde al que hallamos en el derecho romano imperial, recogido en el Código 3, 36, 10 y en la Novela 48, pr.; así como en la Partida 6, 1, 7. Concuerda también con la doctrina de los autores del *ius commune* en el supuesto de evicción de algún bien adjudicado en

---

707 *Vid.* Vallet de Goytisolo, J. B., «Comentarios a los artículos 1.035 a 1.087 del Código civil», ob. cit., p. 520. Novela 48, prefacio: *Siempre en esta respondemos a la finalidad de que las disposiciones del difunto se mantengan firmes a no ser que resulten contrarias a la ley o sean claramente contrarias a lo que aquél quiso.* Partidas 6, 1, 7: *...valdría bien assi* [el testamento del padre entre los hijos]... *Esso mismo sería quando desta manera, el padre, o, el auelo partiesse lo suyo...* Código, 3, 36, 10: *Siempre que el testador divida la sucesión entre todos los herederos, y mande que cada uno de ellos se contente con ciertas posesiones y con los esclavos que en las mismas se hallan establecidos, es evidente que se ha de obedecer a su voluntad, quedando a salvo la autoridad de la ley Falcidia; y no hacer variar, que en las siguientes palabras haya creído deber encomendar a los herederos todos los esclavos, sin haber hecho ninguna distinción entre ellos, pues se considera ciertamente que se los recomendó a aquellos a quienes también en el testamento dispuso que se les habían de dejar. Ibid.*, p. 519.

la partición y recogido en la Partida 6, 15, 9, y que los autores castellanos extendieron, *ad maiorem,* al caso de lesión", y que "los juristas castellanos subrayaron que en la partición hecha por el testador debía quedar siempre a salvo la legítima; y, por consiguiente, la firmeza de la partición efectuada por el padre no podía debilitarse, ni en consecuencia ser rescindida si no hubiera lesionado legítima alguna".

Dicho esto, vamos a referirnos seguidamente a las excepciones de la excepción del art. 1075 CC, dando motivo a que pueda ser impugnada la partición hecha por el testador por causa de lesión cuando: i) se perjudique la legítima de los herederos forzosos; y ii) que aparezca o racionalmente quepa presumir que el testador no excluye la posibilidad de aplicar el régimen general.

Pero con carácter previo nos referiremos a si el criterio valorativo del testador-partidor puede ocasionar lesión.

2.1. El criterio valorativo del testador-partidor

Sobre la posibilidad de impugnar la partición del testador cuando se estime que, de haber utilizado un criterio más objetivo en la valoración de los bienes adjudicados, se hubiera evitado un desequilibrio entre los coherederos, VALLET DE GOYTISOLO[708] entiende que se trata de un problema que tiene dos vertientes diferenciadas: una relativa al cálculo de las legítimas; y otra, a la concordancia interna de la voluntad del testador en su doble reflejo: en la cuota de la institución de herederos, y en la asignación de bienes concretos para cubrir la misma. Respecto de la primera, el criterio subjetivo del testador en cuanto a la valoración de los bienes debe ceder ante el más objetivo posible; con respecto a la segunda, la libre valoración de los bienes sólo dependerá de su exclusiva voluntad, sin restricción alguna[709], o lo que es lo mismo, fuera del ámbito de las legítimas "en cuanto a la valoración del caudal relicto prevalecen el criterio y la voluntad del testador"[710]. Por tanto, la problemática vendrá determinada por la armoniza-

---

708 *Vid.* VALLET DE GOYTISOLO, J. B., «Comentarios a los artículos 1.035 a 1.087 del Código civil», ob. cit., p. 522.

709 No siendo aplicables el art. 1061 y el párrafo 2º del art. 1062 a las particiones efectuadas por el testador. *Ibid.*, p. 398.

710 *Ibid.*, p. 390.

ción entre los conceptos de disposición y asignación, entre el *nomen* y *quota*, y la *asignatio*[711].

2.2. Primera excepción al régimen especial del primer inciso del art. 1075 CC: lesión de la legítima de los herederos forzosos

En el capítulo precedente, al tratar de la legítima como único límite —al menos de mayor relevancia que las reservas— a la partición del testador-partidor, ya hemos dado algunas pinceladas en relación con la protección de la legítima. Ahora es el momento de centrarnos en el supuesto particular previsto en el art. 1075 CC, que prevé la impugnación de la partición hecha por el testador cuando exista lesión de la legítima de los herederos forzosos, pudiendo ejercitar la acción de rescisión prevista en el art. 1074 CC.

Para empezar, podemos afirmar que el artículo 1075 CC refuerza, más si cabe, la limitación contenida en el art. 1056.1 CC en orden a la protección de la legítima.

Como señala Vallet de Goytisolo[712]: "Es un criterio lógico; pues, al no depender la cuantía de la legítima de la voluntad del testador, su cómputo escapa a su criterio de valoración puramente subjetivo, y ha de efectuarse del modo más objetivo posible, y, a falta de acuerdo, por arbitrio judicial". Dicho de otro modo, siendo la regulación de las legítimas una norma de carácter imperativo se hace necesario arbitrar un sistema de protección, resultando, a tales efectos, inocua la intervención del testador-partidor del art. 1056.1 CC.

Mismo criterio sostiene Corbal Fernández[713], al decir que "respecto al supuesto de que la partición perjudique la legítima de los herederos forzosos es de señalar que para su determinación se habrá de estar a la valoración objetiva del caudal hereditario —valor real de los bienes—, no a la valoración subjetiva del

---

711 *Ibid.*, p. 522.

712 *Ibid.*, p. 521.

713 *Vid.* Corbal Fernández, J., *Comentario del Código civil, Libro III, De los diferentes modos de adquirir la propiedad, arts. 858 al 1087* (coord., Ignacio Sierra Gil de la Cuesta), Bosch, Barcelona, 2000, p. 697.

testador"; fuera de la legítima, los herederos forzosos quedarán equiparados a los voluntarios[714].

Por otra parte, según la RDGRN de 16 de noviembre de 1922[715], ni el art. 1056 CC ni tampoco el 1075, exigen una demostración *a priori* de que la partición no perjudica a los herederos legitimarios, sino que ordenan se pase por ella, reservando las acciones de impugnación a los lesionados.

Dicho esto, pensamos que la acción rescisoria del art. 1075 CC no tiene como finalidad última la defensa de la legítima; además, la acción de rescisión es subsidiaria si nos atenemos a lo que dispone el art. 1294 CC: *La acción de rescisión es subsidiaria; no podrá ejercitarse sino cuando el perjudicado carezca de todo otro recurso legal para obtener la reparación del perjuicio.*

Y no hay que olvidar el principio que, como ya sabemos, debe estar siempre presente: el de conservación de la partición —*favor partitionis*—.

Como se ha comentado antes, la finalidad de la acción prevista en el art. 1075 CC no es, de forma primordial, la defensa de la legítima. Como dice BERMEJO PUMAR, "la rescisión de la partición persigue recuperar o establecer la equivalencia entre cuota y el valor del lote, cuando esta equivalencia se quebró al hacerse el reparto" [716]; y las normas de la rescisión "sirven al legitimario en tanto sucesor con derecho a cuota, pero no lo es en defensa de los derechos de los legitimarios, sino en defensa de la equivalencia entre la cuota en cuanto sucesor y el lote que se atribuya en su satisfacción"[717], pues "la legítima responde a sus propios medios de defensa frente a actos lesivos, sean de disposición o de ejecución (...) y estos obedecen a un presupuesto distinto al de la acción rescisoria"[718]; en consecuencia, "las facultades y derechos del legitimario no se someten al régimen de la rescisión"[719].

---

714 *Vid. ult. loc.*

715 Gaceta 19 de diciembre, nº 353, pp. 1170-1173.

716 *Vid.* BERMEJO PUMAR, M.ª M., *Instituciones de Derecho privado*, ob. cit., pp. 1144 y 1145.

717 *Ibid.*, p. 1146.

718 *Ibid.*, p. 1148.

719 *Vid. ult. loc.*

Posición mantenida por el Tribunal Supremo en la STS de 4 de enero de 2013[720]:

> ... conforme a la naturaleza de la partición llevada a cabo, como acertadamente precisa la Sentencia de Apelación, la defensa de la intangibilidad cuantitativa de la legítima y, con ella, la pretensión de una nueva cognitio relativa a computación y valoración del haber hereditario debe realizarse, únicamente, por el marco general de la acción de suplemento de la legítima, artículo del Código Civil, como base para el ejercicio de la acción de reclamación de disposiciones testamentarias que lesionen o "mengüen" la legítima y, en su caso, de la reducción por inoficiosidad de las donaciones, artículo 817 del Código Civil. Esta aplicación técnica, que deriva de nuestro sistema sucesorio, específica y diferenciada, no puede confundirse ni reconducirse al ámbito de la nulidad patrimonial o al de su rescindibilidad por lesión.

Por tanto, esto nos obliga a preguntarnos si es útil recurrir a esta acción cuando se lesione la legítima en una partición testamentaria.

Recordemos la premisa inicial: ante un testamento particional, el único límite que la ley impone al testador-partidor es el respeto a las legítimas de los herederos forzosos y, en su caso, a las reservas hereditarias[721]. Así lo establece de modo absoluto el

---

720 (*Tol 3790061*).

721 Una definición de las reservas hereditarias nos la ofrece De la Cámara: "Limitación impuesta a la facultad de disponer (inter vivos y mortis causa) de determinada persona (reservista) sobre determinados bienes caracterizados por su procedencia (bienes reservables) y en favor de ciertas personas (reservatarios) que adquirirán dichos bienes si existieren al fallecer el reservista y salvo que antes se hubiera extinguido la reserva por cualquiera de las causas que excepcionalmente determinan su extinción". *Vid.* De la Cámara Álvarez, M., *Compendio de Derecho sucesorio*, ob. cit., p. 321.
También podemos recurrir a De Cossío y Corral, que las define del modo siguiente: "Junto a la institución de las legítimas aparece la de las reservas, que pretende asegurar el destino final de determinados bienes, a favor de determinados parientes, evitando que los mismos, en el orden de las posteriores sucesiones, sean sustraídos a la familia de que procedían, llegando a poder de otra diferente". *Vid.* De Cossío y Corral, A., *Instituciones de Derecho civil. Derechos reales y derecho hipotecario. Derecho de familia y Derecho de sucesiones*, ob. cit., p. 639.
Vid. arts. 968 a 980 CC (reserva vidual) y art. 811 CC (reserva lineal).

art. 1056.1 CC. Y el art. 1075 CC, como dice DE LOS MOZOS[722], "no solamente reitera la sanción, sino que la especifica, diciendo que no respetada la legítima, podrá ser impugnada la partición por causa de lesión".

Con lo cual, además de las acciones antes vistas de complemento/suplemento de la legítima (*ex* art. 815 CC), y de reducción de legados inoficiosos y donaciones igualmente inoficiosas (*ex* arts. 636 y 817 CC, que resultan de aplicación general para todos los supuestos), se prevé también la acción rescisoria, si bien sólo en los dos expresados supuestos de hecho, y no de alcance general cuando exista lesión en más de la cuarta parte, tal y como dispone el art. 1074 CC.

Dicho esto, entendemos que el legitimario podrá acudir a esta acción, pero en este caso entrará en contradicción con la posible reparación de la lesión, pues el art. 1077 CC dispone:

> El heredero demandado podrá optar entre indemnizar el daño o consentir que se proceda a nueva partición.
> La indemnización puede hacerse en numerario o en la misma cosa en que resultó el perjuicio.

Si se procede a nueva partición, no alcanzará ésta a los que no hayan sido perjudicados ni percibido más de lo justo.

Vamos a referirnos a continuación a la primera de las dos cuestiones antes señaladas, cual es la relativa a la salvaguarda de las legítimas, dejando la restante —divergencia entre la institución y la partición— para la parte final de este capítulo.

Cuando se trata de salvaguardar la legítima, el criterio subjetivo del testador en la valoración de los bienes debe ceder ante el criterio más objetivo posible, debiendo resolver la posible controversia existente entre los legitimarios y los herederos, los órganos jurisdiccionales.

¿Pero, cómo debe hacerse esta operación? ¿Existe algún modo de conseguir esa objetividad que pueda hacerse valer en un proceso judicial por el perjudicado en los cálculos de su legítima? El Código civil nos dice cómo debe fijarse la misma y el momento en que ha de realizarse la valoración de los bienes.

---

722 *Vid.* DE LOS MOZOS Y DE LOS MOZOS, J. L., «La partición de la herencia por el propio testador», ob. cit., p. 221.

Dice el art. 818 CC: *Para fijar la legítima se atenderá al valor de los bienes que quedaren a la muerte del testador, con deducción de las deudas y cargas, sin comprender entre ellas las impuestas en el testamento. Al valor líquido de los bienes hereditarios se agregará el de las donaciones colacionables.*

Según la STS de 24 de enero de 2008[723]:

> El cómputo de la legítima es la fijación cuantitativa de ésta, que se hace calculando la cuota correspondiente al patrimonio hereditario del causante, que se determina sumando el "relictum" con el "donatum"; así lo dicen expresamente las sentencias de 17 de marzo de 1989 y 28 de septiembre de 2005, y se refieren a ello las de 21 de abril de 1990, 23 de octubre de 1992 y artículo 818 del Código civil.

Para Martínez Espín[724], "las operaciones que se realizan para calcular la legítima tienen la finalidad de conocer la cifra neta que corresponde a cada legitimario", lo cual no significa que sea la cantidad que debe ser abonada al mismo, "porque puede suceder que ya se le haya entregado antes e incluso puede suceder que el legitimario tenga que devolver parte de lo recibido por exceder de lo que le corresponde (inoficiosidad)".

En la partición testamentaria no puede dejarse al albur del testador tanto el momento en que haya de realizarse la valoración como la computación de la legítima. Es en el momento de la delación[725] cuando debe determinarse si la asignación es o no suficiente. Y ello en consonancia a lo que se establece en el art. 989 CC, cuando dice: *Los efectos de la aceptación y de la repudiación se retrotraen siempre al momento de la muerte de la persona a quien se hereda.* Y también cuando nos referimos a la transmisión automática de la posesión de los bienes hereditarios *ex* art. 440 CC: *La posesión de los bienes hereditarios se entiende transmitida al heredero sin*

---

723 (*Tol 1256905*).

724 *Vid.* Martínez Espín, P., «Comentario al art. 818 del Código civil», en *Comentarios al Código civil*, ob. cit., p. 5990.

725 *Vid.* STS de 4 de mayo de 2005 (*Tol 646333*): *En las fases del fenómeno sucesorio, tránsito del patrimonio del causante al heredero, se parte de la apertura de la sucesión, momento inicial producido por la muerte del causante, se sigue por la vocación a la herencia, como llamamiento abstracto y general a todos los posibles herederos, testados o intestados y se llega a la delación, ofrecimiento de la herencia al heredero, que da lugar a un derecho subjetivo, "ius delationis", que facultan la adquisición por la aceptación.*

interrupción y desde el momento de la muerte del causante, en el caso de que llegue a adirse la herencia.

Como dice VALLET DE GOYTISOLO[726], "la concordancia o discordancia, entre legítima y asignación, existente en el momento en que el causante practicó la división no tiene trascendencia. Hay que atender al instante de la muerte del causante para realizar la comprobación". Es posible que la discordancia inicial quede subsanada en el momento de la delación: disminución del patrimonio del causante o aumento del valor de los bienes asignados; y puede que la concordancia originaria pueda perderse con posterioridad: aumento de la masa líquida del caudal relicto; disminución del valor de los bienes asignados; pérdida o enajenación de alguno de ellos; o aumento de valor no síncrono de algunos bienes hereditarios que, perjudicando algún legitimario, destruyan la proporcionalidad inicialmente prevista. En todos estos casos, puesto que la asignación de bienes es inferior a la legítima, la partición deberá corregirse[727]. Son supuestos que caben en la previsión contenida en el primer inciso del art. 1075 CC.

El plazo para el ejercicio de la acción personal de rescisión por lesión será de cuatro años, tal y como establece el art. 1076 CC: *La acción rescisoria por causa de lesión durará cuatro años, contados desde que se hizo la partición.*

Y una vez iniciado el proceso, el art. 1077 CC ofrece al heredero demandado las siguientes opciones: *El heredero demandado podrá optar entre indemnizar el daño o consentir que se proceda a nueva partición.*

La indemnización puede hacerse en numerario o en la misma cosa en que resultó el perjuicio.

Si se procede a nueva partición, no alcanzará ésta a los que no hayan sido perjudicados ni percibido más de lo justo.

---

726 *Vid.* VALLET DE GOYTISOLO, J. B., *Apuntes de Derecho sucesorio*, Instituto Nacional de Estudios Jurídicos del Anuario de Derecho Civil, Madrid, 1955, pp. 207 y 208.

727 *Ibid.*, p. 208.

Para De la Cámara Álvarez[728], el efecto de la acción rescisoria debiera ser que las cosas volvieran a su primitivo estado, practicándose una nueva partición, pero como se ve, el Código ofrece al demandado la posibilidad bien de indemnizar el daño o de realizar otra partición, siendo una clara manifestación del principio *favor partitionis*; sólo en casos extremos la jurisprudencia ha validado, ha dado legitimidad o razón de ser a una nueva partición, como el caso que trata la sentencia de 19 de mayo de 1945[729]:

> ... cierto es que el precepto citado, respondiendo a un prudente criterio que aconseja evitar en cuanto sea laudable las dificultades y cuestiones que es susceptible de producir la práctica de una nueva partición, faculta al heredero demandado para optar entre ésta o indemnizar el daño que significa la lesión, pero la concesión y el uso de esta facultad han de quedar lógicamente supeditados a que las circunstancias con que en la partición aparezca producida la lesividad perjudicial para el heredero que fundado en ella demande, sea reparable por cualquiera de los indicados medios, y no lo es, notoriamente, en el caso cuestionado en el pleito, de manera distinta de la que ofrece la práctica de una nueva partición en la que con exactitud veraz se valoren los bienes de la herencia y se asigne la cuota hereditaria que corresponde a la demandante, sin cuya fijación no cabe determinar con garantías de acierto la cantidad que como indemnizable pudiera satisfacer la demandada recurrente para evitar aquellas operaciones, en realidad no efectuadas.

2.3. Segunda excepción al régimen especial del primer inciso del art. 1075 CC: «que aparezca o racionalmente se presuma que fue otra la voluntad del testador»: discrepancia entre disposición y partición

La segunda excepción se refiere, asimismo, a dos situaciones distintas: i) cuando lo haya dispuesto de forma expresa el testador, pues, como dice el Código «aparece» reflejada de forma inequívoca su decisión de permitir impugnar su partición por

---

728 *Vid.* De la Cámara Álvarez, M., *Compendio de Derecho sucesorio*, ob. cit., p. 443.

729 (*Tol 4458467*).

lesión; y ii) cuando no habiendo dicho nada sobre el particular, quepa deducir cuál fue verdaderamente su voluntad.

En la primera situación no hay debate posible. No ocurre lo mismo respecto de la segunda. Vamos a referirnos a ello.

Ha sido esta una cuestión muy debatida en la doctrina, principalmente por las posturas contrapuestas mantenidas por ALBADALEJO GARCÍA y VALLET DE GOYTISOLO en un intento por diferenciar lo dispositivo de lo particional, más si cabe cuando la partición es hecha por actos *inter vivos*, posibilidad que, como sabemos, está permitida en el art. 1056.1 CC, siempre que aquella se apoye en un testamento, sea anterior o posterior al acto partitivo.

Con carácter general diremos que en el supuesto que la partición sea testamentaria, ésta puede tener —como refiere SANCIÑENA ASURMENDI— al mismo tiempo un carácter dispositivo de atribución de cuotas —si en el mismo testamento particional nada se dice sobre el particular—, y un carácter distributivo de adjudicación de bienes. Así, la asignación de cuotas a los partícipes vendrá determinada por el valor proporcional de los bienes adjudicados[730]. Por tanto, "la voluntad manifestada en la partición es preferente respecto a la voluntad manifestada en el mismo testamento, es decir, las adjudicaciones realizadas a los herederos en la partición testamentaria priman sobre la distribución de las cuotas testamentarias de los herederos, dado que ambas manifestaciones de voluntad tienen carácter testamentario"[731], pero sin que esto suponga entender que, ante la no existencia expresa de cuotas, todos los herederos heredarán por partes iguales *ex* art. 765 CC[732]. La doctrina jurisprudencial es pacífica sobre este particular, admitiéndose por el Tribunal Supremo lo que ha venido en denominarse «disposición distributiva», atendiendo a ese doble carácter de la partición *mortis causa*[733].

---

730 *Vid.* SANCIÑENA ASURMENDI, C., «La partición hecha por el testador», ob. cit., p. 24.

731 *Ibid.*, p. 156.

732 *Ibid.*, p. 24.

733 Utiliza esta expresión la STS de 4 de febrero de 2008 (RJ 1994, 909): *... en cuanto a la dimensión jurídica del acto dispositivo testamentario que otorgó en fecha 28 de marzo de 1972, la causante, se trata de una efectiva partición llevada a cabo por la mencionada ascendiente, que el artículo 1056 del Código Civil autoriza realizar por medio de testamento, toda vez que no*

No obstante, como hemos dicho con anterioridad, varias han sido las posturas sostenidas por los autores sobre el significado de la expresión «que aparezca, o racionalmente se presuma, que fue otra la voluntad del testador» y, por tanto, cuándo se dan las condiciones para poder impugnar una partición hecha por el testador por causa de lesión en más de la cuarta parte *ex* art. 1074 CC, pues como se ha dicho, la regla general es la no impugnación

---

se hace distribución de cuotas hereditarias, sino más bien una disposición distributiva definitiva y directa de la totalidad del caudal patrimonial entre sus dos únicos hijos, con precisión del destino de cada uno de los bienes para después de su muerte (...). En este caso los herederos han de conformarse y admitir los bienes que les fueron designados, aunque los mismos no presenten condiciones igualitarias plenas, al tener que acatar y pasar por la partición que les venía impuesta. Repárese también en la cláusula testamentaria del caso tratado en la STS de 4 de noviembre de 2008 (*Tol 1401720*): «Es voluntad de la testadora se respete esta partición, aún cuando su valor fuere desigual, entendiéndose que el exceso que pueda existir en favor de cualquiera de ellos se impute como legado o mejora en favor del que resulte beneficiado». Al decir de la sentencia: *Su raíz y fundamento* [de la referida cláusula] *hay que encontrarla no sólo en la voluntad que así se manifiesta, sino también en el deseo que de esta manera expresó la testadora de evitar conflictos y enfrentamientos entre los sucesores designados.* En similares términos *vid.* STS de 29 de enero de 2008 (*Tol 1256787*): *En la disposición sexta, la testadora explicaba así las adjudicaciones hechas a cada heredero:* "La testadora ha formado las anteriores hijuelas procurando la mayor justeza y equidad, y los herederos deberán respetarlas sin modificación alguna, aunque existiera alguna diferencia de valor.- Si a pesar de la voluntad de la testadora de mantener la justicia y equidad a que se hace mención, existiera alguna diferencia de valor, los herederos deberán respetar las hijuelas realizadas por la testadora conforme a la presente disposición sin modificación alguna aun en el caso de que concurriera cualquiera de los supuestos contemplados en la disposición séptima siguiente, toda vez que ninguno de ellos ha podido ser perjudicado en su legítima en virtud de la indicada partición, y deberá cualquiera de ellos soportar, si la hubiera, por causa de las hijuelas y adjudicaciones hechas, que deberán mantenerse en todo supuesto, una menor participación en los tercios de mejora y libre disposición". Pueden consultarse también las SSTS de 21 de julio de 1986 (*Tol 1734780*) y 8 de marzo de 1989 (*Tol 1731552*). La RDGRN de 26 de octubre de 2016 (*Tol 5900759*) admite la validez de tales cláusulas, al decir: *Que la verdadera y propia partición requiere señalamiento, ya sea expreso o tácito, de cuotas hereditarias abstractas, y luego asignación de todos o la mayor parte de los bienes y derechos del testador. Vid.* igualmente las RRDGRN de 1 de agosto de 2012 (*Tol 2654474*); 12 de septiembre de 2012 (*Tol 2663152*); 5 de abril de 2016 (*Tol 5701364*) y 26 de abril de 2019 (*Tol 7211221*).

(art. 1075 CC). Las sintetizamos, siguiendo a CORBAL FERNÁNDEZ[734] y ALBADALEJO GARCÍA[735], en las siguientes: para CASTÁN y SCAEVOLA, el testador puede partir con absoluta libertad y sólo tiene el límite infranqueable de las legítimas; por otra parte, PUIG BRUTAU, VALLET DE GOYTISOLO y RIVAS MARTÍNEZ entienden que la partición podrá ser impugnada, además de cuando exista lesión de la legítima, cuando resulte expresa o tácitamente del testamento que el testador no quiso excluir la facultad de pedir la rescisión de la partición; por último, para SÁNCHEZ ROMÁN, procede la rescisión si esta alcanza el límite cuantitativo de la cuarta parte del art. 1074 CC, siempre que la partición discrepe de la disposición.

La cuestión clave radica, pues, en diferenciar los conceptos de «disposición» y de «partición», teniendo en cuenta, como ya hemos adelantado, si la partición se hizo en acto entre vivos o en testamento —partición testamentaria *stricto sensu*—, así como también a la interpretación testamentaria (art. 675 CC), a la que nos referiremos con posterioridad para dar por concluido el presente capítulo.

VALLET DE GOYTISOLO[736] parte de la premisa de que, si bien *a priori* los conceptos de «disposición» y «partición» son inconfundibles en un plano teórico, en la práctica pueden entrelazarse, resultando muy compleja la tarea de delimitar los actos dispositivos de los particionales y, por ende, determinar qué debe prevalecer en caso de disparidad, si aquella o esta. Así, en la partición testamentaria, pueden no estar claros los límites de lo que se consideran cláusulas de disposición, por una parte, y cláusulas partitivas, por otra, porque estas últimas —siempre y cuando reúnan las solemnidades complementarias—, pueden encerrar una verdadera manifestación de voluntad de carácter dispositivo. Lo mismo podemos decir de las particiones hechas por actos *inter vivos* y ratificadas en testamento posterior.

Para ALBADALEJO GARCÍA, en caso de discrepancia entre la institución/disposición de cuotas y la partición, prevalecerá esta última si el testador-partidor así lo hubiese previsto de forma expresa en su testamento, es decir, si expresamente consideró la imposibilidad de su impugnación. Por el contrario, para VALLET DE GOYTISOLO, a falta de todo indicio racional de que la voluntad del testador se oponga a la regla general de los arts. 1056.1 y 1075

CC, y en aras a la amplia libertad valorativa de que goza el mismo, podrá prevalecer la partición sobre la disposición.

Ambos autores difieren, en resumen: en que para el primero debe hacerse constar expresamente la prevalencia de la partición sobre la institución, mientras que, para el segundo, rebaja tal exigencia al terreno de los indicios.

ALBADALEJO GARCÍA, en apoyo de su tesis, realiza una interpretación literal de lo que expresa el art. 1075 CC, en concreto de las siguientes palabas: *que fue otra la voluntad del testador,* conjugándola con la norma del art. 1074 CC. Aquel inciso le sirve para referirse a la voluntad dispositiva contrapuesta a su actuación particional, dando prevalencia a la primera sobre la segunda; es como si el art. 1075 dijese: *Podrá ser rescindida la partición hecha por el testador por causa de lesión*[737]. Y concluye diciendo: "El entender el 1.056 en el sentido de que el testador partidor no ha de respetar la disposición que de los bienes partidos él mismo hizo, sino que le basta, para que su partición sea válida e inimpugnable, no violar las legítimas, nos parece inadmisible: 1.º) porque el 1.075 marca el sentido y el justo límite de ese 1.056; 2.º) porque encontrándonos frente a una disposición y a una partición contradictorias —ya que si concuerdan no hay problema—, hemos de tener en cuenta las siguientes circunstancias: a) aquélla es de indudable rango superior y necesita hacerse en testamento, mientras que ésta —de rango inferior— no necesita ni siquiera encuadrarse en un instrumento testamentario; b) aquélla es la orden, ésta el cumplimiento. En estas condiciones, menospreciar la disposición para hacer triunfar la partición sobre ella es como ordenar que lo principal siga el destino de lo accesorio"[738].

El sentido del precepto propugnado por ALBADALEJO sería el siguiente: "La partición hecha por el difunto puede ser impugnada por causa de lesión *en el caso de que aparezca o racionalmente se presuma que fue otra la voluntad* [dispositiva] *del testador*"[739].

Para él, el art. 1075 no contiene como venimos diciendo una regla especial —o lo que es lo mismo, una regla general para la

---

737 *Vid.* ALBADALEJO GARCÍA, M., «Dos aspectos de la partición hecha por el testador», ob. cit., p. 959.

738 *Ibid.*, p. 962.

739 *Vid.* JORDANO BAREA, J. B., «Dictamen sobre validez de partición contenida en testamento», ob. cit., p. 241.

partición testamentaria— y dos excepciones, sino que lo que contiene es una indicación de que, en dos casos, será posible impugnar por lesión la partición hecha por el testador. En otras palabras, dicho artículo tiene por finalidad aplicar el mismo principio que el art. 1074 CC.

VALLET DE GOYTISOLO entiende que, siguiendo tal razonamiento, no haría falta que existiese el art. 1075, pues "bastaría con el artículo 1.074, y de quererse disipar toda duda respecto de la partición hecha por el testador, habría sido suficiente añadir en el artículo 1.074, después de «*particiones*», el inciso «*incluso la hecha por el difunto*»[740]. Y, sin embargo, el artículo 1.075 sigue, y representa la tradición jurídica que, ya desde el derecho romano a los juristas castellanos, pasando por las *Partidas* (…) ha considerado que la partición hecha por el testador no debe ser rectificada en caso de evicción ni de lesión, a no ser que, de la voluntad del testador, resultare que éste quiso que lo fuera"[741]. Es decir, no será suficiente que exista una discrepancia valorativa entre la disposición y la partición hecha por el testador para poder impugnar esta última, sino que se requerirá constatar que la voluntad del testador-partidor ante tal eventualidad sea motivo suficiente para dar lugar a su impugnación.

Por tanto, para una corriente doctrinal —ciertamente minoritaria—, la partición testamentaria siempre podrá ser rescindida *ab initio* por lesión, salvo que el testador la haya excluido de forma expresa o se pueda deducir así de su voluntad.

Por el contrario, para la corriente mayoritaria, a la que nos adherimos, en una partición testamentaria deberemos excluir, *a priori*, la posibilidad de su rescisión por lesión, salvo que del testamento quepa deducir que la disparidad entre disposición y partición —habida cuenta de la valoración de los bienes—, debe dar lugar a la rescisión, conforme la presunta voluntad del tes-

---

740 Y nos ofrece una posible redacción alternativa del art. 1075 CC: "La partición hecha por el difunto no puede ser impugnada *por causa de lesión*, sino en el caso de que perjudique a la legítima de los herederos forzosos o de *que haya lesión*". *Vid.* VALLET DE GOYTISOLO, J. B., «Comentarios a los artículos 1.035 a 1.087 del Código civil», ob. cit., p. 527.

741 *Vid. ult. loc.*

tador[742]. En suma, los herederos deben aceptar las valoraciones hechas por el testador, aunque se hayan hecho con criterios "subjetivos y objetivamente cuestionables"[743], siempre que se respete la legítima, y sólo en aquellos casos en que se "pudiese demostrar que la valoración que dio lugar a la lesión obedeció a que el testador ignoraba factores o elementos de juicio que, de haberlos conocido, le hubieran presumiblemente inducido a cambiar sus criterios valorativos, la lesión es estimable y el ejercicio de la acción rescisoria posible"[744].

La doctrina jurisprudencial sigue esta última corriente, por lo que la partición realizada por el testador es inatacable por diferencias de valor originarias o sobrevenidas, otorgando al testador una amplia autonomía para partir y, por ende, valorar sus bienes, sin más limitación que el respeto a la legítima. Mientras la misma no haya sufrido perjuicio, no podrá atacarse la partición realizada por el testador, que, según el Tribunal Supremo, goza de amplia libertad para partir, con esa única limitación.

Ante una posible discrepancia entre las cuotas —disposición— y los bienes adjudicados para llenar esas cuotas —partición—, el Alto Tribunal se decanta, en el caso que el testador no hubiera previsto tal contingencia —pues en otro caso prevalece, obviamente, lo ordenado por él—, por entender que quiso dar prevalencia a la partición sobre la disposición, por ser más conforme con el espíritu del art. 1056[745].

---

742 *Vid.* De la Cámara Álvarez, M., *Compendio de Derecho sucesorio*, ob. cit., p. 444.

743 *Vid. ult. loc.*

744 *Vid. ult. loc.* De la misma opinión es Vallet de Goytisolo, al decir que, "... la existencia de un extraordinario desequilibrio entre las disposiciones y las atribuciones particionales puede ser un indicio, que el Juez deberá valorar, de la existencia de algún vicio en la voluntad del testador o simplemente de error en la expresión de las determinaciones particionales". *Vid.* Vallet de Goytisolo, J. B., «Comentarios a los artículos 1.035 a 1.087 del Código civil», ob. cit., p. 529.

745 STS de 18 de marzo de 2010 (*Tol 1818501*): *Se ha discutido a nivel doctrinal si el testador que no respeta la disposición haciendo una partición en la que los lotes no se corresponden con las partes atribuidas en el título de heredero o legatario, efectúa una partición nula, que es lo que los recurrentes pretenden obtener en este supuesto. De acuerdo con lo dispuesto en el artículo 1075 CC, la partición "hecha por el difunto no puede ser impugnada por causa de lesión, sino en el caso que perjudique la legítima de los herederos forzosos del testador o de que aparezca*

En definitiva, caso de existir discrepancia entre disposición y partición, no será recomendable impugnar esta última por causa de lesión en más de la cuarta parte por las razones expuestas; sólo podrá ser impugnada cuando se perjudique la legítima de los herederos forzosos, debiendo recurrir en este caso a la *actio ad supplendam legitimam* ——art. 1075 en relación con el 815 CC—, pudiendo solicitar, ello no obstante, pronunciamientos subsidiarios —e incompatibles entre sí— en el *petitum* de la demanda, haciendo valer en primer lugar la pretensión de rescisión por lesión en más de la cuarta parte[746].

Por supuesto, cuando la partición se arbitre al margen del testamento, de forma autónoma —sea en documento público o privado pues esto resulta irrelevante—, la posible discrepancia entre el acto dispositivo con asignación de cuotas —testamento— y el acto partitivo de distribución de los bienes, deberá resolverse en favor del primero, pues "dar preferencia a la partición sobre el testamento significaría dar validez y eficacia a una voluntad dispositiva no formalizada en la preceptiva forma testamentaria"[747].

2.4. La interpretación de la voluntad del testador

Como complemento a lo dicho con anterioridad y para finalizar el presente capítulo, será necesario seguir la pauta que, en

---

o racionalmente se presuma, que fue otra la voluntad del testador". De aquí se deduce que la partición efectuada por el testador es inatacable por diferencias de valor, sean estas originarias o sobrevenidas, dado que, además, el art. 1056 CC que se considera infringido, establece que cuando el testador haga la partición, " se pasará por ella". Vid. también las siguientes SSTS: 6 de marzo de 1945 (*Tol 4458418*), 21 de julio de 1986 (*Tol 1734780*), 7 de septiembre de 1998 (*Tol 5156964*), 21 de diciembre de 1998 (*Tol 6600*) y 29 de enero de 2008 (*Tol 1256787*).

746 *Vid.* JORDANO BAREA, J. B., «Dictamen sobre validez de partición contenida en testamento», ob. cit., p. 247.

747 *Vid.* SANCIÑENA ASURMENDI, C., «La partición hecha por el testador», ob. cit., p. 156.

relación con la interpretación de la voluntad del testador[748], fija el art. 675 CC[749]:

> Toda disposición testamentaria deberá entenderse en el sentido literal de sus palabras, a no ser que aparezca claramente que fue otra la voluntad del testador. En caso de duda se observará lo que aparezca más conforme a la intención del testador, según el tenor del mismo testamento.

Para Vaquer Aloy, "las normas básicas en materia de interpretación son parcas en cuanto a la descripción de los medios de que dispone el operador jurídico para interpretar el testamento" [750], por lo que "cualquier medio interpretativo es admisible, pues de lo que se trata es de conocer y dar efectividad a los deseos del

---

748 Sobre el concepto de interpretación testamentaria, doctrina y jurisprudencia han distinguido tres acepciones, que González Acebes sintetiza del modo siguiente: i) desde un punto de vista amplio, la interpretación sería la comprensión del contenido volitivo testamentario, del lenguaje escrito del testador, por lo que el intérprete deberá entender el significado de las palabras como si estuviera en la persona del disponente; ii) un segundo concepto —estricto— de interpretación, es aquel que la define como la investigación de la voluntad testamentaria cuando esta es oscura o ha sido defectuosamente expresada, por lo que no todas las cláusulas testamentarias deben ser interpretadas, sino sólo aquellas que sean ambiguas, dudosas o incompletas; iii) por último, desde un concepto técnico-jurídico, la interpretación del testamento es la actividad dirigida a buscar la voluntad normativa del causante, que deberá ser llevada a cabo por el juez. *Vid.* González Acebes, B., *La interpretación del testamento,* Tirant lo Blanch, Valencia, 2012, pp. 12-15.

749 Sobre la cuestión relativa a la posible aplicación de las normas de interpretación de los contratos (arts. 1281 a 1289 CC) ante la única presencia del art. 675, el TS permite recurrir a los arts. 1281 a 1285, rechazando los arts. 1286 a 1289. *Vid.* SSTS de 23 de junio de 1998 (*Tol 72845*) y de 29 de abril de 2008 (*Tol 1320867*). Por otra parte, sobre la importancia de que la voluntad del testador-paridor quede bien definida para evitar posteriormente problemas de interpretación, puede tenerse presente el caso tratado en la STS de 3 de marzo de 2022 (*Tol 8876159*): *... la invocación que hace la recurrente del art. 1056 CC presupone una determinada interpretación del testamento que permitiera considerar a la viuda como coheredera o como legataria de parte alícuota, lo que en el presente caso reconduce al art. 675 CC, y ello prescindiendo de los errores en que se incurre en el desarrollo del motivo en el que se cita como infringido el art. 1056 CC, pues es evidente que no cabe hablar de la "mejora" del cónyuge.*

750 *Vid.* Vaquel Aloy, A., *La interpretación del testamento,* Reus, Madrid, 2008, p. 75.

testador expresados en forma válida"[751]. Los principales medios interpretativos, que no guardan jerarquía alguna entre sí puesto que deben aplicarse de un modo conjunto y armónico[752], son los siguientes: elemento literal o gramatical, elemento lógico-sistemático, elemento teleológico —todos ellos medios intrínsecos de interpretación, esto es, los que ofrece el propio testamento—, más la llamada prueba extrínseca —valor de los elementos extratestamentarios—, que ha sido aceptada por la doctrina jurisprudencial[753], si bien el resultado interpretativo derivado de este

---

751 *Ibid.*, p. 76.

752 *Ibid.*, p. 98.

753 *Vid.* STS de 19 de diciembre de 2006 (*Tol 1022965*), que considera como testamento ológrafo válidamente otorgado una nota redactada en una tarjeta de visita, recurriendo a la prueba extrínseca: *Entre los medios de interpretación testamentaria se encuentran primordialmente los siguientes: el elemento literal o gramatical, del que procede partir según el propio artículo 675 y, además, con la presunción de que las palabras utilizadas por el testador reproducen fielmente su voluntad (STS de 18 de julio de 2005 [RJ 2005, 5339]); los elementos sistemático, lógico y finalista, empleados de forma conjunta o combinada, sobre la base de la consideración del testamento como unidad (STS de 31 de diciembre de 1992 [RJ 1992, 10426]); los elementos de prueba extrínsecos, que son admitidos por las doctrinas científica y jurisprudencial (entre otras, SSTS de 29 de diciembre de 1997 [RJ 1997, 9490], 18 de julio de 1998 [RJ 1998, 6388], 24 de mayo de 2002 [RJ 2002, 4459] y 21 de enero de 2003 [RJ 2003, 604]), ya sean coetáneos, previos o posteriores al acto testamentario.*

Interpretado el manuscrito de don Marco Antonio de 16 de febrero de 1994, obrante en la tarjeta de visita, conforme a los criterios recién mencionados, y, principalmente, según los elementos literal o gramatical y de prueba extrínsecos, esta Sala considera la existencia de la voluntad real en éste de la disposición de todos sus bienes para después de su muerte a favor de don Pedro, lo que se confirma con el propio texto de la carta de 17 de febrero de 1994, amén de que aparecen acreditados en las actuaciones los hechos de la ruptura, desde tiempo atrás, de las relaciones sentimentales habidas entre el firmante de esos documentos y doña Irene; el conocimiento que de su última voluntad han tenido varios de los testigos que declararon en el proceso; el cambio de titularidad de la cuenta corriente abierta en la Sucursal número 496 del Banco Central Hispano con el número 4369/1, realizado después de su regreso de París, con la sustitución del nombre de la demandada, determinado conjuntamente con el del fallecido en la misma, por el de don Pedro; la contratación de dos pólizas en la entidad «Mapfre Vida, SA» por don Marco Antonio, asimismo a su vuelta de París, en que nombraba beneficiario a don Pedro; y la amistad que desde la infancia unía a uno y otro.

En la tarjeta de visita se utiliza la expresión «mi deseo de sustituir», y, según el Diccionario de la Lengua Española, el vocablo «desear» significa «aspirar con vehemencia al conocimiento, posesión o disfrute de una cosa» o «anhelar que acontezca o deje de acontecer un suceso», y la palabra «deseo» expresa el «mo-

método deberá encontrar apoyo, aunque de forma imperfecta, en el texto de la declaración de voluntad[754], pues como señala Vaquer Aloy[755], "de otro modo, mediante el recurso a los medios probatorios extratestamentarios, se estaría vulnerando el carácter formal del acto de última voluntad, al otorgar relevancia a una intención expresada fuera del cauce solemne previsto legalmente".

El momento de referencia para averiguar la voluntad del testador es cuando se efectuó la disposición, pese a que con posterioridad cambien las circunstancias, pues al decir de Díaz de Lezcano Sevillano[756], aquel siempre puede revocarlo y otorgar uno nuevo hasta el momento mismo de su muerte.

En este sentido se pronuncia la STS de 23 de enero de 2001[757] en un caso de preterición:

> ... es cierto que la voluntad del testador ha de considerarse como realmente relevante —así lo dispone el art. 675 del Código Civil— pero precisamente la concreta voluntad que el testador ha formado en atención a la realidad o a la situación

---

vimiento enérgico de la voluntad hacia el conocimiento, posesión o disfrute de una cosa»; para el Diccionario de Uso del Español, de María Moliner, «desear» es «tender con el pensamiento al logro o realización de algo que proporcionaría alegría o pondría fin a un padecimiento o malestar», y «deseo» entre otras acepciones, quiere decir «intención» o «interés»; lo que representa una actitud similar a «voluntad», de la que es sinónima y, en la práctica, es utilizada a veces, en este sentido, en testamentos notariales.

Además, la circunstancia de que don Marco Antonio no acudiera a la notaría para otorgar nuevo testamento con la nominación del actor como heredero, configurada como trascendental para la sentencia de apelación desde el regreso de aquél a Madrid, no era precisa en este caso, en virtud de que el negocio jurídico formal determinado en la tarjeta de visita se había canalizado de acuerdo con las normas prescritas en el Código Civil para el testamento ológrafo (artículo 688 del Código Civil) y el testador no tenía que validar su voluntad mediante otro testamento notarial.

Vid. también STS de 18 de marzo de 2010 (*Tol 1818501*): *... la finalidad principal de la interpretación del testamento es investigar la voluntad real, o al menos probable, del testador en sí misma, atendiendo incluso a circunstancias exteriores al testamento (STS de 21 enero 2003), entre otras.*

754 *Vid.* González Acebes, B., *La interpretación del testamento*, ob. cit., p. 47.

755 *Vid.* Vaquer Aloy, A., *La interpretación del testamento*, ob. cit., p. 97.

756 *Vid.* Díaz de Lezcano Sevillano, I., «La interpretación testamentaria en la jurisprudencia de nuestro Tribunal Supremo», en *Estudios jurídicos en homenaje al profesor Luís Díez-Picazo. Derecho de sucesiones*, tomo IV, Civitas, Madrid, 2003, p. 5201.

757 (*Tol 4964722*).

> que puede contemplar y valorar en el momento en que lleva a cabo el otorgamiento.

Si esa realidad se altera después de forma significativa y el testador omite otorgar nuevo testamento, revocando, modificando o adicionando el anterior, su voluntad y su intención dejan de ser relevantes por no haber sido debidamente expresadas, y el intérprete ha de limitarse a la constatación del hecho omisivo o negativo y a la necesaria aplicación de los preceptos establecidos para dar solución a la inactividad del causante.

Como esta Sala tuvo ocasión de declarar en la ya lejana sentencia de 1 de julio de 1969, la preterición ha de resultar exclusivamente del testamento, por ser éste la expresión más solemne de quien dispone de sus bienes para después de su muerte evitando formular hipótesis sobre la posible causa de la omisión del heredero, ya que la presunta voluntad del causante carece de toda eficacia si no aparece del propio testamento.

Por consiguiente, ha de estarse al hecho de la omisión del hijo extramatrimonial, en el testamento del causante, cuyo otorgamiento anterior incluso a la concepción de Josué Fernando, convierte a su preterición en no intencional, con la consecuencia práctica de que todos los hijos del señor S. Ch. van a obtener la igualdad de trato que la Constitución propugna.

A mayor abundamiento, la interpretación de la voluntad del testador impacta también en la imposibilidad de inscribir en el Registro de la Propiedad los bienes inmuebles adjudicados si el testamento no tiene el carácter de particional. Tal es el caso tratado en la RDGSJFP de 11 de junio de 2024[758], que entendió que nos encontrábamos ente simples normas particionales, y, por tanto, no entraba en escena el art. 1068 CC de adjudicación directa:

> ... en el presente caso es determinante el hecho de que, además de los términos generales en que se expresó la testadora y que ya han sido analizados, no manifieste que esté realizando ya la adjudicación de bienes concretos con efectos desde la apertura de la sucesión y la consiguiente aceptación de la herencia, sino que «ordena la testadora que se paguen las respectivas cuotas hereditarias de los instituidos con las viviendas y el local que la testadora posee en el inmueble sito en [...]»; y añade «que se distribuya de la siguiente manera

758 (*Tol 10092255*).

> [...]»; especificando a continuación que a cada heredero que indica «se le entregue en pago de su cuota hereditaria» el inmueble que especifica. Por ello, y por contraste sistemático con lo que dispone respecto de los legados, de los que faculta a los legatarios para tomar posesión por sí mismos, debe concluirse que, en relación con los bienes que ordena se distribuyan y entreguen a los herederos, las disposiciones transcritas no son sino instrucciones para la partición que habrá de realizarse con consentimiento de todos los interesados.

Por tal motivo resulta esencial, al decir de REBOLLEDO VARELA, que la voluntad del testador-partidor resulte indubitada, y así, "partiendo del principio *favor testamenti* en su proyección de dar prevalencia a la voluntad realmente querida por el testador, puede ser útil indicar algunos extremos a tener en cuenta en la redacción del testamento, es decir,

una vez indagada previamente la voluntad del testador, el que se otorga a fin de conseguir determinados efectos de la partición por el mismo, no ya por aplicación directa de las previsiones que el CC le atribuye, lo que el Tribunal Supremo niega, sino por la inclusión de cláusulas o previsiones testamentarias específicas, de manera que la voluntad explicitada en el testamento no acabe siendo considerada en la mayoría de las ocasiones como normas particionales cuando realmente se quiere hacer la partición o, al menos, algunos de sus efectos más relevantes"[759].

---

[759] *Vid.* REBOLLEDO VARELA, Á. L., «Partición por el testador: redacción del testamento e interpretación de la voluntad manifestada (una perspectiva práctica a la luz de la jurisprudencia)», ob. cit., p. 777.

Capítulo Sexto

Evicción y saneamiento entre coherederos. La excepción contenida en el art. 1070.1º CC

I. CONCEPTO DE EVICCIÓN. LA EVICCIÓN PARTICIONAL

1. *Concepto, finalidad y regulación*

La evicción es, según la definición dada por el DPEJ, la *pérdida de un derecho por sentencia firme y en virtud de un derecho anterior ajeno*[760].

En sede contractual, el art. 1475 CC nos dice cuándo se dará la evicción:

> Tendrá lugar la evicción cuando se prive al comprador, por sentencia firme y en virtud de un derecho anterior a la compra, de todo o parte de la cosa comprada.

Moralejo Imbernón[761] entiende que el fundamento último de la institución tiene que ver con la vigencia, en el derecho romano, del principio *nemo dat quod non habet*, esto es, que únicamente puede adquirirse un derecho si quien lo transmite es verdaderamente su titular. Para ese ordenamiento, el vendedor no cumplía con el comprador sólo por el hecho de entregar la cosa, sino que era también su obligación defender a este último de las perturbaciones de terceros que no fueran de mero hecho. Esto era así puesto que no cabían las adquisiciones *a non domino*, que son admitidas en nuestro ordenamiento a partir de la Ley Hipotecaria de 1861[762] en materia de bienes inmuebles a través

---

760 *Vid.* https://dpej.rae.es/lema/evicci%C3%B3n

761 *Vid.* Moralejo Imbernón, N., en *Comentarios al Código Civil* (director, Rodrigo Bercovitz Rodríguez-Cano), ob. cit., p. 10451.

762 Con lo cual, en el Proyecto de 1851, del que el Código civil actual tomó la regulación del saneamiento por evicción, esta institución continuaba

del principio de la fe pública registral, con lo cual, para tener la certeza absoluta sobre el dominio, la única posibilidad era que transcurriese el plazo necesario para consumarse la usucapión por parte del adquirente.

En sede de derecho sucesorio, es en los arts. 1069 a 1072 CC donde se trata la cuestión relativa a la evicción y saneamiento de los bienes adjudicados. En primer lugar, el art. 1069 establece, podemos decir, la norma genérica; en segundo lugar, el art. 1070 cita expresamente los casos en que esta norma se excluye; en tercer lugar, el art. 1071 regula el modo en que debe repercutirse la obligación de indemnización a los coherederos —recíproca y en proporción a sus cuotas—, teniendo en cuenta la posible insolvencia de alguno de ellos; y, en cuarto y último lugar, el art. 1072 establece una regla especial relativa a la solvencia del deudor para los casos de adjudicación de créditos.

2. *La evicción particional*

2.1. *Ratio* de la norma

En sede de derecho sucesorio, otro de los efectos de la partición —aparte del más importante, cual es el de conferir, *recta viae*, a cada coheredero la propiedad exclusiva de los bienes que le hayan sido adjudicados *ex* art. 1068 CC, poniéndose así fin a la comunidad hereditaria (si bien, como ya sabemos, esta no llega a nacer cuando la partición la hace el propio testador)—, es que los herederos están obligados recíprocamente a la evicción y saneamiento de los bienes adjudicados, tal y como establece el art. 1069 CC. Dicha responsabilidad es predicable a todo tipo de particiones, salvo la testamentaria, tal y como se contempla en el art. 1070.1º CC, y se extiende a los supuestos en que el testamento adjudique porciones abstractas de bienes: legatarios de cuota, legitimarios que perciban una porción del caudal no determinada

---

ostentando el papel que históricamente tenía atribuido: servir como medio de defensa de los compradores en un entorno de inseguridad jurídica en los relativo a la titularidad de los inmuebles. *Ibid.*, p. 10452.

en bienes concretos, cesionarios de la cuota hereditaria, fideicomisarios o al cónyuge viudo que sea usufructuario[763].

VALLET DE GOYTISOLO[764], remontándose al derecho romano, afirma que "la acción de saneamiento por evicción se fundaba en mantener entre los herederos la proporcionalidad correspondiente a sus respectivas cuotas de institución, de un modo paralelo a como en la compraventa y la permuta se trataba de conservar el equilibrio inicial de prestaciones".

Para ALBADALEJO GARCÍA[765], "el saneamiento de los bienes que componen cada lote, saneamiento a que establece la ley que quedan obligados los coherederos entre sí, persigue mantener el equilibrio del reparto hecho, que resultaría roto si viéndose privado por razones anteriores a la partición cualquier heredero de alguno de los bienes que recibió o teniendo éste vicios ocultos, careciese de derecho a reclamar nada a los demás".

ORDUÑA MORENO[766], que ha analizado los antecedentes históricos de la responsabilidad por evicción desde el prisma de la partición hereditaria, entiende que se fundamenta sobre la base del principio de igualdad entre coherederos: "la responsabilidad por evicción en la partición de la herencia respondió a un verdadero y propio fundamento, que en la línea axiomática de que la división, por sí, no debe perjudicar o menoscabar los derechos e intereses tanto de los terceros como de los que dividen, se concretó en la eficacia de uno de los principios rectores de la comunidad: «el reparto proporcional tanto de las ganancias como de los daños y perjuicios». Reparto proporcional de los daños y perjuicios, que en conexión con la «aequm ius» de la función distributiva de la división, supone un trato igual y equitativo en la adquisición de los coherederos impidiendo la insolidaridad en el menoscabo de la integridad de la participación hereditaria del coheredero por la evicción de un bien a él adjudicado".

---

763 *Vid.* ESPEJO LERDO DE TEJADA, M., «Comentario al art. 1056 del Código civil», ob. cit., p. 7803.

764 *Vid.* VALLET DE GOYTISOLO, J. B., «Comentarios a los artículos 1.035 a 1.087 del Código civil», ob. cit., p. 452.

765 *Vid.* ALBADALEJO, M., *Curso de Derecho civil. Derecho de sucesiones*, vol. V, ob. cit., p. 176.

766 *Vid.* ORDUÑA MORENO, F. J., *La responsabilidad por evicción y la partición de herencia: con el tratamiento de la jurisprudencia del Tribunal Supremo*, Bosch, Barcelona, 1990, pp. 201 y 202.

La obligación de evicción y saneamiento en la partición aparece reflejada, como hemos dicho, en el art. 1069 CC cuando dice:

> Hecha la partición, los coherederos estarán recíprocamente obligados a la evicción y saneamiento de los bienes adjudicados.

Así pues, los coherederos responden unos a otros de la evicción y saneamiento de los bienes adjudicados a cada uno de ellos en la partición[767].

Entiende BELTRÁN DE HEREDIA[768] que el Código civil utiliza una terminología impropia e imprecisa: "impropia, porque usa el término «evicción», sin dilucidar, previamente, si el concepto de ésta es real y verdaderamente aplicable a la partición hereditaria; ello ha motivado que la doctrina dominante haya tenido que aplicar, por analogía, las reglas generales que sobre la evicción están contenidas dentro de la regulación del contrato de compraventa; imprecisa, porque emplea los términos «saneamiento y evicción» como si fuesen cosas distintas que integrasen la obligación que incumbe a los coherederos, cuando en realidad el término saneamiento es un concepto amplio y genérico que, a su vez, comprende el término «evicción»".

La STS de 13 de octubre de 1960[769] se refiere a la obligación de evicción y saneamiento, como el medio para *mantener la igualdad o proporcionalidad de la partición, que queda destruida cuando alguno de los coherederos se ve privado del goce normal de su cuota.*

2.2. Se aplicarán analógicamente los arts. 1475 y 1484 CC. La valoración de la *res evicta*

No hay obstáculo alguno en recurrir a los arts. 1475 y 1484 CC —que regulan el saneamiento en caso de evicción y en caso de defectos o gravámenes ocultos al tratar de la compraventa, respectivamente—, para aplicarlos analógicamente a las particiones

---

767 *Vid.* ESPEJO LERDO DE TEJADA, M., «Comentario al art. 1056 del Código civil», ob. cit., p. 7803.

768 *Vid.* BELTRÁN DE HEREDIA, J., «El saneamiento por evicción en la partición hereditaria», *RDP*, tomo XXXVIII, nº 451, Madrid, 1954, p. 837.

769 (*Tol 4339396*).

hereditarias, tal y como viene entiendo la doctrina jurisprudencial[770], pero sí lo hay a la aplicación del art. 1478.1º CC[771], en lo relativo a la determinación del momento de la valoración de la *res evicta*, que, según el precepto, deberá ser el valor *que tuviere la cosa vendida al tiempo de la evicción, ya sea mayor o menor que el de la venta.*

Precisamente, la cuestión relativa a la fijación de valor por el que los coherederos responden en caso de evicción ha propiciado tres posturas doctrinales diferenciadas, coincidentes con las tesis de los autores del *ius commune.* Las resume ESPEJO LERDO DE TEJA[772] —después de preguntarse si puede aplicarse el criterio que sigue el art. 1478.1º CC a la partición—, en las siguientes: una línea doctrinal que mantiene que la cosa evicta deberá valorarse en el momento de la evicción; otra línea que remonta esa valoración al momento de la partición; y una ecléctica, que atiende a la causa de la modificación del valor entre uno y otro momento, esto es, si es o no debida a quien sufrió la evicción.

BELTRÁN DE HEREDIA[773] ha defendido que la valoración debe retrotraerse al momento de la partición. Para este autor, hay una diferencia sustancial en cuanto al acto transmisivo de la propiedad entre un contrato de compraventa y una partición, lo que conlleva a soluciones diametralmente opuestas respecto al momento de la valoración de la *res evicta.* En el caso de la compraventa, "por ser un acto de especulación en el que se transfiere la propiedad de la cosa, que después resulta no ser del vendedor, es lógico que sea el momento de la evicción, con el fin de valorar el perjuicio causado y la consiguiente indemnización". En el caso de la partición, por el contrario, "no existe aquella transferencia de propiedad, que pasa ininterrumpidamente del causante a los herederos, no haciéndose con el acto particional más que declarar lo que a cada uno corresponde en la masa hereditaria (...). Lo que la partición hereditaria atribuye son valores, no cosas determinadas. Estas, en las operaciones particionales (avalúo, especialmente), son determinadas por medio de un valor, que es el elemento que sirve para establecer las igualdades y proporciones entre los herederos. La evicción de un bien específico produce la pérdida de ese valor, en el que económicamente resulta perjudicado el heredero que sufre la evicción. Por ello, la rectificación de la partición (que es en lo que se sustancia la evicción, en último análisis), tiende a conseguir de nuevo una igualdad de valores, no de cosas, restableciendo el equilibrio que con aquélla se había roto"; por consiguiente, atender a un valor distinto del que tenía el bien en el momento de la partición "significa tanto como modificar el «haber hereditario» de cada uno de los demás coherederos, por causas posteriores a la partición, lo cual va abiertamente en contra de todo el espíritu que preside esta materia y, además, específicamente sería contrario a la regla del núm. 2 del art. 1.070 del Código civil".

ORDUÑA MORENO[774], que ha analizado con detalle la cuestión desde un punto de vista histórico, sigue el parecer de BÁRTOLO, quien consideró que, cuando tiene lugar la evicción de un bien hereditario, los restantes coherederos vienen obligados a la estimación de dicho bien, o parte hereditaria, atendiendo al momento de la partición, pues es un acto necesario, a diferencia de la compraventa, que es un acto voluntario. No obstante, realiza algunas matizaciones en cuanto a la adaptación para la partición de las normas establecidas para la evicción en sede de compraventa (art. 1478 CC):

- los gastos del contrato no son abonables, puesto que la partición no se resuelve;
- respecto de los frutos y rendimientos, ha de acudirse al art. 451 CC; y respecto de los que deba satisfacer al reivindicante quien sufra la evicción, éste podrá exigir a sus coherederos la parte que proporcionalmente les corresponda;
- los gastos necesarios y útiles, al tener que satisfacerlos el reivindicante al coheredero adjudicatario que sufre la evicción, no dan lugar a cuestión alguna entre los coherederos; y en lo relativo a los gastos suntuarios, no deben dar derecho a compensación;
- todos los coherederos deben contribuir a prorrata al pago de las costas del juicio de evicción, salvo culpa del coheredero que sufre la evicción;
- los daños padecidos por la cosa y los intereses correspondientes quedan excluidos de la indemnización, de la que ha de retenerse su importe;

---

774 *Vid.* ORDUÑA MORENO, F. J., *La responsabilidad por evicción y la partición de herencia: con el tratamiento de la jurisprudencia del Tribunal Supremo*, pp. 230 y ss.

- por último, de haber existido dolo o mala fe en alguno de los coherederos, la partición estará viciada, pudiendo impugnarse por esta causa[775].

Nosotros entendemos, desde una perspectiva puramente ecuánime de la partición, que la tesis que mejor se adapta a la propia naturaleza de esta es la que aboga por valorar el bien en el momento de la partición; por tanto, el recurso a través de la analogía al método fijado en el art. 1478.1º CC, no es extrapolable a la evicción particional.

Para finalizar este apartado, señala ESPEJO LERDO DE TEJADA[776] que no existirá diferencia alguna en relación con los requisitos establecidos en el art. 1475 CC —que se aplicará íntegramente a los supuestos de partición—, y que, según él, se concretan en los siguientes: a) la privación total o parcial de los bienes o derechos adjudicados en la cuota hereditaria —considerándose también los supuestos de privación de algún derecho incorporal o de alguna facultad del dominio, como la de luces y vistas—; b) la privación debe haberse producido en virtud de sentencia firme —se excluye, por tanto, la resolución que verse sobre la tutela sumaria de la posesión *ex* art. 250.1.4º LEC[777]—, o laudo arbitral firme, si bien la doctrina realiza una interpretación más flexible sobre el concepto de «pérdida de la cosa»; c) el título en cuya virtud se pierde la cosa o derecho ha de ser anterior a la partición de la herencia; y d) el litigio que produce la evicción debe haber sido notificado a los demás coherederos —al igual que sucede con el vendedor en el caso de la compraventa *ex* arts. 1481 y 1482 CC—, pues quedando sujetos a una potencial responsabilidad, tienen que tener la posibilidad de defenderse.

---

775 *Ibid.*, pp. 230 y 231.

776 *Vid.* ESPEJO LERDO DE TEJADA, M., «Comentario al art. 1056 del Código civil», ob. cit., p. 7804.

777 *Vid.* STS de 4 de marzo de 1996 (RJ 1996, 1995), en referencia a los interdictos posesorios de la LEC de 1881: *...la privación de un derecho anterior a que se refiere el art. 1475 no comprende la posesión que pueda perderse en virtud de interdicto, juicio que permite dilucidar, en otro posterior, el derecho de propiedad, a lo que cabe añadir que tampoco se habría cumplido lo establecido en el art. 1481.*

2.3. Puede extenderse a la partición el saneamiento por vicios ocultos

Sobre la discutida posibilidad de extender el saneamiento por vicios ocultos de los bienes a la partición de herencia —puesto que el art. 1069 CC no lo contempla de forma expresa (si bien aparece el término «saneamiento») ni los que le siguen tampoco, refiriéndose sólo al saneamiento por evicción—, la doctrina mayoritaria lo admite[778], entendiendo que la norma del art. 1.069 del Código implica una remisión a las del saneamiento de la compraventa, que comprende también los vicios ocultos. ORDUÑA MORENO[779] comparte esa *communis opinio —mutatis mutandis* que la responsabilidad por evicción— en aras al "principio del reparto proporcional de los daños y perjuicios que tienen su origen en la comunidad hereditaria" y, en definitiva, al "mantenimiento de la igualdad en las particiones", posición mantenida por el TS en la sentencia de 13 de octubre de 1960[780], que estimó aplicable a la partición hereditaria el saneamiento por evicción, pero también el saneamiento por vicios y defectos ocultos.

2.4. La obligación recíproca entre los herederos tiene carácter mancomunado

En cuanto a la obligación recíproca de saneamiento de los coherederos, el art. 1071 CC señala que será proporcional a sus respectivas cuotas, es decir, el importe del perjuicio que trae consigo la evicción se repartirá entre todos ellos, a excepción, lógicamente, del que sufrió la pérdida de la cosa, deduciéndose, por consiguiente, la parte proporcional correspondiente a su cuota[781]. La obligación de resarcimiento, que es mancomunada, implica que los solventes asuman el pago del insolvente, sin per-

---

778 *Vid.* VALLET DE GOYTISOLO, J. B., «Comentarios a los artículos 1.035 a 1.087 del Código civil», ob. cit., p. 469.

779 *Vid.* ORDUÑA MORENO, F. J., *La responsabilidad por evicción y la partición de herencia: con el tratamiento de la jurisprudencia del Tribunal Supremo*, ob. cit., p. 237.

780 (*Tol 4339396*).

781 *Vid.* DE LA CÁMARA ÁLVAREZ. M., *Compendio de Derecho sucesorio*, ob. cit., p. 437.

juicio de repetir contra el mismo cuando mejore de fortuna *ex* art. 1071 *in fine*[782]. Esta acción tiene un límite claro: la legítima. Como advierte De la Cámara Álvarez[783], "si un heredero solo ha sido instituido en su legítima, o por encima de ella, pero de suerte que si concurriese a la indemnización en la medida determinada por el artículo 1069 le resultase un haber líquido inferior al que por legítima le corresponda, su obligación de indemnizar se extingue o se reduce".

Pese a que del tenor literal del art. 1071 CC pueda circunscribirse la obligación recíproca de los coherederos a la evicción, no existiría inconveniente en extender la responsabilidad de estos a los vicios y cargas ocultos[784].

2.5. Exclusión del saneamiento

El Código prevé tres excepciones a la norma general del art. 1069 CC. No tendrá lugar la evicción y saneamiento en los casos mencionados en el art. 1070:

a) cuando nos encontremos ante una partición testamentaria, salvo que pueda deducirse lo contrario de la voluntad del testador, salvaguardando, en todo caso, la legítima (art. 1070.1º CC);

b) cuando así se haya pactado expresamente en el momento de la partición (art. 1070.2º CC);

---

782 En relación con la insolvencia, Orduña Moreno entiende que no es necesario que esta derive de causas imputables al deudor, pues "el precepto atiende, más bien, a un concepto objetivo de insolvencia que hace que el coheredero insolvente tenga una situación patrimonial objetiva y compleja por la cual se encuentre en la imposibilidad de atender sus obligaciones, y, entre estas, la de indemnizar proporcionalmente al coheredero que ha sufrido la evicción", de ahí que no se requiera "de una particular declaración judicial, o comprobación judicial, para operar los efectos previstos en el art. 1071. *Vid.* Orduña Moreno, F. J., *La responsabilidad por evicción y la partición de herencia: con el tratamiento de la jurisprudencia del Tribunal Supremo*, ob. cit., p. 229.

783 *Vid.* De la Cámara Álvarez, M., *Compendio de Derecho sucesorio*, ob. cit., p. 437.

784 *Vid.* Espejo Lerdo de Tejada, M., «Comentario al art. 1056 del Código civil», ob. cit., p. 7816.

c) y cuando la evicción tenga lugar por causa posterior a la partición, o sea por culpa del adjudicatario (art. 1070.3º CC).

Como señala VALLET DE GOYTISOLO, aunque el artículo 1070 señala tres casos en los que «cesará» la obligación impuesta a los coherederos *ex* art. 1069, en rigor, no existe tal «cese», pues la misma no ha nacido[785]. Este mismo autor señala los supuestos en que se puede hablar de cese: a) por la renuncia a la indemnización del coheredero que sufrió la pérdida de la cosa; renuncia que, decimos nosotros, no atenta contra el principio del art. 6.2 CC; b) cuando el adjudicatario de la cosa evicta omite la notificación de la demanda de evicción a sus coherederos; o c) cuando este mismo no utiliza adecuadamente los medios a su alcance en defensa de su derecho[786].

2.6. La finca se adjudica con gravámenes ocultos: posibilidad de rescisión *ex* art. 1483 CC

Cuando la finca adjudicada cuente con una carga real o servidumbre no aparente, y esta circunstancia sea desconocida por el adjudicatario, podrá aplicarse —porque lo permite el art. 1073 CC al decir que *las particiones pueden rescindirse por las mismas causas que las obligaciones*—, lo dispuesto en el art. 1483 CC[787].

2.7. Plazos

El transcurso de los plazos fijados en la ley para el ejercicio de la acción indemnizatoria extinguirá, también, la obligación de saneamiento; plazos que vendrán determinados, en función de los casos que puedan darse, por las reglas legales especiales que para cada uno de ellos vienen fijadas en las normas reguladoras del saneamiento en la compraventa y, en su defecto, por el plazo

---

785 *Vid.* VALLET DE GOYTISOLO, J. B., «Comentarios a los artículos 1.035 a 1.087 del Código civil», ob. cit., p. 469.

786 *Ibid.*, pp. 469 y 470.

787 *Vid.* ESPEJO LERDO DE TEJADA, M., «Comentario al art. 1056 del Código civil», ob. cit., p. 7807.

general de los cinco años previsto en el art. 1964.2 CC para las acciones personales[788].

II. LA EXCEPCIÓN PREVISTA EN EL ART. 1070.1° CC

1. Finalidad y límite de la excepción: la legítima

El art. 1070.1° CC establece:

> La obligación a que se refiere el artículo anterior sólo cesará en los siguientes casos:
> 1.° Cuando el mismo testador hubiese hecho la partición, a no ser que aparezca, o racionalmente se presuma, haber querido lo contrario, y salva siempre la legítima.

Es decir, en la partición testamentaria no habrá lugar a la obligación de saneamiento, salvo que pueda deducirse lo contrario de la interpretación del testamento; pero existirá responsabilidad de los demás coherederos si la pérdida de la cosa perjudica la legítima del heredero forzoso a quien se le adjudicó.

El art. 1070 CC tiene su precedente en el art. 918 del Proyecto de 1851. Y si nos remontamos al Derecho histórico de Castilla, es en la ley 9, título XV de la Partida 6, donde, en su apartado final, aparece reflejada la excepción que estamos tratando[789]. ORDUÑA MORENO[790] entiende que el antecedente del párrafo primero del art. 1070, así como del art. 1075, se halla en la denominada «divisio parentis inter liberos», que, como sabemos, en el derecho

---

788 *Ibid.*, p. 7815.

789 GARCÍA GOYENA, al referirse a la posibilidad de que, por decisión del propio testador, hubiere lugar a la evicción, la justificó "por ser razonable y conforme a los principios generales del derecho, aunque puede dar ocasión a algún pleito, como lo dan todas las cuestiones de voluntad. Pero séase lo que se quiera de la presunta voluntad del difunto, los herederos forzosos perjudicados en su legítima por la partición que hizo él mismo, tendrán siempre derecho a pedir el suplemento de aquélla". *Vid.* GARCÍA GOYENA, F., *Concordancias, motivos y comentarios del Código Civil español*, ob. cit., p. 455.

790 *Vid.* ORDUÑA MORENO, F. J., *La responsabilidad por evicción y la partición de herencia: con el tratamiento de la jurisprudencia del Tribunal Supremo*, ob. cit., pp. 75 y ss. y 99 y ss.

romano, era una de las posibilidades que el padre tenía a su disposición para ordenar o realizar la división de la herencia entre sus hijos.

Según VALLET DE GOYTISOLO[791], permitir la impugnación y el ejercicio de la evicción y saneamiento respecto a la partición hecha por el testador, es más problemático que en el resto de las particiones, y desde el *ius commune*, se ha entendido que el testador-partidor no quiere que la misma tenga lugar; sólo en el caso de que su voluntad fuese la contraria o existiese lesión en alguna legítima, se aplicaría la norma general de la responsabilidad por evicción *ex* art. 1069 CC.

El causante, al hacer la partición de sus bienes, puede "medir en su fuero interno cuál es el riesgo de evicción de algunos bienes... y asignar ese riesgo a aquel coheredero que mejor pueda defenderse o sufrirla; e, incluso, le cabe temperarlo, teniendo en cuenta el riesgo, al efectuar la valoración de los bienes"[792].

Por otra parte, si hacemos el ejercicio de echar la vista atrás, nos daremos cuenta que la redacción del régimen excepcional del art. 1070.1º CC guarda muchas semejanzas con el art. 1075 CC, que, como es sabido, excepciona la rescisión de la partición por causa de lesión (art. 1074 CC) cuando la hace el testador, salvo perjuicio de la legítima o que sea otra su voluntad —expresa o tácita—, de someterse al régimen general, surgiendo los mismos problemas interpretativos que cuando tratamos la rescisión: saber, en este caso, cuándo el testador hubiera querido que se indemnizase al perjudicado por la evicción.

Para DE LOS MOZOS[793], el cese de las obligaciones recíprocas a la evicción y al saneamiento, "es una consecuencia lógica de los efectos principales que se derivan de la partición del testador y de su especial función y naturaleza jurídica".

En nuestro ordenamiento, la partición hecha por el testador no genera, de modo automático, la obligación de saneamiento. Esto sólo tendrá lugar: cuando pueda deducirse de la interpretación del testamento, con lo complejo que esto puede resultar

---

791 *Vid.* VALLET DE GOYTISOLO, J. B., «Comentarios a los artículos 1.035 a 1.087 del Código civil», ob. cit., p. 453.

792 *Ibid.*, p. 458.

793 *Vid.* DE LOS MOZOS Y DE LOS MOZOS, J. L., «La partición de la herencia por el propio testador», ob. cit., p. 232.

como hemos tenido ocasión se señalar en el capítulo precedente; y, en cualquier caso, si la pérdida de la cosa genera un perjuicio para la legítima de su adjudicatario, pues pudiéndose integrar esa pérdida en la parte de libre disposición, no existirá obligación de sanear[794].

Lacruz Berdejo[795] entiende que para que entre en juego la evicción en una partición testamentaria debe atenderse tanto a la voluntad expresa como tácita del testador, examinando si en el mismo "preponderaba, al distribuir, la mera intención de actuar como árbitro entre sus sucesores y el deseo de beneficiar a cada uno en determinada proporción, o la de atribuir cosas determinadas y con menor consideración de la proporcionalidad entre sus sucesores: como en una institución en cosa cierta. Indicio de la probable intención del testador será el hecho de ignorar o conocer éste la causa origen de la evicción, o incluso posible su existencia", lo que supondría dar cabida a la evicción con la correspondiente indemnización al coheredero que se ve privado de la cosa, aun en el caso de no haberlo manifestado aquel expresamente, sino únicamente a base de meras conjeturas.

En resumen, podemos decir que en la partición hecha por el testador existirá obligación de saneamiento en cuanto se lesione la legítima, sea por causa de evicción o por vicio oculto anteriores a la muerte del causante; por el contrario, no existiendo perjuicio alguno para la legítima, no habrá lugar a la responsabilidad entre los coherederos en caso de evicción o por vicio oculto, salvo que de la interpretación de la voluntad del testador pueda deducirse lo contrario.

---

794 *Vid.* Espejo Lerdo de Tejada, M., «Comentario al art. 1056 del Código civil», ob. cit., p. 7812. En el mismo sentido, Vallet de Goytisolo, para el que en la evicción por vicio oculto que no cause lesión en la legítima, "no da lugar a responsabilidad alguna entre los coherederos si la partición fue efectuada por el testador, salvo si de la interpretación de la voluntad de éste resultare que quiso que hubiere lugar a ella". *Vid.* Vallet de Goytisolo, J. B., «Comentarios a los artículos 1.035 a 1.087 del Código civil», ob. cit., p. 470.

795 *Vid.* Lacruz Berdejo, J. L. y Sancho Rebullida, F. de A., *Elementos de Derecho civil. Derecho de Sucesiones*, vol. V, Bosch, Barcelona, 1988, pp. 186 y 187.

2. *La distribución entre herederos* ex re certa *y el posible saneamiento por evicción*

En el capítulo segundo tratamos la controvertida cuestión del heredero instituido en cosa cierta y determinada, pues si bien el art. 768 CC considera que es un legatario, en opinión de la doctrina mayoritaria, tal precepto no tiene carácter imperativo sino interpretativo, lo que supone establecer una presunción *iuris tantum* a favor de este, admitiéndose que ostente la condición de heredero si así se desprende de la voluntad del testador.

Por tanto, si entendemos la herencia que se distribuye entre herederos instituidos *ex re certa* como una partición testamentaria, resultaría de aplicación el art. 1070.1º CC; si uno de los bienes adjudicados es ajeno al testador, en caso de producirse la evicción, los demás coherederos no estarían obligados al saneamiento, salvo que la voluntad del testador hubiese sido la contraria. De admitirse lo contrario, la consecuencia sería entender las disposiciones por el testador como normas particionales, por lo que sí cabría exigir la responsabilidad por saneamiento *ex* art. 1069 CC[796].

796 *Vid.* BELLOD FERNÁNDEZ DE PALENCIA, E., *La partición efectuada por el testador*, ob. cit., p. 167.

Capítulo Séptimo

Inscripción en el registro de la propiedad de las adjudicaciones dimanantes de un testamento particional

I. ADQUISICIÓN DE LA PROPIEDAD DE LOS BIENES ADJUDICADOS

Como ya sabemos, uno de los principales efectos de la partición de la herencia es que, según el art. 1068 CC, *confiere a cada heredero la propiedad exclusiva de los bienes que le hayan sido adjudicados*; hasta que aquella no se produzca, el coheredero no adquirirá propiedad alguna sobre los mismos y, por tanto, sólo podrá llevar a cabo una anotación preventiva de su derecho abstracto[797] como veremos en el presente capítulo. Sin partición, en suma, no hay derecho individual sobre bienes y cosas concretas y determinadas, siendo aquel el acto jurídico por el cual se concreta o se especifica el referido derecho hereditario en abstracto, cuyos efectos se remontan a la apertura de la sucesión (arts. 661 y 989 CC)[798].

---

797 *Vid.* la STS de 24 de febrero de 1995 (*Tol 1666970*) sobre el embargo del derecho hereditario en abstracto: ... *«el derecho hereditario» que antes de la partición correspondía a cada coheredero, el cual puede ser transmitido —artículo 1067 CC y gravado artículo 46.3 LH— y puede acceder al Registro mediante anotación artículos 42 y 46 LH, y el bien o bienes concretos, que como consecuencia de la partición se adjudican a los mismos coherederos, sin que hasta que la partición se haga legalmente, adquieran éstos la propiedad exclusiva de los mismos; en consecuencia, se desprende que la Providencia de 25 mayo 1988, sólo acordó el embargo de una expectativa de derecho, o en el caso más favorable para la contraparte y la propia conformidad a derecho de tal providencia, el derecho hereditario en abstracto del ejecutado, lo cual, es de todo punto distinto a acordar el embargo de un bien inmueble, que ni se menciona en citada providencia, ni formaba parte del patrimonio del ejecutado, en el que sólo ingresó —artículo 1068 CC— en virtud de la adjudicación del 10 de octubre de 1988.*

798 *Vid.* RUBIO GARRIDO, T., *La partición de la herencia*, ob. cit., pp. 50 y 51.

Y sabemos también que, si la partición pone fin a la comunidad hereditaria, eso no es así cuando aquella es testamentaria, pues nunca llega a existir tal situación de interinidad en cuanto a la titularidad de los bienes del causante[799].

VALLET DE GOYTISOLO[800] entiende que es más correcto decir que el primero y principal efecto de la partición es dar término a la comunidad hereditaria, que hablar del cese de la indivisión, pues la comunidad hereditaria puede, a través de la partición, convertirse en comunidad indivisa de todos y cada uno de los bienes hereditarios, o sólo de alguno de ellos —sometiéndose en cualquier caso al régimen jurídico de los arts. 392 y ss. CC—, pues es frecuente adjudicar *pro indiviso* bienes que resultan indivisibles cuando no se adjudican íntegramente a un solo heredero, o si se tiene la intención de venderlos para repartir entre los coherederos el precio obtenido.

La aplicabilidad del art. 1068 CC es indistinta en el supuesto que la partición sea judicial o extrajudicial y, dentro de esta última, la realizada por el propio testador. Como dice el mencionado autor, a diferencia del derecho romano, "produce efecto inmediato en todo cuanto se halle suficientemente determinado y definido" [801], y no hay que entender —como pudiera deducirse

---

799 STS de 4 de noviembre de 2008 (*Tol 1401720*): ... *la partición hecha por el testador no extingue la comunidad hereditaria sino que la evita, ya que no llega a formarse. Vid.* también: SSTS de 22 de mayo de 2009 (*Tol 1547700*) o de 26 de enero de 2012 (*Tol 2411963*).

800 *Vid.* VALLET DE GOYTISOLO, J. B., «Comentarios a los artículos 1.035 a 1.087 del Código civil», ob. cit., p. 445.

801 *Ibid.*, p. 152. En este sentido, RUBIO GARRIDO explica que la partición no tenía, en el Derecho de Roma, eficacia retroactiva —retroacción de sus efectos al momento de la apertura de la sucesión—, sino que era un título transmisivo autónomo, por esto los bienes adjudicados a cada comunero procedían en parte del causante y en parte del resto de comuneros, que habían tenido, durante el tiempo que había durado la comunidad, una cuota cada uno de ellos sobre todos y cada uno de los bienes hereditarios; el adjudicatario debía aceptar en cada uno de los bienes que recibía los actos dispositivos que cada coheredero hubiese llevado a cabo sobre su cuota en cada uno de esos bienes durante el tiempo de indivisión. Por el contrario, en nuestro sistema, opera el mecanismo ficticio de la retroactividad: los comuneros no tienen más causahabientes que el difunto, y han tenido la propiedad exclusiva de los bienes incluidos en su lote desde la apertura de la sucesión —fallecimiento del causante— y, por tanto, no han tendido nunca derechos

de la STS de 29 de enero de 1916[802], cuando dicen que "la partición constituye un título traslativo" y que lo constituye a "favor de los herederos"—, que existe una contraposición entre el título sucesorio por una parte y el acto particional por otra, como si de dos diferentes títulos traslativos se tratase, pues ambos se complementan, y justifican la titularidad exclusiva de cada uno de los herederos sobre bienes concretos de la herencia[803].

En este sentido, el testamento que contenga la partición será título directo y suficiente para, además de reivindicar los bienes y constituir el fundamento de una usucapión —en la que el adjudicatario reciba la misma posesión hábil *ad usucapionem* que hubiese ostentado el testador—, poder inscribir los inmuebles y los derechos reales recayentes sobre los mismos en el Registro de la Propiedad, sin contar con el consentimiento del resto de partícipes, aunque, como veremos, la Dirección General de los Registros y del Notariado —ahora, DGSJFP— no lo permite cuando existen deudas, debiéndose realizar la operación de liquidación; doctrina, a nuestro entender, discutible.

Así pues, una vez realizada la partición y previa aceptación por parte del beneficiario, se atribuye a cada heredero —o legatario de parte alícuota—, la propiedad exclusiva de los bienes que le hayan sido adjudicados; reciben estos bienes *recta via* del difunto *ex* art. 1068 CC, sin necesidad de intermediación de persona alguna. También, como hemos dicho, cuando la partición se hace al amparo del art. 1056 CC; en este sentido se expresa la STS de 21 de julio de 1986[804]:

> ... si el artículo mil cincuenta y seis del mismo cuerpo legal, admite como una de las posibles formas de hacer la partición, la que de sus propios bienes realice el testador y a la que atribuye fuerza vinculante —«se pasará por ella» dice el precepto—, es indudable que sus efectos son los mismos que si se tratara de partición judicial o de partición extraju-

---

sobre los bienes que forman parte del lote de los demás; las enajenaciones, las hipotecas o las servidumbres sobre bienes comunes, constituidas por uno de los comuneros, sólo producirán efectos respecto de aquellos bienes que con la partición se le adjudiquen en pago de su cuota. *Vid.* RUBIO GARRIDO, T., *La partición de la herencia*, ob. cit., pp. 47 y 48.

802 (*Tol 5047741*).

803 *Vid.* VALLET DE GOYTISOLO, J. B., «Comentarios a los artículos 1.035 a 1.087 del Código civil», ob. cit., p. 446.

804 (*Tol 1734780*).

> dicial practicada por los propios herederos o por albaceas o partidores, es decir, sus efectos son los de conferir a cada heredero la propiedad exclusiva de los bienes que le hayan sido adjudicados, ello, claro es, sin perjuicio de las acciones de impugnación que el artículo mil setenta y cinco en relación con el mil cincuenta y seis, concede a los herederos forzosos en la hipótesis de que perjudique sus legítimas o de que aparezca o racionalmente se presuma que fue otra la voluntad del testador.

Y añade:

> … si bien es cierto, como afirma el recurrente, que ni el testamento ni la declaración de herederos abintestato son por sí solos títulos suficientes para reivindicar bienes concretos y determinados y ello porque tales títulos sólo confieren un derecho abstracto sobre el patrimonio relicto que permanece en indivisión, no es menos cierto que una vez practicada la partición aquel derecho abstracto se transforma en un derecho concreto sobre los bienes que a cada heredero se le hayan adjudicado, ostentando a partir de dicha adjudicación una titularidad ordinaria, como la que puede corresponderle sobre bienes integrados en su patrimonio por cualquier otro título adquisitivo, y en el caso de litis, como se acaba de decir, la partición hecha por el testador en su testamento, lo mismo que la practicada por cualquiera otra forma admitida en derecho, produce el efecto de conferir a cada heredero la propiedad exclusiva sobre los bienes adjudicados, propiedad exclusiva que faculta para el ejercicio de cualquiera acción reivindicatoria.

En semejantes términos se expresa la STS de 21 de diciembre de 1998[805]:

> … sus efectos son los mismos que si se tratara de partición judicial o de partición extrajudicial, practicadas por los propios herederos o por albaceas o contadores-partidores, es decir, sus efectos (dice textualmente la Sentencia de esta Sala de 21 julio 1986) son los de conferir a cada heredero la propiedad de los bienes que le hayan sido adjudicados, ello, claro es, sin perjuicio de las acciones de impugnación que el artículo 1075, en relación con el 1056, ambos del Código Civil, concede a los herederos forzosos en la hipótesis de que perjudique sus legítimas o de que aparezca o racionalmente se presuma que fue otra la voluntad del testador.

---

805 (*Tol 6600*).

Por otra parte, y para finalizar este apartado referente a la adquisición de la propiedad, creemos interesante reseñar que la partición hereditaria no está sujeta al sistema del título y el modo del art. 609 CC. Aunque en un primer momento el TS entendió que era necesaria la *traditio* en cualquiera de sus formas, la doctrina jurisprudencial actual concibe que la posesión de los bienes se entiende trasmitida al heredero sin interrupción, y desde la muerte del causante en el caso de aceptarse la herencia, expresa o tácitamente. Así lo contempla, por ejemplo, la STS de 5 de marzo de 1991[806]:

> ... claro está que la disolución de la comunidad hereditaria en orden a su efecto de convertir el derecho abstracto en titularidades concretas sobre bienes determinados entrañara la atribución del dominio conforme al artículo antes citado (se refiere al 1068 del Código Civil) siempre que este derecho esté verdaderamente contenido en el caudal relicto y por tanto presupuesta su real pertenencia al as hereditario»; es decir, la partición realizada por los herederos no es un título traslativo de la propiedad, como entiende la recurrente, necesitado de la tradición para la adquisición de la propiedad al que sea aplicable el inciso final del párrafo segundo del art. 609 del Código Civil al decir que «la propiedad y los demás derechos sobre los bienes se adquieren y transmiten...., y por consecuencia de ciertos contratos mediante la tradición», ya que según el propio precepto, el título adquisitivo de la propiedad, en el presente caso, es «la sucesión testada» que no necesita de la tradición ya que, a tenor del art. 440 del propio Código, «la posesión de los bienes hereditarios se entiende transmitida al heredero sin interrupción y desde la muerte del causante, en el caso de que llegue a adirse la herencia».

La partición, pues, no es un título transmisivo de la propiedad que dependa de la tradición, sino que el título adquisitivo de la propiedad es la sucesión testada o intestada, que no necesita tradición[807], pues según el art. 440 CC: *La posesión de los bienes hereditarios se entiende transmitida al heredero sin interrupción y desde el momento de la muerte del causante, en el caso de que llegue a adirse la herencia.*

A continuación, después de haber analizado el efecto jurídico por antonomasia de la partición, vamos a centrarnos en la cuestión registral, pues según el art. 609 CC, la propiedad y los demás

---

806 (*Tol 1726776*).

807 *Vid.* Rubio Garrido, T., *La partición de la herencia*, ob. cit., p. 66.

derechos sobre los bienes se adquieren y transmiten, aparte de por la ley, por donación, o mediante ciertos contratos más la tradición, y por sucesión testada e intestada. Para ello, con carácter introductorio, nos referiremos al principio básico del sistema registral, cual es el de la publicidad, que nos servirá de trampolín para explicar, después de referirnos a la anotación preventiva del derecho hereditario, la inscripción voluntaria de los bienes adjudicados en el Registro de la Propiedad, poniendo en valor el trato favorable que le dispensa la legislación hipotecaria al interesado; a quien, en definitiva, acude al Registro para inscribir su derecho, como es el caso de los herederos o legatarios, en todas sus especificidades.

II. INSCRIPCIÓN EN EL REGISTRO DE LA PROPIEDAD

1. La publicidad registral: piedra angular del sistema

CHICO Y ORTIZ y BONILLA ENCINA[808] entienden que la esencia del sistema registral "está basada en el principio de publicidad, del cual emanan todos los efectos sustantivos que la registración produce y sobre el cual funcionan todos los demás principios hipotecarios que rigen nuestro sistema".

Y así, el Registro de la Propiedad "surge en la vida jurídica como un medio técnico y perfecto para lograr la publicidad de las relaciones inmobiliarias", siendo su finalidad primordial "la de lograr una plena seguridad en el tráfico jurídico inmobiliario protegiendo a quien adquiere confiado en el contenido de lo que el Registro publica"[809].

Ese principio de publicidad registral tiene, al mismo tiempo, dos vertientes:

i) la material o sustantiva, que se traduce en "dar notoriedad a los Derechos reales sobre inmuebles y precisar los efectos que la Ley confiere a esa publicidad"[810], operando a través de una doble dimensión, negativa y positiva: la negativa, en el sentido que lo que no conste inscrito es como

---

810 *Ibid.*, p. 183.

si no existiese, y que se plasma en el art. 32 LH cuando expresa: *Los títulos de dominio o de otros derechos reales sobre bienes inmuebles, que no estén debidamente inscritos o anotados en el Registro de la Propiedad, no perjudican a tercero*, redacción idéntica a la que se recoge en el art. 606 CC; y la positiva, a través de una doble presunción, de efectos totalmente antagónicos entre sí: por una parte, estableciéndose una presunción *iuris tantum* en el art. 38 LH —principio de legitimación, cuando dice: *A todos los efectos legales se presumirá que los derechos reales inscritos en el Registro existen y pertenecen a su titular en la forma determinada por el asiento respectivo*—; y, por otra, estableciendo una presunción *iuris et de iure* en el art. 34 LH —principio de fe pública registral, cuando dice: *El tercero que de buena fe adquiera a título oneroso algún derecho de persona que en el Registro aparezca con facultades para transmitirlo, será mantenido en su adquisición, una vez que haya inscrito su derecho, aunque después se anule o resuelva el del otorgante por virtud de causas que no consten en el mismo Registro* —;

ii) y la formal, que "facilita los medios o modos que permiten a los interesados conocer el contenido del Registro"[811], a través, por ejemplo, de notas simples informativas o certificaciones registrales.

Lacruz Berdejo[812] entiende que la publicidad registral, en un sentido amplio, "versa fundamentalmente sobre las mutaciones de los derechos absolutos, es decir, de aquellos que imponen una obligación de abstención a todos en favor del titular"; consiste, pues, "en una hetero-publicación, esto es, en la publicación por parte de un sujeto extraño a la verificación del evento publicado".

2. *El carácter declarativo de la inscripción registral*

Por otra parte, es necesario reseñar que, en nuestro sistema, la inscripción en el Registro de la Propiedad es declarativa; se

---

811 *Vid. ult. loc.*

812 *Vid.* Lacruz Berdejo, J. L., *Derecho inmobiliario registral*, Civitas-Thomson Reuters, Cizur Menor (Navarra), 2011, p. 4.

constata así, frente a todos, esto es, con efectos *erga omnes*, la transmisión o constitución del derecho real de que se trate, operada con anterioridad y al margen del registro, en lo que ha venido a llamarse por la doctrina la realidad extrarregistral. La inscripción será, por el contrario, constitutiva, cuando se constituya en requisito esencial para la transmisión del dominio o la transmisión o constitución del derecho real. Esto último sólo sucede en nuestro ordenamiento en aquellos casos expresamente previstos por la ley —por ejemplo, y sin entrar aquí a valorar algunos supuestos dudosos, para la hipoteca inmobiliaria (*ex* art. 1875 CC y arts. 145 y 159 LH), o para el derecho de superficie (*ex* art. 53.2 del Real Decreto Legislativo 7/2015, de 30 de octubre, por el que se aprueba el texto refundido de la Ley del Suelo y Rehabilitación Urbana)—.

Así pues, para las mutaciones jurídico-reales que traigan causa del acto particional, la inscripción será declarativa, pues la misma no forma parte del *iter* adquisitivo *mortis causa*, siendo irrelevante la fecha en que se practique, sin perjuicio de que entren en escena los efectos jurídicos dimanantes de los arts. 32 y 34 LH[813].

3. *Inscripción, como anotación preventiva, del derecho hereditario en abstracto*

La Ley Hipotecaria dedica el Título III, comprensivo de los arts. 42 a 75, a las anotaciones preventivas. Se trata de un asiento registral de vigencia temporal limitada, pues como señala López Fernández[814], "contienen situaciones jurídicas que no están formadas plenamente y no son susceptibles de acceder aun al Registro de la Propiedad, pero que en cualquier caso resulta interesante dotarlas de cierta publicidad, a la vez que con ello se permite, mostrar ese periodo completo de «formación» en el Registro".

La anotación preventiva del derecho hereditario contempla, en suma, la situación de indivisión típica de la comunidad hereditaria, en la que existe una titularidad en abstracto que ostentan

813 *Vid*. Rubio Garrido, T., *La partición de la herencia*, ob. cit., pp. 65-66.

814 *Vid*. López Fernández, M.ª L., *Tratado de Derecho Inmobiliario Registral* (dires. Sebastián del Rey Barba y Manuel Espejo Lerdo de Tejada), Tirant lo Blanch, Valencia, 2021, p. 2143.

los coherederos sobre la herencia durante el tiempo que media entre la aceptación y la partición, pues, aunque sean dos actos estrechamente relacionados, no tienen por qué darse al unísono.

Las principales características de las anotaciones preventivas son: su temporalidad, pues están sujetas a un plazo de caducidad, transcurrido el cual el asiento se extingue, dando lugar a una cancelación o inscripción; y, en cuanto a su eficacia negativa, impide que los adquirentes posteriores puedan alegar la ignorancia del contenido de la anotación, es decir, el titular de un derecho inscrito no puede invocar el principio de la fe pública registral frente al derecho anotado[815].

La anotación preventiva es, claramente, un asiento registral de menor intensidad que el asiento de inscripción, cuyos principales caracteres son, siguiendo a Palacios Herruzo[816], los siguientes: es un asiento principal, que goza de sustantividad propia y autonomía respecto a cualquier otro asiento; es un asiento definitivo, pues su duración es indefinida, al no estar sometido a caducidad *ex* art. 76 LH a *contrario sensu*; es un asiento positivo, pues su contenido propio es la constitución, transmisión o gravamen de un derecho real inmobiliario; es un asiento que se practica en el Libro de Inscripciones; y es un asiento en que se verifica una toma de razón completa sobre la materia inscribible en aplicación del principio de inscripción, sobre el contenido, en definitiva, que ha de tener el título, según el art. 21 LH: *todas las circunstancias que necesariamente debe contener la inscripción.*

Dicho esto, es en el art. 42 LH donde se enumeran los diferentes supuestos que pueden dar lugar a una anotación preventiva de un derecho, en un listado taxativo. Como apunta Lacruz Berdejo[817]:

> "Los supuestos de anotación preventiva los señala la ley. Es ella la que discrimina si una determinada relación es o no anotable. Pero así como para la inscripción se vale de fórmulas muy generales, en la descripción de las situaciones susceptibles de anotación hace una enumeración bastante concreta, y acaba remitiendo a otros casos particulares que

---

815 *Ibid.*, pp. 2144-2145.

816 *Vid.* Palacios Herruzo, A., *Tratado de Derecho Inmobiliario Registral*, ob. cit., pp. 2104-2105.

817 *Vid.* Lacruz Berdejo, J. L., *Derecho Inmobiliario Registral*, ob. cit., pp. 304-305.

se hallan, ya en la misma L.H. —fuera del capítulo destinado a las anotaciones—, ya en otras leyes. Ello se debe a que, mientras la aptitud de un derecho para ser objeto del asiento de inscripción viene definida por referencia a un concepto genérico material —el de derecho real—, declarándose inscribibles, en términos muy amplios que hacen pensar en un *numerus apertus*, las modificaciones en las titularidades reales (y algunas otras más); en cambio, la susceptibilidad de anotación preventiva se determina mediante conceptos instrumentales (demanda, falta subsanable, etc.), o específicos (legado, crédito refaccionario, etc.), con objeto de plegarse a las múltiples vicisitudes y variedades de las situaciones reales y cuasi-reales a que se pretende atender. De ahí la gran variedad de anotaciones preventivas con eficacia y regulación diferentes, y, a la vez, la claridad con que queda de relieve su *numerus clausus*".

El criterio de este autor es compartido por la doctrina de la DGRN, por ejemplo, en las resoluciones de 5 de febrero de 2000[818] y 9 de julio de 2010 (Mercantil)[819].

Es el art. 42. 6º LH el que se refiere a la anotación preventiva del derecho hereditario, al disponer:

> Podrán pedir anotación preventiva de sus respectivos derechos en el Registro correspondiente:
> Sexto. Los herederos respecto de su derecho hereditario, cuando no se haga especial adjudicación entre ellos de bienes concretos, cuotas o partes indivisas de los mismos.

Y esto se completa en los siguientes preceptos de la legislación hipotecaria: art. 46 LH —en cuanto a la solicitud de la anotación preventiva y la posibilidad, respecto del derecho hereditario anotado, de transmitirlo, gravarlo o ser objeto de otra anotación—;

---

818 RJ 2000, 489: ... *aunque el Registrador tiene muy limitada capacidad de calificación de los documentos judiciales, tiene, sin embargo, la facultad y deber de decidir si existen obstáculos que surjan del Registro (cfr. artículo 100 del Reglamento Hipotecario), lo que le obliga a rechazar el asiento pretendido si no está incluido en ninguna de las hipótesis de anotación previstas legalmente, dado el «numerus clausus» que rige en este punto (cfr. artículo 42-1.ª de la Ley Hipotecaria).*

819 RJ 2010, 3759: *El sistema de numerus clausus que rige en materia de anotaciones preventivas impide la admisión de una prórroga no especialmente prevista en la Ley* (refiriéndose a la posibilidad de prórroga de la anotación preventiva *ex* art. 86 LH).

art. 146 RH —en lo referente a los solicitantes—; art. 166 RH —sobre el contenido o circunstancias determinadas que debe contener la anotación preventiva—; y arts. 206 y 209 RH —en cuanto a la cancelación del asiento—.

No es este el momento para analizar en profundidad la anotación preventiva del derecho hereditario, pues ello excedería el objeto de estudio de esta institución, pero sí debemos reseñar los requisitos que deben concurrir para practicar la anotación preventiva.

En primer lugar, la existencia de dos o más herederos en una misma sucesión hereditaria: el derecho hereditario presupone la coexistencia de dos o más herederos llamados simultáneamente o a una misma sucesión —no de forma sucesiva—, por lo que no cabe solicitar la anotación preventiva en los casos de heredero único, o, cuando sean varios, no llegue a nacer la comunidad hereditaria si es el propio testador quien hace la partición *ex* art. 1056 CC; en este último caso, como el anterior, lo procedente será la inscripción en el Registro de la Propiedad[820], pues a través de la partición, los coherederos, habiendo aceptado la herencia (arts. 988 y ss. CC), han adquirido ya derechos sobre los bienes concretos *ex* art. 1068 CC.

En segundo lugar, es necesario haber aceptado la herencia: la aceptación constituye una *conditio iuris* para adquirir la herencia, pues solamente después de haber aceptado, expresa o tácitamente, adquiere el llamado a la misma la condición de heredero[821], refiriéndose a él, expresamente, tanto la Ley Hipotecaria como su Reglamento, en los artículos antes citados.

En tercer lugar, deben existir derechos reales inmobiliarios inscritos en el Registro de la Propiedad a nombre del causante, sobre los que recaerá la anotación[822].

---

820 *Vid.* Murga Fernández, J. P., *Tratado de Derecho Inmobiliario Registral*, ob. cit., p. 2454.

821 *Ibid.*, p. 2456.

822 *Ibid.*, p. 2457. *Vid.* RDGRN de 8 de enero de 2002 (RJ 2002, 4138): *El defecto 5º. expresa que la finca 1728, sobre la que especialmente se pide la anotación de derecho hereditario, consta inscrita a favor de una persona jurídica distinta del causante, y, por ello, ha de ser confirmado. La afirmación de la recurrente de que sus padres tienen parte en la finca, por ser partícipes en la sociedad titular, y que, por ello, es posible la anotación preventiva, supone el desconocimiento de los más elementales conceptos sobre la personalidad jurídica pues el único bien*

En cuarto y último lugar, es necesario que exista una herencia en situación de indivisión: no existirá derecho hereditario si se ha llevado a cabo la partición de la herencia en alguna de las formas admitidas por nuestro ordenamiento, ni cuando se hayan adjudicado proindiviso todas las fincas y derechos reales que integren el caudal relicto[823].

A continuación nos referiremos a la inscripción del derecho de los bienes y derechos adjudicados en la particularidad concreta del testamento particional; asiento registral por excelencia, tanto en el aspecto formal como material[824], tendente, a diferencia de las anotaciones preventivas, a la permanencia en el tiempo.

4. *Inscripción de los bienes y derechos adjudicados en el supuesto concreto del testamento particional*

PRADA ÁLVAREZ BUYLLA[825] ha entendido que las protecciones hipotecarias de las titularidades jurídicas deben reunir dos notas principales: suficiencia y adecuación; suficiencia para que la titularidad jurídica no pueda resultar lesionada; y adecuación para poder adaptarse a todas las especialidades del instituto jurídico de que se trate. Con estas dos notas se alcanzaría, lo que él llama, una protección plena, que es el objetivo que deben alcanzar las normas hipotecarias de esta naturaleza.

En lo que respecta al derecho sucesorio, partiendo del supuesto de que, en una herencia, pueden darse diversas situaciones ju-

---

que tendrán sus progenitores serán las acciones correspondientes de la sociedad titular.

823 *Vid.* MURGA FERNÁNDEZ, J. P., *Tratado de Derecho Inmobiliario Registral*, ob. cit., p. 2457.

824 En el aspecto formal, equivale la inscripción a la "toma de razón en el Registro, es decir, a la acción de inscribir, entendida como la constatación formal de un título, acto, hecho o circunstancia en los Libros del Registro para que surta los efectos hipotecarios procedentes"; y en el aspecto material, "con el resultado de la acción de inscribir, acción que da lugar a un documento público que refleja situaciones jurídicas inmobiliarias, y que produce los efectos presuntivos, defensivos y legitimadores que son propios de nuestro sistema de publicidad registral". *Vid.* ROJO IGLESIAS, E., *Tratado de Derecho Inmobiliario Registral*, ob. cit., pp. 263-264.

825 *Vid.* PRADA ÁLVAREZ BUYLLA, P., «El artículo 1.056, párrafo 2º., del Código Civil y las menciones legitimarias», *RCDI*, 1970, p. 907.

rídicas —heredero, legatario, acreedor y legitimario—, el derecho registral ha desarrollado un sistema de normas tendentes a proteger cada una de las titularidades. Podemos decir, a grandes rasgos, que quienes gozan del mayor grado de protección son los herederos y los legitimarios, si bien esto no es exactamente así por cuanto hay dos tipos de legítima: el legitimario de una cuota *in natura*, y el legitimario de una cuota de valor, y en función de esto, la protección será más o menos intensa[826].

En cualquier caso, lo que nos interesa remarcar, más allá de los sujetos beneficiarios de esta protección, es que, además de la anotación preventiva de derecho hereditario, que ya hemos visto, los interesados, una vez hecha la partición, tienen la posibilidad de inscribir a su favor los bienes relictos, con todos los efectos, tanto desde un punto de vista defensivo como activo que la inscripción lleva aparejada[827].

Dicho esto, con carácter introductorio, en las líneas que siguen vamos a centrarnos, precisamente, en la inscripción de los bienes como máximo exponente de protección, empezando por una breve reseña del título inscribible para analizar después las diferentes casuísticas que pueden darse en la partición hecha por el testador.

4.1. Breve reseña sobre el título inscribible

Ya sabemos que hasta que no se lleva a cabo la partición, en cualquiera de sus formas, existe un derecho hereditario *in abstracto*; derecho que, de conformidad con el art. 42. 6º LH, solamente es susceptible de anotación preventiva. Una vez hecha la partición con las correspondientes adjudicaciones a los coherederos, podrá obtenerse la oportuna inscripción en el Registro de la Propiedad —previa solicitud del interesado en virtud del principio de rogación *ex* art. 6 LH—, ahora ya, del derecho concreto o definitivo a favor del coheredero-adjudicatario, pues según los arts. 1 y 2 LH, serán objeto de inscripción aquellos títulos en cuya virtud se

---

826 *Ibid.*, p. 907-909.

827 *Ibid.*, p. 908.

creen, transmitan, modifiquen, extingan o renuncien derechos reales, o actos y negocios con trascendencia jurídico-real[828].

Pero para poder inscribir es necesario un título[829], a razón de que nuestro sistema registral inmobiliario descansa en la inscripción de títulos[830]; estos deberán reunir los requisitos de forma que exige el art. 3 LH:

> Para que puedan ser inscritos los títulos expresados en el artículo anterior, deberán estar consignados en escritura pública, ejecutoria, o documento auténtico expedido por autoridad judicial o por el Gobierno o sus agentes, en la forma que prescriban los reglamentos.

Además de esto, deberá seguirse el procedimiento registral previsto en la legislación hipotecaria[831], que concluirá, previo juicio de legalidad del título que se pretende inscribir por parte del Registrador, *ex* art. 18 LH (y art. 101 RH), bien con la extensión del asiento solicitado —inscripción, anotación preventiva, nota marginal o cancelación—, bien con la suspensión —faltas subsanables en el título— o denegación —faltas insubsanables—, de la práctica de este[832].

En los dos últimos supuestos, el interesado tendrá derecho a los recursos previstos en los arts. 322 a 328 LH (Título XIV LH que se intitula "Recursos contra la calificación"), introducidos por la Ley 24/2001, de 27 de diciembre, y reformados por las siguientes Leyes: 53/2002, de 30 de diciembre; 62/2003, de 30 de diciembre, y 24/2005, de 18 de noviembre, de modo que, según el art. 324 LH[833], se establece con el carácter de potestativo el

---

832 *Vid.* GÓMEZ GÁLLIGO, J., *Lecciones de Derecho Inmobiliario Registral*, ob. cit., p. 1547.

833 En el párrafo 2º del art. 324 se dice: *Cuando el conocimiento del recurso esté atribuido por los Estatutos de Autonomía a los órganos jurisdiccionales radicados en la Comunidad Autónoma en que esté demarcado el Registro de la Propiedad, el recurso se interpondrá ante el órgano jurisdiccional competente. Si se hubiera interpuesto ante la mencionada Dirección General, ésta lo remitirá a dicho órgano.*

En estos casos, el recurso gubernativo ante las Comunidades Autónomas solamente tendrá lugar contra la calificación negativa del Registrador de la Propiedad basada, exclusivamente, en normas de Derecho Foral o propio (País Vasco, Navarra, Cataluña, Aragón, Galicia y Baleares), y cuya competencia corresponda a los órganos jurisdiccionales radicados en el ámbito de la respectiva Comunidad Autónoma donde esté

antiguo recurso gubernativo ante la Dirección General de los Registros y del Notariado (DGRN) —actualmente (desde 2020), Dirección General de Seguridad Jurídica y Fe Pública (DGSJFP)—, pudiendo optar entre la impugnación de la calificación negativa del Registrador ante la DGSJFP o, directamente, ante los Juzgados Civiles o Juzgados de los Mercantil si la calificación es contra una nota de calificación de un Registrador Mercantil o de Bienes Muebles. Y no sólo contra los supuestos de calificación negativa definitiva, sino también, como hemos dicho al principio, en los supuestos de suspensión de la inscripción *ex* art. 66, párrafo 1º LH.

Volviendo sobre el título inscribible cabe decir que, tratándose de la sucesión hereditaria, se requerirán los títulos que vienen enumerados, taxativamente, en el art. 14.1 LH, a los efectos del Registro:

> El título de la sucesión hereditaria, a los efectos del Registro, es el testamento, el contrato sucesorio, el acta de notoriedad para la declaración de herederos abintestato y la declaración administrativa de heredero abintestato a favor del Estado, así como, en su caso, el certificado sucesorio europeo al que se refiere el capítulo VI del Reglamento (UE) n.º 650/2012.

Además del título, para que la inscripción pueda llevarse a término deberán identificarse los bienes y a quiénes se adjudican estos. Así lo expresa el art. 14.2 LH:

> Para inscribir bienes y adjudicaciones concretas deberán determinarse en escritura pública o por sentencia firme los bienes, o parte indivisa de los mismos que correspondan o se adjudiquen a cada titular o heredero, con la sola excepción de lo ordenado en el párrafo siguiente.

La excepción es la correspondiente al heredero único (art. 14 *in fine* LH) y ningún interesado con derecho a legítima, ni comisario o persona autorizada para adjudicar la herencia, en cuyo caso, el título de la sucesión, además de los documentos reseñados en

---

demarcado el Registro de la Propiedad, debiéndose tener en cuenta la Disposicional Adicional 7ª de la LOPJ, que exige, también, la atribución competencial en los respetivos Estatutos de Autonomía. *Ibid.*, pp. 1548 y 1549.

el art. 16, bastará para inscribir directamente a favor del heredero los bienes y derechos de que en el Registro era titular el causante.

Lo anterior hay que completarlo con lo que dispone, principalmente, el art. 80.1 a) RH:

> 1. Para obtener la inscripción de adjudicación de bienes hereditarios o cuotas indivisas de los mismos se deberán presentar, según los casos:
> a) Escritura de partición, escritura o, en su caso, acta de protocolización de operaciones particionales formalizadas con arreglo a las Leyes, o resolución judicial firme en la que se determinen las adjudicaciones a cada interesado, cuando fuesen varios los herederos.

Del mismo modo, el art. 14 LH deberá complementarse con lo que se dispone en el art. 15 de la misma norma, en lo relativo a aquellos casos en que la legítima tenga que abonarse en metálico —como es el caso del art. 1056.2 CC—, para garantizar así los derechos del legitimario.

En síntesis, podemos decir que cuando la partición la hace el propio testador, para que pueda acceder, *a priori*, al Registro de la Propiedad, se requerirá, con carácter general, además del título sucesorio, el documento mediante el cual se formaliza la partición: testamento, escritura pública o acta de protocolización de las operaciones particionales. Lógicamente habrá diferencias en función de si la partición es testamentaria o extratestamentaria, como ahora veremos, pero, en cualquier caso, ninguno de esos documentos se excluye entre sí, sino que se complementan.

Llegados a este punto tenemos que distinguir, para que quede clara la cuestión en lo que respecta a la partición hecha por el testador, entre si esta obedece a una forma testamentaria o no testamentaria, pues ya sabemos que el art. 1056 CC otorga al mismo dos posibles alternativas para partir sus bienes: bien a través de un acto de última voluntad, o a través de un acto entre vivos; respecto de la segunda modalidad, se plantean algunas dudas como ahora veremos.

4.2. Forma testamentaria

Respecto de esta clase de partición, VALLET DE GOYTISOLO[834] entiende que el art. 1056 CC no excluye ninguna forma testamentaria de las permitidas por el Código civil, y así, el testador podrá hacer uso de cualesquiera de ellas: ordinaria —abierta, cerrada u ológrafa—, y especial o extraordinaria, con sus requisitos y posterior adveración. En este caso, el documento público inscribible lo constituirá la copia autorizada del testamento, o bien el acta notarial de su protocolización cuando corresponda, una vez adverado, cuando esa especie de testamento lo requiera. Además, deberán acompañar al título sucesorio: el certificado de defunción, el certificado de actos de última voluntad y la escritura de aceptación de herencia con los datos que, para la inscripción de los inmuebles en el Registro de la Propiedad, exige el art. 9 LH, bien sea en la misma escritura aceptando la herencia o en otra aparte.

Por tanto, no es preciso elevar a escritura pública la partición: el testamento en que se plasma ya es un documento público; y tampoco es necesario que la acepten ni que soliciten la inscripción todos los interesados, siendo suficiente que cualquiera de ellos acepte su adjudicación concreta de bienes y/o derechos para su posterior inscripción, previa solicitud al registrador *ex* art. 6 LH[835]; así lo entendió la antigua RDGRN de 16 de noviembre de 1922[836], que decía lo siguiente:

> Porque del testamento citado aparece con claridad la voluntad del testador de distribuir sus bienes entre su esposa, hijos y nietos, destinando a cada uno de ellos los derechos y

---

834 *Vid.* VALLET DE GOYTISOLO, J. B., «Comentarios a los artículos 1.035 a 1.087 del Código civil», ob. cit., pp. 143 y 144.

835 *Ibid.*, p. 144.

836 Gaceta de Madrid nº 353, de 19 de diciembre de 1922. El supuesto de hecho era el siguiente: testador que instituye heredera usufructuaria a su esposa y herederos a sus tres hijos y a los nietos de un hijo premuerto. En el testamento se distribuyen los bienes entre los sucesores, y a la escritura de aceptación y adjudicación de herencia comparece solo la viuda y uno de los hijos. Ante tal circunstancia, el registrador suspende la inscripción por no acreditarse el consentimiento de todos los herederos. Se interpone recurso gubernativo y el presidente de la entonces Audiencia Territorial de Palma de Mallorca revoca la nota de calificación y declara inscribible la escritura pública. Por su parte, el Centro Directivo confirma la decisión frente al recurso interpuesto por el registrador.

> bienes que estime conveniente. Porque el art. 1056 del Código Civil y menos el art. 1075 no exigen una demostración a priori de que la partición no perjudique a los herederos legitimarios, sino que en primer lugar ordena que se pase por ella, reservando la acción de impugnación.

Si bien la resolución es meridianamente clara, el tiempo ha demostrado, como veremos a continuación, que el Centro Directivo es excesivamente riguroso, a la vista de sus resoluciones, en lo que respecta a los requisitos exigibles para que las adjudicaciones *mortis causa* hechas al amparo del art. 1056 CC accedan al Registro de la Propiedad. Aun existiendo testamento particional, muchas veces no queda claro si nos encontramos ante una propia partición o ante las denominadas normas particionales, requiriendo la práctica de operaciones complementarias para que las atribuciones accedan al Registro. O, también, en el caso de existir legitimarios, si estos deben concurrir para prestar su consentimiento en los actos de atribución patrimonial *mortis causa* que deban acceder al Registro de la Propiedad.

4.3. Forma extratestamentaria

Respecto a la partición extratestamentaria, hay que partir de la base siguiente: aunque de una lectura conjunta o, mejor dicho, integradora, de los arts. 1056 y 1271.2 CC pudiera entenderse que el Código permite una partición en vida del causante, con efectos inmediatos e irrevocables, ya sabemos que la sucesión siempre será *mortis causa*, por lo que siempre deberá existir el título sucesorio. Si bien es cierto que la partición podrá formalizarse a través de actos entre vivos, la misma siempre deberá apoyarse en un testamento anterior o posterior a la partición[837]. Si no existe

---

837 Por todas, STS de 6 de marzo de 1945 (*Tol 4458418*): *Que siguiendo esa misma orientación la doctrina de esta Sala tiene declarado: que la facultad que concede el artículo 1056 supone y requiere un testamento previo o ulterior en el que se disponga o se exprese el deseo de atemperarse a las normas de la ley, o sean las de la sucesión intestada (Sentencias de 13 de junio de 1903 y 6 de marzo de 1917); que dicha facultad no obstaculiza la posible variación de la voluntad del causante durante su vida y el otorgamiento consiguiente de otro testamento que deje sin efecto el anterior y la división realizada (Sentencias de 9 de junio de 1903 y 9 de julio de 1940), y que no obsta a la validez de la partición el haber sido*

título sucesorio válido —y excluimos aquí la declaración de herederos *abintestato* pese al "desliz" de la STS de 13 de junio de 1903—, nunca podrá existir una partición que despliegue plenamente sus efectos jurídico-distributivos entre los coherederos en vida del causante.

Así pues, en caso de formalizarse el acto particional mediante documento privado, deberá existir un testamento en que se apoye —o el correspondiente título sucesorio— y, además, aquel deberá ser elevado a documento público para que puedan llevarse a cabo las oportunas inscripciones en el Registro de la Propiedad *ex* arts. 3 y 14 —párrafo segundo—, LH. así lo entendió desde un primer momento el Centro Directivo en la RDGRN de 16 de julio de 1918.

No obstante, llegados a este punto tenemos que advertir que, si bien no existirá problema alguno cuando la partición se verifique fuera del testamento, pero mediante escritura pública, sí lo habrá cuando el causante haya efectuado la partición en documento privado, pues con independencia que la partición sea válida en términos puramente civiles, no lo será en términos registrales. Recordemos que el art. 3 LH exige documento público, como así también lo exige el párrafo segundo del art. 14 LH, y del mismo modo el art. 1280.1° CC cuando existan inmuebles, pues la partición es un acto modificativo.

Roca Sastre[838] se refirió a esta cuestión haciendo ver la mala *praxis* notarial (tal vez favorecida por la RDGRN de 16 de julio de 1918), de la protocolización, por acta, del documento o cuaderno particional formalizado por el causante, al no tener la virtualidad de transformar el documento privado en escritura pública, tal y como establece el art. 215 del Decreto de 2 de junio de 1944, por el que se aprueba con carácter definitivo el Reglamento de la organización y régimen del Notariado:

> Los documentos privados cuyo contenido sea materia de contrato podrán protocolizarse por medio de acta cuando alguno de los contratantes desee evitar su extravío y dar autenticidad

---

hecha en documento privado, cuando en testamento posterior se refiere a ella el padre y no perjudica la legítima de los herederos forzosos (Sentencia de 6 de marzo de 1917).

838 *Vid.* Roca Sastre, R. M.ª, *Estudios de Derecho Privado*, ob. cit., pp. 381 y 382.

> a su fecha, expresándose en tal caso que tal protocolización se efectúa sin ninguno de los efectos de la escritura pública y sólo a los efectos del artículo 1227 del Código Civil.
> Cuando no sean materia de acto o contrato se podrán protocolizar mediante acta a los efectos que manifiesten los interesados.

Por tanto, lo recomendable será adoptar la forma testamentaria, integrando la partición en el cuerpo del mismo testamento[839].

Razón tiene este autor por cuanto esto facilitaría mucho las cosas, pero la realidad es que puede hacerse la partición por acto entre vivos con independencia de la forma, y así, tenemos que referirnos a la posibilidad de protocolizarla notarialmente si se hace en documento privado[840].

4.4. No es preciso que los herederos consientan la partición hecha por el testador

Queremos reseñar también que, dada la especificidad o particularidad de la partición hecha por el testador *ex* art. 1056.1 CC, se puede inscribir la misma sin que intervengan, la aprueben o la consientan los herederos o legitimarios, lo que constituye una excepción a la regla general y, así, una de las ventajas de la partición hecha por el testador, agilizando el trámite de la inscripción y evitando así desencuentros y disputas entre los herederos[841]. Los herederos sólo deben aceptar la herencia[842].

---

839 *Ibid.*, p. 382.

840 *Vid.* Rodríguez Adrados, A., «La partición hecha por el testador», ob. cit., p. 224. En contra Vallet de Goytisolo, al entender que el documento privado de partición no debe protocolizarse, sino elevarse a escritura pública: "naturalmente, para la inscripción en el Registro de la Propiedad de esas particiones inter vivos, en caso de haberse otorgado en documento privado, será preciso su elevación a escritura pública por todos los herederos o bien por resolución judicial en el correspondiente juicio". *Vid.* Vallet de Goytisolo, J. B., Comentarios a los artículos 1.035 a 1.087 del Código civil», ob. cit., p. 149.

841 *Vid.* Sanciñena Asurmendi, C., *La partición hecha por el testador*, ob. cit., p. 151.

842 *Vid. ult. loc.*

Así lo entienden las resoluciones de la DGRN de 29 de junio de 2017, 26 de abril de 2019 y 23 de octubre de 2019[843]; dice esta última:

> La primera cuestión por resolver es la necesidad de intervención de los herederos en la partición, y, en cuanto a este punto, conforme doctrina reiterada de este Centro Directivo, «hay que recordar que, ante la regla general de la concurrencia de todos los herederos a la partición, existen excepciones en las que no es precisa la misma: que haya sido hecha por el testador la partición —artículo 1056 del Código Civil —, que haya sido hecha por contador partidor designado —artículo 1057 del Código Civil— o incluso los casos especiales de la delegación de la facultad de mejorar del artículo 831 del Código Civil». En el supuesto de este expediente, alega el recurrente que se trata de un testamento particional, por lo que no es necesaria la intervención de todos los herederos; el registrador entiende que son normas de partición y es precisa la intervención de todos los herederos instituidos. Por lo tanto, se debate esta necesidad de concurrencia de todos los herederos, y la solución depende de si nos encontramos ante un auténtico testamento particional o no.

Por otra parte, la doctrina jurisprudencial del TS asimila la partición hecha por el testador a la que realiza un contador-partidor designado por aquel, a los efectos de no exigir la intervención de herederos y legitimarios[844].

---

843 (*Tol 6210500*); (*Tol 7211221*) y (*Tol 7586797*), respectivamente. Sí resulta exigible en el caso analizado en la RDGSJFP de 9 de junio de 2022 (*Tol 10081963*), pues no existe contador-partidor designado para realizar la partición, ni estamos en la órbita del art. 1056 CC. *Vid.* también la RDGSJFP de 31 de marzo de 2022 (*Tol 8908391*).

844 *Vid.* STS de 17 de abril de 1943 (*Tol 4458831*): *... la nulidad pretendida no puede prosperar por ser muy reiterada la jurisprudencia, interpretando y aplicando el artículo 1057 del Código Civil, en el sentido de que la partición por comisario recibe la Ley que la autoriza su fuerza de obligar, cual si fuera hecha por el propio testador, sin que sea preciso el consentimiento de los interesados, los cuales forzosamente habrán de pasar por ella mientras no sea anulada o rescindida por otra causa apropiada, sin más salvedad que la prevista en el párrafo final del citado artículo y la referente a la intervención del viudo o viuda en la liquidación de la sociedad conyugal si el causante estuviera casado.* Igualmente la STS de 17 de junio de 1963 (*Tol 4329605*): *... las operaciones divisorias del haber hereditario de doña Juliana fueron practicadas (lo mismo que las de doña Rosario, su hermana) por contadores-partidores nombrados por la causante, no revistiendo, por lo*

El problema está, como veremos después, en que muchas veces la partición hecha por el testador se cataloga como simples normas particionales y, en ese caso, la intervención de los herederos y legitimarios resulta inexcusable, afectando, como se explicará, al hecho mismo de la inscripción registral.

4.5. A modo de resumen

Por tanto y para una mayor claridad, podrán darse las situaciones siguientes:

- Partición hecha por el causante en su testamento —por tanto, como un acto de última voluntad, partición testamentaria—: el testamento será el título inscribible en el Registro de la Propiedad, acompañando al mismo el certificado de defunción y el certificado de actos de última voluntad.
- Partición hecha por el causante por acto *inter vivos*: partiendo de la base que no se admite la donación-partición del Derecho francés —pese a la existencia del art. 1271 CC—, donde este acto reviste naturaleza contractual y por tanto es irrevocable, el debate queda reducido a una cuestión puramente formal, externa, pues en nuestro ordenamiento la partición es, siempre y en cualquier caso, un acto de última voluntad, sin eficacia en vida del testador —traslativa— y, por tanto, libremente revocable; en consecuencia, dos especificidades: i) si la partición la hizo el testador fuera del testamento pero en escritura pública, será suficiente para la inscripción la copia auténtica de ésta y de aquél, más el resto de documentos antes señalados; y ii) si la partición la hizo el testador en documento privado, aun siendo válida, para su inscripción deberá protocolizarse mediante acta notarial, acompañando también los documentos complementarios, si bien hay que tener en

---

tanto, carácter contractual, y por consiguiente no precisaron para su validez el consentimiento de todos los interesados en la sucesión, según el art. 1057 del expresado Código Civil, y es sabido que la división hecha por el comisario equivale y es equiparable a la realizada por el propio testador. Vid. también STS de 18 de febrero de 1987 (*Tol 1736160*).

cuenta la salvedad del art. 215 RN (en armonía, como se ha dicho, con el art. 1280.1º CC y arts. 3 y 14.2 LH).

- Cuando la partición la haya hecho el testador, no será necesaria la concurrencia de los herederos o legitimarios para prestar su asentimiento; sólo deberán aceptar la herencia.

Dicho esto, ¿hay algún precepto en la legislación hipotecaria que contemple de forma expresa la partición hecha por el testador *ex* art. 1056 CC? La respuesta es negativa[845].

Por tanto, se aplicará el régimen al que se acaba de hacer mención, distinguiendo los dos supuestos —en realidad un único supuesto por ser siempre la partición un acto *mortis causa*—, y siempre y en cualquier caso atendiendo a la imperatividad de lo dispuesto en el art. 1068 CC a efectos de la transmisión de la propiedad.

No obstante, si bien la partición hecha por el testador no presenta problema alguno en cuanto a la transmisión, *recta via*, de los bienes adjudicados a los coherederos, sí pueden existir inconvenientes, y de hecho existen como ya hemos adelantado, desde el prisma registral —dejando aparte la cuestión relativa a la protocolización del documento privado de partición—, que dificultan, o en el peor de los casos, impiden la inscripción, por mucho que se hayan cumplido los requisitos de forma que exige tanto la Ley Hipotecaria como su reglamento.

A continuación analizaremos algunas resoluciones de la DGSJFP que corroboran las cortapisas a las que nos estamos refiriendo. Para que resulte más comprensible la problemática a tratar distinguiremos dos supuestos distintos, en función de que existan o no legitimarios en la sucesión del causante que lleva a término al amparo del art. 1056 CC.

---

845 *Vid.* Bellod Fernández de Palencia, E., *La partición efectuada por el testador*, ob. cit., p. 197. *Vid.* también Chico y Ortiz, J. M.ª y Bonilla Encina, J. F., *Apuntes de Derecho Inmobiliario Registral*, ob. cit., p. 942.

4.6. Inscripción de la partición hecha por el testador sin que existan legitimarios

Traeremos a colación la interesante RDGRN de 1 de agosto de 2012[846].

El supuesto de hecho, resumido, es el siguiente.

Se presenta en el Registro de la Propiedad copia autorizada de una escritura de partición parcial de herencia, con base en un testamento abierto en el cual el testador instituye herederos, por octavas partes, a sus seis hermanos, así como a sus sobrinos carnales, hijos de sus otras dos hermanas; heredan los primeros por cabezas y los segundos por estirpes, con derecho a sustitución en los casos de premoriencia o incapacidad a favor de sus respectivos descendientes y, en su defecto, con el de acrecer entre ellos.

No existen herederos forzosos.

En el testamento se hace constar expresamente que el testador hace uso de la facultad distributiva que le concede el art. 1056 CC, adjudicando los bienes a cada uno de ellos en pago de sus respectivos derechos hereditarios.

Precisamente, una de estas adjudicaciones es la que da origen a la controversia: se trata de la atribución, a uno de sus hermanos, del pleno dominio de una determinada finca registral, siendo los tres hijos de este quienes, como sustitutos vulgares de su padre, se adjudican la misma por terceras partes indivisas; y esto es importante: sin la concurrencia del resto de herederos designados por el causante en su testamento.

Pues bien, la registradora de la propiedad deniega la inscripción —decisión que es refrendada por el registrador de la propiedad sustituto—, en base al principal razonamiento que se transcribe a continuación:

> … nos encontramos ante una escritura de «adjudicación parcial de herencia» otorgada únicamente por los sustitutos de… uno de los herederos nombrados por el causante en su testamento, que se adjudican el bien que el testador les ha asignado en su testamento, existiendo en el testamento una institución de herederos previa por octavas partes, que da

---

846 (*Tol 2654474*). Sobre la misma base del supuesto analizado y con las mismas consecuencias jurídicas, *vid.* RDGRN de 12 de septiembre de 2012 (*Tol 2663152*).

> lugar a una comunidad hereditaria que es la que debe realizar la partición. Los artículos 1058 y 1059 del Código Civil exigen la concurrencia de todos los llamados a la sucesión para llevar a cabo adjudicaciones concretas de los bienes hereditarios.

Y añade que la circunstancia de que el testamento contenga una serie de disposiciones concretas respecto de algunos bienes inmuebles no supone que exista una partición testamentaria, que exigiría un inventario y avalúo de todos los bienes que integran el activo y el pasivo del testador, así como la liquidación y formación de lotes de la herencia en su totalidad.

Por otra parte, el notario autorizante sustenta su recurso sobre la base de las siguientes consideraciones, que, por su interés, reproducimos:

a) La necesidad de respetar la voluntad del causante, a la que el notario autorizante ha dado forma jurídica, de modo que ha sido concretada por el testador en un sentido inequívoco, conforme a la facultad que le concede el artículo 1056 del Código Civil. A ello debe añadirse que el testador también previó la posible diferencia de valor entre los bienes singularmente adjudicados y la posibilidad de que «hubiese adquirido y conservase bienes o existiesen otros actualmente no relacionados en el presente testamento», disponiendo para éstos, concretamente, la institución de herederos a partes iguales.
b) Que la postura mantenida en la calificación ignora la voluntad explícita del causante, ley de la sucesión como también se proclama en la escritura; hace de peor condición la partición del causante que la realizada por un contador-partidor que designara el mismo; confunde un testamento particional con el título idóneo para provocar la inscripción en el Registro de la Propiedad, y, por último, da trascendencia al hecho de que no disponga de todos sus bienes y de que algunos ya no pertenezcan al causante.
c) Que en apoyo de su postura cabe tener en cuenta la Sentencia del Tribunal Supremo de 4 de noviembre de 2008, en especial, las razones en ella expresadas sobre el carácter imperativo del artículo 1056 y su virtualidad no de extinguir, sino de evitar, la comunidad hereditaria, pero

también todas las demás sobre el carácter parcial de la partición y previsiones del testador sobre la posible desigualdad de los herederos.

Pues bien, llegados a este punto, el Centro Directivo se plantea el debate, podríamos decir, que en dos actos: primero analiza si las asignaciones del testador suponen verdaderamente una partición testamentaria (art. 1056 CC) o, por el contrario, se limita a establecer simplemente unas instrucciones que deberán ser tenidas en cuenta por los herederos en el momento de partir la herencia, esto es, hay que dilucidar en primer término si estamos en presencia de normas particionales; resuelta esta cuestión, se plantea la problemática de la inscripción registral de los bienes. Vamos a verlas por separado.

La distinción entre partición testamentaria y normas particionales es de vital importancia a los efectos de la determinación del título de adjudicación a la vista de la aplicabilidad del art. 1068 CC que, como ya sabemos, señala que la partición legalmente hecha produce el efecto de atribuir a cada heredero la titularidad exclusiva de los bienes que le hayan sido adjudicados.

Dice la resolución:

> La primera cuestión es la de determinar si las asignaciones del testador constituyen una partición realizada por el mismo o si, por el contrario, éste se limita a establecer normas particionales en el testamento para que luego sean tenidas en cuenta en la partición que habrían de realizar los herederos una vez fallecido el causante.
>
> La cuestión es fundamental a efectos de determinar el título de adjudicación, pues mientras en el primer caso, se trata de una partición que no sólo se pasará por ella, conforme a lo dispuesto en el artículo 1056 del Código Civil, sino que confiere la propiedad de los bienes adjudicados como cualquier otra partición, conforme a lo dispuesto en el artículo 1068 del propio Código, mientras que si se tratase de meras normas particionales, el título de adjudicación haría tránsito de una pretendida partición del testador a una partición que habrían de realizar todos los herederos y no un solo grupo de ellos, teniendo en cuenta, eso sí, las normas particionales del testador.
>
> Del análisis del testamento se desprende que la voluntad del testador es la de hacer él mismo la partición, ya que, después de establecer la disposición o institución de herederos por octavas partes, el propio testador realiza la distribución en pago de sus derechos hereditarios y dice que lo hace con-

> forme al artículo 1056 del Código Civil, que es el precepto típico que regula la partición del testador.

Así pues, la primera cuestión queda resuelta: la partición es testamentaria, si bien con matices, pues para afirmarlo con rotundidad se debe analizar la cuestión relativa a si aquella contiene todas las operaciones particionales típicas: inventario, avalúo, relación de deudas o pasivo, determinación de haberes y formación de lotes a cada heredero. Se plantea así la segunda cuestión, y aquí entra en juego el criterio jurisprudencial contenido en la STS de 21 de julio de 1986[847], en un supuesto en que se realizó la partición por el testador, pero faltando algunas operaciones particionales típicas. El Tribunal Supremo, en esa resolución, entendió que la partición por el testador podía omitir alguna de las clásicas operaciones de otras clases de particiones que hemos señalado, pero con una salvedad muy importante: … *sin perjuicio de la práctica de aquellas operaciones complementarias de las citadas adjudicaciones que puedan ser necesarias para su plena virtualidad, operaciones que en modo alguno suponen que la propiedad exclusiva sobre los bienes adjudicados a cada heredero no se haya verificado como efecto de la partición desde el momento de la muerte del testador.*

Es decir, la partición es válida; es la partición testamentaria que viene referida en el art. 1056.1 CC y cada heredero adquiere la propiedad exclusiva sobre los bienes adjudicados *ex* art. 1068 CC, pero todo ello sin perjuicio de esas «operaciones complementarias» para lograr su «plena virtualidad».

Este último razonamiento lo aprovecha, por así decirlo, el Centro Directivo para exigir la liquidación de deudas, para lo cual deberán intervenir «todos los herederos», y no sólo una parte de ellos como en el supuesto de hecho analizado, condicionando, obviamente, la inscripción registral, que se suspende hasta que esto no se verifique. Insistimos en que los efectos transmisivos de la propiedad *ex* art. 1068 CC no se discuten en ningún momento porque ya se han producido. La cuestión es, ahora, si a los solos efectos registrales se exige para que la partición tenga «plena virtualidad» como título inscribible la práctica de las operaciones particionales omitidas por el testador, que deberán ser ejecutadas por todos los interesados.

---

847 (*Tol 1734780*).

Respecto de la liquidación de deudas y la concurrencia de todos los herederos para poder practicar la inscripción, dice la resolución:

> Esto exige considerar si, a efectos registrales, se exige para que la partición tenga plena virtualidad como título inscribible, deban completarse por todos los interesados las operaciones particionales omitidas por el testador. Ningún problema existe en este caso en relación con el inventario de bienes, puesto que el propio testador expresa con toda claridad y con datos registrales los bienes objeto de la partición. Tampoco es obstáculo que falte el avalúo, pues el propio testador prescinde del mismo considerando que, aunque los lotes tengan distinto valor, debe mantenerse la partición realizada. En cambio, la operación de liquidación en caso de que existieran deudas plantea especiales problemas registrales, pues tratándose de varios herederos ha de quedar clarificada la posición de cada uno de ellos antes de proceder a las adjudicaciones. Es cierto que el testador no pudo realizar la operación de liquidación, como dice el recurrente, pues no era el momento adecuado. Pero al menos ha de aclararse qué sucede con las deudas y concretamente si existen o no, y caso de existir, quiénes han aceptado la herencia y si lo han hecho pura y simplemente o a beneficio de inventario, pues según un conocido aforismo «antes es pagar que heredar», cuyo significado no es que no se adquiera el título de heredero antes del pago de las deudas, sino que mal se pueden repartir los bienes, sin antes pagar las deudas, que son imprescindibles para la entrega de legados, que en este caso no existen, pero también para que los herederos reciban los bienes que les corresponden. En todo caso, han de intervenir todos los herederos para manifestar lo que proceda respecto a la existencia o no de deudas de la herencia, como operación complementaria de las realizadas por el causante, que es necesaria para la plena virtualidad de la partición a efectos registrales. Sólo si se acreditara que no existen deudas o las asumiera exclusivamente uno de los herederos, podría decirse que no hay perjuicio para los demás herederos cuando unos pretenden adjudicarse los bienes distribuidos por el causante.

Y concluye:

> Esta Dirección General ha acordado confirmar el defecto relativo a que al faltar la operación de liquidación, es necesario que ésta se concrete debidamente para que tenga plena virtualidad la partición a efectos registrales respecto a terceros, revocando los demás defectos de la nota calificadora en los términos y con arreglo a lo ya expresado en los fundamentos de Derecho.

Es decir, el Centro Directivo analiza, una por una, las operaciones particionales típicas, y las cataloga en dos bloques: por una parte, aquellas que pueden considerarse como prescindibles y que son el inventario, el avalúo y la formación de lotes; por otra, la que resulta imprescindible: la operación de liquidación de herencia o de deudas. Se suspenderá la inscripción hasta que conste quién o quiénes asumen las deudas hereditarias, "en el caso de que haya deudas y no las asumiera exclusivamente un heredero".

Analizado el supuesto, entendemos que no es correcta la postura mantenida por el Centro Directivo, pues como dice LORA-TAMAYO RODRÍGUEZ[848], "se obstaculiza, sin base legal alguna, la partición realizada por el testador, llamando para inscribir los inmuebles a favor del adjudicatario a todos los herederos, que es precisamente uno de los problemas que el testador pretende evitar realizando la partición". ¿Puede lograrse así, obstaculizándose la inscripción, la plena eficacia en la adquisición de los inmuebles? La inscripción estará condicionada a la concurrencia de todos los herederos, y si la relación entre ellos no es buena, de nada habrá servido la partición hecha por el causante, pues el conflicto, lejos de haberlo zanjado de raíz cuando partió, se reavivará tras su muerte, al existir potenciales situaciones de bloqueo desde el plano registral cuando de la inscripción de inmuebles se trate.

En lo que respecta a la protección que, al parecer, quiere dispensarse a los acreedores del causante, entiende el mismo autor que la solución mantenida por el Centro Directivo es injustificada, pues el propio Código civil ya establece claramente en el art. 661 la subrogación automática del heredero en los derechos del causante, pero también en sus obligaciones y, salvo que acepte la herencia a beneficio de inventario, responderá incluso con sus propios bienes de las deudas de la herencia (arts. 998, 1003, 1007, 1010 o 1023.1º CC). Es más, la responsabilidad por las deudas de la herencia es una cuestión atinente a las relaciones personales entre los herederos y los acreedores del causante que, como sabe-

---

848 *Vid.* LORA-TAMAYO RODRÍGUEZ, I., «La partición practicada por el testador y la adjudicación de la herencia existiendo legitimarios», *El Notario del siglo XXI. Revista del Ilustre Colegio Notarial de Madrid*, nº 62, Práctica Jurídica, accesible a través del siguiente enlace: https://www.elnotario.es/index.php/hemeroteca/revista-62/4130-la-particion-practicada-por-el-testador-y-la-adjudicacion-de-la-herencia-existiendo-legitimarios

mos, quedan al margen del Registro de la Propiedad, en el que se inscriben actos y contratos relativos al dominio de los inmuebles y derechos reales recayentes sobre los mismos (arts. 1 y 2 LH), y sólo excepcionalmente derechos personales[849]. Como señalan CHICO Y ORTIZ y BONILLA ENCINA[850], "siendo nuestro Registro de derechos reales sobre bienes inmuebles, es natural que desde 1861 el legislador procurase alejar de su ámbito los derechos simplemente personales o de mera obligación, que solamente vinculan a las partes".

Obviamente, la solución planteada por el Centro Directivo de que, quien tenga interés por inscribir sus bienes en el Registro de la Propiedad, asuma en exclusiva las deudas del causante se nos antoja desproporcionada y peligrosa, pudiendo motivar actitudes de presión entre los coherederos en función de la naturaleza de los bienes adjudicados, pues quien haya recibido acciones o

---

849 Así lo puso de manifiesto la RDGRN de 18 de febrero de 2013 (*Tol 3244100*), cuando la herencia se acepta a beneficio de inventario: *En el supuesto de este expediente, la registradora no puede denegar la inscripción de una herencia aceptada a beneficio de inventario, por estimar que no se cumplen los requisitos exigidos por la Ley para entender aceptada la herencia con este beneficio. El artículo 14 de la Ley Hipotecaria, desarrollado por el artículo 98 del Reglamento Hipotecario, establece que para inscribir bienes y adjudicaciones concretas, adquiridos por sucesión hereditaria, será suficiente, entre otros títulos, la escritura pública, lo que no es sino consecuencia del artículo 1068 del Código Civil, sin que en modo alguno quede condicionada esta inscripción a si la herencia se acepta a beneficio de inventario ni al cumplimiento de los requisitos exigidos en los artículos 1012 y siguientes del Código Civil. Esto es así por el carácter y naturaleza personal y obligacional del beneficio de inventario. El Registro de la Propiedad tiene por objeto la inscripción o anotación de los actos y contratos relativos al dominio de los inmuebles y derechos reales sobre los mismos (artículos 1 y 2 de la Ley Hipotecaria) y si tal adquisición se ha producido no puede negarse una inscripción con el argumento de proteger las relaciones personales, que no reales, entre los propietarios y sus acreedores.*

En el mismo sentido, *vid.* RDGRN de 16 de julio de 2007 (RJ 2007, 3907): *… ha de entenderse que el heredero que goce de tal beneficio tiene, al menos, los mismos poderes sobre el patrimonio hereditario (y uno de ellos es el derecho a inscribir su adquisición hereditaria) que el heredero puro y simple, pues tal beneficio se contrae exclusivamente al fin económico limitativo de responsabilidad pecuniaria. Y es que, sin duda, es sucesor del causante y se subroga en sus derechos y en sus obligaciones, sin perjuicio de incurrir en determinadas sanciones si pierde el beneficio de inventario por las causas legalmente previstas.*

850 *Vid.* CHICO Y ORTIZ, J. M.ª y BONILLA ENCINA, J. F., *Apuntes de Derecho Inmobiliario Registral*, ob. cit., p. 538.

participaciones de una sociedad, habiendo aceptado la herencia y previa liquidación de impuestos, podrá disfrutar de sus rendimientos, mientras que quien haya recibido inmuebles necesitará la colaboración, sí o sí, de todos los demás herederos para poder inscribir, y si no la obtiene, tendrá que acudir al juez, o, como se ha dicho, asumir íntegramente las deudas para allanar el camino de la inscripción.

Sólo en el caso que los acreedores hubiesen hecho uso de la facultad prevista en el art. 1082 CC[851] se podría entender el bloqueo, porque estaría amparado por la ley, pero no en cualquier otra situación. Es más, el propio Código establece el mecanismo tuitivo de protección de los acreedores (aparte del 1082), al permitir exigir el pago de sus deudas por entero de cualquiera de los herederos que no aceptó a beneficio de inventario o, caso de aceptar con dicho beneficio, hasta el límite de su poción hereditaria, con posibilidad de repetición en su relación interna (arts. 1084[852] y 1085[853] CC).

Como señala Bellod Fernández de Palencia[854], el caudal hereditario no es garantía real de las deudas de la herencia, y la satisfacción de los derechos de crédito deberá resolverse al margen del Registro de la Propiedad, acudiendo al derecho de obligaciones, sin perjuicio de que los acreedores puedan hacer uso de los medios de tutela cautelar que el ordenamiento pone a su disposición, como así lo entendió la STS de 29 de diciembre de 1988[855], en un supuesto de innecesaridad de la partición al existir un único heredero y, por ende, la imposibilidad de invocar el art. 1082 CC, si bien sólo nos interesa la parte del razonamiento a la que nos estamos refiriendo:

---

851 *Los acreedores reconocidos como tales podrán oponerse a que se lleve a efecto la partición de la herencia hasta que se les pague o afiance el importe de sus créditos.*

852 *Hecha la partición, los acreedores podrán exigir el pago de sus deudas por entero de cualquiera de los herederos que no hubiere aceptado la herencia a beneficio de inventario, o hasta donde alcance su porción hereditaria, en el caso de haberla admitido con dicho beneficio.*

853 *El coheredero que hubiese pagado más de lo que corresponda a su participación en la herencia podrá reclamar de los demás su parte proporcional.*

854 *Vid.* Bellod Fernández de Palencia, E., *La partición efectuada por el causante*, ob. cit., p. 202.

855 (*Tol 1733987*).

> ... tampoco pueden los acreedores, por el mero hecho de serlo, oponerse a que se inscriban en el Registro de la Propiedad los bienes hereditarios a nombre de ese heredero único, utilizando como título para tal inscripción el testamento de la causante —artículo 14 de la Ley Hipotecaria y 79 de su Reglamento, todo ello sin perjuicio de que los referidos acreedores puedan hacer uso de las demás medidas cautelares que les ofrece el ordenamiento jurídico para el aseguramiento y efectividad de sus créditos.

Además de todo lo anterior, incluso no sería absurdo pensar que existe, a efectos registrales, un trato más favorable cuando, sin existir legitimarios, el legatario sí puede inscribir a su nombre en el Registro de la Propiedad los bienes inmuebles legados cuando así lo haya dispuesto el testador *ex* art. 81 a) RH, o cuando toda la herencia se haya distribuido en legados *ex* arts. 81 d) RH y 891 CC. Incluso en este último caso, las deudas se prorratearían entre los legatarios en atención a su cuota, sin existir ese potencial perjuicio a los acreedores, que el Centro Directivo quiere evitar cuando concurran varios herederos y no se hayan liquidado las deudas por el propio testador al hacer la partición, lo cual resulta ciertamente complejo atendiendo al *ínterin* temporal que media entre la partición testamentaria y su fallecimiento.

La doctrina mantenida por la DGSJFP, que es uniforme, es criticada también por SANCIÑENA ASURMENDI, que pone el énfasis en que los mecanismos tuitivos de protección de los acreedores y, en su caso, también de los legitimarios (art. 1082 CC y 782.4 LEC) deben ser instados a instancia de parte, por lo que no cabe suspender la inscripción de la partición en el Registro de la Propiedad[856].

En el mismo sentido se pronuncia PÉREZ DE ONTIVEROS BAQUERO: "El CC no establece previsión específica alguna respecto al pago de las deudas de la herencia en caso de partición realizada por el testador. Obviamente la doctrina de la DGRN podría beneficiar a estos acreedores, en cuanto exige la práctica de la totalidad de las operaciones particionales, en particular la liquidación, antes de que la adjudicación hereditaria de los bienes acceda al Registro de la Propiedad, pero no parece justificada esta exigen-

---

[856] *Vid.* SANCIÑENA ASURMENDI, C., *La partición hecha por el testador*, ob. cit., pp. 40 y 41.

cia, habida cuenta que la inscripción en nuestro Derecho en nada afecta a la adquisición del derecho, que se verifica al margen del Registro, y que dicha inscripción en nada alcanza a la responsabilidad que incumbe a los herederos por las citadas deudas, que será la que deba corresponderles, atendida su posición respecto al caudal relicto y la naturaleza de la aceptación"[857].

4.7. Inscripción de la partición hecha por el testador existiendo legitimarios

Sin perjuicio de lo anterior, el asunto se complica todavía más cuando existen legitimarios, pues de las resoluciones de la Dirección General se observa un cierto grado de proteccionismo —al igual que sucede con los acreedores del causante— respecto a la legítima en su vertiente cuantitativa.

Partiremos de la base que no es imprescindible que el legitimario deba ser instituido heredero, pues la legítima, al representar un valor patrimonial, puede ser cubierta por cualquier título *ex* art. 815 CC. Este valor deberá cuantificarse de conformidad con lo dispuesto en el art. 818, que es lo que se denomina computación de la legítima[858]. Al decir de MARTÍNEZ ESPÍN, puede establecerse una distinción entre lo que es la partición de la herencia y la computación de la legítima. Esto será importante por lo que diremos después.

Según el autor citado, "no es imprescindible realizar la partición para poder solicitar el complemento de la legítima, entre otras cosas porque es posible que sólo exista un heredero y que los legitimarios hayan recibido legados en pago de su legítima; o que ese único heredero sea el único legitimario"[859]. Por eso entiende que no es correcta la postura mantenida por el Tribunal Supremo en la sentencia de 8 de marzo de 1989[860] que exige la

---

857 *Vid.* PÉREZ DE ONTIVEROS BAQUERO, C., *Partición y registro de la propiedad*, ob. cit., pp. 47 y 48.

858 *Ibid.*, p. 58.

859 *Vid.* MARTÍNEZ ESPÍN, P., «Comentario al art. 815 del Código civil», en *Comentarios al Código civil*, ob. cit., p. 5965.

860 *Tol 1731662*, que dice: ... *no es ontológica, ni jurídicamente, posible pedir el complemento de legítima, conforme al artículo 815 del Código Civil, que es la única acción que ha sido estimada por la sentencia recurrida (el pronuncia-*

práctica de las operaciones particionales pertinentes, pero sí la contenida en la de 21 de enero de 2010[861], si bien avala el recurso al proceso declarativo, con el coste que ello supone para los interesados. Sin perjuicio de esto, el cobro de la legítima —a través de la acción de complemento del art. 815 CC— requiere como cuestión previa su computación[862].

El problema es que, muchas veces, la Dirección General impone la necesaria concurrencia de los legitimarios en la partición de la herencia, al ser imprescindible la práctica de las operaciones particionales típicas para poder computar su legítima; cuando el testador no ha tenido esto en cuenta, llevando a cabo todas las operaciones para el cómputo de la legítima, no existe propiamente partición testamentaria[863] y su presencia en la partición resulta inexcusable. En consecuencia, esto significa forzar la institución sobre la base de una distinción entre partición y normas particionales, produciendo confusiones innecesarias y situaciones que eran las que quería evitar el testador al practicar él mismo la división de sus bienes[864].

---

miento desestimatorio de todas las demás ejercitadas —entre ellas la de rescisión de la partición por lesión— no ha sido recurrido), supuesta la existencia de mejoras, sin antes conocer el montante del «quantum» o valor pecuniario que, por legítima estricta, corresponda a cada uno de los herederos forzosos en la herencia de que se trate, para cuyo conocimiento o fijación han de tenerse en cuenta todos los bienes que quedaren a la muerte del testador, con deducción de las deudas y cargas, salvo las impuestas en el testamento, según prescribe el artículo 818 del citado Código, lo que presupone la práctica de las pertinentes operaciones particionales.

861 (*Tol 1773349*), que dice: … *se puede discutir y asimismo se puede discutir si la legítima estricta del demandante ha sido perjudicada o si es inoficiosa la donación, pero ello se hará en la partición de la herencia, como dicen las sentencias de 8 de marzo de 1989 y 4 de junio de 1991 o en la acción declarativa que corresponda.*

862 *Vid.* MARTÍNEZ ESPÍN, P., «Comentario al art. 815 del Código civil», en *Comentarios al Código civil*, ob. cit., p. 5964.

863 Al decir de PÉREZ DE ONTIVEROS BAQUERO, "no son escasas las ocasiones en las que en supuestos en los que no se aprecia con la claridad necesaria la existencia o no de partición por el testador, la presencia de legitimarios ha podido inclinar la balanza en sentido negativo". *Vid.* PÉREZ DE ONTIVEROS BAQUERO, C., *Partición y registro de la propiedad*, ob. cit., p. 76.

864 *Ibid.*, p. 97.

Un claro ejemplo de esto es el caso tratado en la RDGRN de 3 de marzo de 2015[865], donde se vislumbra esa disyuntiva entre el testamento particional y las normas para la partición existiendo legitimarios; resumidamente, es el siguiente:

- El causante falleció en estado de divorciado, dejando un hijo y una hija de su único matrimonio. En su testamento se establecen las siguientes cláusulas:

  Que Don M. H. V., hijo del testador, ha recibido a lo largo de la vida de éste bienes que superan con exceso lo que por legítima estricta pudiera corresponderle al fallecimiento del testador, entre ellos: La donación de la parcela titulada "(...)" en término de Valladolid. Una colección de monedas de "Canadá". Varias monedas de oro de diversas conmemoraciones. Un brillante "forma pera" de 9,5 kilates. Diversos objetos preciosos de un importante valor. El importe de los gastos de siembra del ejercicio 1986, por importe superior a 5.000.000 de pesetas. Vivienda de la carretera (...) en Valladolid. Otros 2.000.000 de pesetas para gastos diversos. Varias parcelas en el pago "El Berrocal". Y, a pesar de los malos tratos, tanto síquicos como físicos, sufridos por el testador, causados por su citado hijo M., es voluntad del mismo legar a éste la legítima estricta y para su pago adjudicarle, en pleno dominio, los siguientes bienes, propiedad del testador: Los locales dedicados a oficina situados en la entreplanta del (...) en Valladolid. El local en planta baja del edificio en el (...) en Valladolid. Con el legado ordenado y lo recibido por el citado legatario en vida del testador, quedará el hijo resarcido de cuantos derechos pudieran corresponderle en pago de su legítima estricta. El legatario citado será sustituido por sus descendientes en los casos de premoriencia o incapacidad. Tercera. — Que debido a la larga y pacífica convivencia con Doña M. S. R., y en agradecimiento al aprecio y atenciones recibidas de esta, es voluntad del testador legarle, los siguientes bienes, propiedad del testador: (... [describe el pleno dominio de una vivienda y enseres de puertas adentro

[865] (*Tol 4787735*). *Vid.* también, en el mismo sentido que la analizada —por cuanto requieren la intervención de los legitimarios para preservar su *quantum* o valor pecuniario de la legítima (intangibilidad cuantitativa) al entender que estamos ante simples normas particionales—, las siguientes resoluciones: 25 de febrero de 2008 (RJ 2008, 2791); 9 de marzo de 2009 (RJ 2009, 1861); 8 de enero de 2014 (*Tol 4085581*); 12 de junio de 2014 (RJ 2014, 4616); 16 de junio de 2014 (RJ 2014, 4179); 4 de julio de 2014 (*Tol 4466705*); 13 de febrero de 2015 (*Tol 4765342*); 5 de julio de 2016 (*Tol 5806676*) y 29 de junio de 2017 (*Tol 6210500*).

y un usufructo de un local]). Cuarta. — En el remanente de todos sus bienes, derechos, acciones y futuras adquisiciones. Instituye y nombra heredera universal, a su citada hija Doña V. H. V., quien será sustituida por sus descendientes en los casos de premoriencia o incapacidad».

- Además, el causante otorga testamento ológrafo en el que se dispone:

  «Sin modificar el último testamento deseo añadir las siguientes mejoras a Dña. M. S. R., con la que estoy conviviendo los últimos veinte años ininterrumpidamente (...) Estas mejoras que a continuación expongo las compartirá con mi hija M. V. H. V. al (50%) cincuenta por ciento del usufructo, reservándose la propiedad a mi hija M. V. H. V. (...)" —propiedades de este legado son varias parcelas en Valladolid— "Todas estas parcelas que he reseñado por el valor que han adquirido, se venderán en un tiempo corto. La venta de dichas parcelas se invertirá sobre bienes raíces ya sean en inmuebles o en acciones llamadas papel de viudas para asegurarlas unos ingresos que puedan ayudarlas a vivir».

- En la escritura de aceptación y adjudicación de herencia comparece únicamente la hija del causante —y heredera—, adjudicándose en su totalidad y en pleno dominio los bienes reseñados.
- Presentada dicha escritura al Registro de la Propiedad es objeto de calificación negativa por el siguiente motivo:

  ... no comparecer en la escritura Don M. H. V., legatario legitimario y no colacionarse en la escritura los bienes que éste había recibido por donación del causante.

- Y esto se justifica, citando resoluciones de la Dirección General, a la especial cualidad del legado, en este caso, legatario-legitimario, ... *que hace imprescindible su comparecencia para la adjudicación y partición de la herencia a falta de persona designada por el testador por efectuar la adjudicación y partición de la herencia —art. 1057.1 del Código Civil—, ya que los legitimarios son cotitulares directos del activo hereditario —art. 829, 838 y 840 y art. 1056 del Código Civil—. Pues para saber si se cumple el principio de inviolabilidad de la legítima es necesario que en el inventario, avalúo y partición comparezca el legatario-legitimario. 3.º Conforme al art. 818, párrafo 2.º, del Código Civil, al valor de los bienes hereditarios se agregará el de las donaciones colacionables. No mostrando en la escritura la valoración ni identificación de tales bienes donados.*

- La calificación negativa es confirmada por el registrador de la propiedad sustituto.
- La recurrente alega, en síntesis, lo siguiente: i) que en el testamento hay una partición realizada por el testador, por lo que se pasará por ella en cuanto no perjudique la legítima de los herederos forzosos; por tanto, es improcedente exigir una nueva partición con la comparecencia de todos los legatarios, pues estos solamente deben aceptar para que la única heredera efectúe la entrega de los bienes legados, y esa aceptación de los legados no tiene por qué realizarse en la misma escritura de aceptación y adjudicación de herencia, ni en comparecencia conjunta; y ii) que la partición hecha por el testador evita que haya comunidad hereditaria y la aceptación de los bienes adjudicados por el testador puede y debe hacerse individualmente sin necesidad de hacer nuevo inventario ni colacionar nada.

La resolución, como en todos los casos de esta naturaleza, analiza, en primer lugar, como en el caso anterior, si existe partición realizada por el testador (art. 1056 CC) o, en su defecto, normas particionales, lo que supondría la necesaria concurrencia de todos los herederos en la partición (art. 1057 CC), así como el consentimiento de los legitimarios que no fuesen herederos a los efectos de que presten su conformidad a la formulación del inventario y cumplimiento de sus legítimas.

Para el Centro Directivo:

> ... de los términos literales empleados en el testamento, se deduce que las cláusulas dispositivas están pendientes de su cumplimiento seguidas de las particionales y desde luego, no hay una partición ni tan siquiera parcial de los bienes de la herencia. Ciertamente que el testamento dice «es voluntad... legar... y para su pago adjudicarle...», pero a continuación también manifiesta el testador que tiene la voluntad de legar a su pareja estable de hecho unos bienes sin que se mencione la palabra «adjudicación», y para concluir, hace institución de heredera a favor de la hija sin adjudicaciones de ningún tipo. De la totalidad de las cláusulas en la que verifica esta disposición, no parece quede realizada la partición testamentaria.

Tampoco en el testamento ológrafo se contempla una verdadera partición testamentaria.

Despejada esta primera cuestión se plantea, también como en el caso anterior:

> ... si, aun partiendo de que el testador hubiese querido realizar una partición, ello no es suficiente para considerarla como tal por no contener todas las operaciones particionales que tipifican toda partición.

Y se cita, una vez más, la STS de 21 de julio de 1986, por la que se valida la partición testamentaria, aunque el testador haya omitido alguna de las operaciones clásicas que se dan en otro tipo de particiones, sin perjuicio de las operaciones complementarias.

Se presenta, de nuevo, la cuestión registral, pues para que la partición tenga virtualidad como título inscribible, se exigirán tales operaciones complementarias, no sólo la operación de liquidación en cuanto al pasivo —que en el supuesto analizado no se da, pues sólo existe una heredera, que asume, en exclusiva, las deudas, al haber aceptado la herencia pura y simplemente—, sino también en lo relativo al inventario de los bienes a los efectos de la inviolabilidad de la legítima del legatario-legitimario. Dice la resolución —insistimos, refiriéndose a las operaciones particionales omitidas por el testador que deberán ser completadas por todos los interesados—:

> Respecto al inventario de bienes, el testador no expresa con toda claridad y con datos registrales los bienes objeto de la partición, es más, su relación de bienes es absolutamente imprecisa por lo que se refiere a la descripción de los bienes que por el legitimario deben traerse a colación y desde luego a su valor a los efectos de una liquidación del caudal relicto. Es correcta a los efectos de identificar los bienes objeto de los dos legados que hace, pero no suficiente a los efectos de una partición, especialmente en lo que se refiere al legatario-legitimario, que debe apreciar con claridad si su porción de legítima está suficientemente cubierta, lo que resulta del avalúo de la totalidad de los bienes del caudal hereditario. En principio, no es obstáculo que falte el avalúo, pues el propio testador podría dejar éste a la liquidación tras su fallecimiento. Pero en este caso, se hace imprescindible el asentimiento del legitimario que no ha comparecido en la adjudicación de la herencia. Precisamente para dar su consentimiento a la valoración de los bienes, de la que depende directamente su legado de legítima estricta.

Pero todo lo referido en cuanto a la falta de inventario de bienes y su valoración, así como lo referente a la operación de liquidación de deudas —que aquí resulta innecesaria, insistimos, porque sólo hay una única heredera—, que podrían entenderse como operaciones complementarias, no se da en este supuesto, porque la premisa de la que parte el argumentario del Órgano Directivo es que no estamos ante una verdadera partición, sino ante normas particionales, por lo que tienen que realizarse todas las operaciones que la partición comprende (art. 1057 CC), y no sólo las complementarias que hayan sido omitidas por el testador, por lo que deben concurrir todos los herederos —heredera más legitimario y legatario en el supuesto específico que se está analizando—.

Efectivamente, se dice en la resolución:

> Pero en el caso de tratarse de «normas de la partición» no se produce ninguno de estos efectos, y, por consiguiente, las operaciones de partición no son complementarias sino las propias de la partición hecha por los herederos conforme los términos del artículo 1057 del Código Civil. Así pues, sentado que el testador no hizo la partición, sino que estableció normas particionales para hacerla, según reiterada doctrina de este Centro Directivo, la intervención de todos los legitimarios en la partición es inexcusable.
>
> En el supuesto de este expediente, se otorga escritura de partición basada en un testamento en el que el causante instituye heredera y dicta unas normas de adjudicación de algunos bienes para cuando se realice la partición. La partición ha sido realizada por la única heredera instituida sin la intervención del otro legitimario, argumentando que el testador hizo una auténtica partición hereditaria. Los términos del testamento no ofrecen dudas de que lo realizado por la causante no fue una partición o una adjudicación completa de fincas, por lo que la intervención de los legitimarios es inexcusable.

Por último, y por lo que respecta a la especialidad del supuesto, al referirse a la figura del legatario-legitimario en el sentido de su necesaria intervención en la partición, se dice en la resolución:

> Como afirmó este Centro Directivo en su Resolución de 1 de marzo de 2006, la especial cualidad del legitimario en nuestro Derecho común, caso de que exista en una sucesión, hace imprescindible su concurrencia, para la adjudicación y partición de la herencia, a falta de persona designada por el testador para efectuar la liquidación y partición de herencia

> (artículo 1. 057.1.º del Código Civil), de las que resulte que no perjudica la legítima de los herederos forzosos (...).
> De ahí, que se imponga la intervención del legitimario en la partición, dado que tanto el inventario de bienes, como el avalúo y el cálculo de la legítima son operaciones en las que está interesado el legitimario, para preservar la intangibilidad de su legítima. Y dicha intervención es necesaria también para la entrega de legados (vid. Resoluciones de 25 de febrero de 2008, 9 de marzo de 2009, 6 de marzo de 2012 y 12 y 16 de junio y 4 de julio de 2014).

En el supuesto de hecho analizado, en el que se exige la necesaria intervención del legitimario —al que se le ha adjudicado en pago de su legítima, una cosa cierta, específica y determinada a través de un legado—, carece la misma de apoyo legal, pues ninguna norma lo impone. Es más, el legitimario ya tiene a su disposición las acciones concretas de complemento de legítima (art. 815 CC) y de reducción de disposiciones inoficiosas (art. 817 CC), para salvaguardar su legítima, y es él quien tiene que acudir al juez para hacer valer sus derechos, no los herederos, pues esto supondría invertir los términos del problema[866], desnaturalizando las bondades de la partición hecha por el propio testador, al dar cabida al conflicto, precisamente lo que se quería evitar.

Es más, de una interpretación conjunta de los arts. 1056, 1068 y 1075 CC podemos extraer la conclusión de que el Código dispensa un trato muy favorable a la partición hecha por el testador, a la que, *a priori*, le otorga validez; es lógico que sea así por la propia naturaleza de la institución; sólo en el caso de existir perjuicio a la legítima podrá ser rescindida a instancias del legitimario perjudicado, como a su vez sucede con las acciones de complemento y de reducción.

Posición contraria mantiene SANCIÑENA ASURMENDI[867], que entiende correcta la postura mantenida por el Centro Directivo.

En cualquier caso, creemos que el problema se origina por confundir partición de la herencia y computación de la legítima, pues el cálculo de esta puede hacerse al margen de la primera,

---

866 *Vid.* LORA-TAMAYO RODRÍGUEZ, I., «La partición practicada por el testador y la adjudicación de la herencia existiendo legitimarios», ob. cit.

867 *Vid.* SANCIÑENA ASURMENDI, C., «Comentario a la Resolución de 3 de marzo de 2015», *CCJC*, nº 100, enero-abril 2016, pp. 235-262.

"al no requerir la práctica de la totalidad de las operaciones que técnicamente se incluyen en la partición y no tener que dividir ni adjudicar bien alguno"[868].

Estamos de acuerdo. Además, pensamos que este rigorismo supone un menoscabo a las posibilidades que ofrece al testador el art. 1056.1 CC de ser él mismo quien lleve a cabo la partición, porque si resulta ser que se califica como simples normas particionales —y esto será relativamente fácil atendiendo al simple hecho de existir legitimarios y, por tanto, a la necesidad de cuantificar la legítima practicando para ello todas las operaciones divisorias, aunque no haga falta—, deberá llevarse a cabo una partición ordinaria, debiendo concurrir todos los herederos forzosos, que en el otro caso no sucedería, con lo que pueden desvirtuarse las bondades de la institución. Todo ello dejando aparte el otro asunto que hemos estudiado con anterioridad, cual es el relativo a que debe realizarse la operación de liquidación de deudas, y que sean asumidas, caso de existir, por alguno, algunos o todos los herederos, suspendiendo mientras tanto la inscripción.

En suma, observamos muchas similitudes en uno y otro caso: una cierta protección, de oficio, tanto de los acreedores como de los legitimarios, sin el preceptivo respaldo de norma sustantiva alguna; protección que sólo puede dispensarse cuando a instancia de parte se instan los mecanismos protectores de tales derechos. Razón tenía la RDGRN de 16 de noviembre de 1922[869] —y que no ha tenido continuidad en el momento actual— al decir:

> Porque del testamento citado aparece con claridad la voluntad del testador de distribuir sus bienes entre su esposa, hijos y nietos, destinando a cada uno de ellos los derechos y bienes que estime conveniente. Porque el art. 1056 del Código Civil y menos el art. 1075 no exigen una demostración a priori de que la partición no perjudique a los herederos legitimarios, sino que en primer lugar ordena que se pase por ella, reservando la acción de impugnación.

---

868 *Vid.* PÉREZ DE ONTIVEROS BAQUERO, C., *Partición y registro de la propiedad*, ob. cit., p. 75.

869 Gaceta 19 de diciembre, nº 353, pp. 1170-1173.

Capítulo Octavo

La partición testamentaria del art. 1056.2 CC

I. INTRODUCCIÓN

La sucesión del empresario plantea diversos problemas, siendo el principal de ellos garantizar la continuidad de la empresa[870]. Como señala PUIG BRUTAU[871], "si la empresa mercantil es productiva y constituye la base económica de la vida familiar, es natural que el empresario testador quiera adoptar las medidas necesarias para su conservación"; la principal de ellas: elegir la persona adecuada que ha de sucederle, que podrá ser, bien un extraño —cuestión, como se verá, muy discutible—, bien alguno o algunos de los legitimarios, debiendo compensar económicamente al resto de herederos forzosos si con la adjudicación, en exclusiva, de la empresa-explotación, se excede de la parte de libre disposición, en base a la intangibilidad cuantitativa de la legítima.

¿Para lograr tal finalidad, ha previsto el ordenamiento jurídico el mecanismo adecuado para que esto sea posible? La respuesta es afirmativa y se encuentra recogida en el párrafo segundo del art. 1056 CC, que conforma una verdadera partición testamentaria, por las razones que se expondrán en lo sucesivo[872].

---

870 Como señala ROBLES ÁLVAREZ DE SOTOMAYOR: "Cuando hablamos de transmisión hereditaria de la empresa nos referimos a los supuestos de continuación de su explotación por el nuevo titular.
En cualquier otro caso, sólo habría liquidación de la misma, ya que vida de la empresa y gestión de la misma son conceptos que van unidos, y sólo en tanto una empresa es algo dinámico, puede considerarse que tiene y goza de su plena realidad". *Vid.* ROBLES ÁLVAREZ DE SOTOMAYOR, A., "El principio de conservación de la empresa en la transmisión hereditaria", *RCDI*, nº 233, 1947, p. 585.

871 *Vid.* PUIG BRUTAU, J., «El testamento del empresario», *RDP*, vol. 44, 1960, p. 850.

872 Vamos a centrarnos únicamente en la previsión contenida en el art. 1056.2 CC, por tratarse del precepto central sobre el que descansa este estudio. No obstante, cabe advertir, como pone de relieve REYES LÓPEZ, la existencia de otros mecanismos para lograr la sucesión de la empresa:

Y no únicamente sobre la base exclusiva de este precepto, sino también a la vista del art. 1062 CC[873], más en particular de su párrafo segundo, pues "la primera cautela del empresario testador ha de consistir en evitar que pueda entrar en juego..., esto es, debe prohibir la venta en pública subasta y con admisión de licitadores extraños", reproduciendo "el pensamiento a que responde la solución práctica del art. 1.062 del Código, para lograr su objetivo de conservar la unidad de la empresa"[874], si bien para la doctrina más moderna, el art. 1056.2 no se relaciona ya con el 1062[875].

---

i) a través del legado de empresa, siempre que el caudal hereditario sea suficiente para cubrir la legítima estricta del resto de herederos, si bien existen dos problemas: uno, el relativo a las deudas de la empresa, por cuanto el legatario no responde de ellas y, por tanto, caso de no ser posible el pago de la legítima en bienes hereditarios (esto es, *in natura* por cuanto no se permite la conmutación) al resto de hijos o descendientes, puede suponer la reducción del legado y, en consecuencia, verse comprometido el principio de conservación de aquella; y el otro, el régimen jurídico de los contratos de trabajo, de suministro, de obra etc., pues el legatario adquiere, junto con la empresa, un conglomerado de derechos (de propiedad intelectual e industrial y recayentes sobre bienes concretos y determinados); ii) a través del legado de usufructo universal, si bien es una figura que no está prevista en el derecho común; iii) a través de la fiducia sucesoria *ex* art. 831 CC, si bien con serias limitaciones en cuanto a encomendar al cónyuge la facultad de satisfacer las legítimas en metálico (1056.2); iv) a través de la promesa de mejorar, por el cauce del art. 826 CC y mediante capitulaciones matrimoniales (pues si se realiza en testamento la disposición es revocable), cuyo objeto sea prometer la mejora y sujetarla a condición, como pueda ser la continuidad de la empresa; v) a través de los contratos sucesorios; en concreto, el que tiene por finalidad acordar que una persona sea la sucesora de otra, si bien la sucesión contractual está proscrita en el ámbito del Código civil con carácter general; y vi) haciendo uso de los protocolos familiares. *Vid.* REYES LÓPEZ, M.ª J., «El patrimonio del empresario individual», en *Conflictos en torno a los patrimonios personales y empresariales*, tomo I, Bosch, Barcelona, 2010, pp. 315-327.

873 Que dice: *Cuando una cosa sea indivisible o desmerezca mucho por su división, podrá adjudicarse a uno, a calidad de abonar a los otros el exceso en dinero. Pero bastará que uno solo de los herederos pida su venta en pública subasta, y con admisión de licitadores extraños, para que así se haga.*

874 *Vid.* PUIG BRUTAU, J., «El testamento del empresario», ob. cit., pp. 852-853.

875 Sobre este particular, explica CORBAL FERNÁNDEZ que, para la postura más clásica, el párrafo segundo del art. 1056 era una modalidad del

En cualquier caso, lo que resulta incuestionable, como así ha tenido ocasión de manifestar MARTORELL ZULUETA[876], es que la previsión testamentaria adquiere especial relevancia para ga-

---

párrafo primero, y si este permitía al testador-partidor prescindir de la regla de la homogeneidad de los lotes (art. 1061 CC), aquel excluía la posibilidad del párrafo segundo del 1062, siendo indiferente que en la herencia hubiere dinero u otros bienes con los que satisfacer la legítima de los herederos forzosos.

Una doctrina más moderna desliga ambos preceptos, al partir de la premisa que en la herencia no hay bienes (de la clase que sean) para satisfacer las legítimas, por lo que deberán ser satisfechas con dinero propio del hijo o hijos adjudicatarios. De haber metálico o bienes suficientes, el art. 1056.2 sería una norma superflua, a la vista de las extensas facultades para el testador-partidor comprendidas en el párrafo primero del 1056. *Vid.* CORBAL FERNÁNDEZ, J., *Comentario del Código Civil* (coord., Ignacio Sierra Gil de la Cuesta) Libro III, De los diferentes modos de adquirir la propiedad, arts. 858 al 1.087, Bosch, Barcelona, 2000, pp. 542 y 543.

876 Y no sólo a través de la previsión testamentaria del causante (por ejemplo, mediante el cauce que nos ofrece el art. 1056.2 CC), sino también la adecuada elección del régimen económico matrimonial de los sucesores, en los casos en que la transmisión no sea hereditaria (pues en tal supuesto la calificación de las participaciones trasmitidas *mortis causa* o de la propia explotación lo serían como bienes o derechos privativos, quedando por tanto excluidos de una eventual liquidación del régimen económico matrimonial). *Vid.* MARTORELL ZULUETA, P., «Empresa familiar y regímenes comunitarios», en *La Empresa Familiar: Encrucijada de Intereses Personales y Empresariales* (coordinadora, María José Reyes López), Aranzadi, Cizur Menor (Navarra), 2004, pp. 94-95.

Sobre la cuestión relativa al régimen económico matrimonial, REYES LÓPEZ entiende que el régimen de separación "es el que mejor preserva de los efectos con relación a terceros en las situaciones en que la empresa sea deudora puesto que su constitución no contempla una interrelación de patrimonios". No obstante, la práctica diaria demuestra la participación de ambos cónyuges a través de sus aportaciones comunes, precisamente atendiendo al interés familiar de la empresa, "lo que hace muy difícil distinguir entre capital propio y común"; por eso, tal vez el régimen que más se ajuste a esta realidad sea el de participación. El de gananciales, si bien puede presentar ventajas, plantea también serias dudas, principalmente desde un doble ángulo: el sucesorio, referido a la sucesión de los herederos (que deberán liquidar la sociedad de gananciales con el cónyuge supérstite); y el de la protección de los acreedores. *Vid.* REYES LÓPEZ, M.ª J., «Economía del matrimonio y empresa familiar», en *La Empresa Familiar: Encrucijada de Intereses Personales y Empresariales* (coordinadora, María José Reyes López), Aranzadi, Cizur Menor (Navarra), 2004, pp. 100-101.

rantizar la continuidad del proyecto empresarial. En este mismo sentido, SERRANO DE NICOLÁS[877] ha puesto énfasis en la conveniencia de la anticipación sucesoria, así como en la subsistencia del testamento como elemento esencial de cierre de la sucesión. También GALLEGO DOMÍNGUEZ se ha referido a la cuestión, al decir que "dejar el destino de una empresa familiar al albur de los llamamientos intestados y de los problemas que puedan surgir en la partición no es el mejor modo de velar por la empresa familiar"[878].

En el presente capítulo trataremos, pues, la partición del testador del art. 1056.2 CC, empezando, como ya hicimos al referirnos al art. 1056.1 CC, por su origen histórico, para tratar con posterioridad aquellas cuestiones de mayor interés para la comunidad científica, en una cuestión tan relevante como la sucesión de la empresa, haciendo constar, como ya advirtió DÍEZ-PICAZO[879] al referirse a los problemas que plantea la sucesión *mortis causa* en relación con la empresa mercantil —empresario individual—, que "nos situamos ante un tema donde confluyen, procedentes

---

877 Al decir de este autor, "dada la longevidad de los futuros causantes, con incremento de las necesidades asistenciales y, a la vez, la disminución natural de las facultades físicas y mentales, que influirá tanto en la capacidad de gobernar los negocios como en la de testar, parece conveniente, si no necesario, planificar e incluso anticipar los efectos de la sucesión, sin perjuicio de que pueda completarse la distribución o la igualación (a través de la colación) mediante el testamento". *Vid.* SERRANO DE NICOLÁS, A., «Planificación sucesoria: el testamento en la sucesión anómala y las transmisiones *parasucesorias*», en *Conflictos en torno a los patrimonios personales y empresariales*, tomo I, Bosch, Barcelona, 2010, pp. 44-45.

878 *Vid.* GALLEGO DOMÍNGUEZ, I., «Relevo generacional y transmisión *mortis causa* de la empresa familiar en el Derecho español», *Revista Electrónica de Direito*, nº 2 (vol. 22), junio 2020, p. 71.

879 *Vid.* DÍEZ-PICAZO Y PONCE DE LEÓN, L., «La sucesión por causa de muerte y la empresa mercantil», *RDM*, nº 95, vol. XXXIX, 1965 (enero-marzo), p. 293. Como advierte el autor, "cuando hablamos de la sucesión *mortis causa* de un empresario o de sucesión por causa de muerte en una empresa nos estamos refiriendo —la aclaración me parece obvia— a un empresario individual. Si la empresa —o el empresario, valga la puntualización— revisten la forma de sociedad, el fenómeno hereditario se traduce entonces en una simple transmisión hereditaria de los derechos sociales —cuotas, acciones, participaciones—, lo cual simplifica extraordinariamente la cuestión, por lo menos la pura cuestión de Derecho hereditario".

de direcciones diversas, normas que pertenecen a dos zonas distintas del ordenamiento jurídico: por una parte, las normas del Derecho mercantil que regulan el estatuto jurídico del empresario y la ordenación jurídica de la empresa como complejo fenómeno económico, pero que no piensan —ni tienen por qué pensar— en lo que ocurre o en lo que debe de ocurrir cuando el empresario muere. Por otra parte, las normas civiles de Derecho de sucesiones, que, por una curiosa paradoja, no piensan que el objeto de la sucesión puede ser una empresa mercantil".

Hechas las anteriores manifestaciones a modo de introducción, adelantaremos ya la idea nuclear que sobrevolará continuamente en el estudio del art. 1056.2 CC: la afectación a la consistencia cualitativa de la legítima, al permitirse, como veremos, su conmutación, en el sentido de poder satisfacerse, no en bienes de la herencia, *in natura*, sino en metálico, aunque el mismo tenga origen o carácter extraherencial. Se prescinde, en suma, del principio de intangibilidad cualitativa de la legítima individual de todos los legitimarios, menos el que resulte —o los que resulten, según los casos—, adjudicatario de la explotación[880].

Por último, para cerrar este capítulo, haremos referencia a la otra cuestión nuclear, cual es la relativa a si la prohibición de los pactos sucesorios en el derecho común y, en particular, en la esfera del art. 1056.2, continúa teniendo sentido en la actualidad, pudiendo ofrecer al empresario-testador las herramientas que le resulten más útiles para conservar la indivisibilidad de su empresa.

II. ANTECEDENTES HISTÓRICOS Y REGULACIÓN ACTUAL

1. *Antecedentes históricos*

Vallet de Goytisolo[881], al referirse a los antecedentes históricos del párrafo segundo del art. 1056 CC, en su redacción originaria, señala que fue añadido en el Anteproyecto de 1882-1888,

---

880 *Vid.* Domínguez Luelmo, A., *El pago en metálico de la legítima de los descendientes*, Tecnos, Madrid, 1989, p. 47.

881 *Vid.* Vallet de Goytisolo, J. B., «Comentarios a los artículos 1.035 a 1.087 del Código civil», ob. cit., p. 156.

en su art. 1073, y que no se hallaba en el art. 899 del Proyecto de 1851 de García Goyena, que constaba de un solo párrafo, precedente, como ya sabemos, del párrafo primero del art. 1056.

Asimismo, cabe remontarse a las leyes 19 y 20 de Toro y a la Partida 6, 10, 2., en el sentido que —siguiendo en este punto las glosas de los autores castellanos la doctrina mantenida por BÁRTOLO y BALDO, en el *excursus* de VALLET DE GOYTISOLO—, si la cosa donada no resultare divisible y excediere del valor del tercio y quinto y legítima del mejorado, éste debía tener preferencia para adjudicársela en la licitación. Doctrina que se plasmará, aparte del art. 1056.2 CC, en los arts. 821 y 829 del Código civil actual[882]: el art. 821 referente a la reducción de un legado recayente sobre una finca no divisible, quedando en poder del legatario si la reducción no absorbe la mitad de su valor y, en caso contrario, para los herederos forzosos, si bien teniéndose que satisfacerse las compensaciones en metálico que correspondan; y el art. 829, al exigir que el mejorado abone la diferencia en metálico a los demás interesados cuando la mejora consista en cosa determinada, y el valor de esta excediere del tercio destinado a la mejora y de la parte de legítima —estricta— correspondiente al mismo.

El art. 1056.2, en la redacción originaria del Código, decía lo siguiente:

> El padre que en interés de su familia quiera conservar indivisa una explotación agrícola, industrial o fabril, podrá usar de la facultad concedida en este artículo, disponiendo que se satisfaga en metálico su legítima a los demás hijos.

Analizaremos con posterioridad este precepto en contraste con su redacción actual.

2. *Regulación actual*

El art. 1056.2 CC solamente se ha modificado, desde que se promulgó el Código, una sola vez, a tenor de la disposición final

882 *Ibid.*, pp. 156 y 157.

primera de la Ley 7/2003, de 1 de abril, de la sociedad limitada Nueva Empresa[883], y dice ahora:

> El testador que en atención a la conservación de la empresa o en interés de su familia quiera preservar indivisa una explotación económica o bien mantener el control de una sociedad de capital o grupo de éstas podrá usar de la facultad concedida en este artículo, disponiendo que se pague en metálico su legítima a los demás interesados. A tal efecto, no será necesario que exista metálico suficiente en la herencia para el pago, siendo posible realizar el abono con efectivo extrahereditario y establecer por el testador o por el contador-partidor por él designado aplazamiento, siempre que éste no supere cinco años a contar desde el fallecimiento del testador; podrá ser también de aplicación cualquier otro medio de extinción de las obligaciones. Si no se hubiere establecido la forma de pago, cualquier legitimario podrá exigir su legítima en bienes de la herencia. No será de aplicación a la partición así realizada lo dispuesto en el artículo 843 y en el párrafo primero del artículo 844.

En los apartados sucesivos iremos desgranando pormenorizadamente el contenido de este artículo, que resulta confuso en alguno de sus extremos.

---

883 Sobre los trabajos preparatorios de esta ley, *vid.* BOCG, Senado, Serie I, nº 312, VII Legislatura, de 23 de noviembre de 2001, en el que se publica el Informe de la Ponencia de Estudio para la problemática de la empresa familiar, constituida en el seno de la Comisión de Hacienda (https://www.senado.es/legis7/publicaciones/pdf/senado/bocg/I0312.PDF), donde en la p. 28 se dice: *Es incontrovertible que la empresa familiar, precisamente por el adjetivo, se ve afectada por instituciones y ramas del ordenamiento jurídico, que no afectan a otro tipo de empresas. En consecuencia, especialistas y comparecientes han ido destacando como diversos aspectos del derecho privado, vienen a condicionar el desarrollo y la sucesión en la empresa familiar, produciéndose desajustes originados por el hecho de que aquellas normas no tenían previsto, total o parcialmente, su aplicación a campos empresariales, que se rigen por otro tipo de normas distintas. Desajustes que vienen producidos porque no solamente la realidad y los cambios socio-económicos han llevado a una cierta obsolescencia a la normativa jurídica, sino también porque se está produciendo su aplicación para supuestos que el legislador entendió que quedaban al margen de determinadas ramas del derecho, cuando ahora se produce una confluencia de dichas normas y aquéllas quedan de propia y exclusiva aplicación al campo empresarial.*

III. NATURALEZA JURÍDICA Y FINALIDAD

No cabe duda de que el supuesto regulado en el párrafo segundo del art. 1056 CC conforma, verdaderamente, una partición testamentaria, pues se ubica en el precepto que regula la misma, pero diferenciándose claramente del más genérico, previsto en el párrafo primero, por las consecuencias prácticas que se consiguen a través de aquel: la conservación de la empresa, con pago de las legítimas en el modo y bajo las condiciones que se señalan[884].

---

884 Téngase presente la utilidad del art. 1056.2 CC en el interesante caso tratado por la SAP de Madrid (Sección 28) de 22 de febrero de 2007 (*Tol 1091228*) en el que un hijo del causante impugna un acuerdo social (el causante tiene cuatro hijos, dos del primer matrimonio —a quien se les paga la legítima estricta en metálico— y dos del segundo); dice la resolución: *Consta que en las disposiciones testamentarias de D. Daniel, además de atribuir el tercio de libre disposición a su esposa (salvo un legado de renta vitalicia a detraer de dicho tercio), el tercio de mejora a las hijas de su segundo matrimonio, en nuda propiedad, y nombrar herederos por partes iguales, en el tercio de legítima estricta, a sus cuatro hijos (las dos hijas de su segundo matrimonio y los dos hijos del primero), el causante dispuso que para la conservación del grupo de empresas del testador, se pagara la legítima de sus hijos del primer matrimonio en metálico, aplazándose el pago de la misma hasta el día anterior al cumplimiento de los cinco años a contar desde su fallecimiento (testamento de 17 de junio de 2003), así como que dentro de los derechos reconocidos en dicho testamento a favor de su esposa necesariamente habría de incluirse la plena propiedad de un tercio de las participaciones sociales propiedad del testador o de su sociedad conyugal de gananciales de la mercantil MAZACRUZ, SL, y dentro de los derechos reconocidos en el referido testamento a favor de las hijas de su segundo matrimonio habría de incluirse necesariamente la nuda propiedad de otro tercio de tales participaciones sociales y la plena propiedad del restante tercio, por partes iguales entre las dos (testamento complementario de 17 de mayo de 2004). Quiere ello decir que el testador hizo uso de las facultades que le confería el art. 1056 del Código Civil e hizo una partición, al menos parcial, de su herencia, concretamente en lo relativo a la plena propiedad de 2/3 partes de las participaciones sociales y de la nuda propiedad de la restante tercera parte de las participaciones sociales de la sociedad demandada, asignándolas a su esposa e hijas del primer matrimonio, disponiendo también que a los hijos de su primer matrimonio se pagara la cuarta parte de la legítima estricta que a cada uno correspondía en metálico, por lo que quedaban excluidos de sus derechos hereditarios las participaciones sociales de la sociedad demandada.*
Es cierto que el uso por el testador de las facultades que le atribuye el art. 1056 del Código Civil puede dar lugar a diversas situaciones: desde unas en las que la partición esté completamente realizada por el testador, o bien necesitada solamente de algunas operaciones complementarias para dar plena virtualidad a tales ope-

Rubio Garrido[885] entiende que la partición hecha al amparo del art. 1056.2 CC es un supuesto de conmutación de legítima, referido a una empresa o explotación económica, o paquete de control de una sociedad de capital o grupo de sociedades, a tenor de la reforma del precepto por la Ley 7/2003, es decir, se permite mantener, por este cauce, el control de una sociedad de capital[886].

---

raciones, en cuyo caso sus efectos son los mismos que si se tratara de una partición judicial o extrajudicial practicada por los propios herederos o por albaceas o partidores, esto es, conforme al art. 1068 del Código Civil, confieren a cada heredero la propiedad exclusiva de los bienes que le hayan sido adjudicados (Sentencia de la Sala 1ª del Tribunal Supremo de 21 de julio de 1986), hasta otras en las que el testador, diciendo hacer uso de la facultad que le confiere el artículo 1056 del Código Civil, se limita en su testamento a adjudicar algunos de sus bienes a sus herederos forzosos, a los que atribuye por partes iguales el remanente de los demás bienes no adjudicados, y reserva la práctica, de las operaciones particionales para que la realicen los contadores-partidores por él nombrados expresamente, en cuyo caso tales adjudicaciones, aunque siempre respetables dentro de los límites legales, no pueden conceptuarse como una partición, a los efectos prevenidos en el citado precepto (Sentencia de la Sala 1ª del Tribunal Supremo de 8 de marzo de 1989 y las en ella citadas).

El supuesto de autos parece ser un supuesto intermedio: hay una adjudicación casi total por parte del testador de las participaciones sociales de la sociedad demandada (1/3 en plena propiedad para su viuda; 1/3 en plena propiedad para las hijas de su primer matrimonio y 1/3 en nuda propiedad para tales hijas, en ambos casos por mitad), y hay una exclusión de los hijos del primer matrimonio respecto de tales participaciones sociales por cuanto que prevé que la parte de herencia que a estos corresponde (una cuarta parte de la legitima estricta para cada uno de ellos) se abone en metálico, justamente "para la conservación del Grupo de Empresas del testador y en aras de la paz familiar".

Quiere ello decir que las únicas personas con derechos sobre las participaciones sociales de la sociedad demandada que integraban el patrimonio del padre del actor eran, a partir de la muerte de éste, su viuda y las hijas de su segundo matrimonio, puesto que a los otros dos herederos se les había excluido de la sucesión de tales participaciones sociales por haber acordado el testador que se les pagara la legítima que les correspondía en metálico. El simple hecho de que estos pudieran solicitar la revocación de la partición conforme al art. 844.2 del Código Civil si en el plazo indicado no les era pagado en metálico la parte de legítima estricta que les correspondía no les otorga derecho hereditario efectivo sobre las participaciones sociales de la sociedad demandada.

885 *Vid.* Rubio Garrido, T., *La partición de la herencia*, ob. cit., p. 471.

886 En cuanto a la transmisión de las participaciones sociales y las acciones (y la adquisición del heredero o legatario de la condición de socio), *vid.*, respectivamente, los arts. 110 y 124 del Real Decreto Legislativo 1/2010, de 2 de julio, por el que se aprueba el texto refundido de la Ley de Sociedades de Capital.

Conmutación que se incardina dentro de los supuestos excepcionales —y cada vez menos a la vista del art. 841 CC[887], o de los arts. 829 (ya citado anteriormente) y 839 y 840 CC—, al considerar la doctrina jurisprudencial que la institución de la legítima es *pars hereditatis* y no *pars valoris*, es decir, es cuenta herencial y, por tanto, ha de ser abonada con bienes de la herencia[888], porque los

---

887 *Vid.* STS de 22 de octubre de 2012 (*Tol 2690425*): *La reforma operada por la ley 11/1981, de 13 de mayo, artículos 841 a 847 del Código Civil, favoreció de forma notable, la posibilidad del pago en metálico de las legítimas con carácter general, si bien bajo determinados condicionantes.* Espejo Lerdo de Tejada se refiere a una ampliación de los supuestos de pago en metálico de las legítimas, arts. 841 a 847 CC, que no requieren requisito objetivo, como sí lo requerían el resto de las figuras que tradicionalmente permitían esta posibilidad: en el caso del art. 821 cuando la finca no admita cómoda división; en el caso del art. 829 cuando se trate de la mejora en cosa determinada si el valor de esta excede la legítima larga; y en el caso del art. 1056.2 cuando se trate de una explotación agrícola, industrial o fabril (en su redacción primigenia). *Vid.* Espejo Lerdo de Tejada, M., «Comentario al art. 1056 del Código civil», ob. cit., p. 7656.

888 El propio art. 806 CC se refiere a la legítima como «una porción de bienes». Por esto Vattier Fuenzalida entiende que la conmutación "supone una excepción a las reglas generales que aseguran la igualdad en tema de partición, a saber: la regla de la unanimidad y la de las porciones iguales *in natura*, las cuales, si bien no rigen en materia de legítima amplia, sobre todo por la función desigualadora de la mejora, determinan las cuotas iguales de la legítima estricta y laten en las medidas protectoras de la intangibilidad cualitativa y cuantitativa de la misma". *Vid.* Vattier Fuenzalida, C., «El pago en metálico de la legítima de los descendientes. Estudio de los artículos 841 y 844 del Código civil», *RDP*, 1983, pp. 456 y 457. Si bien, respecto de lo que consideramos legítima larga, cabría matizar que el propio art. 832 CC señala: *Cuando la mejora no hubiere sido señalada en cosa determinada, será pagada con los mismos bienes hereditarios, observándose, en cuanto puedan tener lugar, las reglas establecidas en los artículos 1061 y 1062 para procurar la igualdad de los herederos en la partición de bienes*; por tanto, rige también, *a priori*, en cuanto a la mejora, el principio del pago en bienes hereditarios. Para un mejor entendimiento del principio de intangibilidad de la legítima, no sólo en cuanto a que debe pagarse *in natura*, sino que la misma no soporta cargas (los bienes que se le asignan al heredero forzoso no pueden quedar sometidos a condición, término, carga modal o limitación de la facultad de disponer), *vid.* Fuenmayor Champín, A., «Intangibilidad de la legítima», *ADC*, fasc. 1, 1948, pp. 46 y ss. y, más concretamente, pp. 57 y 58. *Vid.* también Vattier Fuenzalida, C., *El pago en metálico de la legítima de los descendientes*, ob. cit., pp. 25 y ss., al referirse a la regla del pago *in natura* de la legítima, base de la partición, pese a que no existe una nor-

legitimarios son cotitulares directos del activo hereditario y no se les puede excluir de los bienes relictos, salvo en casos determinados[889]. Sobre esta cuestión volveremos con posterioridad al

---

ma expresa que señale el pago de la legítima en bienes de la herencia, ni tan siquiera a la vista del art. 806 CC. DOMÍNGUEZ LUELMO afirma que "en materia de partición rige en general la regla de la igualdad cualitativa *in natura* en cuanto sea posible (...) siempre que la partición no sea realizada por el propio testador", negando la teoría general de DE LA CÁMARA sobre la posibilidad de pagar en dinero las legítimas en todo caso (cuando los bienes de la herencia queden en manos de uno o varios legitimarios), al amparo de los amplios poderes del testador *ex* arts. 829 y 1056.2, y porque el art. 806 no lo prohíbe, si bien podría interpretarse justo lo contrario. *Vid.* DOMÍNGUEZ LUELMO, A., *El pago en metálico de la legítima de los descendientes*, ob. cit., pp. 47 y 68 a 72.

889 *Vid.* STS de 31 de marzo de 1970 (*Tol 4284202*): *A la recurrente le fueron adjudicados los inmuebles núms. 5 y 6 del inventario y una cantidad, en metálico, compensatoria de valores, por lo que fue respetada la intangibilidad cualitativa de su legítima, ya que en nuestro Ordenamiento jurídico, por tener dicha institución la consideración de «pars hereditatis» y no de «pars valoris», es cuenta herencial y ha de ser abonada con bienes de la herencia, porque los legitimarios son cotitulares directos del activo hereditario y no se les puede excluir de los bienes hereditarios, salvo en hipótesis excepcionales —arts. 829, 838, 840 y párr. 2º del 1056 del CC— que no se dan en el caso de autos. Vid.* también STS de 26 de abril de 1997 (*Tol 215104*): ... *esta calificación de la legítima como «pars hereditatis», parte alícuota del caudal hereditario con todo su activo y su pasivo, no impide que el testador pueda disponer de alguno de los bienes de la herencia en su totalidad a favor de un legitimario o de otra persona siempre que se respete la legítima de sus herederos forzosos y ésta se pague con bienes de la herencia.*

Sobre la imposibilidad de que el contador-partidor testamentario satisfaga la legítima de los herederos forzosos en metálico, *vid.* RDGRN de 13 de mayo de 2003 (RJ 2003, 4177), y sobre la nulidad de la partición así realizada (extralimitación del contador-partidor al no estar facultado para el pago de la legítima en dinero), *vid.* SAP de Valencia (Sección 7ª), de 22 de marzo de 2019 (*Tol 7230365*).

Como afirma VALLET DE GOYTISOLO, conforme a la doctrina del *ius commune* trasladada al Derecho castellano, la legítima no podía satisfacerse sin el beneplácito de los legitimarios en dinero no existente en la herencia, más allá de los casos excepcionales en que se admitía y de los que dimanaron las normas de los arts. 821, 829 y 1062 CC; de ahí la conveniencia de la existencia del párrafo segundo del art. 1056 CC. *Vid.* VALLET DE GOYTISOLO, J. B., «Comentarios a los artículos 1.035 a 1.087 del Código civil», ob. cit., p. 157. ALBADALEJO también se refiere a esos casos excepcionales, con cita de los arts. 821, 829, 831, 1056.2 y 841 CC, este último, referido a la legítima de los descendientes, permitiendo la conmutación "siempre que el testador, el contador-partidor al que

tratar cómo se abona la legítima, pues es una materia nuclear en el estudio del supuesto, si bien hay que señalar que la percepción *in natura* —esto es, con bienes hereditarios— de la cuota legitimaria o, mejor dicho, de la porción hereditaria[890], no es imperativa, pues como venimos diciendo, hay supuestos en los que se puede sustituir ese pago en bienes por la percepción de metálico extraherencial, que en el supuesto del 1056.2 se menciona expresamente, siendo su principal razón de ser, pues de otro modo, esto es, caso de existir metálico en la herencia, no habría hecho falta esta norma especial[891].

Respecto a la conmutación de las legítimas individuales en metálico, valga en este momento señalar lo que ha dicho VATTIER FUENZALIDA[892], en el sentido que "aumenta las facultades dispositivas del *de cuius* al suprimir el «freno» a la libertad de disponer por testamento o por donación, en cuanto se refiere a la consistencia cualitativa de la atribución, al menos en el sistema legitimario de reglamentación negativa que impera en nuestro Derecho común; por otra parte, permite desigualar cualitativa y cuantitativamente a los legitimarios hasta el extremo de que, aquellos a quienes se conmuta su derecho por una cantidad de dinero, son apartados de la herencia y, en este sentido, resultan desheredados indirectamente, como es característico en los sistemas de legítima

aquél autorice, o el que nombre el secretario judicial o el notario en el caso del art. 1. 057.2º, adjudiquen todos o parte de los bienes hereditarios a alguno de los legitimarios y ordenen el pago en metálico de su legítima a los demás". *Vid.* ALBADALEJO GARCÍA, M., *Curso de Derecho civil. Derecho de sucesiones*, vol. V, ob. cit., p. 392.

890 Valga recordar que la Sección 8ª (Capítulo II, Título III del Libro Tercero del Código —arts. 841 a 847— se intitula): «Pago de la porción hereditaria en casos especiales».

891 *Vid.* ESPEJO LERDO DE TEJADA, M., «Comentario al art. 1056 del Código civil», ob. cit., pp. 7655-7656. Así lo entiende también DOMÍNGUEZ LUELMO, al decir que "(...) otra cuestión es que el metálico exista en la herencia, en cuyo caso con él se realizará el pago. Pero aquí ya no estaríamos en el supuesto del apartado 2º del artículo 1.056, sino en su apartado 1º, de carácter más genérico". *Vid.* DOMÍNGUEZ LUELMO, A., *El pago en metálico de la legítima de los descendientes*, ob. cit., p. 49.

892 *Vid.* VATTIER FUENZALIDA, C., «El pago en metálico de la legítima de los descendientes. Estudio de los artículos 841 y 844 del Código civil», ob. cit., p. 454.

simbólica o formal". Ello, no obstante, la conmutación no altera la naturaleza jurídica de la legítima[893].

Dicho esto y sin perjuicio de volver sobre la figura de la conmutación más adelante, como primera idea principal —y de partida—, podemos afirmar que no existe duda alguna de que nos encontramos ante una partición realizada por el testador, a renglón seguido del art. 1056.1 CC —que recoge, como es sabido, el supuesto general—, produciendo los mismos efectos transmisivos inmediatos *ex* art. 1068 CC a la apertura de la sucesión, al atribuir al adjudicatario la propiedad exclusiva de la explotación-empresa desde el fallecimiento del causante, sin requerirse la aprobación del resto de legitimarios o de la autoridad judicial[894]. Se trata, como subraya FOSAR BENLLOCH[895], de una "facultad particional del testador, si bien la prevenida en el párrafo segundo del precepto transcrito [el art. 1056 CC] tiene tal importancia y trascendencia jurídica, que penetra en el ámbito de lo dispositivo, transforma la habitual naturaleza jurídica de la legítima y afecta de modo notable a su consistencia".

Por otra parte, y como segunda idea nuclear, la propia finalidad de la partición testamentaria, cual es la de evitar, en la medida de lo posible, el futuro conflicto entre los sucesores del causante y, además, en este caso, el deseo de conservar indivisa la empresa o actuar en interés de la familia, implica que sean los operadores jurídicos —la "jurisprudencia cautelar" a la que se refiere PUIG BRUTAU[896]—, quienes expliquen las bondades de tal proceder para fomentar su uso en la práctica.

La transmisión de la empresa, como refiere ROBLES ÁLVAREZ DE SOTOMAYOR, puede ser tanto a título universal —forma parte de la herencia y pasa a los herederos como integrada en el conjunto de derechos—, como a título particular —legado de cosa

---

893 Que continúa siendo una *pars valoris bonorum*. *Vid.* VATTIER FUENZALIDA, C., *El pago en metálico de la legítima de los descendientes*, ob. cit., pp. 81 a 84.

894 *Vid.* RUBIO GARRIDO, T., *La partición de la herencia*, ob. cit., p. 472.

895 *Vid.* FOSAR BENLLOCH, E., «La explotación agrícola y el párrafo 2º del artículo 1.056 del Código civil», *ADC*, XVI-II, 1963, p. 378.

896 "Jurisprudencia cautelar" que corresponde a la función notarial y, en sentido más amplio, a la de asesoramiento profesional. *Vid.* PUIG BRUTAU, J., «El testamento del empresario», ob. cit., p. 845.

específica y determinada—[897]. En cuanto al tema de responsabilidad por deudas del heredero y el juego del art. 661 CC, pensamos que el mismo queda desvirtuado, hoy en día, en cuanto a la transmisión de la empresa se refiere, por la propia naturaleza de las sociedades de capital, en cuanto a la limitación de responsabilidad de los socios, a la vista del art. 1 del Real Decreto Legislativo 1/2010, de 2 de julio, por el que se aprueba el texto refundido de la Ley de Sociedades de Capital[898].

Dicho esto, podemos aseverar que la naturaleza jurídica de la institución está íntimamente relacionada con la finalidad que el precepto —que el testador— persigue — como lo persigue también el testador del párrafo primero del 1056—, hasta el punto de que no pueden entenderse de forma separada.

Analizaremos a continuación los elementos personales y reales, así como las exigencias formales.

IV. ELEMENTOS PERSONALES Y REALES; REQUISITOS FORMALES

1. Elementos personales: testador y adjudicatario de la explotación

Cabe advertir —con carácter previo a lo que diremos a continuación—, como ha señalado acertadamente NAVAS NAVARRO[899]

---

897 *Vid.* ROBLES ÁLVAREZ DE SOTOMAYOR, A., «El principio de conservación de la empresa en la transmisión hereditaria», ob. cit., pp. 586 y 599.

898 *Ibid.*, pp. 596 y ss., sobre la lógica responsabilidad personal e ilimitada de los herederos (sucesores de la empresa), que hayan aceptado pura y simplemente, por no constituir aquella un patrimonio separado.

899 Según esta autora, si el causante decide no hacer nada, de manera que sea la ley quien determine el sucesor, tendrá que asumir el coste (que es el coste de su pasividad), de haber renunciado a la oportunidad de disponer él mismo de sus bienes y atribuirlos a personas concretas, por lo que "los posibles herederos deberán asumir, en su caso, el coste económico que representa la fragmentación del patrimonio hereditario (art. 1056,2 CC), lo que según su composición puede resultar menos eficiente, que si se mantiene unido en manos de un heredero concreto. En efecto, deberán pechar con un nada desdeñable coste de oportunidad: el lucro cesante que se habría podido generar si se hubiera dispuesto

al referirse a la sucesión de la empresa familiar, que "la no designación de un sucesor por el causante-fundador, y la dejación a la ley para que lo determine, mediante la sucesión intestada, puede conllevar que la referida empresa familiar acabe desapareciendo"; es, precisamente esta contingencia, la que determina el uso de la facultad partitiva del art. 1056.2 CC en el concreto objeto particional de la explotación, en orden a conseguir su continuidad en el tiempo.

Al decir de SERRANO CHAMORRO, "la sucesión generacional se ha revelado como uno de los problemas críticos de la empresa familiar, como lo demuestra el dato de que la mayoría de este tipo de empresas no llegan a la tercera generación"[900].

Hecha la anterior apreciación, respecto del sujeto activo, ya sabemos que, en su redacción originaria, el párrafo segundo del art. 1056 CC hacía referencia al «padre», término que fue sustituido por el de «testador»[901] a raíz de la Ley 7/2003, de 1 de abril.

Para referirnos al sujeto activo —y porque guarda estrecha relación con ello—, hay que partir de la base de que algunos autores han llegado a plantearse incluso la propia utilidad del precepto. Es el caso, por ejemplo, de MUCIUS SCAEVOLA[902], a la vista de las amplias facultades que, para el testador, contempla el párrafo primero del art. 1056, con el límite único e infranqueable de las legítimas de los herederos forzosos. Otros, sin llegar a tal extremo, se han mostrado contrarios a la ubicación del precepto, pues se está tratando un problema relativo a las legítimas en sede de partición[903]. En este sentido, para ESPEJO LERDO DE TEJADA[904], el enfoque del precepto [pese a la sustitución del término «padre»

---

de otro modo de los bienes para que produjeran una mejor y mayor utilidad". *Vid.* NAVAS NAVARRO, S., «Libertad de testar *versus* libertad de celebrar pactos sucesorios y costes de transacción», *ADC*, fasc. 1, 2011, pp. 45-46.

903 Por ejemplo, LACRUZ-SANCHO, cuando expresan: "este precepto se halla aquí desplazado: su lugar propio es el capítulo de las legítimas, materia en la que aporta a la regla de que la legítima debe pagarse precisamente en bienes relictos una excepción muy importante, permitiendo que el instituido satisfaga sus derechos a los restantes legitimarios con dinero no perteneciente al caudal". *Vid.* LACRUZ-SANCHO, *Elementos de Derecho Civil V. Sucesiones*, ob. cit., p. 187.

904 *Vid.* ESPEJO LERDO DE TEJADA, M., «Comentario al art. 1056 del Código civil», ob. cit., p. 7650.

por el de «testador»] continúa siendo el mismo: se está tratando una cuestión relativa a las legítimas, pues es uno de los legitimarios el que recibe la explotación y quien debe satisfacer la legítima del resto.

Entrando ya en la cuestión relativa a los sujetos, la mayor parte de la doctrina ha entendido siempre que, pese a referirse el Código, en su redacción originaria, al término «padre», cualquiera de ambos progenitores podía hacer uso de esta facultad. También se admitió, mayoritariamente, el supuesto de los nietos del causante, posibilitando que los abuelos pudieren adjudicar a uno de sus nietos la explotación, aun en el supuesto de que viviera el hijo o hija, padre o madre de ese nieto, a través de la mejora[905], atendiendo a la clásica extensión a los descendientes de la palabra «hijos»[906], y a una tutela del interés de la familia[907], al adjudicar la explotación a un nieto cuando las circunstancias lo requiriesen[908].

905 Sobre la posibilidad de que los nietos puedan ser mejorados por el abuelo en vida del padre, sostiene ESPEJO LERDO DE TEJADA que bastaría que lo atribuido al nieto, la explotación, sea imputable al tercio de libre disposición, con la carga de pagar la legítima de los hijos del causante. *Vid. ult loc.* El Tribunal Supremo ha admitido la mejora a los nietos en vida del padre: STS de 18 de junio de 1982 (*Tol 1739425*).

906 *Vid.* STS de 30 de abril de 1981 (*Tol 1739595*).

907 FOSAR BENLLOCH se refiere a la "finalidad familiar del precepto". *Vid.* FOSAR BENLLOCH, E., «La explotación agrícola y el párrafo 2º del artículo 1.056 del Código civil», ob. cit., p. 383.

908 *Vid.* VALLET DE GOYTISOLO, J. B., «Comentarios a los artículos 1.035 a 1.087 del Código civil», ob. cit., p. 158. *Vid.* STS de 28 de septiembre de 2005 (*Tol 725216*): *Aunque la mejora sea parte de la legítima (sentencias de 26 de diciembre de 1989 y 22 de noviembre de 1991) y el artículo 808 del Código Civil no reconozca conjuntamente a los hijos y descendientes derecho a reclamar esta última, es interpretado el artículo 823 del Código Civil en el sentido de admitir la posibilidad de que el abuelo mejore al nieto pese a vivir el hijo y, por lo tanto, pese a no ser el mejorado legitimario de primer grado y, por ende, con derecho a reclamar legítima.*

La posibilidad de que el causante mejore a nietos viviendo los hijos, además de no contradecir ninguno de los artículos del Código Civil que regulan la mejora, se basa en el precedente histórico, a partir de la Ley 18 de Toro, a cuyo tenor el padre o la madre, o cualquier de ellos pueden si quieren hacer el tercio de mejoría que podían hacer a sus hijos o nietos conforme a la Ley del fuero a cualquier de sus nietos, o descendientes legítimos, puesto que sus hijos, padre de los dichos nietos, o descendientes sean vivos, sin que en ello les sea puesto impedimento alguno. Dicha Ley fue recogida en la Novísima Recopilación (10.6.2)

Ahora, con la sustitución del término «padre» por el de «testador», es obvio que toda posible discrepancia respecto del nieto del causante ha desaparecido[909]. Es más, con la nueva redacción se ha ampliado enormemente el círculo de sujetos pasivos, no circunscribiéndolo sólo a los hijos del causante —basta leer la parte final del art. 1056.2 en la redacción primigenia—, sino también a un extraño, manifestándose en contra de esta posibilidad DOMÍNGUEZ LUELMO[910]. Según este autor, el precepto se refiere a pagar en metálico "su legítima a los demás interesados" —los hijos a sus hermanos—, por lo que está dando a entender que la explotación debe adjudicarse, siempre, a un legitimario —o a varios[911]—, sea o no descendiente, para que éste pague en dinero las legítimas de los demás, esto es, de los que no recibirán bienes *in natura*[912].

ROBLES ÁLVAREZ DE SOTOMAYOR se refiere a cualquier persona que el testador estime idónea para asumir las riendas de la empresa y que sea capaz para suceder[913].

En cambio, VALLET DE GOYTISOLO ya sostuvo, en su momento, la idea de extender la facultad al causante que no deja descendientes, pero sí ascendientes, pudiendo atribuir la explotación a uno de ellos, o al cónyuge viudo o a un extraño[914], así como que el testador señale varios adjudicatarios, si esto contribuye a facilitar la finalidad de que la empresa no salga de la familia, siendo más factible el pago de la compensación —de la legítima—, en metálico[915].

Ciertamente la cuestión clave radica, después de la reforma del precepto por la Ley 7/2003, en si la explotación puede adjudicarse a un extraño. Y esto por el uso de la conjunción disyuntiva «o» cuando se refiere a la finalidad perseguida por el testador del art. 1056.2: «en atención a la conservación de la empresa o en interés de su familia», dando cabida, tal vez, a que sea transmitida

---

con el epígrafe la mejora del tercio se pueda hacer al nieto, aunque sus padres vivan. También se señala por la doctrina en apoyo de tal posibilidad el conocido rechazo de la tesis contraria al redactarse el artículo 654 del Proyecto de Código Civil de 1.851.

913 *Vid.* ROBLES ÁLVAREZ DE SOTOMAYOR, A., «El principio de conservación de la empresa en la transmisión hereditaria», ob. cit., p. 586.

914 *Vid.* VALLET DE GOYTISOLO, J. B., «Comentarios a los artículos 1.035 a 1.087 del Código civil», ob. cit., p. 159.

915 *Vid. ult. loc.*

a un extraño capaz de conservar su indivisión[916]. Es una cuestión debatida, compartiendo la opinión de los autores[917] que niegan tal posibilidad recurriendo para ello a los arts. 841 a 847 CC —que estudiaremos después—, pero que nos sirven, principalmente el art. 841, para justificar que el trasfondo de la institución continúa siendo el interés de la familia, de forma que podría impugnarse una partición en el supuesto que el testador no actuara en interés de la familia, sino que lo hiciera en contra de esta[918].

Por supuesto, el testador debe ostentar la propiedad de la empresa-explotación, por lo que no podrá disponer libremente en el caso que esta tenga carácter ganancial[919].

Por último, sobre la posibilidad que el testador encomiende a un contador-partidor el nombramiento del legitimario-adjudicatario de la explotación —o legitimarios-adjudicatarios—, y del resto de legitimarios que deban percibir su parte en metálico, compartimos la tesis mantenida por ESPEJO LERDO DE TEJADA, en el sentido que no es requisito esencial y, por tanto, delegable[920].

2. *Elementos reales*

En lo relativo a los elementos reales, tendremos, en primer lugar, el objeto de la adjudicación —o de la partición—, que constituye, al fin y al cabo, una unidad económica: una empresa o explotación económica. Para el TS, "conjunto coordinado de bienes y servicios"[921], en el sentido, entendemos nosotros, más amplio y actual del término, porque así se desprende del propio art. 1056.2 —en su redacción originaria se refería a una "explotación

---

916 *Vid.* ESPEJO LERDO DE TEJADA, M., «Comentario al art. 1056 del Código civil», ob. cit., pp. 7652-7653.

917 *Ibid.*, p. 7653.

918 *Vid.* DOMÍNGUEZ LUELMO, A., *El pago en metálico de la legítima de los descendientes*, ob. cit., p. 51.

919 STS de 25 de noviembre de 1966 (*Tol 4305670*): *Sólo puede utilizarla* [la facultad del art. 1056.2] *cuando tal unidad de explotación sea de la propiedad del testador, pero no en los supuestos en que tal bien tenga carácter ganancial.*

920 *Vid.* ESPEJO LERDO DE TEJADA, M., «Comentario al art. 1056 del Código civil», ob. cit., pp. 7651-7652.

921 STS de 13 de febrero de 1992 (*Tol 1661508*).

agrícola, industrial o fabril"[922] —, pues la finalidad de la figura es mantener su indivisión, o el control de una sociedad de capital o grupo, o el interés de la familia, porque así lo desea el testador[923].

Sobre este nuevo objeto de la partición, como es la sociedad de capital o grupo de éstas volveremos al tratar el tema de las legítimas y su problemática con las sociedades patrimoniales.

Otra cuestión importante en relación con los elementos reales son los problemas que se producen cuando la empresa familiar es de titularidad ganancial, pues como se ha dicho al referirnos a los elementos reales del art. 1056.1 CC, los cónyuges no pueden

---

922 Concepto que ya fue superado en su momento por la doctrina para adaptarlo al contexto actual (obviamente antes de la reforma de 2003). En este sentido, VATTIER FUENZALIDA, al referirse y justificar la reforma de los arts. 841 y ss. del Código y, en especial, al objeto de la sucesión, entiende que se "resuelve el problema de la transmisión indivisa de la explotación mercantil, al consagrar, en el plano legislativo, la interpretación extensiva del precepto no reformado que hemos mencionado [el 1056.2], la que se ha propuesto con acierto al objeto de abarcarla en la partición hecha por el propio testador". *Vid.* VATTIER FUENZALIDA, C., «El pago en metálico de la legítima de los descendientes. Estudio de los artículos 841 y 844 del Código civil», ob. cit., p. 457. En el mismo sentido se pronuncia DOMÍNGUEZ LUELMO, cuando se refiere a una "interpretación extensiva del precepto, para hacerlo aplicable a la empresa mercantil". *Vid.* DOMÍNGUEZ LUELMO, A., *El pago en metálico de la legítima de los descendientes*, ob. cit., p. 50.

923 Según la STS de 19 de mayo de 1951 (*Tol 4449720*), la voluntad del padre testador de que se conserve indivisa una explotación agrícola no necesita más fundamento que esa voluntad: *CONSIDERANDO.- Que la existencia de tal explotación está afirmada por el testador y contra ella no se opone, por lo que resulta del apuntamiento remitido a este Tribunal, manifestación alguna por el demandante, pues no funda su demanda más que en la manera en que se ha hecho la partición y el perjuicio que con esa forma se ha causado a las legítimas, y por eso incurre en evidente error la Sala sentenciadora al sostener en su considerando 1° que la unidad de la explotación necesita una prueba terminante que no ha tenido lugar en los autos, porque constando ya en el testamento, constituye una situación jurídica que no necesita más prueba, sino que por el contrario son los que la impugnan los que tienen que demostrar los hechos en que basen su impugnación en virtud del principio recogido en el artículo 1214 del Código Civil. CONSIDERANDO.– Que el otro requisito de la voluntad del padre testador de conservar indivisa una explotación agrícola no necesita más fundamento que esa voluntad, lo cual aparece en este caso con toda claridad por emplear en la cláusula tercera del testamento las mismas palabras del artículo 1056 mencionado, en modo que no hacen precisa interpretación alguna.*

partir unilateralmente sus bienes gananciales, so pena de nulidad. Efectivamente, como ya pusimos de manifiesto al analizar los límites dispositivos para el testador-partidor del precepto citado, debemos concluir, *mutatis mutandis*, que son los mismos para el párrafo segundo del art. 1056 CC: los bienes han de formar parte del patrimonio del testador, y los gananciales, o al menos una parte de ellos, no lo son; pero, claro está, en este caso circunscritos a una explotación económica. Por eso, algún autor como BUSTO LAGO[924] —para conjurar los peligros de la división de la empresa familiar ganancial en las respectivas herencias de los causantes—, ha defendido la posibilidad de utilizar cláusulas testamentarias en cuya virtud se establezca la prohibición temporal de realizar la partición, por ejemplo, recurriendo a la previsión contenida en el art. 1051 CC; así, ambos cónyuges podrían otorgar sendos testamentos estableciendo en ellos la indivisión de su herencia hasta que se produzca el fallecimiento del último de ellos, siempre que aquella no lo sea por tiempo indefinido, y sin que resulte de aplicación el límite de los diez años que, para el pacto de indivisión entre los comuneros, fija el art. 400 CC.

Por otra parte, como elemento real, tendremos el dinero de la compensación, que puede ser ajeno a la herencia, como así queda reflejado en la redacción actual del precepto, pues en la genuina no se decía expresamente, si bien se admitía por la doctrina[925]. Luego nos referiremos a la diferenciación con el supuesto contemplado en los arts. 841 y ss. CC.

El dinero, como refiere VALLET DE GOYTISOLO, no se le satisface al legitimario en pago del derecho legal, sino como sustituto suyo, es decir, se trata de una atribución directa, en ningún caso adjudicación para pago, lo cual supondría transformar el derecho legitimario en un derecho de crédito[926].

---

924 *Vid.* BUSTO LAGO, J. M., «La ordenación sucesoria de los bienes gananciales: avances hacia la consideración unitaria del patrimonio ganancial», ob. cit., p. 646.

925 *Vid.* VALLET DE GOYTISOLO, J. B., «Comentarios a los artículos 1.035 a 1.087 del Código civil», ob. cit., p. 160.

926 *Vid.* VALLET DE GOYTISOLO, J. B., «Notas para la interpretación del párrafo segundo del art. 1.056 y del art. 863 del Código Civil», *RGD*, 1946, pp. 674-675.

El TS se refiere al objeto de la conmutación del modo siguiente[927]:

> El heredero o contador partidor autorizado para pagar las legítimas en dinero, puede hacerlo con dinero no hereditario. Es evidente que cuando el testador ha previsto la posibilidad de conmutación, ha tenido presente un interés más general que el pago de las correspondientes legítimas, como ocurre, por ejemplo, en el supuesto del art. 1056 CC. Preservando este interés, la ley permite cambiar la cualidad con que el legitimario va a participar en la sucesión y por ello autoriza este legado de crédito. Al ser un acreedor, no se requiere que el dinero que sirve para pagar la legítima forme parte del caudal relicto, teniendo en cuenta, además, el carácter fungible del dinero.

3. Requisitos formales

Ningún problema específico plantea, desde un punto de vista formal, el supuesto del párrafo 2º del art. 1056 respecto a lo expuesto, con carácter general, al tratar el testamento particional.

La partición podrá llevarse a cabo en el mismo testamento en el que se dispuso a favor del heredero y de los legitimarios —que cumpla con los requisitos específicos para cada modalidad prevista en el Código según el art. 687 CC, so pena de nulidad, y en el que se dispondrá, a favor de estos últimos, a título de herencia o de legado para evitar la preterición *ex* art. 814 CC—, o en otro distinto, que será válido, aunque no contenga otra materia que la estrictamente particional, esto es, sin disposición de bienes[928]. Puede, también, llevarse a cabo la partición por acto entre vivos —pudiendo formalizarse en documento público o privado—, porque así lo permite el art. 1056.1, si bien necesitará siempre de la existencia de un testamento en el que se apoye, sin que esta mayor flexibilidad del acto particional implique, como sabemos, dotar al mismo de un carácter contractual irrevocable[929]. Así pues, siempre y en cualquier caso será necesario la existencia

---

927 STS de 18 de julio de 2012 (*Tol 2635443*); *vid.* también STS de 22 de octubre de 2012 (*Tol 2690425*).

928 *Vid.* Fosar Benlloch. E., «La explotación agrícola y el párrafo 2º del artículo 1.056 del Código civil», ob. cit., pp. 402-403.

929 *Ibid.*, p. 402.

de un testamento, anterior o posterior a la partición, en el que deberá constar, claramente, la voluntad del testador de que sus bienes queden partidos y adjudicados para evitar problemas de interpretación[930].

Respecto a la cuestión relativa sobre si el testador viene obligado a llevar a cabo todas las operaciones particionales típicas —inventario, avalúo, liquidación y división—, nos remitimos aquí a lo manifestado con carácter general al tratar el art. 1056.1º CC: posible calificación de partición testamentaria sin perjuicio de las operaciones complementarias (STS de 21 de julio de 1986[931]), entre ellas, la determinación de la legítima según el art. 818 CC: la partición del 1056.2º será válida aunque no contenga fijación del metálico de las legítimas[932].

V. EL PAGO DE LA LEGÍTIMA: DISTINCIÓN ENTRE EL SUPUESTO DEL ART. 1056.2 CC Y LOS SUPUESTOS ESPECIALES DE LOS ARTS. 841 Y SS. CC

Trataremos ahora una cuestión que ya hemos adelantado, cual es la distinción, a efectos del pago de la legítima en metálico, entre el supuesto contemplado en el art. 1056.2 CC y los supuestos especiales de los arts. 841 y ss. CC.

1. La legítima del art. 1056.2

De una simple lectura del art. 1056.2 CC podemos observar que subyace una cuestión nuclear, cual es la problemática referida a las legítimas. El testador podrá, libremente, elegir a la persona o personas a quien adjudicar, de modo íntegro, la empresa o la explotación, pero sin que esta decisión perjudique a las legítimas de los herederos forzosos. Es lógico que así sea porque entender lo contrario iría en contra de la norma imperativa prevista en

---

930 *Ibid.*, p. 404.

931 (*Tol 1734780*).

932 *Vid.* FOSAR BENLLOCH. E., «La explotación agrícola y el párrafo 2º del artículo 1.056 del Código civil», ob. cit., p. 405.

el art. 1056.1, y que se constituye en el único límite impuesto al testador-partidor.

En relación con esta cuestión, como señala PRADA ÁLVAREZ BUYLLA[933], no existe un tipo unitario de legítima, ni tan siquiera en el Código civil, pudiendo distinguir dos tipos esenciales —en base a una división eminentemente práctica, atendiendo a la naturaleza de los bienes en que son pagados los legitimarios—: el legitimario de una cuota *in natura* y el legitimario de una cuota de valor.

El pago de la legítima en bienes de la herencia no exige mayor explicación; pago como sinónimo de satisfacción de la legítima[934].

Cuando la legítima viene referida a una cuota de valor, quiere esto decir que puede ser abonada por los herederos en metálico, siendo un claro exponente de esta posibilidad el art. 1056.2 CC, pues por voluntad del testador, los legitimarios son excluidos, separados, de los bienes de la herencia —en términos más precisos, de la concreta propiedad de la sociedad o de la empresa—, y llamados, solamente, a un valor patrimonial de la misma, atendiendo a un fin especialmente económico, pero también familiar, social o jurídico[935].

En el art. 1056.2 CC el asignatario de la empresa recibe, podemos decir, más bienes hereditarios de los que legalmente le corresponden *ex* art. 806 CC, pero a cambio de que compense en dinero al resto de legitimarios; dinero que podrá tener, como ya hemos dicho, origen extrahereditario[936].

---

933 *Vid.* PRADA ÁLVAREZ BUYLLA, P., «El artículo 1.056, párrafo 2º., del Código Civil y las menciones legitimarias», ob. cit., p. 909 a 911.

934 *Vid.* ABADALEJO GARCÍA, M., *Curso de Derecho Civil. Derecho de sucesiones*, vol. V, ob. cit., p. 390.

935 Como manifiesta PUIG BRUTAU, "es muy probable que el empresario testador quiera otorgar su última voluntad en consideración a dos objetivos de difícil conciliación: atribuir a todos sus hijos el mismo beneficio patrimonial y conservar, pese a ello, la unidad de la empresa. Para lo primero bastaría instituir herederos a todos por partes iguales; para lo segundo convendría atribuir la empresa a uno sólo". *Vid.* PUIG BRUTAU, J., «El testamento del empresario», ob. cit., p. 847.

936 Ha entendido DOMÍNGUEZ LUELMO que, partiendo de que el metálico no existe en la herencia, si el testador adjudica íntegramente la explotación a uno de sus hijos, lo que está haciendo es disponer de la porción que, de conformidad con los arts. 806 y 808, correspondería *in natura* al resto; no existiendo el art. 1056.2 CC la disposición, en tales términos,

Sobre la naturaleza de la atribución en metálico de la legítima, la doctrina no se ha mostrado unánime, al considerarla: como una contraprestación otorgada por vía particional o de adjudicación para pago de deudas; o como disposición modal a la carga que se impone al adjudicatario por vía de partición —institución de heredero gravada con el modo de abonar la legítima en dinero—, o como un legado[937].

Efectivamente, se ha mantenido que el pago en metálico a los legitimarios lo será a título de legado, por ser más acorde con la naturaleza de la legítima[938], posición que no comparte ESPEJO LERDO DE TEJADA, pues, según él, ni tan siquiera en el marco de los arts. 841 y ss. CC se puede afirmar rotundamente que los legitimarios perceptores del metálico sean considerados legatarios de dinero o de cuota, puesto que lo que existe es una mera facultad particional, es decir, el testador puede privar a los legitimarios de la condición de herederos, pero por el simple hecho de otorgar la facultad de pago en metálico no quiere decir que sea esa su voluntad. La facultad de pago en metálico es considerada una incidencia particional, y como tal se refiere a sujetos que están instituidos herederos, pudiendo participar, de este modo, en todas las operaciones que se lleven a cabo desde la apertura de la sucesión hasta el pago de su cuota hereditaria y, obviamente, al ostentar tal condición —y no la de legatarios—, responderán de las deudas del causante[939].

Pese a la presunción favorable al legado del art. 768 CC cuando lo que se deja es una cosa determinada, si esta constituye una parte principal de la herencia o se refiere a su totalidad, cabrá pensar que el instituido-adjudicatario de la explotación lo ha sido como heredero, aunque el testador le haya nombrado legatario[940].

---

resultaría inoficiosa. La ley enerva, pues, las acciones de los legitimarios para reclamar su legítima *in natura*. *Vid.* DOMÍNGUEZ LUELMO, A., *El pago en metálico de la legítima de los descendientes*, ob. cit., p. 54.

937 *Vid.* BELLOD FERNÁNDEZ DE PALENCIA, E., *La partición efectuada por el causante*, ob. cit., pp. 105 y ss.

938 *Ibid.*, p. 109.

939 *Vid.* ESPEJO LERDO DE TEJADA, M., «Comentario al art. 1056 del Código civil», ob. cit., p. 7661.

940 *Vid.* DOMÍNGUEZ LUELMO, A., *El pago en metálico de la legítima de los descendientes*, ob. cit., pp. 52-53.

Dicho esto, entendemos nosotros que, si el testador no dispuso lo contrario, no cabe negarles la condición de herederos a los legitimarios que deban percibir su porción hereditaria —y no únicamente la legítima—, en metálico. Ciertamente, nos encontramos ante un problema de interpretación de la voluntad del testador que nos obliga a recurrir a las normas interpretativas del art. 675 CC, pero lo bien cierto es que, de cara a la protección de sus derechos, será mejor que ostenten la condición de herederos y que intervengan en las operaciones de cálculo de su cuota, a cambio, eso sí, de responder de las deudas del causante como el legitimario o legitimarios favorecidos con la adjudicación de la explotación[941].

Por otra parte, el párrafo segundo del art. 1056 no especifica si la legítima de los descendientes es la corta —estricta— o la larga —estricta más mejora—. DOMÍNGUEZ LUELMO[942] entiende que, si el testador mejora expresamente al destinatario de la explotación y, además, le asigna también el tercio de libre disposición, el pago al resto de legitimarios se circunscribe a su legítima estricta; caso de no decir nada —y salvo que pueda deducirse otra cosa del propio testamento—, hay que partir de la base que el adjudicatario ha sido mejorado, evitando un excesivo endeudamiento del obligado al pago que pueda poner en peligro la adjudicación de la explotación[943].

---

941 DOMÍNGUEZ LUELMO sostiene que nos encontramos ante un "legado de cantidad, pagadero en dinero, y a fijar con arreglo al valor que tengan los bienes en el momento de la liquidación". *Vid.* DOMÍNGUEZ LUELMO, A., *El pago en metálico de la legítima de los descendientes*, ob. cit., p. 56.

942 *Vid.* DOMÍNGUEZ LUELMO, A., «Comentario al art. 1056 CC», en *Comentarios al Código civil*, ob. cit., p. 4863.

943 Efectivamente, según este autor, si el testador se limita a adjudicar la explotación a uno de sus hijos ordenando que éste satisfaga en dinero la legítima del resto, sin especificar si le está mejorando o no, se debe entender que existe mejora tácita en favor del adjudicatario de la explotación, y que la legítima a satisfacer en metálico es la estricta. Y por lo que respecta al tercio de libre disposición, mientras el testador no haya hecho uso de él, deberá entenderse atribuido, también, a favor del adjudicatario de la explotación, salvo que otra cosa pueda deducirse del testamento. *Vid.* DOMÍNGUEZ LUELMO, A., *El pago en metálico de la legítima de los descendientes*, ob. cit., p. 53. Sobre la admisión de las mejoras tácitas por el Tribunal Supremo: STS de 19 de mayo de 1951 (*Tol 4449720*), en relación con el legado que excede del tercio de libre disposición y se imputa, tácitamente *ex* art. 828 CC, al de mejora; también STS de 18 de

Ciertamente, aquí puede suscitarse una duda respecto a si la mejora debe atribuirse expresa o tácitamente. Para un sector doctrinal, sobre la base del art. 825 CC, la mejora tiene que ser expresa; otro, en cambio, aboga por la permisividad de la mejora tácita en determinados casos, pues, como ha dicho BLASCO GASCÓ[944] "el Código civil no permite la mejora presunta vía donación, pero no prohíbe la mejora tácita, la cual existirá en todos aquellos casos en que, aunque el testador no haya utilizado la expresión mejora o similar, se manifiesta que realmente su voluntad fue la de mejorar a algún hijo o descendiente, vía donación o vía legado". Este es el criterio que sigue la doctrina jurisprudencial[945].

---

junio de 1982 (*Tol 1739425*). Respecto de la mejora, TORRES GARCÍA ha señalado que "presupone en el fondo un acto de naturaleza electiva por virtud del cual el causante elige entre sus legitimarios al que considera más apto para la continuación de la explotación". *Vid.* TORRES GARCÍA, T. F., «La explotación agrícola familiar: su conservación en la sucesión *mortis causa* del titular. Artículo 35 de la Ley de Reforma y Desarrollo Agrario», *ADC*, fasc. 2, 1980, p. 352.

944 *Vid.* BLASCO GASCÓ, F. DE P., *Instituciones de Derecho Civil. Derecho de Sucesiones*, ob. cit., p. 208.

945 Por ejemplo, en la STS de 29 de julio de 2013 (*Tol 3971688*): ... *como señala la Sentencia de esta Sala de 18 de junio de 1982 y, también la más reciente de 29 de mayo de 2006, la calificación como mejora de la donación efectuada no puede quedar prejuzgada con base a una mera interpretación literalista del artículo 825 del Código Civil, esto es, referida a si expresamente en el otorgamiento se configuró su carácter con el empleo del verbo "mejorar" o el sustantivo de "mejora". Por el contrario, fuera de este rango sacramental, la calificación de mejora de la donación efectuada encierra un fenómeno interpretativo de la declaración de voluntad que debe ser entendido conforme a los siguientes criterios: A) En primer lugar, la interpretación debe venir presidida por la regla o principio de la preponderancia de la voluntad del testador (STS 30 de octubre de 2012). Criterio que comporta que, en determinados casos, el fenómeno interpretativo no deba circunscribirse sólo a la cuestión interpretativa del negocio inter vivos de la donación, sino que alcance a los hechos determinantes que configuraron la sucesión testamentaria del donante (por todas, STS de 6 de marzo de 2013). B) En segundo lugar, en el contexto interpretativo de la declaración de voluntad que comporta el artículo 825 del Código Civil, claramente contrario a la admisión de la mejora "meramente presunta", debe señalarse que "la declaración de una manera expresa de la voluntad de mejorar", entendida como una declaración inequívoca, queda complementada en la donación con expresa dispensa de colación al quedar patente que se pretende un beneficio exclusivo para ese legitimario, que resulta mejorado.*

También la STS de 17 de septiembre de 2019 (*Tol 7509203*), en el sentido que no consta exteriorizada la voluntad del testador de mejorar al

Por último, debemos consignar una cuestión de suma importancia en relación con las legítimas y sobre la que nos advierte Espejo Lerdo de Tejada, cual es el uso de la sociedad patrimonial para eludir el régimen normal del pago de la legítima en bienes hereditarios.

En efecto, según este autor, de la propia redacción del precepto, al situar en el mismo plano tanto la finalidad de conservar la indivisión de la empresa sobre la base de un interés familiar como la de mantener el control de una sociedad de capital o grupo, sea empresarial o no, podría dar pie a que se aportaran todos los bienes del causante a una sociedad instrumental para no satisfacer las legítimas con bienes de la herencia. De ahí que las atribuciones particionales estén justificadas sobre la base de la conservación de la empresa, pues para la norma sigue prevaleciendo el interés de la familia en el control de una explotación empresarial[946].

2. *Valoración, aplazamiento e impago*

2.1. Valoración

El art. 1056.2 tampoco dice cómo deben valorarse las cuotas de los herederos forzosos que van a percibir su legítima en dinero. No hay inconveniente en que sean unos y otros quienes fijen, de común acuerdo, estos criterios, acudiendo por ejemplo a un tercero imparcial. Puede el testador haberlos previsto[947] (art.

---

recurrente conforme al art. 825 CC, ni el testamento contiene dispensa de colación.

946 *Vid.* Espejo Lerdo de Tejada, M., «Comentario al art. 1056 del Código civil», ob. cit., pp. 7653 a 7655. Para Puyalto Franco, ambos intereses [«conservación de la empresa o en interés de su familia»] "no tienen por qué ser contrapuestos o alternativos ya que uno y otro resultan complementarios". *Vid.* Puyalto Franco, M.ª J., «Libertad de testar y transmisión *mortis causa* de la empresa», en *La libertad de testar y sus límites* (coords., Antoni Vaquer Aloy, María Paz Sánchez González y Esteve Bosch Capdevila), Marcial Pons, Madrid, 2018, p. 427.

947 Torres García defiende la posibilidad que sea el propio testador quien señale el valor de la explotación, al ser perfecto conocedor de esta. *Vid.* Torres García, T. F., «La explotación agrícola familiar: su conservación en la sucesión *mortis causa* del titular. Artículo 35 de la Ley de Reforma y Desarrollo Agrario», ob. cit., p. 369. Y en cuanto a la fijación del importe de las legítimas, el art. 15, párrafo 5º letra b), números 1 y 2 LH, previsto

786.1 LEC), o encomendar tal función al contador-partidor, que no llevará a cabo funciones propiamente partitivas, sino valorativas de las cuotas[948]. Es discutible que pueda acudirse al procedimiento especial para la división de la herencia (arts. 782 y ss. LEC), puesto que la partición ya la hizo el testador y tiene eficacia directa (art. 1068 CC)[949]. Sobre esta cuestión, ya hemos dicho que sería más conveniente para los interesados poder hacer uso del proceso especial —con los mecanismos adecuados para este tipo de litigios—, antes que acudir a un juicio ordinario para hacer valer sus derechos sucesorios.

En cualquier caso, para calcular la porción hereditaria de los legitimarios que deben percibirla en metálico se podrá acudir a lo dispuesto en el art. 847 CC, que dice:

> Para fijar la suma que haya de abonarse a los hijos o descendientes se atenderá al valor que tuvieren los bienes al tiempo de liquidarles la porción correspondiente, teniendo en cuenta los frutos o rentas hasta entonces producidas. Desde la liquidación, el crédito metálico devengará el interés legal.

La norma da por hecho que el pago en dinero puede materializarse con posterioridad a la muerte del causante, variando el valor de los bienes o el de la moneda; por tanto, el legitimario deberá percibir una cantidad que será considerada como una deuda

---

para garantizar, desde el plano registral y frente a terceros adquirentes de buena fe el pago en metálico a los legitimarios, y por tanto aplicable al art. 1056.2 CC, prevé la posibilidad que sea el propio causante quien haya fijado su importe.

948 Es una posibilidad que sostiene FOSAR BENLLOCH, al referirse al nombramiento de un albacea específico con funciones liquidatorias, que no tendrá que llevar a cabo la partición porque ya se ha hecho, sino sólo computar y valorar las cuotas a pagar a los legitimarios; acto, en cualquier caso, complementario de la partición del testador, pero no propiamente calificable como una partición, puesto que no adjudica bienes singulares a los partícipes en la comunidad hereditaria, eliminándola, sino que liquida las cuotas de valor que a los legitimarios corresponden en la explotación, que es propiedad privativa del heredero asignatario. *Vid.* FOSAR BENLLOCH, E., «La explotación agrícola y el párrafo 2º del artículo 1.056 del Código civil», ob. cit., pp. 395 y 396.

949 *Vid.* DOMÍNGUEZ LUELMO, A., «Comentarios al art. 1056 CC», en *Comentarios al Código civil*, ob. cit., p. 4863.

de valor, no de dinero[950]. ¿Cómo se conjuga este artículo con el 818? Para ESPEJO LERDO DE TEJADA la clave radica en el título que el causante utiliza para atribuir la legítima, de manera que como la atribución del art. 1056.2 no supone un acto dispositivo del causante, persiste la situación de comunidad entre todos los legitimarios, aunque algunos —los adjudicatarios de la explotación—, puedan satisfacer de un modo diferente los derechos del resto —no adjudicatarios—, en este caso en metálico, lo cual no deja de ser una forma especial para el pago de la legítima, según el valor de los bienes al ser distribuidos[951].

Por último, reseñar que el precepto dispone que podrá ser también de aplicación cualquier otro medio de extinción de las obligaciones.

2.2. Aplazamiento e impago

El testador —o el contador-partidor por él designado—, está facultado para establecer un aplazamiento, hasta un plazo máximo de cinco años a contar desde la fecha de su fallecimiento para que el adjudicatario de la explotación pague la legítima de los no-adjudicatarios, incluso con dinero extraherencial, si bien esto puede suponer una carga excesiva para el mismo[952].

---

950 *Vid.* ESPEJO LERDO DE TEJADA, M., «Comentario al art. 1056 del Código civil», ob. cit., pp. 7661-7662. Sobre esta cuestión dice la STS de 26 de junio de 2023 (*Tol 9635555*): *El art. 847 CC establece una regla sobre la valoración de los bienes de la herencia con el fin de calcular las cantidades que se deben abonar a los perceptores del metálico. Aunque el pago se realice en dinero, la cantidad que deben percibir los perceptores de metálico es una deuda de valor hasta que se liquide, y solo será deuda de dinero desde la liquidación.*

951 En el supuesto del art. 1056.2 CC, la legítima no se individualiza en bienes determinados en el momento de la muerte del causante, porque este no dispone mediante un título que excluya a los legitimarios de la comunidad hereditaria —hecho que sí sucede cuando realiza una donación o legado que cubre la legítima, o realiza la partición de los bienes—, de modo que lo que existe es únicamente una facultad, encomendada a ciertos descendientes para pagar a aquellos la legítima en metálico, por lo que la valoración de los bienes deberá hacerse en el momento de la distribución. *Ibid.*, p. 7664.

952 *Vid.* ESTELLÉS PERALTA, P. M.ª, «La superación del Derecho de sucesiones codificado: reflexiones sobre la conveniencia de una reforma», ob. cit., p. 41.

Transcurrido el citado plazo y no satisfechas las cuotas de los herederos forzosos que reciben la legítima en metálico, puede aplicarse analógicamente la solución contenida en el art. 844.2 CC: repartir la herencia según las disposiciones generales sobre la partición, si bien, la resolución de la partición por transcurso del plazo no será automática, debiendo instarla el legitimario insatisfecho, quien podría exigir el pago del metálico[953]. O, dicho de otro modo, habiendo incumplido el heredero adjudicatario su obligación de pago en metálico a los legitimarios a quienes se había conmutado su legítima, podrán reclamar que ésta les sea satisfecha con bienes de la herencia.

Por tanto, la adjudicación de la explotación quedará condicionada a que, en realidad, se lleve a cabo el pago de las cuotas legitimarias en dinero, y no, como equívocamente dice el 1056.2 CC, al hecho de no haberse establecido la forma de pago. Esta condición, bien suspensiva, bien resolutoria, deberá consignarse en la escritura de partición, y será recomendable hacerla constar en el Registro de la Propiedad, a los efectos de garantizar la legítima pagadera en dinero y evitar la concurrencia de terceros adquirentes protegidos por la fe pública registral, recurriendo para ello a la aplicación analógica del art. 80.2 RH, previsto para el art. 844 CC, pero aplicable también al 1056.2 CC[954]. Así lo entiende también TORRES GARCÍA[955]: "Desde que se hizo esta modificación del Código Civil [refiriéndose a los arts. 841 a 847 por la Ley 11/1981, de 13 de mayo, y que se analizará en el siguiente epígrafe], enseguida se pensó que su acceso al Registro de la Propiedad sería vía art. 15 LH al regular dicho precepto la conocida figura de «la mención legitimaria» a lo que podemos añadir que ante la no coincidencia total entre los requisitos del Art. 15 de la LH y los artículos 841 a 844 CC como garantía de los legitimarios, ha sido el Art. 80,2 RH el encargado de adaptar y armonizar ambos

---

953 *Vid.* ESPEJO LERDO DE TEJADA, M., «Comentario al art. 1056 del Código civil», ob. cit., p.7658.

954 *Ibid.*, pp. 7657-7658.

955 *Vid.* TORRES GARCÍA, T. F., «La legítima en el código civil español: un panorama general», en *Las legítimas y la libertad de testar. Perfiles críticos y comparados* (directores: Francisco Capilla Roncero, Manuel Espejo Lerdo de Tejada y Francisco José Aranguren Urriza; coordinadores: Juan Pablo Murga Fernández y César Hornero Méndez), Thomson Reuters-Aranzadi, Cizur Menor (Navarra), 2019, p. 59.

preceptos". Por tanto, será a través de esa vía por la que se otorgue protección a los legitimarios.

Nos referiremos, seguidamente, a los arts. 841 y ss. para dejar clara nuestra posición y distinguir estos supuestos del previsto en el art. 1056.2, por cuanto comparten muchas similitudes.

3. *Los supuestos de los arts. 841 y ss. CC*

Como destaca Peña Bernaldo de Quirós[956], en el Código civil hay dos supuestos en que el testador ostenta la facultad para, bajo determinadas condiciones, asignar, por vía particional, y no obstante las legítimas, bienes hereditarios concretos a alguno de los herederos. El primer supuesto ya lo sabemos; el segundo es el previsto en los arts. 841 y ss. CC, que "significan la confirmación de la regla general según la cual los herederos forzosos tienen derecho a que su cuota se concrete en un lote de bienes hereditarios, guardándose, en la formación de los lotes de los distintos herederos, la regla de *la posible igualdad*".

El punto de partida de los arts. 841 a 847 CC, como dice Rivas Martínez[957], hay que buscarlo en el párrafo segundo del art. 840 CC, que en su redacción original, decía:

> Los hijos legítimos podrán satisfacer la cuota que corresponda a los naturales, en dinero o en otros bienes de la herencia a justa regulación.

Esta concurrencia, en una misma herencia, de hijos legítimos —matrimoniales— y naturales —extramatrimoniales—, se consideraba discriminatorio para estos últimos, al afectarles sustancialmente en el aspecto «cualitativo» de la legítima —si bien no en el «cuantitativo»—, dando origen, sobre la base del art. 14 de la Constitución Española de 1987 y en virtud de la Ley 11/1981, de 13 de mayo, a una nueva redacción de los arts. 841 a 847 —ambos inclusive—, para conseguir trato igualitario de todos los hijos con

---

956 *Vid.* Peña Bernaldo de Quirós, M., «La naturaleza de la legítima», *ADC*, fasc. 4, 1985, pp. 902-903.

957 Rivas Martínez, J. J., *Derecho de sucesiones común. Estudios sistemático y jurisprudencial*, ob. cit., pp. 1470-1471.

independencia de su filiación: matrimonial, extramatrimonial o adoptiva.

El pago en metálico de la legítima a los herederos forzosos, en el ámbito del art. 841, constituye, según RIVAS MARTÍNEZ, una facultad y no una carga para los herederos; basta que uno solo de los hijos o descendientes adjudicatarios de los bienes *in natura* no admita tal escenario, para que la porción hereditaria de los restantes legitimarios se pague en bienes hereditarios según las reglas de la partición (art. 842)[958], aunque se ha dejado entrever, si bien tímidamente, una posible imperatividad de la conmutación[959].

La autorización del testador debe ser expresa o, en su caso, claramente deducible del empleo de las fórmulas oportunas para tal fin: el otorgamiento de la facultad[960].

---

958 *Ibid.*, p. 1472.

959 *Vid.* STS de 9 de diciembre de 2010 (*Tol 2001835*): *La cláusula contenida en el testamento de Dª Leonor podía dar lugar a dos posibles soluciones: 1ª La aplicación de los arts. 841 ss. CC, porque se ha producido la adjudicación del único bien de la herencia y se obligó a los legatarios-adjudicatarios a pagar la legítima de los demás en dinero. Esta solución sería en principio correcta, pero tropieza con una dificultad y es que la norma del art. 844 CC no parece que deba ser aplicable a aquellos casos en que el testador imponga a sus herederos o legatarios la carga de pagar las legítimas en dinero, puesto que entonces el legatario no está autorizado para actuar de una forma distinta, ni en consecuencia, es titular de ninguna facultad de optar, ya que al pagar las legítimas en dinero, está cumpliendo la voluntad testamentaria que no puede infringir. 2ª Aplicar el art. 1056 CC, único vigente en el momento en que la causante otorgó su testamento. Esta solución tropieza asimismo con diversas dificultades, tales como que la norma que rige la sucesión es la vigente en el momento del fallecimiento del causante, no la del otorgamiento del testamento y Dª Leonor falleció estando vigentes los arts. 841 ss. CC, así como que en realidad el art. 1056 CC resulta difícil de aplicar por no tratarse de una partición en sentido estricto. Vid.* también RDGRN de 22 de septiembre de 2017 (*Tol 6378827*).

960 *Vid.* RDGRN de 11 de enero de 2018 (*Tol 6484488*): *Este Centro Directivo ha dicho (Resolución de 18 de julio de 2016) que «para que la partición del contador se sujete a lo establecido en los artículo 841 y siguientes es preciso que la autorización del testador se refiera al artículo 841, ya sea invocándolo numeralmente o bien refiriéndola al supuesto en él previsto, con sus propias palabras o con otras cualesquiera con sentido equivalente, aunque técnicamente sean impropias o incorrectas, o simplemente de significado distinto si por su sentido resulta indudable la intención del testador de conferir una autorización que encaje con el supuesto del artículo 841. Así lo será en los casos en que el testador designe heredero universal a uno de los descendientes legitimarios o a varios, y legue a los*

En este contexto, se ha suscitado el problema de la utilidad de la facultad prevista en el párrafo segundo del art. 1056 CC al perder su carácter excepcional[961].

¿Es esto realmente así, o cabe establecer diferencias entre los dos regímenes?

Para responder a esta cuestión hay que partir de la base siguiente: el art. 841 no recoge, en ningún caso, un acto partitivo, esto es, no es una partición que esté comprendida dentro del art. 1056, pues en tal caso, los legitimarios, tal y como dice el precepto, tendrían que pasar por ella. Y esto se fortalece de la propia lectura de los arts. 843 y 843, al presuponer que la partición no está hecha[962].

---

demás legitimarios y mejorados la compensación que, para satisfacer sus respectivas legítimas, el instituido o los instituidos deban abonarles en metálico». Vid. también, en el mismo sentido, RRDGRN de 22 de septiembre de 2017 (*Tol 6378827*) y 18 de julio de 2016 (*Tol 5832230*).

961 *Vid.* Corbal Fernández, J., *Comentario del Código Civil*, ob. cit., p. 543. De hecho, el propio art. 841 CC otorga la facultad no únicamente al testador, sino también al contador-partidor autorizado por aquél y al contador-partidor dativo. Garrido de Palma, al estudiar la obra de Lacruz Berdejo sobre el derecho sucesorio, dice: "El supuesto del art. 841 y ss. y la facultad de conservar indivisa una explotación disponiendo que se satisfaga en metálico su legítima a los demás hijos del art. 1.056,2. Expone Lacruz que esta norma queda hoy desbordada por la otra, mucho más amplia, señalando que el art. 1.056,2 ha perdido importancia; sin embargo, como reconoce el autor, la facultad *ex* art. 1.056.2° tiene peculiaridades y posibilidades que permiten mantenerla como institución autónoma cuya utilización puede preferir el testador en algunos casos. Ciertamente así acaece en la realidad práctica del testamento notarial: sin ir más lejos, el que en la partición por el testador haya de «pasarse por ella», mientras que en el supuesto del 841—más amplio subjetiva y objetivamente desde luego— la partición realizada por el testador o el contador-partidor expresamente autorizado por aquél, haya de ser objeto de expresa confirmación por todos los hijos o descendientes y en su defecto requerir la aprobación judicial (art. 843), revela que nos hallamos ante tratamientos legales diferentes, y es que los supuestos fácticos también lo son". *Vid.* Garrido de Palma, V. M., «Reflexiones ante el Derecho de sucesiones en la obra de Lacruz Berdejo», en *Estudios de Derecho Civil en homenaje al profesor Dr. José Luis Lacruz Berdejo* (coordinación a cargo del Área de Derecho civil de la Facultad de Derecho de la Universidad de Zaragoza), vol. 1, José María Bosch, Barcelona, 1992, p. 381.

962 *Vid.* Rivas Martínez, J. J., *Derecho de sucesiones común. Estudios sistemático y jurisprudencial*, ob. cit., p. 1473.

Tampoco es una norma para la partición, pues los herederos autorizados para el pago de la legítima en metálico pueden optar por satisfacerla *in natura*, al no tener el art. 841 efecto vinculante para el adjudicatario. Es, insistimos, una mera facultad concedida por el causante a los coherederos adjudicatarios de bienes, que requiere unanimidad si son varios los elegidos, estableciéndose unos plazos para decidir y pagar la legítima en metálico[963], previa su comunicación a los perceptores en el plazo de un año a contar desde el fallecimiento del causante *ex* art. 844.1 CC. Por el contrario, en el caso particular del 1056.2, sí podemos hablar de ese carácter vinculante para el adjudicatario de la empresa, al no

---

963 El adjudicatario o adjudicatarios de los bienes hereditarios pueden optar por realizar una partición normal, en el caso, por ejemplo, que les resulte muy gravoso pagar la legítima en metálico: *vid.* SAP de Jaén (Sección 1ª) de 25 de septiembre de 2015 (*Tol 5578349*): *… derivándose del art. 842 Cc —reiteramos—, que el pago en metálico de la legítima constituye una facultad y no una carga del heredero llamado en principio a quedarse con los bienes del caudal relicto, y que esa facultad ha sido claramente rechazada por la apelante (…), por resultarle el pago en metálico demasiado gravoso.*
Vid. también la STS de 22 de octubre de 2012 (*Tol 2690425*): *Como se ha señalado, la reforma operada por la ley 11/1981, de 13 de mayo, que dio lugar, entre otros, al tenor actual de los artículos 841 a 847 del Código Civil, favoreció, de forma notable, la posibilidad del pago de las legítimas en metálico. Del carácter general de este cambio normativo da buena cuenta la regulación, muy favorable, que el Código dispensa respecto del supuesto especial en el que el pago en metálico afecta a la legítima de los descendientes; los citados artículos 841 a 847 de dicho Cuerpo legal. No obstante, y he aquí lo relevante, esta posibilidad se establece, también, conforme al cumplimiento de unos requisitos o condicionantes que tienen, como finalidad última, velar por la neutralidad, seguridad y equilibrio de la conmutación operada en el pago de la legítima, de forma que su mera aplicación no resulte perjudicial para los intereses de los legitimarios.*
Esta finalidad, de salvaguarda de la intangibilidad material de la legítima y de la seguridad respecto del pago efectivo de la misma, viene también reforzada desde la perspectiva conceptual que presenta el pago en metálico de la legítima de los descendientes conforme al marco establecido en los artículos 841 a 847 del Código Civil. En efecto, porque que en este supuesto, a diferencia de lo previsto en el artículo 1056 del Código Civil, y pese al mero tenor literal del artículo 841, el testador o, en su caso, el contador-partidor expresamente autorizado, en rigor, no está ordenando imperativamente la conmutación del pago de la legítima, sino facultando a alguno o algunos de sus hijos o descendientes para que, si así lo quieren (842 del Código Civil), se adjudiquen todo o parte del caudal relicto, compensando a los demás legitimarios con dinero no herencial. Con lo que el pago en metálico de la legítima viene a constituir una facultad y no una carga del heredero llamado en principio a quedarse con los bienes del caudal relicto.

poder optar, pues debe pagar, sí o sí, las diferencias en metálico a los demás, no pudiendo recurrir a una partición ordinaria[964]; precisamente por esto no existen, en el citado precepto, plazos de elección y pago, ni se requiere aprobación por el letrado de la administración de justicia o notario[965] *ex* art. 843 CC[966].

BELLOD FERNÁNDEZ DE PALENCIA[967] se refiere a los siguientes rasgos diferenciales: i) el bien que se atribuye al heredero adjudicatario en el 1056.2 —porque así lo ha querido el legislador— es una empresa o explotación, mientras que el art. 841 no limita las adjudicaciones en función de la naturaleza de los bienes; ii) el 1056.2 tiene una finalidad expresa y determinada, cual es la de preservar la indivisión de la empresa o explotación económica — también sobre la base de un interés familiar—, mientras que los arts. 841 y ss. no expresan ninguna finalidad; iii) el adjudicatario del 1056.2 puede ser un legitimario o no, incluso un extraño —si bien esto resulta muy discutible como hemos dicho con anterioridad—, mientras el 841 se refiere a *hijos o descendientes*, y sólo a ellos, no como el 1056.2, que alcanza a todos los descendientes, aunque sean de ulterior grado; y iv) los plazos y requisitos del pago en metálico de la legítima son diferentes, atendiendo a la distinta naturaleza de ambas instituciones: el art. 1056.2 tiene carácter imperativo, mientras del art. 842 se deduce claramente su carácter facultativo[968].

---

964 Así lo entiende también DOMÍNGUEZ LUELMO, al decir que "parece claro que en el supuesto previsto en el art. 1.056.2, teniendo la partición una eficacia real directa —se pasará por ella, dice el apartado 1º. Del mismo artículo —el pago en metálico es una carga del adjudicatario de la explotación que no tiene más remedio que aceptar. Por lo que respecta a los artículos 841 y siguientes el texto literal del artículo 842 no deja lugar a dudas en cuanto a que, los designados como adjudicatarios en el testamento, pueden optar entre asumir la obligación de pago en dinero, o someterse a una partición según las reglas generales". *Vid.* DOMÍNGUEZ LUELMO, A., *El pago en metálico de la legítima de los descendientes*, ob. cit., pp. 227-228.

965 *Vid.* CORBAL FERNÁNDEZ, J., *Comentario del Código Civil*, ob. cit., p. 543.

966 En la redacción que trae causa de la disposición final 1.71 de la Ley 15/2015, de 2 de julio, de la Jurisdicción Voluntaria.

967 *Vid.* BELLOD FERNÁNDEZ DE PALENCIA, E., *La partición efectuada por el causante*, ob. cit., pp. 104 y 105.

968 Para ESPEJO LERDO DE TEJADA, el hecho de que el art. 1056.2 CC se refiera a los arts. 843 y 844.1 CC, excluyéndolos, no significa que tácitamente se apliquen el resto, aunque tal y como está redactado aquel así

En términos muy similares se pronuncia LLOPIS GINER[969].

Así pues y, en resumen, aunque ambos regímenes jurídicos se refieran al pago de la legítima en metálico, entendemos que cabe hablar de sustantividad propia de uno y otro, si bien, a los efectos de resolver el dilema de si un extraño puede ser adjudicatario de la explotación, vista la confusa redacción del párrafo segundo del 1056, no vemos inconveniente en recurrir al ámbito subjetivo de aplicación del art. 841 para negar esta posibilidad a la vista del principio de la intangibilidad cualitativa global de la legítima, quedando excluidos también los ascendientes y el cónyuge viudo como sostiene algún autor[970].

---

cabría entenderlo. Para este autor, la clave está en el carácter opcional del pago en metálico previsto en los arts. 841 y ss., en contraposición al previsto en el 1056.2, en el que el adjudicatario de la empresa debe pagar sí o sí las diferencias en metálico al resto de legitimarios. *Vid.* ESPEJO LERDO DE TEJADA, M., «Comentario al art. 1056 del Código civil», ob. cit., pp. 7658-7659.

969 Quien subraya las diferencias entre los arts. 841 y ss. y el 1056.2 CC: i) en cuanto al presupuesto objetivo, que sí que existe en el art. 1056.2 y no en el art. 841 y ss.; ii) respecto del contenido del art. 842, que permite a los obligados a pagar la cuota en metálico exigir que esta sea satisfecha en bienes de la herencia, lo que no sucede en el art. 1056.2, pues los adjudicatarios de la explotación no ostentan tal facultad y, por tanto, lo que decide el testador se impone como obligatorio para los herederos, también los forzosos; iii) el 1056.2 pivota sobre la conservación y el interés de la familia, razones o condicionantes que no constan en los arts. 841 y ss.; y iv) el propio art. 1056.2 excluye lo exigido por los arts. 843 y 844 párrafo primero, relativos a la aprobación por el secretario judicial o notario y la forma de pago, respectivamente. *Vid.* LLOPIS GINER, J. M., «La libertad del testador, su facultad de partir, comentario al nuevo artículo 1056.2 del Código civil», ob. cit., p. 70.

970 Para ESPEJO LERDO DE TEJADA "el nuevo precepto [refiriéndose al 1056.2] parece presuponer la aplicación a este tipo de partición de bastantes de las normas propias del pago de la legítima en metálico, que sin duda alguna obligan a la adjudicación de los bienes a uno al menos de los legitimarios (cfr. Art. 841 CC)"; y refiriéndose al art. 841 sigue diciendo que "la formulación literal excluye la atribución de los bienes a un extraño (y, en consecuencia, a los ascendientes o al cónyuge del causante), con la obligación de satisfacer en metálico las porciones de otros legitimarios: se trata de elegir necesariamente a alguno de los hijos o descendientes". *Vid.* ESPEJO LERDO DE TEJADA, M., «Comentario al art. 1056 del Código civil», ob. cit., pp. 7652-7653.

VI. GARANTÍAS REGISTRALES DE LA CONMUTACIÓN DE LAS LEGÍTIMAS

Con carácter previo mencionaremos los efectos jurídicos que operan, de forma distinta, en función, por una parte, del que resulte adjudicatario de la explotación y, por otra, de quién tenga que percibir su porción hereditaria en metálico. En el primer caso, el heredero adjudicatario —o adjudicatarios, en su caso—, hace suya la explotación desde el momento del fallecimiento del causante *ex* art. 1068 CC, pues la partición está hecha; en el segundo caso, los legitimarios —restantes— quedan al albur de que aquel les satisfaga su cuota hereditaria en dinero, aunque tenga naturaleza extrahereditaria, y en caso de incumplimiento, podrán reclamar que su legítima les sea satisfecha *in natura*.

Resulta evidente que la posición jurídica de los segundos es más débil, menos robusta, en definitiva, que la que ostenta el heredero-adjudicatario, por lo que el ordenamiento jurídico debe arbitrar un sistema que les proteja en sus derechos legítimos, a la vista del tiempo que media entre la apertura de la sucesión —desde el fallecimiento del causante, en suma—, y el del incumplimiento definitivo por parte del adjudicatario.

Esto se lleva a cabo, principalmente, a través de los arts. 15 LH y 80.2 RH, que analizaremos en este apartado.

Antes de esto tenemos que partir de una premisa, y es que cuando se trata de un legitimario sobre una cuota de valor, es decir, cuando la legítima no se paga con bienes de la herencia, la protección registral es menos intensa que la que el derecho hipotecario dispensa al legitimario de una cuota *in natura*.

En una cuota *in natura* —la situación más habitual—, son aplicables al legitimario —sin que este adquiera por ello la condición de heredero—, las garantías que la legislación hipotecaria reserva a los herederos, pudiendo oponerse a que éstos, por sí mismos, inscriban a su nombre los bienes hereditarios[971].

Por otra parte, tratándose de una cuota de valor, la tutela del legitimario queda circunscrita a una afección genérica de todos los bienes hereditarios al pago de las legítimas, que se hace cons-

---

971 *Vid.* PRADA ÁLVAREZ BUYLLA, P., «El artículo 1.056, párrafo 2º., del Código Civil y las menciones legitimarias», ob. cit., p. 909.

tar en los libros del Registro *ex* art. 15 LH a través de nota marginal, si concurren, como señala PRADA ÁLVAREZ BUYLLA[972], en la esfera del derecho común, los siguientes requisitos: a) que se trate de legitimarios de parte alícuota; y b) que estos legitimarios no puedan promover el juicio de testamentaría —se entiende, pese a que el precepto continúa refiriéndose a la LEC de 1881, al procedimiento para la división de la herencia *ex* art. 782 y ss. LEC—.

Siguiendo tal razonamiento, diremos nosotros que no hay que perder de vista que el art. 1056.2 CC es un supuesto particional, perdiendo la finalidad el juicio divisorio, pues la herencia ya está repartida por el causante. Y que, ante una partición testamentaria, la comunidad hereditaria no llega a nacer y, por tanto, no se da ninguna situación de indivisión y cotitularidad de los bienes hereditarios. Como señala el autor anteriormente citado, "existe un estado de derecho creado por voluntad del testador, que es preciso aceptar o impugnar, pero que en ningún caso es susceptible de que sobre él se superponga para invalidarlo un juicio de testamentaría, porque este juicio únicamente pretende dividir el caudal y esto ha sido ya efectuado, y porque la especial naturaleza del mismo impide que dentro de él se puedan resolver cuestiones sustantivas", que deberán sustanciarse en un juicio declarativo[973].

No compartimos tal conclusión, pues como hemos defendido en la parte relativa al estudio del párrafo primero del art. 1056 CC, siempre tiene que quedar abierta la posibilidad de acudir a los jueces y tribunales para, por ejemplo, poder participar en las operaciones de cuantificación y valoración de los bienes a los efectos del cálculo de la cuota legitimaria; y el mecanismo que más se adapta a ello, por su especialidad, antes que acudir a un juicio declarativo, es el juicio de división de herencia. Así pues, siendo siempre posible ejercitar una pretensión procesal de naturaleza sucesoria, aunque exista partición hecha por el testador, debemos negar el requisito o condicionante que, en esos términos, prevé el art. 15 LH, y que supone una cortapisa muy relevante a las garantías que para el legitimario se derivan del mismo, tal

---

972 *Ibid.*, pp. 909 y 915.

973 *Ibid.*, pp. 921 y ss.

y como lo ha entendido la doctrina, que lo ha calificado como de inadecuado[974].

Dicho lo anterior y volviendo sobre la cuestión principal, lo bien cierto es que si el legitimario del art. 1056.2 es legitimario de cuota, que debe abonarse en dinero, y el heredero es dueño de los bienes hereditarios, pudiendo inscribirlos en el Registro a su nombre y, por tanto, pudiendo enajenarlos, es preciso acudir a las garantías que al primero le dispensa el art. 15 LH: a través de una sujeción de todos los bienes al pago de la legítima —garantía real—, más una adecuada publicidad registral —para evitar el juego del principio de la fe pública registral *ex* art. 34 LH respecto de terceros adquirentes de buena fe—[975]. Lo que no podemos es otorgar a los legitimarios la condición de acreedores del heredero.

Para Torres García, "la legítima no pagada queda reflejada en el Registro de la Propiedad dentro de la misma inscripción de la explotación hecha a favor del adjudicatario como un elemen-

---

974 *Vid.* Vattier Fuenzalida, C., *El pago en metálico de la legítima de los descendientes*, ob. cit., pp. 59 y ss.

975 *Vid.* Prada Álvarez Buylla, P., «El artículo 1.056, párrafo 2º., del Código Civil y las menciones legitimarias», ob. cit., pp. 931 y 942. En este mismo sentido se pronuncia Domínguez Luelmo, que admite el encaje del art. 15 LH (aunque sea parcialmente, al excluir el párrafo segundo por cuanto se refiere a la asignación de bienes concretos para pago de la legítima), en el supuesto de conmutación del art. 1056.2 CC, y afirma que "ante la posibilidad de que el heredero adjudicatario inscriba la explotación a su favor, procediendo luego a enajenarla o gravarla en perjuicio de los legitimarios, la Ley arbitra un sistema de constancia registral de las legítimas. Dicho sistema, plasmado en el artículo 15 L.H., salvaguarda la efectividad de aquéllas al amparo del principio de publicidad registral, evitando que el juego de la fe pública del Registro las haga prácticamente inoperantes a través de los posibles actos de enajenación o gravamen de la explotación por el heredero". *Vid.* Domínguez Luelmo, A., *El pago en metálico de la legítima de los descendientes*, ob. cit., pp. 58-59. Y Prada Álvarez-Buylla asevera, tajante: "Afirmar que el artículo 15 de la ley Hipotecaria no tiene aplicación al Derecho común es una conclusión inútil. Aceptar lo contrario es más constructivo y más razonable". *Vid.* Prada Álvarez-Buylla, P., «El artículo 1.056, párrafo 2º., del Código Civil y las menciones legitimarias», ob. cit., p. 940. Un análisis de las posturas doctrinales sobre la aplicación del art. 15 LH al art. 1056.2 CC puede verse en: Vallet de Goytisolo, J. B., «Contenido cualitativo de la legítima de los descendientes en el Código civil», *ADC*, 1970, fasc. 1, pp. 97 a 99.

to de la propia inscripción (...)"; en consecuencia, "el principal efecto es el de servir de garantía para el cobro de la legítima, de ahí que los bienes permanecen afectos al pago de la misma y con ello se evita el que los posibles terceros adquirentes de los bienes a título oneroso pudieran hacer irrisoria dicha garantía"[976].

VALLET DE GOYTISOLO[977] se refiere, también, a la posibilidad de poder ejercitar la *actio familiae erciscundae*, pues según él, "la designación hecha por el artículo 806 queda en la penumbra, y aunque no caduca totalmente mientras el legitimario no sea pagado, su vida es meramente latente (por el peso de la facultad conferida por la Ley al testador); a no ser que el llamado al todo incumpla la obligación que se le impuso, en cuyo caso renace con vida propia el normal derecho del legitimario armado con la *actio familiae erciscundae*... que actúa como garantía del legitimario".

Este argumento es rebatido por FOSAR BENLLOCH[978], al decir que "implícitamente la Ley Hipotecaria, en su artículo 15, rechaza el sistema de la *actio familiae erciscundae*, al regular una mención especial que se consigna en el Registro de la Propiedad al inscribir los bienes a nombre del atributario de la explotación"; el citado artículo "tiende a evitar la inseguridad del tráfico jurídico en los casos, no infrecuentes, en que se dilata el pago de las legítimas dinerarias del mejorado y en que el mismo tiene precisión de enajenar bienes inmuebles que integran la explotación, con el consiguiente peligro para el legitimario".

En otro orden de cosas y en cuanto a los plazos de la expresión registral legitimaria[979], hay que distinguir: durante los cinco

---

976 *Vid.* TORRES GARCÍA, T. F., «La explotación agrícola familiar: su conservación en la sucesión *mortis causa* del titular. Artículo 35 de la Ley de Reforma y Desarrollo Agrario», ob. cit., p. 373.

977 *Vid.* VALLET DE GOYTISOLO, J. B., «Notas para la interpretación del párrafo segundo del art. 1.056 y del art. 863 del Código Civil», ob. cit., p. 674-675.

978 *Vid.* FOSAR BENLLOCH, E., «Más sobre el artículo 1.056,2 del Código civil y la explotación agrícola. El principio general de derecho de la atribución sucesoria unitaria de la explotación familiar», *RCDI*, 1971, p. 248.

979 Según el párrafo primero del art.15 LH, *los derechos del legitimario de parte alícuota (...) se mencionarán en la inscripción de los bienes hereditarios* (en el caso del art. 1056.2 CC, de la explotación); y según el párrafo tercero: *Las referidas menciones se practicarán con los documentos en cuya virtud se inscriban los bienes a favor de los herederos, aunque en aquéllos no hayan tenido intervención los legitimarios.*

primeros años a contar desde la fecha de la mención, todos los bienes integrantes de la explotación quedan solidariamente afectos al pago de las legítimas, cualesquiera que hayan sido las disposiciones del causante o del contador-partidor; transcurridos esos cinco primeros años y hasta el plazo máximo de los veinte desde el momento del fallecimiento del causante, pueden darse dos escenarios en función de la actitud del causante o de las personas mencionadas en el párrafo primero de la letra a) art. 15 LH: i) cuando estas personas no hubiesen fijado el importe de las legítimas ni concretado su garantía sobre ciertos bienes inmuebles, la mención solidaria seguirá surtiendo plenos efectos hasta el citado plazo máximo de los veinte años; y ii) si, por contra, cualquiera de esas personas hubiera concretado la garantía sobre alguno de los bienes inmuebles, los legitimarios únicamente podrán hacer efectivos sus derechos sobre esos bienes en la forma que disponga el título sucesorio o acto particional[980].

Transcurrido, pues, el plazo máximo de 20 años desde el fallecimiento del causante al que nos hemos referido, las menciones caducarán *ex* art. 15 LH (párrafo decimoquinto), y podrá solicitarse su cancelación al amparo del art. 88 RH, que dice:

> Las cancelaciones de menciones y notas de derechos legitimarios dimanantes de lo dispuesto en el artículo 15 de la Ley o en sus concordantes de este Reglamento, se efectuarán por nota marginal, a petición del heredero, de sus causahabientes o representantes o del dueño de la finca o titular del derecho real a que afecten.

Para finalizar, diremos que Espejo Lerdo de Tejada entiende que el recurso al art. 15 LH puede resultar innecesario por cuanto el propio art. 844 CC considera la falta de pago como causa de resolución de la atribución, y porque el art. 80.2 RH[981] exige para la inscripción de la partición en la que se estipule el pago

---

980 *Vid.* Domínguez Luelmo, A., *El pago en metálico de la legítima de los descendientes*, ob. cit., p. 60.

981 Que se reformó por el RD 3215/1982, de 12 de noviembre, y en cuya justificación se dice: ... *en aras de la adaptación al Código Civil se precisan los documentos necesarios para que la adjudicación al hijo o descendiente con obligación de pago en metálico de las cuotas de los demás, acceda al Registro y el saludable aviso de que los terceros conozcan el carácter claudicante de la inscripción así practicada a menos que conste la nota marginal de pago de las porciones hereditarias de los legitimarios.*

en metálico, la referencia expresa de que las inscripciones a los adjudicatarios de los bienes se realizan de conformidad con el art. 844 CC, y siendo pública la circunstancia claudicante de la adjudicación particional, difícilmente podrán aparecer terceros adquirentes protegidos por la fe pública registral[982]. Este mismo autor se ha referido, también, a la posibilidad de oponerse a práctica de la partición *ex* art. 1082 CC para el caso de los acreedores[983]. En cualquier caso es necesario advertir, siguiendo a Vattier Fuenzalida[984], que si bien la garantía de la legítima *ex* art. 844.1 CC se conceptúa como un crédito en metálico asegurado por una afección real, que puede hacerse constar registralmente, y que grava, como la hipoteca, los bienes inmuebles relictos, de esta garantía no cabe colegir el nacimiento de una acción real para reclamar la legítima, pues la acción que se derive del art. 806 CC vendrá referida a la posibilidad de acudir a la reglas ordinarias de la partición.

VII. LOS PACTOS SUCESORIOS Y SU POSIBLE ADMISIÓN EN LA SUCESIÓN DE LA EMPRESA FAMILIAR

1. A modo de introducción

Lacruz Berdejo, al estudiar los pactos sucesorios nos explica que, históricamente, dos han sido las formas de ordenar la sucesión, obviamente, antagónicas: una primera en la cual el designado como sucesor "no adquiere ningún derecho hasta el momento de morir el que le deja los bienes (causante); y una segunda en la que el heredero "tiene su posición consolidada incluso en vida de quien lo instituye". Es esta última forma la que seguía el testamento romano primitivo, pues se consideraba como un acto político irrevocable, si bien, los jurisconsultos romanos antepusieron el principio de que la voluntad del hombre es mudable hasta el

982 *Vid.* Espejo Lerdo de Tejada, M., «Comentario al art. 1056 del Código civil», ob. cit., p. 7660.

983 *Vid. ult. loc.*

984 *Vid.* Vattier Fuenzalida, C., *El pago en metálico de la legítima de los descendientes*, ob. cit., pp. 81 y 82.

mismo momento de su muerte y, por tanto, el nombramiento del sucesor podía siempre revocarse, no existiendo ningún tipo de vinculación para el causante, siendo nulos los pactos celebrados con esa finalidad. "Esta idea ha calado en muchos Derechos nacionales, y así también en el Código civil español"[985].

Efectivamente, como se sabe, la sucesión se defiere, en derecho común, de dos formas distintas *ex* art. 658 CC: a través de testamento —sucesión testada—; y a través de la ley —sucesión intestada o legítima—. Puede, no obstante, deferirse en una parte por testamento y, en otra, por disposición legal —por ejemplo, si en el testamento no dispuso de todos sus bienes *ex* art. 912. 2º CC—.

Por otra parte, la denominada sucesión legitimaria, o forzosa, no opera como un tercer modo de suceder, sino que se configura como un límite a la libertad de disposición del causante sobre sus bienes, pues determinados parientes y su cónyuge deben recibir una parte de estos en concepto de legítima (art. 806), limitación que también alcanza a los actos gratuitos *inter vivos* (art. 636).

En el ámbito del derecho común, y al contrario de lo que sucede en los territorios con normativa sucesoria propia —Galicia, Aragón, Cataluña, Islas Baleares, Navarra y País Vasco[986]—, no se admite, como tercer modo de vocación de la herencia junto al tes-

---

985 *Vid.* Lacruz Berdejo, J. L., «Los pactos sucesorios», *Anuario de Derecho Aragonés*, XIII, 1965, 1966 y 1967, p. 431.

986 Derechos civiles autonómicos que sí contemplan los pactos sucesorios: Ley 10/2008, de 10 de julio, del libro cuarto del Código Civil de Cataluña, relativo a las sucesiones, donde en el Título III, que se intitula «La sucesión contractual y las donaciones por causa de muerte», Capítulo I «Los pactos sucesorios», art. 431-1 a 431-30, se regulan los heredamientos y los pactos sucesorios de atribución particular; Ley 5/2015, de 25 de junio, de Derecho Civil Vasco (arts. 100 y ss.); Ley 2/2006, de 14 de junio, de derecho civil de Galicia (arts. 209 y ss.); Decreto Legislativo 1/2011, de 22 de marzo, del Gobierno de Aragón, por el que se aprueba, con el título de «Código del Derecho Foral de Aragón», el Texto Refundido de las Leyes civiles aragonesas (arts. 377 y ss.); Ley 1/1973, de 1 de marzo, por la que se aprueba la Compilación del Derecho Civil Foral de Navarra (ley 172 y ss.); y la Ley 8/2022, de 11 de noviembre, de sucesión voluntaria paccionada o contractual de las Illes Balears (derogando los arts. 72 a 77 del Decreto Legislativo 79/1990, de 6 de septiembre, por el que se aprueba el texto refundido de la compilación de derecho civil de las Islas Baleares).

tamento y la ley, la sucesión contractual —con carácter general, arts. 658, 816 y 1271.2 CC—.

En nuestro entorno, aparte de las Comunidades Autónomas que sí los recogen, siguiendo a BRANCÓS I NÚÑEZ[987], están los países favorables a la sucesión contractual —Alemania, Austria y Suiza—, los que no lo están —Portugal—, y los que admiten los pactos sucesorios sólo en relación con determinados bienes o por razón de matrimonio, caso de Italia y, en menor medida, Francia[988].

---

987 *Vid.* BRANCÓS I NÚÑEZ, E., «La sucesión contractual en el Código civil español y en la legislación autonómica», en *Instituciones de Derecho Privado. Sucesiones*, 2ª ed., t. V, vol. 3º (director, Víctor Manuel Garrido de Palma; coord., Martín Garrido Melero), Consejo General del Notariado, Civitas, Thomson Reuters-Aranzadi, Cizur Menor (Navarra), 2018, p. 541.

988 COLIN Y CAPITANT, refiriéndose a la institución contractual, la reservan sólo para casos excepcionales, porque contradice la regla de que "no es válido donar y retener", o porque "conviene también a la prohibición de los pactos sobre herencia futura, que imposibilita a una persona para disponer de su herencia por contrato". Por eso, dicen: "Se comprende que nuestro derecho prohíba la institución contractual fuera de las hipótesis indicadas [principalmente, en capitulaciones matrimoniales], pues es grave, en realidad, permitir a una persona disponer de su herencia en favor de otro por un acto irrevocable y ligarse así, quizá mucho antes de su muerte, cuando tantos acontecimientos imprevistos pueden venir a modificar su propósito. El Derecho romano, informado por esta idea, establecía como regla absoluta que no se podía disponer de sus bienes para después de la muerte más que por testamento, es decir, por acto esencialmente revocable hasta el momento del fallecimiento, y todavía en la actualidad estamos imbuidos por este concepto, cuyo fundamento creemos que no se puede discutir". *Vid.* COLIN, A. y CAPITANT, H., *Curso elemental de Derecho Civil. Sucesión intestada; Partición; Disposiciones a título gratuito*, tomo séptimo, 2ª ed., Reus, Madrid, 1949, pp. 667-668. Si bien, la Ley 728/2006, de 23 de junio, por la que se reforman las sucesiones y donaciones de bienes, como ha dicho GINISTY, "modera notablemente el principio de prohibición de los pactos sobre sucesiones futuras. A partir de ahora, todo heredero legitimario tiene la posibilidad de renunciar por anticipado, es decir, antes de la apertura de la sucesión, al ejercicio de la acción destinada a la reducción de las donaciones que pudiesen afectar a su reserva hereditaria". *Vid.* GINISTY, J. C., «La reforma del Derecho de sucesiones en Francia», *El Notario del siglo XXI. Revista del Ilustre Colegio Notarial de Madrid*, julio-agosto 2009, nº 26, accesible a través del siguiente enlace: https://www.elnotario.es/113-hemeroteca/revistas/revista-26/1537-la-reforma-del-derecho-de-sucesiones-en-francia-0912179382436l445

Al decir de SÁNCHEZ ARISTI[989] podemos establecer una clara distinción entre los ordenamientos de tradición latina frente a los de tradición germánica. En los primeros, la regla es la prohibición de los pactos sobre la herencia futura, con un conjunto más o menos amplio de excepciones, relacionadas con un fin de favorecimiento de los matrimonios; por el contrario, en los países de tradición germánica, los contratos sucesorios se encuentran abiertamente regulados y admitidos.

El sistema alemán es el máximo exponente en su permisividad. Para KIPP[990], si los juristas romanos de la Antigüedad se oponían al contrato como base de la sucesión, pues limitaba la libertad de testar, al constituir una vinculación inadmisible sobre una materia que debía dejarse al albur de la autonomía personal, esto cambia en el derecho medieval. En la alta Edad Media, existían diversos contratos que ordenaban la sucesión ya en vida del causante y de un modo vinculante. Por tanto, era de esperar que el instituto del contrato sucesorio tuviese su reflejo en la codificación, si bien solamente respecto de tres materias, aparte del testamento mancomunado entre cónyuges, y sin limitación personal en cuanto a los otorgantes: instituciones de heredero, legados y disposiciones modales.

Hechas las anteriores manifestaciones, en este epígrafe trataremos la cuestión relativa a los pactos sucesorios. Advertimos al lector que no encontrará, en las páginas que siguen, un análisis

---

989 *Vid.* SÁNCHEZ ARISTI, R., *Dos alternativas a la sucesión testamentaria: pactos sucesorios y contratos* «post-mortem», ob. cit., pp. 42 y ss. Sobre esta misma cuestión, señala CANO MARTÍNEZ DE VELAZCO que los derechos latinos, a diferencia de, por ejemplo, el derecho alemán, "empezaron permitiendo algunos contratos sucesorios, pero la codificación acabó en general con ellos. Para eliminarlos, se tuvieron en cuenta las penosas consecuencias de tales pactos, proclives a todo tipo de maniobras fraudulentas instigadoras del deseo de que el disponente muera cuanto antes para obtener lo más pronto posible el beneficio contratado; y, sobre todo, los contratos sucesorios se proscriben porque, siendo contratos y por ello unilateralmente irrevocables por el disponente, dejan sus últimas voluntades reducidas a pura teoría". *Vid.* CANO MARTÍNEZ DE VELASCO, J. I., *La prohibición de los contratos sucesorios*, J. M. Bosch Editor, Barcelona, 2002, p. 11.

990 *Vid.* KIPP, T., *Derecho de Sucesiones*, tomo V, vol. 1, del *Tratado de Derecho Civil* de Ludwig Enneccerus, Theodor Kipp y Martín Wolf, Bosch, Barcelona, 1976, pp. 368-369.

en profundidad sobre la sucesión contractual, al no constituir el objeto de estudio principal de este trabajo. Siendo esto así, no la podemos pasar por alto al estar íntimamente relacionada con la partición por el testador.

También cabe señalar que, en el fondo, cuando se tratan los pactos sucesorios, subyace, de forma velada, la cuestión relativa a la libertad de testar, y si no, con carácter más general, la propia libertad o autonomía del individuo, pues se ha querido hacer ver que la prohibición de la sucesión contractual en derecho común está dirigida a preservar, precisamente, esa libertad.

También GARCÍA GOYENA, en el comentario al art. 994 del Proyecto de Código civil de 1851, antecedente del art. 1271.2[991], decía: "Esta especie de pactos presenta el espectáculo aflictivo de un pariente desnaturalizado, hasta consultar con sombría y ansiosa curiosidad el libro oscuro de los destinos, para formar combinaciones vergonzosas sobre los tristes cálculos de una presencia criminal, y para entreabrir, por decirlo así, la tumba bajo los pies de un pariente, quizás de un bienhechor.

Hay otra razón más, tratándose de la legítima; pues, como derecho público, no puede alterarse por pactos privados"[992].

Tal vez estas palabras resulten algo exageradas, porque si el individuo es libre, asume, al llevar a cabo un acto bilateral e irrevocable, las consecuencias de este. Por eso estamos más en la línea sostenida por MONASTERIO ASPIRI[993]: "El pacto sucesorio se convierte en paradigma de la libertad civil. Esta institución hace posible el grado de libertad máxima: «se es libre hasta el punto de hacer posible el autoprivarse de libertad mediante la concer-

---

991 El contenido del art. 994 era el siguiente: *Pueden ser objeto de los contratos todas las cosas que no están fuera del comercio de los hombres, aunque sean futuras.*
Se exceptúa la herencia futura, acerca de la cual será nulo cualquier pacto, aunque se celebre con el consentimiento de la persona de cuya sucesión se trate.

992 *Vid.* GARCÍA GOYENA, F., *Concordancias, motivos y comentarios del Código civil español*, tomo III, ob. cit., p. 28.

993 *Vid.* MONASTERIO AZPIRI, I., «Pactos sucesorios y sucesión intestada», *Boletín de la Academia Vasca de Derecho*, núm. Extraordinario IV, junio 2007, p. 131. Accesible en abierto a través del siguiente enlace: https://www.avd-zea.com/descargas/articulos/164.pdf

tación de un pacto sucesorio, irrevocable por naturaleza»". Del mismo parecer es LACRUZ BERDEJO[994].

Hecha la anterior consideración, sí que nos referiremos al alcance de estos pactos en la órbita del art. 1056.2 y en relación con la denominada empresa familiar en cuanto a su posible admisibilidad, en connivencia con los denominados protocolos familiares, que no gozan de poder coercitivo en caso de incumplimiento por las partes, como tendremos ocasión de ver.

Respecto a la partición hereditaria entre vivos, prevista en el art. 1056.1, ya tuvimos la oportunidad de referirnos a ella en el capítulo segundo —punto III.5—, en el sentido de negarle un mínimo atisbo de aceptación tácita de la sucesión contractual. Es cierto que la remisión que realiza el art. 1271.2 al 1056.1 CC no es del todo acertada y ello ha dado pie a confusión, pudiendo haber dicho aquel que «la partición practicada por el causante entre vivos conforme al artículo 1056 *no constituye un contrato sobre la herencia futura*»[995], zanjándose así la cuestión, pero el Código dice lo que dice. Pese a la confusión, vimos en su momento que tanto la jurisprudencia como la doctrina científica mayoritaria, entendían, y entienden, que lo que se está dispensando, en este tipo de

---

994 Quien, refiriéndose a los motivos que pueden justificar, tal vez, la prohibición de la sucesión contractual en el derecho común nos dice: "alegan sus defensores que de otro modo se perdería la libertad testamentaria, razón poco convincente, pues antes es preciso demostrar, desde un punto de vista de política legislativa, que esa pérdida es siempre un mal. Los juristas romanos, y tras ellos los medievales, aducían también, en apoyo de la prohibición de pactos sucesorios, el *votum mortis*, es decir, que el instituido heredero por contrato fácilmente desearía la muerte del instituyente, a fin de heredar lo más pronto posible, y aún podría provocarla. Pero es claro que con mayor razón puede desear o hacer esto quien, instituido heredero en testamento se halla amenazado por un posible cambio de voluntad del testador. De hecho no hay ninguna razón seria para prohibir que la institución de heredero, o el legado, o la renuncia a la legítima, puedan ser objeto de contrato con el causante; cosa distinta es el llamado *pactum corvinum* (pacto de los cuervos, aludiendo a la forma en que estos animales se reparten los despojos del muerto), celebrado por varios sucesores sin intervención del causante para repartirse la herencia de éste mientras todavía vive, y que todas las legislaciones consideran inmoral". *Vid.* LACRUZ BERDEJO, J. L., «Los pactos sucesorios», ob. cit., p. 431.

995 *Vid.* SÁNCHEZ ARISTI, R., *Dos alternativas a la sucesión testamentaria: pactos sucesorios y contratos* «post-mortem», ob. cit., p. 70.

partición extratestamentaria, es que se ajuste a las solemnidades de un testamento, siempre y cuando exista el correspondiente acto de institución. Por tanto, la excepción del art. 1271.2 CC es una falsa excepción a la regla general prohibitiva de los pactos sucesorios sobre la herencia futura.

Así nos lo recuerda MESA MARRERO[996], cuando, refiriéndose a la posible excepción a la prohibición de los pactos sucesorios, por la derivación que el art. 1271.2 hace al 1056, afirma: "la norma [1271.2] permitiría que la partición realizada por el testador se llevase a cabo sin las formalidades propias del testamento, lo cual no le impide cambiar su voluntad en cualquier momento otorgando un nuevo testamento. Dado que el acto particional *inter vivos* es esencialmente revocable, al igual que el testamento al que esté vinculado, no se trataría en propiedad de un pacto sucesorio excepcionalmente admitido por el artículo 1271.2 CC".

Dicho esto, es el art. 1056.2 el que debe centrar ahora toda nuestra atención. Analizaremos objetivamente las posibilidades que ofrece al empresario-testador para transmitir su empresa-explotación, y nos haremos eco de las posturas doctrinales que abogan por introducir la sucesión contractual como tercer modo de delación de la herencia, así como también a los autores que entienden que, nuestro sistema, hoy en día, ofrece suficientes posibilidades al testador en tal sentido, más aún después de la reforma del precepto en 2003.

Para conseguir tal finalidad tenemos que referirnos o aproximarnos, aunque sea a vuelapluma, al fenómeno de la sucesión contractual, ofreciendo antes de nada una definición de lo que cabe entender por pacto sucesorio para, seguidamente, examinar las reglas sobre las que se sustenta su prohibición en el Código civil, así como sus excepciones. Sólo de este modo estaremos en mejores condiciones de contestar a la pregunta de si es o no necesario introducirlos en nuestro sistema, si bien no con carácter general, sí, como hemos dicho, en el ámbito de la sucesión de la empresa.

---

996 *Vid.* MESA MARRERO, C., «Pactos con trascendencia sucesoria en la sociedad civil», *ADC*, tomo LXVII, fasc. 3, 2014, pp. 897-898.

2. *Concepto de pacto sucesorio y naturaleza jurídica. Prohibición y excepciones en el Código civil*

2.1. Concepto

No resulta tarea sencilla ofrecer una definición de lo que hay que entender por «pacto sucesorio» o «sucesión contractual», términos que, si bien son utilizados de forma indistinta por la doctrina, por estar refiriéndose a lo mismo, advierte Roca Sastre[997] que existen diferencias entre ellos, lo que complica, *per se*, la cuestión. Nosotros no vamos a entrar en esta discusión conceptual, y nos referiremos tanto al «pacto o contrato sucesorio» como a la «sucesión contractual», con el fin de no extralimitarnos de lo que constituye la institución que estamos tratando.

El Reglamento (UE) n ° 650/2012 del Parlamento Europeo y del Consejo, de 4 de julio de 2012, relativo a la competencia, la ley aplicable, el reconocimiento y la ejecución de las resoluciones, a la aceptación y la ejecución de los documentos públicos en materia de sucesiones mortis causa y a la creación de un certificado sucesorio europeo, nos ofrece una definición de pacto sucesorio en su art. 3.1 b): *todo acuerdo, incluido el resultante de testamentos recíprocos, por el que se confieran, modifiquen o revoquen, con o sin con-*

---

997 Para Roca Sastre, la sucesión contractual es una ordenación *mortis causa* en la que la voluntad del ordenante queda estrechamente vinculada con otra voluntad, de modo que no puede revocarse unilateralmente; descansa, pues, sobre la idea de irrevocabilidad unilateral, y queda circunscrita [la sucesión contractual] a la institución de heredero o la ordenación de un legado mediante contrato. Por otra parte, el pacto sucesorio tendría un ámbito más amplio, abarcando cualquier negocio jurídico que tuviese por objeto la herencia futura de una persona, sea esta una de las partes integrantes del negocio, sea un extraño, incluyendo tanto los pactos de renuncia como el *pactum hereditate tertii*. *Vid.* Roca Sastre, R. M.ª, *Estudios de Derecho privado*, ob. cit., p. 341. Este último pacto se configura, según Olmedo Castañeda, como "pactos dispositivos de la herencia de un tercero que no son considerados como auténticos pactos sucesorios *stricto sensu* por la mayoría de la doctrina, pues no evitan la delación o llamamiento sucesorio a favor del contratante que ha transmitido su derecho o expectativa de derecho en vida del causante"; *vid.* Olmedo Castañeda, F. J., «Prohibición de los pactos sucesorios en el Derecho común: cuestionamiento de su *ratio legis*. Propuesta para su admisibilidad», *ADC*, tomo LXXII, fasc. 2, 2019, p. 451.

traprestación, derechos relativos a la sucesión o las sucesiones futuras de una o más personas que sean partes en dicho acuerdo[998].

A nivel doctrinal, REYES LÓPEZ[999] define los pactos sucesorios como "acuerdos entre dos o más personas, llamados a regular los efectos de la futura sucesión. Se trata de una forma de ordenación del patrimonio *mortis causa* de carácter voluntario en la que la voluntad del causante queda vinculada a través del pacto sucesorio al asentimiento de otra u otras personas, de tal forma que el causante no puede revocar unilateralmente las disposiciones realizadas a través de dicho pacto sucesorio, salvo en determinados casos excepcionales, que constituyen una especial diferencia con el testamento".

2.2. Naturaleza jurídica

Los pactos sucesorios tienen una naturaleza mixta, *sui generis*: por un lado, al ser irrevocables por una sola de las partes, participan de la naturaleza jurídica de los contratos; por otro, puesto que se otorgan por causa de muerte del disponente, despliegan la mayor parte de sus efectos *mortis causa*, pues están llamados a regular la sucesión[1000].

SÁNCHEZ ARISTI se refiere a esta doble naturaleza de la sucesión contractual, a caballo entre el Derecho de obligaciones y el Derecho de sucesiones, con la consiguiente influencia lógica del Derecho de familia. Así pues, "la sucesión contractual aglutina la esencia de dos tipos de actos o negocios jurídicos dogmática-

---

998 Si bien, se advierte en el Considerando nº 49 del propio Reglamento: *Los pactos sucesorios son un tipo de disposición mortis causa cuya admisibilidad y aceptación varían de un Estado miembro a otro. Con el fin de facilitar que los derechos sucesorios adquiridos como consecuencia de un pacto sucesorio sean aceptados en los Estados miembros, el presente Reglamento debe determinar qué ley ha de regir la admisibilidad de esos pactos, su validez material y sus efectos vinculantes entre las partes, incluidas las condiciones para su resolución*. Es en el art. 25 del Reglamento donde se prevé la ley aplicable para su admisibilidad, validez material y efectos vinculantes para las partes.

999 *Vid*. REYES LÓPEZ, M.ª J., «Necesidad de una nueva perspectiva del pacto sucesorio», en *Dolencias del Derecho civil de sucesiones. 130 años después de la aprobación del Código civil español* (ditra. Pilar María Estellés Peralta), Tirant lo Blanch, Valencia, 2022, p. 533.

1000 *Ibid*., p. 534.

mente enfrentados, como son los actos o negocios *inter vivos* y los actos o negocios *mortis causa*, cuya línea fronteriza obviamente se desdibuja si se piensa en una figura negocial que, otorgada entre vivos, está casualizada en torno a la muerte de una persona"[1001].

El pacto sucesorio, que exige la concurrencia de dos voluntades, se contrapone al carácter unilateral del testamento, por esto se dice que son irrevocables, salvo que las partes acuerden los motivos por los que pueda ser revocado por una sola de ellas; consecuencia de esta configuración bilateral será su vinculación y, por tanto, su irrevocabilidad, a imagen y semejanza de lo que, en sede contractual, preconiza el principio del derecho romano *pacta sunt servanda*, y que se plasma en los arts. 1091, 1256 y 1258 del Código civil.

Señalar, sucintamente, que existen diversas modalidades de pacto sucesorio: pactos institutivos o de suceder[1002]; pactos renunciativos o de no suceder[1003]; y pactos dispositivos o sobre la herencia de un tercero (*de hereditati tertii*)[1004]. También cabría diferenciar entre pactos gratuitos y onerosos[1005].

1001 *Vid.* Sánchez Aristi, R., *Dos alternativas a la sucesión testamentaria: pactos sucesorios y contratos* «post-mortem», ob. cit., pp. 3-4.

1002 El causante ordena, mediante acuerdo con otra persona, una o varias instituciones de heredero, o uno o varios legados, y pueden servir para instituir como sucesor a uno de los otorgantes del pacto, a ambos otorgantes recíprocamente, o a un tercero no interviniente. Su eficacia está condicionada a la muerte del causante-instituyente y a la correlativa supervivencia del instituido. *Ibid.*, pp. 27-28.

1003 En estos, uno de los intervinientes renuncia, antes de la apertura de la sucesión, a los derechos que le pudieran corresponder en la herencia del otro; dicha renuncia puede ser total o parcial, a título oneroso o gratuito. Este tipo de pactos tienen virtualidad en relación con los derechos forzosos que, determinados sujetos, tengan reconocidos imperativamente por ley en la sucesión de otro (art. 806 CC). *Ibid.*, p. 28.

1004 Los otorgantes de este tipo de pactos realizan un acto dispositivo respecto de bienes pertenecientes a la herencia de una persona, todavía viva, en el entendimiento de que se espera recibirlos de ella por título hereditario. Es característico de estos pactos que el causante de la sucesión no concurra en el otorgamiento del pacto. *Ibid.*, p. 29.

1005 Sánchez Aristi resume las dos posturas doctrinales en torno a la onerosidad o liberalidad de los pactos sucesorios, abogando por una intermedia, en el sentido de admitir una u otra causa. *Ibid.*, pp. 30-31.

2.3. Prohibición y excepciones en el Código civil

El Código civil no contiene ninguna norma que prohíba, expresamente, la sucesión contractual, si bien nuestro sistema se ha apoyado siempre sobre el principio *viventis non datur hereditas*[1006]. En este sentido, CERDÁ GIMENO[1007], al analizar la cuestión, observa que "de esa *inexistencia práctica* en el C.c. de norma de contenido con predicado negativo universal no cabe deducir de modo simplista que en este punto existe una anomia". Y "de entre la numerosa serie de artículos del C.c. señalados como incardinando tal 'prohibición', eran prevalentes los arts. 658, 991, 737, 816, 1271-2º, 1674, etc. La indeterminación es la regla general, aunque parece *mayoritaria* la opinión de que el principio general prohibitivo lo encarna el art. 1271-2º y —como derivación— el art. 816"[1008].

Pese a que inicialmente pudiera pensarse que esta prohibición se remonta, en sus orígenes, a la tradición romanista, en con-

---

1006 *Vid.* STS de 23 de febrero de 1999 (*Tol 1431*): *Ya proclamaron elocuentemente las fuentes que "viventis non datur hereditas". No se puede adquirir "mortis causa" de una persona viva. Es preciso, para ello, esperar a su óbito. La consecuencia es clara: en cualquier momento puede el que repartió cambiar de decisión, otorgar nuevo testamento, cambiar el destinatario de sus generosidades (en la parte de la herencia de libre disposición) y consecuentemente invalidar la partición que, en situación de pendencia hasta que sobrevenga la defunción del testador, estará siempre amenazada de un cambio de voluntad del titular patrimonial y que solo se consolidará definitivamente cuando sobrevenga su muerte.* *Vid.* también SAP de León (Sección 1ª), de 31 de julio de 2015 (*Tol 5423952*): *... los pactos sucesorios (con o sin contraprestación) son nulos (artículo 1271 CC), y solo se puede repartir la herencia por actos entre vivos para caso de muerte (artículo 1056 CC) mediante testamento (artículo 658 CC).*

1007 *Vid.* CERDÁ GIMENO, J., *Pactos sucesorios. Del porqué de su prohibición y su aplicación en la práctica*, Tirant lo Blanch, Valencia, 2009, pp. 301 y ss.

1008 REQUEIXO SOUTO entiende que "la razón principal de la prohibición del art. 1271, ap. 2º, CC es evitar la limitación de la libertad dispositiva *mortis causa* del causante, por la cual puede revocar en todo momento el testamento. La jurisprudencia considera esa libertad un bien tutelable por mandato del artículo 1271 CC (además de por otros preceptos, como el art. 669 que prohíbe el testamento mancomunado y, en especial, por los arts. 737 y ss. CC). Hay, además, una razón de moral; se pretendería evitar el nacimiento del deseo de la muerte del futuro causante (*votum mortis*)". *Vid.* REQUEIXO SOUTO, X. M., «Pactos de atribución particular *post mortem*. Ámbito del artículo 1271, ap. 2º, del Código civil», *ADC*, fasc. IV, tomo LXV, 2012, pp. 1748-1749.

traposición al sistema germánico, que reconocía en los pactos sucesorios un instrumento adecuado para organizar la sucesión en vida del causante[1009], lo bien cierto es que, como atestigua CERDÁ GIMENO, "la figura del 'pacto sucesorio' es *una categoría general* de creación moderna"[1010]. La prohibición de este tipo de pactos en la época codificadora obedecía a la idea de impedir la creación de mayorazgos, y el Código civil, fiel reflejo del espíritu liberal, pretendió favorecer la subdivisión de las propiedades, lo contrario

---

1009 *Vid.* REYES LÓPEZ, M.ª J., «Necesidad de una nueva perspectiva del pacto sucesorio», ob. cit., p. 538.

1010 Según este autor, el derecho romano no conoció tales pactos, pues el sistema sucesorio se basaba en la institución de heredero por testamento. Además, la cuestión relativa a los modos de delación sucesoria y, más concretamente, la delación contractual de la herencia es ajena al pensamiento práctico de los jurisconsultos romanos. *Vid.* CERDÁ GIMENO, J., *Pactos sucesorios. Del porqué de su prohibición y su aplicación en la práctica,* ob. cit., pp. 68-69. BRANCÓS I NÚÑEZ, al referirse a la cuestión histórica, entiende que las Partidas prohibieron las estipulaciones sobre la herencia futura, salvo algunas excepciones procedentes del derecho romano. Pero, por contra, las Leyes 17 y 22 de Toro, que recogen el régimen castellano de las legítimas y mejoras, admiten los pactos sucesorios respecto de estas últimas. Tales antecedentes tuvieron su reflejo en el Código civil actual: por una parte, toma el testigo de Partidas, y prohíbe, con carácter general, la sucesión contractual a través del art. 1271.2; y, por otra, admite los pactos sucesorios en relación con la mejora en los arts. 826 y 827. *Vid.* BRANCÓS I NÚÑEZ, E., «La sucesión contractual en el Código civil español y en la legislación autonómica», ob. cit., pp. 545-546. Y para PELAYO HORE, "en el Derecho romano, si bien no se encuentra una prohibición general de los pactos sucesorios, no cabe desconocer su sentido decididamente restrictivo". *Vid.* PELAYO HORE, S., «Los pactos sucesorios en la Compilación de Aragón», *ADC,* fasc. 4, 1967, p. 822. Por su parte, ROCA SASTRE dice que "el Código civil español es contrario a la admisión de los pactos o contratos sucesorios, pues se halla inspirado en el propio criterio prohibitivo de los mismos adoptado por el Derecho romano, al que responde la regla *viventis nulla est hereditas*", reflejándose tal prohibición en los arts. 658, 816, 991, 1271.2 y 1674 CC. *Vid.* los *Estudios de comparación y adaptación a la legislación y jurisprudencia españolas* de ROCA SASTRE en KIPP, T., *Derecho de Sucesiones,* ob. cit., pp. 372-373, y donde, además, hace un recorrido histórico por las Compilaciones de Derecho foral o especial permisivas con los pactos sucesorios: Derecho civil de Cataluña, Compilación de Baleares, Compilación Aragonesa, y Compilaciones de Vizcaya y Navarra (pp. 377-378).

de lo que dimanaba de aquellos, centrados en la concentración e indivisibilidad de la propiedad[1011].

Para SIMÓN MORENO, "la animadversión del legislador español hacia los pactos sucesorios tiene su origen en el derecho intermedio, donde se elevó a la categoría de dogma el principio romanista *hereditas: viventis nulla est hereditas* (no se defiere la herencia del que vive)"[1012].

Mención aparte —por resultar una excepción a esa animadversión— requiere la hoy derogada Ley 49/1981, de 24 de diciembre, del Estatuto de la explotación familiar agraria y de los agricultores jóvenes[1013], que, en contra de la regla general prohibitiva, sí admitió los pactos sucesorios respecto de las explotaciones agrícolas, con una regulación muy completa en los artículos dieciséis a veinte[1014].

1011 *Vid.* REYES LÓPEZ, M.ª J., «Necesidad de una nueva perspectiva del pacto sucesorio», ob. cit., p. 538 y ss., refiriéndose a los antecedentes de los proyectos fallidos de Código civil de 1836 (art. 936) y de 1851 (art. 994).

1012 La antipatía responde, según este autor, a diversas razones de índole jurídico y, principalmente, moral: "la potencial provocación de la muerte prematura del instituyente por quien ha sido designado como instituido con la finalidad de heredar lo antes posible (*votum mortis*); el temor que existía en tiempos de la revolución francesa de que su uso pudiera servir para alterar el orden sucesorio establecido en perjuicio de los herederos (y perpetuar, así, el abolido régimen feudal); la potencial falta de libertad del instituyente por la influencia ejercida por sus familiares; la potencial ingratitud del instituido para con el instituyente al saberse heredero con carácter irrevocable; y, finalmente, el carácter irrevocable de los pactos, lo que iría en contra de la natural revocabilidad de las disposiciones por causa de muerte que defendían los romanistas. De esta manera, el pacto sucesorio recortaría de manera injustificada la libertad de testar del *de cuius*". *Vid.* SIMÓN MORENO, H., «Hacia una regulación de los pactos sucesorios en el Código Civil español», en *La libertad de testar y sus límites* (coords., Antoni Vaquer Aloy, María Paz Sánchez González y Esteve Bosch Capdevila), Marcial Pons, Madrid, 2018, p. 347.

1013 Derogada por la Ley 19/1995, de 4 de julio, de Modernización de las Explotaciones Agrarias, sobre la que se ha dicho que es la única norma en España que dota de una especial protección a la condición familiar. *Vid.* REYES LÓPEZ, M.ª J., «Economía del matrimonio y empresa familiar», en *La Empresa Familiar: Encrucijada de Intereses Personales y Empresariales*, ob. cit., p. 104.

1014 Y que reproducimos por su interés. Artículo dieciséis: *Uno. El titular de la explotación podrá convenir la sucesión en dicha titularidad con uno de sus legitimarios que reúna la cualidad de colaborador. Dos. Si ninguno de los legitimarios*

Hechas las anteriores consideraciones, en el Código actual, son los arts. 658, 737, 816, 991, 1271.2, 635, 655 y 1674 CC los que, de modo indirecto, vetan la virtualidad de los pactos sucesorios en derecho común, si bien hay excepciones; a saber: promesa de mejorar o de no mejorar hecha en capitulaciones matrimoniales *ex* art. 826 CC; irrevocabilidad de la mejora hecha en capitulaciones matrimoniales siempre que se formalice en escritura pública, capitulaciones o mediante contrato oneroso celebrado con un tercero *ex* art. 827[1015]; donación de bienes futuros hecha en capitulaciones antenupciales por los futuros cónyuges para el caso de muerte *ex* art. 1341.2 CC[1016]; y, respecto de la herencia futura

---

reuniera dicha cualidad, el pacto, mediando el consentimiento de aquéllos, podrá otorgarse a favor de quien ostentara la cualidad de colaborador. Tres. De no existir legitimarios, podrá convenirse dicho pacto con quien fuese colaborador de la explotación. Artículo diecisiete: *Para ordenar la sucesión en la explotación familiar agraria mediante pacto será preciso, en caso de matrimonio, el otorgamiento del mismo por ambos cónyuges.* Artículo dieciocho: *El instituido sucesor de la explotación por pacto sucesorio habrá de mantener la cualidad de colaborador en la explotación hasta el momento del fallecimiento del instituyente. En otro caso, el pacto será revocable a instancia del instituyente o de cualquiera de sus legitimarios, salvo que se aprecien ponderadas razones de equidad para mantenerlo.* Artículo diecinueve: *Uno. Vigente el pacto sucesorio, el instituyente no podrá disponer a título gratuito de la explotación, salvo a favor del instituido. Dos. En caso de disposición de la explotación a título oneroso, el instituido sucesor, aparte de las facultades de impugnación que le correspondan con arreglo a la legislación civil, tendrá derecho de adquisición preferente en los términos previstos en esta Ley, sin perjuicio de ser compensado económicamente por su dedicación a la explotación. Análogos derechos corresponderán al instituido en los supuestos en que la transmisión se refiera a parte de la explotación, salvo que la contraprestación recibida se invierta en la propia explotación familiar.* Y artículo veinte: *Uno. El pacto sucesorio podrá ser resuelto por alguna de las siguientes causas: a) Acuerdo de los otorgantes, formalizado en escritura pública. b) Incumplimiento de las cargas, condiciones u obligaciones impuestas al sucesor c) Conducta del sucesor que impida la normal convivencia familiar. Dos. Afectarán también al instituido, aun no siendo legitimario, las causas de indignidad o desheredación.*

1015 Debiendo distinguir dos situaciones: i) que haya mediado entrega de bienes a través de un acto dispositivo de carácter gratuito; y ii) que el mismo se posponga a la muerte del mejorante. En el primer supuesto no cabe hablar de pacto sucesorio, porque los bienes salieron del patrimonio del mejorante en vida de este y, por tanto, no forman parte de la herencia. *Vid.* Blasco Gascó, F. de P., *La mejora irrevocable*, Tirant lo Blanch, Valencia, 1990, p. 145.

1016 Ello en base al carácter irrevocable de la donación.

ex art. 1271.2, aquellos contratos *de división de un caudal y otras disposiciones particionales, conforme a lo dispuesto en el art. 1056*[1017].

Ello demuestra que nuestro Código civil, a pesar de la desconfianza con que contempla los pactos sucesorios, se muestra, algunas veces, tolerante con ellos[1018].

1017 La SAP de Asturias (Sección 7ª), de 30 de octubre de 2015 (*Tol 5584997*), se refiere a que el fundamento de la prohibición contenida en el art. 1271.2 CC se halla en salvaguardar la libertad dispositiva de las personas: *En el presente caso, admitiéndose válida* [la partición] *respecto del padre, ya fallecido, no puede admitirse respecto de la madre, que no fallece hasta el año 2005, por lo que en el año 1998 si bien puede realizar su partición motu proprio por acto inter vivos, sin embargo no produce los efectos que le son propios hasta su fallecimiento. Lo contrario implica un negocio proscrito por el art. 1271 CC, que prohíbe los negocios sobre la herencia futura, cuyo claro fundamento se encuentra en la sospecha de falta de libertad de las personas que intervienen, evitando que una persona pueda perder por esta vía su propio patrimonio bajo una apariencia voluntaria, dada la influencia que las relaciones de familia tienen entre sus miembros.*

Y la SAP de Valencia (Sección 11) de 30 de diciembre de 2014 (*Tol 4792193*): *Dispone el párrafo segundo del artículo 1271 del Código Civil que: "Sobre la herencia futura no se podrá, sin embargo, celebrar otros contratos que aquéllos cuyo objeto sea practicar entre vivos la división de un caudal y otras disposiciones particionales, conforme a lo dispuesto en el artículo 1056". Por su parte, el artículo al que se remite dispone que "Cuando el testador hiciere, por acto entre vivos o por última voluntad, la partición de sus bienes, se pasará por ella, en cuanto no perjudique a la legítima de los herederos forzosos". Respecto de dichos preceptos es necesario destacar que con la prohibición contenida en el primero de ellos se trata de eludir que el hecho de pactar acerca de la propia herencia o de la de un tercero genere en el favorecido el deseo de la muerte del disponente.*

1018 *Vid.* CANO RODRÍGUEZ DE VELASCO, J. I., *La prohibición de los contratos sucesorios*, ob. cit., p. 40. CASTÁN VÁZQUEZ se pregunta si debe subsistir, en caso de reforma del Código civil, el criterio prohibitivo; una reforma que mitigara el rigor de la prohibición del párrafo 2º del art. 1271 "mediante alguna fórmula a cuyo amparo fueran admisibles, si no todos, al menos algunos pactos especialmente merecedores de amparo. Tanto más cuanto que, en contraste con la hostilidad del Código hacia la sucesión contractual, las legislaciones forales la permiten con amplitud". Y concluye: "Un sector doctrinal propugna la admisión de la sucesión contractual en el Derecho común. Esta admisión, empero, sólo debe realizarse de un modo limitado y prudente, dados los peligros que ofrecen algunos pactos sucesorios. Una fórmula podría ser admitir únicamente los pactos sobre propia sucesión (...). La aproximación del Derecho común y los Derechos forales parece, pues, posible en esta materia, por una apertura del primero hacia la sucesión contractual en sus formas menos peligrosas y una prudente regulación en los segundos

Respecto del art. 1271.2, pese a que pudiera sostenerse —a raíz de introducirse en el mismo la expresión «otras disposiciones particionales» por la disposición final 1.2 de la Ley 7/2003, que no hace sino complicar más la cuestión—, que se altera el esquema que ya conocemos de la partición testamentaria del art. 1056, que requiere siempre de la existencia de un testamento y, en particular, pudiera favorecerse el pacto sucesorio en el supuesto del párrafo segundo, hemos de concluir lo contrario, esto es, que toda partición realizada por el testador debe fundamentarse en un testamento, también en el ámbito del art. 1056.2, al exigirse siempre el acto de disposición según la doctrina jurisprudencial[1019]. Como refiere, en síntesis, HUERTA TRÓLEZ[1020], el art. 1271.2 debe entenderse, no en un sentido dispositivo, sino partitivo, idea que se confirma por la remisión que se hace en el mismo al art. 1056, en cuya órbita se exige, siempre, un testamento —revocable en cualquier momento—, que contengan los llamamientos, sean a título universal —heredero— o particular —legatario—. Lo podemos decir con otras palabras: la partición de herencia en vida del causante no es un pacto sucesorio, pues aquella siempre será revocable. La herencia se distribuye, no en virtud de un contrato independiente, sino sobre la base del testamento[1021].

Por último, en sede de Derecho registral, el art. 14 LH[1022] admite el pacto sucesorio de entre los títulos de la sucesión a los efectos del Registro, y el art. 77 RH[1023] regula la inscripción de los

---

de los pactos sucesorios más típicos subsistentes". *Vid.* CASTÁN VÁZQUEZ, J. M.ª, «Notas sobre la sucesión contractual en el Derecho español», ob. cit., pp. 371-372 y 380-381.

1019 SSTS de 6 de marzo de 1945 (*Tol 4458418*) y 28 de junio de 1961 (*Tol 4336899*).

1020 *Vid.* HUERTA TRÓLEZ, A., «La empresa familiar ante el fenómeno sucesorio», *RJN*, nº 50, abril-junio, 2004, p. 121.

1021 *Vid.* CANO MARTÍNEZ DE VELASCO, J. I., *La prohibición de los contratos sucesorios*, ob. cit., pp. 37-38.

1022 Art. 14.1 LH: *El título de la sucesión hereditaria, a los efectos del Registro, es el testamento, el contrato sucesorio, el acta de notoriedad para la declaración de herederos abintestato y la declaración administrativa de heredero abintestato a favor del Estado, así como, en su caso, el certificado sucesorio europeo al que se refiere el capítulo VI del Reglamento (UE) n.º 650/2012.*

1023 Art. 77.1 RH: *En la inscripción de bienes adquiridos o que hayan de adquirirse en el futuro en virtud de contrato sucesorio se consignarán, además de la denominación que en su caso tenga la institución en la respectiva legislación que la regule o admita, las estipulaciones pertinentes de la escritura pública la fecha del*

bienes que hayan de adquirirse en un futuro por virtud de contrato sucesorio, a los efectos de su publicidad, sin olvidarnos de lo que dispone el art. 7 RH con carácter general, sobre la inscripción de actos o negocios de trascendencia real que modifiquen, *desde luego o en el futuro, algunas de las facultades del dominio sobre bienes inmuebles o inherentes a derechos reales.*

2.4. Pactos sucesorios en el ámbito del art. 1056.2 CC, en particular, respecto de la empresa familiar

Para DÍEZ-PICAZO[1024], dos son los problemas que se presentan en el ámbito de la sucesión empresarial: el de la continuidad de la empresa, en el sentido que, como unidad de producción no deje de funcionar; y el de su conservación, habiéndose producido la muerte del empresario, en el sentido que, tal circunstancia, "no aboque a una disolución o liquidación de la empresa". De los dos, es este último el que, en palabras de CERDÁ GIMENO[1025] "presenta mayor complejidad", y "donde cabe situar la conexión entre la «empresa» y la «sucesión contractual», a modo de una posibilidad más ofrecida a los interesados". Dicho en otras palabras, ¿colma, el art. 1056.2 de modo suficiente las expectativas del testador, en orden a la conservación de su empresa?

Para responder a esta pregunta, en primer lugar, tenemos que decir que existe una corriente doctrinal que entiende que el problema de la sucesión de la empresa familiar es un problema, en definitiva, de las legítimas[1026], lo que se traduce en un escollo

---

matrimonio, si se tratase de capitulaciones matrimoniales y, en su caso la fecha del fallecimiento de la persona o personas que motiven la transmisión. El contenido de la certificación del Registro General de Actos de Ultima Voluntad, cuando fuere necesaria su presentación, y las particularidades de la escritura, testamento o resolución judicial en que aparezca la designación del heredero.

1024 *Vid.* DÍEZ-PICAZO Y PONCE DE LEÓN, L., «La sucesión por causa de muerte y la empresa mercantil», ob. cit., p. 295.

1025 *Vid.* CERDÁ GIMENO, J., *Pactos sucesorios. Del porqué de su prohibición y su aplicación en la práctica,* ob. cit., p. 462.

1026 *Vid.* BOCG, Senado, Serie I, nº 312, VII Legislatura, de 23 de noviembre de 2001, ob. cit., p. 29: *Dadas las características de la empresa familiar, el momento de la transmisión hereditaria es sin duda clave para la pervivencia de la misma. Los especialistas y los comparecientes han destacado en que forma las normas del Código Civil pueden suponer un factor negativo para la continuidad*

para el desarrollo de la actividad económica y social, que exige una mayor libertad de testar para elegir a la persona idónea que deba suceder al empresario individual, sea o no pariente del mismo[1027]. Nosotros, sobre esto último, ya hemos dicho en este estudio que, pese a que pudiera entenderse —después de la reforma de 2003— que cabe dar entrada a un extraño en la sucesión de la empresa, nos decantamos por entender lo contrario: siempre deberá ser un heredero-legitimario —o varios de ellos—, y el resto recibirán su legítima conmutada en metálico, sin que el mismo tenga que existir en la herencia, siendo posible realizar el abono en efectivo extrahereditario, con las garantías registrales ya vistas —afección real—.

En segundo lugar, debemos ceñir tal problema a la «empresa familiar», partiendo de lo difícil que resulta la tarea de ofrecer un concepto unitario de lo que se entiende por «empresa familiar»[1028], llegándose a manifestar que *estamos en presencia de un*

---

de la empresa familiar, aunque tampoco han faltado comparecientes que han demostrado que existe regulación suficiente en el Código Civil para conseguir que la empresa siga perviviendo a pesar de la desaparición de los fundadores. En el fondo, puede estimarse que existe soterrada una cierta polémica entre los partidarios del sistema anglosajón de absoluta libertad de testar y los partidarios del sistema de legítimas tal como está configurado en España. Cobas Cobiella también apunta a esta idea: "la regulación de la legítima en el Derecho español común, por otra parte, tampoco ha facilitado la transmisión de la sucesión de la empresa familiar, y la poca flexibilidad que la ha caracterizado, impide en ocasiones, una planificación sucesoria acorde con la necesidad de mantenimiento y fortalecimiento de la empresa familiar, por su parte el artículo 1056.2 del Código Civil español tampoco resulta suficiente para la ordenación del patrimonio sucesorio, porque se encuentra con la rigidez del sistema legitimario español". *Vid.* Cobas Cobiella, M.ª E., «La sucesión mortis causa de la empresa familiar», *AC*, nº 7, julio de 2016, p. 4.

1027 *Vid.* Parra Lucán, M.ª Á., «Legítimas, libertad de testar y transmisión de un patrimonio», ob. cit., p. 506.

1028 Parra Lucán, al referirse a esto, ha dicho: "No existe un estatuto jurídico básico aplicable a la «empresa familiar» y ni siquiera hay un único concepto que englobe todos aquellos supuestos en los que la titularidad y el control de una actividad económica se encuentre en manos de una familia (...). Para identificar el concepto de empresa familiar se considera irrelevante el tamaño de la empresa, el número de trabajadores e, incluso, la forma de organización jurídica. En particular, no parece existir dificultad en incluir en el concepto tanto las empresas organizadas jurídicamente como sociedades (especialmente, por su frecuencia,

«*fantasma del Derecho*»[1029], si bien sobre determinadas características de esta existe cierto consenso[1030]:

— Que una familia, para el supuesto de empresa unifamiliar, tenga una participación importante, que normalmente es la mayoría, del capital social.
— Que en base a dicha participación la familia pueda ejercer el control de la empresa.
— Que la familia participe en la gestión y/o de la empresa, ocupando normalmente para el supuesto de empresas societarias la totalidad o la mayoría en el Consejo de Administración.
— Un factor temporal que prácticamente la totalidad de los autores especializados destaca, que es el deseo de la familia de que la empresa continúe en el tiempo, incorporando en la propiedad y/o en la gestión o dirección, a las siguientes generaciones de la familia.

Según el Instituto de la Empresa Familiar[1031], tres son las características que reúnen las empresas familiares:

- *propiedad en manos de la familia,*
- *implicación directa en su gestión,*
- *y vocación de continuidad.*

---

sociedades de responsabilidad limitada, por la flexibilidad de este tipo social) como aquellas de titularidad individual. En estos casos, el carácter familiar se identifica bien con el carácter común de la empresa si el empresario está casado bajo un régimen de comunidad de bienes (gananciales, consorciales, de conquista), bien por la colaboración de alguno de los miembros de la familia en las actividades de la empresa o del negocio bien, genéricamente, con la idea de vocación de estabilidad, permanencia y continuidad de la actividad en el grupo familiar. La sucesión de la empresa familiar individual queda sometida íntegramente al Derecho de sucesiones. Para la empresa familiar constituida bajo la forma de sociedad, aunque hay que atender al Derecho de sociedades, que contempla el fallecimiento de un socio, es necesario tener en cuenta también las reglas de sucesiones y, en particular, las que tienen que ver con la legítima, por lo que aquí interesa". *Ibid.*, pp. 506 y 507.

1029 *Vid.* BOCG, Senado, Serie I, nº 312, VII Legislatura, de 23 de noviembre de 2001, ob. cit., p. 25.

1030 *Vid. ult. loc.*

1031 *Vid. La empresa familiar en España*, estudio elaborado por el Instituto de la Empresa Familiar, Bilbao, 2023, p. 13, accesible "en línea" en la siguiente dirección: https://www.iefamiliar.com/wp-content/uploads/2023/11/LA-EMPRESA-FAMILIAR-EN-ESPAN%CC%83A-2023_.pdf

En España, el 90% de las empresas privadas son familiares, generan casi el 70% del empleo privado y aportan cerca del 60% del PIB[1032].

El mayor problema al que se enfrentan este tipo de empresas es su transmisión *mortis causa*. Así lo dice el informe de 2023 elaborado en el seno del citado Instituto[1033]:

> El mayor reto que identifican las empresas familiares para su supervivencia, y que debe ocupar una de las partes fundamentales del protocolo familiar, es la sucesión.
> El equilibrio entre la parte empresarial y familiar es clave para gestionar la continuidad. Planificar la sucesión, definiendo los criterios, es un esfuerzo que facilitará la transmisión intergeneracional.

Como expone Estellés Peralta, "la solución reside en encontrar un equilibrio entre los intereses de conservación de la empresa y los derechos de los legitimarios que no van a ser adjudicatarios de la misma"; los pactos sucesorios pueden ayudar en esta labor, por lo que "se debería reflexionar sobre la conveniencia de afrontar una reforma del Derecho de sucesiones en esta materia (...), que está "muy directamente relacionada de nuevo, con la libertad de testar y con la finalidad de impedir el fraccionamiento de patrimonios que conviene mantener indivisos"[1034].

Por tanto, y en lo que atañe a la institución tratada, el problema se circunscribe, por una parte, en buscar a la persona más idónea para suceder en la empresa; por otro, una vez elegida, compensar económicamente a los herederos forzosos, dentro de los límites y de las posibilidades que ofrece el art. 1056.2 CC. No debemos olvidar que la supervivencia de la empresa depende, en gran parte, de cómo se organice la sucesión. En el epígrafe posterior nos referiremos a los protocolos familiares, que están enlazados con la cuestión relativa a los pactos sucesorios, como

---

1032 *Vid.* https://www.iefamiliar.com/

1033 *Vid. La empresa familiar en España*, estudio elaborado por el Instituto de la Empresa Familiar, ob. cit., p. 29.

1034 *Vid.* Estellés Peralta, P. M.ª, «La superación del Derecho de sucesiones codificado: reflexiones sobre la conveniencia de una reforma», en *Dolencias del Derecho civil de sucesiones 130 años después de la aprobación del Código civil español* (directora, Pilar María Estellés Peralta), Tirant lo Blanch, Valencia, 2022, p. 39 y 40.

consecuencia de su prohibición en el Código, y como un intento de buscar alternativas al complejo fenómeno de la sucesión de la empresa.

Expuesto lo anterior, entiende REYES LÓPEZ[1035] que, pese a la reforma del art. 1056.2 llevada a cabo en 2003, continúan dándose algunos problemas en la sucesión del empresario familiar: uno, relativo a la regla establecida en el art. 818.1 CC para fijar el importe de las legítimas; otro, relativo a la conveniencia o, mejor dicho, al coste para los herederos instituidos que no tengan que recibir la empresa, en cuanto a su responsabilidad patrimonial frente a los acreedores de las deudas originadas por esta, pues teniendo aquellos tal cualidad, de tales deudas —que son, en suma, deudas de la herencia que se transmiten por sucesión *mortis causa*—, responderán conjuntamente *ex* arts. 659 y 661 CC, incluso de forma solidaria; la adjudicación de la empresa a un solo heredero por partición del testador o porque así lo hubiesen convenido, de común acuerdo, los coherederos, sólo afectará a la responsabilidad por deudas en el aspecto interno entre los instituidos herederos —art. 1084 *in fine*—, es decir, será el heredero adjudicatario el obligado a asumir esas deudas frente a sus coherederos, pero nunca se alterará el derecho de los acreedores de dirigirse contra cualesquiera de ellos, globalmente considerados, por el importe total del crédito.

Con ello, la autora citada llega a la conclusión lógica de que "las normas de derecho común limitan y encorsetan la posibilidad de pactar una sucesión adecuada", de ahí que abogue por el "levantamiento de todas las prohibiciones relacionadas con los pactos sobre la herencia futura, que permitiría desarrollar un medio eficaz de organización coordinada y escalonada de la sucesión por parte del llamado a suceder al jefe de la empresa, así como facilitar que ambos cónyuges pudiesen otorgar sus últimas voluntades de manera conjunta reconociendo la figura del testamento mancomunado"[1036]. Reconociendo las bondades de las posibilidades que brinda, hoy en día, el art. 1056.2, también es cierto que el fundador no puede planificar correctamente la sucesión de su explotación, eligiendo a la persona más preparada, aunque no

---

1035 *Vid.* REYES LÓPEZ, M.ª J., «Necesidad de una nueva perspectiva del pacto sucesorio», ob. cit., pp. 559- 560.

1036 *Ibid.*, pp. 560 y 561.

forme parte del núcleo familiar, y ello a través de su ordenación en pacto sucesorio, de forma irrevocable, en vida del causante, para que este pueda ver cómo se realiza el tránsito sucesorio al nuevo titular de la empresa familiar [1037].

Como señala EGEA FERNÁNDEZ[1038], "los pactos sucesorios permiten al empresario anticipar su sucesión y posibilitan la incorporación del elegido como sucesor en las actividades de la empresa, sin que éste pueda temer que la llamada resulte frustrada".

Pero para ello debe llevarse a cabo una reforma del Código que, al igual que ya sucede en los territorios con derecho civil propio, contemple los pactos sucesorios una vez transcurridos más de ciento treinta años desde que aquel se promulgó. En esa dirección se encaminan no sólo los ordenamientos autonómicos, sino también las normas de derecho privado en el ámbito de la Unión Europea, si nos atenemos a la armonización que, en esta materia, preconiza el Reglamento (UE) nº 650/2012, de 4 de julio, al que hemos hecho referencia con anterioridad[1039]. Pero es que, ade-

---

1037 *Ibid.*, pp. 561 y 562. REYES LÓPEZ es consciente de la importancia que tiene para la continuidad de la empresa familiar el hecho que el empresario haya fallecido habiendo otorgado testamento, pero esto no quiere decir que, efectivamente, existan una serie de limitaciones a las que está sujeto, y que son principalmente tres: la prohibición de pactos sobre la herencia futura; la prohibición de testar mancomunadamente y la obligación de respetar los derechos de los legitimarios. A su entender, y así lo compartimos nosotros, el Código civil únicamente contiene dos artículos que resultan de aplicación a la empresa familiar: el consabido art. 1056.2 y, por otra parte, si bien de forma indirecta, el art. 1271.2, por cuanto veta la sucesión contractual; y por esto, "poca es la atención que dedica el ordenamiento civil a esta modalidad [la empresa familiar] muchos, por el contrario, los vacíos normativos que suscita y deja sin responder". *Vid.* REYES LÓPEZ, M.ª J., «Retomando las ideas en torno a la conservación y continuidad de la empresa familiar», en *Estudios jurídicos en homenaje al profesor Luís Díez-Picazo. Derecho de sucesiones*, tomo IV, Civitas, Madrid, 2003, pp. 5488-5490.

1038 *Vid.* EGEA FERNÁNDEZ, J., «Protocolo familiar y pactos sucesorios. La proyectada reforma de los heredamientos», *InDret*, 2007, nº 3, p. 10. Accesible "en línea" en la siguiente dirección: https://raco.cat/index.php/InDret/article/view/78957/103098

1039 Con anterioridad al mismo, debemos hacer referencia al contenido de la Recomendación de la Comisión, de 7 de diciembre de 1994, sobre la transmisión de las pequeñas y medianas empresas (94/1069/CE, publicada en el Diario Oficial de las Comunidades Europeas nº L 385, de 31 de diciembre de 1994, pp. 14 a 17), donde en su art. 5, referido a la

más, como ha puesto de relieve FONT I SEGURA[1040], "en algunos ordenamientos, se ha realizado una actualización y adaptación de figuras en claro desuso, con el objetivo manifiesto de potenciar su eficacia y de adecuar su regulación a la realidad socioeconómica".

Del mismo sentir es FUENTES MARTÍNEZ[1041], quien, además, critica de nuestro sistema la falta de automatismo en la sucesión *mortis causa*[1042].

---

continuidad de las sociedades de personas y las empresas individuales, se insta a los Estados miembros a *velar por que, en caso de fallecimiento de uno de los socios de una sociedad de personas o de un empresario individual, el Derecho de familia, el Derecho de sucesiones y, en particular, el principio de unanimidad para las decisiones que se tomen en el marco de la indivisión no pongan en peligro la continuidad de la empresa*. Asimismo, la Comunicación de la Comisión sobre la transmisión de las pequeñas y medianas empresas (98/C 93/02 y publicada en el Diario Oficial de las Comunidades Europeas de 28 de marzo de 1998 —C93—), refiriéndose a los pactos sobre la futura sucesión, decía: *Otra forma de acrecentar la continuidad de la empresa es la utilización de pactos de empresa o protocolos familiares. Sobre todo, en el caso de las empresas familiares, se pueden utilizar estos acuerdos para preservar determinado número de normas de gestión de una generación a otra. Ya se emplean en alguna medida en Francia y en España, con el fin de paliar las consecuencias de la prohibición de los pactos sobre la futura sucesión. No obstante, está claro que estos acuerdos seguirán siendo una solución relativamente insatisfactoria en relación con los pactos de sucesión admitidos en la mayoría de los Estados miembros. Los Estados miembros que prohíben los pactos sobre la futura sucesión (Italia, Francia, Bélgica, España y Luxemburgo) deberían pensar en la posibilidad de autorizarlos, ya que esta prohibición complica innecesariamente la correcta gestión del patrimonio*.

1040 *Vid*. FONT I SEGURA, A., «La ley aplicable a los pactos sucesorios», *InDret*, mayo 2009, p. 4. Accesible "en línea" en la siguiente dirección: https://indret.com/wp-content/themes/indret/pdf/635_es.pdf

1041 Para este autor es preciso dar entrada, "de una vez por todas, a los pactos sucesorios con las menores restricciones posibles" para conseguir así una planificación sucesoria real, que permita diseñar el traspaso en la dirección y propiedad de una empresa a la siguiente generación. *Vid*. FUENTES MARTÍNEZ, J. J., «La conservación y continuidad de la empresa ante el fenómeno sucesorio», en *Conflictos en torno a los patrimonios personales y empresariales*, tomo I, Bosch, Barcelona, 2010, p. 259.

1042 En el sentido de que "alguien ocupe el lugar del difunto lo más pronto posible y de la forma más inmediata y automática posible", para evitar así los periodos de incertidumbre entre el tiempo que media desde la muerte del causante hasta que el llamado a título de heredero acepta la herencia. Pone el ejemplo del sistema germánico, "en el que el acto de aceptación lo que viene a terminar es con la incertidumbre de quién va a ser definitivamente heredero, puesto que por el solo hecho de la

2.5. Los protocolos familiares y sus limitaciones

Por su estrecha relación con los pactos sucesorios en el ámbito de la empresa familiar, pues no dejan de ser, en definitiva, un pacto, tenemos que referirnos a los protocolos familiares, cuya norma de referencia es el Real Decreto 171/2007, de 9 de febrero, por el que se regula la publicidad de los protocolos familiares.

Esta norma se dictó en desarrollo de la disposición final segunda —párrafo 3º— de la Ley 7/2003, de 1 de abril, de la sociedad limitada Nueva Empresa, que establecía: *Reglamentariamente se establecerán las condiciones, forma y requisitos para la publicidad de los protocolos familiares, así como, en su caso, el acceso al Registro Mercantil de las escrituras públicas que contengan cláusulas susceptibles de inscripción.*

Curiosamente, la Ley de 2003 ni define lo que se entiende por «empresa familiar» ni, tampoco, ofrece una definición de lo que es un «protocolo familiar». Es en la Exposición de Motivos de la norma reglamentaria y en su articulado, donde, de forma muy difusa, pasajera o circunstancial, se hace referencia a ello[1043].

---

muerte del causante ya hay un heredero, y no un simple llamado, que hace acto de presencia". *Ibid.*, pp. 257-258.

1043 En cuanto a la empresa familiar, párrafo primero de la Exposición de Motivos: *Una gran parte del tejido empresarial español está integrado por sociedades de carácter familiar en sentido amplio, es decir, aquellas en las que la propiedad o el poder de decisión pertenecen, total o parcialmente, a un grupo de personas que son parientes consanguíneos o afines entre sí. Esta realidad económica, jurídica y social obliga a tomar en consideración sus peculiaridades y la lícita autorregulación de sus propios intereses especialmente en relación a la sucesión de la empresa familiar, removiendo obstáculos y dotando de instrumentos al operador jurídico.*

En cuanto a los protocolos familiares —de origen anglosajón como se pone de manifiesto en el párrafo segundo—, párrafo séptimo de la Exposición de Motivos: *Puede entenderse como tal aquel conjunto de pactos suscritos por los socios entre sí o con terceros con los que guardan vínculos familiares respecto de una sociedad no cotizada en la que tengan un interés común en orden a lograr un modelo de comunicación y consenso en la toma de decisiones para regular las relaciones entre familia, propiedad y empresa que afectan a la entidad.* También en el art. 2.1, si bien en relación con su publicidad: *A los efectos de este real decreto se entiende por protocolo familiar aquel conjunto de pactos suscritos por los socios entre sí o con terceros con los que guardan vínculos familiares que afectan una sociedad no cotizada, en la que tengan un interés común en orden a lograr un modelo de comunicación y consenso en la toma de decisiones*

FERRER VANRELL[1044] ha dicho, respecto a los protocolos, que son un "instrumento de estabilidad y continuidad de una Empresa calificada como familiar", así como "un elemento útil de cohesión de la familia empresaria", y los ha definido como "un gran acuerdo de la familia; un pacto marco que tiende a encauzar la regulación del futuro de la Empresa, su propia peculiaridad en todo lo pertinente a la organización de las relaciones tanto de gestión como las económicas entre los miembros de la familia empresaria".

Como no podía ser de otro modo, estos instrumentos han sido acogidos y promovidos por las organizaciones empresariales, que han visto en ellos una vía de escape al problema de la sucesión de la empresa familiar, llegándose a manifestar lo que sigue:

> La elaboración de un protocolo familiar es un primer paso en la búsqueda de soluciones para problemas en el ámbito de la sucesión y de las relaciones entre familia y empresa o, o al menos un Plan de sucesión (de la propiedad y de la dirección), que concrete unos criterios para la elección del sucesor (la pertenencia a la familia, la experiencia o la formación …) junto con la disponibilidad de sistemas de valoración de acciones o el conocimiento del marco fiscal[1045].

No obstante, continúan siendo desconocidos a nivel empresarial, al decir de COBAS COBIELLA[1046]: "Muchas empresas descono-

---

para regular las relaciones entre familia, propiedad y empresa que afectan a la entidad.

1044 *Vid.* FERRER VANRELL, M.ª P., «La problemática de los protocolos familiares en el ámbito sucesorio. La sucesión contractual como elemento de firmeza», en *El patrimonio sucesorio. Reflexiones para un debate reformista,* Tomo II (directores, Francisco Lledó Yagüe, Mª Pilar Ferrer Vanrell y José Ángel Torres Lana; coord., Óscar Monje Balsameda), Dykinson, Madrid, 2014, p. 1483.

1045 *Vid. La empresa familiar en España,* ob. cit., p. 29. https://www.iefamiliar.com/wp-content/uploads/2023/11/LA-EMPRESA-FAMILIAR-EN-ESPAN%CC%83A-2023_.pdf

1046 *Vid.* COBAS COBIELLA, M.ª E., «La sucesión mortis causa de la empresa familiar», ob. cit., p. 4. Para GUILLÉN CATALÁN, "a pesar del papel tan importante que puede desarrollar el protocolo familiar, se puede señalar que en nuestro país su implantación no es generalizada o global, sino todo lo contrario". *Vid.* GUILLÉN CATALÁN, R., «La empresa familiar: su planificación testamentaria como instrumento de conservación», en *Derecho de sucesiones* (directoras, Josefina Alventosa del Río y

cen su existencia, y por tanto no cuentan con este instrumento; otras que lo tienen no saben cómo emplearlo, o simplemente no lo utilizan, y en ocasiones si lo emplean, no lo hacen de forma correcta, habiendo poca cultura empresarial en relación al protocolo familiar, su desenvolvimiento y finalidad". Tal vez, esa escasa acogida tenga que ver con su propia debilidad intrínseca, como ahora veremos.

Pues bien, hecha esta pequeña introducción y analizando a vuelapluma la norma reglamentaria que disciplina los protocolos familiares, llama la atención el carácter voluntario respecto a la publicidad de este tipo de pactos, síntoma de su frágil consistencia jurídica para la finalidad que con ellos quiere perseguirse, pues serán los órganos de administración de las sociedades mercantiles de personas o de capital no cotizadas los que decidan dar o no publicidad al protocolo en atención al interés social —art. 3—, no sólo a través del propio Registro —arts. 5, 6 y 7—, sino también haciendo uso de la página web de la sociedad —art. 4—. Queremos decir que el protocolo, en definitiva, es un negocio jurídico voluntario, otorgado por los intervinientes al amparo de la libertad contractual del art. 1255 CC, pero con un grado de coercibilidad muy limitado, por las razones que expondremos a continuación.

Dicho lo anterior, la cuestión clave es si estos instrumentos son útiles y, caso de serlo, hasta qué punto, para lograr una sucesión en la empresa familiar que satisfaga las necesidades del empresario, pues ya sabemos que la sucesión contractual, por el momento, está vetada.

Reyes López[1047] ha manifestado que el carácter de estos pactos resulta "variopinto", pues recogen cuestiones que van desde las estrictamente jurídicas a principios éticos sobre el funcionamiento de la empresa, lo que hace muy difícil un tratamiento sistemático de los mismos. En el mismo sentido se ha pronunciado Gomá Lanzón[1048], que destaca como rasgo notorio del protocolo

---

María Elena Cobas Cobiella), 2ª ed., Tirant lo Blanch, Valencia, 2023, p. 850.

1047 *Vid.* Reyes López, M.ª J., «Necesidad de una nueva perspectiva del pacto sucesorio», ob. cit., p. 563.

1048 *Vid.* Gomá Lanzón, I., «El protocolo familiar», en *El patrimonio familiar, profesional y empresarial: su formación, protección y transmisión* (director, Rafael Martínez Díe), Aranzadi, Cizur Menor (Navarra), 2006, p. 146.

familiar su "pretensión *totalizadora*, en cuanto aparentemente busca ser un instrumento específico para abordar de manera unitaria y simultánea todos los problemas de una determinada empresa familiar pero, al mismo tiempo, es un documento jurídicamente *incompleto*, pues tales «pactos» han de ser ejecutados por alguno de los miembros de la familia sin que tal ejecución pueda ser instada por los demás firmantes del protocolo".

Este hecho supone, *per se*, un obstáculo para adentrarnos en las complejas cuestiones de derecho sucesorio, pues habría que distinguir, de entre todas estas cláusulas, cuáles tienen una clara voluntad *mortis causa* del dueño del negocio objeto de la transmisión[1049]. Pero, es más, caso de existir este tipo de disposiciones, tampoco tendrían —como es una conclusión muy consolidada en la doctrina científica—, virtualidad alguna, pues siempre será necesario otorgar un testamento para designar a la persona que sucederá en la empresa. No siendo el protocolo familiar un pacto sucesorio, ni tan siquiera se garantizará el sentido del testamento, pues tratándose de una disposición de última voluntad, siempre podrá ser revocada, con independencia del compromiso que el futuro testador, propietario de la empresa, haya asumido en el protocolo, pues es simplemente eso, un compromiso. Dicho en otras palabras, por mucho que el fundador, en el protocolo, haya previsto la cuestión relativa a la sucesión, interviniendo en este instrumento los interesados, podrá aquel no otorgar testamento, otorgarlo en sentido distinto al protocolo, u otorgarlo en consonancia a este para ser posteriormente revocado, pues "la voluntad del testador debe ser mutable hasta su muerte y su traducción está en la propia revocabilidad del testamento"[1050], pues como ya se proclamaba en el derecho romano, *ambulatoria enim est voluntas defuncti usque ad vitae supremum exitum*, y que tiene su reflejo en los arts. 737 y ss. CC[1051].

1049 Máxime si tenemos en cuenta, como indica FERRER VANRELL, que los protocolos familiares, "pretenden armonizar los problemas que pueden surgir cuando se planeta la titularidad, el gobierno y la sucesión en la Empresa". *Vid.* FERRER VANRELL, M.ª P., «La problemática de los protocolos familiares en el ámbito sucesorio. La sucesión contractual como elemento de firmeza», ob. cit., p. 1485.

1050 *Ibid.*, p. 1486.

1051 *Vid.* STS de 17 de junio de 2010 (RJ 2010, 5404). Como señala GOMÁ, este tipo de pactos son peligrosos: por ejemplo, estableciendo en el Pro-

De todo esto podemos extraer una conclusión clara: el recurso a estos protocolos, incluyendo cláusulas de naturaleza sucesoria —entre otro tipo de cláusulas que poco o nada tienen que ver con ellas—, no supone más que una constatación de las limitaciones del testamento como instrumento válido para regular la sucesión de la empresa, al ser un acto esencialmente revocable, y no ofrecer las debidas garantías de seguridad a los otorgantes del pacto, ya sea para el propio causante —fundador de la empresa— como para el futuro sucesor en la titularidad del negocio[1052].

La fragilidad del protocolo familiar, en cuanto a su escaso poder coercitivo entre las partes, supone un lastre a su propia finalidad[1053]. En tal sentido, podrán establecerse cláusulas relativas al otorgamiento de capitulaciones matrimoniales para pactar un régimen económico matrimonial de separación de bienes a los efectos de conservar la titularidad de las participaciones en el seno de la familia empresaria, excluyendo cualquier participación del cónyuge; podrán, también, establecerse cláusulas tendentes a definir el contenido del futuro testamento, eligiendo y designando al sucesor; o cualesquiera otras que tengan por finalidad preservar en el seno de la familia la empresa; pero, en todos los casos, estos acuerdos no podrán exigirse judicialmente, es decir, no podrá exigirse su cumplimiento *in natura*, pues el testamento es un acto personalísimo y revocable y, por otra parte,

---

tocolo Familiar cláusulas "en las que uno de los firmantes se obliga a hacer testamento instituyendo a determinados herederos o disponiendo de las acciones o participaciones de la empresa en un sentido determinado"; y ello por la razón de que el Código civil "considera al testamento el único cauce de delación voluntaria de la herencia, proscribiendo los pactos sucesorios con muy escasas excepciones; el testamento, de carácter personalísimo, conserva los rasgos clásicos de la solemnidad, unilateralidad y revocabilidad; tiene una gran aversión a las vinculaciones y cargas contrarias a la libre distribución de los bienes; tiene horror al secreto sucesorio y al negocio incierto". *Vid.* Gomá Lanzón, I., «El protocolo familiar», en *Conflictos en torno a los patrimonios personales y empresariales*, tomo I, Bosch, Barcelona, 2010, pp. 478-479.

1052 *Vid.* Reyes López, M.ª J., «Necesidad de una nueva perspectiva del pacto sucesorio», ob. cit., pp. 563 y 564.

1053 El TS se ha referido a estos pactos como: ... *integrados frecuentemente no sólo por estipulaciones jurídicamente vinculantes, sino también por declaraciones y acuerdos de valor moral sin exigibilidad jurídica que actúan a modo de "códigos de conducta" sin valor vinculante. Vid.* STS de 20 de febrero de 2020 (*Tol 7790005*).

tampoco es exigible que los miembros de la familia propietaria de la empresa otorguen capitulaciones matrimoniales en el concreto régimen matrimonial al que se comprometieron[1054]. Y esto con independencia de la existencia de cláusulas penales —previstas en la disposición final segunda del Real Decreto 171/2007, que modifica el apartado 2 a) del art. 114 del Reglamento del Registro Mercantil[1055], aprobado por Real Decreto 1784/1996, de 19 de julio—, pactadas por las partes para el caso de incumplimiento de los acuerdos recogidos en el protocolo. Tales cláusulas, en absoluto, pueden obligar a emitir una declaración de voluntad.

El problema, entendemos, es que se depositan en el protocolo familiar unas expectativas que son más aparentes que reales, confundiendo, como ha dicho GOMÁ LANZÓN el *contenido* con el *continente*[1056].

1054 *Vid.* FERRER VANRELL, M.ª P., «La problemática de los protocolos familiares en el ámbito sucesorio. La sucesión contractual como elemento de firmeza», ob. cit., pp. 1485 y 1486. La misma autora, en otro estudio, concluye: "Sin embargo estas cláusulas, de dudosa legalidad, presentan numerosos problemas, y así lo ha puesto de relieve la doctrina. El cumplimiento de estos acuerdos no puede exigirse judicialmente; solo cabría exigirlos si las partes que han firmado el Protocolo Familiar han acordado unas cláusulas penales para el caso de incumplimiento, pero nunca es exigible, por ser un acto personalísimo, que otorgue testamento en el sentido acordado en el Protocolo; ni exigir que convengan Capitulaciones matrimoniales pactando el régimen de separación de bienes al que se comprometieron". *Vid.* FERRER VANRELL, M.ª P., «Los Protocolos Familiares y la Ley Balear 22/2006, de 19 de diciembre, como factores determinantes del resurgir de los pactos sucesorios», *AC*, nº 12, junio de 2009, p. 3. En el mismo sentido, GOMÁ LANZÓN: "Ciertamente, el protocolo familiar tiene una vocación de remedio universal, pero presenta carencias que pueden dar la errónea impresión a los firmantes de que los compromisos que asumen son equivalentes y de la misma fuerza jurídica, cuando en realidad tal reciprocidad no existe en todos los casos, dando una apariencia de solidez que sólo saltará por los aires cuando como a consecuencia de un incumplimiento su resistencia jurídica haya de ser comprobada judicialmente". *Vid.* GOMÁ LANZÓN, I., «El protocolo familiar», ob. cit., p. 146.

1055 Pudiendo constar en la inscripción registral: *Las cláusulas penales en garantía de obligaciones pactadas e inscritas, especialmente si están contenidas en protocolo familiar publicado en la forma establecida en los artículos 6 y 7 del Real Decreto por el que se regula la publicidad de los protocolos familiares.*

1056 Por cuanto el protocolo familiar "no es una herramienta en sí misma, sino una *caja de herramientas* que compendia distintos instrumentos ju-

Todo ello se podría solucionar, según mantiene una parte de la doctrina, admitiéndose la sucesión contractual, permitiendo, en definitiva, nombrar de forma irrevocable al sucesor, logrando así la pervivencia de la empresa familiar[1057]. Como ha señalado Font i Segura[1058], "sin ignorar la estabilidad que requiere el derecho de sucesiones y las delicadas, pero íntimas, vinculaciones que el mismo tiene con otras ramas del derecho, como el derecho de cosas o el derecho de familia, y sin ignorar tampoco la influencia que ejerce el arraigo en una determinada tradición jurídica, no hay que olvidar que el Derecho no es más que un instrumento para llegar a un resultado. Por lo tanto, no debe estar sujeto arbitrariamente a las tradiciones, ni tampoco ser su prisionero. Es un derecho en evolución".

Del mismo pensar es Simón Moreno[1059], al afirmar que "las necesidades socioeconómicas actuales y el marco constitucional, en el que confluyen la libertad contractual, la libertad de testar, el derecho de propiedad y la libertad de empresa, requieren entender los pactos sucesorios no como una limitación a la libertad de testar sino como una vía para ampliar las facultades de decisión del *de cuius* sobre sus bienes y para fomentar, así, el libre desarrollo de su personalidad".

En este contexto podemos ubicar el denominado *patto di famiglia* del Derecho italiano[1060], introducido en el *corpus* del Código civil italiano a través de la ley de 14 de febrero de 2006 a través de

---

rídicos cada uno de los cuales sirve para una cosa determinada y tiene su propia eficacia, que no siempre se puede hacer depender de la que tengan los demás". *Vid.* Gomá Lanzón, I., «El protocolo familiar», ob. cit., pp. 146-147.

1057 Ferrer Vanrell afirma: "La sucesión contractual es el elemento idóneo para facilitar la continuidad de la Empresa Familiar, al designar de forma irrevocable al sucesor, al margen del Protocolo Familiar". *Vid.* Ferrer Vanrell, M.ª P., «Los Protocolos Familiares y la Ley Balear 22/2006, de 19 de diciembre, como factores determinantes del resurgir de los pactos sucesorios», ob. cit., p. 3.

1058 *Vid.* Font i Segura, A., «La ley aplicable a los pactos sucesorios», ob. cit., p. 5.

1059 *Vid.* Simón Moreno, H., «Hacia una regulación de los pactos sucesorios en el Código Civil español», ob. cit., pp. 373 y 374.

1060 Como pone de relieve Garrido de Palma, "el sistema italiano es un ejemplo de realismo". *Vid.* Garrido de Palma, V. M., «La familia empresaria ante el Derecho: Capitulaciones. Régimen matrimonial. Suce-

siete nuevos artículos (del art. 768-*bis*[1061] al art. 768 *octies*)[1062]; pacto que tiene por finalidad, al decir de ÁLVAREZ LATA[1063], "facilitar la transmisión de la empresa familiar o de cuotas societarias y contribuir a la continuidad generacional de la pequeña y mediana empresa, que en Italia se ha observado también como un problema con implicaciones sociales". O, según ha manifestado GIAMPETRAGLIA[1064] "el contrato a través del cual el empresario transfiere, total o parcialmente, la empresa —y el titular de participaciones societarias transfiere, total o parcialmente, sus cuotas— a uno o más descendientes, garantizando la protección de los derechos de los futuros legitimarios"[1065].

---

sión *mortis causa* y Estatutos sociales», en *Conflictos en torno a los patrimonios personales y empresariales*, tomo I, Bosch, Barcelona, 2010, p. 442.

1061 *Nozione: È patto di famiglia il contratto con cui, compatibilmente con le disposizioni in materia di impresa familiare e nel rispetto delle differenti tipologie societarie, l'imprenditore trasferisce, in tutto o in parte, l'azienda, e il titolare di partecipazioni societarie trasferisce, in tutto o in parte, le proprie quote, ad uno o più discendenti.*

1062 Lo que supone una excepción a la prohibición de la sucesión contractual en materia sucesoria, como así se recoge en el art. 458 (*divieto di patti successori*): *Fatto salvo quanto disposto dagli articoli 768-bis e seguenti, è nulla ogni convenzione con cui taluno dispone della propria successione. È del pari nullo ogni atto col quale taluno dispone dei diritti che gli possono apettare su una successione non ancora aperta, o rinunzia ai medesimi.*

1063 *Vid.* ÁLVAREZ LATA, N., «Empresa familiar y planificación sucesoria. Un acercamiento a los protocolos familiares como instrumentos de esa ordenación», en *La familia en el derecho de sucesiones: cuestiones actuales y perspectivas de futuro* (coord., Ángel Luis Rebolledo Varela), Dykinson, Madrid, 2010, p. 568.

1064 *Vid.* GIAMPETRAGLIA, R., «La autonomía de la voluntad en la transmisión de la empresa: El pacto de familia», *ADC*, fasc. 4, 2014, p. 1171.

1065 Si bien hay que matizar lo siguiente: "El pacto de familia está destinado a operar en un ámbito configurado por situaciones jurídicas de elevada complejidad y de crucial importancia en un plano social. El objetivo perseguido por la reforma, de hecho, no es tanto el de garantizar al empresario el control y la gestión del difícil momento de cambio intergeneracional de su empresa, sino más bien la tutela de un interés más general del mercado por la organización racional y llevanza de las empresas a través de la salvaguarda de la continuidad en la gestión de las mismas (…). Por lo tanto, el legislador entrega a la autonomía privada, oportunamente guiada por los notarios encargados de la estipulación del acto, el encargo de proceder, en el ámbito del escaso cuadro normativo delineado, a la tipificación social a través de la predisposición de

En nuestro sistema, la modificación del párrafo segundo del art. 1056 CC por la Ley 7/2003, de 1 de abril, no ha introducido, ni tan siquiera circunscrito a la sucesión de la empresa, el pacto sucesorio y, como ha manifestado CREMADES GARCÍA[1066] —quien lleva a cabo una labor de contraste con el *patto di famiglia* del Derecho italiano—, "el empresario [en el marco del art. 1056.2 CC] posee libertad para considerar la necesidad de conservación del negocio familiar, tiene restringida la misma para la configuración de un pacto posterior con los legitimarios en aras a no transgredir la prohibición del pacto sucesorio. La irrevocabilidad del acto *inter vivos* resulta necesaria para no romper las expectativas que se crean al beneficiado con la adjudicación de la empresa".

Así pues, hasta el momento tenemos —además de las posibilidades que ofrece el art. 1056.2 CC, y que no son pocas, dicho sea de paso—, los protocolos familiares, si bien, con las limitaciones que se han señalado a lo largo de este estudio. ¿Es posible conjugar del algún modo este instrumento con las previsiones sucesorias del citado artículo del Código? A esta cuestión se ha referido ÁLVAREZ LATA, que pone el foco de atención, precisamente, en la necesidad de establecer una correlación o coordinación entre las posibilidades que ofrece el Derecho sucesorio y el contenido típico de los protocolos familiares, por ejemplo, en cuanto a la gestión de la empresa se refieren. Estamos completamente

---

una pluralidad de modelos idóneos para satisfacer las diferentes expectativas que emergerán del tejido social". *Ibid.*, pp. 1196 y 1197.
Para LIOTTA, "se intenta proporcionar a los empresarios un nuevo instrumento para la continuidad de la empresa en el cambio generacional limitando, sin excluirla, la tutela sucesoria de los legitimarios. De esta manera en un tejido económico caracterizado sobre todo por pequeñas y medianas empresas con base familiar, satisface la exigencia cada vez más fuerte de elegir libremente a quien continuará la actividad entre los descendientes del empresario. Y, al mismo tiempo, se adapta a la 'Recomendación sobre la sucesión en las pequeñas y medianas empresas' realizada ya en 1998 por la Comisión Europea con la Comunicación n. 98/C93/02". *Vid.* LIOTTA, G., «El pacto de familia en el derecho italiano. Notas breves», *El Notario del siglo XXI. Revista del Ilustre Colegio Notarial de Madrid*, noviembre-diciembre de 2007, nº 16, accesible a través del siguiente enlace: https://www.elnotario.es/hemeroteca/revista-16/2202-el-pacto-de-familia-en-el-derecho-italiano-notas-breves-0-7331799424562416

1066 *Vid.* CREMADES GARCÍA, P., «La partición hecha por el testador con acto *inter vivos*», *RDP*, nº 5, septiembre-octubre 2015, p. 31.

de acuerdo y es una idea que no cabe desdeñar pese a lo que diremos a continuación, pues hay que ser conscientes, como se ha dicho, de las limitaciones en cuanto al cumplimiento de las cláusulas del protocolo; no obstante, estos pueden y deben tener su espacio y, por tanto, servir de complemento de la propia sucesión[1067], habida cuenta de las reticencias en introducir la sucesión contractual no ya con carácter general en el derecho común, sino en el concreto ámbito de la sucesión de la empresa.

VIII. SUFICIENCIA DE INSTRUMENTOS JURÍDICOS PARA ASEGURAR LA PERVIVENCIA DE LA EMPRESA FAMILIAR: UNA CUESTIÓN ABIERTA

En el epígrafe anterior hemos puesto de manifiesto que existe una tendencia claramente reformista de un grupo de autores que abogan por introducir los pactos sucesorios como tercer modo de deferirse la sucesión, junto al testamento y la ley (art. 658 CC), al menos, para favorecer así la transmisión *mortis causa* de la empresa familiar.

Somos conscientes que tal planteamiento supone dar un giro de 180 grados al sistema sucesorio establecido desde hace siglos en el derecho común que, recogiendo algunas excepciones a la prohibición de la sucesión contractual —con un trasfondo muy concreto—, es contrario a la misma con carácter general.

¿Es posible pensar en un panorama en el que, a medio plazo, se introduzca esta figura como así ocurre con carácter general en los ordenamientos autonómicos? Es posible, pero se nos antoja difícil por las implicaciones que conlleva, si bien nadie puede negar la corriente, cada vez más fuerte, sobre la necesidad de introducir la sucesión contractual en nuestro ordenamiento para superar el encorsetado sistema decimonónico.

Llegados a este punto, cabe preguntarse si, en la actualidad, son tantos los obstáculos que existen para garantizar, al fin y al

---

1067 *Vid.* ÁLVAREZ LATA, N., «Empresa familiar y planificación sucesoria. Un acercamiento a los protocolos familiares como instrumentos de esa ordenación», ob. cit., pp. 601 y 602.

cabo —pues es la cuestión capital— la pervivencia de la empresa familiar y, en su caso, buscar otras alternativas más realistas en cuanto a su implantación, sin que esto suponga una alteración sustancial del esquema sucesorio firmemente asentado, que pasa por cuestionar, en algunos casos, el sistema de legítimas.

Espejo Lerdo de Tejada[1068] se ha referido a la cuestión relativa a la transmisión *mortis causa* de la empresa familiar para poner de manifiesto que el problema, tal vez, no estriba, como se quiere hacer ver, en las legítimas, utilizándose como pretexto para combatirlas. Sobre esto volveremos al final.

Lo que queremos remarcar ahora es que no sólo a través de la partición por el testador se puede conseguir el objetivo de que uno solo de los legitimarios resulte adjudicatario de la empresa, sino, como nos recuerda Espejo Lerdo de Tejada[1069], también a través de los siguientes mecanismos: la mejora en cosa determinada *ex* art. 829 CC; legado de cosa específica *ex* art. 882 CC; pago en metálico de la legítima *ex* arts. 841-847 CC; y mediante la transmisión onerosa *inter vivos* del negocio, incluso a favor de un tercero no perteneciente a la familia, pues la transmisión gratuita *inter vivos* estaría sujeta a las limitaciones del art. 636 CC.

En el particular de la partición por el testador *ex* art. 1056.2 CC, nos encontramos, siguiendo al autor citado, ante un mecanismo adecuado que permite la planificación sucesoria de la empresa para lograr su pervivencia, más aún después de la reforma de 2003 al permitirse el pago de la legítima con efectivo extrahereditario; y no únicamente esto, sino aplazándolo hasta los cinco años a contar desde el fallecimiento del testador[1070], si bien, quedan fuera de tal previsión aquellos casos en los que el testador no haya hecho una planificación sucesoria, para lo que propone la creación de algún mecanismo de atribución preferente de la empresa a aquel o aquellos coherederos que, con su trabajo, hayan colaborado en la misma; mecanismo que debería

---

1068 *Vid.* Espejo Lerdeo de Tejada, M., *Tendencias reformistas en el Derecho español de sucesiones. Especial consideración al caso de las legítimas*, Wolters Kluwer, Madrid, 2020, pp. 65-66.

1069 *Ibid.*, p. 65.

1070 *Ibid.*, pp. 66-67.

provenir desde las normas de la partición, no desde una reforma de las legítimas[1071].

No podemos rechazar esta solución, pues cualquier mecanismo que se arbitre para evitar la desaparición de la empresa familiar debe ser, *a priori*, bien recibido. Pero también es cierto que el art. 1056.2 CC ofrece muchas posibilidades que no ofrecía en su redacción primigenia, anterior a la reforma operada por la Ley 7/2003, de 1 de abril, de la sociedad limitada Nueva Empresa, circunscrito a una realidad eminentemente agraria.

No obstante, como ha puesto de relieve BAIXAULI GRANCHA, los inconvenientes del precepto son los siguientes: por una parte, el "riesgo de una descapitalización del adjudicatario del negocio tras el pago a los destinatarios del efectivo legitimario"; por otra, "la falta de activación del precepto en el caso de que acontezca una sucesión intestada" [1072]. Estamos de acuerdo en estas dos apreciaciones, si bien, respecto de la primera, el plazo razonable de cinco años previsto para el aplazamiento puede conjurar tal descapitalización; también la puede conjurar el testador adjudicando la explotación no a un único legitimario, sino a varios, para

---

1071 Propone esta idea al analizar un supuesto bastante habitual: existe en la herencia un bien indivisible, por ejemplo, la vivienda, cuya adjudicación pretenden todos o varios de los coherederos; puesto que opera el criterio de la unanimidad de la partición, si no hay acuerdo entre ellos, puede acabar vendiéndose en pública subasta *ex* art. 1062.2 CC, en lugar de adjudicarse a uno de ellos abonando al resto su porción en metálico. Como solución, trae a colación dos supuestos distintos: por una parte, los arts. 1406 y 1407 (liquidación de la sociedad de gananciales, adjudicándose a uno de los cónyuges la vivienda donde tuviese su residencia habitual o, en otro caso, constituyendo sobre esta un derecho de uso o habitación); y, por otra, el art. 822 (posibilidad, por ejemplo, de constituir un derecho de habitación sobre la vivienda habitual en favor de un legitimario discapacitado). Ambas posibilidades no dan solución al problema planteado, al tener un ámbito de aplicación muy restringido. Así pues, aboga por otra vía: la atribución preferente de la cosa (vivienda, pero también un negocio o empresa), a aquel de los coherederos que la viniera usando durante la vida del testador por voluntad de este, debiéndose flexibilizar el régimen de la partición para tales casos. *Ibid.*, pp. 67-68 y 91-96.

1072 *Vid.* BAIXAULI GRANCHA, J. L., *Incremento de la viabilidad en la transmisión de la empresa familiar mediante la flexibilización de elementos sucesorios*, tesis doctoral, Valencia, 2015, p. 550. [http://hdl.handle.net/10550/50026].

que entre ellos puedan soportar mejor la carga de pagar la legítima del resto.

Aparte de estos, como se ha adelantado antes, subyace también el que puede ser calificado como el principal problema y que tiene que ver con las legítimas, pues al decir de BAIXAULI GRANCHA, "un rígido sistema legitimario incapaz de encauzar la sucesión de la empresa familiar con expectativas de éxito", que podría superarse si "la libertad de testar se presentara de manera más evidente", pudiendo así elegir libremente a la persona más idónea para continuar con la empresa[1073].

Respecto a esto último, tampoco parece tan claro que la eliminación de las legítimas suponga la solución definitiva al problema, pues como ha dicho PARRA LUCÁN, "la legítima, como limite a la voluntad del empresario, es contemplada como un *obstáculo a la transmisión de la titularidad de la empresa.* Este es un argumento viejo, que cobra ahora un carácter renovado cuando se habla de la 'empresa familiar"[1074].

1073 *Ibid.*, p. 551.

1074 Al decir de esta autora: "La aspiración mayoritaria de los empresarios es la de conservar la empresa pero sin perjudicar a ninguno de sus hijos. Resulta razonable por ello que los expertos en 'empresa familiar', en general, propugnen que se organice la sucesión de la empresa, pero no que se supriman las legítimas allí donde existan.
Un ejemplo claro de los problemas a que se enfrenta la sucesión de las empresas familiares es lo que sucede en los U.S., [aquí rige el principio de libertad de testar] donde las empresas familiares constituyen cerca del 90% de las empresas en el país, representan el 64% del PIB y un 62% del empleo. Los estudios sobre la materia muestran que en U.S. un 30% de las empresas familiares se encuentran en segunda generación. A la tercera generación llegan un 12% de las empresas y solo un 3% llegan a la cuarta generación. La principal causa que se relaciona con esta muerte de las empresas familiares en el momento de la sucesión se relaciona con la falta de planificación de la sucesión, y se señala que menos del 50% de los titulares de empresa que van a retirarse en los próximos diez años han designado un sucesor (…).
¿Justifica, entonces, la aspiración a la conservación de una empresa en marcha el negar a los demás hijos todo derecho a un valor patrimonial? Vuelve a aparecer aquí un componente ideológico que, en última instancia, obedece solo al deseo de potenciar, por razones estrictamente individualistas, la libertad personal. En efecto, no puede haber razones que justifiquen esa libertad de testar conectadas al mantenimiento de la empresa si no van acompañadas de otro tipo de cautelas, como la carga al beneficiario de continuar la explotación, la prohibición de venderla

Mayor interés puede revestir, a nuestro entender, la cuestión relativa a la transmisión del pasivo de la empresa en el caso del empresario mercantil individual[1075], pues el patrimonio empresarial del mismo no goza de autonomía respecto al resto del caudal hereditario, en cuyo caso el adjudicatario asumiría la condición de deudor sobre las deudas asociadas a la actividad empresarial[1076].

El heredero, en cuanto sucesor a título universal y rigiéndose por las normas de Derecho civil, tendrá una responsabilidad *ultra vires ex* art. 1003 CC, e *intra vires* si acepta la herencia a beneficio de inventario (art. 1023.1º CC). Siendo varios los herederos, ¿cómo responden de las deudas del causante-empresario? La responsabilidad de estos frente a los acreedores por las deudas es, como se sabe, solidaria *ex* art. 1084 CC; otra cosa es a nivel interno, pues habrá que estar a lo que dispone el art. 1085 CC: el coheredero que hubiese pagado más de lo que corresponda a su participación en la herencia, podrá reclamar de los demás su parte proporcional.

Por tanto, aquí es donde puede plantearse el problema: fallecido el empresario, los acreedores podrán dirigirse contra cualquiera de los herederos para reclamar íntegramente el importe de la deuda, aunque no resulten los adjudicatarios de la empresa. Como señala OLMEDO CASTAÑEDA, el causante puede haber previsto tal contingencia, que en nada afectará a las relaciones externas con los acreedores, sólo a las internas entre los coherederos y, si no ha dispuesto nada —y aquí pueden darse problemas

---

o, incluso, previamente, la imposición al causante de la necesidad de escoger como sucesor al más idóneo para la continuidad de la empresa". *Vid.* PARRA LUCÁN, M.ª Á., «Legítimas, libertad de testar y transmisión de un patrimonio», ob. cit., pp. 484, 538-539 y 541.

1075 La responsabilidad del empresario individual en cuanto a las deudas derivadas de su actividad es personal e ilimitada (art. 1911 CC). Téngase en cuenta la excepción a esta regla general prevista en la Ley 14/2013, de 27 de septiembre, de apoyo a los emprendedores y su internalización, al regular la figura del «emprendedor de responsabilidad limitada», excluyendo el alcance del art. 1911 CC, en cuanto a la salvaguarda de un eventual embargo de la vivienda habitual del deudor-empresario individual, *ex* arts. 7 y 8 de la citada ley.

1076 *Vid.* OLMEDO CASTAÑEDA, F. J., *La transmisión de la empresa familiar: claves jurídicas para su éxito. Propuestas de reforma legislativa*, Tirant lo Blanch, Valencia, 2019, pp. 109-114.

interpretativos que deberán resolverse conforme a los arts. 675 y 1281 a 1289 CC, quedando a salvo las legítimas—, habrá que estar a las normas generales antes mencionadas[1077].

[1077] Para este autor, dos son las tesis que podrían seguirse: una, la que vendría a considerar por aplicación del principio mercantil de unidad de empresa, que el heredero que recibe la empresa es el que debe asumir, también, sus deudas; otra, la que entiende que, no constituyendo la empresa un patrimonio separado y autónomo respecto al resto de los bienes hereditarios, se aplicarán los principios civiles de responsabilidad solidaria, sin perjuicio de las acciones de repetición entre los coherederos. Por eso se plantea la conveniencia, *de lege ferenda*, de configurar en nuestro sistema el patrimonio empresarial como patrimonio separado en el caso del empresario individual; por tanto, también con una responsabilidad autónoma en lo que respecta a las deudas no dimanantes de su actividad empresarial. *Ibid.*, p. 113.

Capítulo Noveno

La partición hecha por el testador, causante o disponente en las legislaciones autonómicas

I. INTRODUCCIÓN: SUPLETORIEDAD DEL CÓDIGO CIVIL

En este capítulo vamos a referirnos a cómo tratan la institución de la partición testamentaria los ordenamientos autonómicos.

A vuelapluma y con carácter introductorio, diremos que algunas legislaciones especiales contemplan la partición por el causante, disponente o testador de forma expresa: Cataluña, Aragón, Galicia y Navarra; otras, en cambio, no se refieren a ella: País Vasco y Baleares. Dentro de las primeras, hay que señalar que la regulación es más o menos intensa en función del grado de competencia que, en materia de Derecho civil, haya asumido cada Comunidad Autónoma en su Estatuto de Autonomía al amparo del art. 149.1. 8ª CE.

Aparte de esto, hay que tener en cuenta que, por norma general, se permite en gran parte de los ordenamientos autonómicos la sucesión contractual, por lo que desde esta perspectiva debe analizarse la institución. En cualquier caso, cabe advertir, y esto es lo que queremos resaltar ahora, que, en esta materia como en tantas otras, se aplicará supletoriamente el Código civil en tanto no contravenga los principios sobre los que aquellos se asientan.

Lo explica muy bien la STSJ de Aragón (Sala de lo Civil y Penal, Sección 1ª), de 8 de marzo de 2005[1078]:

[1078] (*Tol 596553*). En el mismo sentido se expresa el Preámbulo del Decreto Legislativo 1/2011, de 22 de marzo, del Gobierno de Aragón, por el que se aprueba, con el título de «Código de Derecho Foral de Aragón», el Texto Refundido de las Leyes civiles aragonesas: *El legislador no ha pretendido agotar o llegar al límite de la competencia autonómica en materia de Derecho de sucesiones por causa de muerte, sino regular lo que ha entendido*

> Según el artículo 1º.2 de la Compilación del Derecho Civil de Aragón, tras la redacción dada por la disposición final primera de la Ley 1/1999, de 24 de febrero, «el Derecho civil general del Estado se aplicará como supletorio sólo en defecto de normas aragonesas y de acuerdo con los principios que las informan».
> Por lo tanto, la aplicación supletoria del Código Civil procede sólo cuando realmente sea imposible dar respuesta al caso mediante las fuentes aragonesas, incluida la utilización de la analogía si procede, y siempre de acuerdo con los principios que informan el Derecho Civil aragonés; aunque no existiera norma propia, una disposición estatal no podría aplicarse en Aragón si contraviene los principios que informan las normas aragoneses, y ello con la finalidad lógica de evitar una aplicación de los preceptos del Código que pueda tergiversar el sentido de las instituciones aragonesas.

Dicho esto, seguidamente pasaremos a analizar la partición hecha por el causante, el disponente o el testador en los ordenamientos autonómicos.

II. CATALUÑA

En Cataluña hemos de tener presente la Ley 10/2008, de 10 de julio, del libro cuarto del Código Civil de Cataluña, relativo a las sucesiones[1079]. En particular, la regulación contenida a lo largo del art. 464[1080], que se integra por dos Secciones —1ª, *La parti-*

---

necesario, oportuno y acorde a las circunstancias (…). El Código civil seguirá siendo supletorio en materia de sucesiones por causa de muerte, pues la nueva regulación no trata de excluir su aplicación entre nosotros. En realidad, los juristas aragoneses se sintieron en el siglo XIX coautores del Código civil y ni entonces ni ahora mostraron rechazo al mismo o suscitó éste su repulsa. Por ello, es grande el espacio que el legislador autonómico deja a las normas del Código civil, en concepto de Derecho supletorio de acuerdo con el artículo 1 de este Código. Ahora bien, la nueva regulación procura evitar, mediante la inclusión de normas específicas, la injerencia de aquellos preceptos del Código civil que no armonizan con los principios del Derecho aragonés o dificultan la aplicación o desarrollo de sus instituciones propias.

1079 Que deroga la Ley 40/1991, de 30 de diciembre, por la que se aprueba el Código de Sucesiones por Causa de Muerte en el Derecho Civil de Cataluña.

1080 En la Ley 40/1991, de 30 de diciembre, el art. 55.

ción— dentro del Capítulo IV, que lleva por rúbrica *La partición y la colación* y que, a su vez, forma parte del Título VI, que se intitula *La adquisición de la herencia.*

A continuación, analizaremos, dentro del citado precepto, las cuestiones más importantes referidas a la institución, haciendo una sucinta comparación con el Código civil.

1. Art. 464-4. Partición por el causante.

En el mismo se recoge la institución que estamos estudiando, a través de una regulación sencilla y, al mismo tiempo, completa, al decir:

> 1. La partición puede hacerla el propio causante, mediante un acto entre vivos o de última voluntad y puede comprender toda la herencia, o solo una parte del caudal, o bienes concretos y determinados. El causante también puede establecer reglas vinculantes para la partición.
> 2. Si el causante hace la partición en el mismo acto en que dispone de la herencia y existe contradicción entre las cláusulas de partición y las de disposición, prevalecen las primeras. Si la partición se hace en acto separado, prevalecen las cláusulas dispositivas, salvo que sean revocables y puedan ser revocadas efectivamente por el acto que contiene las cláusulas particionales.

En primer lugar, llama la atención que la partición viene referida a la realizada por el «causante». Esto es así porque en el art. 411-3 (al igual que el 658 CC), que se intitula *Fundamentos de la vocación*, permite los siguientes modos de deferir la sucesión: mediante heredamiento —sucesión contractual—, por testamento o en virtud de la ley. Por tanto, es lógico que el artículo, en su rúbrica, quiera comprender todos estos modos, no restringiéndolo sólo al testador como sucede en el derecho común (arts. 1056.1, 1058, 1070 y 1075 *in fine*). En cualquier caso, como advierte Del Pozo Carrascosa[1081] —si bien refiriéndose a la normativa derogada pero el argumento nos sirve igualmente—, cabe hacer la

---

[1081] *Vid.* Del Pozo Carrascosa, P., «La partición hecha por el testador en el Derecho civil de Cataluña», en *Estudios jurídicos en homenaje al profesor Luís Díez-Picazo. Derecho de sucesiones*, tomo IV, Civitas, Madrid, 2003, p. 5449.

siguiente puntualización: "La partición requiere necesariamente la existencia de un acto de disposición hereditaria (art. 55.2) pero éste no tiene por qué ser necesariamente un testamento; puede ser también un heredamiento".

En segundo lugar, podemos observar que se distinguen dos modalidades en la partición hecha por el causante: la realizada por acto entre vivos y la realizada por acto de última voluntad, debiendo cumplir, en ambos, las formalidades necesarias exigidas por la ley. Respecto del objeto, la partición puede ser total o parcial, esto es, puede comprender todos los bienes y derechos que conforman el caudal hereditario o sólo una parte de estos, o de igual modo, bienes concretos y determinados. Por otra parte, el causante goza de un amplio poder discrecional y, como el que puede lo más puede lo menos, puede, simplemente, limitarse a establecer reglas interpretativas que tendrán carácter vinculante para los coherederos respecto del modo de llevar a cabo la partición, determinando qué heredero recibirá alguno de los bienes de la herencia, en proporción al derecho o cuota que ostenta[1082].

Por otra parte, en el apartado segundo se establece una norma interpretativa de prevalencia de cláusulas en caso de contradicción: las de contenido particional desplazarán a las dispositivas —institución de los coherederos con asignación de cuota—, siempre y cuando se integren en el mismo acto jurídico *mortis causa*; por contra, si la partición se instrumentaliza en acto jurídico separado al acto dispositivo, prevalecen las cláusulas de este último, salvo que las mismas puedan ser revocables y efectivamente lo sean por el acto jurídico en el que se establecieron las reglas de partición —art. 422-8 y 9 en cuanto a la revocabilidad de los testamentos—[1083].

2. *Art. 464-6. Partición por los coherederos.*

Nos interesa lo dispuesto en el párrafo primero:

1082 *Vid.* PUIG BLANES, F. DE P., SOSPEDRA NAVAS, F. J., FARRERO RÚA, A. B., *et al*, *Comentarios al Código Civil de Cataluña* (coords., Francisco de Paula Puig Blanes y Francisco José Sospedra Navas), tomo II, 3ª ed., Thomson Reuters Aranzadi, Cizur Menor (Navarra), 2020, p. 530.

1083 *Vid. ult. loc.*

> 1. Los herederos pueden hacer la partición de común acuerdo, del modo que crean conveniente, incluso prescindiendo de las disposiciones particionales establecidas por el causante. A tal efecto, si el causante no lo ha prohibido, pueden acordar por unanimidad considerar la atribución de prelegados como operación particional del causante y prescindir de la misma.

Aquí se demuestra, de un modo claro e inequívoco, que la *ultima ratio* de la norma es la concordia entre los coherederos, que pueden prescindir de la partición hecha por el causante con el fin de evitar el conflicto entre ellos. Dicho de otro modo, la norma prefiere sacrificar la partición hecha por el causante si con ello se consigue la misma finalidad por él perseguida. Como dice el Preámbulo de la norma, se potencia, así, la autonomía de los coherederos para alcanzar acuerdos respecto del modo de hacer la partición, sin estar sometidos al temor de que, estos actos, puedan ser considerados, por la administración tributaria, como nuevos hechos imponibles ajenos al fenómeno sucesorio[1084].

Sobre la posibilidad de que los coherederos puedan, por unanimidad, modificar la partición hecha por el causante, traemos a colación la interesante STSJ de Cataluña (Sala de lo Civil y Penal, Sección 1ª), de 2 de mayo de 2005[1085]:

> (...) Res impedia, doncs, als hereus que, per unanimitat i no havent-se plantejat mai l'existència de tercers potencialment afectats per una nova redistribució dels bens, poguessin realitzar-la de la manera que tinguessin per convenient i això encara que en el testament la causant hagués assenyalat una altra forma distributiva.

1084 Dice literalmente el Preámbulo: *Un rasgo destacable* [de la reforma respecto del derogado Código de Sucesiones por causa de muerte en el Derecho Civil de Cataluña —Ley 40/1991, de 30 de diciembre—] *es la decisión de potenciar la autonomía de los coherederos para llegar a acuerdos sobre la forma de hacer la partición. Si hay unanimidad, los coherederos no solo pueden prescindir de los contadores partidores, sino también de las disposiciones particionales establecidas por el propio causante e, incluso, de los prelegados, salvo que el testador haya dispuesto expresamente lo contrario. Esta regla tiene en cuenta la función particional que con frecuencia cumplen los prelegados y permite que los herederos se adjudiquen los bienes de la forma que consideren más satisfactoria, sin tener que vender o permutar entre ellos posteriormente, con costes adicionales, para alcanzar el mismo resultado.*

1085 RJ 2005, 6705.

> S'ha de reiterar que, en el cas, l'herència deferida mai no va arribar a ser comú dels hereus perquè, amb l'acceptació dels bens adjudicats, cadascun d'ells rebé, no una quota del cabdal relicte, sinó una atribució «ex re certa», fruit de la nova redistribució permesa per l'art. 1058 del Código Civil i que de cap manera impedeix o prohibeix l'art. 57 del Codi de Successions. Aquest darrer numeral, contràriament al que al·lega la part. recurrent, per a res s'esdevé contraposat o incompatible amb el precepte del Codi Civil esmentat. La Sala ha d'assumir, en conseqüència, la correcta exegesis que del precepte en fa la sentència combatuda, en assenyalar que «cuando el artículo 57 del Codi de Succesions prevé el supuesto de que el testador no hubiera hecho la partición y permite a los herederos que la practiquen de común acuerdo, no puede interpretarse en el sentido de que cuando se hubiera efectuado la partición en el propio testamento, los herederos estén obligados a aceptar la herencia según la distribución reseñada en el indicado acto de última voluntad, sino que es posible que de común acuerdo y tras aceptar la herencia, la redistribuyan según su conveniencia».

3. Art. 464-10. Efectos de la partición

> Por la partición, cada coheredero adquiere la titularidad exclusiva de los bienes y derechos adjudicados.

Es una consecuencia lógica de la partición que ha cumplido con las formalidades necesarias para otorgarle tal virtualidad, a imagen y semejanza del art. 1068 CC. Aquí, al igual que en el derecho común, no se distingue entre el tipo de partición —la realizada por el propio causante, por los coherederos, por albacea o contador partidor, por árbitros o por el juez—, pues cualquiera de ellas produce, *ex lege,* el cambio de titularidad de los bienes relictos.

4. Art. 464-11. Garantía de conformidad

En el mismo se trata la cuestión relativa a la evicción (464-11.1 a]) y saneamiento de los bienes adjudicados (464-11.2), que gozan de un régimen especial al igual que en derecho común establecen los arts. 1069 y 1070.1º CC, si bien no se hace referencia a la salvaguarda de las legítimas, tal vez porque, considerándose una norma imperativa o de derecho necesario, resulta superfluo; y porque la legítima tiene sus propios mecanismos de defensa.

> 1. Una vez realizada la partición, los coherederos están obligados, recíprocamente y en proporción a su haber, a la garantía de la conformidad de los bienes adjudicados, salvo que:
> a) La partición haya sido hecha por el causante y el testamento no disponga lo contrario o permita presumirlo de forma clara.
> 2. En caso de falta de conformidad por defectos materiales, el adjudicatario tiene derecho a ser compensado en dinero por la diferencia entre el valor de adjudicación del bien y el valor que efectivamente tenía a causa del vicio.

El régimen de responsabilidad de los coherederos es recíproco y en proporción a su haber, como así se dispone también en el art. 1071 CC. En cuanto a la adjudicación de un crédito (art. 464-12), se establece una regulación idéntica a la contenida en el art. 1072 CC.

Por último y en relación con los plazos para ejercitar las correspondientes acciones, hay una remisión a los arts. 621-29 y 621-44 del Libro Sexto del Código Civil de Cataluña, relativo a las obligaciones y los contratos[1086].

5. Art. 464-13. Rescisión por lesión de la partición.

Se dispone lo siguiente:

> 1. La partición puede rescindirse por causa de lesión en más de la mitad del valor del conjunto de los bienes adjudicados al coheredero, con relación al de su cuota hereditaria, dado el valor de los bienes en el momento en que se adjudican.
> 2. La partición hecha por el causante no puede rescindirse por lesión, salvo que haya manifestado o sea presumible de forma clara la voluntad contraria.
> 3. La acción de rescisión caduca a los cuatro años de la fecha de la partición y debe dirigirse contra todos los coherederos.

[1086] Ley 3/2017, de 15 de febrero, del libro sexto del Código civil de Cataluña, relativo a las obligaciones y los contratos, y de modificación de los libros primero, segundo, tercero, cuarto y quinto.

Aquí se establece también un cierto paralelismo con la regulación contenida en el Código civil (arts. 1073 a 1081), si bien en este la magnitud de la lesión es menor: debe serlo en más de la cuarta parte.

Cuando la partición sea hecha por el testador no podrá ser atacada por este motivo, salvo que expresamente así lo haya decidido o se presuma claramente su voluntad (art. 1075), sin referencia alguna a que se perjudique la legítima, al igual que ya hemos comentado respecto a la evicción y saneamiento.

Respecto del plazo para el ejercicio de la acción rescisoria, es el mismo que el contenido en el art. 1076 CC, pero se establece en el art. 464-13.3 una regla procesal: deberán ser demandados todos los coherederos, a diferencia del art. 1077 CC, que habla en singular[1087].

6. Art. 464-14. Rectificación de la partición.

Se contempla la «rectificación» de la partición para dos supuestos diferentes: rescisión y preterición.

Por lo que atañe a la solución prevista para el supuesto de rescisión, la misma se prevé en el art. 464-14.1:

> 1. Los coherederos demandados en ejercicio de una acción de rescisión pueden evitarla si rectifican la partición abonando al perjudicado, en dinero, el valor lesivo, más los intereses contados desde la fecha de la partición.

Difiere de la contenida en el art. 1077 CC, en el que se ofrecen al heredero demandado dos opciones: indemnizar el daño o proceder a una nueva partición. Llama la atención que no se prevea en el art. 464-14.1 la satisfacción *in natura*, al contrario de lo que contempla el Código. En cualquier caso, y aunque el empleo de los términos es distinto —«rectificación» *vs* «nueva partición»—, entendemos que la finalidad es la misma: en el Código subyace la idea del principio *favor partitionis*; en la legislación autonómica se

---

[1087] Y que por tanto obligaría a acudir al mecanismo previsto en el art. 13 LEC.

habla, no de hacer un nuevo reparto, sino simplemente de rectificar[1088], conservando sustancialmente el acto originario.

En segundo lugar, en relación con la preterición, hay que estar, como hemos dicho, al párrafo segundo del art. 416-14:

> 2. Además de lo establecido por el apartado 1, la partición puede rectificarse si se ha hecho con la omisión involuntaria de algún coheredero. En este caso, los coherederos que han intervenido en la partición deben abonar al coheredero omitido la parte que proporcionalmente le corresponda.

Es una regulación *mutatis mutandis* a la contenida en el art. 1080 CC.

7. *Art. 464-15. Adición de la partición.*

Se recogen dos supuestos: omisión de algún bien y partición hecha con quien se creyó heredero sin serlo.

> 1. La partición, si se ha hecho con la omisión de algún bien, debe completarse con la adición de este bien.

De igual modo a lo que dispone el art. 1079 CC.

> 2. Si ha concurrido a la partición un heredero aparente, la parte que se le ha adjudicado debe adicionarse a la de los demás coherederos, si procede, en proporción a sus cuotas. Sin embargo, la mayoría de los coherederos, según el valor de su cuota, pueden acordar dejar la partición sin efecto para que vuelva a hacerse.

Aquí se difiere de la solución contenida en el art. 1081 CC, que opta por la nulidad de la partición. Por el contrario, la regulación autonómica no resulta tan tajante: en primer lugar se opta por la incorporación de la parte del heredero aparente en el haber hereditario del resto, a prorrata de sus cuotas; sin embargo, esto puede alterarse por la mayoría de los coherederos, dejando sin efecto la partición para hacerse otra nueva.

Por último, queremos señalar que se prevén en el Código las donaciones por causa de muerte: art. 432-1 a 5 —Capítulo II *Las*

1088 Según el diccionario de la RAE: *reducir algo a la exactitud que debe tener*, o *corregir las imperfecciones, errores o defectos de algo ya hecho.*

donaciones por causa de muerte, del Título III *La sucesión contractual y las donaciones por causa de muerte*—[1089].

III. ARAGÓN

En Aragón, hay que acudir al Decreto Legislativo 1/2011, de 22 de marzo, del Gobierno de Aragón, por el que se aprueba, con el título de «Código del Derecho Foral de Aragón», el Texto Refundido de las Leyes civiles aragonesas. En particular, al art. 368.

> Artículo 368. Partición por el disponente.
> 1. El causante o su fiduciario pueden hacer la partición de la herencia o parte de ella, así como establecer normas vinculantes para su realización, en acto de última voluntad o de ejecución de la fiducia. También podrán hacerlo en acto entre vivos sin sujeción a forma determinada, salvo que se refieran a la herencia deferida por sucesión legal.
> 2. Si la partición la hace el disponente en el mismo acto de disposición por causa de muerte, las cláusulas de partición prevalecen sobre las dispositivas en caso de contradicción. Si la hace en acto separado, prevalecerán las cláusulas dispositivas salvo que sean revocables y puedan ser efectivamente revocadas por el acto de partición.

Respecto de esta regulación cabe decir lo siguiente.

[1089] Respecto al concepto, art. 432-1: 1. *Son donaciones por causa de muerte las disposiciones de bienes que el donante, en consideración a su muerte, otorga en forma de donación aceptada por el donatario en vida suya, sin que el donante quede vinculado personalmente por la donación.* 2. *Las donaciones otorgadas bajo la condición suspensiva de que el donatario sobreviva al donante tienen el carácter de donaciones por causa de muerte y están sujetas al régimen jurídico de estas, sin perjuicio de las disposiciones en materia de pactos sucesorios.* 3. *La transmisión de la propiedad de la cosa dada se supedita al hecho de que la donación sea definitivamente firme, salvo que la voluntad de las partes sea de transmisión inmediata, con o sin reserva de usufructo por el donante, bajo la condición resolutoria de revocación o premoriencia del donatario.*
Y en lo relativo a la adquisición de los bienes, dispone el art. 432-4: 1. *Al morir el donante, el donatario hace suyos los bienes dados, independientemente de que el heredero acepte la herencia y de la validez o subsistencia del testamento del donante o de sus disposiciones.* 2. *El donatario puede tomar posesión por sí mismo de los bienes dados, sin necesidad de que el heredero o el albacea se los entreguen.*

En primer lugar y respecto del apartado primero, al igual que sucede con la norma catalana, se refiere, como sujeto activo, al «disponente», que es el «causante» o «fiduciario». Por tanto, la referencia al causante supone que no únicamente el testador sino también el instituyente del pacto sucesorio y, en su caso, el fiduciario, pueden realizar la partición, que puede apoyarse en la sucesión intestada. Puede ser una partición total o parcial, así como realizarse en acto entre vivos sin sujeción a una forma determinada, si bien, cuando la herencia sea deferida por sucesión legal se requerirá escritura pública[1090]. Del mismo modo, el disponente puede limitarse a establecer normas para la partición.

Puesto que no se aplican los arts. 1056 y 1271.2 CC, la partición será vinculante con efecto *mortis causa* si se cumple con el régimen del pacto sucesorio (arts. 377 y ss. CDFA), y con transmisión de bienes de presente si se cumplen los requisitos exigidos por la ley del pacto denominado de institución de presente (arts. 389 a 391 CDFA); en el primer caso, la partición será vinculante desde el momento del otorgamiento y efectiva una vez fallecido el disponente; y en el segundo, los bienes adjudicados se adquieren por los herederos al otorgamiento del pacto[1091].

En segundo lugar y respecto del apartado segundo, se fija una regla interpretativa en caso de contradicción de las cláusulas de institución y de reparto: si la partición se lleva a cabo en el mismo acto jurídico en que se dispone, prevalecen, en caso de contradicción en cuanto a su contenido, las partitivas; si la partición se hace de forma separada al acto por el que se dispone, prevalecerán estas últimas, salvo que aquellas revistan la forma idónea para su revocación.

IV. GALICIA

En Galicia hay que tener presente la Ley 2/2006, de 14 de junio, de derecho civil de Galicia, en particular los arts. 273 a 282, que conforman la Sección segunda —*De la partición por el testa-*

1090 *Vid.* Bellod Fernández de Palencia, E., *La partición efectuada por el causante*, ob. cit., pp. 35-36.

1091 *Ibid.*, p. 36.

dor—, del Capítulo VII que se intitula, *De la partición de la herencia*, del Título X, que lleva por rúbrica *De la sucesión por causa de muerte*.

Diremos, en primer lugar, que según el art. 181, la sucesión se defiere, total o parcialmente: mediante testamento; a través de cualquiera de los pactos sucesorios admisibles conforme al derecho; y por disposición de la ley.

En relación con la partición hecha por el testador, como viene siendo habitual, realizaremos las consideraciones que resulten de mayor interés.

Valga decir, con carácter previo, que el art. 270 —Sección 1ª, *Disposiciones generales*, del Capítulo VII del Título X— nos dice, con carácter general, quién puede realizar la partición, entre otros, *el propio testador, en testamento u otro documento anterior o posterior a él*.

Por otra parte, ya en la Sección 2ª, dispone el art. 273:

> El testador podrá hacer la partición de la herencia o realizar adjudicaciones de bienes y derechos determinados, sin perjuicio de las legítimas.

Observamos aquí un esquema distinto del que hemos podido analizar en los ordenamientos catalán y aragonés: se hace referencia, por varias veces, incluso en la propia rúbrica de la Sección 2ª, al término «testador», al igual que sucede en el art. 1056.1 CC; además, entran en escena, también como en aquel, las legítimas, que operan como límite infranqueable para el testador.

Por tanto, entendemos que únicamente el testador puede llevar a cabo la partición de su herencia, excluyendo la sucesión contractual y, por supuesto, la intestada. Tal y como está redactado el art. 270 nos recuerda al contenido de la STS de 6 de marzo de 1945[1092], al exigirse, siempre y, en cualquier caso, un testamento, sea anterior, coetáneo o posterior a la partición; sólo de este modo será válida, aunque se plasme en documento aparte, siempre y cuando el testamento se refiera a ella y, por tanto, le ofrezca cobertura.

El art. 274 contiene una regla para los casos de disconformidad entre disposición y partición extratestamentaria, al decir:

> La partición hecha por el testador en documento no testamentario habrá de ajustarse a las disposiciones del testamen-

---

1092 *Tol 4458418*.

> to. Sin embargo, será válida la partición aunque el valor de lo adjudicado a cualquiera de los partícipes en la comunidad hereditaria no se corresponda con la cuota atribuida en el testamento.

Cabe decir que lo que persigue la norma es la existencia de una correspondencia entre las cláusulas dispositivas —aparece otra vez el término «testador»— y las particionales; obsérvese en tal sentido la conjugación del verbo haber en modo imperativo. Pero esta norma se suaviza, al decir que la partición conservará su validez, aunque exista discrepancia.

Por su parte, el art. 275 permite al testador dictar normas particionales, que deberán ser tenidas en cuenta en el momento de partir:

> Podrán ordenarse en testamento disposiciones particulares sobre la partición de la herencia que habrán de observarse al hacer la misma.

Por último, en los arts. 276 a 281 se recoge la posibilidad de que los cónyuges, testando separadamente, puedan hacer una «partija» conjunta de sus bienes, tanto de los privativos como de los gananciales, surtiendo plenos cuando ambos fallezcan, pero también cuando lo haga uno solo de ellos.

Asimismo, se permite la revocación de la «partija» en vida de los otorgantes por cualquiera de ellos, deviniendo totalmente ineficaz; quedará también sin efecto si, habiendo fallecido uno de los dos cónyuges, el sobreviviente la revoca. La ineficacia también tendrá lugar cuando la composición patrimonial de la partija se haya alterado sustancialmente por enajenaciones voluntarias o forzosas.

Respecto de la legítima de hijos o descendientes, podrá ser satisfecha con bienes de uno solo de los causantes, no pudiendo aquellos reclamarla hasta el fallecimiento del último de sus cónyuges.

> Art. 276: *Los cónyuges, aunque testen por separado, podrán hacer una partija conjunta y unitaria de sus bienes privativos y de los comunes, si los hubiera, con independencia del origen de los adjudicados a cada heredero.*
>
> Art. 277: *La partija conjunta y unitaria será eficaz en el momento del fallecimiento de ambos cónyuges. También producirá plenos efectos si, fallecido uno de los cónyuges, el*

sobreviviente la cumpliera en su integridad por atribuciones patrimoniales inter vivos.

Art. 278: *Fallecido uno de los cónyuges que hiciera la partija conjunta y unitaria, el sobreviviente podrá disponer de sus bienes privativos. Para la disposición de los bienes comunes y de los del premuerto incluidos en la partición será necesario el concurso de sus herederos y del cónyuge sobreviviente. La confusión de patrimonios en esta partija no perjudicará a los terceros acreedores y legitimarios.*

Art. 279: *En vida de ambos cónyuges, la partija conjunta y unitaria podrá ser revocada por cualquiera de ellos. La revocación no producirá efecto mientras no sea notificada fehacientemente al otro cónyuge. La revocación producirá la ineficacia total de la partija.*

Art. 280: *Fallecido uno de los cónyuges, la partija conjunta y unitaria también quedará sin efecto por la revocación del sobreviviente.*

Art. 281: *La partija podrá ser declarada ineficaz cuando la composición patrimonial base de la misma se haya alterado de forma sustancial por enajenaciones voluntarias o forzosas.*

Art. 282: *En la partición conjunta y unitaria por ambos cónyuges la legítima de cualquiera de los hijos o descendientes comunes podrá ser satisfecha con bienes de uno solo de los causantes. En este caso, no podrán reclamarse las legítimas hasta el fallecimiento del último de los cónyuges.*

La posibilidad de que los cónyuges, testando separadamente, puedan partir conjuntamente sus bienes privativos y los comunes, siendo eficaz el acto distributivo al momento del fallecimiento del último de ellos y, por tanto, siendo revocable en cualquier momento, creemos que puede extrapolarse al derecho común para salvar los obstáculos relativos a la disposición de bienes gananciales. Haciéndolo así, no se vulneraría la prohibición del testamento mancomunado del art. 669 CC, y se permitiría un modo de hacer el reparto completo de los bienes gananciales, si bien aplazando sus efectos al fallecimiento del último cónyuge.

V. PAÍS VASCO

En el País Vasco acudiremos a la Ley 5/2015, de 25 de junio, de Derecho Civil Vasco.

Hay que destacar que no se halla, en la misma, una regulación concreta o pormenorizada de la partición hecha por el causante.

En cuanto a las formas de suceder, señala el art. 18:

> 1. La sucesión se defiere por testamento, por pacto sucesorio, o, en defecto de ambos, por disposición de la ley.

Entendemos que el testador podría partir en vida su herencia sobre la base del art. 1056.1 CC, si bien sus efectos serian *mortis causa*: así se prevé en el art. 3 de la ley: *en defecto de ley o de costumbre foral aplicable, regirá como supletorio el Código Civil y las demás disposiciones generales.*

No obstante, no quedaría sólo circunscrita al testador, sino al causante en general y lo establecido para el pacto sucesorio *ex* art. 18.

VI. ISLAS BALEARES

En las Islas Baleares, la norma de referencia será el Decreto Legislativo 79/1990, de 6 de septiembre, por el que se aprueba el texto refundido de la compilación del derecho civil de las Islas Baleares.

Dice el art. 69:

> 1. La sucesión se defiere por testamento, por pacto o por disposición de la Ley.
> 2. El testamento y el pacto sucesorio serán válidos aunque no contengan institución de heredero o ésta no comprenda la totalidad de los bienes.

Nada se prevé respecto de la partición hecha por el causante, pero al admitirse, al igual que en el País Vasco, los pactos sucesorios[1093], entendemos, por la misma razón, que no puede exigirse que la partición la realice únicamente el testador. Aquí, la aplicación supletoria del Código civil está prevista en el art. 1. 3. 5ª donde puede leerse: *Por defecto de norma de derecho civil propio, se aplicará, como derecho supletorio, el derecho civil estatal, siempre que su*

1093 *Vid.* Ley 8/2022, de 11 de noviembre, de sucesión voluntaria paccionada o contractual de las Illes Balears.

aplicación no sea contraria a los principios generales que informan el derecho civil propio y que el vacío normativo no sea querido por el legislador balear, en el marco de sus competencias.

VII. NAVARRA

En el caso de Navarra, cabe tener presente la Ley 1/1973, de 1 de marzo, por la que se aprueba la Compilación del Derecho Civil Foral de Navarra.

Es la Ley 338 —que forma parte del Capítulo II *Partición por el causante*, Título XX *De la partición de herencia*, del Libro II *De las donaciones y sucesiones*—, que se refiere a la partición hecha por el causante en estos términos:

> Formas. El causante podrá hacer la partición de sus bienes en el mismo acto de disposición mortis causa o en acto separado que revista una de las formas que esta Compilación admite para disponer por causa de muerte.
> Si la partición se hiciere en el mismo acto de disposición y resultare alguna contradicción entre las cláusulas dispositivas y las particionales, prevalecerán éstas sobre aquéllas en la medida de la contradicción.
> Si se hiciere en acto separado, las cláusulas particionales no podrán modificar las contenidas en el acto dispositivo, a menos que éste fuera revocable y pudiera ser revocado mediante la forma adoptada para el acto de partición.

En cuanto a las formas de disponer, las enumera la Ley 148:

> Las disposiciones a título lucrativo pueden ordenarse por donación "inter vivos" o "mortis causa", pacto sucesorio, testamento y demás actos de disposición reconocidos en esta Compilación. Solo en defecto de estas disposiciones se aplicará la sucesión legal.

Por lo demás, en cuanto al criterio a seguir en caso de conflicto entre las normas dispositivas y particionales, se da prevalencia a las cláusulas particionales sobre las dispositivas si existe unidad de acto; por el contrario, si la partición se hace en acto separado al dispositivo, prevalece este último, salvo que el mismo pueda ser revocable y efectivamente lo sea por el acto que contiene la partición.

Por último, queremos señalar que se admiten las donaciones por causa de muerte: Leyes 165 a 171 —Título III *De las donaciones mortis causa,* del Libro II—[1094].

[1094] Dice la Ley 165: *Concepto. Son donaciones mortis causa las que se hacen en consideración a la muerte del donante. Se presume que la donación se hace en consideración a la muerte del donante cuando la adquisición de los bienes donados queda diferida al fallecimiento de aquél.*
En cuanto a la capacidad, señala la Ley 166: *Capacidad. Para donar mortis causa es suficiente que el donante tenga capacidad para testar, salvo que se pacte la irrevocabilidad de la donación o ésta se hiciere con entrega de bienes; en estos casos deberá tener también capacidad para disponer inter vivos.*

Capítulo Décimo

La partición hecha por el testador en los ordenamientos extranjeros

I. INTRODUCCIÓN

Como expusimos en el primer capítulo, en el derecho romano podía el padre hacer la partición de sus bienes entre sus hijos, ya de forma complementaria a través del *testamentum parentum inter liberos*[1095], ya de forma autónoma mediante la *divisio parentum inter liberos*[1096]. No se admitió nunca en Roma, por el principio

---

1095 Recordemos: se trataba de un testamento privilegiado, por cuanto requería menos solemnidades que el testamento ordinario, pudiéndose diferenciar claramente dos etapas: antes y después de la publicación de la Novela 107 de Justiniano. Antes, al decir de Blanco Rodríguez, "no se exigía una forma determinada, bastaba un escrito del que pudiera deducirse, aún por conjeturas, la voluntad del padre; siendo nulas las disposiciones a favor de los extraños, que para tener validez debían atenerse a la regulación ordinaria"; después, "Justiniano, regula de forma definitiva este tipo de disposiciones de los padres en favor de sus hijos, estableciendo una forma concreta, si bien las solemnidades exigidas son menores al tratarse de un testamento privilegiado por razón de los sujetos, a los cuales se beneficia. De este modo, a partir del año 541 para realizar un *testamentum inter liberos*, los ascendientes han de realizar las disposiciones por escrito, de su propia mano, señalando la fecha, el nombre de los hijos, las cuotas que a cada uno de los hijos asigna, así como, cuando se realice la división de los bienes, los bienes concretos que integran cada una de las cuotas, que pertenecen a los descendientes". *Vid.* Blanco Rodríguez, M.ª L., *Testamentum parentum inter liberos. La partición de la herencia en Derecho romano*, ob. cit., p. 107.

1096 Recordemos: división de la herencia entre los hijos decretada por el padre; "división en la cual el padre actúa como *arbiter familiae erciscundae*, que puede ser total o parcial y que abarca tanto el activo como el pasivo del patrimonio hereditario", y que "contrariamente a lo que ocurría en el testamento *inter liberos*, no pudo contener ni institución de heredero, ni, en consecuencia, desheredaciones, ni sustituciones, que, como sabemos, son posibles tan solo en los testamentos". Y, como acto de última voluntad, "plenamente revocable, pudiendo modificarse por la realización de una *divisio inter liberos* posterior, o por la realización posterior de un testamento, ordinario o *inter liberos*". *Ibid.*, pp. 189, 197 y 217.

de la continuidad de la persona del ascendiente, la posibilidad de distribuir entre sus hijos el patrimonio del padre en vida de este[1097].

Como vimos, será a partir de la *Lex romana Visigothorum* cuando empiecen a introducirse los principios germánicos en el cuerpo del derecho romano: se permitirá desde entonces la partición del patrimonio del ascendiente por acto contractual *inter vivos*, por ejemplo, a través de la donación irrevocable hecha por el padre a los hijos[1098].

Sobre esta multiplicidad de vehículos particionales se construirán los ordenamientos jurídicos de la Edad Contemporánea en lo que respecta a la partición por el testador; unos, entre los que se encuentra el nuestro, estarán influenciados por el derecho romano; otros, en cambio, admitirán los pactos sucesorios y, por ende, la institución contractual de heredero —por ejemplo, Alemania—.

Hecho este pequeño recordatorio, hemos creído conveniente para cerrar este estudio, una vez analizada la institución desde el prisma de los ordenamientos civiles autonómicos, referirnos, aunque sea a vuelapluma, a cómo se regula la partición por el testador en Francia, Italia, Bélgica, Portugal y Argentina, y contrastarlo así con nuestro sistema, en el que, como sabemos, aquella únicamente adquiere su eficacia en el momento de la apertura de la sucesión, esto es, fallecido el causante, pues como dijo la STS de 23 de febrero de 1999[1099], no se puede adquirir *mortis causa* de una persona viva —*viventis non datur hereditas*—. No ocurre lo mismo en Francia, que admite la figura híbrida de la donación-partición, con los efectos que señalaremos.

Como se podrá observar en las páginas que siguen, trataremos con mayor profundidad la partición de bienes del ordenamiento jurídico francés; es lógico que así sea por cuanto el Código de Napoleón de 1804 supuso un punto inflexión, o de partida, del proceso codificador civil en Europa y, por extensión, en algunos

---

1097 *Vid.* MARÍN LÁZARO, R., «La partición de la herencia hecha por actos *inter vivos*», ob. cit., p. 217.

1098 *Vid. ult. loc.*

1099 (*Tol 1431*).

países de Latinoamérica, tomándolo como referente[1100]. Y no solamente por este hecho, sino porque, como hemos dicho, recoge la figura de la *donation-partage*, figura que algún autor, como MARÍN LÁZARO[1101], ha querido ver plasmada en el art. 1056 CC

1100 Al decir de MARÍN LÁZARO: "Del Código francés fueron propagándose estos preceptos [los que regulaban tanto la donación-partición como la partición testamentaria] a la mayor parte de las legislaciones modernas... Los Códigos civiles de Alemania y de Austria no necesitaron reglamentar la partición *inter vivos*, porque ellos ya tenían establecida la institución contractual de heredero. En cambio, aquellas disposiciones del Código Napoleónico, además de ser reproducidas por el Código holandés, cruzando los mares llegaron a las Repúblicas hispanoamericanas, donde el Código de la Argentina de 1869, por ejemplo, dispuso en su art. 3.516: «El padre y madre y los otros ascendientes pueden hacer por donación entre vivos o por testamento la partición anticipada de sus propios bienes entre sus hijos y descendientes»". *Vid.* MARÍN LÁZARO, R., «La partición de la herencia hecha por actos *inter vivos*», ob. cit., pp. 220-221.

1101 Al afirmar: "En virtud de estos antecedentes históricos se puede afirmar que la médula, la sustancia de esta institución jurídica es que el causante tiene dos modos de partir sus bienes en vida suya, entre los que hayan de ser sus herederos al tiempo de su fallecimiento: 1º. Por un acto *inter vivos*, esto es, por un contrato que en sustancia habrá de ser una *donación*; 2º. Por una disposición de última voluntad que, en definitiva, será un *testamento*. Por el primer procedimiento reparte ya sus bienes de presente y en forma definitiva e irrevocable, según lo exige el carácter jurídico de la donación, sujeta al principio jurídico «no es válido dar y retener». Por el segundo medio, deja dispuesto, mientras viva, el reparto que de sus bienes o herencia haya de hacerse, al ocurrir su fallecimiento. ¿Es esto mismo lo que ha querido decir el legislador español en el art. 1.056 del Código civil? A nuestro juicio sí". *Ibid.*, p. 224. En contra de esta opinión se manifiesta GONZÁLEZ ENRÍQUEZ: "en muchas ocasiones lo que se pretende no es sólo la distribución *post mortem*, sino una efectiva dejación en vida, una entrega anticipada del patrimonio a los sucesores. Pero esta finalidad, en cierto modo accesoria, no desvirtúa el sentido predominantemente *mortis causa* del acto. Se llega así a una figura mixta y de difícil construcción. Lo que los interesados piensan es ante todo en el destino *post mortem* del patrimonio, pero a esta finalidad preponderante yuxtaponen otra: la producción de ciertos efectos en vida. Pues bien, esta mezcla de significados no está técnicamente prevista en nuestro Derecho positivo, que a diferencia de otros extranjeros separa tajantemente los actos *mortis causa* de los actos inter vivos, no habiendo tenido éxito en la doctrina algún intento aislado de interpretar nuestros textos legales en un sentido diferente" (y seguidamente, en la nota al pie nº 3, hace referencia al trabajo de MARÍN LÁZARO al que se ha hecho

cuando permite hacer la partición «por acto entre vivos», si bien, como se ha dicho en las líneas precedentes, la partición es siempre *mortis causa* y, por tanto, si se lleva a cabo de forma autónoma al testamento siempre necesitará de su existencia, sea antes o después del acto particional[1102].

Advertir al lector que la Ley 2006-728 de 23 de junio de 2006, ha supuesto un profundo cambio en Francia en lo que respecta a las «liberalidades-particiones», al abandonar la idea clásica que imperaba desde 1804: permitir tanto la donación-partición como el testamento-partición únicamente a los ascendientes.

II. FRANCIA

1. Breve introducción histórica

En el Derecho francés, la partición de bienes por un ascendiente era, como hemos dicho, una operación reservada solamente a estos[1103], que podían llevarla a cabo de dos formas distintas: i)

---

referencia); *vid.* GONZÁLEZ ENRÍQUEZ, M., «Naturaleza y eficacia de la partición practicada por el testador por acto *inter vivos*», ob. cit., p. 495.

1102 *Vid.* SAP de Madrid (Sección 21) de 1 de febrero de 2011 (*Tol 2114970*): *Se ha discutido en la doctrina científica la admisión en nuestro Derecho de la figura de la "donación-partición" («donation-partage» del Derecho francés) que es un negocio de carácter mixto celebrado por el donante-partidor con los sucesores, en el que, junto con aspectos contractuales (su carácter irrevocable, la eficacia no se demora a la muerte del donante y que la transmisión tiene carácter definitivo) concurren aspectos sucesorios (la obligación recíproca de los herederos-donatarios de responder de la evicción y saneamiento como efecto propio de los actos particionales). Habiéndose esgrimido argumentos tanto a favor como en contra de su admisión. En cualquier caso, la sentencia de la Sala de lo Civil del Tribunal Supremo de 6 de marzo de 1945 rechaza de manera categórica la admisión en nuestro Derecho de la «donación-partage» o figura similar. Criterio que se ha mantenido en la doctrina jurisprudencial.*
El rechazo de la admisión en nuestro derecho de la «donación-partage» no impide que una persona pueda llevar a cabo una distribución de sus bienes (con el límite del artículo 634 del Código Civil) por acto «inter, vivos», pero estaríamos ante una donación, sometida a todas las normas reguladoras de esta figura jurídica. Y entre ellas el artículo 633 del Código Civil que impone la forma de escritura pública para la validez de una donación de cosas inmuebles.

1103 En contraposición a nuestro ordenamiento sucesorio, donde no existe esa limitación personal. En tal sentido se manifiesta GÓMEZ MORÁN res-

en *testamento* —partición testamentaria, de origen romano—; y ii) mediante *documento entre vivos de donación* —donación-partición, de origen consuetudinario (que trae causa, aunque hay diferencias entre ellas, de la *démission de biens* o entrega de bienes)—, pudiendo abarcar todos o parte de los bienes de aquel. En la primera, los efectos de la partición contenida en el testamento no se producen hasta la muerte del ascendiente, pudiendo modificarla o revocarla mientras viva; en la segunda, por el contrario, la operación es irrevocable.

El derecho a hacer la partición de sus bienes entre los hijos o descendientes bien sea a través del testamento o bajo la forma de donación, tenía, según COLIN y CAPITANT, carácter excepcional, pues derogaba los principios de derecho común, de ahí que sólo estuviese reservada a los ascendientes: "Ninguna otra persona puede usarla; así, un tío puede, sin duda, donar o legar sus bienes a sus sobrinos; pero no le está permitido hacer la partición entre ellos. Es indudable que el donante o testador, distinto del ascendiente, tiene libertad para repartir como guste los bienes donados entre los favorecidos; pero su acto de liberalidad creará donatarios o legatarios, y no, como la *donación-partición*, las relaciones de coherederos copartícipes, que permiten, llegada la ocasión, aplicarse entre ellos las reglas propias de la partición"[1104].

El *Code*, en opinión de MARÍN LÁZARO, "al recoger los antecedentes del Derecho francés, aceptó dos particiones del ascendiente: la división *inter vivos* y la efectuada por medio de acto de última voluntad, y prescribió que la primera fuese hecha con las formalidades de las donaciones y la segunda con las de los testamentos"[1105].

---

pecto del testamento-partición, al decir que "el origen de la institución es el mismo en todos los Derechos romano-franceses; pero, en cambio, su desarrollo posterior ha sido distinto, más fiel a la tradición en el extranjero que en nuestro Derecho nacional. Así lo prueba el hecho de que los Códigos francés e italiano (el antiguo Código, puesto que el moderno se asemeja más al nuestro) se refieren, a este respecto, a la partición hecha por el padre entre sus hijos, mientras que el artículo 1.056 del Código civil español trata de toda clase de testadores, si bien en el párrafo segundo existe una alusión especial al padre de familia, pero sin que para él se haya dictado el precepto, que tiene alcance general". *Vid.* GÓMEZ MORÁN, L., «Testamento-partición», ob. cit., p. 602.

1105 *Ibid.*, p. 220.

Al decir de COLIN y CAPITANT, el Código "no ha conservado la *démission* o entrega de bienes, por la facultad de revocación que autorizaba [de origen consuetudinario, podían usarla todos, no solo los ascendientes, y era revocable], y que..., era peligroso para los terceros, sin contar que la revocación daba lugar a litigios que amargaban el resto de la vida del donante. Por esto los redactores del Código han preferido a esa *démission* la donación entre vivos, acompañada de la partición de los bienes, operación irrevocable y concedida únicamente al ascendiente"[1106].

Vamos a referirnos, sucintamente, tanto a la partición testamentaria *stricto sensu* como a la *donation-partage*, y ello con el fin de contrastarlas con la regulación actual como consecuencia de la reforma del *Code civil* llevada a cabo por la Ley 2006-728, de 23 de junio de 2006, que da una nueva redacción a los arts. 1075 a 1080, comprensivos de ambas instituciones.

2. *Partición testamentaria*

Originariamente, el padre, la madre y el resto de los ascendientes tenían el derecho de hacer, ellos mismos, a través de su testamento, la distribución y partición de sus bienes entre sus hijos, componiendo el lote de cada uno de ellos. La razón por la cual la ley autorizaba esos «testamentos-partición», a pesar de su singularidad, radicaba en la propia finalidad de la institución y que nos resulta familiar, pues como se ha dicho, "estos actos evitan las discordias y litigios que las particiones ordinarias engendran tan frecuentemente entre los herederos. Además, el ascendiente puede formar los lotes, teniendo en cuenta las aptitudes de cada hijo, e impedir el fraccionamiento excesivo de la propiedad"[1107]. Los efectos no se producían hasta la muerte del ascendiente; por tanto, podía este modificarla o revocarla mientras viviera[1108]; esto continúa siendo así en la actualidad.

1106 *Vid.* COLIN A. y CAPITANT H., *Curso elemental de Derecho civil. Derecho sucesorio. Donaciones y Ausencia*, ob. cit., pp. 134-135.

1107 *Ibid.*, p. 131.

1108 *Ibid.*, p. 162.

3. *Donation-partage*

Por otra parte, la ley permitió también, a los ascendientes, hacer una distribución y reparto de sus bienes entre sus descendientes por actos *inter vivos.* Era una modalidad de partición empleada por los padres y demás ascendientes que "al llegar a una edad avanzada, quieren desentenderse de la administración o explotación de sus bienes y los donan en su totalidad o en parte a sus hijos o descendientes, y hacen en ese momento ya la partición entre ellos" [1109], constituyendo un "*pacto sobre la sucesión futura*", de naturaleza jurídica compleja en comparación a la partición testamentaria, pues "produce *a la vez los efectos de la donación y los de la partición*", no resultando válida si los hijos no prestaban su consentimiento[1110]. Con gran arraigo en el Derecho de Francia[1111], el principal efecto era y continúa siendo su irrevocabilidad, salvo casos muy tasados de ingratitud del descendiente para con el ascendiente.

4. *Regulación actual*

La regulación actual de ambas instituciones —más si cabe, por su naturaleza híbrida y especial singularidad, de la donación-partición—, ha sufrido una importante reforma como consecuencia de la Ley 2006-728 de 23 de junio de 2006, vigente desde el 1 de enero de 2007, apartándose de la redacción primigenia del *Code* y, como dice Sanciñena Asurmendi, "distanciándose de los ordenamientos de Bélgica, Lousiana y de Argentina, anclados todavía en la donación-partición de los ascendientes con los rasgos fijados a principios del siglo XIX", pues de aquél traen causa[1112]; países que acogieron en su momento la figura sin que se haya producido cambio alguno[1113]. Distanciamiento que viene referido a una ampliación de su ámbito personal de aplicación, no reservándola ya únicamente al padre, madre o ascendientes, sino, con carácter

---

1109 *Ibid.*, p. 131.

1110 *Ibid.*, pp. 132.

1111 *Vid.* Sanciñena Asurmendi, C., *La partición hecha por el testador*, ob. cit., p. 282.

1112 *Ibid.*, pp. 282-285.

1113 *Ibid.*, pp. 282-283.

general, a cualquier sujeto que pueda donar y partir entre sus herederos[1114].

La regulación en el *Code civil* francés se halla en el Libro III —*Des différentes manières dont on acquiert la propriété*—; Título II —*Des libéralités*—; Capítulo VII — *Des libéralités-partages*— y tres Secciones: la primera, *Dispositions générales* (articles 1075 à 1075-5); la segunda, *Des donations-partages* (articles 1076 à 1078-10) —subdividida en dos: *Des donations-partages faites aux héritiers présomptifs* (articles 1076 à 1078-3) y *Des donations-partages faites à des descendants de degrés différents* (articles 1078-4 à 1078-10); y la tercera, *Des testaments-partages* (articles 1079 à 1080).

Vemos cómo la regulación del testamento-partición, únicamente en dos artículos, es relativamente escasa si la comparamos con la donación-partición, cuyas características más reseñables son, como reseña SANCIÑENA ASURMENDI[1115], las siguientes:

- Respecto a los sujetos, se ha ampliado el círculo, lo que ha supuesto un punto de inflexión en lo que venía siendo la regulación tradicional de la figura, circunscrita sólo a los ascendientes: se ha sustituido el vocablo *ascendiente* por *disponente*, e *hijos o descendientes* por *herederos presuntos* —quienes serían herederos legales si el donante muriese en ese momento, y que no tienen por qué ser ni hijos ni descendientes suyos[1116]—.
- En cuanto a su otorgamiento, puede llevarse a cabo en un acto único o por separado[1117]; en este último caso existirá un acto de donación y, además, otro partitivo, debiendo intervenir en ambos el disponente y, por tratarse de una donación *inter vivos*, se requiere acta notarial y aceptación por parte de los beneficiarios.
- Puede comprender todos los bienes y derechos del donante o sólo una parte de ellos, no pudiendo recaer sobre

1114 *Ibid.*, pp. 285-286.

1115 *Ibid.*, pp. 285 y ss.

1116 *Vid.* art. 1075.1 del *Code civil* francés: *Toute personne peut faire, entre ses héritiers présomptifs, la distribution et le partage de ses biens et de ses droits.*

1117 *Vid.* art. 1076.2 del *Code civil* francés: *La donation et le partage peuvent être faits par actes séparés pourvu que le disposant intervienne aux deux actes.*

bienes futuros[1118]; en caso de ser parcial, los bienes del causante constituirán una comunidad hereditaria y se repartirán según las normas de la sucesión intestada[1119], sin que esto afecte a la eficacia de la donación-partición.

- En relación con sus efectos, hay que distinguir dos momentos, pues tratándose de una institución de naturaleza híbrida, confluyen las normas de la donación y las propiamente particionales. Así, el donante se desprende en vida de sus bienes, que son transmitidos inmediatamente al donatario; las donaciones solamente pueden ser revocadas judicialmente por causa de ingratitud o por incumplimiento de cargas —renta vitalicia en beneficio del donante y su cónyuge o con prohibición de enajenar—. Abierta la sucesión, pueden los herederos aceptar o repudiar la herencia —ello con independencia de que, como donatarios, hayan prestado su consentimiento a la donación-partición—: si aceptan, los bienes donados se imputan a la parte de legítima y, en su caso, a la de libre disposición, teniendo en cuenta que la legítima global en el Derecho francés varía en función del número de hijos[1120]; si el donatario repudia la herencia, se hace como si la hubiera aceptado, y la donación recibida se imputa a la parte de libre disposición, reduciéndose lo que exceda de ella.
- Respecto al pasivo, los herederos serán responsables de las deudas del causante en el momento de la apertura de la sucesión según las normas del derecho sucesorio[1121]; en

1118 *Vid.* art. 1076.1 del *Code civil* francés: *La donation-partage ne peut avoir pour objet que des biens présents.*

1119 *Vid.* art. 1075-5 del *Code Civil* francés: *Si tous les biens ou droits que le disposant laisse au jour de son décès n'ont pas été compris dans le partage, ceux de ses biens ou droits qui n'y ont pas été compris sont attribués ou partagés conformément à la loi.*

1120 La parte de libre disposición no puede exceder de la mitad de los bienes del disponente si deja un solo hijo a su muerte, de un tercio si deja dos, o de un cuarto si deja tres o más. *Vid.* art. 913.1 del *Code Civil* francés: *Les libéralités, soit par actes entre vifs, soit par testament, ne pourront excéder la moitié des biens du disposant, s'il ne laisse à son décès qu'un enfant; le tiers, s'il laisse deux enfants; le quart, s'il en laisse trois ou un plus grand nombre.*

1121 Arts. 864 a 886 del *Code civil* francés.

vida del donante, la donación-partición solamente implica una transmisión de sus bienes a título particular, no la transmisión universal de un patrimonio, comprensivo por tanto del activo y del pasivo.

- Los cónyuges pueden hacer la donación-partición de forma conjunta, pudiendo contener bienes propios de cada uno y bienes comunes.
- Por último, al igual que sucede con el párrafo segundo del art. 1056 CC, se prevé que el objeto de la donación-partición sea por un patrimonio constituido por una empresa individual de carácter industrial, comercial, artesanal, agrícola o liberal, o por participaciones en una sociedad que desarrolle alguna de las anteriores actividades, cuando el disponente ejerza una función directiva[1122].

III. ITALIA

En el caso de Italia, el *Codice civile* de 1865, influenciado por el Código de Napoleón, recogió, además de la partición testamentaria, la figura de la donación-partición, permitida solamente al padre, la madre y otros ascendientes[1123]. Con anterioridad al mis-

1122 *Vid.* art. 1075-2 del *Code civil* francés: *Si ses biens comprennent une entreprise individuelle à caractère industriel, commercial, artisanal, agricole ou libéral ou des droits sociaux d'une société exerçant une activité à caractère industriel, commercial, artisanal, agricole ou libéral et dans laquelle il exerce une fonction dirigeante, le disposant peut en faire, sous forme de donation-partage et dans les conditions prévues aux articles 1075 et 1075-1, la distribution et le partage entre le ou les donataires visés auxdits articles et une ou plusieurs autres personnes, sous réserve des conditions propres à chaque forme de société ou stipulées dans les statuts.*
Cette libéralité est faite sous réserve que les biens corporels et incorporels affectés à l'exploitation de l'entreprise ou les droits sociaux entrent dans cette distribution et ce partage, et que cette distribution et ce partage aient pour effet de n'attribuer à ces autres personnes que la propriété ou la jouissance de tout ou partie de ces biens ou droits.

1123 *Vid.* art. 1044 del *Codice civile* italiano derogado: *Il padre, la madre e gli altri ascendenti possono dividere e distribuire i loro beni tra i loro figli e discendenti, comprendendo nella divisione anche la parte non disponibile.* También el art. 1045: *Queste divisioni possono farsi per atto tra vivi, o per testamento colle es-*

mo, estas dos instituciones fueron reproducidas sustancialmente tanto por el Código Albertino (arts. 1.115 y 1.120) como por el Napolitano (arts. 1.031 y 1.035)[1124].

Por el contrario, el *Codice civile* vigente de 1942, desmarcándose del patrón napoleónico y de sus precedentes, ha regulado la partición *fatta dal testatore* como una de las tres especies, según GALGANO, de hacer la división del patrimonio hereditario, junto a la *amichevole* y la *giudiziale* (arts. 713 y ss.) [1125]. Es de resaltar que el legislador italiano ha previsto, en el art. 733, lo que nosotros conocemos por normas particionales —concepto de creación jurisprudencial—, obligatorias para los herederos en cuanto a la formación de los lotes, salvo que el valor real de los bienes no se corresponda con las partes establecidas por el testador[1126].

---

tesse formalità, condizioni e regole stabilite per le donazioni e per i testamenti. Le divisioni fatte per atto tra vivi non possono comprendere che i beni presenti.

1124 *Vid.* MARÍN LÁZARO, R., «La partición de la herencia hecha por actos *inter vivos*», ob. cit., p. 220.

1125 La *amichevole*, "è quella fatta con il consenso di tutti i coeredi ed è un contratto (contratto di divisione) sottoposto a tutte le cause di invalidità ed inefficacia dei contratti"; la *giudiziale*, "se i coeredi non sono d'accordo sull'opportunità o sul modo di attuare la divisione, uno qualunque di loro può chiederla all'autorità giudiziaria. In questo caso, il giudice istruttore o un notario delegato da lui dirigono le operazioni divisionali, provvedendo alla determinazione dell'attivo e del passivo dell'eredità, disponendo la vendita di beni per il pagamento dei debiti ereditari e procedendo alla formazione delle porzioni da assegnare ai singoli condividenti. Se i coeredi hanno quote uguali, le porzioni di ciascuno vengono estratte a sorte. In caso contrario, quando i beni non siano divisibili, il coerede con maggior quota può chiederne l'assegnazione in natura, con conguaglio in danaro a favore degli altri; altrimenti si vendono i beni e si divide fra i coeredi la somma ricavata; por último, en la *fatta dal testattore*, "quest'ultimo, anche senza indicare le quote, forma le porzioni da assegnare a ciascuno". *Vid.* GALGANO, F., *Il diritto civile in 27 lezioni*, Giuffrè Editore, Milano, 2007, p. 412.

1126 *Vid.* art. 733 del *Codice civile* italiano (*norme date dal testatore per la divisione*)*: Quando il testatore ha stabilito particolari norme per formare le porzioni, queste norme sono vincolanti per gli eredi, salvo che l'effettivo valore dei beni non corrisponda alle quote stabilite dal testatore.*

Il testatore può disporre che la divisione si effettui secondo la stima di persona da lui designata che non sia erede o legatario: la divisione proposta da questa persona non vincola gli eredi, se l'autorità giudiziaria, su istanza di taluno di essi, la riconosce contraria alla volontà del testatore o manifestamente iniqua.

El art. 734 recoge la división hecha por el testador, al disponer:

> Il testatore può dividere i suoi beni tra gli eredi comprendendo nella divisione anche la parte non disponibile.
> Se nella divisione fatta dal testatore non sono compresi tutti i beni lasciati al tempo della morte, i beni in essa non compresi sono attribuiti conformemente alla legge, se non risulta una diversa volontà del testatore.

Fijémonos que se refiere, al igual que el art. 1056 CC al «testador», quien puede dividir sus bienes entre sus herederos, incluyendo la parte no disponible. Y que la partición puede ser total o parcial; en este último caso, los bienes no incluidos en la división se asignarán de conformidad con la ley, salvo que otra cosa haya dispuesto el testador.

Por otra parte, el art. 735 sanciona con la nulidad la partición en que se haya preterido a un legitimario o instituido; el coheredero perjudicado en la cuota reservada al mismo —legítima[1127]— podrá ejercitar acción de reducción contra el resto[1128].

En lo que respecta a la entrega de documentos, establece el art. 736 que, una vez efectuada la división, los documentos relativos a los bienes y derechos serán entregados a cada uno de los adjudicatarios; si se trata de un inmueble, quedarán en poder de quien haya recibido mayor parte, y si no es a partes iguales, a la persona elegida por los interesados, y si hay conflicto resuelve el juez de paz del lugar de la apertura de la sucesión[1129].

Sobre el particular, ha dicho GALGANO: "questi [el testador], anche senza indicare le quote, può formare le porzioni da assegnare a ciascuno dei coeredi (art. 734), oppure può limitarsi a dettare norme per formarle, e in tal caso avrà ugualmente luogo una divisione amichevole o giudiziale, nel corso della quale le norme dettate dal testatore saranno vincolanti, salvo che l'effettivo valore dei beni non corrisponda alle quote da lui stabilite (art. 733). *Vid.* GALGANO, F., *Diritto civile e commerciale*, volume quarto, *la famiglia; le successioni; la tutela dei diritti; il fallimento*, quarta edizione, Cedam, Padova, 2004, pp. 264-265.

1129 *Vid.* art. 736 del *Codice civile* italiano (*consegna dei documenti*): *Compiuta la divisione, si devono rimettere a ciascuno dei condividenti i documenti relativi ai beni e diritti particolarmente loro assegnati.*
I documenti di una proprietà che è stata divisa rimangono a quello che ne ha la parte maggiore, con l'obbligo di comunicarli agli altri condividenti che vi hanno interesse, ogni qualvolta se ne faccia richiesta. Gli stessi documenti, se la proprie-

Por último, decir, en cuanto a los efectos, que tratándose de un acto *mortis causa*, hay que estar al momento de la apertura de la sucesión para que la partición despliegue su eficacia, del mismo modo que sucede en nuestro ordenamiento jurídico. Así lo entiende GALGANO: "La divisione ha, in ogni caso, effetto retroattivo: i beni assegnati a ciascun condividente si considerano a lui appartenenti dal giorno in cui si è aperta la successione (art. 757). Il che si suole tradizionalmente esprimere con la proposizione secondo la quale la divisione ha efficacia dichiarativa, non costitutiva: i beni assegnati ai condividenti si considerano, ad ogni effetto, come pervenuti loro a causa di morte, e non in conseguenza di un atto *inter vivos*, quale la divisione amichevole, o in forza di provvedimento giurisdizionale. Se un coerede subisce evizione, derivante da causa anteriore alla divisione, il valore del bene evitto deve essere ripartito fra tutti i coeredi (artt. 758-59). Costituisce evizione anche la perdita del bene per effetto dell'esecuzione per espropriazione forzata promossa da un creditore del *de cuius*" [1130].

En el mismo sentido se pronuncia GALLO[1131]: "La divisione opera retroattivamente. Questo significa che l'erede è considerato come se fosse stato titolare esclusivo del bene che gli è stato assegnato, e solo di esso, fin dal momento dell'apertura della successione (art. 757)".

IV. BÉLGICA

Puesto que el territorio belga fue anexionado al Imperio napoleónico, se adoptó el Código de Napoleón el 21 de marzo de 1804 y, con ello, la figura de la donación-partición[1132], reservada

---

tà è divisa in parti eguali, e quelli comuni all'intera eredità si consegnano alla persona scelta a tal fine da tutti gli interessati, la quale ha obbligo di comunicarli a ciascuno di essi, a ogni loro domanda. Se vi è contrasto nella scelta, la persona è determinata con decreto dal (giudice di pace) del luogo dell'aperta successione, su ricorso di alcuno degli interessati, sentiti gli altri.

1130 *Vid.* GALGANO, F., *Diritto civile e commerciale*, ob. cit., p. 265.

1131 *Vid.* GALLO, P., *Istituzioni di Diritto privato*, Editio minor, G. Giappichelli editore, Torino, 2001, p. 591.

1132 *Vid.* SANCIÑENA ASURMENDI, C., *La partición hecha por el testador*, ob. cit., p. 282.

solamente al padre, madre u otros ascendientes en favor de los hijos o descendientes.

La institución ha permanecido intacta desde principios del siglo XIX hasta la actualidad[1133], debiendo acudir al Libro IV del *Code civil*, titulado *Les successions, donations et testaments*—Ley de 19 de enero de 2022, que entró en vigor el 1 de julio de 2022[1134] — y, en concreto, a los arts. 4.229 a 4.231, para hallar la regulación de la *partage d'ascendants*.

Dispone en primer lugar el art. 4.229 (*Distribution et partage*):

> El padre, la madre y otros ascendientes pueden distribuir y dividir sus bienes entre sus hijos y descendientes.
> Dichas divisiones pueden hacerse por donación o por testamento, con sujeción a las formalidades, condiciones y normas prescritas para las donaciones y los testamentos.
> La partición por donación sólo puede afectar a los bienes presentes. En la medida en que dicha partición contenga un pacto sucesorio, se aplicarán los artículos 4244 a 4253.

En caso de partición incompleta, establece por otra parte el art. 4.230 (*Partage incomplet*) lo siguiente:

> Si no se han incluido en la partición todos los bienes dejados por el ascendiente el día de su fallecimiento, los que no se hayan incluido se dividirán conforme a la ley.
> Si la partición no se hace entre todos los hijos existentes en el momento del fallecimiento y los descendientes de los premuertos, la partición es nula de pleno derecho. Puede solicitarse una nueva partición en la forma legal, ya sea por los hijos o descendientes que no hayan recibido parte alguna, o incluso por aquellos entre los que se hizo la partición.

Por último, cabe la posibilidad de su impugnación por causa de lesión; así lo dispone el art. 4.231 (*Lésion*):

> La partición hecha por el ascendiente podrá impugnarse por lesión de más de una cuarta parte, sin perjuicio de la posibilidad de solicitar una reducción conforme a los artículos 4150 a 4157.
> El hijo que, por alguna de las causas previstas en el párrafo primero, impugne la partición hecha por el ascendiente, deberá adelantar los gastos de la tasación. En última instancia,

---

1133 *Ibid.*, p. 283.

1134 *Vid.* https://www.ejustice.just.fgov.be/loi/loi.htm

> correrá con ellos, así como con las costas del litigio, si la demanda es infundada.

V. PORTUGAL

Por lo que respecta a Portugal, realizaremos las siguientes consideraciones.

En primer lugar, reseñar que el Código civil portugués de 1966 —aprobado por Decreto-Ley nº 47 344, de 25 de noviembre de 1966 y en vigor desde el 1 de junio de 1967—, regula, en el art. 946 —*Doação por morte*—, las donaciones por causa de muerte, con la misma consecuencia que la prevista en el art. 620 de nuestro Código[1135]; dice lo siguiente:

> 1. Se prohíbe la donación por causa de muerte, salvo en los casos específicamente previstos por la ley.
> 2. No obstante, la donación que surta efectos al fallecimiento del donante se considerará una disposición testamentaria si se han observado las formalidades de los testamentos.

En segundo lugar, la herencia se defiere, según el art. 2026 —*Títulos de vocação sucessória*—, por la ley, el testamento y el contrato[1136].

En tercer lugar, se prevé en el art. 2029 una «partición en vida», que no es una partición sucesoria propiamente dicha; dice lo siguiente:

> 1. No se considera contrato sucesorio aquel por el que alguien hace una donación entre vivos, con o sin reserva de usufructo, de todos o parte de sus bienes a alguno o algunos de sus herederos legitimarios, con el consentimiento de los demás, y los donatarios pagan o se obligan a pagar a los de-

---

1135 Que dice: *Las donaciones que hayan de producir sus efectos por muerte del donante, participan de la naturaleza de las disposiciones de última voluntad, y se regirán por las reglas establecidas en el capítulo de la sucesión testamentaria.*

1136 Según el art. 2028: *1. Hay sucesión contractual cuando, por contrato, alguien renuncia a la sucesión de una persona viva, o dispone de su propia sucesión o de la sucesión de un tercero aún no abierta. 2. Los contratos sucesorios sólo están permitidos en los casos previstos por la ley, siendo nulos todos los demás, sin perjuicio de lo dispuesto en el sin perjuicio de lo dispuesto en el apartado 2 del artículo 946.*

> más el valor de las partes que proporcionalmente les corresponderían en los bienes donados.
> 2. Si sobreviviere o se tuviere conocimiento de un legitimario, puede este exigir que le sea satisfecha en dinero la parte correspondiente.

Se prevé, en suma, pese a la rúbrica del artículo citado —*Partilha em vida*— que puede ocasionar confusión, la posibilidad de distribuir en vida los bienes de una persona a través de donaciones, que no tienen la consideración de contrato sucesorio, y que, por supuesto, no participan de las disposiciones de última voluntad; es decir, la partición propiamente dicha siempre tendrá efectos al momento de la apertura de la sucesión, cuando fallezca el causante, no en vida de este.

En cuarto y último lugar, cabe subrayar que, en el art. 2102, relativo a los modos —la forma, dice la rúbrica— de llevar a cabo la partición, solamente se contemplan dos: extrajudicialmente por acuerdo de todos los interesados; y judicialmente[1137]. Por tanto, no recogiéndose tal posibilidad, hay que negar su existencia.

VI. ARGENTINA

Por último, vamos a referirnos al caso de Argentina. Y ello por cuanto como ha señalado MOISSET DE ESPANÉS[1138], el Proyecto de 1851, pieza clave del proceso codificador español —que se remonta a principios del S. XIX y dura más de setenta años—, fue una de las fuentes que tuvo en consideración Dalmacio Vélez Sársfield para la elaboración del primer Código civil argentino, sancionado dos décadas antes de que entrase en vigor el Código civil español. El Proyecto de García Goyena también tuvo destacada influencia sobre numerosas codificaciones iberoamericanas.

1137 Al decir: *1. A partilha pode fazer-se extrajudicialmente, quando houver acordo de todos os interessados, ou por inventário judicial nos termos prescritos na lei de processo.*

1138 *Vid.* MOISSET DE ESPANÉS, L., «La codificación española y su influencia en el Código civil argentino», *ADC*, fasc. 3, 1990, pp. 713-735.

El Código Civil y Comercial de la Nación —Ley 26.994 en vigor desde el día 1 de agosto de 2015[1139] por la que se deroga el Código de Vélez Sarsfield de 1869[1140]—, regula la *Partición por los ascendientes* en el Capítulo 7 del Título VIII —*Partición*— del Libro Quinto —*Transmisión de derechos por causa de muerte*—; el Capítulo se divide en tres secciones: la primera relativa a las *Disposiciones generales* (arts. 2411 a 2414); la segunda sobre la *Partición por donación* (arts. 2415 a 2420); y la tercera sobre la *Partición por testamento* (arts. 2421 a 2423).

La partición por ascendientes, al decir de Córdoba[1141], "es poco utilizada en la práctica. Esta escasa aplicación se debe a múltiples causas, entre ellas, la falta de hábito de hacer testamento, sobre todo existiendo herederos forzosos. Por lo cual, una institución calificada de magistratura familiar y que ha sido considerada como ideal en la materia ha fracasado en la práctica".

En el mismo sentido se pronuncia Medina[1142]: "En la práctica, no se advierte una clara necesidad de mantener vigente un instituto como el que nos ocupa, a lo largo del imperio del Código de Vélez Sarsfield, no ha sido una institución jurídica que tuviera uso o que hubiera adquirido un reconocimiento en la práctica jurídica nacional, ni expone antecedentes judiciales tampoco, como para ser referente del derecho sucesorio".

Como se puede observar por la estructura del Código, la partición por los ascendientes admite dos formas: por donación y por testamento[1143]. Su naturaleza jurídica es distinta: en el caso de

---

1139 *Vid.* https://www.argentina.gob.ar/normativa/nacional/ley-26994-235975/actualizacion

1140 Obra de Dalmacio Vélez Sarsfield, quien ha pasado a la historia como el gran codificador del Derecho privado argentino, pues a él se le atribuye la autoría del Código civil de 1869 por encargo del presidente Mitre, y también del Código de Comercio, si bien en este último caso con la colaboración de Eduardo Acevedo. *Vid.* https://dbe.rah.es/biografias/75832/dalmacio-velez-sarsfield

1141 *Vid.* Córdoba, M. M., *Sucesiones*, 1ª ed., Eudeba-Rubinzal-Culzoni editores, Ciudad Autónoma de Buenos Aires, 2017, p. 329.

1142 *Vid.* Medina, G., *Código Civil y Comercial de la Nación y normas complementarias. Análisis doctrinal y jurisprudencial*, 1ª ed., tomo 5, arts. 2277-2531, Transmisión de derechos por causa de muerte (director, Alberto J. Bueres; coord., Jorge O. Azpiri), Hammurabi, 2017, p. 402.

1143 Se diferencia del Código civil derogado de 1869 en que este último regulaba, en los arts. 3514 a 3538, la partición realizada por los ascen-

la partición por donación reúne las características propias de un contrato; en cambio, la partición por testamento se considera un acto de disposición *mortis causa*[1144].

Como cuestiones más destacadas de la *partición por los ascendientes* podemos señalar las siguientes:

- Personas que la pueden efectuar (art. 2411): *La persona que tiene descendientes puede hacer la partición de sus bienes entre ellos por donación o por testamento.*

  Si es casada, la partición de los bienes propios debe incluir al cónyuge que conserva su vocación hereditaria. La partición de los gananciales sólo puede ser efectuada por donación, mediante acto conjunto de los cónyuges.
- Bienes no incluidos (art. 2412): *Si la partición hecha por los ascendientes no comprende todos los bienes que dejan a su muerte, el resto se distribuye y divide según las reglas legales.*
- El ascendiente debe, al hacer la partición —en cualquiera de las dos formas—, colacionar a la masa el valor de los bienes anteriormente donados siempre y cuando sean colacionables (art. 2413); asimismo se le reconoce la posibilidad de mejorar, manifestándolo expresamente, a alguno de sus descendientes o al cónyuge dentro de la porción disponible (art. 2414).

En el caso particular de la *partición-donación*, cabe decir, con carácter previo, que se trata de un "acto por el cual el ascendiente impide, total o parcialmente, que ciertos bienes integren el cuerpo general de bien de la cuenta particionaria, mediante su transferencia a los descendientes (...); para ser tal y poder producir sus efectos propios [por tanto, distintos a los de una donación ordinaria], debe configurarse en torno a los caracteres de todo

---

dientes, sin distinguir el modo de realizarla, fuese por donación o por testamento; sus disposiciones hacían referencia tanto a una como a otra figura, pese a su distinta naturaleza jurídica. Por tal motivo, la doctrina entendió que debían tratarse por separado, como así ha hecho el Código civil y Comercial vigente en la actualidad. *Vid.* RODRÍGUEZ ITURBURU, M., «División de la herencia. Partición», en *Manual de derecho sucesorio* (directoras, Marisa Herrera y María Victoria Pellegrini), 1ª ed., Eudeba, Ciudad Autónoma de Buenos Aires, 2016, pp. 292-293.

1144 *Vid.* CÓRDOBA, M. M., *Sucesiones*, ob. cit., p. 329.

acto particional"[1145]. La partición por donación, como señala MEDINA, reconoce su antecedente en el derecho consuetudinario francés[1146].

Las cuestiones más relevantes sobre la *partición por donación*[1147] son, a nuestro parecer, las siguientes:

- Debe tener por objeto bienes presentes del donante, no futuros; y puede ser hecha en actos separados si el ascendiente interviene en todos ellos (art. 2415).
- Se puede transmitir el pleno dominio de los bienes donados o únicamente su nuda propiedad, reservándose el donante el usufructo; asimismo puede pactarse entre donante y donatarios una renta vitalicia en favor del primero (art. 2416).
- El derecho de los herederos forzosos se garantiza por la intangibilidad cuantitativa y cualitativa de la legítima, y así podrá ejercitar, entre otras acciones, la de reducción (art.

1145 *Ibid.*, p. 330. En el mismo sentido se pronuncia LORENZZETI. *Vid.* LORENZETTI, R. L., (director) y DE LORENZO, M. F., y LORENZETTI, P., (coords.), *Código Civil y Comercial de la Nación comentado*, tomo X, arts. 2162 a 2448, Rubinzal-Culzoni Editores, Buenos Aires, 2015, p. 785.

1146 En el que "se aceptaba que una persona efectuara a favor de sus herederos la entrega de sus bienes, o *démission de biens*, generalmente con reserva de usufructo o fijando una renta a su favor a cargo de los beneficiarios. Suponía un abandono de todos los bienes a favor de todos los herederos presuntivos del remitente, lo que requería aceptación. La *divisio inter liberos* aparece regulada en las *Partidas* (Partida 6ª, L. 7, Tít. 1 y Ley 9, Tít. 15) con las mismas características de la Novela 107 de Justiniano, y la *démission de biens* es el antecedente del art. 1075 y ss. del *CC* francés de 1804". *Vid.* MEDINA, G., *Código Civil y Comercial de la Nación y normas complementarias. Análisis doctrinal y jurisprudencial*, ob. cit., p. 403.

1147 Como refiere RODRÍGUEZ ITURBURU: "La partición por donación es un acto jurídico por el cual el ascendiente dona y parte sus bienes entre sus descendientes con la aceptación de estos (...). Tiene como finalidad anticipar el dominio de los bienes y evitar las disputas con respecto a la adjudicación entre los descendientes. Es un acto complejo que combina las normas de la donación con las de la partición. Es un acto entre vivos, gratuito, patrimonial, plurilateral, de disposición, formal y puede someterse a modalidades estando prohibida la condición suspensiva de producir efectos a partir del fallecimiento del donante. Por lo tanto, la transferencia de lo donado es irrevocable, salvo los supuestos enunciados en el art. 2420 del Código Civil y Comercial". *Vid.* RODRÍGUEZ ITURBURU, M., «División de la herencia. Partición», ob. cit., p. 297.

2417): *El descendiente omitido en la partición por donación o nacido después de realizada ésta, y el que ha recibido un lote de valor inferior al correspondiente a su porción legítima, pueden ejercer la acción de reducción si a la apertura de la sucesión no existen otros bienes del causante suficientes para cubrirla.*

- Para la colación y cálculo de la legítima, *se debe tener en cuenta el valor de los bienes al tiempo en que se hacen las donaciones, apreciado a valores constantes* (art. 2418).
- *Los donatarios se deben recíprocamente garantía de evicción de los bienes recibidos. La acción puede ser ejercida desde que la evicción se produce, aun antes de la muerte del causante* (art. 2419).
- Por último, en cuanto a su revocabilidad, *puede ser revocada por el ascendiente, con relación a uno o más de los donatarios, en los casos en que se autoriza la revocación de las donaciones y cuando el donatario incurre en actos que justifican la exclusión de la herencia por indignidad* (art. 2420).

Por lo que respecta a la *partición por testamento*[1148], señalaremos las siguientes características:

- Es revocable por el causante y sólo produce efectos después de su muerte[1149]. La enajenación posterior al testamento de alguno de los bienes incluidos en la partición no afecta a la validez de aquel, sin perjuicio de las acciones protectoras de la porción legitimaria; los beneficiarios no pueden renunciar a la partición para solicitar otra nueva salvo que sea por unanimidad (art. 2421).
- En lo concerniente a sus efectos, son los mismos que la practicada por los herederos (art. 2422).
- Los herederos están obligados recíprocamente a responder en caso de evicción de los bienes comprendidos en sus

1148 "La partición por testamento, es un acto de disposición mortis causa que, unilateralmente, afecta el modo de operarse la transmisión hereditaria, a favor de los descendientes". *Vid.* RODRÍGUEZ ITURBURU, M., «División de la herencia. Partición», ob. cit., p. 302.

1149 Por cuanto se trata de una disposición testamentaria, es esencialmente revocable, tal y como se dispone en el art. 2511: *El testamento es revocable a voluntad del testador y no confiere a los instituidos derecho alguno hasta la apertura de la sucesión. La facultad de revocar el testamento o modificar sus disposiciones es irrenunciable e irrestringible.*

> lotes; *la existencia y legitimidad de los derechos transmitidos se juzga al tiempo de la muerte del causante* (art. 2423).

Para finalizar, reseñar que el Código Civil y Comercial de la Nación ha incorporado una importante novedad en lo que respecta a la sucesión de la empresa familiar: la permisividad de los pactos sobre herencia futura con el fin de contribuir, según GÓMEZ VARA DE INGARAMO[1150] "a la conservación y preservación de la misma frente al fallecimiento de uno o más de sus miembros y el paso de una generación a otra".

Así se prevé en el art. 1010, que recoge una regla general y una excepción:

> La herencia futura no puede ser objeto de los contratos ni tampoco pueden serlo los derechos hereditarios eventuales sobre objetos particulares, excepto lo dispuesto en el párrafo siguiente u otra disposición legal expresa.
>
> Los pactos relativos a una explotación productiva o a participaciones societarias de cualquier tipo, con miras a la conservación de la unidad de la gestión empresaria o a la prevención o solución de conflictos, pueden incluir disposiciones referidas a futuros derechos hereditarios y establecer compensaciones en favor de otros legitimarios. Estos pactos son válidos, sean o no parte el futuro causante y su cónyuge, si no afectan la legítima hereditaria, los derechos del cónyuge, ni los derechos de terceros.

Es en la regulación de la empresa familiar donde la partición por el causante puede tener su razón de ser, pues en opinión de MEDINA, una partición discrecional puede dar seguridad a la empresa de familia, asegurando su "perduración en condiciones factibles", y "previniendo la aparición de conflictos". No obstante, hay que tener en cuenta, que "la capacidad de disposición del causante está sumamente restringida", en clara referencia a las legítimas[1151].

1150 *Vid.* GÓMEZ VARA DE INGARAMO, G. M.ª, «Características y problemas de la sucesión en la Empresa Familiar desde el Derecho Sucesorio Argentino», *Cum Laude, Revista del Doctorado en Derecho, Facultad de Derecho y Ciencias Sociales y Jurídicas UNNE*, nº 3, abril de 2016, p. 129.

1151 *Vid.* MEDINA, G., *Código Civil y Comercial de la Nación y normas complementarias. Análisis doctrinal y jurisprudencial*, ob. cit., p. 404.

Por otra parte, se posibilita, en el art. 2380[1152], que el cónyuge sobreviviente o un heredero puedan solicitar la atribución preferencial en la partición del establecimiento agrícola, comercial, industrial, artesanal o de servicios que constituye una unidad económica, en cuya formación participó.

1152 *El cónyuge sobreviviente o un heredero pueden pedir la atribución preferencial en la partición, con cargo de pagar el saldo si lo hay, del establecimiento agrícola, comercial, industrial, artesanal o de servicios que constituye una unidad económica, en cuya formación participó.*
En caso de explotación en forma social, puede pedirse la atribución preferencial de los derechos sociales, si ello no afecta las disposiciones legales o las cláusulas estatutarias sobre la continuación de una sociedad con el cónyuge sobreviviente o con uno o varios herederos.
El saldo debe ser pagado al contado, excepto acuerdo en contrario.

Conclusiones y propuestas *de lege ferenda*

Primera

En el Derecho romano existió la posibilidad de partir la herencia de forma privilegiada, atendiendo a la necesidad natural de favorecer aquellas disposiciones de los padres en beneficio de sus hijos. Ello a través de dos figuras distintas:

i) por una parte, mediante el *testamentum parentis inter liberos*, cuyo nacimiento se remonta a la época postclásica con la Constitución de Constantino —reservado en esta etapa sólo a los ascendientes paternos (C. Th. 2, 24, 1 del año 324)—, que se consolida con Justiniano —ampliándose ahora a los padres y ascendientes de ambos sexos (Novela 107 del año 541)— y que, considerándose un acto atributivo de derecho, no requería para su eficacia la división del caudal hereditario, si bien podía contenerla;

ii) por otra, a través de la *divisio inter liberos*, que se configuraba como una operación distributiva en la cual el padre —y la madre únicamente por acto *inter vivos*— procedía al reparto de su patrimonio entre sus hijos, resaltando que si bien en un principio existía plena libertad de forma, será Justiniano el que, a través de la Novela 18,7 del año 536 establezca una formalidad atenuada: siempre deberá ser escrita y, por tanto, apoyarse en un testamento, en un escrito, en definitiva, donde se describan los bienes adjudicados a los hijos cuando tenga lugar la sucesión intestada; también a través de codicilo con la intervención de testigos. Asimismo, quedaban fuera del objeto de esta figura todas aquellas disposiciones propias de un testamento, constituyendo su objeto principal la distribución del caudal hereditario paterno, que podía ser total o parcial.

Ambas instituciones fueron recogidas en el derecho histórico de Castilla, en particular en la Ley 7, Título I de la Partida 6ª y en la Ley 9, Título XV de la Partida 6ª, desapareciendo el *testamentum inter liberos* con la Ley 3 de Toro y continuando vigente la *divisio inter liberos* según la Ley 19 de Toro.

Segunda

En el Derecho sucesorio de la Valencia foral se preveía, como una de las tres formas posibles de llevar a cabo la partición, la realizada por el causante en su testamento, asignando a cada uno de los herederos instituidos la parte que les correspondía en los bienes de la herencia. Los herederos debían acatar la voluntad del testador salvo que se vieren perjudicados en la legítima, si bien hay que matizar lo siguiente: puesto que hubo una época en *Furs* en que existía libertad de testar, este hecho permitió a los testadores un amplio margen de libertad para distribuir la herencia entre sus hijos.

En esta modalidad particional los herederos no estaban obligados recíprocamente a responder de la evicción, respetándose la voluntad del padre.

Como consecuencia de la Guerra de Sucesión, el decreto de derogación de la legislación foral valenciana —*furs*, privilegios, costumbres, etc.— de 29 de junio de 1707, traerá consigo la unificación jurídica de la monarquía partiendo de las leyes castellanas, dado que la estructura foral limitaba sus poderes absolutos.

El Estatuto de Autonomía de la Comunitat Valenciana —art. 49 de la Ley Orgánica 5/1982, de 1 de julio y art. 55 de la Ley Orgánica 1/2006, de 10 de abril— atribuye competencia exclusiva a la Generalitat para la conservación, desarrollo y modificación del Derecho civil foral valenciano; siendo más precisos, al ejercicio de la competencia civil en el marco de lo dispuesto en el art. 149.1. 8ª CE; competencia que no ha sido declarada inconstitucional. No obstante, las tres normas que han visto la luz en base a esta habilitación estatutaria —Ley 10/2007, de 20 de marzo, de Régimen Económico Matrimonial Valenciano; Ley 5/2011, de 1 de abril, de relaciones familiares de los hijos e hijas cuyos progenitores no conviven y la Ley 5/2012, de 15 de octubre, de Uniones de Hecho Formalizadas de la Comunitat Valencia (sic)—, han sido declaradas total o parcialmente inconstitucionales sobre la base principal del siguiente argumento: no quedar debidamente acreditado que estos derechos estuvieran vigentes al momento de entrada en vigor de la Constitución, siguiendo la estela de la primigenia STC 121/1992, de 28 de septiembre.

Tampoco la alternativa de la reforma constitucional, introduciendo un segundo párrafo en la disposición adicional segunda de la Constitución Española para la reintegración efectiva del Derecho civil valenciano —aprovechando la reforma del art. 49—, ha sido posible.

Estos hechos implican un serio obstáculo para el desarrollo real y efectivo de la competencia en materia de derecho civil y, dentro de este, sobre la posibilidad de dictar normas de naturaleza sucesoria distintas a las previstas en derecho común. A modo de ejemplo, sirva el borrador del anteproyecto de la ley valenciana de sucesiones de 2009 —o cualquier otro texto normativo sobre sucesiones que pudiera articularse en el futuro—, que preveía en su art. 274 la partición hecha por el causante —y cuyo contenido es mucho más completo que el art. 1056.1 CC—, que nunca llegará a ver la luz si no cambia el criterio del Tribunal Constitucional, pues hoy en día, la competencia autonómica en materia de Derecho civil queda circunscrita al ámbito agroconsuetudinario. Por tal motivo la Ley 6/1986, de 15 de diciembre, de Arrendamientos Históricos Valencianos —derogada por la Ley 3/2013, de 26 de julio, de los Contratos y otras Relaciones Jurídicas Agrarias— no ha seguido el mismo camino que las demás.

El voto particular del magistrado Xiol Ríos en las tres sentencias del TC refrenda que era y es posible otra interpretación menos restrictiva que permita, en suma, un desarrollo de la competencia en derecho civil dentro de los límites que marca la Constitución, para atender así a las necesidades propias de los valencianos, vista la dificultad del procedimiento para la reforma constitucional.

Tercera

El Proyecto de García Goyena de 1851 recogió, por primera vez, ya en la etapa codificadora, la partición de los bienes hecha por el «difunto», tanto por «acto entre vivos o por última voluntad», con el único límite de «no perjudicar a la legítima de los herederos forzosos» (art. 899).

El Código civil de 1889 recoge la institución en el art. 1056. El precepto consta de dos apartados: el primero —supuesto general—, que ha permanecido intacto hasta nuestros días desde 1889, es una réplica casi exacta del art. 899 del Proyecto de 1851, sustituyéndose el término «difunto» por el de «testador», con las implicaciones que esto conlleva; el segundo —supuesto especial—, que constituye una novedad respecto a la redacción primigenia de 1889 para el caso en particular del padre que, «en interés de su familia quiera conservar indivisa una explotación agrícola, industrial o fabril», disponiendo «que se satisfaga en metálico su legítima a los demás hijos».

Este último apartado se modificó en virtud de la disposición final 1.1 de la Ley 7/2003, de 1 de abril, con el fin de adaptarlo a las necesidades de nuestro tiempo: se sustituye el término «padre» por el de «testador»; se moderniza el elemento real, refiriéndose ahora a una «explotación económica o bien mantener el control de una sociedad de capital o grupo», sobre la base no solamente del «interés de su familia» sino atendiendo a la «conservación de la empresa»; y se establece un régimen especial en relación a la conmutación de la legítima.

Cuarta

La partición hecha por el testador —negocio jurídico *mortis causa* y unilateral— significa que él mismo, aparte de fijar la porción de herencia que desea para cada heredero a través del acto de disposición, determina los bienes con que aquella será satisfecha. En tal caso, al igual que sucede en los supuestos en que toda la herencia se distribuye en legados *ex* art. 891 CC —si bien aquí hay una sucesión a título singular—, la comunidad hereditaria no llega a nacer, se evita, pues los bienes adjudicados no son comunes a los herederos, que adquieren automáticamente la propiedad de estos a la muerte del testador *ex* art. 1068 CC.

En caso de existir bienes que no hayan sido incluidos en la partición —partición parcial— nacerá, respecto a los mismos, una situación de comunidad hereditaria, y los herederos deberán, para poner fin a la misma, realizar la correspondiente adición.

Quinta

La facultad prevista en el art. 1056 CC —ambos párrafos— únicamente está reservada al testador, no al causante en general; por tanto, se excluye a quien muere intestado (arts. 912 y ss. CC). El testamento puede ser común o especial (art. 676 CC) con tal que el mismo sea anterior o posterior a la partición si esta se formaliza en documento aparte del acto de disposición —testamento—.

La partición por el testador es preferente a las demás formas previstas en el Código civil. La propia ubicación sistemática del art. 1056 así lo corrobora, relegando a una posición posterior al resto de modalidades particionales (arts. 1057, 1058 y 1059). También por su contenido de carácter imperativo —vinculante—, al establecer que «se pasará por ella», lo que evidencia esa posición privilegiada, que le permite distribuir sus bienes entre sus herederos de la forma que estime más oportuna, siendo la ley de la sucesión.

En cuanto a la capacidad para hacer la partición de los bienes, cualquier testador a partir de los catorce años puede llevarla a cabo —salvo que se articule a través de un testamento ológrafo, pues se requiere la mayoría de edad—, con independencia de que esos mismos bienes, en el caso del menor de edad y respecto principalmente a los inmuebles, no puedan ser dispuestos por actos *inter vivos.*

Así, se requerirá del testador la capacidad necesaria para testar (arts. 662-666 CC) y no la general para contratar. Si bien se trata de un acto personalísimo, que excluye la posibilidad de que pueda ser hecho por representante o comisario (art. 670 CC), el testador podrá delegar al cónyuge o a la persona con la que se tenga descendencia común, la facultad de hacer la partición de sus bienes recurriendo para ello al art. 831 CC.

Sexta

El testador ha de ser propietario de los bienes objeto de la partición so pena de nulidad. Esto sucederá: cuando aquella venga referida a bienes gananciales en su totalidad sin haberse liquidado previamente el régimen económico matrimonial; o cuando se incluyan bienes privativos del otro cónyuge.

El momento para tener en cuenta la posible ajenidad de los bienes será el del fallecimiento del testador, momento en que se apertura de la sucesión. En consecuencia, puede suceder que en el momento de partir se refiera a bienes sobre los que no ostente derecho de propiedad alguno, total o parcialmente, pero sí sea su propietario antes de su muerte, resultando eficaz el acto particional; viceversa: los bienes propiedad del testador en el momento de partir sobre los que no tenga ningún derecho dominical en la apertura de la sucesión se considerarán ajenos, excluyéndose del reparto y, por tanto, dando lugar a los mecanismos correctores de la partición.

El principal problema de la partición hecha por el testador es el relativo a la inclusión en la misma de los bienes gananciales, lo que supone una cortapisa a las bondades que ofrece el art. 1056 CC, máxime si se tiene en cuenta que el régimen económico matrimonial supletorio de primer grado es el de la sociedad de gananciales. Por tanto, sería perfectamente válido —y así parece ser que lo está entendiendo el Tribunal Supremo—, que los cónyuges, testando separadamente, partiesen conjuntamente los bienes gananciales, bien a través de particiones testamentarias simétricas o a través de una partición extratestamentaria conjunta apoyada por sendos testamentos con cláusulas semejantes, pues ningún precepto lo prohíbe; de este modo no se incurriría en la prohibición del testamento mancomunado del art. 669 CC. En estos casos debería incluirse una cláusula de prohibición de indivisión *ex* art. 1051 CC hasta la muerte del último de los cónyuges, momento a partir del cual el acto partitivo devendría válido y eficaz.

Otra posibilidad sería la utilización de los arts. 1379 y 1380 CC con una finalidad particional, esto es, conjugándolos con el art. 1056 CC y ofrecer así, al testador, otro mecanismo más para salvar el doble escollo de la naturaleza común de los bienes gananciales y la prohibición del testamento mancomunado.

Séptima

La partición podrá llevarse a cabo de dos formas distintas: a través de un acto de última voluntad; o a través de un acto entre vivos. En este último caso, no estará sujeta a formalidad alguna, pudiéndose documentar en documento privado, si bien, no podrá acceder al Registro de la Propiedad si no consta en escritura pública (art. 3 LH) y, para su validez, deberá apoyarse, siempre, en un testamento, sea anterior o posterior a la partición.

En cuanto a su revocabilidad, la partición siempre será revocable, pues se considera un acto que participa de las disposiciones de última voluntad; no hay distinción entre si se formaliza a través de un acto *mortis causa* o *inter vivos*. En este último caso, no cabe referirse a su naturaleza contractual, pues no estamos ante una de las pocas excepciones que prevé el Código a la prohibición general de la sucesión contractual (arts. 658 y 1271.2 CC): promesa de mejorar o no mejorar hecha en capitulaciones matrimoniales (art. 826); mejora irrevocable hecha en capitulaciones matrimoniales o por contrato oneroso celebrado con un tercero (art. 827) y las donaciones de bienes futuros por causa de muerte realizada entre cónyuges en capitulaciones matrimoniales por razón del matrimonio (art. 1341).

Ni tan siquiera se contractualiza aunque intervengan en su otorgamiento los herederos aceptándola; la partición es siempre y en cualquier caso *mortis causa.*

Octava

Nuestro Código, a diferencia de su patrón napoleónico, no recoge la figura mixta de la *donation-partage* del Derecho francés, que requiere la concurrencia de los herederos y su aceptación, y que supone, en la práctica, un desprendimiento irrevocable de los bienes objeto del acto particional. Al contrario, en nuestro sistema, la partición efectuada por el testador-partidor sólo produce efectos distributivos-traslativos a su fallecimiento; la división del patrimonio es fundamentalmente un acto *mortis causa* —por tanto, revocable—, que tiene una clara finalidad sucesoria. La partición hecha en vida del testador no produce efecto alguno desde el punto de vista traslativo, conservando la libre disposición de sus bienes, puesto que es un acto que participa de las disposiciones de última voluntad y que puede ser revocado en cualquier momento.

Novena

La partición hecha por el testador puede comprender todos o parte de sus bienes. En este último caso —por ejemplo, haber quedado algún bien pendiente de adjudicar por olvido del causante, o haberlo adquirido después otorgada la partición—, el acto divisorio debe mantenerse, con las necesarias correcciones, a la vista del principio de conservación de la partición —*favor partitionis,* arts. 1077, 1079 y 1080 CC—. En qué casos corresponderá hacer una nueva partición y no rectificar la existente, es una cuestión compleja que quedará al albur de los coherederos, si el causante no dijo nada sobre qué hacer cuando la misma es defectuosa. Los coherederos, sobre los bienes no partidos, estarán en situación de comunidad hasta que se proceda a la partición, si bien esto puede evitarse a través de una cláusula testamentaria de cierre sobre el destino de los mismos.

Décima

Debe establecerse una diferenciación entre la partición propiamente y las llamadas normas para la partición. En el primer caso se adjudican directamente los bienes a los herederos, que los hacen suyos de forma automática cuando fallece el testador, pudiendo inscribir los inmuebles en el Registro de la Propiedad previa aceptación de la herencia; en el segundo, no hay reparto, sino instrucciones del testador a los herederos y, en su caso, al contador-partidor sobre el modo de llevar a cabo la partición de sus bienes, por lo que se trata de una disposición testamentaria que debe ser respetada.

El Tribunal Supremo se ha referido a una «regla de oro» para distinguir entre una y otra: será partición testamentaria cuando el testador haya realizado todas las operaciones particionales típicas, como el inventario, avalúo, liquidación y adjudicación.

No obstante, se ha aceptado por la jurisprudencia la fuerza vinculante de la partición testamentaria, aunque no exista una liquidación formal de la herencia mediante el inventario de los bienes, derechos y deudas, sin perjuicio de las operaciones complementarias para su plena virtualidad, pero sin que las mismas supongan un obstáculo a la transmisión automática de la propiedad de los bienes adjudicados a cada heredero desde el momento de la muerte del testador *ex* art. 1068 CC.

Habrá que estar a la fórmula empleada por el testador, que deberá manifestar del modo más nítido posible —para que no exista ninguna duda al respecto *ex* art. 675 CC—, que lleva a cabo la partición de sus bienes a través de lo dispuesto en el art. 1056 CC, con la intención y los efectos previstos por la ley, haciendo hincapié en que no se trata de simples normas particionales.

Decimoprimera

La partición hecha por el testador tiene como único límite el respeto a las legítimas de sus herederos forzosos, pues la norma del art. 1056 CC se presenta como imperativa, reforzándose esta idea en el art. 1058 CC. La voluntad del testador constituirá la ley de la sucesión, no quedando sometido a la regla de procurar una igualdad cualitativa de los lotes *ex* art. 1061 CC.

En este tipo de partición el testador es libre para valorar sus bienes, si bien este criterio subjetivo debe ceder en favor de un criterio más objetivo en lo que respecta a la cuantificación y fijación de las legítimas. Quedando estas garantizadas, la partición será inatacable por diferencias de valor, tanto originarias como sobrevenidas, y no cabrá su rescisión por causa de lesión en más de la cuarta parte salvo que el testador, expresa o tácitamente, haya decidido lo contrario (art. 1075 CC).

No obstante, a pesar de este amplio margen de libertad en la distribución con el referido límite a los derechos de los herederos forzosos, el testador-partidor debería prever de forma expresa las correspondientes cláusulas de imputación a los tercios de mejora y de libre disposición en caso de darse algún tipo de diferencias de valor —tanto originarias como sobrevenidas—, con el fin de evitar una futura impugnación.

Decimosegunda

En el caso de divergencias entre las cuotas fijadas en la institución —testamento—, y la partición —en cuanto al valor de los bienes efectivamente adjudicados en el haber de cada heredero con respecto a su cuota—, debe resolverse, en principio —salvo que el testador hubiese previsto tal contingencia—, a favor de la partición si la misma cumplió con las solemnidades de los actos dispositivos *mortis causa*, y siempre y cuando no se perjudique la legítima de los herederos forzosos, a la vista de las amplias facultades que el art. 1056.1 CC concede al testador, y porque sólo de este modo puede cumplirse el objetivo perseguido por el mismo, que no es otro que evitar futuras disputas entre los coherederos. Además, puede considerarse que la partición es norma posterior y especial, por lo que a ella hay que estar en última instancia.

No obstante, si la partición se llevó a cabo sin respetar las formalidades de los actos *mortis causa* —lo que es posible por cuanto el Código, en el art. 1056.1, permite partir por acto entre vivos (por ejemplo, mediante documento privado, verbalmente o, en definitiva, fuera del testamento), sin que esto suponga entender que la partición no es un acto *mortis causa*, pues siempre lo será al tener eficacia a la muerte del otorgante—, esta deberá acomodarse a la institución, pues entender lo contrario significaría derogar, *de facto*, las solemnidades sobre las que se asienta nuestro sistema sucesorio (arts. 658, 670, 687 y 738 CC).

Decimotercera

La partición hecha por el testador no está sujeta a la obligación de prestar saneamiento en los términos del art. 1069 CC (art. 1070.1º CC); tampoco lo está a la regla de la rescisión por lesión del art. 1074 CC (art. 1075 CC). En ambos casos, este tratamiento especial quedará sin efecto cuando: i) exista lesión en la legítima de los herederos forzosos; ii) o cuando se deduzca expresa o tácitamente que sea otra la voluntad del testador —dando cabida al saneamiento y a la rescisión por lesión en más de la cuarta parte—, lo cual puede suponer problemas de interpretación, debiendo analizar cada caso en concreto.

Decimocuarta

Si, fallecido el causante, existe un *nasciturus* con posibles derechos hereditarios, y este no fue tenido en cuenta en el momento de llevar a cabo la partición, deberá suspenderse su efectividad hasta el momento en que se verifique el parto o el aborto *ex* art. 966 CC. Lo mismo cabe decir en los supuestos en que la viuda haya hecho uso de las técnicas de reproducción asistida *ex* art. 9. 2 de la Ley 14/2006, de 26 de mayo, sobre técnicas de reproducción humana asistida; en este caso, hasta un plazo de veintiún meses a contar desde el fallecimiento del marido. Por último, estando pendiente proceso judicial de reclamación o impugnación de la filiación o de adopción, hasta que recaiga sentencia firme.

Decimoquinta

Si bien el Código civil no se refiere a si los coherederos, de común acuerdo, pueden alterar e incluso prescindir de la partición hecha por el testador, tanto la doctrina científica como jurisprudencial admiten tal posibilidad; ello al amparo del art. 1255 CC. Es lógico pensar que, si la partición fue hecha por el testador para, precisamente, evitar futuras disputas entre los herederos, si son ellos mismos los que convergen en una nueva distribución de los bienes —que no partición, pues nunca existió una comunidad previa—, se habrá conseguido, también, el deseo del otorgante, y ninguna razón existe para negar tal posibilidad. Otra cuestión será la relativa a que estos pactos, que entran en la órbita de las normas obligacionales, puedan considerarse como dispositivos, que lo son y, por tanto, nuevos hechos imponibles frente a la Administración Tributaria, pues tributarán, atendiendo a si la causa es onerosa o gratuita, por el impuesto de transmisiones patrimoniales onerosas o donaciones, respectivamente; aparte, obviamente, del impuesto de sucesiones. Esto puede suponer una cortapisa a que se alcance un acuerdo por unanimidad entre los coherederos que puede resultar incluso más beneficioso que la partición hecha por el testador.

Decimosexta

La prohibición impuesta por el testador de que se impugne judicialmente su partición, siempre y en cualquier supuesto, atenta contra el principio del derecho a la tutela judicial efectiva *ex* art. 24.2 CE y por tanto es nula. No resulta, además, sostenible, en el caso de los herederos forzosos, que no puedan servirse de los mecanismos específicamente previstos por la LEC para la división judicial de la herencia para saber, en caso de duda, si la partición hecha por el testador respeta sus derechos legitimarios en orden a la valoración de los bienes, debiendo acudir, en su caso, a un procedimiento ordinario, que es más gravoso.

No obstante, sí cabría establecer una sanción de este tipo mediante la figura de la *cautela socini*: se grava la legítima con la prohibición de impugnar judicialmente la partición, de tal modo que, si se impugna, se percibe únicamente la legítima estricta.

Partiendo de la admisibilidad de la figura, entendemos que debe ir referida sólo a aquellos casos en que se impugne la voluntad del testador a través de la institución o acto dispositivo —asignación de cuotas— y, también, de los concretos actos partitivos por los que, haciendo uso de la facultad que le concede el art. 1056 CC, distribuye libremente sus bienes entre los herederos, sin ninguna limitación al respecto, incluida la del art. 1061.

Por el contrario, no cabe sancionar las impugnaciones judiciales que vayan referidas a cuestiones tales como: los casos en que haya nulidad declarada por la ley *ex* art. 675.2 CC; cuando se hayan omitido bienes hereditarios; cuando se hayan incluido bienes privativos pertenecientes al otro cónyuge o gananciales sin haberse liquidado previamente el régimen económico matrimonial; o las acciones dirigidas a combatir el criterio de valoración utilizado por el testador si existe, o puede existir, perjuicio cuantitativo de las legítimas. Sólo en estos casos pensamos que el amplísimo margen de que goza el testador del art. 1056 CC y que se alza como norma imperativa y, por ende, como norma de la sucesión, debe ceder en favor de que el acto particional no implique una vulneración, también, de normas imperativas. Dicho esto, entendemos que la interpretación de los supuestos excluidos de intervención judicial debe ser lo más restrictiva posible, a los efectos de no desnaturalizar la suprema voluntad del testador.

Decimoséptima

Aunque la doctrina jurisprudencial del Tribunal Supremo ha mantenido un criterio oscilante, creemos que no es incompatible la partición hecha por el testador con el nombramiento por este de un contador partidor, cuyo cometido, que no será el de partir *stricto sensu*, venga referido a otros menesteres que resulten necesarios para ejecutar la voluntad del testador, o para hacer frente a posibles eventualidades surgidas con posterioridad a su fallecimiento. Nos estamos refiriendo a la realización de operaciones complementarias en sentido amplio, partición adicional de bienes e inscripción de los inmuebles en el Registro de la Propiedad.

Decimoctava

El Tribunal Supremo mantiene dos líneas antagónicas sobre la cuestión concerniente a las operaciones particionales que se consideran típicas de una partición: inventario de bienes, avalúo, liquidación, formación de lotes y adjudicación.

Una primera línea sigue lo que ha venido a denominarse la «regla de oro» (STS de 7 de septiembre de 1998): sólo cuando concurran todas las operaciones podrá considerarse que estamos en la órbita del art. 1056 CC. En caso contrario existirán normas para la partición, a través de las cuales, el testador se limita a expresar su voluntad para que, en el momento de la partición, determinados bienes se adjudiquen en pago de su haber a los herederos que mencione.

Creemos que esta postura es extremadamente rigorista, por cuanto difícilmente este tipo de partición podrá integrar la totalidad de las operaciones que la conforman, principalmente la liquidación del caudal hereditario, entendida como la operación aritmética a través de la cual se fija el haber hereditario, practicadas las operaciones necesarias, una vez deducido el importe de las deudas y cargas. Más que nada porque esto sólo se sabrá, a ciencia cierta, tras el fallecimiento del testador.

Para una segunda línea, mucho más realista, el testador no viene obligado a practicar la totalidad de las operaciones particionales (STS de 21 de julio de 1986), siendo válida la partición en tales casos, si bien —y este matiz es importante como veremos a efectos registrales—, «sin perjuicio de la práctica de aquellas operaciones complementarias de las citadas adjudicaciones que puedan ser necesarias para su plena virtualidad».

La DGSJFP lleva a cabo la siguiente distinción, que no es baladí:

a) son prescindibles —y, por tanto, la partición testamentaria así puede catalogarse—: el inventario, avalúo y formación de lotes;

b) es imprescindible, la operación de liquidación de la herencia, esto es, quién asume las deudas. Ello que impacta en la inscripción de los bienes inmuebles en el Registro de la Propiedad como se explicará en la siguiente conclusión.

Decimonovena

Cuando se pretende la inscripción en el Registro de la Propiedad de los bienes inmuebles adjudicados que traen causa de la partición hecha por el causante, aparecen dos problemas que pueden dificultarla.

1. Deudas de la herencia

En primer lugar y respecto a las deudas de la herencia, el Centro Directivo entiende que debe constar, desde un punto de vista registral, quién asume esas deudas —operación de liquidación entendida como «operación complementaria» al haber sido omitida por el testador—; mientras esto no se verifique, se suspende la inscripción.

Partiendo de la base que la partición testamentaria *ex* art. 1056.1 CC confiere a cada heredero la propiedad de los bienes adjudicados de conformidad con el art. 1068 CC, no hay razón alguna para negar la inscripción de los inmuebles una vez se haya aceptado la herencia y cumplido con los requisitos de la legislación hipotecaria: art. 14 LH y arts. 76 y 80 RH.

Si, existiendo varios coherederos, deben intervenir todos ellos para manifestar lo que proceda respecto a la existencia o no de deudas de la herencia como operación complementaria y necesaria para lograr la plena virtualidad de la partición a efectos registrales, puede darse un trato desfavorable respecto a quienes reciben del testador bienes de distinta naturaleza a los inmuebles, pues en estos casos pueden lograr la plena efectividad de su adquisición —pudiendo disponer de ellos— sin contar con la necesaria intervención del resto de coherederos.

Lo mismo sucede con el trato que les dispensa el art. art. 81 a) y d) RH a los legatarios, que pueden tomar posesión por sí solos de los bienes legados e inscribirlos a su nombre cuando, no existiendo legitimarios, el testador les autoriza expresamente para ello; o también en el caso de haberse distribuido toda la herencia en legados (art. 891 CC), bastando la mera solicitud del legatario para la inscripción si no existiere contador-partidor, ni se hubiere facultado al albacea para la entrega.

No se comparte la justificación de tal proceder por parte de la DGSJFP en una pretendida defensa "de oficio" de los derechos a los acreedores, pues es una cuestión ajena al derecho registral que tiene su respuesta en el Código civil: responsabilidad *ultra vires* de las deudas hereditarias salvo beneficio de inventario (arts. 661, 1003 y 1023.1º CC).

Además de lo anterior, los acreedores tienen a su favor una doble garantía, que deben ser solicitadas a su instancia:

a) por una parte, la establecida en el art. 1082 CC y en los arts. 782.4, 788.3 y 792.2 LEC, en el sentido de oponerse a que los herederos entren en la posesión material de los bienes hereditarios o inscriban su adquisición en el Registro de la Propiedad hasta que no estén completamente pagados o garantizados sus créditos, pese a que la partición sea testamentaria y confiera directamente a cada heredero la propiedad exclusiva de los bienes que el testador le haya adjudicado una vez aceptada la herencia (RDGRN de 23 de octubre de 2019); también a solicitar la intervención judicial de la herencia.

b) por otra, la prevista en el art. 1084 CC: hecha la partición, de las deudas del causante responden solidariamente los herederos.

Tenemos que resaltar que el Registro de la Propiedad tiene por objeto la inscripción de actos y contratos relativos al dominio de los inmuebles y derechos reales recayentes sobre los mismos (arts. 1 y 2 LH), y sólo excepcionalmente derechos personales cuando lo contemple la ley.

El testador-partidor deberá tener en cuenta la cuestión relativa a las deudas de la herencia de cara a la futura inscripción.

2. Existencia de legitimarios

En segundo lugar y respecto a los legitimarios, se percibe, en las resoluciones de la Dirección General, una cierta tendencia a calificar muchos supuestos como normas particionales cuando podían caber perfectamente en el ámbito del art. 1056.1 CC, y ello por el simple hecho de su existencia.

El razonamiento de la DGSJFP es relativamente sencillo: si para inscribir la partición realizada por el testador se excluye la intervención, aprobación y consentimiento de herederos o legitimarios —siendo una de sus múltiples ventajas—, no sucederá lo mismo cuando aquella no exista, calificándola como normas para la partición. En tal caso su intervención resultará inexcusable, sobre la base de entender que no se han llevado a cabo por el testador las operaciones tendentes a la cuantificación de la legítima, en aras a su preservación.

Creemos que la postura mantenida por el Centro Directivo es, como en el caso de las deudas de la herencia, equivocada, pues el cálculo de la legítima no necesita de la práctica de todas las operaciones particionales, entre otras, la formación y adjudicación de bienes, pues no es lo mismo partición de herencia que cómputo de la legítima.

Vemos, otra vez más, ahora en relación con los legitimarios, un excesivo celo para llevar a cabo la inscripción, dimanante de entender que la partición no es testamentaria al faltar alguna de las operaciones típicas, ahora en relación con la legítima, y requerir así la presencia de los herederos forzosos como si de una partición ordinaria se tratase cuando sabemos que no lo es, es más, cuando es preferente al resto. Esta postura puede implicar un quebranto del principio *favor partitionis*.

Los legitimarios tienen a su disposición la acción de complemento *ex* art. 815, y sólo a ella deben acudir para hacer valer sus derechos, sin que *a priori* deba acreditarse que la partición perjudica su legítima, y sin que esto sirva de pretexto para suspender la inscripción hasta en tanto no concurran todos a la partición.

Vigésima

El art. 1056.2 CC fue objeto de reforma por la Ley 7/2003, de 1 de abril, de la sociedad limitada Nueva Empresa.

En relación con el sujeto activo, se refiere, al igual que en el párrafo primero, al término «testador»; por tanto, se excluye aquí también la sucesión intestada.

Quien recibe la explotación es un legitimario —o varios de ellos—, quien deberá satisfacer al resto su legítima —o la porción hereditaria— en metálico, pudiendo hacerlo con dinero extrahereditario hasta un plazo máximo de cinco años a contar desde el fallecimiento del testador. Se prevé así una conmutación de la legítima, pues con carácter general ésta debe satisfacerse con bienes de la herencia, esto es, *in natura*. Una vez transcurrido el plazo, si el pago no se ha verificado, entendemos que cabe aplicar analógicamente el art. 844 *in fine* CC previa solicitud del perjudicado, en el sentido de proceder al reparto de la herencia según las disposiciones generales sobre la partición.

El supuesto de conmutación contemplado en el art. 1056.2 CC tiene sustantividad propia respecto al general de los arts. 841 y ss. CC, entre otras, por las siguientes razones: i) porque el bien adjudicado en el art. 1056.2 es una empresa o explotación, mientras el art. 841 se refiere, genéricamente, a «todos los bienes hereditarios o parte de ellos»; ii) porque la finalidad es completamente distinta: en el caso del art. 1056.2 es la conservación de la indivisión de la empresa, sin que aparezca propósito alguno en los arts. 841 y ss.; iii) o por la propia imperatividad para el adjudicatario del art. 1056.2, que no se da en el art. 842, al permitir la opción de satisfacer la legítima en metálico o en bienes hereditarios.

Los herederos forzosos o legatarios de cuota que no resulten adjudicatarios de la explotación contarán a su favor con las garantías registrales del art. 15 LH, que se aplicarán salvando el escollo de que no puedan promover, en esos casos de conmutación, juicio divisorio, o, en su caso, por la vía del art. 80.2 RH, que es un complemento de aquel. Respecto de los terceros adquirentes protegidos por la fe pública registral *ex* art. 34 LH deberá hacerse constar la conmutación y la afectación de los bienes adjudicados al pago de los derechos legitimarios.

La expresión registral de las legítimas conmutadas en ningún caso supone otorgar al legitimario, en caso de incumplimiento por el obligado al pago, la posibilidad de ejercitar una acción real para reclamar su legítima, sino exigir que la partición se lleve a cabo a través de las reglas generales (art. 844.2 CC).

Vigesimoprimera

Más de ciento treinta años después de publicarse el Código civil, cabe preguntarse si el sistema sucesorio diseñado en aquella época continúa siendo válido en la actualidad, principalmente, en la cuestión que atañe a la prohibición de los pactos sucesorios.

Ciertamente no puede negarse que existe una corriente doctrinal cada vez más notable que aboga por introducir, al menos en el ámbito de la empresa familiar, la sucesión contractual con las debidas cautelas, dicho sea de paso. De este modo, el empresario podría, en vida, designar de forma irrevocable al sucesor de la empresa y evitar, llegado el momento de su fallecimiento, su liquidación por disputas familiares. No obstante, el Código civil continúa manteniendo una actitud hostil respecto a este tipo de pactos, en parte como una reminiscencia histórica de evitar por cualquier medio la vinculación de la propiedad. También por la razón principal que el instituido heredero por contrato desearía la muerte del instituyente para heredar lo antes posible. Pues bien, prueba de todo ello son, principalmente, los arts. 816 y 1271.2 CC.

Pero lo que resulta extraño al Código civil no lo es tanto para los ordenamientos forales, donde se regula detalladamente el contrato sucesorio como otra forma más de delación de la herencia, junto al testamento y la ley, ofreciendo más variados mecanismos que no el encorsetado sistema decimonónico. Son, en suma, mucho más respetuosos que el Código porque garantizan un mayor grado de libertad del individuo.

Tampoco resulta extraño este hecho para el Reglamento nº 650/2012 Sucesorio Europeo, cuya finalidad no es otra que conseguir una armonización en materia sucesoria dentro de la Unión. En el caso de Italia, a través de la introducción del *patto di familia*, se ha demostrado que otra solución es posible.

Mientras tanto, aparecen instrumentos cuya finalidad es, precisamente, salvar los escollos a los que nos estamos refiriendo. Es el caso de los protocolos familiares. Si bien pueden parecer, a simple vista, de gran utilidad para garantizar la continuidad o pervivencia generacional de la empresa familiar, ordenando la sucesión, creemos que su eficacia es muy limitada por cuanto como se ha dicho no se admite, con carácter general, la sucesión contractual, y porque, llegado el momento de su aplicación, no puede exigirse judicialmente el cumplimiento *in natura* de sus cláusulas —por ejemplo, testar en un determinado sentido u otorgar capitulaciones matrimoniales para excluir del negocio familiar al cónyuge—.

Somos conscientes que la cuestión tratada es compleja por afectar a las líneas maestras del sistema sucesorio. Defendemos que la herramienta del art. 1056.2 CC que está al alcance del testador-partidor-empresario puede ser suficiente para lograr los fines de este, si bien es cierto que debe designar a uno —o algunos— de los legitimarios como sucesores en la actividad, disponiendo que se pague en metálico su legítima a los demás interesados —legitimarios—, incluso con efectivo extraherencial, y esto puede suponer en el adjudicatario de la misma un problema de descapitalización, pese al amplio plazo de los cinco años de aplazamiento.

Tampoco pueden menospreciarse los problemas que, en torno a las deudas empresariales, puede ocasionar el actual régimen civil de responsabilidad solidaria entre los herederos frente a los acreedores *ex* art. 1084 CC —responderán *ultra vires* incluso con sus propios bienes *ex* art. 1003 CC si aceptan la herencia pura y simplemente, o *intra vires* con los bienes de la herencia si la aceptan a beneficio de inventario *ex* art. 1023.1º CC—, principalmente respecto de aquellos que no resulten adjudicatarios de la empresa; el testador-empresario, no obstante, puede predecir tal contingencia y establecer lo que considere oportuno sobre quién debe hacerse cargo del pasivo, no pudiendo alterar el régimen de la responsabilidad externa frente a terceros por ser una norma de carácter imperativo.

Por otra parte, y por lo que respecta al derecho de los herederos forzosos, el testador tiene, salvando la legítima estricta de los mismos, gran margen de maniobra, pues podrá imputar la adjudicación de la explotación a los tercios de mejora y libre disposición, y que siempre podrá, si quiere que le sustituya un «extraño» en el negocio, venderlo, sin las limitaciones dimanantes del art. 636 CC.

De lege ferenda podría implementarse, como ya se ha puesto de relieve por algún sector de la doctrina, algún mecanismo de atribución preferente de la empresa a aquel o aquellos coherederos que, con su trabajo, hayan colaborado en la misma cuando el testador-empresario no haya planificado su sucesión.

Vigesimosegunda

En lo que se refiere a las legislaciones autonómicas, es de reseñar que Cataluña, Aragón, Navarra y Galicia regulan la partición hecha por el testador, causante o disponente. Lo hacen de un modo mucho más completo que el previsto en el art. 1056.1 CC. Cierto es que en los referidos ordenamientos forales se prevé la sucesión contractual con carácter general, y esto desactiva *ope legis* el debate sobre si sólo puede hacerla el «testador» o cabe dar entrada a la sucesión intestada; no habría, ciertamente, ningún problema en ello y, así, la institución sería mucho más respetuosa con la voluntad del causante que, habiendo hecho la partición, no otorga el testamento que le sirve de base. En cualquier caso, una posible propuesta en esta cuestión choca frontalmente con la literalidad del precepto; además, no existe una *communis opinio* sobre el particular, antes, al contrario: tanto la doctrina científica como jurisprudencial se decantan por reservar la figura sólo al testador.

En cualquier caso, valga decir —aprovechando la experiencia y la aplicación práctica de la institución en tales territorios—, que podría clarificarse, en una eventual reforma del art. 1056.1, su contenido —al margen de las cuestiones ya señaladas o también del testamento mancomunado, prohibido por el art. 669 CC—, por lo que se proponen las siguientes propuestas *de lege ferenda*:

- La partición hecha por el testador puede articularse, bien por un acto *mortis* causa, bien por un acto *inter vivos*. En este último caso, sus efectos se deferirán al momento de la apertura de la sucesión.
- Si la partición es testamentaria y existen divergencias entre las cláusulas de la institución y las de la partición, prevalecerán estas últimas. Por el contrario, si la partición se hace en acto separado, prevalecerán las cláusulas dispositivas sobre las particionales, salvo que sean revocables y puedan ser revocadas efectivamente por el acto que contiene estas últimas.
- Esta partición puede comprender la totalidad de la herencia, o sólo una parte del caudal, o bienes concretos o determinados.
- El testador puede establecer también reglas vinculantes para la posterior partición.
- El testador puede nombrar a un contador partidor cuyos cometidos tengan por finalidad ejecutar su voluntad manifestada a través de la partición.
- Los cónyuges, testando por separado, podrán partir sus bienes comunes y privativos, resultando eficaz en el momento del fallecimiento del cónyuge supérstite. En vida podrá ser revocada por ambos o por el sobreviviente.
- La partición hecha por el testador no podrá lesionar cuantitativamente la legítima de los herederos forzosos.

Bibliografía

Albadalejo García, M., «Dos aspectos de la partición hecha por el testador», *ADC*, 1948, fasc. 3, pp. 922-980.

Albadalejo García, M., *Curso de Derecho Civil. Derecho de sucesiones*, tomo V, undécima ed., Edisofer, Madrid, 2015.

Alonso Martínez, M., *El Código civil en sus relaciones con las legislaciones forales*, Plus Ultra, Madrid, 1947.

Álvarez Lata, N., «Empresa familiar y planificación sucesoria. Un acercamiento a los protocolos familiares como instrumentos de esa ordenación», en *La familia en el derecho de sucesiones: cuestiones actuales y perspectivas de futuro* (coord., Ángel Luis Rebolledo Varela), Dykinson, Madrid, 2010, pp. 555-602.

Arias Ramos, J., *Derecho romano*, Revista de Derecho Privado, Madrid, 1943.

Atienza Rodríguez, M., *El sentido del Derecho*, Ariel, Barcelona, 2012.

Baixauli Grancha, J. L., *Incremento de la viabilidad en la transmisión de la empresa familiar mediante la flexibilización de elementos sucesorios*, tesis doctoral, Valencia, 2015. Accesible a través del siguiente enlace: http://hdl.handle.net/10550/50026

Barceló Doménech, J., «La inconstitucionalitat de la Llei de règim econòmic matrimonial valencià», *Bigneres*, nº 11, 2016, p. 45. Accesible a través del siguiente enlace: http://hdl.handle.net/10045/64708

Barceló Doménech, J., «El Derecho civil foral valenciano: situación actual», *Bigneres*, nº 14, 2019, pp. 60-61. Accesible a través del siguiente enlace: http://hdl.handle.net/10045/122715

Barredo García, A. M.ª, «El Derecho romano en los "Furs" de Valencia de Jaime I», *AHDE*, 1971, pp. 639-664.

Barrio Gallardo, A., *El largo camino hacia la libertad de testar. De la legítima al derecho sucesorio de alimentos*, Dykinson, Madrid, 2012.

Beltrán de Heredia, J., «El saneamiento por evicción en la partición hereditaria», *RDP*, nº 451, 1954, pp. 837-859.

Bellod Fernández de Palencia, E. *La partición efectuada por el causante*, Reus, Madrid, 2018.

Bermejo Pumar, M.ª M., *Instituciones de Derecho privado. Sucesiones*, tomo V, vol. 4º (director, Víctor M. Garrido de Palma), Civitas-Thomson Reuters, Cizur Menor (Navarra), 2019.

Biondi, B., *Diritto ereditario romano*, Giuffrè, Milán, 1954.

BLANCO RODRÍGUEZ, M.ª L., *Testamentum parentum inter liberos*, Secretariado de Publicaciones de la Universidad de Valladolid, Valladolid, 1991.

BLASCO GASCÓ, F. DE P., *La mejora irrevocable*, Tirant lo Blanch, Valencia, 1990.

BLASCO GASCÓ, F. DE P., «La competencia legislativa de la Generalitat Valenciana en materia de Derecho civil», *Revista Jurídica de la Comunidad Valenciana*, nº 33, 2010, pp. 7-30.

BLASCO GASCÓ, F. DE P., «Codificación y jurisprudencia, ley y criterio jurisprudencial» —prólogo—, en AA. VV., *Código civil con jurisprudencia sistematizada*, 2ª ed., Tirant lo Blanch, Valencia, 2015, pp. 197-211.

BLASCO GASCÓ, F. DE P., «El dret civil i l'autogovern valencià», en *El Derecho civil foral valenciano: por qué y para qué* (Barceló Doménech, J., Blasco Gascó, Francesc de P., Clemente Meoro, M., Domínguez Calatayud, V. y Moliner Navarro, R. M.ª), Tirant lo Blanch, Valencia, 2018, pp. 57-64.

BLASCO GASCÓ, F. DE P., *Instituciones de Derecho Civil. Derechos Reales. Derecho Registral Inmobiliario*, 3ª ed., Tirant lo Blanch, 2019.

BLASCO GASCÓ, F. DE P., «El dret civil i l'autogovern valencià», *Anuari de l'Agrupació Borrianenca de Cultura: Revista de recerca humanística i científica*, nº 30, 2019, pp. 89-95.

BLASCO GASCÓ, F. DE P., *Instituciones de Derecho Civil. Derecho de sucesiones*, 5ª ed., Tirant lo Blanch, Valencia, 2022.

BONET RAMÓN, F., «Comentario a la sentencia de 6 de marzo de 1945», *RDP*, 1945, pp. 447-451.

BRANCÓS I NÚÑEZ, E., «La sucesión contractual en el Código civil español y en la legislación autonómica», en *Instituciones de Derecho Privado. Sucesiones*, 2ª ed., tomo V, vol. 3º (director, Víctor Manuel Garrido de Palma; coord., Martín Garrido Melero), Consejo General del Notariado, Civitas, Thomson Reuters-Aranzadi, Cizur Menor (Navarra), 2018, pp. 537-645.

BUSSI, E., *La formazione dei dogmi di diritto privato nel diritto comune. (Contratti, successioni, diritti di familia)*, Padova, 1971.

BUSTO LAGO, J. M., «La ordenación sucesoria de los bienes gananciales: avances hacia la consideración unitaria del patrimonio ganancial», en *La familia en el Derecho de sucesiones: cuestiones actuales y perspectivas de futuro* (coord., Ángel Luis Rebolledo Varela), Dykinson, Madrid, 2010, pp. 603-655.

CANO MARTÍNEZ DE VELASCO, J. I., *La prohibición de los contratos sucesorios*, J.M. Bosch Editor, Barcelona, 2002.

CARDÓS ELENA, J. M.ª, «Notas sobre la utilidad de la donación-partición y de la partición bilateral en el Derecho Civil Común», *Actualidad Jurídica Iberoamericana*, nº 20, 2024, pp. 288-319.

Carrau Carbonell, J. M., *El Derecho de Transmisión en el Derecho Sucesorio. Solución a la problemática entre la tesis de la adquisición directa y la tesis de la doble transmisión; desde los prismas del Derecho Común, Foral y Comparado*, tesis doctoral, Valencia, 2022. Accesible a través del siguiente enlace: https://hdl.handle.net/10550/85552

Castán Tobeñas, J., *Derecho civil español, común y foral*, tomo 6, vol. I, Reus, Madrid, 1989.

Castán Vázquez, J. M.ª, «Notas sobre la sucesión contractual en el Derecho español», *ADC*, fasc. 2, 1964, pp. 367-382.

Cerdá Gimeno, J., *Pactos sucesorios. Del porqué de su prohibición y su aplicación en la práctica*, Tirant lo Blanch, Valencia, 2009.

Chico y Ortiz, J. M.ª y Bonilla Encina, J. F., *Apuntes de Derecho Inmobiliario Registral*, tomo I, Madrid, 1967.

Clavero, B., *Temas de Historia del Derecho: Derecho común*, Publicaciones de la Universidad de Sevilla, Sevilla, 1977.

Clavero, B., *Historia del Derecho: Derecho común*, Universidad de Salamanca, 2ª ed., Salamanca, 1994.

Clemente Meoro, M., «Lección 27. Los tipos de partición», en *Derecho Civil. Derecho de sucesiones* (coord., F. Capilla Roncero), Tirant lo Blanch, Valencia, 1999, pp. 631-636.

Clemente Meoro, M., «El Derecho Civil Valenciano desde una perspectiva sucesoria», en *El Derecho civil foral valenciano: por qué y para qué* (Barceló Doménech, J., Blasco Gascó, Francesc de P., Clemente Meoro, M., Domínguez Calatayud, V. y Moliner Navarro, R. M.ª), Tirant lo Blanch, Valencia, 2018, pp. 113-123.

Cobas Cobiella, M.ª E., «La sucesión mortis causa de la empresa familiar», *AC*, nº 7, julio de 2016, pp. 38-51.

Colin, A. y Capitant, H., *Curso elemental de Derecho Civil. Sucesión intestada. Partición. Disposiciones a título gratuito*, tomo séptimo, 2ª ed., Reus, Madrid, 1949.

Colin, A. y Capitant H., *Curso elemental de Derecho civil. Derecho sucesorio. Donaciones. Ausencia*, con notas sobre el Derecho civil español por Demófilo de Buen, tomo octavo y último, 3ª ed., Reus, Madrid, 1981.

Corbal Fernández, J., *Comentario del Código Civil* (coord., Ignacio Sierra Gil de la Cuesta), Libro III, De los diferentes modos de adquirir la propiedad, arts. 858 al 1.087, Bosch, Barcelona, 2000.

Córdoba, M. M., *Sucesiones*, 1ª ed., Eudeba-Rubinzal-Culzoni editores, Ciudad Autónoma de Buenos Aires, 2017.

Correa Ballester, J., «El Derecho Civil Valenciano Histórico», *Revista Electrónica de Derecho Civil Valenciano*, Estudios, pp. 1-47. Accesible "en línea" a través del siguiente enlace: http://derechocivilvalenciano.com/estudios/introduccion-al-derecho-foral-y-al-derecho-civil-valenciano/item/168-el-derecho-civil-valenciano-historico-por-jorge-correa

Costas Rodal, L., *La ineficacia de la partición de herencia*, Universidad Rey Juan Carlos, Madrid, 2005.

Cremades García, P., «La partición hecha por el testador con acto *inter vivos*», *RDP*, nº 5, septiembre-octubre 2015, pp. 3-33.

De Arvizu y Galarraga, F., *La disposición «mortis causa» en el Derecho español de la Alta Edad Media*, Ediciones Universidad de Navarra, Pamplona, 1977.

De Buen, D., notas sobre el Derecho civil español, en Colin A. y Capitant, H., *Curso elemental de Derecho civil. Derecho sucesorio. Donaciones. Ausencia*, tomo octavo y último, 3ª ed., Reus, Madrid, 1981.

De Castro y Bravo, F., *El negocio jurídico*, Civitas, 1985.

De la Cámara Álvarez, M., *Compendio de Derecho sucesorio*, La Ley, Madrid, 1990.

De Cossío y Corral, A., *Instituciones de Derecho civil. Derechos reales y Derecho hipotecario. Derecho de familia y Derecho de sucesiones*, tomo II, Civitas, Madrid, 1988.

De los Mozos y de los Mozos J. L., «La partición de la herencia por el propio testador», *RDN*, nº 27, 1960, pp. 99-234.

Del Pozo Carrascosa, P., «La partición hecha por el testador en el Derecho civil de Cataluña», en *Estudios jurídicos en homenaje al profesor Luís Díez-Picazo. Derecho de sucesiones*, tomo IV, Civitas, Madrid, 2003, pp. 5449-5467.

Delgado Echevarría, J., «Autonomía privada y derecho de sucesiones», en *Autonomía de la voluntad en el Derecho privado. Estudios en conmemoración del 150 aniversario de la Ley del Notariado. Derecho de la persona, familia y sucesiones* (coord., Lorenzo Prats Albentosa), tomo I, Consejo General del Notariado, 2012, pp. 513-640.

Díaz de Lezcano Sevillano, I., «La interpretación testamentaria en la jurisprudencia de nuestro Tribunal Supremo», en *Estudios jurídicos en homenaje al profesor Luís Díez-Picazo. Derecho de sucesiones*, tomo IV, Civitas, Madrid, 2003, pp. 5199-5220.

Díaz Teijeiro, C. M., «Delegación de la facultad de mejorar y pago de la legítima. Comentario a la STS de 24 de mayo de 2019», *CCJC*, enero-marzo 2020, pp. 289-306.

Diéguez Oliva, R., *Lecciones de Derecho Inmobiliario Registral* (coords., Rocío Diéguez Oliva y Paloma Saborido Sánchez), Tirant lo Blanch, Valencia, 2021.

Díez-Picazo y Ponce de León, L., «La sucesión por causa de muerte y la empresa mercantil», *RDM*, nº 95, vol. XXXIX, 1965 (enero-marzo), pp. 293-310.

Díez-Picazo y Ponce de León, L., *Experiencias jurídicas y teoría del derecho*, Ariel, 3ª ed., Barcelona, 2011.

Díez Soto, C. M., «La partición realizada por el propio testador en el Código civil», en *Estudios jurídicos en homenaje a Vicente L. Montés Penadés* (coords., F. Blasco, M. Clemente, J. Orduña, L. Prats y R. Verdera), tomo I, Tirant lo Blanch, Valencia, 2011, pp. 879-896.

Domínguez Luelmo, A., *El pago en metálico de la legítima de los descendientes*, Tecnos, Madrid, 1989.

Domínguez Luelmo, A., «La disposición testamentaria de bienes gananciales (Régimen jurídico)», *ADC*, fasc. 3, 1990, pp. 793-849.

Domínguez Luelmo, A., «Comentario al artículo 1051 del Código civil», en *Comentarios al Código Civil* (directora, Ana Cañizares Laso), tomo III, Tirant lo Blanch, Valencia, 2023, pp. 4842-4846.

Domínguez Luelmo, A., «Comentario al artículo 1056 del Código civil», en *Comentarios al Código Civil* (directora, Ana Cañizares Laso), tomo III, Tirant lo Blanch, Valencia, 2023, pp. 4859-4865.

Duplá Marín, M.ª T., *Estudios de Derecho de Sucesiones*, Tirant lo Blanch, Valencia, 2019.

Egea Fernández, J., «Protocolo familiar y pactos sucesorios. La proyectada reforma de los heredamientos», *InDret*, 2007, nº 3, pp. 1-36. Accesible "en línea" a través del siguiente enlace: https://raco.cat/index.php/InDret/article/view/78957/103098

Espejo Lerdo de Tejada, M., *La sucesión contractual en el Código civil*, Universidad de Sevilla-Secretariado de publicaciones, 1999.

Espejo Lerdo de Tejada, M., «Algunos aspectos de la eficacia y el régimen jurídico de la partición hecha por el testador. Comentario a la STS de 23 de febrero de 1999», *ADC*, 2000, fasc. 1, pp. 269-295.

Espejo Lerdo de Tejada, M., «Comentario al art. 1056 del Código civil», en *Comentarios al Código civil*, tomo VI (director, Rodrigo Bercovitz Rodríguez-Cano), Tirant lo Blanch, Valencia, 2013, pp. 7627-7666.

Espejo Lerdo de Tejada, M.: «La partición realizada por los propios coherederos y la voluntad del causante», en *Autonomía privada, familia y herencia en el siglo XXI: cuestiones actuales y soluciones de futuro* (coords., Leonor Aguilar Ruiz, José Luis Arjona Guajardo-Fajardo y Guillermo Cerdeira Bravo de Mansilla), Aranzadi Thomson Reuters, Cizur Menor (Navarra), 2014, pp. 127-137.

Espejo Lerdo de Tejada, M., *La partición convencional*, Olejnik, Santiago de Chile, 2019.

Espejo Lerdeo de Tejada, M., *Tendencias reformistas en el Derecho español de sucesiones. Especial consideración al caso de las legítimas*, Wolters Kluwer, Madrid, 2020.

Estellés Peralta, P. M.ª, «La superación del Derecho de sucesiones codificado: reflexiones sobre la conveniencia de una reforma», en *Dolencias del Derecho civil de sucesiones 130 años después de la aprobación del Código civil español* (directora, Pilar María Estellés Peralta), Tirant lo Blanch, Valencia, 2022, pp. 21-58.

Fajardo Fernández: «Comentarios a la Sentencia del Tribunal Supremo de 10 de junio de 2014 (5816/2014)», en *Comentarios a las sentencias de unificación de doctrina (civil y mercantil)*, vol. 6º (2013-2014), director: Mariano Yzquierdo Tolsada; coordinador: Javier Espín Granizo, Dykinson-Agencia Estatal Boletín Oficial del Estado-Registradores de España, Madrid, 2016.

Fajardo Fernández, J., «La cláusula testamentaria prohibitoria de intervención judicial», *RJN*, 102-103, abril-septiembre de 2017, pp. 485-542.

Fernández Piera, Á., «Ineficacia de disposiciones sucesorias», en *Instituciones de Derecho Privado. Sucesiones*, tomo V, vol. 3º, 2ª ed., (director, Víctor Manuel Garrido de Palma; coord., Martín Garrido Melero), Consejo General del Notariado, Civitas, Thomson Reuters-Aranzadi, Cizur Menor (Navarra), 2018, pp. 647-867.

Ferrer Vanrell, M.ª P., «Los Protocolos Familiares y la Ley Balear 22/2006, de 19 de diciembre, como factores determinantes del resurgir de los pactos sucesorios», *AC*, nº 12, junio de 2009.

Ferrer Vanrell, M.ª P., «La problemática de los protocolos familiares en el ámbito sucesorio. La sucesión contractual como elemento de firmeza», en *El patrimonio sucesorio. Reflexiones para un debate reformista*, Tomo II (directores, Francisco Lledó Yagüe, Mª Pilar Ferrer Vanrell y José Ángel Torres Lana; coord., Óscar Monje Balsameda), Dykinson, Madrid, 2014, pp. 1483-1512.

Font i Segura, A., «La ley aplicable a los pactos sucesorios», *InDret*, mayo 2009, pp. 2-28. Accesible "en línea" a través del siguiente enlace: https://indret.com/wp-content/themes/indret/pdf/635_es.pdf

Fosar Benlloch, E., «La explotación agrícola y el párrafo 2º del artículo 1.056 del Código civil», *ADC*, fasc. 2, 1963, pp. 377-422.

Fosar Benlloch, E., «Más sobre el artículo 1.056,2 del Código civil y la explotación agrícola. El principio general de derecho de la atribución sucesoria unitaria de la explotación familiar», *RCDI*, 1971, pp. 225-271.

Fuenmayor Champín, A., «Intangibilidad de la legítima», *ADC*, fasc. 1, 1948, pp. 46-77.

Fuentes Martínez, J. J., «La conservación y continuidad de la empresa ante el fenómeno sucesorio», en *Conflictos en torno a los patrimonios personales y empresariales*, tomo I, Bosch, Barcelona, 2010, pp. 219-268.

GALGANO, F., *Diritto civile e commerciale*, volume quarto, *la famiglia; le successioni; la tutela dei diritti; il fallimento*, quarta edizione, Cedam, Padova, 2004.

GALGANO, F., *Il diritto civile in 27 lezioni*, Giuffrè Editore, Milano, 2007.

GALLEGO DOMÍNGUEZ, I., «Relevo generacional y transmisión *mortis causa* de la empresa familiar en el Derecho español», *Revista Electrónica de Direito*, nº 2 (vol. 22), junio 2020, pp. 33-75.

GALLO, P., *Istituzioni di Diritto privato*, Editio minor, G. Giappichelli editore, Torino, 2001.

GARCÍA-GALLO Y DE DIEGO, A., «Del testamento romano al medieval. Las líneas de su evolución en España», *AHDE*, 1977, pp. 425-498.

GARCÍA GOYENA, F., *Concordancias, motivos y comentarios del Código Civil Español*, tomos II y III, Imprenta de la Sociedad Tipográfico-Editorial, Madrid, 1852.

GARCÍA-MONGE Y MARTÍN, J., «La partición de la herencia», *RDP*, 1963, pp. 139-142.

GARCÍA PÉREZ, C. L., *La rescisión de la partición hereditaria. Notas a los artículos 1073 a 1078 del Código Civil*, Tirant lo Blanch, Valencia, 2010.

GARRIDO DE PALMA, V. M., «Reflexiones ante el Derecho de sucesiones en la obra de LACRUZ BERDEJO», en *Estudios de Derecho Civil en homenaje al profesor Dr. José Luis Lacruz Berdejo* (coordinación a cargo del Área de Derecho civil de la Facultad de Derecho de la Universidad de Zaragoza), vol. 1, José María Bosch, Barcelona, 1992, pp. 373-386.

GARRIDO DE PALMA, V. M., «La familia empresaria ante el Derecho: Capitulaciones. Régimen matrimonial. Sucesión *mortis causa* y Estatutos sociales», en *Conflictos en torno a los patrimonios personales y empresariales*, tomo I, Bosch, Barcelona, 2010, pp. 381-446.

GASPAR LERA, S., *La acción de petición de herencia*, Aranzadi, 2001.

GIAMPETRAGLIA, R., «La autonomía de la voluntad en la transmisión de la empresa: El pacto de familia», *ADC*, fasc. 4, 2014, pp. 1169-1197.

GINISTY, J. C., «La reforma del Derecho de sucesiones en Francia», *El Notario del siglo XXI. Revista del Ilustre Colegio Notarial de Madrid*, julio-agosto 2009, nº 26, accesible a través del siguiente enlace: https://www.elnotario.es/113-hemeroteca/revistas/revista-26/1537-la-reforma-del-derecho-de-sucesiones-en-francia-0912179382436l445

GOMÁ LANZÓN, I., «El protocolo familiar», en *El patrimonio familiar, profesional y empresarial: su formación, protección y transmisión* (director, Rafael Martínez Díe), Aranzadi, Cizur Menor (Navarra), 2006, pp. 125-189.

GOMÁ LANZÓN, I., «El protocolo familiar», en *Conflictos en torno a los patrimonios personales y empresariales*, tomo I, Bosch, Barcelona, 2010, pp. 447-514.

GÓMEZ GÁLLIGO, J., *Lecciones de Derecho Inmobiliario Registral* (coords., Rocío Diéguez Oliva y Paloma Saborido Sánchez), Tirant lo Blanch, Valencia, 2021.

GÓMEZ MORÁN, L., «Testamento-partición», *RCDI*, nº 257, octubre 1949, pp. 601-631.

GÓMEZ VARA DE INGARAMO, G. M.ª, «Características y problemas de la sucesión en la Empresa Familiar desde el Derecho Sucesorio Argentino», *Cum Laude, Revista del Doctorado en Derecho, Facultad de Derecho y Ciencias Sociales y Jurídicas UNNE*, nº 3, abril de 2016.

GONZÁLEZ ACEBES, B., *La interpretación del testamento*, Tirant lo Blanch, Valencia, 2012.

GONZÁLEZ ENRÍQUEZ, M., «Naturaleza y eficacia de la partición practicada por el testador por acto "inter vivos"», *RDP*, nº 447, 1954, pp. 494-538.

GONZÁLEZ RODRÍGUEZ, M., «Sobre particiones verificadas por el testador en actos intervivos», *RCDI*, nº 27, 1927, pp. 166-174.

GROSSI, P., *El orden jurídico medieval*, Marcial Pons, Madrid, 1996.

GUILARTE GUTIÉRREZ, V., «La naturaleza de la actual sociedad de gananciales», *ADC*, fasc. 3, 1992, pp. 875-928.

GUILARTE ZAPATERO, V., «Algunas consideraciones sobre la partición adicional del artículo 1.079 del Código civil», *ADC*, fasc. 1, 1966, pp. 55-80.

GUILARTE ZAPATERO, V., «Sentencia del Tribunal Supremo (Sala 1ª) de 27 de junio de 1995», *RDP*, nº 80, 1996, pp. 566-578.

GUILLÉN CATALÁN, R., «La empresa familiar: su planificación testamentaria como instrumento de conservación», en *Derecho de sucesiones* (directoras, Josefina Alventosa del Río y María Elena Cobas Cobiella), 2ª ed., Tirant lo Blanch, Valencia, 2023, pp. 845-901.

HERNÁNDEZ GIL, A., *Las sentencias civiles de don José Castán Tobeñas*, Consejo General del Poder Judicial, Madrid, 1990.

HUERTA TRÓLEZ, A., «La empresa familiar ante el fenómeno sucesorio», *RJN*, nº 50, abril-junio, 2004, pp. 93-138.

JORDANO BAREA, J. B., «Dictamen sobre validez de partición contenida en testamento», *ADC*, fasc. 1, 1952, pp. 233-247.

KIPP, T., *Derecho de Sucesiones*, tomo V, vol. 1, del *Tratado de Derecho Civil* de Ludwig Enneccerus, Theodor Kipp y Martín Wolf, Bosch, Barcelona, 1976.

LACRUZ BERDEJO, J. L., «Los pactos sucesorios», *Anuario de Derecho Aragonés*, XIII, 1965, 1966 y 1967, pp. 431-435.

LACRUZ BERDEJO, J. L., *Derecho inmobiliario registral*, Civitas-Thomson Reuters, Cizur Menor (Navarra), 2011.

LACRUZ BERDEJO, J. L. y SANCHO REBULLIDA, F. DE A., *Derecho de Sucesiones I. Parte General. Sucesión Voluntaria*, Bosch, Barcelona, 1971.

LACRUZ BERDEJO, J. L. y SANCHO REBULLIDA, F. DE A., *Elementos de Derecho civil V. Derecho de sucesiones*, Bosch, Barcelona, 1988.

LACRUZ BERDEJO, J. L., SANCHO REBULLIDA, F. DE A., LUNA SERRANO, A., *et al*, *Elementos de Derecho civil V. Sucesiones*, 4ª ed., Dykinson, Madrid, 2009.

LASSO GAITE, J. F., *Crónica de la codificación española; codificación civil (génesis e historia del Código)*, vol. I, Ministerio de Justicia, Comisión General de Codificación, Madrid, 1970.

LIOTTA, G., «El pacto de familia en el derecho italiano. Notas breves», *El Notario del siglo XXI. Revista del Ilustre Colegio Notarial de Madrid*, noviembre-diciembre de 2007, nº 16, accesible a través del siguiente enlace: https://www.elnotario.es/hemeroteca/revista-16/2202-el-pacto-de-familia-en-el-derecho-italiano-notas-breves-0-7331799424562416

LÓPEZ BELTRÁN DE HEREDIA, C., «El artículo 831 del Código civil», *ADC*, fasc. 3, 2005, pp. 1115-1152.

LÓPEZ FERNÁNDEZ, M.ª L., *Tratado de Derecho Inmobiliario Registral* (dires. Sebastián del Rey Barba y Manuel Espejo Lerdo de Tejada), Tirant lo Blanch, Valencia, 2021.

LÓPEZ PELÁEZ, P., «Varios aspectos personales en la partición realizada por el propio testador», *RCDI*, julio-agosto 2023, nº 798, pp. 2147-2190.

LORA-TAMAYO RODRÍGUEZ, I., «La partición practicada por el testador y la adjudicación de la herencia existiendo legitimarios», *El Notario del siglo XXI. Revista del Ilustre Colegio Notarial de Madrid*, nº 62, Práctica Jurídica, accesible a través del siguiente enlace: https://www.elnotario.es/revista-62/4130-la-particion-practicada-por-el-testador-y-la-adjudicacion-de-la-herencia-existiendo-legitimarios.html

LORENZETTI, R. L., (director) y DE LORENZO, M. F., y LORENZETTI, P., (coords.), *Código Civil y Comercial de la Nación comentado*, tomo X, arts. 2162 a 2448, Rubinzal-Culzoni Editores, Buenos Aires, 2015.

LLEDÓ YAGÜE, F., *Derecho de sucesiones. La comunidad hereditaria y la partición de herencia*, vol. IV, Universidad de Deusto, Bilbao, 1993.

LLOPIS GINER, J. M., «La libertad del testador, su facultad de partir, comentario al nuevo artículo 1056.2 del Código Civil», en *La Empresa Familiar: Encrucijada de Intereses Personales y Empresariales* (coordinadora, María José Reyes López), Aranzadi, Cizur Menor (Navarra), 2004, pp. 51-71.

MAGARIÑOS BLANCO, V., «La libertad de testar. Una reforma necesaria», en *Autonomía de la voluntad en el Derecho privado. Estudios en conmemoración del 150 aniversario de la Ley del Notariado. Derecho de la persona, familia y sucesiones* (coord., Lorenzo Prats Albentosa), tomo I, Consejo General del Notariado, 2012, pp. 641-690.

MARÍN LÁZARO, R., «La partición de la herencia hecha por actos *inter vivos*», *RGLJ*, 1944, pp. 213-238.

MARTÍNEZ ESPÍN, P., «Tema V. Partición y colación», en *Derecho de Sucesiones* (coord., Rodrigo Bercovitz Rodríguez-Cano), Tecnos, Madrid, 2009, pp. 195 y ss.

MARTÍNEZ ESPÍN, P., «Comentarios a los arts. 814, 815 y 818 del Código civil», en *Comentarios al Código civil* (director, Rodrigo Bercovitz Rodríguez-Cano), tomo IV (arts. 588 a 818), Tirant lo Blanch, Valencia, 2013, pp. 5934 y ss.

MARTÍNEZ GIJÓN, J., «La comunidad hereditaria y la partición de la herencia en el derecho medieval español», *AHDE*, 1957-1958, pp. 221-304.

MARTÍNEZ VELENCOSO, L. M.ª, «La partición de la herencia. Un estudio jurisprudencial», *ADC*, fasc. 4, 2019, pp. 1247-1329.

MARTORELL ZULUETA, P., «Empresa familiar y regímenes comunitarios», en *La Empresa Familiar: Encrucijada de Intereses Personales y Empresariales* (coordinadora, María José Reyes López), Aranzadi, Cizur Menor (Navarra), 2004, pp. 73-95.

MARZAL RODRÍGUEZ, P., *El Derecho de Sucesiones en la Valencia Foral y su Tránsito a la Nueva Planta*, tesis doctoral, Valencia, 1993.

MARZAL RODRÍGUEZ, P., *El derecho de sucesiones en la Valencia foral y su tránsito a la Nueva Planta*, Universitat de València, València, 1998.

MAS BADÍA, M.ª D., «La disposición mortis causa de bienes gananciales», en *El patrimonio sucesorio. Reflexiones para un debate reformista*, Tomo II (directores, Francisco Lledó Yagüe, Mª Pilar Ferrer Vanrell y José Ángel Torres Lana; coord., Óscar Monje Balsameda), Dykinson, Madrid, 2014, pp. 323-360.

MASFERRER DOMINGO, A., *La pervivencia del Derecho foral valenciano tras los decretos de nueva planta. Contribución al estudio de la práctica forense del siglo XVIII*, Dykinson, Madrid, 2008.

MASFERRER, A. y OBARRIO MORENO, J. A., *La formación del derecho foral valenciano*, Dykinson, Madrid, 2011.

MEDINA, G., *Código Civil y Comercial de la Nación y normas complementarias. Análisis doctrinal y jurisprudencial*, 1ª ed., tomo 5, arts. 2277-2531, Transmisión de derechos por causa de muerte (director, Alberto J. Bueres; coord., Jorge O. Azpiri), Hammurabi, 2017.

MESA MARRERO, C., «Pactos con trascendencia sucesoria en la sociedad civil», *ADC*, tomo LXVII, fasc. 3, 2014, pp. 895-929.

Millán Salas, F., «El derecho de acrecer entre coherederos: estudio comparativo del Código civil español y del italiano», *RGLJ*, nº 3, abril-junio, 2019, pp. 403-437.

Miquel, J., *Derecho romano*, Marcial Pons, Madrid, 2016.

Moisset de Espanés, L., «La codificación española y su influencia en el Código civil argentino», *ADC*, fasc. 3, 1990, pp. 713-736.

Monasterio Azpiri, I., «Pactos sucesorios y sucesión intestada», *Boletín de la Academia Vasca de Derecho*, núm. Extraordinario IV, junio 2007, p. 131. Accesible en "linea" a través del siguiente enlace: https://www.avd-zea.com/descargas/articulos/164.pdf

Morineau Iduarte, M. e Iglesias González, R., *Derecho romano*, 4ª ed., Oxford University Press, México, 2001.

Mucius Scaevola, Q., *Código civil comentado y concordado*, tomo XVIII, Madrid, 1901.

Navas Navarro, S., «Libertad de testar *versus* libertad de celebrar pactos sucesorios y costes de transacción», *ADC*, fasc. 1, 2011, pp. 41-74.

Obarrio Moreno, J. A., *Pervivencia del derecho romano en los reinos hispano-medievales (S. V-XIII)*, club universitario, San Vicente del Raspeig, 1996.

O'Callaghan Muñoz, X., «El presente y el futuro del Derecho de sucesiones: casos y cosas de la legítima», en *Estudios de Derecho Civil en Homenaje al Profesor José González García* (coord., Domingo Jiménez Liébana), Aranzadi-Thomson Reuters, Pamplona, 2012, pp. 1505-1518.

Olmedo Castañeda, F. J., «Prohibición de los pactos sucesorios en el Derecho común: cuestionamiento de su *ratio legis*. Propuesta para su admisibilidad», *ADC*, tomo LXXII, fasc. 2, 2019, pp. 447-483.

Olmedo Castañeda, F. J., *La transmisión de la empresa familiar: claves jurídicas para su éxito. Propuestas de reforma legislativa*, Tirant lo Blanch, Valencia, 2019.

Orduña Moreno, F. J., *La responsabilidad por evicción y la partición de herencia: con el tratamiento de la jurisprudencia del Tribunal Supremo*, Bosch, Barcelona, 1990.

Ortega Pardo, G., «Heredero testamentario y heredero forzoso», *ADC*, fasc. 2, 1950, pp. 321-361.

Ortí Vallejo, A., «Las facultades de disposición *mortis causa* de bienes gananciales», *ADC*, 1989, fasc. 3, pp. 665-716.

Pacheco Caballero, F. L., «Derecho histórico y Codificación. El derecho sucesorio», *AHDE*, tomo LXXXII, 2012, pp. 113-148.

Palacios Herruzo, A., *Tratado de Derecho Inmobiliario Registral* (dires. Sebastián del Rey Barba y Manuel Espejo Lerdo de Tejada), Tirant lo Blanch, Valencia, 2021.

PANERO GUTIÉRREZ, R., *Derecho romano*, 2ª ed., Tirant lo Blanch, Valencia, 2000.

PARRA LUCÁN, Mª. Á., «Legítimas, libertad de testar y transmisión de un patrimonio», *AFDUDC*, nº 13, 2009, pp. 481-554.

PELAYO HORE, S., «Los pactos sucesorios en la Compilación de Aragón», *ADC*, fasc. 4, 1967, pp. 819-865.

PEÑA BERNALDO DE QUIRÓS, M., «La naturaleza de la legítima», *ADC*, fasc. 4, 1985, pp. 849-908.

PÉREZ DE BENAVIDES, M. M.ª, *El testamento visigótico. Una contribución al estudio del derecho romano vulgar*, Universidad de Granada, Granada, 1975.

PÉREZ DE ONTIVEROS BAQUERO, C., *Partición y registro de la propiedad. Doctrina de la Dirección General de los Registros y del Notariado*, Aranzadi, Cizur Menor (Navarra), 2019.

PESET, M., CORREA, J., GARCÍA TROBAT, P. y otros, *Derecho foral valenciano*, Valencia, 2003.

PRADA ÁLVAREZ BUYLLA, P., «El artículo 1.056, párrafo 2º., del Código Civil y las menciones legitimarias», *RCDI*, 1970, pp. 907-942.

PUIG BLANES, F. DE P., SOSPEDRA NAVAS, F. J., FARRERO RÚA, A. B., *et al*, *Comentarios al Código Civil de Cataluña* (coords., Francisco de Paula Puig Blanes y Francisco José Sospedra Navas), tomo II, 3ª ed., Thomson Reuters Aranzadi, Cizur Menor (Navarra), 2020, p. 530.

PUIG BRUTAU, J., «El testamento del empresario», *RDP*, vol. 44, 1960, pp. 845-858.

PUIG BRUTAU, J., *Compendio de Derecho Civil*, vol. IV, *Derecho de familia. Derecho de sucesiones*, Bosch, Barcelona, 1991.

PUYALTO FRANCO, M.ª J., «Libertad de testar y transmisión *mortis causa* de la empresa», en *La libertad de testar y sus límites* (coords., Antoni Vaquer Aloy, María Paz Sánchez González y Esteve Bosch Capdevila), Marcial Pons, Madrid, 2018, pp. 409-443.

RAMS ALBESA, J., *Comentarios al Código civil y compilaciones forales*, tomo XVII, vol. 1 B, arts. 1261 a 1280 (directores, Silvia Díaz Alabart y Manuel Albadalejo), Edersa, Madrid, 1993.

REBOLLEDO VARELA, Á. L., «Partición por el testador: redacción del testamento e interpretación de la voluntad manifestada (una perspectiva práctica a la luz de la jurisprudencia)», *Actualidad Jurídica Iberoamericana*, nº 20, febrero 2024, pp. 766-789.

REQUEIXO SOUTO, X. M., «Pactos de atribución particular *post mortem*. Ámbito del artículo 1271, ap. 2º, del Código civil», *ADC*, fasc. IV, tomo LXV, 2012, pp. 1745-1781.

REYES LÓPEZ, M.ª J., «Retomando las ideas en torno a la conservación y continuidad de la empresa familiar», en *Estudios jurídicos en homenaje al profesor Luís Díez-Picazo. Derecho de sucesiones*, tomo IV, Civitas, Madrid, 2003, pp. 5481-5495.

Reyes López, M.ª J., «Economía del matrimonio y empresa familiar», en *La Empresa Familiar: Encrucijada de Intereses Personales y Empresariales* (coordinadora, María José Reyes López), Aranzadi, Cizur Menor (Navarra), 2004, pp. 97-190.

Reyes López, M.ª J., «El patrimonio del empresario individual», en *Conflictos en torno a los patrimonios personales y empresariales*, tomo I, Bosch, Barcelona, 2010, pp. 269-333.

Reyes López, M.ª J., «Necesidad de una nueva perspectiva del pacto sucesorio», en *Dolencias del Derecho civil de sucesiones 130 años después de la aprobación del Código civil español* (directora, Pilar María Estellés Peralta), Tirant lo Blanch, Valencia, 2022, pp. 529-580.

Rivas Martínez, J. J., *Derecho de sucesiones común. Estudios sistemático y jurisprudencial*, Tirant lo Blanch, Valencia, 2020.

Robles Álvarez de Sotomayor, A., «El principio de conservación de la empresa en la transmisión hereditaria», *RCDI*, nº 233, 1947, pp. 585-599.

Robles Latorre, P., en Pasquau Liaño, M. (ditor), *Jurisprudencia Civil comentada*, vol. 1, Comares, Granada, 2000.

Roca-Sastre Muncunill, L., *Derecho de sucesiones*, tomo I, Bosch, Barcelona, 1989.

Roca-Sastre Muncunill, L., *Derecho de sucesiones*, tomo II, Bosch, Barcelona, 1991.

Roca Sastre, R. M.ª, *Estudios de Derecho privado. Sucesiones*, vol. II, Revista de Derecho Privado, Madrid, 1948.

Rodríguez Adrados, A., «La partición hecha por el testador», *RDN*, abril-junio, 1970, pp. 209-231.

Rodríguez-Arias Bustamante, L., «Efectos de la partición *inter vivos* que regula el articulo 1.056 del Código civil», *RGLJ*, nº 191, 1952, pp. 307-347.

Rodríguez del Barco, J., «Sobre la naturaleza jurídica de la partición hereditaria», *RDP*, 1971, pp. 1157-1171.

Rodríguez del Barco, J., «Nuestra posición sobre la naturaleza jurídica de la partición hereditaria», *RDP*, 1973, pp. 420-440.

Rodríguez Iturburu, M., «División de la herencia. Partición», en *Manual de derecho sucesorio* (directoras, Marisa Herrera y María Victoria Pellegrini), 1ª ed., Eudeba, Ciudad Autónoma de Buenos Aires, 2016.

Rojo Iglesias, E., *Tratado de Derecho Inmobiliario Registral* (dires. Sebastián del Rey Barba y Manuel Espejo Lerdo de Tejada), Tirant lo Blanch, Valencia, 2021.

RUBIO GARRIDO, T., «La partición por el testador: algunos aspectos problemáticos, al hilo de la Sentencia de 4 de noviembre de 2008», *RAD*, nº 8, diciembre-2009, pp. 19-28.

RUBIO GARRIDO, T., *Comentarios al Código Civil* (director, Bercovitz Rodríguez-Cano, R.), Tomo IV, Tirant lo Blanch, Valencia, 2013, pp. 5831 y ss.

RUBIO GARRIDO, T., *La partición de la herencia*, Aranzadi, Cizur Menor (Navarra), 2017.

RUBIO GARRIDO, T., «La donación mortis causa, una crux iuris del Derecho civil. Distinción entre donación inter vivos y mortis causa. Comentario a RDGSJFP de 25 de abril de 2022», *CCJC*, nº 121, enero-abril 2023, pp. 59-80.

SALVADOR CODERCH, P., *Discurso de contestación al discurso de investidura de don Juan B. Vallet de Goytisolo como Doctor honoris causa por la Universidad Autónoma de Barcelona*, Bellaterra, 1985. Accesible "en línea" en la siguiente dirección: https://ddd.uab.cat/pub/honoris/147445/Honoriscausa_ValletdeGoytisolo_a1985.pdf

SÁNCHEZ ARISTI, R., *Dos alternativas a la sucesión testamentaria: pactos sucesorios y contratos* «post-mortem», Comares, Granada, 2003.

SÁNCHEZ CALERO, F. J. y SÁNCHEZ-CALERO ARRIBAS, B., *Manual de Derecho Inmobiliario Registral*, 7ª ed., Tirant lo Blanch, Valencia, 2021.

SÁNCHEZ GONZÁLEZ, P. M.ª, «Límites constitucionales a la libertad de testar», en *La libertad de testar y sus límites* (coords., Antoni Vaquer Aloy, María Paz Sánchez González y Esteve Bosch Capdevila), Marcial Pons, Madrid, 2018, pp. 7-38.

SÁNCHEZ HERNÁNDEZ, C., *La partición judicial de la herencia. Un análisis del régimen legal y su aplicación judicial*, Tirant lo Blanch, Valencia, 2012.

SANCIÑENA ASURMENDI, C., «Comentario a la Resolución de 3 de marzo de 2015», *CCJC*, nº 100, enero-abril 2016.

SANCIÑENA ASURMENDI, C., *La partición hecha por el testador*, Aranzadi, Cizur Menor (Navarra), 2023.

SANTA CRUZ TEIJEIRO, J., *Instituciones de Derecho romano*, Revista de Derecho Privado, Madrid, 1946.

SAPENA TOMÁS, J., «Un caso de renuncia a herencia futura admitido por el Tribunal Supremo (Sentencia de 6 de mayo de 1953)», *RDP*, nº XXXVIII, abril 1954, pp. 303-309.

SERNA VALLEJO, M., «La Codificación civil española y las fuentes del derecho», *AHDE*, tomo LXXXII, 2012, pp. 11-36.

SERRANO CHAMORRO, M.ª E., «Problemas sucesorios de transmisión de la empresa familiar», *RCDI*, nº 747, enero 2015, pp. 95-148.

SERRANO DE NICOLÁS, A., «Planificación sucesoria: el testamento en la sucesión anómala y las transmisiones *parasucesorias*», en *Conflictos en torno a los patrimonios personales y empresariales*, tomo I, Bosch, Barcelona, 2010, pp. 3- 53.

Serrano González, A., *Un día de la vida de José Castán Tobeñas*, Tirant lo Blanch-Universitat de València, Valencia, 2000.

Simón Moreno, H., «Hacia una regulación de los pactos sucesorios en el Código Civil español», en *La libertad de testar y sus límites* (coords., Antoni Vaquer Aloy, María Paz Sánchez González y Esteve Bosch Capdevila), Marcial Pons, Madrid, 2018, pp. 345-374.

Solà i Palerm, E., *Recuperem els nostres furs. Homenatge a Enric Solà i Palerm*, col·lecció Bocins núm. 18, edició a càrreg de l'Àrea de Cultura de la Diputació de València, València, 2023.

Tofiño Padrino, A., «Sobre la naturaleza jurídica de la partición hereditaria: su efecto determinativo o especificativo según la jurisprudencia del TS», *RCDI*, nº 763, 2017, pp. 2661-2679.

Torres García, T. F., «La explotación agrícola familiar: su conservación en la sucesión *mortis causa* del titular. Artículo 35 de la Ley de Reforma y Desarrollo Agrario», *ADC*, fasc. 2, 1980, pp. 335-388.

Torres García, T. F., «La legítima en el código civil español: un panorama general», en *Las legítimas y la libertad de testar. Perfiles críticos y comparados* (directores: Francisco Capilla Roncero, Manuel Espejo Lerdo de Tejada y Francisco José Aranguren Urriza; coordinadores: Juan Pablo Murga Fernández y César Hornero Méndez), Thomson Reuters-Aranzadi, Cizur Menor (Navarra), 2019, pp. 31-59.

Valiño, E., *Instituciones de Derecho privado romano*, Pentagraf impresores, Valencia, 1988.

Vallet de Goytisolo, J. B., «Notas para la interpretación del párrafo segundo del art. 1.056 y del art. 863 del Código Civil», *RGD*, 1946, pp. 673-676.

Vallet de Goytisolo, J. B., *Apuntes de Derecho sucesorio*, Instituto Nacional de Estudios Jurídicos del Anuario de Derecho Civil, Madrid, 1955, pp. 421-532.

Vallet de Goytisolo, J. B., *Panorama del Derecho civil*, Bosch, Barcelona, 1963.

Vallet de Goytislo, J. B., «Significado jurídico-social de las legítimas y de la libertad de testar», *ADC*, fas. 1, 1966, pp. 3-44.

Vallet de Goytisolo, J. B., «Contenido cualitativo de la legítima de los descendientes en el Código civil», *ADC*, fasc. 1, 1970, pp. 9-122.

Vallet de Goytisolo, J. B., «Comentarios a los artículos 806 a 857 del Código civil», en *Comentarios al Código civil y Compilaciones forales* (director, Manuel Albadalejo), tomo XI, 2ª ed., Edersa, Madrid, 1982.

Vallet de Goytisolo, J. B., *Panorama del Derecho de sucesiones. Perspectiva dinámica*, tomo II, Civitas, Madrid, 1984.

VALLET DE GOYTISOLO, J. B., «Comentarios a los artículos 1.035 a 1.087 del Código civil», en *Comentarios al Código civil y Compilaciones forales* (director, Manuel Albadalejo), tomo XIV, vol. 2, Edersa, Madrid, 1989.

VALLET DE GOYTISOLO, J. B., «El principio del *favor partitionis*», *ADC*, fasc. 1, 1990, pp. 5-24.

VAQUER ALOY, A., «Reflexiones sobre una eventual reforma de la legítima», *INDRET*, Barcelona, 2007, pp. 15 y ss. Accesible "en línea" en la siguiente dirección: https://indret.com/wp-content/themes/indret/pdf/457_es.pdf

VAQUER ALOY, A., *La interpretación del testamento*, Reus, Madrid, 2018.

VAQUER ALOY, A., *Libertad de testar y libertad para testar*, Olejnik, Santiago de Chile, 2018.

VAQUER ALOY, A., «Derecho a la legítima e intereses subyacentes», en *La libertad de testar y sus límites* (coords., Antoni Vaquer Aloy, María Paz Sánchez González y Esteve Bosch Capdevila), Marcial Pons, Madrid, 2018, pp. 63-81.

VATTIER FUENZALIDA, C., «El pago en metálico de la legítima de los descendientes. Estudio de los artículos 841 y 844 del Código civil», *RDP*, 1983, pp. 453-478.

VATTIER FUENZALIDA, C., *El pago en metálico de la legítima de los descendientes*, Reus, Madrid, 2012.

VERDERA SERVER, R., «Contra la legítima», *Publicaciones de la Real Academia Valenciana de Jurisprudencia y Legislación*, cuaderno nº 94, Valencia, 2021. Accesible "en línea" a través de la siguiente dirección: http://www.ravjl.com/bd/archivos/archivo179.pdf

VOCI, P., *Diritto ereditario romano*, vol. 2, Giuffrè, Milán, 1963.

Índice jurisprudencial y documental

Sentencias citadas del Tribunal Constitucional

STC 82/2016, de 28 de abril de 2016. (*Tol 5792094*)
STC 110/2016, de 9 de junio de 2016 (*Tol 5753921*)
STC 192/2016, de 16 de noviembre de 2016 (*Tol 5922198*)

Sentencias citadas de la Sala de lo Civil del Tribunal Supremo

STS de 13 de junio de 1903 (JC 174)
STS de 29 de enero de 1916 (*Tol 5047741*)
STS de 6 de marzo de 1917 (JC 109)
STS de 17 de abril de 1943 (*Tol 4458831*)
STS de 6 de marzo de 1945 (*Tol 4458418*)
STS de 19 de mayo de 1945 (*Tol 4458467*)
STS de 22 de junio de 1948 (*Tol 4457124*)
STS de 9 de marzo de 1951 (*Tol 4449600*)
STS de 19 de mayo de 1951 (*Tol 4449720*)
STS de 12 de noviembre de 1953 (*Tol 4446524*)
STS de 5 de noviembre de 1955 (*Tol 4381918*)
STS de 14 de noviembre de 1958 (*Tol 4350845*)
STS de 12 de diciembre de 1959 (*Tol 4349439*)
STS de 13 de octubre de 1960 (*Tol 4339396*)
STS de 9 de marzo de 1961 (*Tol 4336843*)
STS de 28 de junio de 1961 (*Tol 4336899*)
STS de 24 de enero de 1963 (*Tol 4329785*)
STS de 14 de junio de 1963 (*Tol 4329669*)
STS de 17 de junio de 1963 (*Tol 4329605*)
STS de 12 de noviembre de 1964 (*Tol 4324345*)
STS de 20 de mayo de 1965 (*Tol 4380039*)
STS de 25 de noviembre de 1966 (*Tol 4305670*)
STS de 24 de febrero de 1968 (*Tol 4292496*)
STS de 31 de marzo de 1970 (*Tol 4284202*)

STS de 26 de noviembre de 1974 (*Tol 4253633*)
STS de 16 de febrero de 1977 (*Tol 4247310*)
STS de 27 de abril de 1978 (*Tol 2187931*)
STS de 3 de marzo de 1980 (*Tol 1740711*)
STS de 31 de mayo de 1980 (*Tol 1740410*)
STS de 20 de febrero de 1981 (*Tol 1740202*)
STS de 30 de abril de 1981 (*Tol 1739595*)
STS de 15 de junio de 1982 (*Tol 1739305*)
STS de 18 de junio de 1982 (*Tol 1739425*)
STS de 21 de junio de 1986 (*Tol 4822072*)
STS de 21 de julio de 1986 (*Tol 1734780*)
STS de 18 de febrero de 1987 (*Tol 1736160*)
STS de 15 de febrero de 1988 (*Tol 1732730*)
STS de 7 de diciembre de 1988 (*Tol 1732978*)
STS de 29 de diciembre de 1988 (*Tol 1733987*)
STS de 8 de marzo de 1989 (*Tol 1731552*)
STS de 8 de mayo de 1989 (*Tol 3248740*)
STS de 3 de junio de 1989 (*Tol 1732525*)
STS de 26 de diciembre de 1989 (*Tol 1731197*)
STS de 9 de abril de 1990 (*Tol 1729641*)
STS de 20 de noviembre de 1990 (*Tol 1730106*)
STS de 5 de marzo de 1991 (*Tol 1726776*)
STS de 18 de marzo de 1991 (*Tol 1728240*)
STS de 13 de febrero de 1992 (*Tol 1661508*)
STS de 23 de diciembre de 1992 (*Tol 1662345*)
STS de 4 de febrero de 1994 (*Tol 1665946*)
STS de 30 de enero de 1995 (*Tol 5124193*)
STS de 24 de febrero de 1995 (*Tol 1666970*)
STS de 27 de junio de 1995 (*Tol 1658248*)
STS de 27 de febrero de 1997 (*Tol 215168*)
STS de 26 de abril de 1997 (*Tol 215104*)
STS de 9 de mayo de 1997 (*Tol 216592*)
STS de 16 de mayo de 1997 (*Tol 5119387*)
STS de 19 de junio de 1997 (*Tol 215027*)
STS de 23 de junio de 1998 (*Tol 72845*)
STS de 24 de julio de 1998 (*Tol 14797*)

STS de 7 de septiembre de 1998 (*Tol 5156964*)
STS de 21 de diciembre de 1998 (*Tol 6600*)
STS de 23 de febrero de 1999 (*Tol 1431*)
STS de 21 de mayo de 1999 (*Tol 5120932*)
STS de 8 de junio de 1999 (*Tol 2552723*)
STS de 17 de febrero de 2000 (*Tol 2397407*)
STS de 6 de octubre de 2000 (*Tol 4974135*)
STS de 21 de diciembre de 2000 (*Tol 99613*)
STS de 23 de enero de 2001 (*Tol 4964722*)
STS de 8 de marzo de 2001 (*Tol 71735*)
STS de 17 de octubre de 2002 (*Tol 4975114*)
STS de 22 de octubre de 2002 (*Tol 4975111*)
STS de 13 de marzo de 2003 (*Tol 4927766*)
STS de 26 de febrero de 2004 (*Tol 352236*)
STS de 2 de abril de 2004 (*Tol 376548*)
STS de 5 de mayo de 2004 (*Tol 411082*)
STS de 28 de mayo de 2004 (*Tol 442962*)
STS de 24 de febrero de 2005 (*Tol 652187*)
STS de 4 de mayo de 2005 (*Tol 646333*)
STS de 28 de septiembre de 2005 (*Tol 725216*)
STS de 13 de octubre de 2005 (*Tol 731265*)
STS de 21 de octubre de 2005 (*Tol 758275*)
STS de 12 de diciembre de 2005 (*Tol 795279*)
STS de 14 de diciembre de 2005 (*Tol 795337*)
STS de 22 de febrero de 2006 (*Tol 843360*)
STS de 23 de marzo de 2006 (*Tol 871856*)
STS de 15 de junio de 2006 (*Tol 961851*)
STS de 29 de junio de 2006 (*Tol 984843*)
STS de 7 de noviembre de 2006 (*Tol 1022988*)
STS de 19 de diciembre de 2006 (*Tol 1022965*)
STS de 24 de enero de 2008 (*Tol 1256805*)
STS de 29 de enero de 2008 (*Tol 1256787*)
STS de 29 de abril de 2008 (*Tol 1320867*)
STS de 30 de abril de 2008 (*Tol 1311945*)
STS de 30 de mayo de 2008 (*Tol 1331060*)
STS de 12 de junio de 2008 (*Tol 1347124*)

STS de 25 de junio de 2008 (*Tol 1347118*)
STS de 4 de noviembre de 2008 (*Tol 1401720*)
STS de 6 de abril de 2009 (*Tol 1494584*)
STS de 22 de mayo de 2009 (*Tol 1547700*)
STS de 17 de septiembre de 2009 (*Tol 1723161*)
STS de 21 de enero de 2010 (*Tol 1773349*)
STS de 18 de marzo de 2010 (*Tol 1818501*)
STS de 27 de mayo de 2010 (*Tol 1864867*)
STS de 31 de mayo de 2010 (*Tol 1878581*)
STS de 9 de diciembre de 2010 (*Tol 2001835*)
STS de 15 de abril de 2011 (*Tol 2107471*)
STS de 8 de junio de 2011 (*Tol 2155265*)
STS de 19 de julio de 2011 (*Tol 2196623*)
STS de 19 de enero de 2012 (*Tol 2406619*)
STS de 26 de enero de 2012 (*Tol 2411963*)
STS de 18 de julio de 2012 (*Tol 2635443*)
STS de 18 de octubre de 2012 (*Tol 2674753*)
STS de 22 de octubre de 2012 (*Tol 2690425*)
STS de 4 de enero de 2013 (*Tol 3799061*)
STS de 29 de julio de 2013 (*Tol 3971688*)
STS de 19 de febrero de 2014 (*Tol 4264595*)
STS de 10 de junio de 2014 (*Tol 4374204*)
STS de 2 de julio de 2014 (*Tol 4429657*)
STS de 3 de septiembre de 2014 (*Tol 4521095*)
STS de 2 de octubre de 2014 (*Tol 4517098*)
STS de 10 de diciembre de 2014 (*Tol 4748252*)
STS de 21 de abril de 2015 (*Tol 4988929*)
STS de 25 de abril de 2018 (*Tol 6592179*)
STS de 19 de julio de 2018 (*Tol 6676446*)
STS de 24 de mayo de 2019 (*Tol 7260373*)
STS de 17 de septiembre de 2019 (*Tol 7509203*)
STS de 20 de febrero de 2020 (*Tol 7790005*)
STS de 3 de marzo de 2022 (*Tol 8876159*)
STS de 26 de junio de 2023 (*Tol 9635555*)

Sentencias citadas de la Sala de lo Contencioso-Administrativo del Tribunal Supremo

STS de 3 de abril de 2019 (*Tol 7178797*)

STS de 10 de junio de 2020 (*Tol 7969793*)

Sentencias citadas de los Tribunales Superiores de Justicia (Sala de lo Civil y Penal)

STSJ de Aragón (Sección 1ª), de 8 de marzo de 2005 (*Tol 596553*)

STSJ de Cataluña (Sección 1ª), de 2 de mayo de 2005 (*Tol 663831*)

Sentencias y autos citados de las Audiencias Provinciales

SAP de Segovia, de 11 de octubre de 1996 (*Tol 5604476*)

SAP de A Coruña (Sección 4ª), de 2 de septiembre de 1999 (*Tol 243780*)

SAP de Granada (Sección 3ª), de 12 de mayo de 2001 (*Tol 100711*)

SAP de Cáceres (Sección 2ª), de 22 de abril de 2002 (*Tol 7713425*)

SAP de Córdoba (Sección 1ª), de 20 de octubre de 2003 (*Tol 329518*)

SAP de Ourense (Sección 2ª), de 6 de febrero de 2004 (*Tol 365107*)

SAP de Madrid (Sección 10ª), de 16 de noviembre de 2004 (*Tol 7941619*)

SAP de Guipúzcoa (Sección 2ª), de 2 de febrero de 2005 (*Tol 613943*)

SAP de Asturias (Sección 6ª), de 18 de abril de 2005 (*Tol 634818*)

SAP de Córdoba (Sección 2ª), de 15 de junio de 2005 (*Tol 684805*)

SAP de Madrid (Sección 14), de 24 de junio de 2005 (*Tol 783966*)

SAP de Huesca (Sección 1ª), de 27 de julio de 2005 (*Tol 690905*)

SAP de Madrid (Sección 28), de 22 de febrero de 2007 (*Tol 1091228*)

SAP de Ourense (Sección 1ª), de 5 de marzo de 2007 (*Tol 1101776*)

SAP de Ciudad Real (Sección 1ª), de 9 de noviembre de 2007 (*Tol 7506322*)

SAP de Murcia (Sección 1ª), de 18 de noviembre de 2008 (*Tol 7053495*)

SAP de Madrid (Sección 21ª), de 1 de febrero de 2011 (*Tol 2114970*)

SAP de Málaga (Sección 4ª), de 28 de abril de 2011 (*Tol 2243042*)

SAP de Castellón (Sección 3ª), de 15 de noviembre de 2012 (*Tol 3012263*)

SAP de Valencia (Sección 11), de 30 de diciembre de 2014 (*Tol 4792193*)

SAP de León (Sección 1ª), de 31 de julio de 2015 (*Tol 5423952*)

SAP de Jaén (Sección 1ª), de 25 de septiembre de 2015 (*Tol 5578349*)

SAP de Asturias (Sección 7ª), de 30 de octubre de 2015 (*Tol 5584997*)

SAP de Alicante (Sección 6ª), de 21 de septiembre de 2016 (*Tol 5899915*)

SAP de València (Sección 7ª), de 22 de marzo de 2019 (*Tol 7230365*)

Auto AP de A Coruña (Sección 5ª), de 14 de junio de 2021 (*Tol 8567817*)

SAP de Valencia (Sección 7ª), de 2 de noviembre de 2023 (*Tol 9887968*)

SAP de Murcia (Sección 1ª), de 11 de diciembre de 2023 (*Tol 9940503*)

Resoluciones citadas de la DGRN/DGSJFP

RDGRN de 24 de febrero de 1888 (Gaceta de Madrid nº 96, 5 de abril de 1888, p. 66)

RDGRN de 13 de octubre de 1916 (Gaceta de Madrid nº 299, 25 de octubre de 1916, pp. 270-271)

RDGRN de 16 de noviembre de 1922 (Gaceta de Madrid nº 353, 19 de diciembre de 1922, pp. 1170-1173)

RDGRN de 25 de mayo de 1971 (RJ 1971, 3402)

RDGRN de 11 de octubre de 1982 (RJ 1982, 6301)

RDGRN de 27 de enero de 1987 (RJ 1987, 368)

RDGRN de 5 de febrero de 2000 (RJ 2000, 489)

RDGRN de 8 de enero de 2002 (RJ 2002, 4138)

RDGRN de 13 de mayo de 2003 (RJ 2003, 4477)

RDGRN de 25 de noviembre de 2004 (RJ 2004, 8154)

RDGRN de 16 de julio de 2007 (RJ 2007, 3907)

RDGRN de 25 de febrero de 2008 (RJ 2008, 2791)

RDGRN de 9 de marzo de 2009 (2009, 1861)

RDGRN (Mercantil) de 9 de julio de 2010 (RJ 2010, 3759)

RDGRN de 1 de agosto de 2012 (*Tol 2654474*)

RDGRN de 12 de septiembre de 2012 (*Tol 2663152*)

RDGRN de 18 de febrero 2013 (*Tol 3244100*)

RDGRN de 8 de enero de 2014 (*Tol 4085581*)

RDGRN de 12 de junio de 2014 (RJ 2014, 4616)
RDGRN de 16 de junio de 2014 (RJ 2014, 4179)
RDGRN de 4 de julio de 2014 (*Tol 4466705*)
RDGRN de 4 de agosto de 2014 (*Tol 4514113*)
RDGRN de 13 de febrero de 2015 (*Tol 4765342*)
RDGRN de 3 de marzo de 2015 (*Tol 4787735*)
RDGRN de 5 de abril de 2016 (*Tol 5701364*)
RDGRN de 5 de julio de 2016 (*Tol 5806*.67)
RDGRN de 18 de julio de 2016 (*Tol 5832230*)
RDGRN de 26 de octubre de 2016 (*Tol 5900759*)
RDGRN de 29 de junio de 2017 (*Tol 6210500*)
RDGRN de 22 de septiembre de 2017 (*Tol 6378827*)
RDGRN de 11 de enero de 2018 (*Tol 6484488*)
RDGRN de 6 de junio de 2018 (*Tol 6646212*)
RDGRN de 5 de abril de 2019 (*Tol 7190034*)
RDGRN de 26 de abril de 2019 (*Tol 7211221*)
RDGRN de 23 de octubre de 2019 (*Tol 7586797*)
RDGSJFP de 15 de septiembre de 2020 (*Tol 8101232*)
RDGSJFP de 31 de marzo de 2022 (*Tol 8908391*)
RDGSJFP de 20 de abril de 2022 (RJ 2022, 3559)
RDGSJFP de 25 de abril de 2022 (*Tol 8927768*)
RDGSJFP de 9 de junio de 2022 (*Tol 10081963*)
RDGSJFP de 11 de junio de 2024 (*Tol 10092255*)

Consultas vinculantes de la Dirección General de Tributos (Subdirección General de Impuestos Patrimoniales, Tasas y Precios Públicos)

Nº de consulta V2000-10, de 13 de septiembre de 2010

https://petete.tributos.hacienda.gob.es/consultas/?num_consulta=V2000-10

Nº de consulta V2747-16, de 15 de junio de 2016

https://petete.tributos.hacienda.gob.es/consultas/?num_consulta=V2747-16

Nº de consulta V2881-18, de 6 de noviembre de 2018

https://petete.tributos.hacienda.gob.es/consultas/?num_consulta=V2881-18

Nº de consulta V0927-19, de 29 de abril de 2019

https://petete.tributos.hacienda.gob.es/consultas/?num_consulta=V0927-19